에리히 프롬(1900~1980)　독일계 미국인. 사회심리학자·정신분석학자·인문주의 철학자

프랑크푸르트 암마인, 유대인 거주지역 게토 카를 데오도어 라이펜시타인. 1875. 프롬은 이곳에서 유복한 유대인 상인의 아들로 태어나 철저한 유대교 분위기 속에서 자랐다.

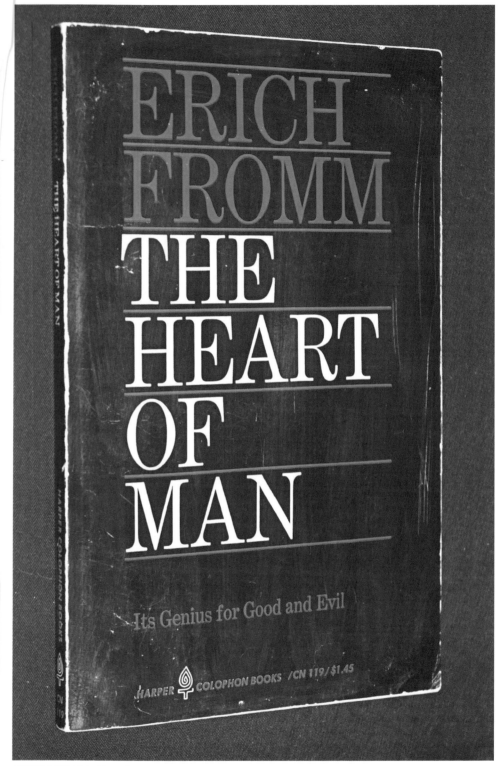

디자인 : 동서랑 미술팀

《악(惡)에 대하여》(1964) 표지

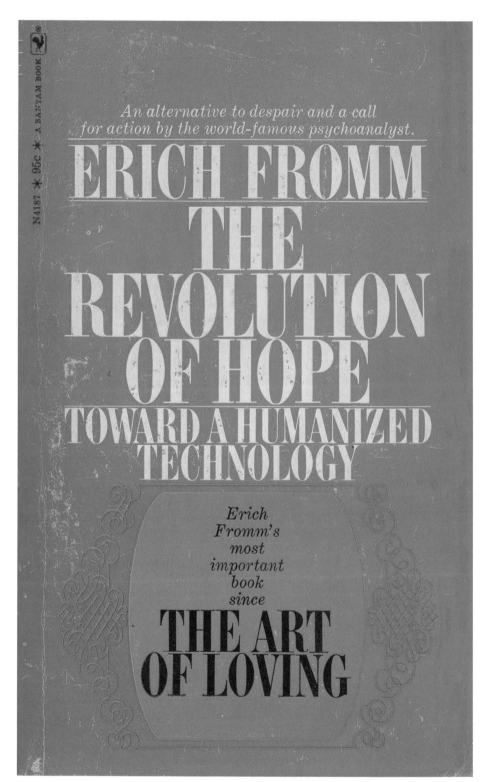

《희망의 혁명》(1968) 표지

World Book 291
Erich Fromm

THE HEART OF MAN/FOR THE LOVE OF LIFE
THE REVOLUTION OF HOPE
ON DISOBEDIENCE AND OTHER ESSAYS

악(惡)에 대하여/인생과 사랑/희망의 혁명/불복종과

에리히 프롬/고영복 옮김

동서문화사

악(惡)에 대하여/인생과 사랑/희망의 혁명/불복종과 자유
차례

The Heart of Man
악(惡)에 대하여

1. 인간—늑대인가 양인가

인간은 양(羊)이라고 믿는 사람이 많다. 한편 인간은 늑대라고 생각하는 사람들도 있다. 서로 자신의 주장을 뒷받침하는 증거를 모을 수 있다. 인간을 양으로 생각하는 사람들은 인간이란 존재는 남에게 잘 휘둘려 아무리 자기에게 해로워도 남의 말대로 하고, 지도자를 따라 파멸 그 자체인 전쟁에 참가하며, 강대한 힘의 지지를 얻을 수만 있다면 성직자나 왕의 가혹한 협박에서부터 알게 모르게 이런저런 방식으로 유혹해 오는 달콤한 목소리에 이르기까지—어떤 시시한 것이라도—믿는다는 사실을 지적하는 것으로 충분할 것이다. 대부분 사람들은 자신을 흔들리게 하는 협박이나 달콤한 유혹에 스스로 의지를 굽히거나 암시를 받기 쉽다. 아직 깨지 못한 어린아이와 같다. 실제로 대중의 반대를 견딜 수 있을 만큼 자기 확신이 강한 사람은 드물며, 몇 세기 뒤에는 칭찬받을지 몰라도 한 시대 사람들로부터는 비웃음을 당하는 경우가 흔하다.

인간은 양이라는 가정 위에서 종교재판소의 소장이나 독재자들은 자신의 방식을 주장해 왔다. 그리고 그 이상으로 인간은 양이므로 대신 결단을 내려줄 지도자가 필요하다는 신념 그 자체가, 설령 비극적인 의무라 하더라도 인간이 찾는 것을 주면—인간으로부터 책임과 자유의 부담을 없애준다면—자신은 도덕적 의무를 다하고 있는 것이라는 확신을 지도자들에게 준 예는 많다.

그러나 많은 사람들이 양이라면, 인간의 삶이 양의 삶과 전혀 다른 것은 무슨 까닭일까? 인간의 역사는 피로써 쓰여 왔고, 끊임없는 폭력의 역사이며, 의례적으로 인간의 의지를 굽히기 위해서 힘이 쓰여 왔다. 탈라트 파샤가 자신의 힘으로 수백만 아르메니아인을 죽였나? 히틀러가 혼자서 수백만 유대인을 죽였나? 스탈린이 혼자서 수백만 정적을 제거했나? 이들은 혼자가 아니었다. 즉 그를 위해 사람을 죽이고, 고통을 주고, 게다가 앞장서서 기꺼이 그렇게 해주는 수천의 아군들이 있었다. 인간이 인간에게 저지르는 비인도적인 행위를 우리는 곳곳에서 보지 않았는가?—잔혹한 전쟁, 살인과 강탈, 강자에게 착취를 받는 약자, 학대받고 고통받는 사람들의 한숨이 들리지 않는 귀와 무감각한 마음에 가끔 들려오는 사실 속에서. 이런 사실로부터 홉스와 같은 사상가들은 "사람은 사람에게 늑대이다(Homo homini lupus)"라고 결론짓기에 이른다. 그들은, 대부분의 현대인은 태어날 때부터 악의적이고 파괴적이며 자신보다 강한 살인자를 두려워할 때만 쾌락을 억누르는 살인자라고 근거 없이 판단하게 된다.

하지만 두 논의는 모두 우리를 당혹스럽게 한다. 스탈린이나 히틀러 같은 잔인한 살인자, 사디스트, 더 나아가 그럴 가능성이 있는 자들을 사실 우리는 잘 알고 있다. 그러나 이들은 흔히 보이는 게 아니라 예외이다. 당신이나 나나 일반 사람들이 양의 탈을 쓴 늑대이며, 지금까지 야수처럼 굴지 않고 눌러 왔던 자제심을 한번 버리면 우리의 '진짜 본성'이 드러난다고 생각해야 할까? 이 생각은 깨뜨리기 어렵지만, 우리를 완전히 이해시키는 것은 아니다. 일상생활에는 사람들이 보복을 두려워하지 않고 빠질 수 있는 잔인한 행위나 사디즘의 기회가 많다. 그럼에도 많은 사람들은 그렇게 하지 않는다. 사실 그들은 잔인한 행위나 사디즘을 만나면 어떤 반발심에서 반응하는 경우가 흔하다.

그렇다면 우리가 여기서 다루고 있는 이 당혹스러운 모순을 더 잘 설명할 수가 있을까? 간단한 대답으로 소수의 늑대가 다수의 양과 함께 살고 있다고 생각해야 할까? 늑대는 죽이고 싶어하고, 양은 순종하고 싶어한다. 그래서 늑대는 양으로 하여금 살해하게 하고, 미리 계획하여 죽이거나 목 졸라 죽이게 한다. 양은 스스로 원한 게 아니라 추종하려다 보니 동의하는 것이다. 그럴 때도 살인자들은 그 까닭이 숭고하다는 것, 자유의 위협에 대한 방어라는 것, 총칼에 희생된 아이들과 강간당한 여자들과 명예에 대한 복수라는 것 따위의 이야기를 지어내어 대부분 양에게 늑대처럼 행동하도록 시켜야 한다. 이 해답은 얼핏 그럴듯해 보이지만 많은 의문이 남는다. 그 대답은 이른바 두 인종—늑대족과 양족—이 있음을 암시하는 것 아닐까? 또한 그들의 본성에 그런 것이 없다면 폭력이 신성한 의무로서 제시되어도 어째서 양은 늑대처럼 행동하도록 쉽게 설득되는가? 늑대와 양에 대한 우리의 가정은 대부분 의심스러워졌다. 즉 늑대는 인간성의 본질을 나타내며, 많은 사람들에게 그것이 나타나는 것보다 더욱더 뚜렷이 나타난다는 것은 결국 옳은 것일까? 또는 이 양자택일 자체가 끝내 오류인 것일까? 인간은 늑대'이기도 하고' 양이기도 할까? 또는 늑대도 양'도 아닐'까?

이 물음들에 대한 답은 오늘날 매우 중요하다. 모든 나라가 '적국'을 멸망시키기 위해 가장 파괴적인 힘을 행사할 생각을 하고, 자기 자신이 그 번제(燔祭)[1]에서 죽을지도 모르는데도 멈출 낌새가 없는 것이다. 인간은 파괴적 기질을 타고나며 권력이나 폭력 사용의 필요성이 거기에 뿌리내리고 있다고 우리가 확신한다면, 아무리 증대하는 야만화에 저항해도 그 저항은 약해질 뿐이다. 정도의 차이는 있으나 우리가 '모두' 늑대라면 왜 늑대에게 저항하는가?

인간은 늑대냐 양이냐 하는 의문은 좀더 넓게 일반적인 면에서는 유럽과 미국의 신학 및 철학의 사상에 대해서 제기되는 하나의 근원적 문제, 즉 인간은 근원적으로 악이며 타락해 있는가, 아니면 근원적으로 선(善)이며 완전할 수 있는가 하는 의문을 다른 관점에서 본 것에 지나지 않는다. 《구약성서》는 인간이 근원적으로 타락했다는 주장을 하지 않는다. 아담과 하와가 신에게 '복종하지 않은' 것은 죄라고 불리지 않는다. 이 불복종이 인간을 타락시켰다는 말은 어디에도 없다. 반대로 이 불복종은 인간이 자기 의식을 갖는 것, 그러니까 인간이 선택할 수 있는 능력의 조건이며, 따지고 보면 이 최초의 불복종 행위는 자유를 향한 인간의 첫걸음이다. 이 불복종은 하느님의 조화였다고까지 생각한다. 예언자에 따르면, 인간은 낙원에서 추방당했기에 자기 역사를 만들고, 인간으로서의 능력을 발달시키고, 아직 눈뜨지 못하고 따로따로 존재했던 옛날의 조화 대신, 충분히 발달한 개인으로서 인간과 자연의 새로운 조화에 다다를 수 있었기 때문이다. 예언자들은 분명 인간은 근원적으로 타락하지 않았고, 하느님의 은총에 의한 기적을 기다리지 않아도 메시아를 통해서 구원받을 수 있다고 암시하는 식으로 가르친다. 그러나 이것은 선을 향한 가능성이 마땅히 승리를 거둔다는 의미가 아니다. 인간은 한 번 악행을 저지르면 그 뒤로도 거듭하게 된다. 파라오[2]는 그렇게 악행을 계속 저지르다가 사랑도 후회도 느끼지 못할 만큼 마음이 굳어졌다. 《구약성서》는 적어도 선행과 비슷한 만큼 악행의 예를 들었으며, 다윗 왕과 같은 고상한 인물조차도 악행을 저지른 자의 명단에서 제외되지 않았다. 《구약성서》의 견해는 인간에게는 두 개의

---

1) 유대교에서 짐승을 통째로 구워 신에게 제물로 바치는 제사.
2) 고대 이집트 왕의 칭호. 여기서는 《구약성서》에서 이스라엘인을 핍박했던 왕을 말한다.

능력—선한 능력과 악한 능력—이 있다는 것과, 인간은 선과 악, 축복과 저주, 삶과 죽음을 선택해야 한다는 것이다. 하느님도 이 선택에 끼어들지 않는다. 하느님은 그 사도인 예언자를 보내서 선을 실현하는 규범을 가르치고, 악을 밝히며 경고하고 이론을 제기하며, 선택의 조언을 한다. 그러나 이것이 끝나면 인간은 저마다 선과 악을 위한 '두 개의 싸움'과 함께 남게 되고, 그 결정은 인간 혼자서 하게 된다.

그리스도교의 발전은 달랐다. 그리스도교회 발달 과정에서 아담의 거역을 죄로 여겼다. 사실 그것은 중죄이고, 아담은 타락했으며, 그의 자손도 모두 타락했다고 생각했다. 그래서 인간은 자신의 노력만으로는 이 타락에서 벗어날 수 없었다. 하느님의 은총에 의한 행위, 즉 인간을 위해서 죽은 그리스도의 출현에 의해서 비로소 인간의 타락을 구원하고, 그리스도를 믿는 사람들에게 구원의 손길을 내밀 수 있었다.

하지만 원죄의 의의에 대해서 그리스도교단 내에서 반대가 아주 없었던 것은 아니다. 펠라기우스[3]는 그 교의를 맹렬히 공격했지만 패배했다. 교단 내부의 르네상스 인도주의자들은 직접 공격하거나 부정하지 못했지만, 그 교의를 약화시키려고 했다. 그사이 많은 이단자들은 맹공격과 부정을 가했다. 루터는 인간의 타고난 악과 타락에 훨씬 과격한 견해를 갖고 있었다. 그러나 르네상스와 계몽주의 후기 사상가들은 그것과 정반대 쪽으로 나아갔다. 계몽주의자들은 인간 속에 존재하는 악은 모두 환경의 결과에 지나지 않으므로 인간은 실제로 선택할 필요가 없다고 주장했다. 악을 낳는 환경을 바꾸면 인간에게만 있는 선은 거의 자동적으로 나타난다고 그들은 생각했다. 이 견해는 마르크스와 그 후계자들에게도 영향을 주었다. 인간의 선을 믿는다는 것은 르네상스와 함께 시작된 놀라운 정치·경제 발전으로 얻어진 인간의 새로운 자신감의 결과였다. 반대로 제1차 세계대전에서 시작해 히틀러와 스탈린, 코번트리[4]와 히로시마를 거쳐 전 세계의 멸망을 준비하고 있는, 현재에 이르는 서유럽의 정신적 파괴는 다시 악에서 자유롭지 못한 인간의 성향을 강조하는 옛 상태를 보여주었다. 이 새로운 강조는 인간 속에 존재하는 악의 가능성을 대수

---

3) 5세기 초 영국의 수사·신학자. 원죄설을 부정하고 인간의 의지의 자유를 주장했다가 가톨릭으로부터 이단시되었다.
4) 잉글랜드 웨스트미들랜즈주에 있는 도시. 제2차 세계대전 중에 독일 공군에 의해 파괴되었다.

롭지 않게 보는 태도에 건전한 해독제가 되었다. 그러나 너무 많은 경우, 때로는 그들의 주장을 오해하거나 왜곡함으로써 인간에게 보내는 신뢰를 잃지 않은 사람들을 비웃는 결과를 낳았다.

나는 인간 속에 존재하는 악의 가능성을 대수롭지 않게 보고 있다고 자주 오해받는 사람 가운데 하나로서 이런 감상에 젖은 낙천주의는 내 생각과 분위기에 맞지 않는다고 강조하고 싶다. 정신분석가로서 임상 경험이 풍부한 사람이라면 인간 속에 존재하는 파괴력을 무시하기란 대단히 어려울 것이다. 분석가는 중증환자 안에 이런 힘이 작용하는 것을 보며, 그 힘을 막고 그것을 건설적 방향으로 돌리기가 얼마나 어려운 일인가를 경험한다. 마찬가지로 제1차 세계대전의 시작부터 악의 폭발과 파괴성을 보아 온 사람이라면 인간의 파괴성이 갖는 힘과 그 세기를 직시할 수밖에 없다. 지금도 현대인—일반인뿐만 아니라 지성인도—을 붙잡고 놓아주지 않는 무력감의 끊임없는 증대는, 전쟁은 인간성이 갖는 파괴하고자 하는 성향의 결과이므로 이해할 수 없다고 하는 패배주의자 견해의 합리화에 기여하는 새로운 타락과 원죄설을 받아들이게 할 위험을 내재하고 있다. 이런 견해는 그것이 갖는 교묘한 현실주의 관점에서 자랑할 수 있는 경우도 가끔 있지만, 두 가지 근거에서 현실성이 없다. 첫째로, 파괴력이 강하다는 것은 그것이 무적이라든가 우세하다든가 하는 것을 뜻하지 않는다. 둘째로, 전쟁이 주로 심리적인 힘의 결과로 생긴다는 전제에 존재한다. 사회현상이나 정치현상을 이해하는 데 심리주의의 오류를 설명할 필요는 거의 없다. 전쟁은 정치·군사·경제의 지도자들이 영토·천연자원·무역상의 이익을 얻기 위해, 또는 외적이 자기 나라 안전에 가하는 현실 또는 가공의 위협을 막기 위해, 또 나라의 명예와 권위를 떨치기 위해 결정한 결과인 셈이다. 이런 사람들이 일반인과 다른 것은 아니다. 자기의 이익만 따지고 남을 위해 자기 이익을 버리는 일은 거의 없어도, 잔인하지도 사악하지도 않다. 일상생활에서는 해가 되기보다는 선행을 하는 그들이 많은 사람들을 지배하고 가장 파괴적인 무기를 마음대로 할 수 있는 자리에 앉으면 헤아릴 수 없는 해악을 끼칠 수 있다. 시민생활에서는 경쟁자를 물리쳤을지도 모르고, 현대와 같은 권력국가나 독립국가 안에서는(독립이란 주권국의 행위를 제한하는 도덕률의 지배를 받지 않는다는 뜻이다) 인류를 파멸시킬지도 모른다. 악귀나 가학성애자가 아닌 '비상한 권력을 가진 보통 사람'은 인류에게 무엇보다도 큰 위험이다. 그러나 전쟁을 하기 위해서는 무기가 필요하듯이 수백만 명을 살인자로 만들기 위해서는 증오, 분노, 파괴성, 두려움의 감정이 필요하다. 이런 감정은 개전의 필요조건이긴 하지만, 대포나 폭탄과 마찬가지로 그 자체로는 개전의 이유가 되지 못한다. 많은 지식인들이 핵전쟁은 이런 점에서 기존의 전쟁과 다르다고 해설해 왔다. 핵미사일—한 발에 수십만 명을 죽이는—을 쏘는 사람이, 병사가 총검이나 기관총을 썼을 때와 같은 의미에서 살인을 경험하는 일은 없을 것이다. 그렇지만 핵무기를 사용하는 행위는 의식적으로 명령을 충실히 지키는 것에 지나지 않더라도, 이런 행위를 가능케 하려면 파괴 행위까지는 아니더라도 생명에 대한 뿌리 깊은 무관심이 그 인격의 깊숙한 부분에 있는 것은 아닐까 하는 의문이 생긴다.

여기서 세 가지 현상을 선택해 보자. 이것은 내 견해로는 인간의 오리엔테이션[5] 가운데에서 가장 해롭고 위험한 형태의 기초를 이루는 것이다. 이것은 죽음을 애호하는 것, 악성의 자기애, 공생·근친상간과도 같은 고착이다. 이 세 개의 오리엔테이션이 결합하면 '쇠퇴증후군'—'인간을, 파괴를 위한 파괴로 내모는 것, 그리고 증오를 위한 증오로 내모는 것'—을 형성하게 된다. '쇠퇴증후군'에 대립하는 것으로서 나는 '생장증후군'을 들겠다. 이것은 삶에 애착을 가지는 것(죽음을 애호하는 마음에 대립하는 것), 인간을 사랑하는 것(자기애에 대립하는 것), 독립성(공생·근친상간과도 같은 애착에 대립하는 것)으로 성립된다. 이 두 개의 증후군은 몇몇 사람들에게만 어느 쪽이 충분히 발달되어 있다. 그러나 모든 인간이 자신이 선택한 방향, 즉 삶의 방향이나 죽음의 방향, 선의 방향이나 악의 방향으로 나아간다는 것은 부정하기 어렵다.

---

5) 자기 자신과 현재의 환경 및 과거와의 관계를 올바로 인식하는 정신 작용. 정위(定位)라고 번역되기도 한다.

2. 폭력의 다양한 형태

이 글에서는 주로 파괴성의 악성 형태를 다루겠는데, 먼저 '폭력(violence)'의 다른 형태를 몇 가지 말해 보겠다. 상세히 검토하는 게 아니라 '폭력'이라는 병증을 가볍게 다루는 것은, 파괴성이라는 악성 형태의 정도를 이해하는 데 도움이 될지도 모른다고 생각하기 때문이다. '폭력'의 다양한 유형 간의 차이는 저마다 무의식의 동기 사이에서 나타나는 차이에서 비롯된다. 행동과 무의식의 역학관계를 이해해야만 행동 그 자체, 행동의 근원과 과정 및 그것이 행해지는 때의 에너지를 이해할 수 있기 때문이다.

가장 정상적이고 병적이지 않은 '폭력'의 형태는 '장난치는 듯한 폭력(playful violence)'이다. '폭력'이 파괴를 향하지 않고, 증오나 파괴성으로부터도 동기를 받지 않으며, 기량을 드러내기 때문에 나타나는 형태에서 우리는 장난치는 듯한 '폭력'을 본다. 그런 예는 미개종족의 전쟁놀이에서 검도에 이르기까지 많이 보인다. 이런 싸움의 승부에서는 모조리 죽이는 것이 목적이 아니며, 예컨대 그 결과 상대가 죽더라도 그것은 상대가 '운이 나빠서(stood in the wrong spot)' 일어난 실수이다. 물론 장난치는 듯한 '폭력'에서도 죽이고 싶은 욕구가 전혀 없다고 할 수 있는 경우는 이런 승부의 이상적인 형태일 뿐이다. 실제로는 의식하지 못한 상태에서 나타나는 공격성과 파괴성이 그 승부의 뚜렷한 논리 뒤에 숨어 있음을 가끔 알게 될 것이다. 그러나 그렇다 하더라도 이런 형태의 '폭력'의 주요 동기는 기량을 보이는 것이지 파괴성이 아니다.

장난치는 듯한 '폭력'보다 훨씬 실제 의미를 갖는 것은 '반작용과도 같은 폭력(reactive violence)'이다.[1] 내 해석으로는 자신 또는 다른 사람의 생명, 자유, 체면, 재산을 지키기 위해서 이용되는 '폭력'이다. 이는 두려움에서 나오는 것으로, 바로 그런 까닭에서 가장 일어날 가능성이 높은 '폭력'의 유형일 것이다.

---

1) 반작용과도 같은 폭력이란 억압된 욕구가 반대 경향의 행동으로 나타나는 하나의 방어반응이다.

그 두려움은 현실일 수도 있고 상상일 수도 있으며, 또 의식한 것일 수도 있고 의식하지 못한 것일 수도 있지만, 이런 유형의 '폭력'은 죽음이 아니라 삶에 도움이 되며, 목적하는 바는 방어이지 파괴가 아니다. 이것은 전혀 불합리한 폭력에서 나오는 것이 아니라, 어느 정도는 합리적인 계획에 근거한 것이다. 그렇기 때문에 목적과 수단이 균형을 이루게 된다. 좀더 높은 정신적 차원에서 살인은―설사 방어의 경우라 하더라도―도덕적으로는 옳지 않다고 논해 왔다. 그러나 이렇게 믿는 사람들도 대부분 생명을 지키는 '폭력'은 파괴성 자체를 목적으로 하는 '폭력'과는 다른 것임을 인정한다.

협박당하고 있다는 감정과 그 결과 생기는 반작용과도 같은 '폭력'은 사실에 근거하는 것이 아니라 인간의 정신 작용에 기초하고 있는 경우가 대단히 많다. 정치나 종교의 지도자는 자신의 지지자들에게 적이 협박하고 있다고 믿게 하여 반작용과도 같은 적의를 주관적 반응으로 바꾸어 놓는다. 그래서 전쟁에 대한 옳고 그름의 구별은 로마 가톨릭교회뿐만 아니라 자본주의나 공산주의 정부가 지지하는 경우에 참으로 미심쩍을 수밖에 없다. 일반적으로 둘 모두의 주장은 서로의 공격으로부터 몸을 보호하는 것이라는 인상을 교묘하게 심어 준다.[2] 방어라는 이름을 빌리지 않는 침략전쟁은 거의 예가 없다. 방어를 올바로 주장한 자가 누구냐 하는 문제는 흔히 승자가 결정하거나, 나중에 가서 객관적으로 역사가들이 결정하기도 한다. 모든 전쟁이 방어전으로 위장하려 하는 경향은 두 가지를 알려준다. 첫째로 국민에게 적어도 대부분의 문명국에서는 자신들의 생명과 자유를 지키기 위해서 싸운다는 확신을 심어주지 않으면 죽이고 죽게 하지 못한다는 것이고, 둘째로 수백만 명에게 자신은 공격의 위험에 처해 있으며 따라서 자기방어를 해야 한다고 믿게 하기란 어려운 일이 아니라는 것이다. 이렇게 생각하는 것은 주로 독립된 이성과 감정이 결여되어 있고, 수많은 사람들이 정치지도자에게 정신적으로 의존하고 있기 때문이다. 이런 의존심이 있으면 권력과 설득으로 제시되는 모든 것을 진실로 받아들이게 된다. 위협이라 부르는 것을 무조건 믿는 일은 말할 필요도 없이 실제 위협을 느끼는 것과 같은 결과이다. 사람들은 위협받고 있다고 '느끼면' 자신을 지키

---

2) 1939년, 히틀러는 국민들에게 공격받는다는 느낌을 주기 위해서, 폴란드에 대한 공격을 '정의의 싸움'으로 정당화하기 위해서 자칭 폴란드군(실은 히틀러 친위대원) 부대가 글라이비츠 방송국(슐레지엔)을 위장 공격하도록 했다.

기 위해서 적극 살해하고 파괴한다. 편집병자의 피해망상에서도 똑같은 무의식이라는 원리가 보이는데, 그것은 집단이 아니라 개인이라는 점이 다를 뿐이다. 어떤 예도 주관적으로 본인이 위험을 느끼고 공격하는 반응을 보이는 것이다.

반작용과도 같은 '폭력'의 또 다른 면은 '욕구불만(frustration)'에 의해서 생기는 '폭력'이다. 소망이나 욕구가 좌절되면 동물이나 어린아이, 성인이 공격하듯이 행동할 때가 있다. 이런 행동은 헛수고로 끝나는 경우가 많은데, 좌절된 목적을 '폭력'에 의해서 이루려고 하는 시도가 그 본질이다. 그것이 삶을 위한 공격이지 파괴를 위한 것이 아님은 분명하다. 소망이나 욕망의 좌절은 오늘날까지 대부분의 사회에서 아주 흔하게 관찰되며, 폭력이나 공격이 끊임없이 나타나는 것은 놀랄 일이 아니다.

욕구불만에서 나오는 공격성과 관련해 '시기(envy)'와 '질투(jealousy)'에서 오는 적대 행위가 있다. 질투도 시기도 욕구불만의 특수한 종류이다. 그것은 A가 원하는 것을 B가 갖고 있다든지, A가 사랑받고 싶은 사람에게 B가 사랑받고 있다든지 하는 것이 그 원인이다. A가 원하는데 갖지 못하는 것을 얻은 B에게 A는 마음속에 증오나 적의를 품는다. 시기와 질투는 욕구불만으로, 이는 A는 원하는 것을 갖지 못한다는 것뿐만 아니라 다른 사람이 자기 대신 가졌다는 사실에 의해서 강화된다. 자기 잘못이 아닌데도 신에게 사랑받지 못하는 카인이 신의 사랑을 받는 동생 아벨을 죽인다는 이야기나, 요셉과 그 형들의 이야기는 시기 질투의 고전판이다. 정신분석의 문헌은 똑같은 이 현상에 대해서 많은 임상자료를 제공해 준다.

반작용과도 같은 '폭력'과 관계는 있지만 병리학 방향으로 한 발 나아간 '폭력'의 유형은 '복수의 폭력'이다. 반작용과도 같은 '폭력'에서 그 목적은 협박당하고 있는 위해(危害)를 피하는 데 있고, 이 '폭력'은 살아간다는 생물학적 기능에 도움이 된다. 그러나 복수의 '폭력'에서 그 위해는 이미 주어져 버렸기 때문에 그 '폭력'에는 방어 작용이 없다. 그것은 현실에서 일어난 일을 마법처럼 처음으로 돌려놓는 비합리적 작용을 갖는다. 우리는 원시집단 또는 문명집단 안에서뿐만 아니라 개인 안에서도 복수의 '폭력'을 발견한다. 이런 '폭력'의 비합리성을 분석함으로써 우리의 이해를 한 발짝 더 내디딜 수 있다. 복수의 원인은 집단 또는 개인이 갖는 힘과 생산성에 반비례한다. 무능한 자나 장애인은 자존심에 상처를 입거나 다치면 그 회복 수단으로 의지할 수 있는 것은 단 하나밖에 없다. 즉 '눈에는 눈'이라는 비유처럼 복수하는 것뿐이다. 한편 생산적으로 살아가는 사람들은 그럴 필요가 거의 없다. 상처받고 모욕받고 손해를 입더라도 생산적으로 살아가는 과정 자체가 지난 상처를 잊게 해준다. 생산적인 능력이 복수의 욕구보다 강하다는 것을 알 수 있다. 이 분석이 옳다는 사실은 개인 및 사회 규모의 경제자료로써 쉽게 입증된다.

정신분석의 자료는, 완전히 독립해서 살아가지 못하고 복수의 욕구에 모든 삶을 거는 신경증 증상을 보이는 사람보다 원숙하고 생산적인 사람이 복수의 욕구를 덜 갖는다는 것을 보여준다. 정신병리학적으로 중증의 사람에게 복수는 자기 삶의 주목적이라고 하는데, 이는 복수가 없어지면 자존심은커녕 자의식 자체가 무너져 버리기 때문이다. 마찬가지로 우리가 깨달을 수 있는 것은 가장 후진집단(경제, 문화 및 정서 면에서) 안에서 복수의 마음(예를 들면 과거에 있었던 국가의 패배에 대하여)이 가장 강하다는 점이다. 그래서 공업국에서는 가장 착취당하는 중산·하층계급이 복수심의 초점이 되는 경우가 흔하다. 그들이 민주주의 및 국가주의와 관련된 감정의 초점인 것과 마찬가지로 말이다. '투사(投射) 질문서(projectve questionnaire)[3]'에 의해 복수 감정의 강도와 경제·문화 빈곤도의 상관관계를 입증하기란 쉬울 것이다. 더 어려운 것은 미개사회에서 벌어지는 복수를 이해하는 것이다. 많은 미개사회는 격렬하고 제도화되기까지 한 감정과 복수의 틀을 가지며, 그 성원에게 가해지는 위해에는 집단 전체가 복수할 의무가 있다고 생각한다. 여기서는 두 가지 원인이 결정적 역할을 할 것이다. 첫째는 위에서 말한 것과 거의 똑같다. 즉 그 미개집단에 스며드는, 복수를 위해 회복의 필요 수단으로 삼는 정신적으로 빈곤한 분위기이다. 둘째는 자기애로서, 제4장에서 상세히 논할 현상이다. 여기서는 미개집단에 부여되는 강력한 자기애라는 관점에서 볼 때 자기와 똑같은 존재를 모욕하는 것은 참으로 중요한 일이며, 그 모욕이 격렬한 적의를 일으키는 것은 아주 당연하다는 정도로만 해두겠다.

복수의 '폭력'과 밀접한 관계가 있는 것은 아이들 삶에서 흔히 일어나는 '신

---

3) 자유롭게 생각대로 대답할 수 있는 질문서. 이에 대한 답은 '의견'에 의존하지 않고 개인의 내부에서 의식과는 무관하게 작용하는 힘에 관한 자료를 주기 때문에 의식과 의도가 배제된 의미를 해석할 수 있다.

뢰감의 파탄(shattering of faith)'이 원인인 파괴성이다. 여기서 말하는 신뢰감의 파탄이란 어떤 의미일까?

아이는 선의와 사랑과 정의를 믿고 인생을 시작한다. 갓난아기는 어머니의 젖을 먹고, 추울 때는 재빨리 따뜻하게 해주고 아플 때는 재빨리 위로해 주는 어머니의 태도를 신뢰한다. 이 신뢰감은 부모나 조부모, 가까운 모든 사람을 신뢰하는 마음이기도 하다. 신을 믿는 마음이라고 표현해도 좋다. 대부분의 사람들은 어릴 적에 이미 이런 신뢰감이 산산조각 나는 것을 느낀다. 아이는 아버지가 중요한 일에 거짓말하는 것을 듣고, 그리고 어머니가 두려워서 어머니를 기쁘게 하기 위해 자신(아이)을 배신하는 모습을 자주 본다. 부모의 성교를 목격한 아이는 아버지를 짐승이라고 생각할지도 모른다. 또 아이가 불행하거나 마음을 다쳤는데 평소 자신을 걱정하고 있다고 입버릇처럼 말하던 부모가 그것을 눈치채지 못하거나, 부모에게 말해도 별다른 반응을 보이지 않는다. 부모의 사랑과 정의와 정직을 믿었던 마음이 산산조각 나는 일은 셀 수 없을 만큼 많다. 종교의 영향이 큰 환경에서 자란 아이의 경우, 때로 이 신뢰감의 상실에 따른 분노가 곧바로 신에게 향한다. 아끼던 새나 친구나 형제의 죽음을 경험한 아이는 선이자 진리인 신에 대한 신뢰감이 산산조각 난다. 그러나 산산조각 난 것이 인간에 대한 신뢰이든 신에 대한 신뢰이든 중요한 문제는 아니다.

파괴되는 것은 늘 인생에 대한 신뢰이고, 인생을 믿고 그것을 신뢰할 가능성에 대한 신뢰감이다. 어떤 아이든지 갖가지 환멸을 경험한다는 것은 사실일 것이다. 하지만 중요한 것은 특정한 실망의 날카로움과 격렬함이다. 이 신뢰감의 파탄이라는, 가장 먼저 겪는 매우 중요한 체험은 유년기에 많이 일어난다. 4~6세 또는 훨씬 더 일찍, 거의 기억조차 없는 인생의 시기에. 그리고 마지막 신뢰감의 파탄은 훨씬 나중에 일어나는 경우가 흔하다. 즉 신뢰하는 친구나 연인, 교사, 더 나아가 종교나 정치지도자에게 배신당하는 것이다. 한 가지 사건에 의한 경우는 드물고, 오히려 많은 체험이 쌓이고 쌓여서 그 사람에 대한 신뢰감이 깨진다. 이런 체험에 대한 반작용은 다양하다. 어떤 사람은 자신을 실망시킨 사람에게 더 이상 의존하지 않고 자기를 더욱 신뢰하게 되거나, 신뢰할 수 있는 새로운 친구나 교사, 애인을 찾으려고 하는 반작용을 보인다. 이런 예는 어린 시절의 실망에 대처하는 가장 바람직한 반작용이다.

또 다른 많은 예로서, 실망의 결과 그 사람은 회의하는 태도를 유지한 채 신뢰를 회복해 줄 기적을 기다리며 사람들에게 그것을 시도하고, 다시 실망하면 또다시 다른 사람을 시험하거나 신뢰를 되찾기 위해서 강대한 권위(교회나 정당이나 지도자)의 품속으로 뛰어든다. 가끔 그는 세속의 목적—돈, 권력 또는 명성—을 미친 듯이 추구함으로써 인생에 대한 신뢰를 잃은 것에 대한 절망감을 극복한다.

'폭력'과 관련해 중요한 반작용이 또 한 가지 있다. 배신과 실망의 상처를 마음속 깊이 맛본 사람은 인생을 미워하기 시작할 수 있다는 것이다. 믿을 만한 사람이나 사물이 없고 선과 정의에 대한 신뢰감이 모두 어리석은 망상으로 끝나면, 인생이 신보다는 악마의 지배를 받는 것처럼 생각되어 그 결과 인생을 증오하게 되고 실망이 주는 고통에 견디지 못하게 된다. 인생은 악이고, 인간도 악이며, 자기 자신 또한 악이라고 아무나 붙들고 증명하고 싶어진다. 인생을 믿고 사랑하는 데 실망한 사람은 이런 세상에 토라져 세상을 파괴하는 사람으로 변한다. 이 파괴성은 절망감의 하나로, 인생에 대한 실망감이 인생을 증오하는 결과를 낳은 것이다.

내 임상 경험에는 이런 신뢰감 상실의 뿌리 깊은 경험의 예가 많은데, 삶의 중요한 라이트모티프(유도동기)를 만드는 경우가 많다. 이는 사회생활에도 해당되며, 신뢰하는 지도자가 사악하거나 무능한 것이 판명되었을 때이다. 그 반작용이 좀더 큰 의존이 아니더라도 냉소주의나 파괴성의 형태를 취하는 경우는 많다.

'폭력'의 이런 형태는 모두 현실에 관계된 것이든 마술과 같은 것이든, 더 나아가 적어도 인생에 대한 타격 또는 실망의 결과로서 뒤집으면 마찬가지로 삶에 기여하고 있지만, 다음에서 말할 '보상으로서의 폭력(compensatory violence)'은 더 병리적인 형태를 가진다. 이것은 제3장에서 논할 죽음을 사랑하는 병적인 경향보다는 격렬하지 않다.

보상으로서의 '폭력'은 무력자에게 일어나는 생산적 행위에 대한 '대가(substitute)'[4]라고 생각한다. 여기서 쓰이는 '무력(無力)'이라는 단어를 이해하려면 몇 가지 예비 고찰을 더해야 한다. 인간은 자신을 규제하는 자연 및 사회의

---

4) 신체적 및 정신적으로 열등하다고 의식할 때 이것을 보강하기 위한 심리작용.

대상이긴 하지만, 그와 동시에 환경의 대상에만 머물러 있는 것은 아니다. 그는 어떤 제한은 있지만 세계를 변모시키고 변혁시킬 의지와 능력과 자유를 갖고 있다. 여기서 중요한 것은 의지와 자유[5]의 범위가 아니라 인간은 절대적인 수동상태에는 견디지 못한다는 사실이다.

인간은 이 세상에 의해 변모되고 '변혁'되기만 하는 게 아니라, 이 세상에 자기 발자취를 남기고 이 세상을 바꾸어 개혁하고 싶은 충동을 느낀다. 인간의 이 욕구는 옛 동굴벽화나 모든 예술, 직업, 성욕에 대한 관심에 표현되어 있다. 이런 행위는 모든 인간이 목적으로 자기 의지를 향하고, 목표에 다다를 때까지 노력을 계속하는 능력에 뿌리내리고 있다. 이렇게 자신의 힘을 사용하는 능력이 '포텐시(potency)'이다(성적 능력은 포텐시의 한 형태에 지나지 않는다). 만일 약하다거나 무력하다거나 하는 이유로 '행위(act)'할 수 없다면, 즉 무력하다면 그는 괴로워한다. 이 무력에서 비롯된 고뇌는 인간의 평형상태가 뒤흔들렸을 때 자신의 행위 능력을 회복하려고 하지 않고 완전한 무력상태를 그대로 받아들일 수는 없다는 사실 그 자체에 뿌리내리고 있다. 그러나 그는 그럴 수 있는가? 어떻게? 그 한 가지 방법은 힘을 가진 사람이나 집단에 굴복해 동일화하는 것이다. 다른 사람의 생명에 이렇게 상징적으로 관여함으로써 인간은 행동의 환상을 갖게 되지만, 실제로는 행동하는 사람들에게 굴복해서 그 일부가 되는 데 지나지 않는다. 또 다른 방법이자 이런 의미에서 볼 때 매우 흥미로운 것은 인간이 갖는 파괴력이다.

삶을 창조한다는 것은 주사위가 컵에서 던져지듯이 던져진 피조물로서의 처지를 뛰어넘는 것이다. 하지만 삶을 파괴하는 것 또한 그것을 초월해서 완전한 수동상태의 참을 수 없는 고통에서 벗어나는 것을 뜻한다. 삶을 창조하려면 무력자에게는 없는 어떤 특성이 필요하다. 삶을 파괴하려면 단 한 가지 특성, 힘의 사용이 필요할 뿐이다. 무력자는 권총이나 칼이나 강한 완력이 있으면 다른 사람이나 자신의 삶을 파괴하고 삶을 초월할 수 있다. 그는 이렇게 해서 "자신에게 부정적 태도를 보이는 삶에 복수한다." 보상으로서의 '폭력'은 바로 무력에 뿌리내리고 무력으로써 보상을 하도록 만드는 '폭력'이다. 창조할 수 없는 사람은 파괴하고 싶어한다. 창조하거나 파괴함으로써 인간은 단순한 피

---

5) 자유의 문제는 제6장에서 다룬다.

조물로서의 역할을 뛰어넘는다. 카뮈는 칼리굴라[6]의 입을 빌려서 "나는 살아 있다. 나는 죽인다. 파괴자의 힘을 미칠 듯이 기뻐하며 쓴다. 그에 비하면 창조자의 힘은 어린애 장난이다"라고 이 사상을 간결하게 표현했다. 이는 무력자의 '폭력'이고, 자신이 명백히 인간임을 보여주는 힘을 적극적으로 삶 속에서 표현하지 못하는 사람들의 '폭력'이다. 인간도 물체라는 것을 초월하는 존재이므로, 이런 사람들은 인간이기에 파괴의 욕구가 있다.

보상으로서의 '폭력'과 밀접한 관련이 있는 것은 동물과 인간을 가리지 않고 살아 있는 것을 완전히 지배하고자 하는 충동이다. 이 충동이 가학성애의 본질이다. 가학성애의 경우, 내가 《자유에서의 도피》[7]에서 지적했듯이, 다른 사람에게 고통을 주고 싶은 욕구가 그 본질은 아니다. 우리가 관찰할 수 있는 다양한 형태의 가학성애는 모두 하나의 주요한 충동으로 되돌릴 수 있다. 즉 다른 사람을 완전히 지배하여 자신의 의지대로 움직이는 무력한 존재로 만들고, 그의 신이 되어 그를 자신이 원하는 대로 따르게 하는 것이다. 그를 굴복시키고 노예로 만드는 것은 이 목적을 이루는 수단이며, 가장 극한의 목적은 그에게 고통을 주는 것이다. 다른 사람이 몸을 보호하지 못하고 고통받도록 억누르는 것보다 더 큰 지배력은 없기 때문이다. 다른 사람 또는 다른 동물을 완전히 지배하는 기쁨은 가학성애의 충동 본질, 그 자체이다. 이 생각을 뚜렷이 하는 또 다른 방법은 가학성애의 목표는 인간을 물체로, 생물을 무생물로 바꾸는 것이라고 말하면 된다. 왜냐하면 완전하고 절대적인 통제에 의해서 생물은 삶의 본질인 자유를 잃기 때문이다.

개인이나 집단에서 파괴하고 학대하는 폭력이 대단히 많다는 사실을 충분히 경험하기만 한다면, 보상으로서의 '폭력'이 어떤 외면적인 것, 죄악의 영향이나 악습 따위의 결과가 아니라는 것을 이해할 수 있을 것이다. 그것은 삶의 소망과 같은 정도로 격렬하고 강한, 인간 안에 존재하는 힘이다. 인간은 인간이지 물체가 아니며, 삶을 창조하지 못하면 파괴할 수도 없기 때문에 파괴하고 학대하는 '폭력'의 가능성을 갖는다. 수천의 무력한 사람들이 인간이 짐승에게 먹히거나 서로 죽고 죽이는 것을 보면서 가장 큰 기쁨을 맛본 로마의 콜로세움은, 가학성애의 커다란 유적이다. 이런 고찰에서 더 나아가 다음과 같

---

6) 알베르 카뮈, 희곡 《칼리굴라》(1945)의 주인공.

7) New York : Holt, Reinhart and Winston, 1941.

은 것을 생각할 수 있다. 보상으로서의 '폭력'은 삶이 없는 무력한 인생의 결과이자 필연의 결과이다. 그것은 벌에 대한 두려움에서 억제할 수 있고, 온갖 종류의 오락으로 주의를 돌릴 수도 있을 것이다. 하지만 그것은 그대로 포텐시(잠재력)로 남아 억제력이 약해지면 모습을 드러낸다. 보상으로서의 파괴성을 치료하는 유일한 방법은 인간 안에 존재하는 창조의 포텐시, 즉 그의 인간적인 힘을 생산적으로 이용할 수 있는 능력을 발달시키는 것이다. 인간이 무력하지 않게 되어야 비로소 인간은 파괴자나 가학성애자가 아니게 되고, 인간이 삶에 흥미를 느낄 수 있는 상태만이 인간의 과거로부터 현재에 이르는 역사를 부끄럽게 만든 충동들을 없앨 수 있다. 보상으로서의 '폭력'은 반작용으로서의 '폭력'처럼 삶에 기여하지 않는다. 그것은 병리학의 관점에서 본 삶에 대한 '폭력'으로, 삶의 무력함과 공허함을 나타내고 있다. 그러나 그것은 삶을 완전히 부정하면서도, 인간이 무력자가 아니라 살아갈 욕구를 갖고 있다는 점을 입증한다.

마지막으로 한 가지 더 짚고 넘어가야 할 '폭력'의 형태가 있다. '피(血)에 대한 원초적 갈증(archaic blood thirst)'이다. 이것은 무력자의 '폭력'이 아니라 야생과 아직 완전히 분리되지 않은 상태인 인간에게서 나타나는 피에 대한 갈증이다. 이것은 적극적으로 어엿한 한 성인이 되기를 두려워하기 때문에 삶을 초월하는 방법으로서 죽이는 것에 열광하는 것이다(나중에 서술할 하나의 선택이다). 인간으로서 고유한 특성이 없는 존재상태로 퇴행함으로써 급기야는 동물의 상태로 전락하고, 이성의 짐에서 해방됨으로써 삶의 해답을 구하는 사람의 경우 '피'는 삶의 본질이 되고, 다른 무엇보다 강하고 독자적인 것이 된다. 살육은 가장 원초적인 수준으로, 엄청난 흥분을 일으켜 커다란 자기확인이 된다. 반대로 죽임을 당하는 것은 죽이는 것에 대한 논리적인 양자택일에 지나지 않는다. 이것은 원초적인 의미에서 삶의 균형이다. 즉 최대한 많이 죽이는 것이고, 한 사람의 삶이 이렇게 피에 싫증날 때 그 사람은 죽임을 당할 준비를 마치게 된다. 이런 의미에서 죽이는 것은 본질적으로는 죽음을 좋아하는 것이 아니라 가장 깊은 퇴행의 수준에서 삶을 확인하고 초월하는 것이다. 우리는 개개의 사람들 속에서 이 피에 대한 갈망을 찾아볼 수 있다. 때로는 환상이나 꿈속에서, 때로는 중증의 정신병이나 살인 속에서. 정당한 사회적 억제가 사라져 버리는 전시 중—국가 간 전쟁이든 내란이든—소수의 사람들 속에서 이것을 확인할 수 있다. 죽이는 것(죽임을 당하는 것)이 삶을 좌우하는 양극인 원초적인 사회에서 그것을 볼 수 있다. 아즈텍인[8]의 인신공양 같은 현상, 몬테네그로[9]나 코르시카 같은 곳에서 벌어진 복수극, 《구약성서》의 하느님에게 바치는 제물로서의 피의 역할에서 이것을 볼 수 있다.

죽이는 것의 기쁨을 가장 명쾌하게 말하고 있는 것에 귀스타브 플로베르의 단편 《성 쥘리앵의 전설》[10]이 있다. 플로베르는 대정복자이자 위대한 성인이 될 거라는 예언을 듣고 태어난 한 남자에 대해 이야기한다. 그는 평범한 아이로 자라지만 어느 날 살육의 흥분을 느낀다. 교회에서 미사가 진행되고 있을 때, 그는 몇 번이나 작은 생쥐가 쥐구멍에서 쪼르르 달려나오는 것을 보았다. 그리고 화가 나서 쥐를 잡기로 결심했다. "그래서 그는 문을 닫고 제단 계단의 여기저기에 과자 상자를 놓고서 막대기를 손에 든 채 구멍 앞에 섰다. 한참을 기다렸을 때, 작고 빨간 코끝이 삐죽 나오더니 이윽고 쥐가 몸통을 드러냈다. 쥘리앵은 막대기로 툭 때렸을 뿐인데 쭉 뻗어버린 쥐의 작은 몸 앞에서 멍하니 서 있었다. 피 한 방울이 바닥을 더럽혔다. 그는 당황해 소매로 그것을 닦고, 쥐를 문밖으로 내던지고는 누구에게도 말하지 않았다." 그 뒤 새의 목을 졸라 죽였을 때 "그 몸부림치는 새를 보고 그의 심장은 쿵쾅대며, 잔인하고 격렬한 흥분의 기쁨으로 가득 찼다." 피를 본다는 것에서 광적인 기쁨을 알게 된 그는 닥치는 대로 동물을 죽이게 되었다. 그의 손에 죽지 않은 강하고 재빠른 동물은 한 마리도 없었다. 유혈은 모든 삶을 초월하는 최상의 자기확인 방법이었다. 몇 년 동안이나 그가 열중하고 흥분한 것은 오직 하나, 동물을 죽이는 것이었다. 그가 밤에 집으로 돌아갈 때는 "피와 진흙에 범벅이 되어 짐승 냄새를 풍기고 있었다. 그는 짐승과 닮아 있었다." 그는 거의 동물로 변모하겠다는 목표에 이르렀으나, 인간이기에 그것은 불가능했다. 그리고 마침내는 아버지와 어머니를 죽이라고 명령하는 목소리가 들리기 시작했다. 깜짝 놀란 그는 성에서 도망쳐 동물 죽이기를 그만두고, 그 대신 누구나 두려워하는 유명한 군대

---

8) 1520년, 에르난 코르테스가 이끄는 스페인군에게 정복당하기까지 멕시코에서 독특한 문명을 발전시켰던 민족.
9) 몬테네그로의 생활양식에 대해서는 밀로반 질라스 참조. 그는 그곳에서 살인이, 인간이 경험할 수 있는 가장 큰 금지이자 흥분이라고 설명했다.
10) New York : New American Library, 1964.

의 지휘관이 되었다. 훌륭한 전공을 세우고 포상으로 아름다운 여인을 얻었다. 군인생활을 그만두고 아내와 행복하게 살았지만 따분해서 미칠 것만 같았다. 어느 날 다시 사냥을 시작하는데, 이상한 힘이 그의 사격을 자꾸만 방해했다. "그러자 그가 지금까지 죽였던 동물들이 모조리 나타나 그의 주위를 빙 둘러 쌌다. 아예 털썩 주저앉은 것도, 우뚝 일어선 것도 있었다. 쥘리앵은 그 한가운데에 선 채로 공포에 질려 꼼짝도 할 수 없었다." 그는 아내가 있는 집으로 돌아가기로 마음먹었다. 그사이 늙은 부모님이 그의 집에 와 있었고, 아내는 자신의 침대를 부모님에게 내드리고 있었다. 그는 부모님을 아내와 그녀의 애인으로 오해하여 죽여버렸다. 그가 퇴행[11]의 극한에 이르렀을 때 커다란 전환이 일어났다. 실제 그는 성인이 되어 남은 삶을 가난한 자들과 병든 자들에게 바쳤고, 급기야는 나병 환자를 따뜻하게 끌어안을 정도가 된 것이다. "쥘리앵은 자신을 천국으로 데려가 줄 예수 그리스도와 마주 본 채로 푸른 하늘로 올라갔다."

플로베르는 이 이야기에서 피에 대한 갈망의 본질을 그리고 있다. 그 갈망은 가장 원초적인 형태로 삶에 도취되는 상태이다. 그렇기에 인간은 삶과의 관계 속에서 가장 원초적인 수준에 다다르면 최고의 발달 단계, 즉 자신의 인간성에 의해 삶을 확인하는 단계로 돌아올 수 있다. 이 죽임에 대한 갈망이 앞에서 말했듯이 죽음을 좋아하는 것과는 다르다는 점을 아는 것은 중요하다. 이것에 대해서는 제3장에서 상세히 말하겠다. 피는 삶의 본질로서 체험된다. 다른 생물의 피를 흘리는 것은 어머니 대지에 필요한 비료를 주는 것이다(피를 흘리는 것이 우주의 기능을 계속하는 조건으로서 필요하다는 아즈텍의 신앙이나 카인과 아벨의 이야기와 비교해 볼 것). 자신의 피가 흐를지언정 그 사람은 대지를 풍요롭게 하고 대지와 하나가 되는 것이다.

퇴행의 이 단계에서 피는 정액과 같고, 대지는 어머니인 여성과 같다. 정액 대 난자는 남성 대 여성을 표현하는 것이며, 이 양성은 남성이 대지로부터 충분히 빼내고 여성이 그의 욕망과 애정[12]의 대상이 되는 점에 다다랐을 때 비로소 중심이 된다. 피를 흘린 결과는 죽음이다. 정액을 흘리는 결과는 탄생이다. 그러나 앞엣것의 목표는 뒤엣것의 목표와 마찬가지로 동물적인 존재의 수

11) 발달 또는 진화 단계에서 현재 이전의 상태, 이전 시기로 돌아가는 것.
12) 하느님이 하와를 아담의 반려자로 만드는 이야기는 새로운 작용을 보여준다.

준을 거의 벗어나지 않고도 삶을 확인한다. 살인자는 완전히 태어난다면, 그리고 대지와의 인연을 버린다면, 또 자신의 자기애를 극복할 수 있다면 사랑하는 자가 될 수 있다. 그러나 부정할 수 없는 것은 만일 그가 이런 것들을 이루지 못한다면 그의 자기애와 원초적인 애착은 피에 굶주린 자와 죽음을 좋아하는 자의 구별이 어려울 만큼, 죽음의 길과 거의 다르지 않은 삶으로 그를 추락시키리라는 것이다.

3. 죽음을 사랑하는 것과 삶을 사랑하는 것

앞장에서는 직접·간접적으로 삶의 목적에 도움이 되기(또는 도움이 되는 듯이 보이기) 때문에, 조금이라도 양성(良性)이라고 생각되는 '폭력'과 공격성의 형태를 다루어 보았다. 이 장과 다음 장에서는 삶에 '대항하여' 있는 중증 정신병의 핵심이며 진짜 악의 본질이라고도 해야 할 성향에 대해서 말해 보겠다. 문제가 되는 성향은 죽음을 사랑하는 것(네크로필리아), 삶을 사랑하는 것(바이오필리아), 자기애(나르시시즘), 그리고 어머니에 대한 공생적 애착의 세 종류이다.

세 가지 모두 전혀 병적이라고 생각할 수 없는, 거의 걱정할 필요가 없는 양성의 형태를 포함하고 있다는 것을 알고 있다. 그러나 여기서 중점을 두는 것은 세 가지 성향의 악성 형태이고, 이것들은 가장 위험한 형태에서는 한곳으로 모여 마침내 '쇠퇴증후군'을 이룬다. 즉 악의 진수를 나타내는 이 증후군은 병리학적으로 중증인 동시에 가장 악성인 파괴성과 잔인성의 근원이기도 하다.

네크로필리아의 문제 핵심을 가장 잘 소개하고 있는 것으로 1936년 스페인 철학자 우나무노[1]의 짧은 성명이 있다. 스페인 시민전쟁 초기, 밀란 아스트레이 장군이 그 무렵 우나무노가 학장으로 있었던 살라망카 대학에서 연설했을 때의 일이다. 장군이 좋아하는 좌우명은 "죽음이여 만세!(viva la muerte!)"로, 그의 신봉자 가운데 한 사람이 강당 뒤쪽에서 그렇게 외쳤다. 장군의 연설이 끝나자 우나무노는 일어나서 다음과 같이 말했다.

"지금 나는 네크로필러스한(죽음을 사랑하는 듯한) 의미의 '죽음이여 만세!'라는 외침을 들었습니다. 그리고 다른 사람들은 이해하지 못하는 분노를 일으키는 통렬한 역설(逆說)에 생애를 바쳐 온 사람인 내가, 이 자리에서 말해야

---

1) 1864~1936. 이른바 '98년대 작가'의 중심인물로서, 남유럽의 키르케고르라고 불렸다.

할 것은 전문가의 관점에서 지금의 기괴한 역설에 반발을 느끼고 있다는 것입니다. 밀란 아스트레이 장군은 장애인입니다. 큰 소리로 그렇게 말할 수 있습니다. 그는 부상병입니다. 세르반테스도 그랬습니다. 불행히도 현재 스페인에는 장애인이 너무 많습니다. 신의 가호가 없다면 그 수는 더 불어날 것입니다. 밀란 아스트레이 장군이 대중심리학의 방법을 여기서 설명할 거라고 생각하면 가슴이 아픕니다. 세르반테스의 정신적 위대함이 없는 장애인은 자기 주변 사람들을 장애인으로 만드는 것을 통해서 불길한 구제를 찾고는 합니다."

이 말을 듣고도 밀란 아스트레이는 자신을 제어할 수가 없었다. "지성이여 죽어라!" 그는 외쳤다. "죽음이여 만세!" 팔랑헤 당원[2]들 사이에서 그것을 지지하는 맹렬한 외침이 일었다. 그러나 우나무노는 계속했다. "이곳은 지성의 성당입니다. 그리고 나는 이곳의 고위 성직자입니다. 성역을 모독하는 것은 당신입니다. 당신은 너무 많은 야만적인 힘을 갖고 있습니다. 그러니 승리할 수 있을 것입니다. 하지만 이해시킬 수는 없습니다. 이해시키려면 설득이 필요하기 때문입니다. 그리고 설득하기 위해서는 당신에게 결여된 것이 있습니다. 싸움에서의 이성과 정의입니다. 당신에게 스페인을 위해서 생각하라고 권해 봤자 헛수고일 것입니다. 이상입니다."[3]

죽음을 칭송하는 듯한 "죽음이여 만세!"라는 외침의 병적인 특징을 말함으로써 우나무노는 악의 문제 핵심을 건드렸다고 할 수 있다. 심리적으로도 도덕적으로도 사람과 사람 사이에는 죽음을 사랑하는(네크로필러스한) 사람과 삶을 사랑하는(바이오필러스한) 사람 사이에서도 그렇듯이 근본적인 차이는 없다. 그렇다고 인간이 완전히 네크로필러스하거나 완전히 바이오필러스하다는 뜻은 아니다. 죽음에 모든 것을 바치는 자도 있지만, 그것은 미친놈이다. 반대로 삶을 철저하게 사랑하는 사람도 있는데, 그럴 때 우리는 그 사람이 인간이 다다를 수 있는 최고 목표를 이루었다고 생각한다. 많은 사람들에게 바이오필리아와 네크로필리아의 성향이 함께 존재하는데, 문제는 그 뒤섞인 정도가 다

---

2) 1936~1939년의 스페인 내전 뒤 정권을 쥔 프랑코 장군 휘하의 파시스트 당원.

3) H. Thomas, *The Spanish Civil War*(New York : Harper & Row 1961) pp. 354~55에서 인용. 토머스는 우나무노의 연설을 C. Connolly, *Horizon* pp.394~409 (L. Portillo의 번역)에서 인용했다. 우나무노는 1936년 10월 팔랑헤 당원을 비난한 일로 가택연금되었고 두 달 뒤 심장병으로 죽었다.

르다는 점이다. 여기서 중요한 사실은 생명현상 일반으로서 인간의 행동을 결정짓는 것은 둘 가운데 어느 쪽 성향이 더 강하냐이지, 두 성향 가운데 하나가 완전히 존재한다 또는 존재하지 않는다를 말하는 게 아니다.

문학적으로는 '네크로필리아'는 '죽음을 사랑하는 성향'을 뜻한다('바이오필리아'가 '삶을 사랑하는 성향'을 뜻하듯이). 이 용어는 일반적으로는 성도착, 즉 (여자의) 시체를 성교를 위해 소유하고 싶어하는 욕망[4] 또는 시체와 마주 보고 싶어하는 병적 욕망을 드러내는 데 쓰인다. 그러나 흔히 있듯이 성도착은 어떤 성적인 형태를 취하지 않은 채 발견되는 성향이 더욱 뚜렷한 모습을 빌려서 나타난 것에 지나지 않는다. 우나무노가 장군의 연설에 대해 '네크로필러스'라는 단어를 썼을 때, 이 사실을 명백히 본 것이다. 그가 뜻한 바는 장군이 성도착에 사로잡혀 있는 게 아니라, 삶을 증오하고 죽음을 좋아했다는 것이었다.

기묘하게도 일반적인 성향으로서의 네크로필리아는 정신분석 문헌에서 지금까지 언급된 적이 없었다. 프로이트의 '죽음의 본능(death instinct)'과 마찬가지로 '항문가학적 성격(anasadistic character)'과는 관련이 있지만 이런 관련성은 나중에 설명하도록 하고, 지금은 네크로필러스한 사람에 대해서 말하겠다.

성향이 네크로필러스한 사람은 살아 있지 않은 모든 것, 즉 죽어 있는 모든 것의 시체, 부패, 배설물, 오물에 매료되고 현혹되어 있는 사람이다. 네크로필리아 환자란 병이나 매장, 죽음에 대해서 말하기를 좋아하는 사람들이다. 그들은 죽음에 대해서 말할 때 생기가 넘친다. 네크로필러스에 관한 순수하고 명료한 예는 히틀러이다. 그는 파괴에 매혹되었고, 죽음의 냄새는 그를 기분 좋게 했다. 승승장구하는 동안에는 자신이 적으로 여긴 것만을 파멸시키려는 듯이 보였지만, '신들의 황혼(Götterdämmerung)' 무렵은 전면적·절대적 '파괴', 독일 민족 파괴나 위성국가 파괴, 더 나아가 자기 자신의 파멸을 보는 데에 가장 큰 만족이 있었다는 것을 보여준다. 제1차 세계대전의 어느 보고에 따르면, 확실한 증거는 없지만 있을 법한 이야기로서, 어느 병사가 황홀한 눈으로 썩은 시체를 응시한 채로 그 자리를 떠나지 못하는 히틀러의 모습을 보았다고 한다.

네크로필러스한 사람은 과거에 살지 미래에 살지 않는다. 그들의 감정은 본질적으로는 감상이다. 즉 그들은 어제까지 갖고 있었던 감정, 또는 갖고 있었

─────────

4) 독일 정신의학자 크라프트 에빙, 의사·성과학자 히르슈펠트 등은 이 욕망에 사로잡힌 환자의 예를 많이 들고 있다.

다고 생각하는 감정의 기억을 마음에 품고 있다. 그들은 '법과 질서'의 냉담한 신봉자이다. 그들에게 가치 있는 것은 일반적 삶과 관련된 가치와는 정반대의 것이다. 다시 말해 삶이 아니라 죽음이 그들을 흥분시키고 만족시킨다.

네크로필러스한 사람의 특징은 힘에 대한 그 사람의 태도이다. 시몬 베유의 정의에 따르면, 힘이란 인간을 시체로 변모시키는 능력이라고 한다. 성욕이 삶을 창조할 수 있듯이, 힘은 삶을 파괴할 수 있다. 모든 인간의 힘에는 파고 들어가면 살인에 대한 물리적인 힘이 바탕에 있다. 내가 어떤 사람을 죽이지 않고 자유만 빼앗았다고, 또 어떤 사람을 복종하게 만든다든가 그 소유물을 빼앗았다고 치자. 그러나 무엇을 하든 나의 이런 행위 뒤쪽에는 죽일 수 있는 가능성을 가진 힘과 죽이는 것에서 기쁨을 느끼는 마음이 반드시 존재한다. 죽음을 좋아하는 자는 필연적으로 힘을 좋아한다. 그에게 인간의 가장 큰 목적은 삶을 부여하는 것이 아니라 파괴하는 것이고, 힘의 사용은 환경에 의해 강요된 일시적인 행위가 아니라 그 자신이 살아가는 길이다.

이상은 네크로필러스한 사람이 힘에 매혹되는 이유를 설명하고 있다. 삶을 좋아하는 사람에게 인간의 기본 극성(極性)이 암수 간의 문제인 것처럼, 죽음을 좋아하는 자에게는 전혀 다른 극이 존재한다. 즉 죽이는 힘을 가진 사람과 그 힘이 결여된 사람 간의 극성이다. 그들에게는 두 개의 '성(性)—강력한 자와 무력한 자, 죽이는 사람과 죽임을 당하는 사람—이 있을 뿐이다. 그는 죽이는 사람을 좋아하고, 죽임을 당하는 사람을 멸시한다. 이 '살인자를 좋아하는 존재'를 액면 그대로 받아들이는 일은 드물지 않으며, 그것은 그의 성적 매력과 환상의 대상이 된다. 그리고 그것은 앞에서 말한 성도착이나 네크로파기아(시체를 먹고 싶어하는 욕망), 즉 네크로필러스한 사람의 꿈에서 자주 보이는 도착된 욕망보다 격렬하지 않을 뿐이다. 네크로필러스한 사람들이 육체적으로는 전혀 매혹되지 않는데 상대가 가진 힘과 피괴성은 두려워하고 존경하며, 그 결과 그런 힘을 가진 연장자와 성교하는 꿈의 예를 수없이 알고 있다.

히틀러나 스탈린과 같은 사람이 영향력을 갖는 것은 바로 그들이 가진 살인에 대한 무제한적 능력과 그것에 기꺼이 뛰어드는 적극성이다. 이런 이유에서 그들은 죽음을 좋아하는 사람들에게 사랑받았던 것이다. 그 밖의 대중 가운데 많은 사람들이 그들을 두려워하거나 그 두려움을 인식하기보다는 칭찬하려고 했으며, 또 다른 사람들은 이런 지도자의 네크로필러스한 소질을 깨닫지 못하고 그들 속에서 건설자, 구세주, 좋은 아버지를 보았던 것이다. 이 네크로 필러스한 지도자들이 건설자나 보호자로서의 태도를 취하지 않았다고 가정한다면, 그들에게 매료된 사람들은 그들의 권력 획득에 그렇게까지 도움을 주지 않았을 것이고, 또 그들에게 추방된 사람들은 즉시 그들을 몰락시켰을 것이다.

삶이 구성되고 기능함으로써 생장하는 특징을 갖는 데 반해서, 네크로필러스한 사람은 생장하지 않는 것이나 기계적인 모든 것을 사랑한다. 또 유기체를 무기체로 변모시키고, 살아 있는 것을 물체인 것처럼 대하고자 하는 욕망에 휩싸인다. 모든 생명 과정, 감정, 사고는 물체로 변모된다. 경험보다는 기억이, 존재보다는 소유가 여기서는 중요하다. 네크로필러스한 사람은 그것을 소유할 경우에만 꽃이라든가 사람을 객체로서 상대할 수 있다. 그렇기 때문에 자기 소유물에 대한 위협은 자신에 대한 위협이고, 소유할 수 없게 되면 외부 세계와 단절하게 된다. 그래서 삶을 잃음으로써 소유하는 것이 존재하지 않게 될지언정, 소유하는 것을 잃기보다는 삶을 잃는 길을 선택하는 역설적 반응을 보인다. 그는 지배를 사랑하며, 지배하기 위해 삶을 말살한다. 그가 삶을 몹시 두려워하는 것은 삶이 성질상 무질서하고 통제하기 어렵기 때문이다. 솔로몬의 재판 이야기는 그 전형이다. 아이의 어머니라고 주장하는 여인은 살아 있는 아이를 잃느니 똑같이 이등분된 시체를 선택한다. 네크로필러스한 사람에게 정의란 정확한 분할을 의미하며, 그들은 자신들의 정의를 위해서라면 기꺼이 죽이고 죽는다. '법과 질서'는 그들에게는 우상이고, 그것을 위협하는 것은 모두 자신의 더할 수 없이 높은 가치에 대한 악마의 도전으로 받아들이는 것이다.

네크로필러스한 사람은 어둠과 밤에 매혹된다. 신화와 시의 세계에서 그는 동굴이나 바다의 깊이에 이끌리거나 시각장애인으로 묘사된다(입센의 《페르 귄트》에 등장하는 사람들이 그 예로, 맹목[5]적이고 동굴에 살며, 가치 있는 유일한 것은 자기 스스로가 만든 자기애와도 같은 것이다). 삶을 적대하는 것은 모두 그를 매혹한다. 그는 자궁의 어둠, 그리고 무생물적·동물적 존재의 과거로 돌아가려고 한다. 그는 본질적으로 과거를 지향하며, 증오스럽고 두려운 미래는 지향하지 않는다. 이와 관련해서 그가 절망하는 것에 확실성이 있다. 그러나

---

5) 맹목이 갖는 상징적 의미는 '참된 통찰'을 뜻하는 것과 전혀 다르다는 것이다.

삶은 결코 확실한 것이 아니라 예측도 할 수 없고 통제도 할 수 없다. 삶을 통제할 수 있는 것으로 만들기 위해서 삶은 죽음으로 변모되어야 한다. 사실 죽음은 삶의 과정에서 유일하게 확실한 것이다.

네크로필러스한 성향은 평범한 사람들의 꿈에 가장 뚜렷하게 나타난다. 그런 꿈에는 살해, 유혈, 시체, 머리뼈, 똥이 나오거나 인간이 기계로 변신해서 기계처럼 움직인다. 그러나 이런 꿈은 네크로필리아의 성향이 없는 일반 사람들에게서도 이따금 보인다. 하지만 네크로필러스한 사람은 이런 꿈을 자주 꾸며, 때에 따라서는 되풀이된다.

네크로필리아의 정도가 진행된 사람은 겉모습이나 몸짓에 그것이 드러난다. 냉담하고 피부는 죽은 사람처럼 보이며, 악취를 맡은 사람 같은 표정을 하고 있는 경우가 많다(이 표정은 히틀러의 얼굴에 분명하게 나타나 있었다). 그들은 질서를 중요시하고 강박관념에 사로잡혀 있으며 철학적이다. 네크로필러스한 사람의 이런 특성은 아이히만의 용모에도 잘 드러나 있다. 아이히만은 관료적인 질서와 죽음에 매료되어 있었다. 그가 최고 가치로 여긴 것은 순종이고, 조직체가 본디 기능을 올바로 수행하는 것이었다. 그는 석탄을 나르듯이 유대인을 유형에 처했다. 유대인이 인간이라는 생각은 그의 머릿속에 거의 들어오지 않았다. 그렇기 때문에 그가 그의 희생자들을 미워했느냐 아니냐 하는 문제는 전혀 상관없는 질문이다.

그러나 네크로필러스한 성향의 실례가 심문자나 히틀러, 아이히만과 같은 사람들에게서만 발견되는 것은 결코 아니다. 죽일 기회도 힘도 갖고 있지 않은 사람들에게서 보이는 네크로필리아는 다른, 그리고 표면만 보면 무해한 방법으로 나타나는 경우가 많다. 아이의 질병, 실패, 앞날에 대한 어두운 전망에 관심을 갖는 어머니가 한 예이다. 그런 어머니는 좋은 변화에는 감동하지 않고, 아이의 기쁨에 반응이 없으며, 아이 내부에서 자라고 있는 새로운 것은 전혀 알아채지 못한다. 그 여자의 꿈에는 병이나 죽음, 시체, 유혈이 등장할지도 모른다. 그녀는 겉으로 볼 때 아이에게 상처를 주지 않지만 서서히 아이의 삶의 기쁨과 성장에 대한 신뢰감을 질식시키고, 마침내는 자기 자신의 네크로필러스한 성향을 자신의 아이에게 감염시키는 것이다.

네크로필러스한 성향은 계속해서 반대 성향과 충돌하다가 마침내는 특수한 평형을 유지한다. 이런 유형의 네크로필러스한 성격의 뚜렷한 예는 카를 구스타프 융의 경우였다. 그가 죽은 뒤 출판된 자서전에서 이것은 충분히 입증된다. 그의 꿈에는 거의 늘 시체, 유혈, 살인이 등장했다. 현실생활에 드러나는 그의 네크로필러스한 성향을 전형적으로 보여주는 것으로서 다음과 같은 예가 있다. 보링겐에 융의 집이 건축되고 있을 때, 프랑스 군인의 시체가 발견되었다. 150년 전 나폴레옹이 스위스를 침략했을 때 익사한 병사였다. 융은 그 송장의 사진을 찍어 벽에 걸었다. 또 그 시체를 묻고 군대식 의례에 따라서 무덤 위에 세 발의 공포탄을 쏘았다. 이 행위는 언뜻 기묘해 보이지만, 겉으로는 별다른 의미도 없어 보인다. 그러나 그것은 의도된 중요한 행위보다 더 명백하게 심층심리를 표현하고 있는 '사소한(insignificant)' 행위들 가운데 하나이다. 프로이트는 이미 몇 년 전에 죽음에 대한 융의 성향을 눈치챘다. 프로이트와 융이 미국으로 여행을 떠났을 때, 융은 함부르크 근교의 습지대에서 보존이 잘된 채로 발견된 시체에 대해서 열심히 이야기했다. 이런 이야기를 싫어하는 프로이트는 융에게 "자네는 무의식적으로 나에게 적대하는 죽음의 소망으로 가득 차 있기 때문에 시체 이야기를 열심히 하는 것일세"라고 말했다. 융은 발끈해서 부정했지만, 몇 년 뒤 프로이트와 결별했을 즈음에 그는 다음과 같은 꿈을 꾸었다.

그는 자신이 '지크프리트'를 죽여야 한다고 생각했다. 소총을 들고 나간 그는 지크프리트가 산 정상에 나타나자 그를 죽였다. 그리고 자신의 범죄를 들킬까 봐 자신이 떨고 있다는 것을 알았다. 하지만 다행히도 폭우가 내려 범죄의 흔적은 말끔히 씻겨 내려갔다. 잠에서 깬 융은 그 꿈을 이해하지 못하면 자살할지도 모른다고 생각했다. 한참을 생각하던 그는 다음과 같은 '이해'에 다다랐다. 지크프리트를 죽이는 것은 자기 속에 존재하는 영웅을 죽이고 자신을 낮추는 일과 통한다는 것이다. '지그문트[6]'에서 '지크프리트'로 조금 바뀌었을 뿐으로, 꿈의 해석을 천직으로 하는 사람으로서 이 꿈의 의미를 스스로 충분히 감출 수 있었던 것이다. 어떻게 이런 강한 억압이 가능했는지 묻는다면, 그 대답은 이 꿈이 그의 네크로필러스한 성향을 보여주고 있다는 것이다. 그리고 이러한 성향이 매우 강하게 억압되어 있었으므로, 융은 이 꿈의 의미를 깨달을 여유가 없었던 것이다. 융은 과거에 집착하고 현재와 미래에는 거의 이

---

6) 프로이트의 풀네임은 지그문트 프로이트이다.

끌리지 않았다는 점, 돌은 그가 좋아하는 사물이고, 어렸을 때 신이 커다란 똥을 교회에 떨어뜨려 그것을 파괴하는 환상을 가졌었다는 이야기를 생각할 때 그것은 정답이다. 히틀러에 대한 그의 공감과 민족 이론은, 그가 죽음을 좋아하는 사람들과 인척관계에 있었다는 것의 다른 표현이라고 생각된다.

그러나 융은 이상할 만큼 창조력이 풍부한 사람이었다. 이 창조력은 네크로필리아와 대립하는 것이다. 융은 그 파괴력과 자기 소망과 치유력을 균형 있게 유지함으로써, 그리고 과거, 죽음, 파괴에 대한 흥미를 눈부신 사색의 주제로 삼음으로써 마음속 갈등을 해결했던 것이다.

네크로필리아 성향에 대한 지금까지의 설명으로, 이상에서 말한 특징은 '모두' 네크로필러스한 사람에게서 필연적으로 보이는 것이라는 인상을 주었을지도 모른다. 살해의 소망, 힘의 숭배, 죽음과 오물(汚物)과 사디즘에 대한 집착, '질서'에 의해 생물을 무생물로 변모시키고자 하는 욕망과 같은 다양한 특징이 모두 같은 기본성향의 일부분이라는 것은 옳다. 하지만 개인에 관한 한, 이런 저마다의 성향에 대한 강도(强度)에는 상당한 차이가 있다. 여기서 말한 특징 가운데 어느 것 하나를 보아도 어떤 사람은 다른 사람보다 그것이 뚜렷한 경우가 있고, 그 사람의 바이오필러스한 면과 비교해서 네크로필러스한 정도, 또 궁극적으로는 네크로필러스한 자신의 성향을 깨닫고 그것을 합리화하는 정도에는 상당한 개인차가 있는 것이다. 그러나 네크로필러스의 유형에 대한 개념은 결코 다양한 이질적 행동의 추상화도 아니며 요약도 아니다. 네크로필리아는 기본성향을 이룬다. 즉 그것은 삶과 정반대의 인생에 대한 하나의 대답이고, 인생의 성향 가운데에서 가장 병적이고 위험한 것이다. 이는 진짜 성도착이다. 즉 살아 있기는 하지만 삶이 아니라 죽음을, 성장이 아니라 파괴를 사랑하는 것이다. 네크로필러스한 사람은 "죽음이여 만세!"라고 외칠 때 자기 삶의 좌우명을 단적으로 드러낸다.

네크로필리아라는 성향의 반대는 '바이오필리아'이고, 그 본질은 죽음을 사랑하는 것과는 대칭적으로 삶을 사랑하는 것이다. 네크로필리아처럼 바이오필리아는 단일한 양식으로 구성되어 있는 것이 아니라 종합적인 성향, 곧 존재의 모든 양식을 나타낸다. 그것은 인간의 육체적 과정, 정서, 사상, 몸짓 안에 나타난다. 즉 바이오필러스한 성향은 그 자체가 종합적이고 인간적인 것으로서 나타난다. 이 성향의 가장 기본형태는 모든 생물의 살고자 하는 욕구 안에 표현되어 있다. '죽음의 본능'에 대한 프로이트의 가설과는 반대로 바이오필리아는 살기 위해, 그 존재를 유지하기 위해 온갖 생물 속에 존재하는 특질이라고 하는, 많은 생물학자들과 철학자들의 가설에 나는 동의한다. 스피노자가 말했듯이, "모든 것은 그 자신으로 있는 한 자신의 존재를 고집하려고 노력한다." 그는 이 노력을 바로 그 자체의 본질이라고 말했다.

우리는 살고자 하는 이 욕구를 주위의 모든 생물에게서 관찰할 수 있다. 돌 사이를 비집고 빛을 찾아 살려고 하는 풀에서, 죽음을 피하려고 마지막까지 싸우는 동물에게서, 자신의 목숨을 지키기 위해서는 그 어떤 것도 마다하지 않는 인간에게서.

삶을 유지하고 죽음과 싸우는 힘은 바이오필러스한 성향의 가장 기본 형태로, 모든 살아 있는 것에 공통이다. 그러나 삶을 '유지'하고 죽음과 '싸우는' 욕구만이라면, 그것은 삶에 대한 충동의 일면을 나타낼 뿐이다. 좀더 적극적인 다른 일면이 있다. 즉 살아 있는 것은 통합하고 합일(合一)하는 경향을 가지며, 그것은 다른 반대의 존재와 통합하고 조직적으로 성장하고자 한다. 합일과 통합적인 성장은 모든 생명 과정의 특징으로, 세포뿐만 아니라 감정과 사고의 경우에서도 말할 수 있다.

이런 경향의 가장 기본현상은 무성세포(無性細胞)의 결합에서부터 동물이나 인간의 성적 결합에 이르는 세포 간 또는 유기체 간의 결합이다. 유기체의 경우, 성적 결합은 암수의 유인력에 기초한다. 암수의 극성(極性)은 인류의 성의 기초가 되는, 결합하고자 하는 욕구의 중심을 이룬다. 바로 이런 이유에서 자연은 인간이 양극을 결합시킬 때 가장 격렬한 기쁨을 주도록 만든 것 같다. 생물학적으로는 이 결합의 결과, 정상적인 경우에 새로운 존재가 창조된다. 삶의 순환은 합일, 탄생, 성장의 순환이다―죽음의 순환이 성장의 정지, 분산, 쇠퇴의 순환인 것처럼.

그러나 '생물학적'으로는 삶에 기여하는 성본능이어도 '심리학적'으로는 반드시 바이오필리아를 나타내는 것이라고는 할 수 없다. 대부분의 강한 정서는 성본능에 의해 이끌리거나 성본능과 뒤섞여 있다. 허영, 부(富)와 모험에 대한 욕망, 그리고 죽음에 대한 유혹도 어떤 의미에서 성본능에게 수수료를 내고 있다고 할 수 있다. 어떻게 그런 일이 일어나는지 생각해 볼 필요가 있을 것이다. 성본능이 어떤 종류의 강한 욕망에 의해서도, 삶과 모순되는 욕망에 의해서조차 마음대로 돌려서 이용할 수 있는 것이 자연의 섭리인가 하는 생각마저 들게 한다. 하지만 무엇이 어떻든 성적 욕망과 파괴성이 뒤섞여 있다는 사실은 거의 의심할 여지가 없다(프로이트는 이 혼재, 특히 죽음의 본능과 삶의 본능의 뒤섞임을 이야기할 때 가학성애와 피학성애 사이에서 일어난다고 생각했다). 가학성애, 피학성애, 시체를 먹는 것, 똥을 먹는 것 등은 도착(倒錯)이지만, 그것은 행동의 일반기준에서 벗어나 있다는 이유에서가 아니라 하나의 기본적인 도착, 즉 삶과 죽음의 혼재[7]를 뜻한다는 이유에서이다.

바이오필리아의 완전한 현상은 생산적인 성향에서 발견된다. 삶을 사랑하는 사람은 모든 것에서 보이는 삶과 성장 과정에 이끌린다. 그는 머물러 있기보다는 짜 맞추려고 한다. 그는 늘 놀라움으로 눈을 크게 뜨고 낡은 것에서 증거를 찾으며, 거기에 안주하기보다는 다른 새로운 것을 발견하려고 한다. 확실함보다는 모험에 찬 삶을 살고 싶어한다. 그가 삶을 대하는 방법은 기계적이라기보다는 기능적이며, 부분보다는 전체를, 조화보다는 구조를 본다. 그가 형성하고 영향을 주고 싶어하는 것은 사랑, 이성, 자신의 본보기에 의해서이지, 힘도 아니고 사물을 재단하거나 관료적 태도로 인간을 물체처럼 지배하는 것으로써도 아니다. 그는 단순한 흥분보다는 모든 생명과 생명현상에서 기쁨을 발견한다.

'바이오필리아의 윤리'는 자체적으로 선과 악의 원리를 갖는다. 선(善)은 삶에 기여하는 모든 것이고, 악(惡)은 죽음에 기여하는 모든 것이다. 선은 삶을 존중하는 것으로, 생(生), 생장(生長), 전개(展開)를 촉진하는 모든 것을 말한다.[8] 악은 삶을 질식시키고 위축시키며 재단하는 모든 것이다. 기쁨은 미덕이고, 슬픔은 죄이다. 성경이 히브리인의 원죄를 말하는 것은 바이오필리아의 윤리관에 기초한다. "모든 것이 남아 넘쳐서 기쁘고 즐거운 나머지 너희 하느님 야훼를 섬기지 않은 까닭에"(《신명기》 28장 47절) 바이오필러스한 의식은 악을 억지로 배제하고 선을 행하는 것이 아니다. 그것은 프로이트가 말한 엄격한 공장 감독—미덕을 위해서는 자신을 거슬러서라도 사디즘적이 된다—도 할

---

7) 정화(삶)를 오탁(죽음)과 분리시키는 제례(祭禮)들은 이 도착을 피하는 것이 중요하다는 점을 알려준다.

8) 이것은 알베르트 슈바이처의 주요한 명제이다. 그는 작품에서도 인간적인 면에서도 삶을 사랑하는 위대한 대표자 가운데 하나이다.

수 있는 초자아(超自我)[9]가 아니다. 바이오필러스한 의식은 삶과 기쁨에 매료되는 것이 동기로, 그 도덕적인 노력은 자기 삶을 사랑하는 면을 강화하는 데에 있다. 이런 이유에서 바이오필러스한 사람은 자기혐오와 결국은 슬픔의 일면에 지나지 않는 회한과 죄에 머물지 않고, 민첩하게 삶을 바라보고 선을 행하려고 한다. 스피노자의 《윤리학》은 삶을 사랑하는 도덕의 아주 좋은 예이다. "기쁨은 직접적으로는 악이 아니라 선이다. 반면 슬픔은 직접적으로 악이다." 이런 뜻에서 "자유의 인간은 다른 어떤 것보다도 죽음을 사유하는 일이 가장 적다. 그의 지혜는 죽음을 성찰하는 것이 아니라 삶을 성찰하는 것이다." 삶을 사랑하는 것은 인문주의 철학의 다양한 설명의 기초를 이룬다. 온갖 개념 형식을 취하고 있지만, 이런 철학들은 스피노자의 것과 같다. 정신이 올바른 사람은 삶을 사랑하고, 슬픔은 죄이고 기쁨은 미덕이며, 인생의 목적은 살아 있는 것에 매료되고 죽은 기계적인 모든 것으로부터 자신을 분리시키는 것이라는 원리를 이 철학들은 밝히고 있다.

　나는 네크로필러스한 성향과 바이오필러스한 성향을 순수한 형태로 묘사하려고 노력했다. 물론 이런 순수한 형태는 거의 없다. 순수한 네크로필리아는 광기이고, 순수한 바이오필리아는 성자의 것이다. 대부분의 사람들은 네크로필러스한 성향과 바이오필러스한 성향의 특수한 혼합으로, 여기서 중요한 것은 이 두 성향 가운데 어느 쪽이 더 우세하느냐이다. 네크로필러스한 성향이 우위를 차지하는 사람들은 차츰 자기 안에 담긴 바이오필러스한 측면을 죽여 갈 것이다. 일반적으로 그들은 자신의 죽음을 좋아하는 성향을 깨닫지 못할 뿐만 아니라 죽음에 대한 자신의 애호를 경험에 따른 논리적·합리적 반응인 것처럼 생각하고 행동하는 데 익숙해진다. 반면 삶을 좋아하는 것이 아직 우세한 사람들은 자신이 '음산한 죽음의 골짜기'[10]에 가까웠음을 깨닫고 놀라는데, 이 충격은 그들을 삶에 눈뜨게 할지도 모른다. 그러므로 어떤 사람 안에 네크로필러스한 성향이 얼마나 강한가 하는 것만이 아니라, 그 사람이 얼마나 그것을 의식하고 있는가를 이해하는 것이 중요하다. 실제로는 죽음의 나라에 살고 있으면서 삶의 나라에 살고 있다고 믿는 사람은 돌이킬 기회가 없으며, 따라서 삶을 되찾을 가망도 없다.

---

9) 프로이트의 정신분석 이론에서 주장하는 성격구조의 한 요소. 도덕적 양심을 지배하는 측면.
10) 〈시편〉 23·24장 및 존 버니언 《천로역정》(1678).

네크로필러스한 성향과 바이오필러스한 성향에 대해서 말했는데, 그 개념이 프로이트의 삶의 본능(에로스)과 죽음의 본능에 대한 개념과 어떻게 관련되는가 하는 의문이 생긴다. 그 유사성은 쉽게 이해할 수 있을 것이다. 프로이트가 사람 안에서 이 두 개의 충동이 이중으로 기능하고 있는 게 아닐까 하고 암시한 것은, 그가 제1차 세계대전의 영향 아래에서 파괴하고자 하는 충동력을 통감한 데서 비롯한다. 삶을 향하려는 노력과 죽음을 향하려는 노력이 생명 자체 속에 존재한다는 가설을 세우기 위해서, 성본능은 자아본능(둘 다 생존에 기여하며, 따라서 생명의 목적이다)과 대립한다는 기존의 이론을 수정한 것이다. 《쾌락원칙을 넘어서》(1920)에서 프로이트는 '반복강박(反復强迫)'과 계통에 따라 발생한 오래된 원칙이 있다는 견해를 밝혔다. '반복강박'은 이전 상태를 되찾아 궁극적으로는 유기적(有機的) 상태를 원래의 무기적 상태로 되돌리려는 작용을 한다. 프로이트는 다음과 같이 말한다. "상상할 수 없는 옛날에 상상을 초월한 방법으로 생명이 무생물에서 발생했다는 것이 사실이라면 우리의 가설에서는 어떤 본능이 그때 존재하기 시작한 것이 틀림없으며, 그 목적은 한 번 더 삶을 버리고 무기적 상태를 재현하는 것이었다. 이 본능 안에서 우리 가설에 있는 자기파괴를 향한 충동을 볼 수 있다면, 그 충동은 어떤 생명의 과정 속에도 반드시 존재하는 '죽음'의 본능을 드러내는 특징이라고 할 수 있다."

죽음의 본능은 실제 관찰에서는 다른 사람을 향해 밖을 보고 있거나, 자기 자신을 향해 내부를 보고 있거나, 때로는 사디즘 및 마조히즘적 도착에서 보이듯이 성본능과 공존하고 있다. 죽음의 본능과 마주하는 것으로 삶의 본능이 있다. 죽음의 본능(프로이트는 그렇게 부르지 않았지만, 정신분석 문헌에서는 타나토스라고 부르기도 한다)이 분리와 비통합의 기능을 갖는 데 반해서 에로스는 유기체 상호 간이나 유기체 속 세포를 결합, 통합, 합일하는 기능이다. 따라서 개체의 생활은 이 두 가지 기본 본능, 즉 '유기적인 물질을 결합해서 커다란 통일체를 만들려는 에로스의 작용'과 에로스가 하려고 하는 것 자체를 본디대로 돌려놓으려는 죽음의 본능이 작용하는 싸움의 장(場)인 것이다.

프로이트는 망설이면서도 이 새로운 이론을 제기했다. 이것이 놀랍지 않은 까닭은, 그 자체는 거의 입증되지 않은 단순한 추측의 영역을 벗어나지 못한 반복강박이라는 가설에 기초하고 있기 때문이다. 사실 이 이중기능설에 동의

하는 논의는 무엇 하나도 풍부한 자료에 기초한 반대의견에 대한 대답이라고 생각되지 않는다. 대부분의 생물은 엄청난 인내심으로 살기 위해 피 튀기는 싸움을 하는 것으로 생각되며, 자멸하는 것은 예외에 지나지 않는 것이다. 그리고 파괴성은 개인마다 상당한 차이가 있고, 그 차이는 죽음의 본능이 외향(外向)하느냐 내향(內向)하느냐라는 표면적인 차이만은 결코 아니다. 다른 사람을 파괴하는 일에 뜻밖에 강한 열정을 느끼는 사람도 보이지만, 대부분의 사람은 그런 격렬한 파괴성은 보이지 않는다. 그러나 다른 사람에 대한 이보다 약한 파괴성이 좀더 강한 자기파괴, 마조히즘, 질병 등과 대응하는 것은 아니었다. 프로이트의 이론에 대한 반론을 생각해 보면, 오토 페니켈과 다른 점에서는 정통 분석가의 대부분이 프로이트의 죽음의 본능에 대한 이론을 인정하지 않거나 조건부 또는 큰 제약을 붙여서 인정하고 있다는 것은 그다지 놀랍지 않다.

나는 프로이트의 이론은 다음과 같은 방향으로 발전할 것이라고 생각한다. 즉 에로스와 파괴성 간에, 그리고 삶을 사랑하는 것과 죽음을 사랑하는 것 간에 보이는 모순을 실제 인간 속에 존재하고 있는 기본 모순으로 보는 방향이다. 그러나 이렇게 겹치는 기능은 죽음의 본능이 최종 승리를 얻기까지 서로 쉬지 않고 계속 싸우는 생물학적으로 고유한 두 개의 본능에 대한 이중성이 아니라, 삶을 유지하고자[11] 하는 근원의 기본 경향과 인간이 이 목표를 잃었을 때 일어나는 삶의 부정의 사이에서 보이는 이중성이다. 이런 관점에서 '죽음의 본능'은 에로스가 성장하지 않으면 그만큼 성장해 에로스를 대신하는 '악성' 현상이다. 죽음의 본능은 '정신병리학'에 속하는 것으로, 프로이트의 견해처럼 '정상적인 생물학'은 다루지 않는다. 이렇게 삶의 본능은 인간의 1차적 잠재력을 구성하고, 죽음의 본능은 2차적 잠재력을 구성한다. 1차적 잠재력이란 씨앗이 습도나 온도 등 적당한 조건이 주어져야만 자라는 것처럼, 삶에 적당한 조건이 주어지면 발전한다. 적당한 조건이 없으면 네크로필러스한 성향이 나타나 그 사람을 지배하게 된다.

---

11) 프로이트는 죽음의 본능이 아주 강하면 일반적으로 자살을 인정하는 경향이 있다는 반론을 의식해서 다음과 같이 말했다. "유기체는 자기 방식으로 죽기를 소망한다. 그래서 생물체가 자기 목표에 빨리 다다르게 해주는—하나의 단락에 의해서—사건(실제로는 위기)과 매우 격렬하게 싸우는 역설적인 상황이 일어난다"《쾌락원칙을 넘어서》 p.51).

네크로필리아의 원인이 되는 조건은 무엇일까? 프로이트 이론으로 본다면, 삶의 본능과 죽음의 본능이 지니는 강도(强度)는 (저마다) 일정하다는 것, 그리고 죽음의 본능이 외향하느냐 내향하느냐라는 양자택일이 존재하는 데 지나지 않는다는 것을 미리 알고 있어야 한다. 그래서 환경적 원인은 죽음의 본능 강도가 아니라 그 지향성을 설명할 수 있을 뿐이다. 한편 여기에 제시되어 있는 가설에 따르면, 필연적으로 다음과 같은 질문이 나올 것이다. 즉 일반적으로 네크로필러스한 성향과 바이오필러스한 성향의 발전에 어떤 원인이 작용하는가? 그리고 더 명확히 말하면, 특정한 개인 또는 집단에 존재하는 죽음을 좋아하는 성향의 강도에는 어떤 원인이 작용하는가?

이 중요한 질문에 대해 나는 완전한 해답을 갖고 있지 않다. 이 문제를 더 연구하는 것은 내 의견으로는 중요한 일이지만, 그럼에도 일단 내 정신분석의 임상경험과 집단행동의 관찰 분석에서 끌어낸 해석을 몇 가지 말해 보겠다.

어린아이의 경우 삶의 애호심 발달에 가장 중요한 조건은, 그 아이가 삶을 좋아하는 사람들과 같이 있는 것이다. 삶을 좋아하는 것은 죽음을 좋아하는 것과 마찬가지로 쉽게 전염된다. 그것은 말이나 설명을 하지 않아도, 삶을 좋아해야 한다고 설교하지 않아도 전달된다. 사상보다는 행동으로, 말보다는 말투로 표현된다. 자신의 삶을 만들어 가기 위한 뚜렷한 주의나 규칙보다는 개인이나 집단의 분위기 전체에서 그것을 인지할 수 있다. 삶을 좋아하는 성향의 발달에 특히 필요한 조건으로 나는 다음의 것을 들고 싶다. 유년기에 늘 사람들로부터 따뜻한 사랑을 받는 것, 자유로운 것, 위협이 없는 것, 설교보다는 실례에 의해서 내적인 조화와 힘을 이끄는 원리를 배우는 것, '생생한 기술'의 지도, 다른 사람에게 격려받고 그에 반응하는 것, 진정으로 즐겁게 사는 법. 이것들과 정반대 조건은 네크로필리아의 성향을 발달시킨다. 즉 죽음을 좋아하는 사람들 사이에서 자라는 것, 격려의 결여, 격렬한 놀람과 인생을 정형화시키고 재미없게 만드는 모든 조건들, 인간적 관계로 결정되지 않는 단적이고 기계적인 질서 등.

바이오필러스한 성향의 발달에 도움이 되는 '사회' 조건이 개인의 발달과 관련해서 지금까지 설명했던 성향을 촉진시키는 조건과 완전히 같다는 것은 분명하다. 그러나 다음에서 말할 것은 이런 고찰의 결론이라기보다는 시작에 지나지 않지만, 사회 조건을 고찰하는 데 조금이나마 도움은 될 것이다.

먼저 들어야 할 가장 뚜렷한 원인은 경제적·심리적으로 본 '풍요' 대 '빈곤' 상태의 원인일 것이다. 인간 에너지의 대부분이 공격에 대한 자기 생명의 방어 또는 굶주림 방지에 쓰이는 한 삶을 사랑하는 성향은 방해받고, 네크로필러스한 성향이 조장된다. 바이오필러스한 성향의 발달을 재촉하는 또 하나의 중요한 사회조건은 '불의(injustice)'를 없애는 것이다. 그렇다고 모든 사람이 똑같은 것을 소유하지 않으면 불의라고 보는 일반개념을 말하는 것은 아니다. 어떤 사회계급이 다른 계급을 먹이로 해서 풍요롭고 교양 있게 살지 못하도록 하는 조건을 그 계급에게 부과하는 사회상태, 바꿔 말하면 하나의 사회계급이 자신들이 누리는 기본 생활경험을 다른 계급과 공유하기를 거부하는 사회상태이다. 따지고 보면 내가 말하고자 하는 불의는, 인간이 자기 목적을 위해서가 아니라 다른 사람의 목적을 이루기 위해서 이용되는 사회상태를 가리킨다.

마지막으로 바이오필리아의 발달을 촉진하는 중요한 조건은 '자유'이다. 그러나 정치적 속박'으로부터의 자유'는 충분조건이 아니다. 삶을 사랑하는 성향이 발전하려면 무엇을 '하는 자유'가 있어야 한다. 예를 들면 창조하는 자유, 달성하는 자유, 경이로운 눈으로 모험하는 자유. 이런 자유는 개인이 노예가 되지 않고, 기계의 정확한 톱니바퀴가 아니라 적극적인 태도로 책임을 갖는 것이 필요하다.

요컨대 삶을 사랑하는 성향은 품위 있는 삶의 기본이 되는 물질조건이 위협받지 않는다는 의미의 '보장(security)'과, 누구도 다른 사람의 목적을 이루는 수단이 될 수 없다는 의미의 '정의(justice)'와, 인간은 저마다 적극적으로 사회의 책임 있는 구성원이 될 가능성을 갖는다는 의미의 '자유(freedom)'가 존재하는 사회에서 가장 발달한다. 마지막 점은 특히 중요하다. 보장과 정의가 존재하는 사회라 하더라도 개인의 창조적인 자기활동이 촉진되지 않는다면 삶을 사랑하는 성향은 조성되지 못한다. 인간이 노예가 아니라는 것만으로는 충분하지 않다. 즉 사회조건이 오토마톤(자동인형)의 존재를 조장한다면, 그 결과는 삶을 사랑하는 게 아니라 죽음을 사랑하는 것이 될 것이다. 이 마지막 관점에 대해서는 핵시대의 네크로필리아 문제를 다루는 장에서, 특히 사회 관료기구의 문제와 관련지어 더 상세히 다루도록 하겠다.

지금까지 바이오필리아와 네크로필리아의 개념이 프로이트의 삶의 본능과 죽음의 본능과 관련되기는 하지만 차이가 있다는 것을 설명했다. 그것들은 그의 초기 리비도 이론 일부를 이루는 또 하나의 중요한 개념 '항문기'와 '항문기 성격'과도 관련이 있다. 프로이트는 1909년 《성격과 항문애》에서, 그의 기초적인 발견 가운데 하나를 발표했다. 그는 아래와 같이 썼다.

내가 지금부터 말하려고 하는 사람들은 다음의 세 가지 특징이 규칙적으로 결합되어 있으므로 눈여겨볼 만하다. 그 세 가지란 '규칙을 따르는 (orderly)', '인색한(parsimonious)', '고집 센(obstinate)'이다. 이 세 단어는 실제로는 작은 집단이나 상호관계를 갖는 일련의 성격특성에 포함되어 있다. '규칙적'이라는 것에는 작은 의무를 다하는 양심적인 태도나 신뢰할 만한 것이라는 의미 말고도 육체적으로 청결하다는 관념이 들어 있다. 그 반대는 '단정치 못한(untidy)'이나 '등한함(neglectful)'일 것이다. 인색은 탐욕의 확장된 형태에서 보이며, 고집은 분노나 복수와 쉽게 결합하는 반항으로까지 발전한다. 뒤의 두 가지 소질—인색과 고집—은 맨 앞의 '규칙적'과의 관계보다는 상호 관련성이 훨씬 크며, 이 강박관념 전체에 늘 변함없이 존재하는 요소이기도 하다. 그러나 세 가지 모두 어떤 점에서는 같은 종류라는 것을 부정할 수 없는 듯하다.

프로이트는 이어서 "이 성격특성(규칙적, 인색, 고집)은 이전에 항문성감을 가진 자들에게 두드러진 경우가 많지만, 항문성감의 승화(昇華)[12] 초기에 반드시 나타나는 결과로 보인다"고 말한다. 프로이트와 그 뒤의 정신분석자들은 인색의 다른 형태는 배설물이 아니라 돈, 오물, 재산, 그리고 불용물(不用物)의 소유와 관련이 있다는 것을 보여주고, 항문기 성격은 사디즘과 파괴성의 특징을 나타내는 경우가 많다는 것도 지적했다. 정신분석의 연구는 프로이트의 발견이 옳다는 것을 많은 임상결과를 통해서 설명해 왔다. 그러나 '항문기 성격' 또는 내 표현으로는 '저장성격(貯藏性格)'이라는 현상의 이론적 해석에는 의견 차이가 존재한다. 프로이트의 리비도 이론[13]에 따르면, 항문기와 그 승화에 작

---

12) 자아의 방어기제 가운데 하나로, 성과 관련된 무의식의 에너지가 예술·종교 활동 등 사회적으로 가치 있는 것으로 치환되는 것.

13) 한 개인의 정신생활의 모든 것은 성욕, 성충동과 이것을 만족하려는 시도에서 비롯한다는 이론.

용하는 에너지는 성감대(여기서는 항문)와 관련이 있으며, 배변훈련 속에서 일어나는 개인적 체험과 합일한 체질적 원인이므로, 이 항문기가 그런 사람들에게는 보통 사람들의 경우보다 강하게 남는다고 생각했다. 나는 프로이트의 견해와는 다른데, 그것은 성적 리비도의 부분적 충동으로 여겨지는 항문기가 항문기 성격을 발달시키는 역동적인 기초라고 하는 충분한 증거가 없기 때문이다.

나는 연구 경험에 따라, 항문기 성격은 배설물을 유난히 좋아하고 거기에 친근감을 느끼는—그것은 모든 무생물에 대한 강하고 일반적인 친근감의 일부이다—사람들에게 나타난다고 생각하게 되었다. 배설물은 이미 쓸모없는 것이고, 마지막에 육체와 분리되는 것이다. 항문기 성격은 배설물에 대단히 끌리는데, 그와 마찬가지로 생산과 소비 수단으로서가 아니라 단지 소유를 위한 오물, 불용물, 재산과 같은, 삶에는 불필요한 모든 것에 매혹되는 것이다. 이런 무생물에 매혹되는 경향이 발달하는 원인에 대해서는 더 많은 연구가 필요하다. 체질적인 원인과는 별개로 부모의 성격, 특히 어머니 성격이 중요한 원인이라고 생각하는 것은 일리가 있다. 엄격하게 배변훈련을 하고 아이의 배설 과정에 필요 이상의 관심을 갖는 어머니는 강한 항문성격, 즉 무생물에 강한 흥미를 갖는 여성으로서 자기 아이에게도 같은 성향의 영향을 줄 것이다. 아울러 그 어머니는 삶의 기쁨이 결여되어 자극에 반응하지 않고 무감각해질 것이다. 그 어머니의 불안은 가끔 아이로 하여금 삶을 두려워하게 함으로써 죽은 것에 매혹되게 만든다. 바꿔 말하면 항문성격을 형성하게 되는 것은 항문기에 영향을 주는 배변훈련이 아니라, 삶을 두려워하거나 증오하는 마음에서 배변 과정에 관심을 갖고 다른 방법들로 아이의 에너지를 소유하고자 하는 욕구와 저장하고자 하는 버릇으로 변형시키는 어머니의 성격에 있다.

프로이트가 말하는 의미의 항문기 성격과 지금까지 말한 네크로필러스한 성격이 매우 비슷하다는 점은 이 설명으로 쉽게 이해할 수 있다. 사실 이 두 가지는 살아 있지 않은 것, 죽은 것에 대한 관심과 친근감이라는 면에서 그 성질이 같다. 다만 비슷한 정도가 다를 뿐이다. "프로이트가 말하는 '항문기 성격'—양성의 형태—이라는 성격구조의 악성 형태가 네크로필러스한 성격이다"라고 나는 생각한다. 이것이 뜻하는 바는 항문기 성격과 네크로필러스한 성격 사이에는 뚜렷한 한계선이 없다는 것과, 이 두 가지 가운데 어느 쪽을 다루는가는 결정하기 어려운 경우가 많다는 것이다.

　네크로필러스한 특성의 개념을 생각할 경우, 리비도 이론에 기초하는 프로이트의 '항문기 성격'과 거기에서 죽음의 본능이라는 개념이 낳은 그의 순생물학적인 고찰이 결합되어 있다. 이런 관련성은 프로이트의 '성기적 성격'의 개념과 삶의 본능의 개념, 그리고 바이오필러스한 성격과 삶의 본능 사이에도 존재한다. 이는 프로이트의 초기와 후기 이론 사이에 있는 틈을 메워 주는 첫걸음으로, 이 작업의 진전은 이후의 연구에 달려 있다.

　네크로필러스한 '사회' 조건으로 다시 돌아가면 다음과 같은 질문이 나온다. 네크로필리아와 현대 산업사회의 정신 사이에는 어떤 관계가 존재하는가? 그리고 핵전쟁을 일으키는 원인과 관련하여 네크로필리아와 삶에 대한 무관심은 어떤 의미를 지니는가?

　현대의 전쟁을 일으키는 원인이 되는 '모든' 면을 여기서는 다루지 않고—그런 면은 핵전쟁과 마찬가지로 과거 전쟁에서도 수없이 많이 보였다—핵전쟁에 대한 '하나의' 중대한 심리적 문제를 다루도록 하겠다. 지금까지의 전쟁을 합리화해 온 것이 무엇이든—공격에 대한 방어냐, 경제적 이익이냐, 해방이냐, 영광이냐, 아니면 살길의 확보냐—이런 합리화는 핵전쟁에는 해당되지 않는다. 방어도 이익도 해방도 영광도 다 아니다. 기껏해야 겨우 자기 나라 인구의 절반이 몇 시간 만에 잿더미로 변하고, 문화의 중심은 모두 파괴되고, 살아남은 자가 죽은 자를 부러워하는 야만적인 짐승의 생활만 남을 뿐이다.[14]

　이런 사태 속에서도 더 큰 항의도 못한 채 계속해서 핵전쟁을 준비하고 있는 것은 어째서일까? 자식과 손주를 가진 사람들이 왜 다 같이 들고일어나 항의하지 않는 것인가? 그 이유를 어떻게 이해해야 하는가? 살아갈 목표가 많이 존재하고, 또 존재하는 것처럼 보이는 사람들이 모든 것의 파괴를 진지하게 생각하지 않는 것은 왜인가? 설명할 수 있는 길은 많다.[15] 일단 다음의 것

---

14) 나는 우리를 설득하기 위한 다음과 같은 말을 인정하기 어렵다. 즉 (a) 6000만 미국인이 갑자기 멸망한다 하더라도 우리 미국 문명에 심각한 피해를 주지 않을 것이다. (b) "핵전쟁이 일어난다면 서로가 인류의 전멸을 막기 위한 어떤 규칙을 만들어서 전쟁을 할 것이다"와 같은 합리적인 생각이 적국에도 존속할 것이다.

15) 하나의 중요한 해답은 많은 사람들은—대부분은 의식하지 않지만—자기의 개인적인 삶을 걱정하고 있다는 사실에 있는 것 같다. 즉 성공하고자 하는 일상의 투쟁과 실패하지나 않을까 하는 끊임없는 두려움이 불안상태와 스트레스를 받는 듯한 상황을 계속 만들고, 그 때

을 빼고는 무엇 하나도 만족스러운 답변은 되지 못할 것이다. 즉 "그런 사람들은 삶을 사랑하지 않기 때문에 전면적 파괴를 두려워하지 않는다"라든가, "그들은 삶에 무관심하다"든가 "많은 사람들은 죽음에 매혹되어 있다"와 같은 설명을 빼고는 말이다.

이 가설은 일반적으로 사람들은 삶을 좋아하고 죽음을 두려워하며, 현대 문명은 과거의 어떤 문명보다도 많은 자극과 위안을 주고 있다는 억측과 완전히 모순되는 듯이 보인다. 그러나 그렇다면 우리는 다음과 같이 물어야 한다. 우리의 위안이나 자극은 기쁨이나 삶을 사랑하는 것과는 전혀 다른 것인가?

이 질문에 대답하려면 삶을 사랑하는 것과 죽음을 사랑하는 것의 성향에 대해서 지금까지 했던 분석을 언급해야 한다. 삶은 구성되어 가는 성장이고, 그 성질 자체로 말미암아 엄격한 통제와 예측에 따르지 않는다. 삶의 영역에서 애정이나 자극은 실제 있는 생명력에 의해서만 영향을 줄 수가 있다. 삶은 낱낱의 발현으로서만, 즉 새나 꽃이나 개개의 인간으로서만 경험하는 것이다. '덩어리(the masses)'로서의 삶이나 추상화된 삶은 존재하지 않는다. 현재 우리가 삶을 대하는 태도는 갈수록 기계적이 되고 있다. 우리의 주요 목적은 사물을 만드는 것이며, 사물을 우상처럼 생각하는 과정에서 우리는 자신을 상품으로 변형시킨다. 사람들은 숫자처럼 다루어진다. 여기서 문제가 되는 것은 그들의 대우가 좋고 수당이 많고 적으냐가 아니다(사물도 좋은 대우를 받을 수 있다). 문제는 사람들이 사물이냐, 생명을 갖고 있느냐이다. 어떤 사람들은 기계장치를 살아 있는 것보다 더 사랑한다. 인간을 대하는 태도는 지적이고 추상적이다. 물체로서의 사람들, 즉 그 사람들의 공유재산, 대중행동의 통계적 법칙에 관심을 갖고, 살아 있는 개인에 대해서는 관심을 갖지 않는다. 이런 것들이 모두 모여서 관료주의적인 방법의 작용을 증가시킨다. 생산을 위한 커다란 센터, 거대도시, 거대국가에서 사람들은 마치 물체처럼 지배받는다. 사람들과 그 지배자는 물건으로 변모하고, 물건의 법칙을 따른다. 그러나 사람은 결코 물건이 아니며, 물건이 되면 파멸한다. 그래서 그렇게 되어버리기 전에 자포자기해서 모든 삶을 죽이고 싶어한다.

관료주의적 기구를 갖는 중앙집권적인 산업주의에서는 사람들이 대량으로,

문에 일반 사람들은 자기와 세계의 존재에 대한 위협을 잊고 있는 것이다.

그것도 그것이 예측할 수 있고 자화자찬하는 방향으로 소비되도록 분위기가 형성된다. 그들의 지성이나 성격은 독창적이고 모험적인 것보다는 평범하고 무난한 것을 선택하도록 끊임없이 검사하고, 그 때문에 규격화된다. 사실 유럽이나 북아메리카의 관료적 산업주의 문명은 새로운 유형의 인간을 창조했다. 즉 그것은 '조직인(organization man)', '자동기계 인간(automaton man)', '소비하는 인간(homo consumus)'이라 불리는 것이고, 더 나아가 '기계인간(homo mechanicus)'이기도 하다. 이는 기계와 관련된 모든 것에 강하게 이끌리고 살아 있는 것에 반발하는, 기계부품 같은 인간이라는 뜻이다. 인간이 갖는 생물학적·생리학적 구조가 '기계인간'에게도 성욕을 갖게 하고, 여자를 찾는 강한 성충동을 주는 것은 사실이다. 하지만 기계인간의 여성에 대한 흥미가 감소하고 있다는 것은 틀림없다. 《뉴요커》의 풍자만화 가운데 이를 아주 재미있게 다룬 것이 있었다. 여점원이 어떤 상표의 향수를 젊은 여성에게 팔려고 이렇게 말하고 있다. "새 스포츠카 같은 냄새가 난답니다." 사실 남성의 행동을 관찰한다면, 오늘날 이 만화가 재치 있는 농담 이상의 의미를 갖는다는 점을 인정할 것이다. 스포츠카, 텔레비전, 라디오, 우주여행이 여자나 연애, 자연, 음식보다도 흥미롭고, 삶보다는 삶이 없는 기계적인 것을 다루는 데 자극받는 남성이 아주 많다는 것은 명확하다. '기계인간'은 대량파괴 가능성에 공포를 느끼고 두려워하기보다는 수천 마일 떨어진 곳에서 몇 분 만에 수백만 사람들을 죽일 수 있는 장치에 더 큰 긍지를 느끼고 매혹된다고 생각해도 결코 억지가 아니다. '기계인간'도 성과 술을 즐긴다. 그러나 그런 즐거움은 모두 기계적인 무생물의 범주 안에서만 느낄 수 있다. 누르면 행복과 애정과 쾌락이 나오는 버튼이 있다고 그는 기대한다(많은 사람들은 정신분석가가 그 버튼이 있는 장소를 가르쳐 줄 거라는 환상을 갖고서 찾아온다). 그는 차를 보는 눈으로 여자를 본다. 그는 어떤 버튼을 눌러야 할지를 알고 있다. 그는 여자에게 '경주'를 시킬 수 있는 자신의 힘을 즐기며, 늘 자신은 차가운 방관자이다. '기계인간'은 삶에 참여하고 그에 반응하기보다는 기계를 다루는 데 더욱더 흥미를 느낀다. 그 때문에 기계적인 것에 매료되어 삶에 무관심해지고, 마침내는 죽음과 전면적인 파괴에 끌리게 된다.

죽인다는 행위가 우리의 오락에 미치는 작용을 생각해 보라. 영화도 연재만화도 신문도 파괴와 사디즘과 잔인함으로 채워져 있으며, 그것이 재미있어서 어쩔 줄 모른다. 몇백만이나 되는 사람들은 평범하고 쾌적한 생활을 한다. 그리고 살인이건 자동차 경주로 목숨을 잃는 사고건, 죽이는 것을 보거나 읽는 것 이상으로 그들을 흥분시키는 것은 없다. 이는 죽음에 대한 매혹이 이미 뿌리 깊다는 징후가 아니겠는가? 또는 "흥분해서 죽을 것 같다"든가 이것저것을 "죽을 만큼 해보고 싶다"든가 "죽인다(멋지다)"라는 표현을 생각해 보라. 또 자동차 사고 발생률에서 보이는 삶에 대한 무관심을 생각해 보라.

단적으로 말하면 지성화, 정량화(定量化), 추상화, 관료화, 구상화(具象化) 등 현대 산업사회의 특징이라 할 수 있는 것들은 물체가 아닌 인간에게 적용되면 삶의 원리가 아니라 역학(力學)의 원리가 된다. 이런 제도 속에서 사는 사람들은 삶에는 냉담해지고 죽음에 이끌리기조차 한다. 그러나 그들은 이것을 깨닫지 못한다. 그들은 흥분의 전율을 삶의 기쁨이라고 착각하며, 소유하고 사용할 수 있는 것이 많을 때는 마음껏 살아 있다고 오해하면서 살아간다. 핵전쟁에 대한 항의의 결여, 전면 파괴 또는 반파괴의 대차대조표에 대한 '원자과학자'들의 논의는 우리가 이미 '음산한 죽음의 골짜기'에 깊숙이 들어와 있음을 보여준다.

이런 네크로필러스한 성향의 특징은 각각의 정치구조와는 무관하게 모든 현대 산업사회에 존재한다. 소비에트의 국가자본주의와 사회자본주의가 공통으로 갖고 있는 것은 이 두 제도를 구별하는 특색보다도 중요하다. 두 개의 제도 모두 관료주의와 기계주의에 충실한 처리 방법이라는 점에서 공통되며, 그 의도는 전면 파괴이다.

삶에 대한 네크로필러스한 멸시와 속도를 중시하는 태도, 기계와 관련된 것이라면 모두 칭찬하는 경향이 동떨어진 게 아니라는 것은 최근 수십 년 사이에 처음으로 밝혀진 것이다. 그런데 1909년, 《미래파 선언》에서 필리포 마리네티가 이것을 간결하게 표현하고 있다.

1. 우리는 위험을 사랑하는 것과 기력이 넘치고 조심성 없이 가벼운 기질을 노래한다.
2. 우리 시의 본질적인 요소들은 용기, 대담함과 저항이다.
3. 문학은 이제까지 깊은 생각에 잠긴 부동성(不動性), 황홀감과 잠을 높이 평가해 왔다. 우리는 공격적인 운동, 흥분된 불면증, 달리기, 모험과도 같은 도약, 따귀 때리기, 주먹 날리기를 칭송하기 바란다.

4. 우리는 속도의 아름다움이라는 새로운 아름다음 덕분에 세상의 영광이 풍부해졌다고 선언한다. 폭발적인 숨을 내뱉는 뱀처럼 생긴 커다란 관으로 꾸며진 보닛(bonnet)이 장착된 경주용 자동차…… 기관총에서 발사된 총알처럼 굉음을 내며 달리는 것처럼 보이는 자동차는 사모트라케의 니케보다 더 아름답다.

5. 우리는 궤도를 따라 스스로를 내던진, 지구를 가로지르는 이상적인 굴대인 핸들을 잡고 있는 사람을 노래로 찬미하기 바란다.

6. 시인은 원초적인 요소인 열광적인 열정을 늘리기 위해서 따뜻함과 화려함, 낭비에 반드시 있는 힘을 다해야 한다.

7. 아름다움은 투쟁 속에서만 존재한다. 모든 걸작에는 저돌적인 특성이 있다. 시는 알 수 없는 힘이 인간 앞에 고개를 숙이도록 반드시 맹렬하게 공격해야 한다.

8. 우리는 세기의 벼랑 끝에 있다! 불가능이라는 신비한 덧문을 반드시 열어야 할 때에 뒤를 돌아보는 것이 무슨 소용이 있다는 말인가? 시간과 공간은 어제 죽었다. 우리는 이미 영원하고, 어디에나 있는 속도를 창조했기 때문에 절대 속에서 이미 살고 있다.

9. 우리는 세상을 치유할 유일한 처방인 전쟁, 군국주의, 애국주의, 파괴를 지향하는 무정부주의자들의 몸짓, 여성을 죽이고 그들을 경멸하는 아름다운 계획을 찬양하기 바란다.

10. 우리는 박물관과 도서관을 깨부수고, 도덕, 여성주의와 모든 기회주의자와 실리(實利)를 좇는 비겁함과 싸우기 바란다.

11. 우리는 노동, 즐거움과 저항에 자극받은 거대한 군중을, 근대 수도에서 다채롭고 다양한 소리를 내는 혁명이라는 파도를, 전기장치가 달린 격정적인 달들 아래에 있는 무기공장과 작업장에 들려오는 야상곡(夜想曲) 조의 진동을, 연기를 내는 뱀을 집어삼키는 탐욕스러운 철도역, 연기의 가닥이 구름에 닿은 공장들, 반짝이는 강이라는 사악한 날붙이를 가로지르는 높이뛰기를 하는 체조선수처럼 생긴 다리를, 수평선을 살펴보는 모험을 즐기는 증기선을, 굴레처럼 생긴 긴 관이 달린 커다란 철마처럼 철로 위에서 연기를 내뿜는 가슴이 큰 기관차와 프로펠러가 마치 펄럭이는 깃발 소리와 열광한 군중들의 박수 소리를 닮은 소리를 내면서 공중을 날아다니는 비행기를 노래할 것이다.

마리네티의 기술과 산업에 대한 네크로필러스한 해석과 월트 휘트먼의 시에서 보이는 바이오필러스 성향이 강한 해석을 비교하는 것은 흥미롭다. 《브루클린 나루터를 건너며》의 끝에서 그는 다음과 같이 노래하고 있다.

번영하라 도시들아! 너의 짐과 너의 모습을 드러내라, 풍요로 가득한 강아.
누구보다도 영적일 수 없는 존재여, 확대하라.
누구보다 영원할 수 없는 물상(物象)아, 그 자리를 지켜라.
너는 기다리고 있었다, 너는 늘 기다리고 있다, 말수 적고 세련된 목사들아!
우리는 마침내 너를 자유로운 감각으로 받아들이고, 이제부터는 싫증내지 않으리라.
이제 너는 우리를 속일 수 없으리라, 우리에게서 자유로울 수 없으리라.
우리는 너를 이용할지언정 버리지 않으리라. 우리는 너를 영원히 마음속에 옮겨 심으리라.
우리는 너를 가늠하지 않으리라. 우리는 너를 사랑한다. 네 안에도 완전함이 있다.
너는 영원을 얻기 위한 너의 역할을 준비하라.
크건 작건 너는 영혼을 얻기 위한 너의 역할을 준비하라.

또 《열린 길의 노래》의 끝에서

벗이여, 나는 너에게 내 손을 주노라!
돈보다 더 귀한 내 사랑을 너에게 주노라!
설교나 법령 대신에 나는 너에게 내 자신을 주노라!
너도 네 자신을 나에게 주겠느냐, 나와 같이 여행을 떠나겠느냐,
살아 있는 한 서로 단단히 의지하면서.

휘트먼의 다음 시행(詩行)보다 더 네크로필리아의 정반대를 강하게 표현하

고 있는 것은 없다. "자, 가자! 오, 살아 있는 것이여, 늘 살아 있는 것이여! 주검을 남기고 가자."

산업에 대한 마리네티의 태도와 휘트먼의 태도를 비교하면 이런 산업생산은 삶의 원리와 결코 모순되지 않는다는 것이 명백해진다. 문제는 삶의 원리가 기계화의 원리에 종속된 원리인가, 아니면 지배하는 원리냐이다. 현재로서는 산업화된 세계는 여기에 제시되어 있는 문제—오늘날 우리 생활을 지배하는 관료주의적 산업주의에 맞서 어떻게 인도주의적 산업주의를 창조할 것인가 하는 문제—의 해답을 내놓지 못하고 있다.

4. 개인의 나르시시즘과 사회의 나르시시즘

프로이트의 발견 가운데 가장 알차고 영향력이 큰 것 가운데 하나는 나르시시즘(자기애) 개념이다. 프로이트도 이것을 자신의 가장 중요한 발견의 하나로 꼽았으며 정신병('나르시시즘 신경증'), 연애, 거세공포, 질투, 사디즘과 같은 명백한 현상을 이해하기 위해, 또 피압박 계급이 지배자에게 다스려지기 쉬운 경향과 같은 대중현상을 이해하는 것에도 이용했다. 나는 이 장에서도 계속해서 프로이트의 사상을 더듬으면서 민족주의나 민족적 증오, 그리고 파괴나 전쟁을 일으키는 심리적 원인을 이해하는 데 나르시시즘이 하는 역할을 살펴보고자 한다.

나르시시즘의 개념은 융이나 아들러의 저작에서는 거의 주목받지 못했고, 호나이의 저작에서는 더 적다는 사실을 먼저 지적하고 넘어가겠다. 프로이트 정통파의 이론과 치료에서조차도 나르시시즘 개념은 유아나 정신병 환자의 나르시시즘에 한해서만 적용되어 왔을 뿐이다. 이렇게 그 개념의 성과가 충분히 평가받지 못한 것은 아마도 프로이트가 자신의 개념을 리비도 이론의 틀 안에 억지로 끼워 넣었기 때문일 것이다.

프로이트는 정신분열증을 리비도 이론으로 이해하고자 고찰을 시작했다. 분열증환자는 대상과 어떤 리비도 관계를 가진다고 생각되지 않았으므로(현실에서도 환상에서도) 프로이트는 차츰 다음과 같은 의문을 갖게 되었다. "분열증의 경우, 외부 대상으로부터 퇴행한 리비도는 어떻게 되는가?" 그는 이렇게 대답했다. "외부 세계에서 되돌아온 리비도는 자아를 향하고, 그렇게 해서 나르시시즘이라 불리는 태도가 탄생한다." 리비도는 마치 '대저장소(大貯藏所)'에 저장되듯이 자아 속에 저장되었다가 대상을 향해서 확대되어 가지만, 다시 간단히 그 대상에서 벗어나 자아로 돌아간다고, 프로이트는 생각했다. 1922년, 그는 이 의견을 바꿔서 "리비도의 대저장소로서 이드(id)[1]의 개념을 생각해야

---

1) 정신의 밑바닥에 있는 원시적·동물적·본능적 에너지의 원천으로, 프로이트가 만든 개념.

한다"고 말했지만, 이전 견해를 완전히 버린 것 같지는 않다.

그러나 리비도가 본디 자아에 기원을 갖느냐, 이드에 기원을 갖느냐 하는 이론적 고찰은 이 개념의 규정 자체에는 그렇게 본질적인 문제가 아니다. 인간의 유아기 초기 원시상태는 아직 외부세계와 관여되지 않은 나르시시즘의 상태(1차적 나르시시즘)에 있으며, 정상 발육에서 아이는 외부세계와의 리비도 관계 범위와 그 정도를 증대시켜 가지만, 많은 예에서(가장 심한 경우는 광기이다) 그는 대상에서 그 리비도를 자신의 에고로 되돌리려고 한다(2차적 나르시시즘) 는 기본 인식을 프로이트는 한 번도 바꾸지 않았다. 하지만 정상적인 발육에서도 인간에게는 생애를 통해 어느 정도 나르시시즘 상태가 남아 있다.

'정상'인 사람에게 나타나는 나르시시즘의 발달이란 무엇을 가리키는가? 프로이트는 이 발달의 주요 방향을 개관하며 다음과 같이 말한다. 아래는 그 요약이다.

자궁 내 태아는 아직 절대적 나르시시즘의 상태 안에 살아 있다. 프로이트는 말한다. "우리는 태어남으로써 자기 충족을 위한 절대적 나르시시즘에서 벗어나 변화하는 외부세계를 인식하고 대상을 발견하게 된다." 이렇게 해서 유아가 '자신이 아닌' 존재의 일부로서 대상을 인식하기까지는 몇 달이 걸린다. 아이의 나르시시즘은 많은 좌절을 겪고 외부세계와 그 법칙에 대한 지식을 차츰 깊게 하며, '필연적으로' 인간은 선천적인 나르시시즘을 '타자애(他者愛)'로 발전시킨다. 프로이트는 말한다. "그러나 인간은 자기 리비도의 외부대상을 발견한 뒤에도 어느 정도는 나르시시즘의 상태가 남는다." 프로이트에 따르면, 사실 개인의 성장이란 절대적 나르시시즘에서 객관적인 이성(理性)과 타자애로 진화하는 능력이라고 정의할 수 있다. 하지만 이 능력에는 어떤 제약이 뒤따른다. '정상적'으로 '성숙한' 인간은 자신의 나르시시즘이 완전히 소멸되지 않고 사회적으로 받아들여지는 정도까지 남아 있는 사람이다. 프로이트의 관찰은 일상 경험으로 확인할 수 있다. 대부분의 사람에게는 접근하기 어렵고 완전히 없애려 해도 좀처럼 없어지기 어려운 나르시시즘의 정신이 남아 있는 듯하다.

프로이트의 술어(術語)에 충분히 익숙하지 않은 사람들은 더 구체적으로 이 현상을 말하지 않으면 나르시시즘의 사실과 그 힘에 대한 뚜렷한 지식을 이해할 수 없을 것이다. 이제부터는 그것을 시험해 보겠다. 그런데 그러기 전에 이 용어에 대해서 좀더 밝혀 두고 싶은 것이 있다. 나르시시즘에 대한 프로이트의 견해는 그의 성(性)과 관련된 리비도 개념에 근거하고 있다. 앞에서 말했듯이, 이 기계론적 리비도의 개념은 나르시시즘의 개념을 발전시키기보다는 후퇴시킨다는 것이 밝혀졌다. '성'충동의 에너지 대신에 마음과 관련된 에너지라는 개념을 쓰면 그 결실의 가능성은 훨씬 커진다고 나는 믿는다. 융이 이 개념을 써서 프로이트의 초기 생각에서는 성과 관련된 것을 제외한 리비도의 개념이 몇 가지 보인다고 말한 적도 있다. 그러나 성과 관련이 없고 마음과 관련된 에너지는 프로이트의 리비도와 다른데, 그것은 리비도처럼 하나의 '에너지' 개념이다. 또 그것은 겉으로 나타날 때만 보이며, 강도와 방향을 갖는 마음과 관련된 힘을 가리킨다. 이 에너지는 개개의 인간을 외부세계와의 관계뿐만 아니라 그 자신의 내부에서 결합하고 융합하고 통합한다. 삶의 충동은 그렇다 치고 성본능(리비도)의 에너지는 인간 행위의 유일하고 중요한 원동력이라고 하는 프로이트 초기의 견해에 동의하지 않는 사람조차도, 그리고 그 대신에 마음과 관련된 에너지라는 일반개념을 적용하는 사람도 독단적인 많은 사람들이 믿을 만큼 그 차이는 크지 않다. 정신분석이라고 부를 수 있는 것의 이론이나 치료의 기초를 이루는 기본은 인간행동에 대한 '역동적인' 개념이다. 즉 큰 부하(負荷)를 갖는 힘은 행동의 원인이 되고, 행동은 이런 힘들을 이해해야만 예측되는 가설이다. 인간행동에 대한 이 역동적인 개념이 프로이트 체계의 중심이다. 기계론과 유물론에 근거한 철학에 의해서건 인도주의에 근거한 사실주의에 의해서건, 이런 힘들이 어떻게 이론적으로 생각되었는가 하는 것은 중요한 문제이다. 인간행동의 역동적인 해석이 중심을 이루는 논의에서는 중요하지 않은 문제이지만.

　나르시시즘의 기술을 시작하면서 두 개의 극단적인 실례를 들어보겠다. 그것은 신생아의 '1차적 나르시시즘'과 광인의 나르시시즘이다. 이 갓난아기는 아직 외부세계와 연결되지 않았다(프로이트의 표현으로는, 그의 리비도는 아직 외부대상에 카섹시스[2]되지 않았다). 바꿔 말하면 외부세계는 갓난아기에게는 존재하지 않았고, '나'와 '내가 아닌 것'을 구별할 수 없는 상태이다. 갓난아기

---

2) cathexis, 독일어로 '점령' '점유'를 뜻하는 Besetzung을 영어로 옮긴 것으로, '정신과 관련된 에너지가 어떤 특정 관념, 기억, 사고, 행동에 축적되는 것'을 뜻하며, '심적 부착(附着)', '에너지 부착'이라고도 일컫는다.

는 외부세계에 '관심(interesse=to be in=안으로 들어가다)'을 갖고 있지 않다고 말해도 좋다. 갓난아기에게 유일한 실재는 갓난아기 자신으로, 즉 갓난아기의 몸, 더위·추위에 대한 육체적 감각, 갈증, 잠과 육체 접촉에 대한 욕구이다.

광인은 갓난아기와 본질적으로는 다르지 않은 상태에 있다. 그러나 갓난아기에게 외부세계는 현실로서 '아직 나타나지 않은' 것이라면, 광인에게 그것은 현실에서는 '없어져 버린' 것이다. 예를 들면 환각의 경우 감각은 외부사건을 기록하는 기능을 상실하고, 외부사상에 대한 감각적 반응이라는 범주에서 주관적 경험을 기록한다. 편집증(偏執症) 망상에서는 같은 원리가 작용한다. 예를 들어서 주관적인 정서에서 어떤 공포나 의혹은 편집증환자에게는 다른 사람이 자신에게 무슨 일을 꾸미고 있다고 믿음으로써 객관화된다. 바로 이것이 신경증환자와 다른 점으로, 후자는 끊임없이 미움받고 박해받고 있다고 두려워하지만 그래도 자신이 '두려워하고 있다'는 것을 알고 있다. 편집증환자에게는 이 공포가 사실로 바뀌어 버린다.

정상과 광기의 경계선에 있는 나르시시즘의 특수한 예는 아주 큰 권력을 잡고 있던 사람에게서 보인다. 이집트의 파라오, 로마의 카이사르, 보르자가(家)[3] 사람들, 히틀러, 스탈린, 트루히요 몰리나[4] 등에게는 어떤 공통점이 있다. 그들은 절대권력을 획득했다. 그들의 말은 삶과 죽음을 비롯한 모든 것의 궁극적 단정이다. 자기 바람을 수행하는 그들의 능력에는 한계가 없는 듯이 보인다. 그들은 신이다. 질병과 나이와 죽음에는 이길 수 없지만. 그들이 인생 문제에 해결책을 찾으려 하는 것은 인간존재의 한계를 죽을힘을 다해 뛰어넘으려고 시도하기 때문이다. 자신의 색욕이나 권력에는 한계가 없다고 자만해 셀 수 없을 만큼 많은 여자들과 자고, 수많은 사람들을 죽이고, '달을 내 것으로 만들고', '불가능한 것을 손에 넣으려고'[5] 곳곳에 성을 쌓는다. 인간이 아닌 척하며 인간의 문제를 풀려고 해봤자 미친 짓이다. 그것은 고뇌하는 사람의 생애에 발생하기 쉬운 광기이다. 신이 되고자 하면 할수록 인간들로부터 경원을 당하

---

3) Borgia家. 스페인 출신의 이탈리아 귀족 집안. 르네상스 시대에 두 명의 교황을 배출하고 이탈리아 정치에 큰 영향력을 행사했다.

4) 1891~1961. 도미니카공화국의 정치인·군인으로, 1930년부터 1961년 암살당할 때까지 독재자로 군림했다. 그의 시대는 20세기 최악의 폭정 가운데 하나로 이름나 있다.

5) 카뮈는 그의 희곡 《칼리굴라》에서 이 권력의 광기를 참으로 정확하게 묘사했다.

고 그 소외감 때문에 더 큰 두려움을 품고 모든 사람이 적처럼 보인다. 그 결과 생기는 공포를 견디기 위해 자기의 권력, 비정함, 나르시시즘을 증대시켜야 한다. 이 카이사르의 광기는 다음과 같은 하나의 원인이 없다면 명백한 광기일 뿐 다른 아무것도 아니라고 말할 수 있을 것이다. 그 원인이란 카이사르가 자기 권력으로 현실을 나르시시즘과도 같은 환상으로까지 왜곡시켰다는 것이다. 그는 모든 사람에게 자신은 신이며, 가장 강하고 가장 현명한 사람이라고 동의하도록 강요했다. 그 때문에 그의 과대망상은 그에게는 합리적인 감정처럼 비친다. 한편 많은 사람들이 그를 증오하여 그를 쓰러뜨리고 죽이려고 한다. 따라서 병적으로 남을 미워하고 꺼리는 그의 마음에는 현실적인 근거가 있다. 그 결과 그는 현실과 단절되어 있다고 느끼지 않기 때문에 불안정하긴 하지만 조금이나마 제정신을 지킬 수 있는 것이다.

정신병은 절대적 나르시시즘의 상태로 외부 현실과 완전히 단절되어 있으며, 자기 자신을 현실에 대한 대가로 생각한다. 그의 머릿속에는 자기밖에 없고 자기 자신에 대해 자신이 신이자 세계, 그 자체가 된다. 프로이트가 처음으로 정신병의 성질에 대한 역동적 이해로 향하는 길을 개척한 통찰은 바로 이것이다.

그러나 정신병을 잘 모르는 사람들에게는 신경증 또는 '정상'인 사람에게서 보이는 나르시시즘을 설명할 필요가 있을 것이다. 나르시시즘의 가장 기본적인 예 가운데 하나는 보통 사람들이 자기 자신의 육체를 대하는 태도에 나타난다. 대부분의 사람은 자신의 몸이나 얼굴이나 모습을 좋아하며, 혹시 더 아름다운 다른 사람이 되고 싶지 않느냐는 질문을 받으면 아주 단호하게 아니라고 말한다. 또 한 가지 말할 수 있는 것은, 대부분의 사람들이 다른 사람의 배설물에는 확실히 혐오감을 느끼면서 자신의 배설물을 보거나 냄새를 맡는 것은 아무렇지도 않게 생각한다(실제로 좋아하는 사람도 있다)는 사실이다. 여기에 아름다움을 살펴 찾으려는 것과 관련된 또는 다른 판단이 하나도 들어가 있지 않다는 것은 분명하다. 자기 자신의 육체와 관계가 있으면 기분 좋지만 다른 사람의 육체와 관계가 있으면 불쾌해진다.

이번에는 나르시시즘의 조금 다른 드문 예를 들어보겠다. 어떤 사람이 병원에 전화를 걸어 진료 예약을 하려고 한다. 의사는 이번 주는 어려우니 다음 주는 어떠냐고 묻는다. 환자는 더 빨리는 안 되느냐고 하면서, 서두르는 이유는 말하지 않고 자신은 병원에서 겨우 5분 거리에 살고 있다고 말한다. 의사가(환자가) 병원까지 오는 데 시간이 걸리지 않더라도 자신의 시간 문제는 해결할 수 없다고 대답해도 환자는 막무가내로 나온다. 그는 더 빨리 진찰해 주는 것이 당연하다는 듯이 의사에게 계속 요구한다. 만일 그 의사가 정신과 전문의였다면, 이것은 이미 중요한 진단을 내린 셈이 된다. 즉 그 사람이 나르시시즘이 상당한 사람, 즉 중증환자라는 것이다. 그 환자는 의사의 형편이 자신의 처지와는 다르다는 점을 이해하지 못한다. 환자가 신경 쓰는 것은 의사를 만나고 싶다는 자신의 바람과 '자신이' 병원을 찾아가는 데 시간이 걸리지 않는다는 사실뿐이다. 자신과는 다른 계획과 볼일을 가진 다른 인간으로서의 의사는 존재하지 않는다. 환자의 논리는, 자신이 쉽게 갈 수 있다면 의사가 진찰해 주는 것도 쉽지 않느냐는 것이다. 의사의 처음 설명에 환자가 "선생님, 당연히 그렇지요. 바보 같은 말을 해서 죄송합니다"라고 대답했다면 환자에 대한 진단도 조금은 바뀌었을 것이다. 이 경우에도 자신과 의사의 상황을 구별하지 못하는 나르시시즘의 사람인 것은 틀림없지만, 첫 번째 상황의 환자에 비해서 그 증상은 심하지 않다. 주의를 받으면 자신이 처한 현실을 이해하고 곧 그에 대응할 수 있다. 두 번째 상황의 환자는 한 번 자신의 실수를 깨달으면 당황할 테지만, 첫 번째 상황의 환자는 전혀 당황하지 않고 오히려 이런 간단한 것도 모르는 둔감한 의사는 욕먹어 싸다고 생각할 것이다.

자신에게 반응이 없는 여자를 사랑하는 나르시시즘의 사람에게서도 같은 현상이 쉽게 보인다. 그는 여자가 자신을 사랑하지 않는다는 사실을 도저히 믿을 수 없다. 그는 다음과 같은 억지를 부린다. "내가 이렇게 사랑하는데 나를 사랑하지 않을 리가 있는가!"라든가, "그녀가 나를 사랑하지 않았다면 내가 이렇게 그녀를 사랑할 리 없다"고. 그리고 여자가 반응을 보이지 않는 것을 다음과 같이 합리화한다. "그녀는 무의식적으로 나를 사랑하고 있어. 그녀는 불같은 사랑을 겁내고 있는 거야. 나를 시험에 빠뜨려서 괴롭히고 싶은 거야." 앞의 경우처럼 여기서도 중요한 점은 나르시시즘에서 빗어나지 못한 사람은 남들의 현실이 자신의 현실과 다르다는 사실을 인식하지 못한다는 것이다.

얼핏 아주 달라 보이지만 모두 나르시시즘과 관련된 두 현상을 살펴보자. 어떤 여성은 날마다 거울 앞에서 얼굴과 머리카락을 매만지는 데 몇 시간이나 쓴다. 이는 단지 허영심이 강해서가 아니다. 이 여성은 자신의 몸과 아름다움에 사로잡혀 있으며, 자신의 몸이 그녀가 알고 있는 단 하나의 중요한 현실이다. 그녀는 상심한 나머지 죽어가는 님프, 에코의 사랑을 거절하는 미소년 나르키소스가 나오는 그리스신화 이야기와도 비슷할 것이다. 여신 네메시스는 벌로 호수에 비친 자신의 모습을 사랑하게 된다. 그리고 그는 자신을 칭송하면서 호수에 몸을 던져 죽는다. 이런 자기애는 저주이고, 극단적인 경우에는 자기파멸로 끝난다는 것을 그리스신화는 보여준다.[6] 또 건강염려증에 걸린 어떤 여성이 있다(그리고 몇 년이 지나도록 같은 상태이다). 그녀도 아름다워지고 싶어서는 아니지만, 병이 두려워서 끊임없이 자신의 몸에 신경을 빼앗기고 있다. 적극적으로든 소극적으로든 자기 영향을 추구하는 데는 물론 나름의 이유가 있다. 그러나 여기서는 그것에 대해서 언급할 필요가 없다. 중요한 것은 이 두 현상의 배후에는 자기에 대한 나르시시즘으로 가득한 선입관이 있으며, 외부 세계에는 거의 관심을 보이지 않는다는 것이다.

'도덕적 건강염려증'은 본질적으로 차이가 없다. 이 사람은 병에 걸려 죽는 것을 두려워하는 게 아니라 죄를 두려워한다. 이런 사람은 끊임없이 자신이 잘못해서 죄를 저지르지나 않을까, 자기도 모르게 죄를 인정하지나 않을까 신경을 쓴다. 외부에서 그를 보면 매우 양심적이고 도덕적이며 남을 배려하는 듯 보이지만 사실 이런 사람은 자기 자신, 자신의 양심, 자신에 대한 다른 이들의 비평 등에 관심을 갖고 있다. 육체적·정신적 건강염려증에 존재하는 나르시시즘은, 익숙하지 않은 사람에게는 비교적 분간하기 어렵지만 허영심 강한 사람의 나르시시즘과 같다. 카를 아브라함이 부정적 나르시시즘이라는 이름으로 분류한 이런 종류의 나르시시즘은 특히 우울상태(melancholia)에서 나타나며, 공허함 및 현실성이 없고 스스로를 학대하는 감정을 특징으로 한다.

더 가벼운 형태에서는 일상생활에서 자기로 가득한 성향을 볼 수 있다. 유명한 농담에 그것이 잘 나타나 있다. 어떤 작가가 친구와 만나 한참 동안 자기 이야기를 한 뒤에 말한다. "너무 내 이야기만 했군. 이번에는 '자네' 이야기를 해보게. 그런데 내가 최근에 쓴 책을 어떻게 생각하나?" 이 남자는 온통 자신에 대한 생각뿐이며, 자기의 반향으로서가 아니면 남에게 거의 주의를 기울이지 않는 인간의 전형이다. 남을 돕거나 친절을 베푸는 일이 가끔 있어도, 자기

---

6) 《자기를 위한 인간(*Man for himself*)》에 나오는 자기애에 대한 나의 지론을 참조. 거기서 내가 밝히고자 하는 것은 자기를 정말로 사랑하는 것은 남을 사랑하는 것과 다르지 않다는 점, 이기적인 '자기애'는 남도 자신도 사랑하지 않는 사람들에게서 보인다는 것이다.

자신이 그런 모습을 보는 것이 좋기 때문에 그렇게 한다. 그는 자신의 에너지를 지금 돕고 있는 사람을 위해 쓰는 게 아니라 자기 칭찬을 위해서 쓴다.

그런 사람을 어떻게 알아볼 수 있을까? 쉽게 알 수 있는 유형이 한 가지 있다. 그것은 자기만족의 모든 징후가 드러나는 사람이다. 그가 시시한 농담을 할 때, 우리는 그가 스스로는 아주 중요한 말을 하고 있다고 생각한다는 것을 쉽게 알 수 있다. 일반적으로 그는 다른 사람의 말을 듣지 않고 거의 관심을 보이지 않는다(약은 사람이면 일부러 더 질문을 하거나 관심을 보여서 그 사실을 숨기려고 한다). 어떤 비평에 과민한 것을 봐도 자기애로 가득한 성향을 지닌 사람임을 알 수 있다. 이 과민함은 모든 비평의 정당성을 부정하며, 분노나 우울함이 뒤따르는 반응으로 나타난다. 자기애로 가득한 성향은 내성적이고 겸손한 태도 뒤에 숨어 있을 가능성이 높다. 사실 자기예찬의 대상으로서 겸손한 태도를 보이는 자기애로 가득한 성향을 찾아보기란 어렵지 않다. 나르시시즘이 어떻게 나타나건, 외부세계에 진짜 관심이 없다는 것은 나르시시즘의 공통된 본질이다.[7]

때로 자기애로 가득한 사람은 얼굴 표정만으로도 알 수 있다. 어떤 사람에게서는 아니꼽고, 어떤 사람에게서는 행복하고 순진하며 순수해 보이기까지 하는 인상을 주는 미소나 홍조를 볼 수 있는 경우가 흔하다. 가끔 나르시시즘은 특히 극단적인 예로는 성자에 가까운 미소로도, 광인에 가까운 미소로도 보이는 특이한 눈빛으로 나타난다. 자기애로 가득한 성향이 대단히 강한 사람은 쉬지 않고 말하는 경우가 많으며—때로는 식사를 하면서도—그래서 먹는 것도 잊고 다른 사람들을 기다리게 만든다. 같이 식사하는 사람의 음식은 자신의 '자아'보다도 중요성이 낮은 것이다.

---

7) 자기애가 강한 사람과 자기평가가 낮은 사람은 구별하기 어려울 때가 있다. 뒷사람은 찬미와 칭찬을 바라는 경우가 많다. 이는 다른 사람에게 관심이 없기 때문이 아니라 자기 자신에게 의혹을 가지고 자신을 낮게 평가하기 때문이다. 판별이 어려운 것이 또 하나 있다. 바로 나르시시즘과 에고티즘(자기중심주의)의 구분이다. 정도가 강한 나르시시즘은 현실을 충분히 경험할 능력이 없음을 뜻한다. 정도가 강한 에고티즘은 다른 사람에게 관심, 사랑, 또는 공감을 거의 갖지 않는 것을 뜻하지만 꼭 주관적 과정의 과대평가를 뜻하지는 않는다. 바꿔 말하면, 자기를 중심에 두는 성향이 아주 강하다고 해서 반드시 자기애 성향이 아주 강하다고 볼 수는 없다. 즉 자기를 중심에 둔다고 해서 객관적인 진실까지 나 몰라라 하는 것은 아니라는 말이다.

그렇지만 자기애로 가득한 성향이 있다고 해서 꼭 '전체로서의 자기'를 그 나르시시즘의 대상으로 두는 것은 아니다. 가끔 자신의 개성 일부분에 나르시시즘을 카섹시스한다. 예를 들면 자신의 명예, 지력, 용기, 기지, 미모(머리카락이나 코와 같은 부분적인 것으로 한정되기도 한다) 등. 때로는 그 나르시시즘은 위험을 지레 두려워하는 노파심처럼 보통 내세울 만하지 않은 성질에까지 이른다. '그'는 그의 부분과 동일시된다. '그'가 누구냐고 묻는다면, 그는 자신의 두뇌, 자신의 명성, 자신의 재산, 자신의 성기, 자신의 양심 따위라고 말하게 될 것이다. 여러 종교의 우상은 모두 인간의 다양한 일면을 나타내고 있다. 자기애로 가득한 사람의 경우, 그 나르시시즘의 대상이 되는 것은 그에게 그 자신을 구성하는 이런 부분적인 일면들 가운데 어떤 것이라도 좋다. 자신이 그 소유물로 대표되는 사람은 남들이 자신의 위엄을 해치는 것은 참을 수 있어도, 자신의 소유물을 위협하는 것은 자신의 목숨을 위협하는 일이 된다. 한편 자신이 지성으로 대표되는 사람의 경우, 어떤 바보 같은 말을 해버렸다는 사실이 그를 괴롭혀 심한 우울증에 빠지기 쉽다. 그러나 나르시시즘의 정도가 강하면 강할수록 자기애로 가득한 사람은 실패의 사실을 인정하거나 다른 사람의 정당한 비판을 받아들이지 못하게 된다. 다른 사람의 모욕 행위에 분노하거나, 상대는 무분별하고 무식해서 정당한 판단을 내리지 못하는 것이라고 느낄 뿐이다(이와 관련해서, 머리는 좋지만 자기애로 가득한 어떤 사람이 떠오른다. 그 사람은 자신이 받은 로르샤흐 검사[8]의 결과가 자신이 바라던 이상적인 모습과 크게 다르다는 것을 알자, "이 검사를 한 심리학자는 불쌍한 사람이다. 분명 편집병자일 것이다"라고 말했다).

이제 나르시시즘 현상을 복잡하게 만드는 다른 원인에 대해서 말해야겠다. 자기애로 가득한 사람이 '자기상(自己像)'을 자신의 자기애로 가득한 애착의 대상으로 삼는 것과 마찬가지로, 그는 자신과 관련 있는 모든 것에 같은 애착을 보인다. '자신의' 관념, '자신의' 지식, '자신의' 집, 그리고 '자신의' '흥미범위'에 있는 사람들도 그의 자기애로 가득한 애착의 대상이 된다. 프로이트가 지적했듯이, 가장 흔히 보이는 것은 자기 자식에 대한 자기애로 가득한 애착일 것이다. 많은 부모는 자기 자식은 다른 아이들에 비해서 매우 아름답고 똑똑하다

---

8) 열 가지 잉크 얼룩 그림이 무엇으로 보이는가 하는 해석에 따라, 그 사람의 성격이나 정신 내부의 상태를 파악하는 검사.

고 믿는다. 아이가 어리면 어릴수록 이런 편견은 더욱 강해진다. 부모의 사랑, 특히 유아에 대한 어머니의 사랑은 상당할 만큼 자기애가 확대된 형태로서의 유아에 대한 사랑이다. 성인 남녀의 사랑 가운데에도 이런 성질을 띠는 경우가 많다. 여자를 사랑하는 남자는 그녀가 일단 '그의 것'이 되면 자신의 나르시시즘을 그녀에게 전이시킨다. 그는 그녀에게 부여한 성질 때문에 그녀를 칭찬하고 숭배한다. 즉 그녀가 자신의 일부라는 바로 그 이유 때문에 그녀는 놀라운 소질의 소유자가 된다. 이런 남자는 자신이 가진 것이라면 무엇이든지 훌륭하다고 생각하는 경우가 많으며, 그것들을 '사랑하는' 것이다.

　많은 사람들을 살펴볼 때 성적 욕구나 생존 욕구 못지않게 강하게 나타나는 것이 자기애로 가득한 성향에 바탕한 열정이고, 앞서 말한 두 가지 욕구보다 강하다는 것이 입증되기도 한다. 열정이 그리 강하지 않은 사람들에게도 파괴할 수 없을 것처럼 보이는 자기애로 가득한 성향의 알맹이가 남아 있다. 따라서 성과 생존처럼 자기애로 가득한 열정도 중요한 '생물학적 기능'을 갖는 게 아닌가 할지도 모른다. 일단 이런 의문이 들었다면 대답은 간단하다. 각각의 개인이 자기의 육체적 욕구, 관심, 욕망에 큰 에너지가 실리지 않는다면 어떻게 계속 살아갈 수 있겠는가? 생물학적으로 삶을 유지한다는 관점에서, 그는 다른 사람들보다 훨씬 높은 중요성을 자기 자신에게 부여해야 한다. 만일 그렇지 않다면 다른 사람으로부터 자기를 지키고, 자기 존재를 위해 움직이며, 자기 생존을 위해 싸우고, 다른 사람의 주장에 맞서 자기 주장을 관철하는 에너지와 관심을 대체 어디에서 얻는단 말인가? 나르시시즘이 없다면 그는 성자가 될지도 모른다. 그러나 성자는 생존율이 높은가? 정신이라는 관점에서 볼 때 가장 바람직한 것, 즉 나르시시즘의 결여는 거꾸로 생존이라는 세속적 관점에서 볼 때 참으로 위험할 것이다. 목적론의 관점에서 말하면, 자연은 인간이 생존에 필요한 것을 이루기 위해서 다량의 나르시시즘을 주지 않을 수 없었다고 말할 수 있다. 자연이 인간에게 동물처럼 발달된 본능을 주지 않았기 때문에 이는 특히 옳다. 동물의 고유 본능은 노력해야 하느냐 마느냐를 생각하거나 결정할 필요가 없는 형태를 취하며 생존을 위해 작용하므로, 그런 의미에서 생존에 대한 '문제의식'을 갖지 않는다. 반면 인간의 경우, 본능이라는 장치는 본디의 기능을 거의 잃었기 때문에 나르시시즘은 매우 필요한 생물학적 기능의 역할을 하게 된다.

그러나 나르시시즘이 중요한 생물학적 기능을 하는 것을 일단 인정하면 또 다른 문제가 생긴다. 극단적인 나르시시즘은 인간을 다른 사람에 대해서 냉담하게 만들고, 다른 사람과의 협조가 필요할 때 자기 욕구를 뒷전으로 미루지 못하게 만드는 것 아닌가? 나르시시즘은 사람을 반사회적으로, 그리고 사실 그것이 극단적일 경우에는 광인으로 만드는 것 아닌가? 그 정도가 매우 강한 개인의 나르시시즘이 모든 사회생활에 큰 장애물이 되는 것은 의심할 여지가 없다. 하지만 만일 그렇다고 해도 나르시시즘은 생존의 원리와 '갈등(conflict)'해야 한다고 생각된다. 개개의 인간은 집단 안에 자기를 집어넣어야만 비로소 생존할 수 있고, 누구든 혼자서는 자연의 위협으로부터 몸을 보호할 수 없으며, 집단 안에 있어야 해낼 수 있는 일들도 수행할 수 있다.

이렇게 해서 우리는 나르시시즘이 생존에 필요하고, 아울러 생존에 위협이 된다는 역설적인 결론에 다다른다. 이 역설을 해결하는 데는 두 가지 방향이 있다. 하나는 양적으로 '최대의(maximal)' 나르시시즘보다는 질적으로 '최적의(optimal)' 나르시시즘이 더 생존에 도움이 된다는 것이다. 즉 생물학적으로 필요한 정도의 나르시시즘은 사회적 협조와 공존할 수 있는 정도의 나르시시즘으로 되돌아가는 것이다. 또 다른 사실은 개인 나르시시즘은 집단 나르시시즘으로 변질되며 개인 대신 혈족, 국가, 종교, 인종 등이 자기애로 가득한 정열의 대상이 된다는 것이다. 이렇게 자기애로 가득한 에너지는 개인의 생존을 위해서보다는 집단의 생존을 위해서 사용되도록 보존되어 간다. 집단 나르시시즘과 그 사회적 기능의 문제를 다루기 전에 '나르시시즘의 병리학'에 대해 살펴보겠다.

자기애로 가득한 애착이 합리적 판단을 왜곡할 때 가장 위험한 형태로 나타난다. 그 애착의 대상은 객관적인 가치판단에 기초하는 게 아니라, 그것이 나 또는 나의 것이기 때문에 가치가 있다(선함, 아름다움, 현명함 등)고 여긴다. 자기애로 가득한 가치판단은 편견에 기초하기 때문에 왜곡되어 있다. 흔히 이 편견은 어떤 형태로 합리화되며, 이 합리화는 그 사람의 지성과 궤변의 정도에 따라 조금이나마 얼버무려지기 쉽다. 주정뱅이의 나르시시즘의 경우, 그 왜곡은 일반적으로 또렷하게 보인다. 우리에게 비치는 것은 단지 피상적으로 말하는 모습이지만, 당사자는 놀랍도록 흥미로운 말을 하고 있다는 듯이 행동하거나 말한다. 당사자는 자신이 '세계 제일'이라는 주관적 감정을 갖지만, 실제로는 허황된 자화자찬을 하고 있다고 할 수 있다. 그렇다고 자기애로 가득한 성향이 강한 사람의 말이 늘 시끄럽기만 한 것은 아니다. 재능이 있고 총명하다면 재미있는 착상을 떠올릴 것이고, 그가 그 생각을 높이 평가하고 있다면 그 판단은 아주 틀렸다고 할 수는 없을 것이다. 그러나 그런 사람은 자신이 만들어 낸 것을 아무래도 높이 평가하고 싶어하며, 그것의 본질은 이 평가와는 상당한 차이가 있다(부정적 나르시시즘의 경우는 정반대이다. 이런 사람은 자신의 모든 것을 과소평가하기 쉬우며, 그 판단에는 역시 편견이 들어간다). 자기애로 가득한 성향에 따른 왜곡된 판단을 깨닫고 있다면, 거기서 나오는 결과는 그리 나쁘지는 않을 것이다. 자기애로 가득한 자신의 편견에 유머러스한 태도를 취했을 것이고, 또 취할 수 있었다. 하지만 이런 경우는 드물다. 일반적으로 이런 사람들은 편견이 없으며, 자신의 판단은 객관적으로 진실이라고 확신하고 있다. 그래서 생각하거나 판단하는 능력이 대단히 왜곡되는 결과를 낳는다. 이런 능력은 자신이나 자기 것에만 관여되면 무뎌지기 때문이다. 이와 마찬가지로 자기애로 가득한 사람의 판단은 '자기' 이외의 다른 사람이나 자기 것이 아닌 것에 대해서도 편견을 갖는다. '내가 아닌' 다른 세계는 열등하고 위험하며 부도덕하다. 그래서 자기애로 가득한 사람은 마지막에는 매우 왜곡된 인간이 되어 버린다. 그와 그의 것을 과대평가한다. 외부세계의 것은 모두 과소평가한다. 이성과 객관성이 크게 훼손되는 것은 명백하다.

나르시시즘의 더욱더 위험한 병리학적 요소는 자기애로 가득한 성향이 집중된 관점의 비판에 대한 정서적 반응에서 볼 수 있다. 정상적인 경우, 자신의 말과 행동을 비판받아도 그 비판이 공평하고 악의가 없다면 화를 내지 않는다. 그러나 자기애로 가득한 사람은 자신이 비판받으면 몹시 화를 낸다. 자신의 자기애로 가득한 성향 때문에 그 비판이 옳다는 생각조차 하지 못하고, 악의적인 공격으로 여기기 때문이다. 자기애로 가득한 사람은 세계와 관계를 맺지 않는데, 그 결과 외톨이가 되고 그래서 모든 것에 놀라기 쉽다는 사실을 알아야 비로소 그의 격한 분노를 이해할 수 있다. 그의 자기애로 가득한 자만의 대가는 바로 이 고독감과 공포이다. 그가 곧 '세계'라면, 그를 놀라게 하는 외부세계는 존재하지 않는다. 그가 곧 사물이라면 그는 고독하지 않다. 그렇기 때문에 그의 나르시시즘이 상처받으면, 그는 자신의 존재 전체가 위협받고 있다고 느끼게 된다. 그의 놀람과 자만으로부터 몸을 보호해 주는 것이 위협받는 데서 비롯된 공포는 곧장 격한 분노로 표출된다. 이 분노는 그 위협을 경감시킬 수 있는 적당한 것이 아니기 때문에 더욱더 격렬하다. 비평하는 사람이나 자신을 파괴하는 것 말고는 그 사람의 자기애로 가득한 안전을 지켜줄 것이 없기 때문이다.

상처받은 나르시시즘 때문에 생긴 격노를 대신할 수 있는 것이 바로 '우울(depression)'이다. 자기애로 가득한 사람은 자만심을 통해서 자신은 자신이라는 의미를 얻는다. 외부세계는 그에게 문제가 아니며, 그는 그 힘에 눌려서 순순히 따르지 않는다. 왜냐하면 그는 세계 그 자체이고 전지전능하다고 느낄 수 있는 상태가 되었기 때문이다. 그의 나르시시즘이 한 번 더 상처받고, 예를 들어 그를 비평하는 자에 대해서 그의 주장이 주관적 또는 객관적으로 약해짐으로써 이유야 어쨌건 화를 낼 수 없다면 그는 우울상태가 된다. 그는 세계에 관여하지 않고 관심도 보이지 않는다. 즉 그는 아무것도 아니다. 그는 외부세계와의 관여에서 그 중심으로서 자아를 발전시키지 않기 때문이다. 그의 나르시시즘이 심한 상처를 입어 더는 유지할 수 없게 되면 그의 자아는 허물어지고, 이 붕괴가 주관적으로 반사된 것이 우울한 감정이다. 우울증을 호소하는 원인은 이미 죽은 훌륭한 '나'라는, 자기애로 가득한 자신의 모습에서 비롯된다는 것이 나의 의견이다.

자기애로 가득한 사람이 필사적으로 이런 상처를 피하려 하는 것은 바로 그의 나르시시즘이 받은 상처 때문에 생기는 우울상태를 두려워하기 때문이다. 이를 극복할 방법은 몇 가지 있다. 하나는 외부 비평이나 실패가 자기애로 가득한 상태에 작용하지 않도록 나르시시즘을 증대시키는 것이다. 바꿔 말하면, 나르시시즘의 강도가 위협을 막기 위해 커진다. 이는 물론 정신적으로는 좀더 중증의 정신병이 될지언정 우울의 위협으로부터 몸을 지키려는 것을 뜻한다.

그런데 다른 사람에게는 더욱 위험하지만 그 사람 자신에게는 훨씬 만족스럽고, 나르시시즘의 위협을 해소해 주는 방법이 또 하나 있다. 그 방법은 현실을 어느 정도 자기애로 넘치는 자신의 모습과 일치시키도록 변형을 꾀하는 것이다. 자신이 '영구기관(perpetuum mobile)'을, 그 과정에서 조그만 발견을 한 것에 지나지 않지만 발명했다고 믿는 한 발명가의 경우가 그 일례이다. 좀더 중요한 해결법은 다른 사람의 동의를 얻는 것, 그리고 가능하다면 몇백만 명의 동의를 얻는 것이다. 앞엣것은 '감응정신병(folie a deux)'으로 결혼이나 우정이 바탕이 되어 있는 경우이지만, 뒤엣것은 몇백만 명의 갈채와 동의를 얻어 자기에게 잠재되어 있는 정신병의 발생을 막으려는 공인(公人)의 경우이다. 공인의 예로서 가장 널리 알려진 것은 히틀러이다. 만일 그가 몇백만 명에게 자신이 그린 그림을 믿게 하고, '제3제국'의 황금시대에 대한 지나친 환상을 진지하게 품게 하고, 그의 부하들에게는 자기 정의를 입증시키는 식으로 현실을 변형시키는 데 성공하지 못했다면 아마도 정신병자라는 진단을 받았을 가장 중증의 나르시시스트였다(그는 실각 뒤 자살하지 않을 수 없었다. 자살하지 않으면 자신의 자기애로 가득한 모습의 붕괴에 맞닥뜨렸을 것이고, 이를 견디지 못했을 것이기 때문이다).

자신의 나르시시즘에 적합하도록 세계를 변형시켜 그 나르시시즘을 '치료한' 과대망상광의 지휘자는 역사상 그 말고도 존재한다. 정상의 목소리가 주는 위협을 견디지 못한 그들은 모든 비판자를 파괴하지 않고는 견딜 수 없었다. 칼리굴라, 네로에서부터 스탈린, 히틀러에 이르기까지 그들이 죽을힘을 다하여 자신들의 신자를 발견하고, 현실을 자기 나르시시즘에 적합하도록 변모시키고, 모든 비판을 파괴한 것은 바로 광기가 되는 것을 막기 위해서였다고 말할 수 있다. 역설적으로는 이런 지도자의 광기 요소가 그들을 성공시키기도 했다. 그 요소가 그들에게 확신을 주고, 일반 사람들에게 박힌 강한 의혹으로부터 해방시켜 주기도 한다. 말할 것도 없이 세계를 변형시키고 자신의 사상과 망상을 다른 사람들도 함께 가지도록 만들고 싶은 욕구는, 정신병이든 아니든 일반 사람들에게는 없는 재능과 자질이 뒷받침되어야 한다.

나르시시즘의 병리학을 논할 때 '양성'과 '악성'이라는 두 종류의 나르시시즘을 구별하는 것이 중요하다. 양성 나르시시즘의 대상은 그 사람이 노력한 결과이다. 따라서 예를 들자면 한 사람의 목수로서, 한 사람의 과학자로서, 또는 한 사람의 농부로서의 자기 일에 자기애로 가득한 긍지를 가질 것이다. 그의 나르시시즘 대상은 스스로 노력해야 하는 것이기 때문에 '자기의' 직업이나 '자기의' 업적에 대한 배타적인 관심, 일 그 자체가 갖는 과정이나 다루는 소재에 대한 관심과 끊임없이 평형을 이루고 있다. 이렇게 해서 이 양성 나르시시즘의 원동력은 자기를 제어하는 것이다. 일을 추진하는 에너지는 대부분 자기애로 가득한 것이긴 하지만, 일 자체가 현실과 관계를 맺을 필요가 있기 때문에 끊임없이 나르시시즘을 억제하고 그 한계 안에 머문다. 이런 작용은 매우 많은 나르시시즘 성향을 가진 사람이 동시에 높은 창조력을 갖고 있는 이유를 설명해 줄 것이다.

악성 나르시시즘에서 대상이 되는 것은 그 사람의 행위나 그가 만든 물건이 아니라 그가 '소유하고 있는' 것이다. 예를 들면 육체, 용모, 건강, 재산 등이다. 이런 종류의 악성 나르시시즘에는 앞에서 말한 양성 나르시시즘에 존재하는 중간자적 성질이 없다. 만일 내가 '성취하는' 것 때문이 아니라 '갖고 있는' 것 때문에 '위대하다'면 그 누구와도 그 무엇과도 관계를 맺을 필요가 없고, 아무런 노력도 필요하지 않다. 자신의 위대한 모습을 유지하고자 나는 차츰 현실에서 멀어지고, 나의 나르시시즘으로 말미암아 부풀어 오르는 자아가 나의 공허한 상상의 산물이라는 것이 드러나지 않도록 자신을 보호하기 위해 더욱더 나르시시즘으로 무장하게 된다. 이렇게 악성 나르시시즘은 자기제한을 하지 않으므로 세상으로부터 미움을 받을 뿐만 아니라 소박한 유아론(唯我論) 같은 것이 되어 버린다. 뭔가를 성취한 적이 있는 사람은 다른 사람이 똑같은 것을 똑같은 방법으로 이루었다는 사실을 인정하지 않을 수 없다. 설령 자기 나르시시즘 덕분에 자신이 이룬 것이 다른 사람이 이룬 것보다 뛰어나다고 생각하더라도 그러하다. 아무것도 성취한 적 없는 사람이 다른 사람이 이룬 일을 평가하기란 어렵고, 그래서 갈수록 자기애로 가득한 영광 속으로 자신을 몰아가게 된다.

지금까지는 개인의 나르시시즘의 원동력에 대해서 현상, 생물학적 기능, 그리고 병리학을 설명했다. 그 내용에 근거하여 '사회의 나르시시즘(social narcissism)' 현상과, 그것이 폭력이나 전쟁의 원천으로서 하는 역할을 이해해야 한다.

다음 논의의 중심점은 개인의 나르시시즘을 집단의 나르시시즘으로 변모시키는 과정이다. 먼저 개인의 나르시시즘이 지닌 생물학적 기능과 병행하는 집단 나르시시즘이 지닌 사회적 기능의 관찰에서 시작하기로 하자. 오래 존속하고자 하는 조직집단에서는 집단이 그 성원들로부터 자기애로 가득한 에너지를 받는 것이 중요하다. 집단의 생존은 어느 정도 그 성원이 집단의 의의를 자기 목숨만큼 아끼거나 더 소중하게 생각하고, 또 다른 집단과 비교해서 자신들의 집단이 옳다거나 우수하다고까지 믿는 사실에 기초한다. 집단에 이런 종류의 자기애로 가득한 성향으로 끊임없이 축적된 판단 기준이 없다면, 그 집단에 기여하거나 그를 위해 커다란 희생을 치르는 데 필요한 에너지는 두드러지게 줄어들 것이다.

집단 나르시시즘의 원동력에서는 개인의 나르시시즘과 관련해서 앞에서 설명한 것과 같은 현상이 보인다. 여기서도 양성과 악성의 나르시시즘을 구별할수 있다. 집단 나르시시즘이 무언가를 이루려고 하면, 앞에서 말한 것과 같은 변증법적 과정이 생긴다. 창조적인 것을 성취하려는 욕구 자체가 그 집단이 유아론이라는 폐쇄된 사고에서 벗어나 그 집단이 달성하려고 하는 대상에 관심을 갖도록 만든다(집단이 추구하는 것이 정복이라면, 아주 생산적인 노력에 의해서 생기는 뛰어난 효과는 물론 사라질 것이다). 반대로 집단 나르시시즘이 현재상태 그대로의 집단, 영광, 과거의 업적, 구성원의 육체적인 것을 대상으로 한다면, 앞에서 생각한 경향은 발달하지 않고 자기애로 가득한 성향과 거기에서생겨나는 위험은 서서히 늘어날 것이다. 물론 실제로는 이 두 가지 요소가 섞여 있는 경우가 많다.

아직까지 논하지 않은 집단 나르시시즘의 사회학적 기능이 또 하나 있다. 구성원 대부분에게 만족을 주지 못하는 사회는 성원들의 불만을 제거하기 위해서 자기애로 가득한 악성의 만족감을 그들에게 주어야 한다. 경제적·문화적으로 가난한 사람들에게는 그 집단에 귀속되기 위해서 생기는 자기애로 가득한 긍지가 유일하고 효과적인 경우가 많은 만족감이다. 인생이 재미없고 흥미롭지 않기 때문에 그들에게는 강한 나르시시즘이 발달한다. 최근에 이런 현상의 좋은 예는 히틀러의 독일에서 보였고, 현재의 미국 남부 인종문제의 나르시시즘에서도 보인다. 둘 모두 인종적 우월감의 핵심은 하층 중산계급이었고 오늘날도 이는 마찬가지이다. 이 하층계급 사람들은 미국 남부에서나 독일에서나경제적으로도 문화적으로도 착취당하는 부류인데, 그들에게는 상황을 변화시킬 수 있는 현실적 희망이 전혀 없기 때문에(그들은 오래되고 스러져 가는 사회형태의 유물이기 때문에) 만족할 수 있는 것은 단 하나뿐이다. 즉 우리는 세계에서 가장 뛰어난 종족이며, 뒤떨어졌다고 생각되는 다른 종족들보다 뛰어나다는 자만심에서 나온 자기개념(자기상)이다. 이런 하층집단 사람들은 다음과 같이 느낀다. "나는 가난하고 교양은 없지만 세계에서 가장 훌륭한 집단에 속해 있으므로 중요한 존재이다. 그러니까 나는 백인이다." "나는 (유대인이 아니

라) 아리아인이다."

집단 나르시시즘은 개인의 나르시시즘보다 발견하기 어렵다. 예컨대 어떤 사람이 다른 사람에게 "나(와 내 가족)는 세계에서 가장 훌륭한 사람이다. 오직 우리만이 깨끗하고 총명하며 뛰어나고 고상하다. 다른 사람들은 모두 더럽고 멍청하며 정직하지 않고 책임감이 없다"라고 한다면, 대부분의 사람들은 그를 매우 둔하고 균형감각이 없는 사람, 또는 미친 사람이라고 생각할 것이다. 그런데 광신적인 연설가가 '나'와 '내 가족'을 국가(또는 민족, 종교, 정당 등)로 바꾸어 대중에게 그 우월성을 말한다면, 그는 애국심과 신앙심 때문에 많은 사람들에게 칭찬받고 존경받는다. 그러나 다른 민족이나 다른 종교는 자신들이 경멸받는다는 명백한 이유에서 이런 연설에 격노하는 것이 보통이다. 하지만 우호집단 '안'에서는 각 개인의 나르시시즘은 찬양받고 수백만 명이 그에 동조한다는 사실에서 그 연설이 한편으로는 정당해 보인다(많은 사람들이 '정당하다'고 생각한다는 것은 아니라도 대부분의 사람들이 동의하고 있다는 뜻이며, 많은 사람들이 '정당하다'고 생각하는 것은 이성이 아니라 여론과 관계있다). 통일체로서의 집단이 존재를 유지해 가기 위해 집단 나르시시즘을 필요로 하는 한 그것은 더욱더 자기애로 가득한 성향을 조장하고, 자신들은 특별히 뛰어나다는 생각을 그들에게 심어주는 것이다.

자기애로 가득한 성향이 집단으로 확대되는 방법은 역사를 통해서 다양한 구조와 크기가 있다. 즉 미개종족이나 미개혈족의 경우는 성원이 수백 명밖에 없으므로 거기에서 개인은 아직 '개체'로서 자신을 인식하지 못하고, 아직 분리되기 어려운 '원시 결합'에 의해 혈연집단으로 맺어져 있다. 이렇게 혈족에 포함되는 나르시시즘은 그 성원이 정서적으로 아직 소속되어 있는 혈족 밖에서는 존재하지 않는다는 사실로 말미암아 강화된다.

인류의 발전에는 끊임없이 증대하는 사회화의 방향이 보인다. 즉 같은 혈연을 가진 소집단은 공통의 언어, 공통의 사회질서, 공통의 신앙을 가진 더 큰 집단에 포함되어 간다. 비교적 큰 집단이라고 해서 반드시 나르시시즘의 병리학적 성질이 약하게 나타나는 것은 아니다. 앞에서 말한 '백인'이나 '아리아인'과 같은 종류의 집단 나르시시즘은 개인의 강렬한 나르시시즘의 경우와 마찬가지로 악성이다.

그러나 일반적으로는 더 큰 집단을 이루는 사회화 과정에서 혈연적 결합 이

외에 다른 민족이나 그 민족 사람들과 협력할 필요가 있으며, 이는 집단 내 자기애로 가득한 성향과 반대 작용을 한다. 개인의 양성 나르시시즘에서 나왔던 이 말은 집단의 경우에도 해당한다. 즉 집단(국민, 국가, 종교)이 물적·지적·예술적 분야에서 가치 있는 것을 성취하는 것을 자기애로 가득한 긍지의 대상으로 삼는 한, 이런 분야들에서 일의 과정 자체가 자기애로 가득한 경향을 약화시키는 작용을 한다. 로마 가톨릭교회의 역사는 하나의 큰 집단 안에서 나르시시즘과 그것에 반대되는 작용의 힘이 뒤섞인 수많은 예들 가운데 하나이다. 가톨릭교회 내의 나르시시즘과 그것에 반대되는 힘으로 작용한 요소는 무엇보다도 인간의 보편성과 '보편' 종교의 개념으로, 이는 특정 종족이나 국민의 종교가 아니다. 둘째로, 하느님이라는 생각과 우상의 부정에서 오는 자기비하의 생각이 있다. 하느님의 존재는 인간은 신이 될 수 없고, 그 누구도 전지전능할 수 없다는 뜻을 담고 있다. 이렇듯 인간의 자기애로 가득한 자기우상화에는 일정한 한계가 있다. 그러나 그와 동시에 교회 자체에는 강한 나르시시즘이 자라고 있었다. 즉 교회는 구원받을 수 있는 유일한 기회를 갖는 곳이고 신부는 그리스도의 대리인이라고 여겼으며, 그들은 이 비교할 수 없는 제도의 성원이라는 강한 나르시시즘을 키울 수 있었다. 같은 현상이 하느님에 대해서도 일어났다. 하느님의 전지전능이 인간의 자기비하를 낳았지만 가끔 개인은 자기와 하느님을 똑같은 존재로 인식하고, 이 과정에서 이상하리만큼 강한 나르시시즘을 발달시켰다.

자기애로 가득한 작용과 그렇지 않은 것 사이에서 보이는 이 모호함은 다른 모든 큰 종교에서도 찾아볼 수 있다. 예를 들면 불교, 유대교, 이슬람교, 청교도 등이다. 내가 가톨릭을 예로 든 것은 그것이 잘 알려진 예일 뿐만 아니라, 로마 가톨릭교는 역사적으로 보아 인본주의와 같은 시기(15, 16세기)에 발생한 강렬한 광신적, 종교적 나르시시즘이라는 두 요소에 기초를 두고 있기 때문이다. 교회 안팎의 인본주의자들은 그리스도교 근원인 인본주의의 이름으로 설교했다. 니콜라우스 쿠사누스[9]는 모든 사람을 위한 종교적 관용을 설교했다(신앙의 안식에 대해서). 피치노[10]는 사랑이 모든 창조의 근원적인 힘이라고 가

---

9) 독일 신학자·철학자(1401~1464). 1449년 추기경, 1452년 브릭센 대주교. 반대의 일치에 의한 신(神)의 인식이라는 사상은 라이프니츠 등에게 영향을 주었다.
10) 이탈리아 철학자·신학자(1433~1499). 플라톤 철학과 기독교 일치를 주장했다.

르쳤다(사랑에 대해서). 에라스뮈스[11]는 서로의 관용과 교회의 민주화를 주장했다. 비국교도(非國敎徒) 토머스 모어[12]는 보편구원설과 인간의 단결이라는 주장 때문에 죽었다. 쿠사누스와 에라스뮈스의 가르침을 바탕으로 기욤 포스텔[13]은 지구의 평화와 세계의 단결을 내세웠다. 피코 델라 미란돌라[14]의 가르침을 받은 시쿨로[15]는 인간의 존엄과 이성의 미덕, 자기완성의 능력을 정열적으로 주장했다. 이들은 그리스도의 가르침에 충실한 인본주의의 땅에서 자란 사람들과 함께 보편과 우애, 존엄과 이성의 이름으로 말했다. 그들은 관용과 평화를 위해서 싸웠다.

광신적 세력, 즉 루터파와 교회파의 세력이 그들과 대립했다. 인본주의자들은 파국을 피하려고 애썼지만, 결국은 이 두 광신자들이 승리를 거두었다. 비참한 30년 전쟁으로 절정에 다다른 종교박해와 종교전쟁의 참상은 인본주의 발전에 타격을 주었다. 그리고 그 타격으로부터 유럽은 아직도 회복되지 못하고 있다(그로부터 30년 뒤 사회주의에 바탕한 인본주의를 파괴한 스탈린주의를 떠올릴 때, 그 유사성을 생각하지 않을 수 없다). 16, 17세기의 종교와 관련된 증오를 되돌아보면 그 비합리성을 분명히 읽을 수 있다. 둘 다 하느님과 사랑의 이름으로 설교했지만, 일반원칙을 비교해 보면 그 차이는 의미가 없다. 더구나 그들은 서로 증오하고, 인간에 대한 사랑은 자신들의 종교신앙 속에만 존재한다고 확신했다. 자기의 주장을 과대평가하는 본질, 그리고 자기와 다른 모든 것을 증오하는 것은 나르시시즘의 흔한 사례이다. '우리'는 칭찬받아 마땅하고, '그들'은 폄하되어야 마땅하다. '우리'는 선이고, '그들'은 악이다. 자기 교의(敎義)를 비판하는 것은 모두 사악이고 참을 수 없는 공격이며, 다른 사람의 주장을 비판하는 것은 그들에게는 진실로 되돌아가려는 선의의 시도이다.

르네상스 이후 집단 나르시시즘과 인본주의라는 모순된 양대 세력이 저마

---

11) 네덜란드 인문학자(1469~1536). 가톨릭교회의 제도를 비판하고 성경을 교정했다.
12) 영국 정치가(1478~1535). 헨리 8세 때 대법관을 지냈으나, 가톨릭교도로서 왕의 이혼에 반대하여 반역죄로 몰려 처형당했다. 1516년 유럽 사회를 풍자한 《유토피아》를 발표했다.
13) 프랑스 동양학자·신비사상가(1510~1581). 비그리스도교 문화의 존재와 의미를 의식하고, 여러 종교의 합일이나 프랑스 왕제를 중심으로 하는 세계평화의 실현을 꿈꾸었다.
14) 이탈리아 인본주의자·철학자(1463~1494). 신플라톤주의와 중세 신학의 조화를 꾀했으며 르네상스의 새로운 인간관과 세계관을 제시했다.
15) 스페인 역사가·인본주의자·시인(1444/45~1533).

다 독자적인 방법으로 발달해 왔다. 불행하게도 집단 나르시시즘의 발달이 인본주의의 그것보다 훨씬 우세했다. 중세 끝 무렵과 르네상스 시대에 유럽에는 정치적이고 종교적인 인본주의가 등장하는 듯했지만, 그 기대는 무참히 깨졌다. 새로운 형태의 집단 나르시시즘이 등장해 그 뒤 수백 년을 지배했다. 이 집단 나르시시즘은 다양한 형태로 나타났다. 즉 종교적인, 국민적인, 인종적인, 또는 정치적인 형태를 취하며 나타났다. 또 그것은 가톨릭 대 프로테스탄트, 독일인 대 프랑스인, 흑인 대 백인, 유대인 대 유럽인, 자본주의자 대 공산주의자 등 내용은 각양각색이지만, 심리적으로는 똑같은 나르시시즘 현상과 거기에서 비롯된 광신주의와 파괴성[16]이 관여하고 있다.

집단 나르시시즘이 성장하는 사이에 그에 대비되는 인본주의도 발전했다. 18, 19세기에—스피노자, 라이프니츠, 루소, 헤르더, 칸트에서 괴테, 마르크스에 이르는—인류는 하나이고 개개의 인간은 자기 내부에 전 인류를 지고 있으며, 선천적으로 우월한 특권계급은 존재하지 않는다는 사상이 발달했다. 제1차 세계대전은 인본주의에 강한 타격이었다. 그리고 제1차 세계대전의 교전국 모두에서 보이는 민족적 히스테리, 히틀러의 인종주의, 스탈린 일파의 우상숭배, 이슬람교와 힌두교의 광신, 서유럽의 광신적 반공산주의 등 집단 나르시시즘의 어리석은 행동이 갈수록 증대해 갔다. 이런 집단 나르시시즘이 다양하게 나타남으로써 세계는 전면파괴라는 구렁 속에 빠져 버린 것이다.

인본주의를 위협하는 이런 움직임에 대한 반응으로서 인본주의의 부흥이 현대 모든 나라와 대표적인 이념파 사이에서 보인다. 즉 가톨릭과 프로테스탄트 신학자들 사이에, 사회주의와 반사회주의 철학자들 사이에 급진 인본주의자들이 존재한다. 전면파괴로 치닫는 위기와 신인본주의 사상, 그리고 새로운 의사소통 방법에 의해서 전 인류 사이에 형성된 유대가 집단 나르시시즘의 영향을 저지할 만큼 강한 것인가 하는 것은 인류의 운명을 결정하는 커다란 문제일 것이다.

집단 나르시시즘이 더욱더 강해지는 것은—종교와 관련된 것에서 민족, 인

---

16) 조합지부나 작은 종파, '학벌' 등과 같은 작은 집단에서 나타나는 나르시시즘은 그 밖에도 예가 많다. 이런 나르시시즘은 그것이 끼치는 영향이라는 관점에서 볼 때 그보다 큰 집단에서 나타나는 나르시시즘보다 강도가 약하다고는 할 수 없더라도 관계집단에 미치는 영향력이 약하기 때문에 위험성이 낮다. 따라서 해를 끼치는 힘도 약하다.

종, 당파와 관련된 나르시시즘으로 이행하는 데 지나지 않지만—정말 놀라운 현상이다. 그 이유는 무엇보다도 먼저 앞에서 말한 르네상스 이후에 인본주의 세력의 발전과 나르시시즘을 파고드는 과학적 사고의 진화에서 찾을 수 있다. 과학적 방법은 객관성과 사실성이 필요하며 세계를 있는 그대로 보고, 자기의 욕구나 공포에 의해 왜곡되지 않을 것을 요구한다. 또 사실에 겸허하며 전지전능의 희망을 버리기를 요구한다. 비판적 고찰, 실험, 증명의 필요성, 그리고 의문을 갖는 태도 등은 과학적 탐구에만 있는 것으로, 바로 자기애로 가득한 성향과는 정반대의 사고 방법이다. 분명 과학적 사고 방법은 현대의 신인본주의 발달에 영향을 주었다. 그리고 오늘날의 뛰어난 자연과학자들이 대부분 인본주의자인 것은 결코 우연이 아니다. 그러나 서유럽의 많은 사람들은 전문학교나 대학에서 과학적 방법을 '배웠'지만, 과학적 방법이나 비판적 사고의 영향을 거의 받지 않았다. 자연과학 분야의 전문가조차도 대부분은 '과학적 태도(scientific attitude)'를 익히지 않고 '기술자(technicians)'에 머물렀다. 대부분의 사람에게 그들이 배운 과학적 방법은 별다른 의미를 갖지 않았던 것이다. 고등교육은 개인과 집단의 나르시시즘을 어느 정도 완화하고 긍정하는 쪽으로 돌려세웠다고 할 수 있지만, '교육을 받은' 사람들이 대부분 현대의 집단 나르시시즘이라는 양상을 띠는 민족, 인종, 정치와 관련된 운동에 열광적으로 참여하는 것을 막지는 못했다.

반대로 과학은 나르시시즘의 새로운 대상인 '기술'을 창조한 것으로 생각된다. 그 옛날에는 꿈조차 꾸지 못했던 세계의 창조자이고 라디오, 텔레비전, 원자력, 우주여행의 발견자이며 또한 지구 전체를 파괴하는 힘의 소유자이기도 한 인간의 자기애로 가득한 긍지는 자기애로 가득한 자만심의 새로운 대상이 되었다. 현대사에서 행해지는 나르시시즘의 발달에 대한 모든 문제의 연구에서 프로이트의 말이 생각난다. 그것은 코페르니쿠스와 다윈과 프로이트가 우주에서 인간의 독자적 역할과 기본적으로 본디 상태로 되돌아갈 수 없는 실재로서의 자기의식에 대한 신념 토대를 붕괴시킴으로써, 인간의 나르시시즘에 깊은 상처를 주었다는 사실이다. 인간의 나르시시즘은 상처를 받았지만, 생각하는 만큼 큰 상처는 아니었다. 인간은 다른 대상에게 국민, 민족, 정치적 신조, 기술 등등 자신의 나르시시즘을 옮기려고 했던 것이다.

'집단 나르시시즘의 병리학'으로 보아 가장 뚜렷한 징후는 개인의 나르시시즘의 경우에서처럼 객관성과 합리적 판단이 결여되어 있는 것이다. 흑인에 대한 하층계급 백인의 판단, 유대인에 대한 나치의 평가를 생각할 때, 이것들이 왜곡된 성질의 것임은 쉽게 판별할 수 있다. 진실의 조각들이 모여 있지만, 이렇게 형성된 전체는 허위와 허구를 구성하게 된다. 자기애로 가득한 자기찬미에서 비롯한 정치행동은 객관성의 결여 때문에 비참한 결과로 이어지는 경우가 많다. 20세기 전반에 나타난 민족적 나르시시즘의 결과로 여겨지는 특필할 만한 실례 두 가지를 우리는 목격했다. 제1차 세계대전이 있기 훨씬 전까지 프랑스 육군에는 중포(重砲)나 기관총이 그리 필요하지 않다는 주장이 프랑스의 정식 전략방침이었고, 또 사실 프랑스인 특유의 용기와 공격정신을 지니고 있었던 프랑스 군인들은 적을 무찌르는 데 총칼이면 충분하다고 생각했다. 하지만 현실에서는 수십만 프랑스 군인이 독일군의 기관총에 쓰러지고, 독일군의 전략적 오판과 그 뒤에 이루어진 미국군의 원조 덕분에 겨우 패배를 면했을 뿐이다. 제2차 세계대전에서 독일은 같은 실수를 저질렀다. 개인적 나르시시즘이 무척 강했던 히틀러는 수백만 독일인의 집단 나르시시즘의 발달을 자극했는데, 이는 독일의 힘을 과신했을 뿐만 아니라 미국의 힘과 러시아의 겨울을 과소평가한 결과로 이어졌다. 히틀러는 자기애로 넘치는 또 다른 장군 나폴레옹과 마찬가지로, 머리는 좋았지만 현실을 객관적으로 바라보지 못했던 것이다. 그것은 승리를 거두고 지배하고 싶다는 욕망이 현실적인 군사력이나 기후조건보다 더 강하게 작용했기 때문이다.

집단 나르시시즘에는 개인의 나르시시즘과 마찬가지로 만족감이 필요하다. 이 만족감은 어떤 면에서는 자기의 집단만 뛰어나고 그 밖의 집단은 모두 형편없다는 공통의 이념에 의해서 나타난다. 종교집단의 경우, 이 만족감은 '내가 속한' 집단은 신을 믿는 유일한 집단이라는 가정에 의해서 쉽게 주어진다. '내가 속한 집단이 믿는' 신이 유일한 진실의 신이기 때문에 다른 집단은 모두 잘못된 것을 믿는 불신자 집단이 된다. 그러나 자신의 우월성을 증명하기 위한 신을 만나지 않더라도, 집단 나르시시즘은 종교와는 무관한 관점에서도 똑같은 결론에 다다를 수 있다. 미국 일부, 그리고 남미에서 나타나는 흑인에 대한 백인의 우월성이라는 자기애로 가득한 확신은 자기집단의 우월감 또는 다른 집단을 깔보는 감각에 제한이 없음을 보여준다. 그렇지만 어떤 집단에서 보이는 이런 자기애로 가득한 자화상을 통해서 느끼는 만족감에는 어느 정도 현실적 확증이 필요하다. 앨라배마주나 남아프리카의 백인들이 사회·경제·정치 등과 관련된 차별대우로 흑인들에게 그 우월감을 시사하는 한 그들의 자기애로 가득한 신념은 어느 정도 실현할 수 있는 요소를 지니며, 그리하여 모든 자기애로 가득한 사고체계를 뒷받침하게 된다. 나치도 그런 식으로 말할 수 있는데, 거기에서는 모든 유대인을 죽이는 것이 아리아인의 우월성을 나타내는 증거로서 매우 중요했다(가학성애자에게 사람을 죽일 수 있다는 사실은 그 살인자의 우위를 증명하는 수단이 된다). 그러나 자기애로 가득한 자만에 빠진 집단이 자기애로 가득한 만족의 대상이 될 수 있을 만큼 무력한 약자를 이용할 수 없다는 것을 알게 되면, 그 집단 나르시시즘은 군사력에 의해 쉽게 그 약자를 정복하려고 나선다. 즉 이것은 1914년 이전 범게르만주의와 범슬라브주의가 걸은 길이었다. 두 민족은 저마다 다른 모든 민족보다 뛰어난 '선민(選民)'이라는 역할을 부여받았기 때문에, 그들의 우월성을 인정하지 않는 다른 나라 국민을 공격하는 것을 정당한 일로 생각했다. 내가 말하고 싶은 것은 제1차 세계대전의 원인 '그 자체'가 범게르만주의와 범슬라브주의라는 나르시시즘에 있다는 것이 아니라, 그들의 광신이 분명 전쟁을 일으킨 하나의 원인이었다는 것이다. 하지만 전쟁이 일단 일어나면 각각의 정부는 전쟁을 승리로 이끌기 위해 필요한 심리적 조건으로서의 민족적 나르시시즘을 그보다 더 북돋우려 한다.

집단 나르시시즘이 상처를 입으면, 개인의 나르시시즘에서 말한 것과 같은 분노의 반응이 생긴다. 집단 나르시시즘의 상징이 공격받으면 가끔 광기에 가까운 분노가 솟구치는 예는 역사에서 쉽게 찾아볼 수 있다. 국기에 대한 불경(不敬) 행위, 자신의 신이나 황제, 지도자에 대한 모욕, 패전이나 영토 상실 등이 격렬한 집단의 복수심을 불러일으키고, 그것이 다시 새로운 전쟁의 원인이 되는 일이 흔하다. 훼손당한 나르시시즘은 상처를 준 것이 궤멸되어 자기의 나르시시즘이 입은 모욕이 보상받아야만 치유된다. 개인과 국가를 불문하고 복수는 훼손당한 나르시시즘과 훼손된 것을 없애 버림으로써 그 상처를 '치유하고자' 하는 욕구에서 비롯되는 경우가 많다.

나르시시즘의 병리학적 원인을 마지막으로 한 가지 더 짚어 보기로 한다. 자기애로 가득한 성향이 강한 집단은 자기를 그것과 동일시할 수 있는 지도자를 기다리고 싶어한다. 그리고 그 지도자는 자기의 나르시시즘을 그에게 투영하는 집단에 의해 존경받는다. 강력한 지도자에게 복종하는 행위 그 자체에서—이것은 심층심리에서는 공생(共生)과 동일시되는 행위이다—개인의 나르시시즘은 그 지도자에게 이전된다. 지도자가 위대하면 할수록 그를 따르는 자들도 위대해진다. 개인적으로 보아 특히 자기애로 가득한 성향이 강한 성격은 이런 기능을 하기에 어울린다. 자신의 위대함을 믿어 의심치 않는 지도자의 나르시시즘은 바로 추종자들의 나르시시즘을 잡아끄는 것이다. 광기에 가까운 성향을 지닌 지도자는 객관적 판단의 결여, 패배의 결과로 생기는 분노, 자기의 전능함을 유지할 필요 등이 몰락을 부르는 실패의 원인이 되기 전까지는 가장 성공한 지도자가 되는 예가 꽤 많다. 하지만 자기애로 가득한 대중의 요구를 만족시키는 재능을 가진 이런 반정신병자는 언제나 가까이에 있다.

이제까지 나르시시즘이라는 현상과 병리학·생리학·사회학의 관점에서 본 기능을 논해 보았다. 결론적으로 말해서, 나르시시즘이 양성(良性)이며 한계를 넘지 않는다면 필요하고 가치 있는 성향이라는 결론에 다다른 것처럼 보인다. 그러나 우리의 묘사는 불완전하다. 인간은 생물적·사회적인 생존에 관여할 뿐 아니라 '가치(value)', 즉 인간이 인간이라는 사실이 갖는 가치의 발달에도 관여하고 있다.

가치관으로 보면 나르시시즘이 이성이나 사랑과는 어울리지 못한다는 것은 명료하다. 이를 더 상세히 설명할 필요는 거의 없을 것이다. 나르시시즘이라는 성향이 갖는 성질 자체에 따라서, 그 함유 정도에 따라서 차이는 있지만 현실을 있는 그대로, 객관적으로 볼 수는 없다. 바꿔 말하면 이성을 제한하는 것이다. 그것이 똑같이 사랑도 제한할 수 있다고는 할 수 없으며, 특히 다음의 프로이트의 말을 떠올릴 때 더욱 그렇다. 즉 모든 사랑은 강한 자기애로 가득한 구조요소를 가지며, 여성을 사랑하는 남성은 그녀를 자신의 나르시시즘의 대상으로 삼는다. 따라서 그녀는 그의 부분이 되기에 훌륭하고 갖고 싶은 존재가 된다. 여성도 남성에 대해 같은 태도를 취하면 '위대한 연애'를 하게 된다. 이는 가끔 연애라기보다는 '제 눈에 안경'이자 '감응성 정신병'에 지나지 않는다. 둘 다 자기애로 가득한 인간이라 상대에게 진짜 깊은 관심이 없고(다른 사람에게는 물론), 예민하고 의심 많은 상태가 이어지며, 금방 또 저마다 신선한 나르시시즘의 만족을 줄 새로운 대상을 찾는다. 자기애로 가득한 사람에게 상대는 있는 그대로의 인간도, 또 실재하는 인간도 아니며, 자기애로 넘치는 자만한 자아의 그림자로서 존재하는 데 지나지 않는다. 한편 병리적이지 않은 연애는 서로에 대한 나르시시즘에서 비롯되지 않는다. 그것은 서로 독립된 존재임을 체험하는 두 사람이 서로에게 마음을 열고 하나가 될 수 있는 관계를 말한다. 사랑을 체험하려면 이별을 겪어봐야 한다.

윤리와 정신이라는 관점에서 나르시시즘 현상이 갖는 의의를 생각할 때, 인본주의에 근거한 모든 위대한 종교의 근원적 가르침은 다음의 한 줄로 요약된다는 것을 생각하면 매우 명료해진다. 즉 "자기의 나르시시즘을 극복하는 것은 인간의 목적이다." 아마 이 원리가 불교보다 더 철저하게 지켜지고 있는 종교는 없을 것이다. 부처의 가르침에서는 요컨대 인간은 망상에서 깨어나 자기의 진실, 즉 질병, 노령, 죽음에 대한 현실이나 분수에 맞지 않는 욕망은 채워지지 못한다는 사실을 인식해야 비로소 그 고뇌로부터 자기를 해방시킬 수 있게 된다. 부처의 가르침에서 '깨달음을 얻은 사람'은 자기의 나르시시즘을 극복하고 완전히 깨달음의 경지에 이른 사람을 말한다. 이 사상을 다른 형식으로 말할 수도 있다. 즉 인간은 파괴하기 어려운 자아의 망상을 없앨 수만 있다면, 그리고 모든 욕망의 대상과 함께 자아로부터 벗어날 수만 있다면 그때 비로소 그 사람 앞에 세계가 열리고, 세계와 완전히 관계를 맺을 수 있다. 심리학의 관점에서는 이 완전한 깨달음을 얻는 과정은 세계와 관여함으로써 자기의 나르시시즘을 바꾸어 놓는 것과 같다.

유대교와 그리스도교의 전통에서도 나르시시즘을 극복하고자 하는 다양한 말로 표현되었다. 《구약성서》는 "네 이웃을 네 몸과 같이 사랑하라"고 말한다. 여기서 의미하는 것은, 적어도 자신의 이웃을 자신만큼 소중히 여기게 될 때까지 자기의 나르시시즘을 극복하라는 것이다. 그러나 《구약성서》에서는 여기서 한 발 더 나아가 '이방인'에 대한 사랑을 요구한다(너는 이방인의 마음을 알고 있다. 너희도 이집트 땅에서는 이방인이었다). 이방인이란 바로 나의 혈족, 가족, 국민에 속하지 않는 사람이며, 이방인은 자기애로 가득한 애착을 갖는, 자기가 속한 집단의 일원이 아니라 그저 인간이다. 헤르만 코엔[17]이 정확하게 지적했듯이, 우리는 이방인 안에서 인간을 발견한다. 이방인을 사랑하는 것으로써 자기애로 가득한 사랑은 소멸된다. 그것은 그의 실존 자체라는 관점에서, 더 나아가 그와 자신은 다른 존재이기 때문에 다른 인간으로서의 그를 사

---

17) 독일 유대계 철학자(1842~1918). 신칸트학파에 속하는 마르부르크학파의 창시자.

랑한다는 뜻이며, 그가 나와 비슷하기 때문에 사랑하는 것은 아니다. 《신약성서》에서 말하는 "네 원수를 사랑하라"는 말은 바로 이 생각을 더 날카롭게 표현하고 있다. 이방인이 너에게 완전히 인간다운 존재가 된다면 더는 적이 아니다. '네'가 완전히 인간다운 존재가 되었기 때문이다. 이방인이나 적을 사랑하는 것은 나르시시즘이 극복되어 '내가 곧 네'가 되어야만 가능하다.

예언자의 가르침에서 중심문제인 우상숭배 논쟁은 나르시시즘과의 싸움이기도 하다. 우상숭배에서는 인간의 능력 일부가 절대화되고 우상화된다. 그래서 인간은 소외된 형태로 자기를 숭배한다. 그가 걱정하는 그 우상은 그의 자기애로 가득한 정열의 대상이 되고, 그에 반해 신이라는 생각은 나르시시즘을 부정하는 것이 된다. 이는 인간이 아니라 신만이 전지전능한 존재이기 때문이다. 정의하기 어렵고 표현할 수 없는 신에 대한 개념은 우상숭배와 나르시시즘을 부정하는 것이었지만 신은 이윽고 다시 우상이 되고 인간은 자기애로 가득차 신과 자기를 동일시했다. 그리하여 신이라는 개념의 본디 작용과 완전히 모순되며 종교는 집단 나르시시즘의 형태로 나타나게 되었다.

인간은 그가 개인의 나르시시즘 및 집단의 나르시시즘으로부터 완전히 벗어남으로써 완성된다. 심리학적으로 이렇게 표현되는 정신 성장의 이 목표는 본질적으로 인류의 위대한 정신적 지도자가 종교적, 정신적인 말로써 지금까지 표현해 왔던 것과 같다. 개념은 달라도 다양한 개념에 대해서 언급되는 내용과 경험은 같다.

우리는 가장 파괴적인 군비의 발달을 가져온 인간의 지적 발달과 모든 병적인 징후를 갖고서 뚜렷한 자기애로 가득한 상태에 머물러 있는 인간의 심적이고 정적인 발달이 크게 어긋나 있는 역사적 시대에 살고 있다. 이 모순의 결과로 나타나기 쉬운 파국을 피하려면 어떻게 해야 할까? 모든 종교적 가르침은 비록 그렇다 할지라도 예측 가능한 미래에 인간이 지금까지 할 수 없었던 전진을 할 수 있을까? 프로이트가 생각했듯이, '자기애로 가득한 중심'을 극복할 수 없을 만큼 나르시시즘은 인간에게 깊이 스며들어 있는 것일까? 그렇다면 인간이 인간으로서 완성될 때까지 자기애로 가득한 광기로 말미암아 인간이 파괴되는 것을 막을 희망은 있을까? 이런 질문에 대답할 수 있는 사람은 아무도 없다. 다만 그 파국을 피할 수 있도록 해주는 최선의 가능성이 무엇인가를 검토할 수 있을 뿐이다.

가장 쉬운 방법이라고 생각되는 것부터 시작해 보자. 개개의 인간이 지닌 자기애로 가득한 에너지를 줄이지 않아도 '대상'은 바꿀 수 있다. 만일 '인류'가, 인간 가족이 하나의 나라나 하나의 민족, 하나의 정치제도 대신에 집단 나르시시즘의 대상이 된다면 많은 것이 이루어질지도 모른다. 만일 개인이 최초로 세계시민으로서 자신을 경험할 수 있다면, 그리고 인류와 그 업적에 긍지를 가질 수 있다면 인간의 나르시시즘은 대립하는 요소라기보다는 인류 전체를 위하는 길이 될 것이다. 모든 나라의 교육제도가 각 나라의 업적이 아니라 인류 전체의 업적을 강조할 수 있다면, 인간이라는 긍지를 통해서 좀더 자각하고 감동하는 상황이 일어날 것이다. 그리스 시인이 안티고네를 통해서 노래한 "인간보다 훌륭한 것은 없다"는 감정이 모든 사람이 공유하는 경험이 될 수 있다면 분명 한 발짝 크게 나아가게 될 것이다. 여기에 또 다른 요소를 더해야 한다. 즉 모든 양성 나르시시즘의 특징은 하나의 업적에 관계된 것이라는 점이다. 하나의 집단, 계급, 종교 대신에 인류는 모든 사람이 인간이라는 긍지를 느낄 수 있는 일을 하도록 해야 한다. 모든 인간에게 공통되는 일은 눈앞에 있다. 즉 질병이나 굶주림과 맞서는 공동 싸움, 세계 모든 국민에게 현대의 의사소통 수단에 의해서 지식과 예술을 보급하는 공동 싸움 등이다. 정치 및 종교의 이념은 전혀 달라도 이런 공동 작업에 참가하지 않아도 되는 사람은 없다. 이번 세기의 위대한 업적은 인간의 불평등, 그리고 인간에 의한 인간 착취의 필요성과 정당성을 지지하는 자연과 신의 섭리에 대한 믿음이 회복될 수 없을 만큼 붕괴되었다는 것이다. 르네상스의 인본주의, 부르주아혁명, 러시아혁명, 중국혁명, 식민지혁명 등은 모두 하나의 공통된 사상인 인간의 평등에 기초를 두고 있다. 비록 이들 혁명 가운데는 저마다 관계된 제도 내에서 인간의 평등을 침해한 것도 있었지만, 역사상의 사실은 모든 사람이 평등하다는 생각, 즉 인간의 자유와 존엄을 주장하는 사상이 세계를 정복했다는 사실을 보여주고, 또 인간이 바로 전까지 문명의 역사를 지배하고 있었던 개념으로 돌아갈 가능성은 전혀 없다는 것을 보여주고 있다.

　양성 나르시시즘의 대상으로서의 인류, 그리고 인류가 이루어 낸 업적이라면 국제연합과 같은 초국가 조직이 떠오른다. 이는 그 자체의 상징과 공휴일도 만들어 낸 것이다. 거기서는 국가의 공휴일이 아니라 '인간의 날'이 1년 가운데 최고 휴일이 될 수 있을 것이다. 그러나 이런 발전은 다수의, 그리고 마침내는 세계 모든 국민이 합심해서 정치와 관련된 현실뿐만 아니라 심정과 관련된 현실에서도 인류의 주권을 위해서 한 나라의 주권을 기꺼이 희생할 수 있어야만 비로소 성취될 수 있다는 것은 명백하다. 국제연합이 강화되고 집단 간 싸움이 이성적이고 평화적으로 해결되는 것이 인간애와 거기서 생기는 공동의 일이 집단 나르시시즘의 대상이 되기 위한 필요조건이다.[18]

나르시시즘의 대상이 이렇게 단일한 집단에서 인류와 그 업적으로 변화한다면, 앞에서 지적했듯이 민족과 관련된 나르시시즘 또는 이념과 관련된 나르시시즘의 위험을 정말로 막을 수 있을 것이다. 하지만 이것만으로는 충분하지 않다. 만일 우리가 자신들의 정치와 종교의 이상—헌신과 동포애를 외치는 사회주의자의 이상이든 그리스도교의 이상이든—에 충실하다면, 각 개인의 나르시시즘 정도를 줄일 수 있을 것이다. 그를 위해서는 몇 세대도 더 걸리겠지만, 모든 인간은 인간의 존엄을 잃지 않는 생활적·물질적 조건을 창조할 수 있는 힘을 가지므로 과거보다는 현재가 더 그 가능성이 크다고 할 수 있다. 기술 발달에 의해 한 집단이 다른 집단을 노예로 삼거나 먹잇감으로 삼을 필요는 없어질 것이다. 전쟁은 경제적으로 볼 때 합리적이라는 생각은 이미 낡았다. 인간은 반동물적인 상태에서 처음으로 완전히 인간적인 상태로 탈출할 수 있을 테고, 따라서 자신의 물질적 가난과 문화적 빈곤을 보상받기 위한 자기애로 가득한 만족이 필요하지 않게 될 것이다.

이런 새로운 조건을 바탕으로 해서 나르시시즘을 극복하려는 인간의 시도는 과학과 인본주의라는 두 방면에서 강화된다. 앞에서도 말했듯이, 우리는 교육의 중점을 첫째 기술적 방향에서 과학적 방향으로 바꿔야 한다. 즉 비판정신, 객관성, 현실 직관, 그리고 구속력을 갖지 않고 어떤 사고집단에도 타당성을 갖는 참된 개념을 발달시키는 쪽으로. 만일 문명국에서 젊은이들의 기본태도로서 과학적인 방향성을 심어줄 수 있다면, 나르시시즘과의 싸움은 큰 효과를 거둘 것이다. 같은 쪽으로 바뀌게 하는 두 번째 원인은 인본주의 철학과

---

18) 이런 시도에 대한 더 특수한 방법으로서 나는 몇 가지 제안을 하고자 한다. 즉 역사 교과서는 '세계사' 교과서로 바꿔야 한다. 국민생활의 많은 부분은 사실을 왜곡하지 않도록 한다. 세계지도가 어떤 국가에서나 똑같아서 자신의 나라를 확대해서 그릴 수 없는 것처럼. 또 인류의 발전에 대한 긍지를 기르고, 인간애와 그로써 이루어진 일이, 다양한 집단들이 수행한 일이 최종 종합된 결과임을 알 수 있는 영화가 만들어져야 한다.

인류학을 가르치는 것이다. 모든 철학적·종교적 차이가 없어지는 것을 기대하지는 않는다. 자신이 '정통'이라고 주장하는 하나의 체계를 세우는 것은 자기애로 가득한 퇴행을 낳는 원천이 되므로 우리는 결코 이것을 바라지 않는다. 그러나 현재 있는 차이는 모두 허용하기로 하고, 인본주의의 공통된 신조와 체험은 존재한다. 그 신조란 개인은 저마다 안에 인간성 전체를 짊어지고 있다는 것, 즉 지성, 재능, 키, 피부색과 같은 불가피한 차이는 있어도 '인간의 조건'은 모든 사람에게 같다는 것이다. 이 인간애에 근거한 경험은 인간과 관계된 것 가운데에서 자기와 다른 것은 하나도 없다는 것, '나는 곧 너'라는 것, 사람은 똑같이 인간존재의 모든 요소를 공유하기에 다른 사람을 이해할 수 있다고 느끼는 데에 있다. 이 인간애에 근거한 경험은 우리 스스로가 확실히 알 수 있는 영역을 확대할 때 비로소 가능하다. 우리가 확실히 아는 것은 일반적으로 우리가 소속된 사회가 알려주는 범위에 한정되어 있다. 이런 상태에 적합하지 않은 종류의 인간 경험은 억압된다. 따라서 우리의 의식은 주로 우리 자신의 사회와 문화를 나타내지만, 우리의 무의식은 저마다 안에 들어 있는 보편적 인간을 나타낸다. 스스로 확실히 아는 힘을 넓히고 의식을 넘어 사회적 무의식의 영역을 밝히는 것은 인간이 자기 내면에서 모든 인간애를 체험할 수 있도록 해줄 것이다. 즉 그는 죄인이기도 하고 성자이기도 하고, 어린아이이기도 하고 성인이기도 하고, 미치광이기도 하고 정상인이기도 하고, 과거의 인간이기도 하고 미래의 인간이기도 하다는 것이며, 자기 내부에 지금까지 있었던 인간과 미래에 있을 인간을 짊어지고 있다는 사실을 체험할 것이다.

인본주의를 대표한다고 주장하는 모든 종교·정치·철학 체계에 의해 약속되는 현대 인본주의 전통의 진짜 부흥은 오늘날 존재하는 가장 중요한 '뉴프런티어'의 방향인 완전한 인간다운 존재로의 인간 발전을 향해서 크게 진보하는 것이라고 나는 믿는다.

이런 생각을 말하고 있지만, 나는 르네상스의 인본주의자들이 믿었던 것처럼 가르치는 것'만'이 인본주의를 실현하는 결정적 수단이 될 수 있다고 말하는 것은 아니다. 이런 가르침들은 사회, 경제 및 정치와 관련된 본질적인 조건이 변화해야 비로소 효과를 가질 것이다. 즉 그것은 관료적 산업주의에서 인본주의와 사회주의 성격을 띠는 산업주의로 변화하는 것이고, 중앙집권에서 지방분권으로, 조직적 인간에서 책임감을 갖고 공동 참가하는 시민으로, 국가 주권에 종속되는 것에서 인류와 그가 선택한 기관에 종속되는 것으로, '가진' 국민이 '가지지 못한' 국민과 협력해서 후자의 경제제도를 수립하는 공동의 노력으로, 세계를 비무장화하고 매장자원을 건설적으로 사용하는 방향으로의 변화이다. 세계를 비무장화하는 것은 다른 이유에서도 필요하다. 만일 일부 사람들이 다른 진영에 의한 전멸을 두려워하면서 살고 있고, 남은 자들은 두 진영으로부터의 파괴를 두려워한다면 집단 나르시시즘을 감소시킬 수 없다. 인간은 자신과 자신의 아이들이 존속하면서 내년이 아니라 그다음 해에도 또 그다음 해에도 생활할 수 있는 땅에서만 인간다워질 수 있기 때문이다.

5. 근친상간의 성격을 띠는 유대

　지금까지 각 장에서 네크로필리아와 나르시시즘이라는 두 개의 성향에 대해서 설명했는데, 그것들은 정도가 세지면 삶과 성장을 방해하고 투쟁과 파괴와 죽음을 조장한다. 이 장에서는 세 번째 성향을 다루겠다. 그것은 근친상간의 성격을 띠는 공생(共生)으로, 악성형(惡性型)에서는 앞에서 말한 두 개의 성향과 같은 결과를 불러온다.

　여기서도 프로이트 이론의 중심이 되는 어머니에 대한 근친상간적 애착의 개념에서부터 시작하기로 하자. 프로이트는 이 개념이 자기 과학체계의 기초를 이루는 하나라고 믿었다. 그리고 나는 어머니에 대한 애착과 관련된 프로이트의 발견은 실제 인간의 과학 가운데에서 가장 영향력이 큰 것 가운데 하나라고 믿는다. 그러나 이 영역에서도 앞의 경우와 마찬가지로 프로이트는 그 발견과 거기에서 비롯된 결과를 리비도 이론으로 해석했기 때문에 한계를 가지고 있다.

　프로이트가 관찰한 것은 일반인에게는 좀처럼 완전히 극복되지 않는, 유아기의 어머니에 대한 애착에는 엄청난 에너지가 내포되어 있다는 것이다. 그 때문에 남녀관계에서 남성적 능력이 떨어진다는 것, 즉 그 독립성은 약화되고 그의 의식적 목표와 억압된 근친상간의 성격을 띠는 애착의 갈등이 다양한 신경증의 성격을 띠는 갈등과 병적 징후로 나타나게 된다는 사실을 관찰했다. 어머니에 대한 애착의 배후에 존재하는 힘은 유아기에는 어머니에 대한 성적 욕구가 되어 아버지를 성적 경쟁자로서 증오하는 성기적 리비도의 힘이라고 프로이트는 믿었다. 그러나 이 경쟁자의 힘이 자신보다 강하므로 유아는 자기의 근친상간의 성격을 띠는 욕구를 억압하고, 자신을 아버지의 명령이나 금지와 동일시한다. 하지만 무의식중에 억압된 근친상간의 성격을 띠는 욕망은, 더욱 병적인 경우에만 격하게 나타날지라도 아주 오래도록 남아 있다.

　1931년, 프로이트는 유아기 소년이 어머니에게 애착을 갖는 기간을 지금까지 과소평가하고 있었음을 인정했다. 가끔 그것은 "성의식이 싹트기 이전의 아주 오랜 시기에 포함된다…… 이런 사실로 보아 여성의 전(前)오이디푸스기는 지금까지 상상해 왔던 것보다 더 중대하다는 것을 알 수 있다." 그리고 프로이트는 계속해서 말한다. "오이디푸스 콤플렉스가 신경증의 핵심이라는 지금까지의 통념은 철회되어야 한다." 그러나 그는 계속 말한다. "이 정정(訂正)의 필요성을 인정하기 어려운 사람은 그럴 필요가 없다. 왜냐하면 그 사람은 오이디푸스 콤플렉스를 확대해석해서 아이와 부모의 모든 관계를 포함하려고 하거나, 아니면 '여성은 부정적 콤플렉스가 우세한 제1기에 다다른 뒤에야 정상적인 오이디푸스 상태에 이른다'고 할 수도 있기 때문이다." 또 프로이트는 다음과 같이 결론을 내린다. "유아기 소년의 성장에서 보이는 전오이디푸스기에서 통찰할 수 있는 사실은 그리스 문명의 배후에서 미노스·미케네 문명이 발견된 것에 견줄 만큼 놀랍다."

마지막에 프로이트는 단정한다기보다는 완곡하게, 어머니에 대한 애착은 성장기 처음에는 양성에 공통적이며, 이전 헬레네스(고대 그리스) 문화의 가모장제(家母長制) 특징과 비교할 수 있다고 말한다. 하지만 그는 이 고찰을 그 이상 파고들지 않았다. 첫째로 조금 역설적으로 결론을 내리고, 어머니에 대한 근친상간의 성격을 띠는 애착기, 즉 전오이디푸스기는 남자보다 여자에게 훨씬 뚜렷하게 존재한다고 했다. 둘째로 그는 소녀의 전오이디푸스기를 리비도 이론으로만 해석하고 있다. 충분히 모유를 먹지 못한 여성들의 불평이 그에게 "원시민족에서처럼 오랫동안 모유를 먹은 아이를 분석했다면 아마 같은 불평은 듣지 못했을 것이다"라는 의문을 주었다는 사실에 주목할 때, 그는 자기의 리비도 이론을 거의 초월하려 했다. 그러나 그의 해답은 단지 "그만큼 유아기의 리비도 욕망은 크다"라고 말하는 데 그친다.

남자아이나 여자아이의 어머니에 대한 전오이디푸스의 성격을 띠는 애착은 남자아이의 어머니에 대한 오이디푸스의 성격을 띠는 애착과 질적으로 다른데, 나의 경험으로는 남자 유아의 성기에 대한 근친상간의 성격을 띠는 욕망이 2차적인 것과 비교해서 훨씬 중요한 현상인 듯하다. 남자아이나 여자아이의 어머니에 대한 전오이디푸스의 성격을 띠는 애착은 진화 과정의 중심현상 가운데 하나이고, 신경증이나 정신병의 주원인 가운데 하나라고 나는 생각한다. 리비도가 표출된다고 설명하기보다는, 리비도라는 단어를 쓰든 안 쓰든 성기에 대한 남자아이의 욕망과는 전혀 다른 것이라고 설명하는 편이 좋을 것이다. 전성기(前性器)라는 의미에서 보면 이 '근친상간의 성격을 띠는' 충동은 남녀 모두에게 가장 기본 정열 가운데 하나이며, 거기에는 인간의 방어본능, 자기 나르시시즘의 충족, 책임, 자유, 의식성(意識性)에 뒤따르는 부담으로부터 벗어나고자 하는 갈망, 조건 없는 사랑에 대한 바람 등이 포함된다. 이런 욕구가 일반적으로 유아에게 존재하며, 어머니가 그 욕구를 채워 준다. 만일 그렇지 않다면 아이는 살아남을 수 없을 것이다. 유아는 무력하고 의지할 것은 아무것도 없으며, 자신의 힘만으로는 구할 수 없는 애정과 돌봄이 필요하다. 이 역할을 하는 사람이 어머니가 아니라면 해리 스택 설리번[19]이 말하는 어머니의 역할을 대행할 수 있는 다른 '어머니의 대리인'이 그것인데, 할머니나 큰어머니인 경우가 많다.

그러나 유아가 어머니의 대리인을 원한다는 더 뚜렷한 사실은 오직 유아만이 무력하고 확실성을 구하는 게 아니라 성인도 많은 점에서 그에 못지않게 무력하다는 사실을 불명확하게 만든다. 실제 성인은 일하고, 주어진 일을 수행할 수 있다. 하지만 성인은 인생의 위험과 부담에 대해서 유아보다 더 많이 자각하고 있다. 그는 스스로는 제어할 수 없는 자연과 사회의 힘, 즉 예측할 수 없는 사고, 불가피한 질병과 죽음에 대한 사실을 알고 있다. 그런 상황 속에서 확실성과 방어와 애정을 주는 힘을 미친 듯이 희망하는 것보다 더 자연스러운 일이 인간에게 있을 수 있을까? 이 욕망은 어머니를 찾는 마음의 '반복'에서만 일어나는 게 아니라, 유아로 하여금 어머니의 사랑을 찾게 하는 것과 바로 그 조건이 차원은 달라도 계속 존재하기 때문에 일어난다. 만일 인간이—남자도 여자도—평생 '어머니라는 존재'를 발견할 수 있다면, 그 삶은 부담과 비극으로부터 벗어날 것이다. 인간이 이토록 무지막지하게 이 '환영(fata morgana)'을 좇아 다닐 수 있다는 것은 놀랄 만한 일이다.

그러나 잃어버린 낙원을 좀처럼 발견하기 어렵다는 것도 인간은 뚜렷하게 알고 있다. 확실한 것은 아무것도 없으며 부담이 많은 삶을 선고받았다는 것, 의지할 것은 자신의 힘밖에 없다는 것, 완전히 자신의 힘을 키우는 것만이 조

---

19) 미국 정신의학자·정신분석학자(1892~1949). 프로이트 이론에 사회학적 관점을 끌어들여 유아의 성격형성 과정에서 어머니 등과의 대인관계를 중시했고, 대인관계의학으로서의 신프로이트학파를 발전시켰다.

금이라도 힘과 용기를 준다는 것을 알고 있다. 그리하여 인간은 태어난 그 순간부터 두 개의 경향 사이에서 공격을 받는다. 하나는 밝은 곳으로 나가려는 경향이고, 또 하나는 어두운 자궁으로 뒷걸음치려는 경향이다. 즉 모험을 감행하고자 하는 경향과 확실성을 얻고자 하는 경향, 부담을 짊어지고 독립하려는 경향과 보호받고 의존하려는 경향 사이에 끼어 있는 것이다.

발생학적으로 어머니는 보호와 확실성을 보증하는 힘의 최초의 화신이다. 그렇지만 결코 그녀만이 유일한 존재는 아니다. 아이가 성장하면 한 인간으로서의 어머니는 가족이나 혈족, 같은 피를 나누고 같은 땅에서 태어난 모든 사람들에 의해 바뀌고 보충되는 경우가 많다. 또 그 집단의 크기가 커질수록 그 민족이나 국민, 종교와 정당이 그 '어머니들', 즉 보호와 사랑의 보증인이 된다. 더 원초적인 경향을 가진 사람들에게서는 자연 자체, 땅과 바다가 '어머니'의 커다란 분신이 된다. 어머니의 역할이 실제 어머니에게서 가족, 혈족, 국민, 민족으로 옮아가는 것은 개인의 나르시시즘이 집단 나르시시즘으로 옮아가는 것과 관련이 있으며, 앞에서 말한 것과 같은 이점을 지니고 있다. 첫째, 일반적으로 어머니는 아이보다 먼저 죽는 경우가 많으므로 불멸의 모성이라는 이미지가 필요해진다. 그리고 한 인간으로서의 어머니에게만 의존하면 고독해지고, 다른 어머니를 가진 사람들과도 멀어지게 된다. 그러나 혈족 전체, 국민, 민족, 종교 또는 신이 공통의 '어머니'가 될 수 있다면 어머니 숭배는 개인을 넘어 같은 어머니 우상을 숭배하는 모든 사람들과 그를 묶어 주고, 그리하여 누구도 자기 어머니를 우상으로서 숭배하는 데 느끼는 당혹감을 없애줄 것이다. 그 집단이 공통의 '어머니'를 찬양하는 것은 모든 마음을 결합하고 모든 질투를 제거한다. 위대한 어머니들 숭배, 마리아 숭배, 민족주의나 애국주의 숭배 등은 이 숭배가 얼마나 강렬한지를 증명해 준다. 경험론적으로 보아 어머니와 강하게 애착된 사람들과 국가, 민족, 토지, 피와 이상할 만큼 단단하게 결합된 사람들 사이에 밀접한 상관관계가 있다[20]는 것은 쉽게 알 수 있다.

어머니와의 결합에서 성(性)에서 비롯된 역할과 관련해 여기서 한 마디 덧붙일 필요가 있다. 프로이트에게 성에서 비롯된 원인은 유아기의 아이가 어머

---

20) 여기서 주목해야 할 재미있는 사실은 시칠리아의 마피아 결사─여성은 배제되고(참고로 여성에게는 위해를 가하지 않는다) 남성만으로 굳게 단결한 비밀결사─를, 그 구성원은 '어머니'라고 부른다는 것이다.

니에게 이끌리는 결정적 요소였다. 프로이트는 두 가지 사실을 아울러 이 결론에 이르렀다. 즉 유아가 어머니에게 이끌리는 사실과 유아가 처음부터 성기를 열렬히 찾는다는 사실, 이 두 가지이다. 프로이트는 첫 번째 사실을 두 번째 사실로 설명했다. 많은 경우 유아기의 남자아이가 어머니에게 성욕을 느끼고, 유아기의 소녀도 아버지에게 성욕을 느낀다는 것은 분명하다. 그러나 부모에게 받는 유혹의 영향이 근친상간의 충동을 불러일으키는 매우 중요한 원인이라는 사실(프로이트는 처음에는 이 사실을 생각했다가 나중에는 그것을 부정했고, 샨도르 페렌치[21]가 다시 이것을 들었다)과는 전혀 별개로, 성욕은 어머니에 대한 애착의 원인이 아니라 '결과'이다. 또 성인의 꿈에 자주 등장하는 근친상간에 대한 성욕에서는 가끔 그 성욕이 더 깊숙한 곳으로 퇴행하는 것을 막는 수단임이 확인되며, 수컷으로서의 성욕을 강하게 드러냄으로써 그 남자는 어머니의 가슴이나 자궁으로 돌아가고 싶다는 욕망으로부터 스스로를 지키는 것이다.

같은 문제의 다른 일면은 어머니에 대한 딸의 근친상간의 성격을 띠는 애착이다. 남자아이의 경우, 여기서 말하는 넓은 의미의 '어머니'에 대한 애착은 그것과 관계된 어떤 성적 요소와도 일치하지만, 여자아이의 경우는 그렇지 않다. 그녀의 성적 애착은 아버지를 향하고 있는 반면, 여기서 말하는 근친상간의 성격을 띠는 애착은 어머니를 향할 것이다. 이 깊은 골은 마음속 아주 깊은 곳에 자리한, 어머니에 대한 근친상간의 성격을 띠는 결합일지라도 아무런 성적 자극 없이 성립할 수 있다는 것을 더욱 뚜렷하게 해준다. 남자의 경우에서 보이는 것과 같은 강도로 어머니와 근친상간의 성격을 띠는 유대를 맺는 여성의 예는 임상에서 많이 경험할 수 있다.

어머니에 대한 근친상간의 성격을 띠는 유대는 어머니의 사랑과 보호를 바라고 찾을 뿐만 아니라, 어머니를 두려워하는 마음을 뜻하는 경우가 많다. 이 두려움은 무엇보다도 힘과 독립성에 대한 그 사람 고유의 의미를 약화시키는 의존성 자체의 결과이다. 그것은 또한 깊은 퇴행 때 나타나는 성향 자체가 갖는 두려움, 즉 젖먹이가 되는 것이나 어머니의 자궁으로 되돌아가는 것을 두려워하기 때문이기도 할 것이다. 이런 두려움 자체가 어머니를 위험한 식인종이

---

21) 헝가리 정신의학자·정신분석가(1873~1933). 정신분석에 인본주의적 접근법을 적용한 점과 아동학대 치료에 노력을 기울인 것으로 유명하다.

나, 또는 모든 것을 파괴하는 괴물로 변모시킨다. 그러나 이런 두려움들은 본디 그 사람의 퇴행에서 비롯된 환상의 결과로 나타나는 게 아니라 현실에서 그 어머니가 식인종 같은, 또 흡혈귀 같은, 또는 시신이나 유골에 애착을 가지는 사람이라는 사실이 그 원인이라는 것을 덧붙여 둔다. 이런 어머니의 아들이나 딸이 어머니와의 유대를 끊지 않고 자라면 어머니에게 잡아먹히고 파괴될 것이라는 강한 공포로부터 벗어날 길이 없다. 이런 경우, 사람을 거의 광기로 내모는 공포를 치유할 수 있는 유일한 방법은 어머니와의 유대를 끊는 것이다. 하지만 이런 관계에서 비롯되는 공포는 동시에 왜 인간이 '탯줄'과 같은 유대를 끊기 어려운가 하는 이유이기도 하다. 그리고 인간이 이 의존상태에 사로잡혀 있는 한, 그 사람 자신의 독립과 자유와 책임은 약화된다.[22]

지금까지 나는 프로이트가 근친상간의 성격을 띠는 충동의 핵심이라고 생각한 성적 유대와는 구분되는 어머니에 대한 비합리적 의존심, 그리고 두려움의 성질을 개괄하려고 했다. 그러나 지금까지 설명한 다른 현상과 마찬가지로, 근친상간의 성격을 띠는 콤플렉스 안에 있는 '퇴행 정도(degree of regression)'라는 문제에는 다른 일면이 있다. 여기서도 사실 매우 양성(良性)이고 병이라고는 할 수 없는 양성 형태의 '어머니에 대한 애착'과 내가 '근친상간의 성격을 띠는 공생'이라고 부르는 악성 형태의 근친상간의 성격을 띠는 애착을 구별할 수 있다.

양성 형태에서 자주 보이는 어머니에 대한 애착의 한 형태가 있다. 이런 남성에게는 자신을 위로해 주고 사랑해 주고 칭찬해 주는 여성, 즉 어머니처럼 보호해 주고 길러 주고 돌봐 주는 여성이 필요하다. 이런 애정을 획득하지 못하면 그들은 가벼운 불안감과 우울상태에 빠지기 쉽다. 어머니에 대한 애착이 이렇게 약한 경우에는 그 남성의 성적 잠재력이나 감성적 잠재력, 그리고 그 독립성이나 성실성이 상처받지는 않는다. 대부분의 남성에게는 이런 애착의 요소와 여성 안에서 모성 같은 것을 발견하고 싶은 욕망이 남아 있다고 추측해도 좋을 것이다. 그렇지만 이 유대의 강도가 커질수록 성적 또는 정서 갈등과 증후가 자주 눈에 띄게 된다.

---

22) 몇 가지 중요한 점에서 나의 의견은 융과 같다. 융은 근친상간 콤플렉스를 좁은 뜻의 성적 한계에서 처음으로 해방시킨 사람이다. 많은 본질적인 점에서 나는 융과 다르지만, 그 차이를 상세히 다루기에는 지면이 부족하다.

이보다 훨씬 중대하고 신경증과 비슷한 근친상간의 성격을 띠는 애착의 두 번째 단계라 할 만한 것이 있다(여기서 단계를 구분하는 것은 간결하게 보이기 위해서 편리한 방법이기 때문이다. 실제로 세 단계가 있는 것은 아니다. 근친상간의 성격을 띠는 애착의 가장 무해한 형태부터 가장 악성의 형태까지 연달아 이어진 존재가 있다. 여기서 말하는 단계의 구분은 그 전형으로, 이 문제에 대해서 더 상세히 논의를 펼친다고 한다면 각 단계는 다시 적어도 몇 개의 '소단계'로 나눌 수 있을 것이다). 어머니에 대한 애착의 이 단계에서는 그 사람은 이미 자신의 독립성을 발전시키는 데 실패했다. 그다지 중증이 아닌 형태에서는 그것은 늘 어머니답게 행동하며 거의 아무런 요구도 하지 않는 여성, 즉 무조건 의지할 수 있는 사람이 필요한 애착이다. 더 중증의 형태를 보이는 경우에는, 이를테면 어머니와 매우 비슷한 사람을 아내로 고르는 남성이 있다. 그는 아내이기도 하고 어머니이기도 한 이 여성이 지휘하는 것이 아니면 아무것도 할 권리가 없는 죄수처럼, 아내가 화를 내지나 않을까 끊임없이 두려워한다. 그는 아마 무의식적으로는 반항하고, 죄의식을 느끼며, 더욱 순종할 것이다. 그 반항은 간통, 우울상태, 발작적인 분노, 정신신체질환, 온몸의 조직장애 등으로 나타난다. 또 이 남자는 자신이 남성인지 아닌지를 진지하게 의심하고, 성불능이나 동성애 같은 성적 착란을 부르게 된다.

불안과 반항이 지배하는 이상의 기술과는 달리, 어머니에 대한 애착이 유혹 이론으로 본 남성 나르시시즘의 태도와 뒤섞여 존재하는 경우가 있다. 이런 남성은 가끔 유아기 때 어머니가 아버지보다 자신을 더 사랑하고, 자신은 어머니에게는 칭찬받지만 아버지에게는 경멸을 받는다고 느끼는 사람이다. 이런 남성은 자신이 아버지뿐만 아니라 어떤 남성보다도 낫다고 느끼는, 아주 강한 나르시시즘을 갖고 있다. 자기애로 넘치는 이러한 확신은 자신의 위대함을 증명하는 데는 아무것도 필요하지 않다고 생각하게 만든다. 그런 위대함은 어머니와의 유대 위에 이루어져 있다. 그 결과 이런 남성의 자기 가치감(價値感)은 모두 아무런 조건이나 제한 없이 자신을 칭찬하는 여성관계와 결합한다. 그들의 가장 큰 두려움은 자신이 선택한 여성에게 칭찬을 받지 못할지도 모른다는 것이다. 왜냐하면 그런 실패는 자기애로 가득한 자기평가의 기초를 위협할지도 모르기 때문이다. 그러나 그들은 여성을 두려워하긴 하지만, 앞의 경우에 비해서 이 두려움은 그리 뚜렷하지는 않다. 이상과 같은 것은 마음이 따뜻한 남성이라는 인상을 주는 자기애로 가득 차 있으며 유혹적인 태도에 의해 지배받고 있기 때문이다. 하지만 어머니에 대한 강한 애착의 다른 유형에서 보이는 것처럼, 모성상(母性像) 이외의 이떤 남녀에 대해서도 애정, 관심, 충성을 느끼는 것은 범죄이다. 어머니는 독점적인 성실을 요구하기 때문에, 직업을 포함한 다른 어떤 일에도, 또는 누구에게도 '관심을 가져서는' 안 된다. 가끔 이런 남성은 어떤 것에 대해서 조금이라도 관심을 가지면 죄의식을 느끼거나, 또는 누구에게도 충실하지 못한 '반역자' 유형이 된다. 그것은 어머니를 거스르지 못하기 때문이다.

다음은 어머니에 대한 애착의 특징을 보여주는 몇 가지 꿈의 예이다.

(1) (남자의 꿈) 남자가 혼자 바닷가에 있다. 나이 든 여자가 와서 그에게 미소를 짓는다. 그 여자는 가슴을 열고 자신의 젖을 먹어도 좋다고 말한다.

(2) (남자의 꿈) 그는 팔심이 센 여성에게 붙잡혀 깊은 골짜기 위에 세워졌다가 떨어져서 죽는다.

(3) (여자의 꿈) 여자가 남자와 만나고 있다. 이때 마녀가 나타나 그 여자는 공포에 질린다. 남자가 총을 들고 그 마녀를 죽인다. 그 여자(꿈을 꾸고 있는 당사자)는 발견될까 봐 두려워 멀리 달아나면서 자신을 따라오라고 남자에게 손짓한다.

이런 꿈은 거의 설명이 필요하지 않다. 첫 번째는 어머니 품에 안기고 싶은 욕망이다. 두 번째는 절대적으로 강한 어머니에게 살해되는 공포이다. 세 번째는 여자가 남자를 사랑하면 어머니(마녀)에게 살해당하고, 어머니의 죽음만이 자신을 자유롭게 해줄 것이라는 꿈이다.

한편 아버지에 대한 애착은 어떨까? 실제 이런 종류의 고착이 남녀 모두에게 존재한다는 것은 사실이며, 여자의 경우에는 때로 성욕이 뒤섞인 경우가 있다. 그러나 아버지에 대한 애착은 어머니, 가족, 핏줄, 대지 순서에 따른 애착보다는 깊지 않은 것 같다. 물론 특수한 경우에는 아버지 자신이 어머니 모습도 되지만, 정상적인 경우 아버지의 기능은 어머니의 그것과 다르다. 어머니에게 애착된 사람에게 영구적 욕망의 일부를 이루는, 보호받고자 하는 감정을 주는 것은 태어난 뒤 몇 년 동안 자신을 키워 준 어머니이다. 유아의 삶은 어머니에게 완전히 의존된다. 그러므로 그녀는 삶을 줄 수도, 삶을 빼앗을 수도 있다. 어머니라는 존재는 삶을 주는 사람임과 동시에 삶을 빼앗는 사람이기도 하며, 사랑받는 자이기도 하고 두려움의 대상이기도 하다.[23] 한편 아버지의 역할은 그것과 다르다. 인위적인 법과 질서, 사회적 규칙이나 의무를 대표하고, 죄와 보수를 주는 사람이다. 그 사랑은 조건이 붙어 있으며, 요구받은 것을 해냈을 때 얻을 수 있다. 이런 이유에 의해서 아버지와 맺어져 있는 사람은 아버지의 의지대로 행동하면 쉽게 사랑을 얻을 수 있지만, 완전하고 아무런 조건 없는 사랑에 따르는 도취적 감정이나 확실성, 보호는 아버지와 결합된 인간의 경험에서는 거의 보이지 않는다.[24] 아버지 중심의 사람에게서는 깊은 퇴행을 보기도 드문데, 이 퇴행은 어머니에 대한 애착과 관련지어 지금부터 살펴보기로 하자.

가장 깊은 곳에 자리한, 어머니에 대한 애착은 '근친상간의 성격을 띠는 공생'의 단계이다. '공생'이란 어떤 의미일까? 다양한 정도의 공생이 있지만, 그것들은 하나의 공통점을 지닌다. 즉 공생관계로 맺어져 있는 사람은 그 '기생(더부살이)'의 중요한 부분을 이루고 있다는 점이다. 그는 그 사람 없이는 살아갈 수 없다. 그리고 그 관계가 위협받으면 그는 극도로 불안과 공포를 느낀다(정신분열증에 가까운 환자의 경우, 그 관계가 분리되면 갑작스레 분열하듯이 붕괴한다). 여기서 "그 사람 없이는 살 수 없다"는 말은 그 숙주에 해당하는 사람과 늘 육체적으로도 함께 있어야 한다는 의미가 결코 아니다. 즉 드물기는 하지만, 그 숙주가 죽어도 좋다(이 경우, 공생은 어떤 문화에서는 '조상숭배'라는 형태를 취하며 제도화되기도 한다). 그 결합은 본질적으로는 감정과 환상의 성격을 지닌다. 공생관계로 맺어져 있는 사람에게 자신과 숙주에 해당하는 사람 사이에 뚜렷한 선을 긋는다는 것은 불가능까지는 아니지만 대단히 어렵다. 그는 상대와 한 몸이자 그녀의 일부이며, 그녀와 혼합되어 있다고 느낀다. 공생의 형태가 극단적이 되면 될수록 두 사람이 분리된 존재임을 분명하게 인식하기가 어

---

23) 이를테면 신화학에서 힌두교 여신 칼리의 이중 역할과, 꿈에 나오는 어머니의 상징으로서의 호랑이, 사자, 요괴에 주의할 것.

24) 어머니 중심과 아버지 중심의 문화와 종교 간에 보이는 구조의 차이를 조금 짚고 넘어가겠다. 남유럽이나 라틴아메리카의 가톨릭 국가와 북유럽 및 북아메리카의 개신교 국가가 그 좋은 예이다. 심리적인 차이는 막스 베버의 《프로테스탄티즘의 윤리와 자본주의 정신》과 나의 《자유에서의 도피》에서 다루고 있다.

려워진다. 더 중증의 경우, 이 분리감의 결여는 공생관계로 맺어진 사람이 그 숙주에게 "의존하고 있다"고 설명하는 것 자체가 잘못인 이유를 설명해 준다. '의존'이란 두 사람 사이에 뚜렷한 구분이 있으며, 한 사람이 상대에게 의존하고 있다는 것을 예상하고 있다. 공생관계에서는 공생하는 인간이 자기의 숙주보다 뛰어나다고 느끼는 경우도 있으며, 열등하다고 느끼는 경우도 있고, 또 평등하다고 느끼는 경우도 있을 것이다. 그러나 그들은 늘 분리되기 어려운 존재이다. 실제로 이 공생결합은 어머니와 그 태아의 결합을 상상하면 가장 좋다. 태아와 어머니는 둘이지만, 동시에 하나이기도 하다. 두 명이 서로 공생관계로 결합되어 있는 경우도 결코 드물지 않다. 이 증례는 '감응성 정신병'이라고 불리는 것으로, 두 사람의 공존조직이 그들의 현실을 구성하기 때문에 두 사람 모두 자기도 모르게 '정신장애'를 일으키는 것이다. 극단적으로 퇴행한 형태에서 무의식의 욕망은 실제로는 자궁으로 돌아가려는 욕망이다. 가끔 이런 욕망은 바다에 빠져 죽고 싶은 욕망(또는 두려움)이나 대지에 집어삼켜질 것이라는 공포 같은 상징적 형태로 나타난다. 그것은 완전히 개체로서의 존재를 잃었다가 다시 자연과 하나가 되고자 하는 욕망이다. 그 결과, 이 깊은 퇴행욕망은 삶의 욕망과 갈등하게 된다. 자궁 안에 존재한다는 것은 삶을 떠나 존재한다는 것이다.

내가 말하고자 했던 것은 어머니와의 유대는 어머니의 사랑에 대한 욕망도, 어머니의 파괴성에 대한 두려움도 모두 프로이트가 성욕에서 비롯된다고 생각한 '오이디푸스적 유대'보다 훨씬 강하고 원초적인 것이라는 점이다. 그러나 나의 의식적 지각과 무의식적 현실이 모순되는 것에서 발생하는 하나의 문제가 있다. 만일 어떤 사람이 어머니에 대한 성욕을 기억하거나 상상한다면 저항이라는 문제에 부딪치게 된다. 하지만 자기 성욕의 성질을 본인이 확실하게 인식하는 이상, 그 사람의 의식이 깨닫는 것을 싫어하는 것은 욕망의 '대상(object)'뿐이다. 이는 여기서 말하고 있는 공생 애착, 즉 유아처럼 사랑받고, 독립성을 잃고, 다시 젖을 빨고, 어머니의 자궁으로 들어가고 싶다는 욕망과는 전혀 다른 것이다. 이런 것들은 모두 '사랑', '의존' 또는 '성적 애착'이라는 단어로도 결코 모두를 표현하기 어려운 욕망이다. 이 단어들은 그 배후에 존재하는 경험의 힘과 비교하면 존재감이 없다. '어머니에 대한 두려움'도 마찬가지다. 우리는 누구나 사람을 두려워한다는 것이 무슨 뜻인지를 알고 있다. 그는 우리를 꾸짖고, 모욕하고, 벌할지도 모른다. 우리는 이런 체험을 거쳐서 조금이나마 용기를 가지고 그것과 대결한 것이다. 그러나 사자가 기다리는 우리에 처넣어지고 뱀이 우글우글한 구덩이에 던져진다면 우리는 대체 어떤 기분이 들지 알고 있는가? 무서운 '무능'이라는 선고를 받는다면 그 공포를 표현할 수 있을까? 그렇지만 어머니에 대한 '두려움'을 구성하는 것은 바로 이런 체험이다. 여기서 우리가 쓰는 단어는 무의식적 경험에까지 다다르기란 매우 어려우므로, 사람들은 자신이 무엇에 대해서 말하고 있는지를 실제로는 인식하지 못하고 자기의 존재라든가 두려움에 대해서 말하는 경우가 자주 있다. 진짜 경험을 서술하기에 알맞은 말은 꿈속의 말이나 신화학이나 종교의 상징이다. 내가 바다에 빠지는 꿈(공포와 더없는 행복이 뒤섞인 감정이 뒤따르는)을 꾼다든가 나를 잡아먹으려는 사자로부터 달아나는 꿈을 꾸면, 그때는 실제로 내가 겪은 것에 대응하는 말을 가지고 꿈을 꾸는 것이다. 물론 내가 일상에서 쓰는 말은 스스로 그렇게 인식하는 경험과 대응하고 있다. 만일 우리가 자기의 내적 진실을 따르려 한다면 평소에 쓰는 말을 잊어버리고, 잊힌 상징 언어를 가지고 생각하려고 노력해야 한다.

근친상간의 성격을 띠는 애착의 병리(病理)는 분명 퇴행 단계의 것이다. 가장 양성인 증상의 본보기로는 조금이라도 여성에게 너무 의존한다든가 여성을 유난히 두려워한다든가 하는 것 말고는 특별한 게 없다. 퇴행의 정도가 깊어질수록 의존과 공포의 강도도 같이 커진다. 맨 처음 단계에서는 의존과 공포가 정상생활과 부딪치기도 한다. 퇴행의 깊이에 좌우되는 다른 병리학적 요소가 존재한다. 근친상간의 성격을 띠는 성향은 또한 나르시시즘의 성향과 마찬가지로 이성이나 객관성과 다툰다. 만일 내가 '탯줄'을 자르는 데 실패하고 확실성과 보호의 우상을 강하게 숭배하려 한다면, 그 우상은 신성한 것이 된다. 그것은 비판할 만한 것이 못 된다. '어머니'가 절대로 잘못을 저지르지 않는다면, 그 사람이 '어머니'와 충돌하여 '어머니'에게 비난받을 때 어떻게 다른 사람을 객관적으로 판단할 수 있겠는가? 판단력을 가로막는 이런 종류의 형태는 애착의 대상이 어머니가 아니라 가족, 국가, 민족일 경우에는 훨씬 모호해진다. 이런 애착은 미덕이라고 여겨지므로 민족 또는 종교에 대한 강력한 애착에서 편견이나 왜곡을 수반한 판단이 나오기 쉽다. 왜냐하면 그런 판단은 같은 애착을 가진 다른 사람들이 모두 공유하고 있다는 이유에서 진실이라고 여겨지기 때문이다.

　이성(理性)의 왜곡에 이어서 근친상간의 성격을 띠는 애착의 두 번째 중요한 병리학적 특징은 다른 사람을 완전한 인간다운 존재로서 체험하지 않는다는 것이다. 같은 피나 땅을 공유하는 사람들만이 인간으로 느껴지고, '이방인'은 야만인으로 여겨진다. 그 결과 나도 스스로에게는 '이방인'에 지나지 않는데, 그 이유는 같은 피로 맺어진 집단에 의해 공유되는 완전하지 않은 형태로서의 인간애를 경험할 수밖에 없기 때문이다. 근친상간의 성격을 띠는 애착은 퇴행의 정도에 따라서 그만큼 사랑하는 능력을 훼손하거나 파괴한다.

　근친상간의 성격을 띠는 애착의 세 번째 병리적 징후로서 보이는 것은 독립성이나 성실과의 갈등이다. 어머니나 종족과 결합되어 있는 사람은 자기 자신이라는 것, 자기의 신념을 갖는 것, 몸을 맡기는 것에 자유롭지 않다. 그는 세계에 대해 마음을 열어 놓을 수도 없고, 그것을 껴안을 수도 없다. 즉 늘 어머니라는 민족·국가·종교에 대한 애착이라는 감옥에 매여 있다. 인간은 근친상간의 성격을 띠는 애착의 모든 형태로부터 자기 자신을 해방시킴으로써, 그저 태어났을 뿐인 존재에서 앞으로 나아가 자기 자신이 될 자유를 그만큼 갖는 것이다.

　근친상간의 성격을 띠는 애착은 일반적으로 이상과 같이 인식되지 못하거나, 또는 언뜻 이성적으로 보이는 방법에 의해서 합리화되어 있다. 자신의 어머니와 단단히 결합되어 있는 사람은 근친상간의 성격을 띠는 유대를 다양한 형태로 합리화한다. 즉 어머니를 섬기는 것은 나의 의무라든가, 어머니는 나에게 많은 것을 해주셨고 내 삶은 어머니 덕분이라든가, 어머니는 참으로 훌륭한 사람이라든가 하는 식이다. 애착의 대상이 어머니 개인이 아니라 국가라고 해도 합리화의 과정은 같다. 이 합리화의 중심에는 모든 인간은 국가에 충성을 다할 의무가 있다든가, 국가는 정말 놀라운 존재라든가 훌륭하다든가 하는 개념이 존재한다.

　요약하면 다음과 같다. 어머니라는 사람이나 그와 대등한 가치를 지닌 것—혈연이나 가족이나 종족—과 결합하고 싶은 성향은 모든 남녀에게 존재한다. 그것은 반대의 성향—태어나고 나아가며 성장하는 성향과 끊임없이 갈등한다. 정상발육의 경우에는 성장하고자 하는 성향이 승리한다. 병리학과 관련해서 중증을 띠는 경우에서는 공생 결합을 지향하는 퇴행하고자 하는 성향이 승리하고, 그 결과 그 사람은 많든 적든 완전히 무능해진다. 어떤 아이에게서도 근친상간의 성격을 띠는 충동이 발견된다는 프로이트의 개념은 전적으로 옳다. 그러나 이 개념이 갖는 의미에는 프로이트의 가설 이상의 것이 있다. 근친상간의 성격을 띠는 욕망은 근본적으로는 성욕의 결과가 아니라, 인간에게 존재하는 가장 기본 성향 가운데 하나이다. 즉 자신이 난 곳과 인연을 끊고 싶지 않다는 소망, 자유의 두려움, 자신을 무력화시키고 모든 독립성을 포기하게 하는 대상에 의해서 파괴되지 않을까 하는 공포가 그것이다.

이쯤에서 이상의 세 가지 성향을 서로 관련지어 비교해 보자. 증상이 심하지 않은 경우는 네크로필리아와 나르시시즘과 근친상간의 성격을 띠는 애착이 저마다 전혀 달라 어떤 사람은 이 성향 가운데 하나만 갖고 있는 경우가 많다. 또 악성(惡性)이 아니라 양성(良性)에서는 세 가지 성향 가운데 어느 한 가지로서의 이성과 애정을 크게 무력화시키지 않고, 또 강한 파괴성을 보이지도 않는다(그 일례로 프랭클린 델라노 루스벨트를 들고 싶다. 어머니에 대한 알맞은 정도의 애착과 나르시시즘을 가진 그는 살아 있는 것을 매우 사랑한 인물이었다. 그와 대조를 이루는 것은 히틀러로, 그는 시신과 유골에 병적인 애착을 지녔을 뿐만 아니라 자기 자신을 지나치게 사랑했으며 근친상간의 성향을 띤 인물이었다). 그러나 세 가지 성향은 악성이 되면 될수록 하나로 집중한다. 무엇보다도 근친상간의 성격을 띠는 애착과 나르시시즘 사이에는 긴밀한 유사점이 있다. 개개의 인간이 어머니의 자궁 또는 유방으로부터 완전히 분리되기 전에는 자유롭게 다른 사람들과 관계를 맺을 수 없고, 사랑에서도 자유로워질 수 없다. 그 자신과 그의 어머니(한 몸이므로)가 그의 나르시시즘의 대상이다. 개인의 나르시시즘이 집단 나르시시즘으로 바뀌는 경우에 이것이 가장 또렷해진다. 거기서는 근친상간의 성향이 나르시시즘과 뒤섞인다는 것을 아주 분명하게 알 수 있다. 모든 국가·민족·종교 및 정치와 관련된 광신의 강도와 그 비합리성을 설명하는 것은 바로 이 특수한 혼합이다.

근친상간의 성격을 띠는 공생과 나르시시즘은 원초적 형태에서는 모두 네크로필리아에 의해서 결합되어 있다. 자궁과 과거로 돌아가고자 하는 갈망은 동시에 죽음과 파괴에 대한 갈망이기도 하다. 이 세 개의 성향 가운데 가장 단적인 형태가 섞이면, 내가 '쇠퇴증후군'이라고 주장한 바로 그 증후군이다. 이 증후군의 사람은 실제로 악이다. 왜냐하면 그는 삶과 성장을 거스르고 죽음과 무력을 열렬하게 찬미하기 때문이다. '쇠퇴증후군'에 걸린 사람으로서 가장 좋은 예는 히틀러이다. 앞에서 지적했듯이, 그는 죽음과 파괴에 병적인 애착을 갖고 있었다. 그는 자기 자신을 지나치게 사랑한 인간으로 '자기만의' 욕망과 생각이 유일한 진실이었다. 즉 근친상간의 성격을 띤 인물이었다. 그와 어머니의 관계가 어땠건, 근친상간의 성격을 띤 성격은 같은 피를 나눈 민족이나 국민에 대한 광신적인 열애라는 형태로 표현되었다. 그는 피가 더럽혀지는 것을 막음으로써 게르만 민족을 구원할 수 있다는 생각에 사로잡혀 있었다. 《나의 투쟁》에서 그가 말했듯이, 먼저 그 피를 매독으로부터 지키는 것, 다음으로 유대인에게 더럽혀지지 않도록 하는 것이었다. 나르시시즘과 죽음과 근친상간의 혼합이 히틀러를 인류와 생명의 적으로 만든 것이다. 이 세 가지 특징이 연주하는 협주곡은 《다락방의 여우》에서 리처드 휴스[25)]가 매우 잘 묘사하고 있다.

결국 히틀러의 내면에 있는 원론적인 '나'는 어떻게 성(性)의 모든 행위에 완벽하게 굴복할 수 있었을까? 그 행위의 본질 자체는 '다른 사람'의 승낙을 거치지 않았음에도 말이다. 그는 우주만이 특별히 갖추고 있는 감각중추에 있으며, 그 감각 안에 과거와 현재에 포함되어 있는 유일한 정통 '의지'의 화신이었다고 말하는 그의 확신은 훼손되지 않았다는 것을 지적해야 할까? 당연히 그의 근원적인 내면의 '힘'을 정당화하는 것이었다. 히틀러는 혼자 존재했다. "나는 존재하고, 나와 겨룰 만한 존재는 없다." 우주에는 그 밖에 아무도 존재하지 않고 사물만이 존재했다. 이렇게 그는 '인칭'대명사에 포함되는 모든 것에 정서와 관련된 의미와 내용을 전혀 두지 않았다. 그 때문에 히틀러의 장대하고 제약 없는 구조력과 창조력이 남은 것이다. 즉 이 건축가가 정치가로 방향을 튼 것은 매우 자연스러운 일이었다. 왜냐하면 그는 다루어야 할 새로운 사물에서 어떤 현실적 구분도 보지 않았기 때문이다. 이 '인간들'은 단지 그것을 모방하는 '것'에 지나지 않았으며, 다른 도구나 돌과 같은 의미만 가지고 있었다. 모든 도구에는 손잡이가 있다―이것은 귀에 해당한다. 그리고 돌을 사랑하거나 미워하거나 동정하거나(또는 진실을 알리거나) 하는 것은 어리석은 짓이다.

25) 영국 소설가·극작가(1900~1976). 소년의 심리를 다룬 장편소설 《자메이카의 열풍》(1929)으로 유명하며, 극작가로서 라디오 드라마를 처음 썼다.

그즈음 히틀러의 인격은 정상을 벗어난 보기 드문 상태에 있었다. 그의 자아는 전혀 그림자를 갖지 않았다. 정상을 벗어난 보기 드문 상태라는 것은 정상이 아닌 경우, 그런 자아는 없어지지 않고 다른 형태로 임상적으로는 늘 완성된 성인의 지성 안에 남아 있기 때문이다(신생아는 정상으로, 얼마 뒤에 유아가 되어도 그것이 계속 남기 때문이다). 히틀러의 성인기에 '나'는 이렇게 해서 좀더 큰, 그러나 분화되지 않은 구조로 발달했는데, 그것은 악성의 성장과 같다······.

괴롭힘을 당하고 거의 미칠 것 같았던 존재는 침대 위에서 몸부림쳤다······.

《리엔치》[26]를 관람하던 밤, 오페라가 끝난 린츠 호숫가의 프라이베르크 극장에서의 어느 날 밤은 그의 소년시절의 전환점이 된 밤이었다. 처음으로 자기 내부에 있는 전능을 확인한 밤이었기 때문이다. 어둠 속에서 이 높은 곳에 오르기를 강요당한 그는 거기서 순간 모든 지상의 왕국을 보지 않았던가? 그리고 거기에서 오래된 진실이라는 복음 문제에 맞닥뜨려 그의 존재는 모든 것을 인정하지 않았던가? 별이 총총한 11월, 이 높은 산 위에서 그는 영원의 계약을 맺지 않았던가? 그러나 지금······ 그에게는 리엔치처럼 파도 위에서 일렁이고 있는 것처럼 느껴지는 지금, 그리고 맞서기 어려운 파도는 출렁이는 힘으로 그를 베를린으로 떠내려 보냈다. 그 파도는 일렁이며 부서지고, 그를 집어삼키고, 철썩이는 초록빛 물속으로 깊이 그를 끌어내렸다.

꿈속에서, 침대 위에서 몸부림치면서 그는 헐떡거렸다. 그는 물에 빠져 죽기 직전이었다(그것이야말로 늘 히틀러가 두려워하던 것이다). 익사? 그리고 그것은 아주 오래전, 소년시절 린츠에 있는 다뉴브강 다리 위에서 흔들거리던 자살 직전의 어느 순간······ 어쨌든 이 우울한 소년은 이 까마득히 지나간 날들을 뛰어넘었고, 모든 것은 그 이후의 꿈이 되었다! 그리고 이제 그 시끄러운 소리는 그가 꿈에서 보았던, 물에 빠진 귓속에서 노래하는 강력한 다뉴브의 강줄기였다.

---

26) 독일 작곡가 바그너의 작품. 14세기 로마에서 귀족에 맞서 공화정치를 세운 호민관 리엔치(리엔조) 이야기를 중심으로 한다. 《리엔치》에 나오는 행진곡은 히틀러가 특히 좋아해 야간 군중집회에서 자주 사용했다.

그를 둘러싼 초록 물빛 속에서 죽은 사람의 얼굴 하나가 그가 있는 쪽으로 떠내려왔다. 그 자신의 조금 부은, 그리고 눈을 커다랗게 뜬 죽은 사람의 얼굴, 그것은 어머니의 얼굴, 하얀 베개에 눕혀진 것을 본 게 마지막인, 눈을 뜬 채로 죽은 어머니의 얼굴이었다. 그를 사랑하면서 죽은 창백하고 공허한 얼굴.

그런데 이제 그 얼굴이 겹겹이 물속에서 그의 주위를 에워싸고 있었다. 그렇다, 그의 어머니는 이 '물'이었다. 그리고 그 물이 그를 빠뜨려 죽이고 있다! 그때 그는 몸부림치는 것을 그만두었다. 그는 태어났을 때의 자세로 바꿔서 두 무릎을 턱까지 끌어당기고 물에 빠져 죽기를 기다렸다.

그렇게 해서 히틀러는 잠이 들었다.

이 짧은 문장에는 '쇠퇴증후군'의 모든 요소가 위대한 작가다운 훌륭한 묘사로 집약되어 있다. 히틀러의 나르시시즘, 그의 물에 빠져 죽고자 하는 욕망—그에게 물은 어머니이다—그리고 죽음에 대한 기대는 죽은 그의 어머니 얼굴이라는 상징을 통해서 나타난다는 것을 알 수 있다. 자궁으로의 퇴행은 태어나는 자세, 두 무릎을 턱까지 끌어올린 자세로 상징화되어 있다.

히틀러는 '쇠퇴증후군'의 극단적인 한 예에 지나지 않는다. 폭력, 증오, 인종차별, 그리고 자기애로 가득한 민족주의로 배를 불리는 사람들이 많은데, 그들은 모두 이 증후군에 걸려 있다. 그들은 폭력, 전쟁, 그리고 파괴의 지도자이거나 '진짜 신봉자'이다. 그들 가운데 가장 평형을 잃은 중증의 사람들만이 그들의 진짜 목적을 분명히 표현하고, 심지어는 의식적으로 그것을 깨닫고 있다. 그들은 애국심, 의무, 명예와 같은 것으로 자신의 성향을 합리화하려고 한다. 그러나 국가 간 전쟁이나 내전 때처럼 올바른 시민생활의 형태가 일단 파괴되어 버리면 이들에게는 이제 자신의 내부 깊숙이 존재하는 욕망을 억압할 필요가 없어진다. 그들은 증오의 개선가를 부르며 생기를 되찾고, 자신의 모든 에너지를 죽음에 도움이 되는 때에 드러낼 것이다. 실제 전쟁과 폭력의 분위기는 '쇠퇴증후군'을 가진 사람이 본디 모습을 되찾았을 때의 상황이다. 아마 이 증후군에 의해 동기를 부여받는 것은 소수에 지나지 않을 것이다. 하지만 그들도 그런 동기를 갖고 있지 않은 사람들처럼 진짜 원동력을 깨닫지 못하고 있다는 사실 자체는 그들을 투쟁, 갈등, 차가운 전쟁, 뜨거운 전쟁 때 증오라는 전염병을 퍼뜨리는 위험한 보균자로 만든다. 그러므로 그들의 정체를 식별하는 것이 중요하다. 즉 죽음을 사랑하고, 독립을 두려워하고, 자기가 속한 단체의 요구만이 진실이라고 믿는 사람이라는 것을 인식해야 한다. 한센병 환자를 격리하듯이 그들을 육체적으로 격리할 필요는 없다. 그런 병에 걸리지 않은 사람들이 이런 종류의 병리적 영향에 어느 정도의 면역성을 얻기 위해서는 그들이 장애인이라는 것이나, 그럴듯한 그 합리화의 배후에 숨어 있는 악성의 충동을 이해하는 것으로 충분할 것이다. 이를 위해서는 물론 한 가지를 배울 필요가 있다. 즉 인간만이 걸리는 질병,[27) 삶이 끝나기 전에 삶을 부정하는 병을 앓는 사람들의 겉만 번드르르한 합리화와 진실의 말을 정확하게 꿰뚫어볼 수 있는 능력을 익혀야 한다.

이렇게 네크로필리아, 나르시시즘 및 근친상간의 성격을 띠는 애착을 분석해 보면, 프로이트의 이론과 관련지어서 여기에 제시되어 있는 견해를 논급해야 한다. 그러나 이 책의 내용상 그것이 간단히 되지 않는다는 점을 미리 이해해 주기 바란다.

프로이트의 생각은 리비도 발달 단계의 진화적 도식(圖式)을 기초로 한 것이다. 즉 그것은 나르시시즘에서 구강성애기(口腔性愛期) → 구강가학(加虐)기 → 항문(肛門)성애기 → 항문가학기 → 남근(男根)기 → 잠복(潛伏)기 → 성기(性器)기/생식(生殖)기 단계로 넘어간다. 프로이트에 따르면, 정신 질환의 가장 중증형은 리비도 발달 초기 단계에 대한 애착(또는 초기 단계로의 퇴행)에서 비롯된 것이었다. 그 결과 예컨대 구강성애기로 퇴행하는 것은 항문가학기로 퇴행하는 것보다 더 중증이라고 생각된다. 그러나 나의 경험상 이 일반원리는 임상 관찰에서는 보이지 않는다. 구강성애기의 성향은 그 자체로는 항문기의 성향보다 삶에 더 가깝다. 그렇기 때문에 일반적으로 말해서 항문기로의 퇴행은 구강성애기로의 퇴행보다 중증의 병리현상이라고 할 수 있다. 게다가 구강가

---

27) '투사질문서'를 사용해서 네크로필리아, 중증의 나르시시즘 및 근친상간의 성격을 띠는 공생에 얽매인 사람들의 영향 범위를 발견할 수 있는 실험연구 계획을 나는 제안한다. 이런 질문서는 미국인의 각층 대표자에게 사용할 수 있을 것이다. 이렇게 하면 '쇠퇴증후군'의 범위뿐만 아니라 사회적·경제적 지위, 교육, 종교, 출신지와 같은 다른 원인과의 관계도 발견할 수 있을 것이다.

학기의 성향은 가학증과 공격성이라는 요소를 갖추고 있지 않은 구강성애기의 성향보다 더 중증 병리와 이어져 있다고 생각할 수 있다. 그 결과 프로이트의 체계와는 거의 정반대 결론에 다다른다. 가장 증상이 가벼운 유형은 구강성애기의 성향과 관계를 가지며, 구강가학기의 성향에서 항문가학기의 성향으로 바뀌는, 좀더 중증인 것이 뒤따라온다. 발생학적으로는 발달 순서가 구강성애기, 구강가학기, 항문가학기라고 하는 프로이트의 생각이 옳다고 해도, 초기 단계에 대한 애착이 더 중증이라는 그의 견해에는 반대해야 한다.

그러나 좀더 초기 단계로의 퇴행이 보다 병리적인 표출의 기초라는 진화적 가설로는 이 문제를 해결할 수 없다고 나는 생각한다. 내 생각으로는 각 성향은 그 자체가 다양한 퇴행 단계를 가지며, 정상에서부터 가장 원초적인 병리적 단계의 것까지 있다. 예를 들면 구강성애기의 성향은 일반적으로 성숙한 성격구조, 즉 고도의 생산성과 결합하는 경우에는 양성형(良性型)이지만, 반대로 강한 나르시시즘이나 근친상간의 성격을 띠는 공생과도 결합할 수 있다. 이 경우 구강성애기의 성향은 극도의 의존성과 악성의 병리증상을 보일 것이다. 네크로필러스한 성격과 비교하면 거의 정상이라고 할 수 있는 항문기 성격도 마찬가지이다. 그렇기 때문에 리비도 발달의 다양한 단계 구분에 따르지 않고, 각 성향(구강성애기, 구강가학기 등) '내부'에서 결정되는 퇴행 정도에 따라 병리증상을 결정하라고 제안하고 싶다. 또 유의해야 할 점은, 우리가 다루는 것은 프로이트가 각각의 성감대에 뿌리내리고 있다고 한 성향[동화(同化)의 양식]뿐만이 아니라 그것과 어느 정도 비슷한, 개인과 관련된 모든 성향(사랑, 파괴성, 가학성애, 피학성애)에도 대응한다는 것이다. 이렇게 구강성애기의 성향과 근친상간의 성향, 항문기의 성향과 파괴성을 지향하는 성향 사이에는 비슷한 면이 있다. 이 책에서 다루는 것은 유사성(類似性)의 양식보다는 관계성(關係性)이라는 성향(나르시시즘, 네크로필리아, 근친상간의 성향―사회화의 양식)의 영역이다. 그러나 성향의 두 가지 양식 사이에는 상관관계가 있다. 네크로필리아와 항문기 성향의 유사성이 갖는 상관관계를 이미 이 책에서 어느 정도 상세히 설명한 바 있다. 이 유사성은 바이오필리아와 '성기적 성격' 사이에, 근친상간의 성격을 띠는 애착과 구강기 성격 사이에도 존재한다.

이상에서 말한 세 개의 성향은 퇴행의 다양한 단계에서 일어날 수 있다는 것을 나는 밝히려고 해왔다. 각 성향의 퇴행이 깊으면 깊을수록 이 세 가지는 하나로 수렴되는 경향을 띤다. 극단적인 퇴행상태에서는 내가 말하는 '쇠퇴증후군'을 형성한다. 반대로 가장 알맞은 성숙의 조건에 다다른 사람의 경우에도 세 개의 성향은 하나로 모인다. 네크로필리아의 반대는 바이오필리아이고, 나르시시즘의 반대는 사랑이며, 근친상간의 성격을 띠는 공생의 반대는 독립과 자유이다. 이런 세 가지 성향의 증후를 '성장증후군'이라고 부른다. 다음 그림은 이 생각을 도식으로 보여준다.

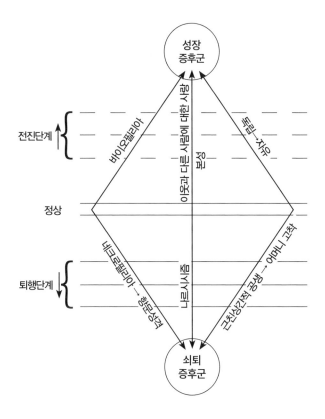

6. 자유, 결정론, 양자택일론

지금까지 파괴성과 폭력이라는 경험론과 관련된 문제들에 대해서 몇 가지 말해 왔는데, 제1장에서 풀지 못했던 것을 다루어야 할 때가 된 것 같다. 그럼 그 문제로 돌아가 보자. 인간은 선(善)인가 악(惡)인가? 인간은 자유인가 환경에 의해 결정되는가? 또는 이 양자택일도 틀렸고, 인간은 이도 저도 아닌가, 아니면 이것이기도 하고 저것이기도 한가?

이런 질문들에 대답하기 위해서는 또 다른 문제부터 설명하는 편이 우리의 목적에 도움이 될 것이다. 인간의 본성에 대해서 과연 이해할 수 있는가, 만일 가능하다면 어떻게 정의할 수 있는가?

인간의 본질을 말할 수 있느냐 없느냐 하는 문제에 대해서는 서로 모순되는 두 가지 견해를 발견할 수 있다. 즉 인간의 '본질' 같은 것은 없다고 하는 의견이 있는데, 인류학에 근거한 상대론의 지지를 받는 이 견해는 인간은 인간의 모습을 한 문화 유형의 결과물에 지나지 않는다는 것이다. 한편 앞에서 말했던 경험에 근거한 파괴성 논의는 프로이트를 비롯한 많은 사람들의 지지를 받으며, 인간의 본성은 존재한다는 관점에 서 있다. 사실 모든 역동심리학(力動心理學)은 이 전제에 기초하고 있다.

인간의 본성에 대해서 만족할 만한 정의를 발견하기가 어려운 것은 다음과 같은 딜레마 때문이다. 어떤 '실체(substance)'를 인간의 본질을 구성하는 것이라고 가정한다면, 인간이 이 지구상에 처음 나타난 순간부터 인간에게는 근본적인 변화가 없었다고 하는, 진화와 역사와는 무관한 견해에서 자유로울 수 없다. 이런 견해는 인간이 지구에 나타나 살기 시작했을 무렵의 미개한 조상들과 지난 4000년에서 6000년 역사[1]에 등장하게 된 문명인 사이에는 커다란

---

1) 마르크스는 특히 이 딜레마로 고민했다. 그는 '인간의 본질'에 대해서 말하다가 1844년의 《경제학·철학 수고》에서는 이 표현을 빼고 '불구가 아닌' 인간에 대해서 설명하는데, 이는 불구가 될 수 있는 인간의 본성이라는 개념을 전제로 하고 있다(《자본론》 제3권에서, 마르크스는

차이가 보인다는 사실과는 명백히 일치하지 않다.

한편 진화라는 개념을 받아들여 인간은 늘 변화하고 있다는 관점에 서면, 인간의 '본성'이나 '본질'은 알맹이로서 무엇이 남느냐 하는 것이 문제가 된다. 이 딜레마는 인간은 정치적 동물(아리스토텔레스)이라든가, 인간은 약속하는 동물(니체)이라든가, 인간은 예지력과 상상력으로 생산하는 동물(마르크스)이라든가 하는 인간에 대한 '정의'를 가지고도 해결되지 않는다. 이런 정의는 인간의 '본질적 소질(essential quality)'은 나타낼 수 있어도, 인간의 '본질(essence)'은 나타내지 못하기 때문이다.

이 딜레마는 인간의 본질을 타고난 소질 또는 실체로서가 아니라 '인간이라는 존재 속에 존재하는 모순'으로 정의해야 비로소 해결된다고 나는 믿는다. 이 모순은 다음 두 가지 사실에서 찾을 수 있다. ⑴ 인간은 동물의 한 종류이지만 본능이라는 기능과 관련된 관점에서는 다른 동물들에 비해 완전하지 못할 뿐만 아니라 생존을 보장받지도 못해서, 물질과 관련된 욕구를 채울 방법을 생각해 내고 언어와 도구를 발달시켰다. ⑵ 인간은 다른 동물들처럼 지능이 있으므로, 생각하고 사물의 이치를 따짐으로써 곧바로 실제 목적을 이룰 수 있다. 하지만 인간은 동물에게 없는 다른 정신과 관련된 소질을 갖추고 있다. 그는 자신을, 자신의 과거와 미래를, 그러니까 자기 죽음과 자신이 힘없고 보잘것없는 존재임을 알고 있다. 그는 또한 다른 사람을 다른 사람—친구, 적, 이방인—으로서 의식하고 있다. 인간은 삶을 스스로 의식할 수 있는 최초의 생물이기 때문에 다른 모든 생물들보다 뛰어나다. 인간은 자연 '안에' 존재하며 자연의 지배나 재난에 좌우되지만, 동물은 자연의 일부분이게 하는 무의식성이 없으므로 자연을 뛰어넘는다. 인간은 자연의 포로이면서도 생각의 영역에서는 자유라는 놀라운 갈등에 맞닥뜨린다. 자연의 일부이자 자연의 변덕과도 같은 것이어서 인간은 이도 저도 아닌 상황 속에 놓이기도 한다. 인간이

다시 '인간성'이라는 개념을 사용하는데, 소외되지 않는 것을 '인간성에 가장 어울리는 조건 아래 있으며 인간성에 가장 가치 있는' 조건의 하나라고 말한다). 한편 마르크스는 역사 과정에서 인간의 자기창조를 강조하고, 어떤 곳에서는 인간의 본질은 곧 그들이 사는 '사회 전체의 조화'라고 했다. 마르크스가 인간의 본성이라는 개념을 버리지 않고, 동시에 역사와 진화와는 무관한 것이라는 개념에 굴복하지 않았던 것은 분명하다. 마르크스는 이 딜레마를 풀지 못했다. 그래서 인간 본성에 대한 개념 정의를 내리지 못하고, 이 문제에 대한 발언은 약간 모호하고 모순되는 것에 그치게 된 것이다.

자신을 의식하는 것은 인간을 외롭고 고독하며 두려움에 떠는 세계 속의 한 이방인으로 만든 것이다.

내가 여기서 말한 모순은 인간은 육체이기도 하고 영혼이기도 하며, 천사이기도 하고 동물이기도 하지만, 서로 갈등하는 두 세계에 속한다는 고전적 견해와 본질로는 같다. 내가 지적하고 싶은 것은 이 갈등을 인간의 본질, 그러니까 인간은 인간이라고 여기는 것만으로는 충분하지 않다는 점이다. 그 이상으로, 인간 안에 존재하는 이 갈등 자체를 '꼭 해결해야 할 문제'라고 인식해야 한다. 이 갈등에 대한 기술에서 곧 하나의 문제가 생긴다. 즉 인간은 자기 안에 존재하는 이 놀라움을 이기려면 어떻게 해야 하는가? 인간이 고독의 고통에서 해방되어 세상과 잘 어우러지고 일체가 되는 조화를 이루려면 어떻게 해야 하는가?

인간은 이런 문제들에 대해서 이론적인 대답이 아니라(삶에 대한 사상이나 이론에 반영되어 있기는 하지만) 자신의 온 존재, 자신의 감정이나 행동에 대해서 대답을 해야 한다. 이 해답은 더 좋은 경우도 있을 테고 더 나쁜 경우도 있을 것이다. 그러나 최악의 해답이라도 답을 주지 않는 것보다는 낫다. 모든 해답에는 충족시켜야 할 조건이 한 가지 있다. 즉 그것은 인간이 분리감을 이겨내고 결합감, 일체감, 소속감을 획득할 수 있어야 한다는 것이다. 인간이 인간으로서 살아왔다는 사실에 근거해서 스스로에게 던지는 질문에 대해 얻을 수 있는 해답은 다양하다. 나는 그것을 지금부터 간단히 말하고자 한다. 이 해답들이 모두 인간의 본질을 구성하는 게 아니라는 것을 강조하고 싶다. 그 본질을 구성하는 것이 문제이고, 해답이 필요하다. 인간이라는 존재의 다양한 형태는 본질이 아니며, 그 형태들은 그 자체가 본질인 갈등에 대한 해답이다.

분리를 뛰어넘어 하나가 되려는 연구에 대한 최초의 해답을 나는 '퇴행적(regressive)' 해답이라고 부른다. 인간이 일체감을 발견하려 할 때 고독과 불안의 공포에서 벗어나 자유로워지고 싶어할 때 그는 자신이 태어난 고향—자연, 동물의 삶, 또는 자신들의 조상—으로 돌아가려고 하거나, 또는 자신을 인간으로서 있게 해주는, 자신을 고민하는 존재로 만들어 주는 이성과 자의식을 없애려고 한다. 수십만 년 동안 인간은 바로 이런 일들을 되풀이해 온 듯하다. 원시종교의 역사가 이 노력을 설명해 주고, 중증 신경병 환자도 이를 입증해 준다. 형태는 다르지만 원시종교와 개인의 심리 과정에서는 공통의 중증 병리

현상을 발견할 수 있다. 즉 동물적 존재로의 퇴행, 개인화(個人化) 이전 상태로의 퇴행, 특히 인간다움을 없애려는 노력이 보인다. 그러나 이상의 서술은 한 가지 의미로 한정되어야 한다. 과거로 퇴행하는 경향을 대부분의 사람이 공유하면 '대중의 광기(folie à millions)'라는 현상이 나타나고, 여론 통일이라는 사실 자체가 어리석은 행동을 어진 행동으로, 허구를 진실로 보이도록 한다. 이 공통 행동에 참가하는 개인은 완전한 고립감이나 위화감이 없기 때문에, 진취적인 사회에서라면 겪게 될 극심한 불안을 느끼지 않는다. 대부분의 사람에게 이성(理性)이나 진실은 여론에 지나지 않다는 것을 기억해 두어야 한다. 다른 사람의 정신이 자신의 정신과 다르지 않을 때 인간은 '발광(發狂)'하지 않는다.

인간이라는 존재의 문제와 인간이라는 것의 부담을 퇴행적이고 원초적인 형태로 해결하려는 방법을 대신하는 것이 '전진적 해결법(progressive solution)', 즉 퇴행에 의하지 않고 모든 인간적인 힘, 그 속에 존재하는 인간다움을 완전히 발달시킴으로써 새로운 조화를 발견하는 방법이다. 기원전 1500년부터 기원전 500년 사이에 걸친 인간 역사상 두드러진 시기에 전진적 해결법은 처음에는 한 형태로 등장했다(초기 퇴행적 종교에서 인본주의 종교로 넘어가는 시기를 형성하는 온갖 형태의 종교가 있다). 즉 이집트에서는 기원전 1350년쯤 이크나톤[2]의 가르침으로, 또 히브리인들 사이에서는 같은 시기 모세의 가르침으로 나타났다. 또 기원전 5, 600년 무렵 같은 사상이 중국의 노자, 인도의 붓다, 페르시아의 자라투스트라에 의해서, 또 이스라엘에서는 예언자에 의해서, 그리스에서는 철학자에 의해서 나타났다. 인간의 새로운 목표, 충분히 인간다워짐으로써 잃어버린 조화를 회복하자는 목표가 각종 교리나 상징에 의해서 표현된 것이다. 이크나톤은 목표를 태양으로써 상징했고, 모세는 역사상의 알려지지 않은 신으로 상징했다. 노자는 그 목표를 도(道)라고 불렀고, 석가모니는 그것을 열반으로 상징했으며, 그리스 철학자들은 부동(不動)의 동자(動者),[3] 페르시아인은 자라투스트라, 예언자들은 구세주 '세상의 종말'로 상징했다. 이런 개념들은 사고양식 및 결국은 생활습관과 그 문화가 갖는 사회·경제·정치와 관

---

2) 고대 이집트 왕 아멘호테프 4세(?~B.C.1347?). 태양신 아톤을 유일신으로 하는 종교개혁을 실시하여 자신을 이크나톤으로 부르게 했다.

3) 자신은 움직이지도 변화하지도 않으면서 다른 존재를 움직이고 변화시키는 존재라는 뜻으로, 아리스토텔레스가 규정한 개념.

련된 구조에 의해서 크게 결정지어졌다. 새로운 목표를 나타내는 저마다의 형태가 각종 역사와 관련된 환경에 좌우되긴 했지만, 그 목표는 본질적으로 같았다. 즉 인간이라는 존재의 문제나 인생이 제시하는 문세에 올바른 해답을 줌으로써—인간이 충분히 인간다워지고 분리감에서 비롯된 공포를 없애주는 것—해결하는 것이었다. 그리스도교와 이슬람교가 그로부터 500년 뒤와 1000년 뒤에 저마다 같은 사상을 유럽과 지중해 국가들에게 전파했을 때 세상의 대부분은 그 새로운 신탁을 알게 되었다. 그러나 그 가르침을 들은 인간은 곧 그것을 왜곡하기 시작했다. 자신을 충분히 인간답게 만들지 않고 신과 교의를 '새로운 목표'인 피안(彼岸)의 나타남으로 우상화했다. 이렇게 하나의 영상(影像) 없이 말을 자기의 경험에 의한 진실로 갈음했다. 하지만 이와 동시에 계속해서 진짜 목표로 복귀하고자 하는 인간의 노력이 종교, 이단종파, 새로운 철학사상이나 정치철학이라는 형태로 나타났다.

이 모든 새로운 종교나 운동의 사상개념은 저마다 차이는 있지만, 양자택일이라는 인간의 기본 생각은 공통이다. 인간은 두 가지 가능성, 즉 전진과 퇴행 중 어느 한쪽만 선택할 수 있다. 원초적이고 병리적인 해결법으로 후퇴하느냐, 인간다움을 찾아 전진·발전하느냐 가운데 어느 한쪽만 가능하다. 이 양자택일에 대한 뚜렷한 설명은 다양한 형태로 나타난다. 즉 빛과 어둠(페르시아), 축복과 저주 및 삶과 죽음(《구약성서》) 간의 양자택일로서, 또는 사회주의와 야만주의 사이의 양자택일이라는 사회주의의 공식화로 나타난다.

같은 양자택일은 다양한 인본주의 종교에 나타나 있을 뿐만 아니라, 정신건강과 질병 사이에 끼여 있는 기본 차이로도 나타난다. 이른바 정신이 건강한 사람은 문화의 일반원리에 따른다. 고대 튜턴 민족의 광전사(狂戰士)[4]들에게 '건강'한 사람들은 야수처럼 행동할 수 있는 사람이었지만, 그 사람이 현대에 온다면 성신병사가 될 것이다. 정신적 체험의 모든 원초적 형태는—네크로필리아, 극단적인 나르시시즘, 근친상간의 성향을 띠는 공생—어떤 형태로든 퇴행적이고 원초적인 문화 안에서는 '정상' 또는 '이상'이라고도 할 수 있는 것을 구성하고 있는데, 그 이유는 현대에서는 중증의 정신병리로 여기는 상태를 동경하는 공통의 충동으로써 이어져 있기 때문이다. 그것이 경증이라면 반대의

---

4) 유럽 전설에서 전쟁터에 나가면 거의 통제할 수 없을 정도로, 신들린 것 같은 격노에 휩싸여 싸운 사람들을 일컬은 말. 늑대인간이라고도 했다.

힘으로써 저지당하면 위에서 말한 원초적인 힘은 억압되지만, 이 억압의 결과는 '신경증'이 된다. 퇴행적 문화와 전진적 문화 사이에 존재하는 원초적 성향의 본질적 차이는 다음과 같은 사실에 존재하고 있다. 즉 원초적 문화 속에 있는 원초적 성향의 사람은 고독감에 시달리지 않고 오히려 공통 여론의 지지를 받지만, 전진적 문화 속에 있는 같은 사람에게는 정반대 사태가 벌어진다는 사실이다. 그는 자신의 정신이 모든 사람의 정신과 맞서기 때문에 '발광하는' 것이다. 오늘날과 같은 전진적 문화 속에서도 매우 강하게 퇴행하는 성향을 보이는 사람이 꽤 있는데, 그것은 일상생활 속에서는 억압되어 있다가 전쟁 등과 같은 특수조건 아래에서 비로소 나타나는 것이다.

우리가 다룬 문제에 대한 이상의 고찰로부터 뚜렷해진 것을 여기서 요약해보자. 첫째로 인간 본성 문제에 대해서는 인간의 본질이나 본성은 선이나 악처럼 특정한 '실체(substance)'가 아니라, 인간이라는 존재의 조건 자체에 박혀 있는 '모순(contradiction)'이라는 결론에 다다른다. 갈등 자체는 해결되어야 하며, 근본적으로는 퇴행적 해결이나 전진적 해결밖에 없다. 인간의 진보에 대한 내적 충동 같은 형태로 가끔 나타나는 것이 바로 새로운 해결법을 위한 원동력이다. 인간이 어떤 단계에 이르면, 그 단계에서 또다시 새로운 해결책을 찾아야 하는 새로운 모순이 일어난다. 이 과정은 그가 원숙한 인간이 되어 세상과 완전히 일치된다는 최종 목표에 다다를 때까지 이어진다. 탐욕과 갈등이 없어진(불교에서 말하는) 완전한 '깨달음'이라는 최종 목표를 인간이 살아있을 때 이룰 수 있느냐, 아니면 죽은 뒤에야 비로소 가능한가(그리스도교의 가르침에 따르면)에 대해 여기서는 다루지 않는다. 중요한 것은 모든 인본주의 종교와 철학의 가르침에서 '피안'은 같은 것이고, 인간은 끊임없이 그것에 가까이 다다를 수 있다는 신념으로 살아가고 있다는 것이다(이와는 반대로 해결을 퇴행적인 방법으로 구하면, 인간은 비인간화를 찾아다니게 되거나 미치게 된다).

인간의 본질이 선도 악도 아니고, 사랑도 증오도 아니고, 새로운 해결―그것이 다시 새로운 모순을 낳지만―의 탐구를 요구한다는 모순에 있다면, 이 경우 인간은 퇴행적이냐 전진적이냐 둘 가운데 하나의 방법으로만 자기의 곤란한 상황에 대답할 수 있다. 현대사는 이 사실을 증명하는 실례를 많이 보여주고 있다. 수백만 독일인이, 특히 돈과 사회적 지위와 거리가 먼 중하층 사람들이 히틀러의 지도에 의해 고대 튜턴 민족의 '광전사가 되기'를 숭배하게 되었다. 같은 일이 스탈린 치하의 러시아인들에게도 일어났고, 난징 대학살의 일본인, 미국 남부에서 있었던 폭도의 폭력도 그랬다. 일반 대중에게 원초적 형태를 취한 경험은 늘 현실에서 가능한 것이고 출현'할 수 있는(can)' 것이다. 그러나 출현하는 두 가지 형태를 구별할 필요가 있다. 하나는 원초적 충동이 매우 강렬해서 그 문명의 문화적 유형과 대립하므로 억압된 경우이다. 이 경우에는 전쟁이나 천재지변이나 사회분열과 같은 특수한 환경이 억압된 원초적 충동을 분출시키도록 쉽게 열어줄 수 있다. 또 한 가지 가능성으로서 생각할수 있는 것은, 개인 또는 집단의 성원이 성장 과정에서 전진적 단계에 이미 다다랐거나 고정되어 버린 경우이다. 이 경우, 앞에서 말한 것과 같은 외부 사건이 일어나더라도 쉽게 원초적 충동으로 복귀하지는 않을 것이다. 왜냐하면 이런 충동은 억압되어 있다기보다는 '치환'되어 있기 때문이다. 그렇지만 이 경우에도 원초적 가능성이 완전히 소멸되어 버린 것은 결코 아니다. 강제수용소에 장기간 갇혀 있다거나 체내의 어떤 화학과정 같은 이상 환경에서는 인간의 모든 정신구조는 붕괴되고, 원초적인 힘이 새로운 힘을 가지고 분출할지도 모른다. 물론 이 양극 사이에는, 즉 원초적인 억압된 충동과 전진적인 성향에서 비롯된 완전한 치환 사이에는 수없이 작은 변이가 있다. 그 존재 비율은 개인에 따라 차이가 있으며, 퇴행의 정도에 대한 원초적인 성향의 자각 정도에도 차이가 있을 것이다. 퇴행이 아니라 전진적 성향의 발달에 의해서 원초적 일면이 완전히 제거되고 퇴행적 힘을 완전히 잃어버린 사람들이 있는 한편, 전진적 성향을 발달시킬 가능성을 완전히 잃고, 선택의 자유도—전진을 위한 선택—잃어버린 사람들이 존재한다.

사회의 일반 풍조가 각 개인의 두 가지 성향 발달에 크게 영향을 미친다는 것은 말할 것도 없다. 그러나 여기서도 각 개인은 성향의 사회적 유형과 크게 다를 수 있다. 앞에서 지적했듯이 현대사회에는 성향이 원초적인 사람이 수백만 명이나 되며 그들은 그리스도교나 계몽주의의 신조를 의식적으로 신봉하지만, 그 반면 뒤에서는 '광전사'이며 죽음을 찬미하는 인간이고, 또는 바알(Ba'al) 신[5]이나 아슈타르테(Ashtarte)[6]의 숭배자이다. 그들이 반드시 갈등을 겪는 것은 아니다. 왜냐하면 그들의 '생각'에 있는 전진적인 생각에는 무게가 없으

---

5) 고대 동방 여러 나라의 최고신으로 토지의 비옥함과 생물의 번식을 주재하는 신.
6) 페니키아 신화에 나오는, 사랑과 풍요의 여신. 바빌로니아 신화의 이슈타르에 해당한다.

며, 보이지 않는 베일을 쓴 형태로만 나타나는 자기의 원초적 충동에 근거해서 '행동하기' 때문이다. 이와 반대로 어느 시대에나 원초적 문화 속에서 전진적인 성향을 발전시킨 사람들이 존재했다. 그들은 지도자가 되어 특정 상황 아래에서 그 집단의 대다수에게 빛을 주고, 그 사회 전체가 점진적 변혁을 이루기 위한 기초를 이룬 것이다. 이런 사람들은 엄청나게 커다란 존재이며, 그 가르침이 후세에 전달될 때 예언자나 구세주라고 불렸다. 그들이 존재하지 않았다면 인간은 원초적 상태의 암흑으로부터 전진하지 못했을 것이다. 그러나 진화하고, 자연 속 미지의 힘으로부터 서서히 해방되고 자신의 이성과 객관성을 발달시켜 맹수나 노동동물 같은 삶을 멈췄기에 인간에게 영향을 줄 수 있었던 것이다.

집단에게 참인 것은 개인에게도 참이다. 누구에게든지 앞서 말한 원초적 힘이 잠재적으로 존재한다. 완전한 '악'이나 완전한 '선'만 가지고는 선택할 수 없다. 누구나 원초적 성향으로 퇴행할 수 있는 한편, 그 성격을 충분히 앞으로 진전시킬 수도 있다. 전자의 경우는 중증의 정신병을 앓고 있고, 후자의 경우는 자연히 병이 치유되어 완전한 의식성과 성숙한 상태로 사람이 변모한 것이다. 이들 두 가지 경우의 발달이 촉진되는 조건을 연구하고, 또 양성의 발달은 촉진시키고 악성의 발달은 멈추게 할 수 있는 방법을 검토하는 것은 정신의학, 정신분석학 및 각종 정신과학의 과제이다. 이런 방법에 대해서 기술하는 것은 이 책에서 다루고자 하는 바가 아니며, 그것은 정신분석학과 정신의학의 임상 문헌에서 찾을 수 있다. 그러나 특수한 예는 제외한다 해도, 개인이나 집단은 저마다 어떤 시점에서 매우 불합리한 파괴하고자 하는 성향으로 퇴행할 수 있고, 동시에 반대로 계몽되어 전진하고자 하는 성향을 향해서 전진할 수 있다는 것을 인식하는 것이 지금 문제에서는 중요하다. 인간은 선도 악도 아니다. 만일 성선설(性善說)을 유일하게 잠재하는 것으로서 믿는다면 사실을 장밋빛으로 오해하게 되거나 결국 씁쓸한 환멸을 맛보게 될 것이다. 또한 성악설(性惡說)을 믿는다면 결국에는 비판가가 되거나, 다른 사람이나 자기 자신 안에 존재하는 선을 향한 수많은 가능성을 보지 못하게 될 것이다. 현실적인 견해는 진짜 잠재력을 쌍방의 가능성 속에서 발견하고, 저마다의 발달에 알맞은 조건을 연구하는 데 있다.

이상의 고찰로부터 우리는 인간의 '자유(freedom)'라는 문제에 다다른다. 인간은 어떤 순간에라도 선을 선택할 자유가 있는 것일까, 아니면 자기의 내적 및 외적인 힘에 의해 결정되니까 이런 선택의 자유는 없는 것일까? 많은 책들이 의지의 자유라는 문제를 다루고 있지만, 지금부터 몇 페이지에 걸쳐서 설명할 예비지식으로서 다음의 윌리엄 제임스의 말보다 적절한 것은 없는 것 같다. "다음과 같은 하나의 공통된 의견이 퍼져 있다. 그 과일즙은 벌써 몇 세대 전에 이미 자유의지의 논의로부터 짜낸 것으로, 새로운 논객들은 누구든 낡고 진부한 논의를 다시 꺼내는 것 말고는 방법이 없다. 그러나 그것은 근본적으로 잘못이다. 나는 이 문제보다 덜 진부한 주제를 알지 못하며, 젊은 천재가 새로운 땅을 개척하기에 이보다 더 좋은 기회를 가진 주제도 알지 못한다. 그 기회란 결론이나 동의를 강요받을 기회가 아니라, 양쪽의 논쟁점이 실제로는 무엇인가, 또는 운명이다 자유의지다 하는 의미에는 실제 어떤 것이 포함되어 있는가에 대해 우리의 인식을 깊게 해줄 좋은 기회이다."[7] 이 문제에 대해서 내가 다음에서 짧게 설명하려 하는 것은 정신분석과 관련된 경험이 자유 문제에 새로운 빛을 던지고, 새로운 국면을 우리에게 열어줄 거라는 사실에 기초하고 있다.

자유를 다루는 기존의 방법은 경험적·심리적 주제가 아닌 일반적·추상적 말로써 이 문제를 논하는 경향이 있었다. 자유가 '선택의 자유'라는 의미라고 한다면, 문제는 A와 B를 선택할 자유가 있느냐 없느냐를 묻는 것이 된다. 결정론자는 인간은—자연계의 다른 모든 것들과 마찬가지로—원인에 의해서 결정되므로 인간에게는 선택의 자유가 없다고 주장해 왔다. 그것은 공중에 있는 돌이 떨어지지 '않을' 자유를 갖고 있지 않은 것과 마찬가지로, 인간은 A냐 B냐를 선택하는 것을 결정짓고 강제하고 원인을 부여하는 동인에 의해서 A냐 B냐를 선택하게 된다는 것이다.[8]

결정론에 반대하는 사는 그 견해를 내세우며, 종교적 근거에 따라서 신은

---

7) William James, 《The Dilemma of Determinism》(1884), Paul Edwards and Arthur Pap, 《A Modern Introduction to philosophy》(New York : The Free Press, 1957)에 다시 실림.

8) 여기서 쓰이고 있는 결정론이라는 단어는 이 책에서 윌리엄 제임스나 현대 영미철학이 사용하고 있는 '협의의 결정론'이라는 뜻으로 쓰이고 있다. 이런 결정론은 흄이나 밀의 작품에 나오는 이론과 구분되어야 한다. 그들의 그것은 때로 '광의의 결정론'이라고 불리는 것으로, 그에 따르면 결정론과 인간의 자유를 믿는 것은 모순되지 않는다. 나의 견해는 '협의'보다는 '광의'에 가까운 결정론이긴 하지만, 그것과도 조금 차이가 있다.

선과 악을 선택할 자유를 인간에게 부여했으므로 인간은 그 자유를 갖고 있다고 주장한다. 두 번째로, 인간은 자유이며 만일 그렇지 않다면 인간은 자신의 행위에 대해 책임을 지지 않을 것이라고 주장한다. 세 번째로, 인간은 자유라는 것을 주관적으로 경험하고 있기 때문에 자유에 대한 의식은 자유가 존재한다는 증거라는 주장이다. 이 세 가지 주장은 모두 받아들이기 어렵다. 첫번째 주장은 신을 믿고, 인간을 위해 신이 하는 일을 알아야 한다. 두 번째 주장은 인간에게 벌을 내릴 수 있듯이 책임 또한 지우고 싶은 욕망에서 나온 것으로 생각된다. 과거와 현재에 대부분의 사회제도 일부를 구성하는 형벌이라는 생각은 수많은 '가지지 못한 자'에 대해 몇몇의 '가진 자'를 보호하는 수단(이라고 생각된다)이라는 사실에 근거하며, 권위자에게 주어진 처벌권의 상징이기도 하다. 처벌하려다 보면 그에 대해 책임을 질 수 있는 누군가가 필요해진다. 이 점에서 조지 버나드 쇼의 말이 생각난다. "교수형은 끝났다. 남은 것은 재판뿐이다." 선택의 자유가 있다는 의식이, 자유가 존재한다는 증거라는 세 번째 주장은 스피노자와 라이프니츠에 의해 이미 완전히 뒤집어졌다. 우리는 자기의 욕구를 알고 있지만 그 동기는 깨닫지 못하므로 자유에 대한 환상을 갖는 것이라고 스피노자는 지적했다. 라이프니츠도 의지는 일부 무의식의 성향에 의해 동기를 얻는다고 말했다. 정말 놀랍게도 스피노자나 라이프니츠 이후의 논의는, 우리의 선택은 자유라는 기쁜 확신을 주기는 했지만 거의 다음의 사실을 인식하지 못했다. 즉 선택의 자유에 대한 문제는 무의식적인 힘이 우리를 결정짓는다는 점을 고려하지 않는다면 결코 해결될 수 없다는 것이다. 그러나 이런 특수한 반론은 둘째 치고, 의지의 자유에 대한 논의는 일상 체험과 모순되는 것 같다. 이런 견해는 종교적인 도덕가, 이상주의 철학가들이 지지하건 마르크스주의적 경향을 가진 실존주의자들이 지지하건 그것은 고귀한 추측에 지나지 않으며, 게다가 개인에 대해서 몹시 불공평하므로 그렇게까지 고귀할 것 같지도 않다. 물질적·정신적으로 가난 속에서 성장했고, 다른 사람에게 애정도 관심도 가진 적 없으며, 오랫동안 술을 마셔 온 데다 자신이 처한 환경에서 벗어날 가능성도 없는 사람이 선택의 자유를 갖고 있다고 주장할 수 있을까? 이런 견해는 사실에 어긋나지 않는가? 피도 눈물도 없는 것은 아닌가? 그리고 20세기식으로 말하면 사르트르의 철학처럼 중산계급의 개인주의와 자기중심의 정신을 반영하는 주장이며, 막스 슈티르너의 《유일자(唯一

者)와 그 소유》의 현대판이 아닌가?

이와 정반대인 결정론은 인간에게 선택의 자유는 '없으며', 그 결정은 어떤 시점에서든 그 이전의 내적·외적 사건에 의해 원인지어지고 결정된다고 주장하는 것으로, 언뜻 좀더 현실적이고 합리적으로 보인다. 결정론을 사회집단에 적용시키든 계급 또는 개인에게 적용시키든 간에 프로이트파나 마르크스주의자의 분석이, 인간이라는 존재가 자신의 특성을 결정짓는 본능과 사회적인 힘과의 싸움에서 얼마나 약한가를 밝히지 않았던가? 어머니에 대한 의존심을 놓지 못하는 사람은 행동과 결단의 능력이 없어 나약해지고, 갈수록 어머니를 대신할 존재에 의존하게 되다가 마침내는 돌이킬 수 없는 상태가 된다는 것을 정신분석은 밝히지 않았던가? 또 중하류층이 한 번 재산, 문화, 사회적 기능을 잃으면 그 성원은 희망을 잃고 원초적인, 죽음을 찬미하는, 자기애로 가득한 성향으로 퇴행한다는 것을 마르크스주의의 분석은 밝히지 않았던가?

그렇지만 마르크스도 프로이트도 인과론에 근거한 결정론의 비가역성(irreversibility)을 믿느냐 아니냐 하는 의미에서는 결정론자가 아니었다. 두 사람 모두 이미 시작된 과정이라도 바뀔 수 있다고 믿었다. 둘 다 이른바 자기 배후에서 '자신을 움직이는 힘을 깨닫게 될', 그리하여 자유를 다시 얻게 될[9] 인간의 능력에 기초하는 변혁의 가능성을 보고 있었다. 두 사람 모두—마르크스에게 큰 영향을 준 스피노자처럼—결정론자이기도 하고 비결정론자이기도 하며, 또 결정론자도 아니고 비결정론자도 아니었다. 두 사람 모두 인간은 인과율에 의해 결정되지만 깨달음과 올바른 행위로써 자유의 영역을 창조하고 확대할 수 있다는 의견을 제시했다. 자유의 최적 조건을 획득하고 필연의 사슬로부터 탈출할 수 있는 것은 그 사람 자신의 책임이다. 프로이트에 따르면 무의식에 눈뜨는 것, 마르크스에 따르면 사회·경제적인 힘들과 계급의 이익에 눈뜨는 것이 해방의 조건이며 두 사람에게는 그것을 자각하는 데서 비롯된 적극적인 의지와 투쟁이 해방의 필요조건이었다.[10]

---

9) 이 점에 대한 좀더 상세한 논의는 E. Fromm, 《*Beyond the Chains of Illusion*》, New York, Simon& Schuster(1962), Pocket Books(1963) 참조.

10) 기본적으로는 이 관점을 초기 불교가 취하고 있다. 인간은 윤회전생이라는 굴레에 묶여 있지만, 자신의 실존상태를 알고 팔정도(八正道)를 걸음으로써 이 결정론으로부터 자기를 해방시킬 수 있다. 《구약성서》의 관점도 같다. 인간은 '축복과 저주, 삶과 죽음' 가운데 하나를 선택해야 한다. 그러나 삶의 선택에 너무 망설이면 돌이킬 수 없게 된다.

분명 모든 정신분석가는 그들의 생애를 결정짓는 듯이 보이는 성향을 깨닫고 자유를 되찾으려고 노력하면서 그 성향을 뒤집은 환자를 관찰해 왔다. 그러나 이것을 경험하는 사람이 꼭 정신분석가일 필요는 없다. 우리 가운데 몇 명은 자기 자신이나 다른 사람들과 관련하여 같은 경험을 한 적이 있다. 즉 '논자가 말하는' 원인과 결과의 사슬이 끊어지고 그들은 '기적'이라고 할 수 있는 길을 간 것이다. 그것은 그들의 지난 성과의 기초를 형성해 왔다고 여겨지는 가장 합리적인 기대와 모순이기 때문에 기적이다.

의지의 자유에 대한 기존 논의는 스피노자와 라이프니츠가 말하는 무의식적 동기가 정당한 평가를 얻지 못했다는 사실 때문에 제대로 이루어지지 못했다고만은 할 수 없다. 이 논의가 무의미해 보인 까닭은 그 밖에도 많다. 그중 몇 가지 중요한 오류를 들어보겠다.

그 하나는 특정 개인의 선택의 자유보다는 '인간 일반'의 선택의 자유를 말하는 경향이 있다는 데에 있다.[11] 한 사람이 아니라 인간 일반의 자유를 말하는 순간, 그것은 추상적인 형식을 띠며 문제를 해결하기 어렵게 만든다는 것을 나는 뒤에서 다시 말하고자 한다. 세상에는 선택의 자유를 갖는 사람과 갖지 못하는 사람이 있기 때문이다. 인간 전체에 적용시키면, 추상적인 형식을 취하거나 칸트나 윌리엄 제임스가 말하는 의미에서의 단순한 도덕원리를 다루게 된다. 선악의 선택에서 선을 선택할 자유를 갖는다는 식으로 선악 문제를 다루기 쉽다는 뜻이다. 특히 플라톤에서 아퀴나스에 이르는 옛 철학자들에게 그런 경향이 강하다. 이 견해는 논의를 매우 혼란스럽게 한다. 선택 문제에 맞닥뜨리면 대부분의 사람은 '악'이 아니라 '선'을 고르는 경우가 일반적이기 때문이다. 그러나 '선'과 '악' 사이에 선택은 존재하지 않으며, 선과 악이 올바로 정의된다고 가정한다면 단지 선을 향하는 '수단(means)'인 구체적·특정적 행위와 악을 향하는 수단인 그 반대 행위가 존재할 뿐이다. 선택 문제에서 도덕과 관련된 우리의 갈등은 일반적인 선악의 선택보다는 구체적인 결정을 해야 할

---

11) 이 오류는 오스틴 파러 같은 작가도 저지른다. 그의 책은 자유에 관하여 가장 치밀하고 날카롭게 통찰하고 객관적으로 분석하고 있지만, 그는 다음과 같이 말한다. "선택이란 정의하자면 양자택일이다. 양자택일이 올바르며 그 선택의 과정에서 심리적으로 자유롭다는 사실은 '사람들이 이미 그것을 선택해 왔다는 관찰'에 의해 뒷받침된다. 그들이 때로 그것을 선택하지 못한다는 점이 선택불능을 뜻하는 것은 결코 아니다."(《*The Freedom of the Will*》 [London : A&C Black, 1958] p.151).

경우에 생긴다.

기존의 논의에 존재하는 또 다른 결함은 선택의 경향의 정도는 말하지 않고 선택의 자유냐 선택의 결정이냐를 주로 다루고 있다는 사실이다.[12] 나중에 설명하겠지만, 자유 대 결정론의 문제는 실제로는 각 선택의 경향과 그것이 갖는 강도(強度)의 갈등 문제이다.

마지막으로 '책임'이라는 개념이 혼란스럽게 사용된다. '책임'이라는 단어는 대부분 벌받을 인간이냐 비난받을 인간이냐를 나타내기 위해서 쓰인다. 즉 이런 의미에서는 다른 사람이 나를 비난하든 내가 나 자신을 비난하든 큰 차이는 없다. 나 자신에게 죄가 있다고 생각한다면 나는 자신을 벌할 것이다. 다른 사람들이 내가 죄가 있다고 생각한다면 그들이 나를 벌할 것이다. 하지만 책임에는 다른 개념이 있다. 이것은 처벌이나 '죄'와 아무런 관계가 없다. 이런 의미에서의 책임은 "나는 내가 한 일을 알고 있다"에 지나지 않는다. 사실상 자신의 행위가 '도덕과 관련된 죄' 또는 '범죄'로서 경험되는 순간 그것은 소외된다. 이제 벌받을 필요가 있는 사람은 그것을 저지른 '나'가 아니라 '그 죄인'이고, '그 나쁜 놈'이며, '다른 사람'이다. 그리고 죄책감과 자책감으로 말미암아 슬퍼하게 되고 자기를 혐오하게 되며, 삶을 혐오하게 된다는 것에 대해서는 말할 것도 없다. 이 점에 대해서는 하시딤[13]의 위대한 지도자 가운데 하나인 이삭 마이어가 잘 표현하고 있다.

자신이 저지른 악행을 말하고 반성하는 사람이라면 모두 자기 죄의 깊이를 생각한다. 그리고 인간이 생각한다는 것은 거기에 얽매어 있다는 것, 그것도 모든 정신을 기울여 완전히 틀어박혀 있는 것이므로 여전히 그 사람은 악에 속해 있다. 그리고 그는 분명 처음으로 돌아가지 못할 것이다. 왜냐하면 그의 정신은 거칠어지고, 마음은 부패하고, 슬픔의 감정이 그를 지배하기 때문이다. 어떻게 해야 할까? 불결한 것들을 아무리 이리 치우고 저리 치워도 불결함에는 변함이 없다. 죄를 지었건 짓지 않았건 천국에서 그것이 무슨 소용이 있겠는가? 이런 것을 곰곰이 생각하는 동안에 나는 천국의 기

---

12) 라이프니츠는 '필연성이 없는 경향(inclinent sans nécessiter)'에 대해서 말한 보기 드문 저자 가운데 하나이다.
13) '경건한 사람들'이라는 뜻으로, 유대교의 일파.

뽐을 얻기 위해 진주에 실을 꿸 수가 있었다. 그래서 다음과 같이 쓰여 있다. "악을 버리고 선을 행하라"—악에서 완전히 손을 떼고 망설임 없이 선을 행하라. 악을 저질러 버렸는가? 그렇다면 정의를 행하여 평형을 맞춰라.[14]

《구약성서》에 쓰인 히브리어 '하타(chatah)'는 흔히 '죄'라는 뜻으로 번역되지만 사실은 '길을 잃고 헤매다'라는 뜻이며, 그것은 위와 같은 정신이다. 즉 '죄'나 '죄인'이라는 말이 갖는 비난하는 의미는 존재하지 않는다. 마찬가지로 '회개'에 해당하는 히브리어는 '테슈바(teschubah)'인데, 이는 (신으로, 자기로, 올바른 길로) '돌아가다'라는 뜻이지 자기를 꾸짖는다는 뜻이 아니다. 그리하여 《탈무드》에서는 '돌아오기의 명수(뉘우친 죄인)'라는 표현이 쓰이며, 그가 죄를 지은 적이 없는 사람들보다 낫다고 설명한다.

어떤 사람이 두 가지 행동 가운데 하나를 선택해야 하는 상황에 놓였을 때 누릴 수 있는 자유에 대해서 먼저 구체적이고 일상적인 실례를 들어 보겠다. 담배를 피울까 끊을까 중 하나를 선택할 자유를 살펴보자. 담배를 피우는 것이 건강에 해롭다는 글을 읽고 금연하기로 마음먹은 애연가가 있다고 치자. 그는 '끊기로 결심'했다. 이 '결심'은 결정이 아니다. 그것은 희망의 공식화에 지나지 않는다. 그는 금연을 '결심'한 다음 날에는 아주 기분이 상쾌했지만 그다음 날에는 기분이 몹시 좋지 않았고, 사흘째에는 '사람들과 잘 어울리지 못하는 사람'이라고 말은 듣기 싫었으며, 그다음 날에는 담배 흡연 경고글 자체를 의심했다. 그리하여 끊기로 '결심'했으면서 계속 담배를 피웠다. 이런 결정은 그야말로 충동적인 생각, 계획, 환상에 지나지 않는다. 즉 진짜 선택이 이루어지기 전에는 거의 또는 전혀 진실이라고 할 수 없다. 담배를 눈앞에 갖다 놓고 '이' 담배를 피울까 말까를 결정해야 할 때, 그 선택은 진실이다. 결정을 필요로 하는 것은 언제나 구체적인 행위이다. 이런 상황에서 늘 문제가 되는 것은 그 사람이 담배를 피우지 않을 자유를 갖고 있느냐 아니냐이다.

여기서 몇 가지 문제가 일어난다. 흡연 경고글을 그 사람이 믿지 않거나, 믿는다고 해도 흡연의 즐거움을 잃을 바에는 차라리 20년 수명이 단축되는 편이 낫다고 믿는 경우이다. 이럴 때 언뜻 선택에 대한 문제는 없는 듯이 보인다. 그

---

14) 《*In Time and Eternity*》, ed. by N.N. Glatzer(New York : Schocken Books, 1946).

러나 그것은 숨겨져 있을 뿐이다. 그의 의식으로 올라가는 생각은, 그것을 시도해 봤자 승산은 없다는 생각을 합리화하는 것에 지나지 않는다. 그래서 승산 없는 싸움은 하지 않는다는 핑계를 만든다. 하지만 선택의 문제는 의식적이건 아니건, 그 성질은 같다. 그것은 이성의 지시를 받는 행동과 비합리적인 열정에 좌우되는 행위 가운데 어느 하나를 선택하는 문제이다. 스피노자에 따르면, 자유는 '중용의 생각'에서 비롯한다. 그리고 이 생각이 자신을 확실히 알고 현실을 받아들이는 것을 기반으로 하며, 각 개인의 심리적·정신적 전개의 충분한 발달을 보증하는 행위를 결정짓는다. 스피노자에 따르면, 인간의 행위는 열정 또는 이성에 의해서 움직이고 결정지어진다. 그리고 열정에 지배될 때 구속된 몸이 되며, 이성에 지배될 때는 자유로워진다.

비합리적인 열정은 인간을 압도함으로써 자기의 진짜 이익과는 모순되는 행동을 강요한다. 그 결과 그 사람의 힘은 약해지고, 파괴되며, 그 사람을 괴롭히게 된다. 선택의 자유라는 문제는 똑같은 가치를 지닌 두 가지 가능성 가운데 하나를 선택하는 문제가 '아니'며, 테니스를 치느냐 하이킹을 하느냐 친구를 만나러 가느냐 집에서 책을 읽느냐를 선택하는 것이 아니다. 결정론과 비결정론이 관여하는 선택의 자유란 더 나쁜 것이 아닌 '더 좋은 것(better)'을 선택하는 자유이고—더 좋고 나쁘고는 늘 인생의 기본적인 도덕 문제와 관련해서 이해된다—전진이냐 퇴행이냐, 사랑이냐 증오냐, 독립이냐 의존이냐 하는 것이다. 자유란 바로 비합리적인 열정을 품은 목소리에 맞서 이성, 건강, 행복, 양심의 목소리에 따르는 능력이다. 이 점에 대해서 우리는 소크라테스, 플라톤, 스토아학파, 칸트 등의 전통 견해에 동의한다. 내가 강조하고 싶은 것은 이성이 명령하는 바에 따를 자유는 검토할 여지가 있는 심리학과 관련된 문제이기도 하다는 점이다.

담배를 피울지 말지를 선택하는 문제, 또는 달리 표현하면 자기의 이성적인 의지에 따를 '자유'를 갖느냐 아니냐의 문제에 맞닥뜨린 사람이라는 앞의 예로 돌아가 보자. 자기 의지에 따라 행동할 수 없을 거라고 거의 확실히 예언할 수 있는 사람을 상상해 보자. 그가 어머니의 모습에 강하게 결합되어 구강성애기 성향을 갖고 있고, 늘 다른 사람에게서 뭔가를 기대하며, 자기주장을 하지 못해 강한 만성불안에 빠져 있다고 가정한다면, 흡연은 빠는 행위 욕구를 만족시키는 것이자 불안으로부터 몸을 지키는 것이고, 담배는 그에게 힘과 성인이라는 정체감 및 활동성의 상징이 된다. 바로 이런 이유에서 그는 담배 없이는 못 산다. 그가 담배를 갈망하는 것은 그의 불안, 그의 수용성 등의 결과이며, 그 갈망은 동기만큼이나 강하다. 사람은 갈망이 심해질 때 자기 안에 존재하는 힘의 균형에 어떤 변화가 일어나지 않으면 그 갈망을 극복하지 못하게 된다. 그렇지 않으면 그는 모든 실제 목적 때문에 자신이 더 좋다고 생각한 것을 선택할 자유가 없는 사람이라고 말할 수 있다. 그 반대는 매우 원숙하고 생산적이며 탐욕은 조금도 없고, 이성과 자기의 진짜 관심에 거스르는 행위를 할 수 없는 사람을 상상할 수 있을 것이다. 그도 '자유'롭지 않았을 것이다. 그는 담배를 피우고 싶은 생각이 전혀 들지 않았기 때문에 피우지 못했던 것이다.[15]

선택의 자유는 '갖는다' '갖지 않는다' 하는 형식적·추상적 능력이 아니라 한 인간의 성격구조에서 일어나는 작용이다. 어떤 사람은 선(善)을 선택할 자유를 갖지 않는다. 그들의 성격구조는 선에 따라 행동할 능력을 잃어버렸기 때문이다. 반대로 어떤 사람은 악(惡)을 선택할 능력을 잃어버렸다. 그것은 그들의 성격구조가 악에 대한 갈망을 잃었기 때문이다. 이 두 개의 극단적인 경우에는 그들의 성격에 존재하는 힘의 균형이 그들에게 선택의 여지를 주지 않으므로, 이 두 행동은 이미 결정되어 버렸다고 해도 좋다. 그러나 대부분의 경우에는 선택이 이루어질 '수 있는' 정도로 균형 잡힌, 모순된 경향을 갖고 있다. 따라서 그 행위는 그 사람 성격 속에서 갈등하는 경향이 갖는 저마다 힘의 결과로서 나타난다.

'자유'의 개념은 두 가지 다른 의미로 쓰인다는 것이 이미 밝혀진 것 같다. 첫째로 자유는 완전히 성장한 생산적이며 원숙한 사람이 갖는 성격구조의 일부라고도 할 수 있는 태도 또는 성향이다. 이런 의미에서 나는 사랑이 넘치고 생산적이며 독립적인 사람에 대해서 말할 수 있는 것처럼 '자유'로운 사람에 대해서도 말할 수 있다. 사실 이런 관점에서의 자유인이란 사랑을 많이 베푸는 생산적인 '독립인'을 뜻한다. 또한 이런 관점에서의 자유란 가능한 두 행위 가운데에서 한 가지를 선택하는 것과는 아무런 관계가 없으며, 오히려 그 사람이 갖는 성격구조와 관련되는 것을 뜻한다. 그리고 이런 관점에서 '악을 선택할 자유를 갖지 않는' 사람은 완전한 자유인을 뜻한다. 둘째로 자유는 우리

---

15) 성 아우구스티누스는 인간이 죄를 저지를 자유가 없는, 더없는 행복을 말하고 있다.

가 지금까지 주로 사용해 온 의미, 즉 서로 정반대인 둘 가운데 하나를 선택할 능력이다. 그러나 그 양자택일은 인생에서 합리적 관심과 비합리적 관심 사이의 선택, 생장의 정체와 죽음의 선택을 늘 뜻한다. 이 두 번째 뜻으로 쓰일 때 최선의 인간과 최악의 인간은 선택의 자유가 없고, 선택의 자유 문제가 존재하는 것은 모순되는 경향이 공존하는 일반 사람이다. 두 번째 뜻으로 자유를 말할 때 생기는 문제는, 모순되는 경향을 선택할 이 자유가 어떤 원인에 의해 좌우되는가 하는 것이다.

가장 중요한 원인은 모순되는 경향이 갖는 그 힘, 특히 이 경향들의 무의식적인 부분이 갖는 강도에 있다는 점이다. 하지만 비합리적 경향이 더 강하다고 해도 어떤 원인이 선택의 자유에서 기준이 되느냐를 생각할 경우, 나쁜 것을 버리고 좋은 것을 선택할 경우의 결정적 원인은 '의식하는 것(awareness)'에 있다. 즉 (1) 선 또는 악을 구성하는 것을 의식하는 것. (2) 구체적 상황에서 어떤 행위가 원하는 목표에 이르기에 알맞은 수단이냐를 의식하는 것. (3) 겉으로 드러난 욕망의 배후에 존재하는 힘을 의식하는 것, 이것은 무의식의 욕망을 발견하는 것이다. (4) 어떤 것을 선택할 수 있느냐 하는 현실적 가능성을 의식하는 것. (5) 하나를 선택한 결과와 다른 것을 선택한 결과를 의식하는 것. (6) 의식한다는 사실은 행위에 대한 '의지' 및 자신의 열정을 거스르는 행위로부터 반드시 생기는 욕구불만의 고통을 견딜 준비가 뒤따르지 않으면 효과가 없다고 하는 사실을 의식하는 것.

이제 의식하는 것의 다양한 성질을 검토해 보자. 선이나 악이 무엇인가를 '의식하는 것'은, 지금까지의 거의 모든 도덕체계에서 선 또는 악이라 불려온 것에 대한 이론적 '지식(knowledge)'과는 차이가 있다. 전통적인 것에 국한된 사랑, 독립, 용기는 선이고 증오, 굴복, 두려움은 악이라고 하는 지식은 지도자나 인습적 교훈 등을 본보기로 한 수동적인 지식이며, 권위에 근거한 것이라는 이유로 옳다고 믿는 한, 거기에는 거의 의미가 없다. 의식한다는 것은 자기가 학습한 것을 경험하고, 자신을 실험하며, 다른 사람을 관찰하고, 그 결과 무책임한 의견보다는 확신을 가짐으로써 배운 내용을 자기 것으로 만드는 과정을 뜻한다. 그러나 일반원리에 근거해서 결정하는 것만으로는 부족하다. 의식을 뛰어넘어 자기의 내적인 힘의 균형과 무의식적인 힘을 감추는 합리화를 스스로 깨달아야만 한다.

예를 하나 들어보자. 어떤 남자가 한 여성에게 이끌려 그 여자와 자고 싶다는 강한 욕망을 느끼게 되었다고 치자. 이와 관련해서 그는 여자가 너무 아름답다, 이지적이다, 사랑스럽다, 또는 반대로 자신이 성적으로 굶주려 있다, 사랑을 원한다, 너무 외롭다…… 하고 의식적으로 생각한다. 또 그 여자와 관계를 맺으면 두 사람 모두의 인생을 망칠지도 모른다, 그 여자는 놀라서 그녀를 보호해 줄 힘센 자를 찾아 떠날 것이다…… 의식할 수도 있다. 그런 것을 다 알면서도 그는 그녀와 관계를 맺는다. 왜? 그는 자신의 욕망은 깨닫고 있지만, 그 밑에 숨어 있는 힘은 깨닫지 못하고 있기 때문이다. 이런 힘이란 대체 어떤 것일까? 그것들 가운데에서 특히―그것은 매우 눈에 띄게 나타나는 경우가 많은데―허영심과 자기애를 들어보겠다. 그가 자기 매력과 가치의 증거로 이 여성을 얻기로 결심했다고 해도 진짜 원인은 깨닫지 못하고 있을 것이다. 앞에서 말한 모든 것을 합리화하는 과정에 속아서 스스로를 파악하지 못하는 탓에, 그 진짜 원인 때문에 행동하고 있으면서도 자신은 다른 더 합리적인 원인에 따라 움직이고 있다는 환상을 품는다.

의식하는 것의 다음 단계는 자신의 행위로 인한 '결과(consequence)'를 충분히 의식하는 단계이다. 결심한 순간에 그의 마음은 욕망과 충분한 합리화로 채워진다. 하지만 그의 결심은 그 결과를 정확히 예상했다면 달라졌을지도 모른다. 예를 들어서 우물쭈물하는 사이에 불성실한 관계임을 알게 되었다면, 새로운 여성을 얻는 것에 만족할 수 있는 그의 자기애는 벌써 그 여자에게 싫증을 냈을 것이다. 그러나 그 여자를 실제로 사랑하지 않았음을 인정하기가 두려워 죄책감을 느끼면서도 그는 계속해서 거짓 약속을 했고, 자신과의 갈등, 그녀와의 갈등 등등…… 때문에 무력해지거나 마비 상태에 빠지기도 한 것이다.

그러나 마음속 깊이 숨어 있는 진짜 원인과 그 결과를 의식하고 있더라도 올바른 결정을 내릴 확률을 끌어올리는 데는 한계가 있다. 또 다른 중요한 의식이 필요하다. 진짜 선택이 언제 이루어지는가를 알고, 하나를 고를 수 있는 진짜 가능성은 무엇인가를 의식하는 것이다.

그가 모든 동기와 모든 결과를 알고서 이 여성과 자지 않겠다는 '결심을 했다'고 가정해 보자. 그는 어떤 쇼에 그녀를 데리고 갔다가 집에 바래다주기 전에 "같이 한잔하러 가자"고 제안한다. 그것은 언뜻 전혀 해롭지 않아 보인다. 같이 한잔하는 것은 나쁜 일이 아니다. 사실 힘의 균형이 이미 그리 미묘하지 않다면 아무것도 나쁠 게 없지만, 만일 이때 '같이 한잔하는' 결과가 어떻게 끝날지 알고 있다면 그는 그 여자에게 제안하지 않을지도 모른다. 낭만적인 분위기나 술 때문에 자신의 의지가 약해져서 그 여자 집에 들러 또 한잔 마시는 다음 단계에 저항하지 못하게 되어 틀림없이 그녀를 꾈 것이 뻔하기 때문이다. 완전히 의식하고 있다면 그런 순서가 거의 피할 수 없는 일임을 그는 예측할 수 있을 테고, 그렇게 예측할 수 있다면 '같이 한잔 마시는' 것을 망설일 수도 있을 것이다. 하지만 그의 욕망은 당연한 결과를 이해하기 어렵게 만들기 때문에, 아직 그럴 가능성이 있을 때 정확한 선택을 하지 않는다. 바꿔 말하면 진짜 선택은 그가 한잔 마시자고 그 여자를 유혹했을 때(또는 쇼에 데리고 갔을 때) 결정되는 것이지, 그 여자를 꾈기 시작할 때가 아니다. 이런 결심의 마지막 시점에서 그는 이미 자유롭지 못하다. 진짜 결정은 바로 그때, 그 자리에서 결정된다는 것을 의식하고 있었다면 더 일찍 그는 자유로워졌을지도 모른다. 인간은 더 나쁜 것을 버리고 더 좋은 것을 선택할 자유를 갖지 않는다는 견해에 찬성하는 논의는 일반적으로 한 사건의 '마지막' 결정만 보고 첫 번째나 두 번째 결정은 보지 못한다는 사실에 상당한 원인을 두고 있다. 사실 최종 단계에서 결정한다는 것은 주로 선택의 자유를 잃어버렸기 때문이다. 그 사람이 자신의 열정에 그리 깊게 사로잡혀 있지 않은 이른 시점에서는 아직 자유는 거기에 존재하고 있었다. 많은 사람이 자기 삶에서 실패하는 이유 가운데 하나는 그들이 이성에 따라 행동할 자유를 아직 갖고 있는 시점 자체를 깨닫지 못하기 때문이며, 또 결심하기에는 늦은 순간이 되어서야 그 선택을 깨닫기 때문이라고 말할 수 있다.

진짜 결정이 언제 이루어질지를 예측하는 문제와 밀접하게 관련해서 또 다른 문제가 있다. 우리가 갖는 선택의 힘은 실생활과 더불어 끊임없이 변화한다. 잘못된 결정이 이어지면 이어질수록 우리의 마음은 차츰 굳어진다. 반면에 올바른 결정의 횟수가 늘어나면 늘어날수록 우리의 마음은 부드러워진다. 아니, 생기를 띠게 된다.

여기서 다루고 있는 원칙의 좋은 예는 서양장기이다. 실력이 비슷한 두 사람이 놀이를 시작한다면 이길 확률도 비슷하다(흰 말에 조금 더 승산이 있지만 여기서는 무시하기로 하자). 즉 두 사람 모두 똑같이 이길 자유를 가지고 있다. 다섯 수쯤 진행되면 상황은 이미 바뀌어 있다. 둘 다 아직 이길 '수는 있지'만 묘수를 둔 A가 훨씬 더 이길 가능성이 높아진다. 이른바 A는 상대인 B보다 자유를 더 많이 가지고 있다. 그러나 B에게도 아직 이길 자유가 있다. B가 잇따라 적절한 수를 두어 경이적으로 역습해 오지 않는 한 A의 승리는 거의 확실하지만, 그것은 어디까지나 '거의'에 지나지 않는다. B는 아직 이길 '수 있다.' 계속 진행되면 승부는 결정된다. B가 고수라면 이길 자유가 없다는 사실을 받아들일 것이다. 그는 사실상 왕이 공격받기 전에 이미 패배를 예견할 수 있다. 결정적 원인을 정확히 분석하지 못하는 하수만이 이길 자유를 잃고 나서도 계속 이길 수 있다고 믿고 승부를 이어 간다. 이 환상 때문에 그는 막판까지 승부를 이어 가다가 왕이 공격받는 것이다.[16]

　서양장기에서 유추할 수 있는 의미는 분명하다. 자유는 우리가 '갖고 있느냐' '갖고 있지 않느냐' 하는 불변의 속성이 아니다. 사실 '자유'란 하나의 단어, 하나의 추상적 개념이지 '자유'라는 사실이 있는 것은 아니다. 유일한 진실이 있을 뿐이다. 즉 선택하는 과정에서 스스로를 자유롭게 하는 행위가 존재할 뿐이다. 그 과정에서 우리의 선택 능력 정도는 각 행위나 실생활에 따라서 바뀐다. 자기의 신념, 존엄, 용기, 확신이 커지는 생활 단계는 희망에 따라 여럿 가운데에서 하나를 고를 수 있는 자기 능력이 커지는 단계에 대응하는 것으로, 끝내 바람직한 행위보다는 바람직하지 않은 행위를 선택하기가 더욱더 어려워진다. 한편 굴복과 비겁한 행위는 모두 자기를 약화시킴으로써 굴종하는 행위로 이어지며, 결국에는 자유까지 잃게 만든다. 더는 악한 행위가 이루어질 수 없는 극한상황과, 올바른 행위를 할 자유를 완전히 잃은 반대의 극한상황 사이에는 선택의 자유에 대한 수많은 단계가 존재한다. 실생활에서는 선택할 수 있는 자유의 정도가 그때그때마다 다르다. 선을 선택할 자유의 정도가 커지면 그 노력은 적어도 된다. 반면에 자유의 정도가 낮다면 큰 노력이나 다른 사람의 도움이나 유리한 환경이 필요하다.

　이런 현상은 성경 속 히브리인들의 해방 요구에 반응한 파라오 이야기에서

---

16) 놀이에서 패하는 것이라면 결과는 그리 치명적이지 않을 것이다. 그러나 군대 지휘관에게 패전의 순간을 예견할 기량과 객관성이 없는 탓에 수백만 명이 죽을 때의 결과는 정말 참담하다. 그런데 이번 세기에 이런 참담한 결과를 두 번이나 보았다. 하나는 1917년이고, 또 하나는 1943년이다. 모두 독일의 장군들이 이길 자유를 이미 잃었음을 이해하지 못하고 어리석게도 전쟁을 계속해서 수백만 명의 목숨을 희생시켰다.

볼 수 있다. 그는 자기와 국민에게 차츰 더 많은 고통이 가해질까 봐 두려워한다. 그래서 히브리인들을 해방시켜 주겠다고 약속한다. 그러나 눈앞에 닥친 위험이 사라지자 곧 '그의 마음이 둔감해지면서(his heart hardens)' 다시 그들을 자유롭게 해주지 않기로 결심한다. 이렇게 마음이 둔감해지는 과정이 파라오가 저지른 행위의 중심점이다. 올바른 선택을 거부할수록 그의 마음은 더 둔감해진다. 고난이 아무리 거듭되어도 이 치명적인 변화는 변함없이 이어져, 마침내 그와 그의 국민은 파멸한다. 공포만을 근거로 결정했기 때문에 그의 마음은 '바뀌지(change)' 못했던 것이다. 그리고 바뀌지 못한 탓에 마음은 끊임없이 둔감해지면서 끝내 그에게는 선택의 자유가 남지 않았던 것이다.

파라오의 마음이 둔감해진다는 이야기는 자기 자신이나 다른 사람 마음의 움직임을 바라볼 때 날마다 관찰되는 사실을 글로 쓴 것에 지나지 않는다. 예를 들어보자. 여덟 살짜리 백인 소년이 흑인 하녀의 아들과 친구가 된다. 어머니는 자신의 아이가 흑인 소년과 노는 것이 싫어서 만나지 말라고 명령한다. 그러나 그 아이는 싫다고 말한다. 그러자 어머니는 말을 들으면 서커스에 데려가겠다 약속하고, 아이는 설득당한다. 이 자기배신과 매수된 사실이 소년에게 어떤 영향—창피함을 느끼고 정직함에 상처를 입었으며 자신감도 잃어버렸다—을 준다. 하지만 돌이킬 수 없는 일이 일어난 것은 아니었다. 10년 뒤에 그는 한 소녀와 뜨거운 사랑에 빠진다. 두 사람은 서로 하나가 된 것처럼 깊은 인간적 유대감을 느낀다. 그러나 그 여자 집안은 그의 집보다 여러모로 뒤떨어졌다. 남자의 부모는 화를 내며 둘의 약혼을 말리려고 한다. 하지만 그의 결심이 워낙 확고해서 부모는 여섯 달 동안 유럽 여행을 하고 돌아올 때까지 약혼을 발표하지 않고 기다려 준다면 허락하겠다고 약속한다. 그는 그 제안을 받아들인다. 의식적으로 그는 이번 여행이 자신에게 큰 공부가 될 뿐만 아니라 돌아와서도 연인에 대한 사랑은 변하지 않을 거라고 믿는다. 그러나 상황이 뒤바뀐다. 많은 여성을 만나고 칭찬을 들은 그는 허영심으로 가득 차, 사랑도 결혼할 결심도 차츰 약해졌다. 귀국에 앞서서 그는 그 여자에게 파혼 통보를 보낸다.

그는 언제 그런 결심을 한 걸까? 그가 생각하는 것처럼 마지막 편지를 쓴 날이 아니라, 유럽여행을 하라는 부모의 제안을 받아들인 바로 그날이다. 무의식적으로 매수를 위해 이미 자신을 팔아넘긴 것이—약속한 대로 파혼해야 한다─라고 느끼고 있었다. 유럽에서 그가 한 행동은 파혼을 위한 '이유'가 아니라, 그 행동을 통해서 약속을 지키려고 하는 작용이다. 여기에서 그는 다시 스스로를 배신하고, 그 결과 자기를 보다 깊이 경멸(새로 얻은 것에 대한 만족 뒤에 숨은)하게 되고 내적으로 약해져 더한층 자신감을 잃고 만다. 더 그의 생애를 더듬을 필요가 있을까? 그는 전공인 물리학 연구를 그만두고 아버지의 일을 돕고, 부모의 친구인 돈 많은 아가씨와 결혼하고, 실업가로서 성공하고, 마침내 정치지도자가 된다. 그리고 여론에 반대하기가 두려운 나머지 자기 양심의 목소리를 거슬러 어리석은 결정을 하기에 이른다. 그의 삶은 마음이 둔감해지는 역사이다. 한 사람의 도덕적 패배는 또 다른 패배를 쉽게 이끌고, 결국에는 돌이킬 수 없게 된다. 여덟 살 때는 자신의 처지를 분명히 정해서 일단 매수되지 않을 수 있었다. 그때까지는 자유였기 때문이다. 그리고 아마도 친구나 할아버지나 선생님이 그의 긍지를 알고 도움이 되어주었을지도 모른다. 열여덟 살 때는 이미 그 자유가 더 적어져 있었다. 이후의 삶은 갈수록 자유가 줄어드는 과정이고, 그러다가 마침내는 인생이라는 경기에서 패배하게 된다. 지조 없는 둔감해진 모습으로 살아가는 대부분의 사람들은, 히틀러나 스탈린의 부하들도 마찬가지로 좋은 사람이 될 수 있는 기회를 갖고서 삶을 시작했을 것이다. 그들의 생애를 찬찬히 들여다보면 각 시점에서 어느 정도 마음이 둔감해졌는지, 그리고 인간다울 수 있었던 마지막 기회를 언제 잃어버렸는지를 알게 될지도 모른다. 그것과는 정반대의 광경도 보이는데, 첫 승리가 다음 승리를 쉽게 해주어 마침내는 올바른 것을 선택하기 위한 노력이 필요없게 된다.

이상에서 우리는 대부분의 사람이 살아가는 기술에 실패하는 것은 그들에게 타고난 악이 있다든가 또는 더 나은 삶을 살겠다는 의지가 없어서가 아니라, 그들이 현실을 깨닫지 못하거나 언제 갈림길에 접어들어 결정해야 하는가를 예측하지 못하기 때문임을 알 수 있다. 인생이 언제 그들에게 물음을 던질지, 또 자신이 해답을 아직 가지고 있는지 아닌지를 깨닫지 못하기 때문이다. 그리고 한 발 한 발 자신이 잘못된 길을 걷고 있음을 알아채는 일이 차츰 어려워지는데, 그것은 단지 그들이 처음 잘못 든 길의 모퉁이까지 되돌아가야 하는 것을 인정하고 에너지와 시간을 낭비했다는 사실을 기꺼이 받아들일 수 없기 때문이다.

사회생활이나 정치생활에도 위와 같은 것이 적용된다. 히틀러의 승리는 필연적이었던가? 게르만 민족은 늘 그를 때려눕힐 자유를 갖고 있었나? 1929년, 독일인들을 나치즘으로 내몬 원인이 있었다. 즉 지독한 가난으로 고통받고 가학성애의 욕망에 사로잡힌 중하층 계급이 존재했는데, 이런 심리상태는 1918년부터 1923년에 걸쳐서 형성되어 있었다. 또 1929년 불경기로 대규모 실업이 발생했고, 이미 1918년 사회민주당 지도자들은 국가 군사력의 점진적인 팽창을 묵인했다. 그리고 중공업 지도자들을 반자본주의운동의 발전이라는 공포가 무겁게 짓누르고 있었으며, 공산당의 전술은 사회민주당을 주적으로 단정했고, 풍부한 재능을 가졌지만 반쯤은 정신줄을 놓고서 기회가 있을 때마다 선동질을 하던 작자들이 있었다. 한편 강력한 반나치의 노동당과 노동조합도 건재했고, 반나치의 자유주의 중산계급도 여전히 있었으며, 문화와 인본주의에 대한 독일적 전통도 남아 있었다. 이와 같이 어느 쪽으로도 기울 수 있는 원인이 아직 평형을 유지하고 있었으므로 1929년 나치즘은 패배했다. 히틀러가 라인 지방을 점령하기 전에도 그랬다. 군지휘관들 가운데에는 그를 제거하는 음모를 꾸미는 자들이 있었고, 그 군대조직도 약체였다. 서유럽 동맹국들이 강하게 나오면 히틀러가 실각할 가능성이 컸다. 한편 히틀러가 피점령국 민중의 적개심을 광적이고 잔인하고 야만적인 행위로 부추기지 않았다면 어떤 일이 일어났을까? 만일 그가 모스크바나 스탈린그라드나 그 밖의 점령지역에서 퇴각하라고 충고한 장군들에게 귀를 기울였더라면 어떻게 되었을까? 그에게는 아직 완전한 패배를 피할 수 있는 자유가 남아 있지 않았던가?

이 마지막 예로부터 선택하는 능력을 크게 결정짓는 의식성의 다른 일면이 드러난다. 즉 현실적 가능성에 입각하지 않은 불가능한 양자택일의 의식성에 대한 것으로서 진짜 양자택일의 의식성이다.

결정론의 관점은 선택의 모든 상황에서 '현실적' 가능성은 단 하나밖에 존재하지 않는다고 주장한다. 헤겔에 따르면 자유인이란 이 유일한 가능성, 즉 필연성을 의식하고서 행동하는 사람이고, 반면 자유롭지 않은 사람에게는 그것을 보지 말고 자신이 필연의 집행자, 즉 이성의 집행자라는 것을 정확하게 알지 못한 채로 행동할 것이 강요된다. 따라서 '현실적 가능성'은 단지 '하나'가 아니라 두 개 또는 그 이상인 경우도 많다. 그러나 '무제한의' 가능성 가운데에서 마음대로 고를 수 있는 임의성이 있는 것은 결코 아니다.

'현실적 가능성'은 무엇을 뜻하는가? 현실적 가능성이란 개인 또는 사회 속에서 상호작용하는 힘들의 종합 구조를 고려하면서 실현될 '수 있는' 가능성을 말한다. 현실적 가능성은 인간의 욕망이나 욕구에 대응하며, 현재로서는 실현될 수 없는 가공의 가능성과는 정반대이다. 인간은 추적할 수 있는 특정 양식으로 이루어진 힘들의 집합체이다. 이 특수한 구성 양식인 '인간'은 온갖 원인, 즉 환경상태(계급, 사회, 가족)와 유전적·선천적 조건의 영향을 받는다. 선천적으로 부여된 이런 경향을 살펴보면, 그것이 반드시 '결과'를 결정짓는 '원인'이 아님을 우리는 지금까지의 사례를 통해 알 수 있다. 본디 내향적인 사람은 매우 수줍음이 많고 수동적이며 소극적이고 결단력이 없는 사람이 되든가, 아주 직관력이 뛰어난 사람, 이를테면 훌륭한 시인, 심리학자, 의사가 될 것이다. 그러나 그 사람이 무신경하고 어수룩한 '수완가'가 될 '현실적 가능성'은 전혀 없다. 어떤 쪽으로 향하는가는 그를 기울게 하는 그 밖의 원인에 달려 있다. 같은 원리는 태어날 때부터 지니고 있거나 유아기에 획득한 가학증의 성향을 지닌 요소를 가진 사람에게도 해당된다. 즉 이 경우에는 가학 성애자가 되거나, 자기의 가학증과 싸운 끝에 그것을 극복함으로써 잔혹한 행동을 할 수 없게 만들고 다른 사람이나 자기 자신에게 가해지는 잔인성에 맞서 매우 민감하고 강한 정신적 '항체'를 형성하거나 둘 가운데 하나일 것이다. 하지만 그는 가학증에 '무관심한(indifferent)' 사람은 될 수 없다.

선천적 원인이라는 관점에서 '현실적 가능성'을 앞에서 든 흡연가의 예에 적용해 보면, 그에게는 골초인 채로 있든가 한 대도 피우지 않든가라는 두 개의 현실적 가능성이 존재한다. 담배를 두세 대만 피우는 습관을 들이려는 그의 생각은 하나의 환상이 된다. 앞에서 든 정사(情事)의 예에서는 남자는 여자를 밖으로 불러내지 않든가, 여자와 관계를 갖든가 하는 두 개의 현실적 가능성이 존재한다. 그 여자와 한잔 마시고 '그러고도' 관계를 갖지 않을 수 있는 그의 상상 속 가능성은, 그와 그녀의 성격에 존재하는 여러 힘들을 종합해서 생각할 때 현실성이 없다.

히틀러는 전쟁에 이긴다는, 적어도 그 정도로 비참한 패배는 안 할 거라는 현실적 가능성을 갖고 있었다. 즉 만일 정복한 국민들을 그 정도로 무자비하고 잔혹하게 다루지 않았다면, 그리고 전략적 퇴각을 인정하지 않을 만큼 나치스럽지 않았다면 등등……. 그러나 이런 선택 말고는 어떤 현실적 가능성도 존재하지 않았다. 그가 생각했던 희망, 곧 정복한 국민들에게 자기의 파괴성을 뼈저리게 알려주고, '그리고' 퇴각하지 않고 자기의 허영심과 관록을 만족시키며, '그리고' 자기의 야망에 의해 모든 자본주의국가를 위협하고, '그리고' 승리를 거머쥘 수 있을 거라는 희망은 모두 현실적 가능성의 범위를 벗어난 것이었다.

　이런 것은 현재의 상황에도 적용된다. 열강에는 핵무기가 존재하며, 그리하여 양성되는 서로 간의 공포와 의혹은 전쟁에 대한 우려를 매우 증폭시킨다. 국가원수는 우상화되고, 외교정책에는 객관성과 이성이 결여되어 있다. 한편 양 진영의 국민들은 핵무기에 의한 파국을 피하고 싶어한다. 대국에는 그들의 광기어린 행동에 다른 나라들을 끌어들여서는 안 된다고 주장하는 다른 대국뿐만 아니라 국민들의 목소리가 있다. 평화로운 해결책을 통해 인류에게 행복한 미래로 가는 길을 열어줄 사회·기술 요소가 존재하고 있다. 이 두 가지 가운데 어느 쪽으로도 기울 수 있는 요소가 존재하는 가운데, 현재도 인간에게는 선택할 수 있는 두 개의 현실적 가능성이 존재하고 있다. 즉 핵무기 경쟁과 냉전을 멈추고 평화의 길을 선택할 가능성과, 현재의 정책을 계속하고 전쟁을 선택할 가능성이다. 한쪽이 다른 쪽보다 가능성이 높다고 해도 두 가지 가능성은 진실이다. 아직 선택의 자유는 남아 있다. 그러나 우리가 군확장 경쟁'과' 냉정'과' 편집증과도 같은 증오를 밀고 나가면서 '그와 동시에' 핵파괴를 피할 수 있는 가능성은 존재하지 않는다.

　1962년 10월, 결정의 자유는 모두 사라진 듯이 보였다. 광기어린 죽음의 애호자는 제외하고라도, 모든 사람의 의지에 반해서 파국이 일어날 것만 같았다. 하지만 그때 인류는 구원받았다. 하나의 긴장 완화에 이어 절충과 타협이 가능해졌다. 현재(1964년)는 인류가 삶이냐 파멸이냐의 둘 가운데 하나를 선택할 자유를 갖는 마지막이 될 것이다. 언뜻 선의처럼 보이지만 주어진 택일과 그 결과를 통찰하지 못하는 표면적인 협정을 우리가 극복할 수 없다면, 우리가 갖는 선택의 자유는 사라져 버릴 것이다. 만일 인류가 자멸하더라도 그것은 인간의 마음이 근원적으로 사악하기 때문이 아니라, 현실적 택일과 그 결과를 깨닫는 능력이 없기 때문일 것이다. 자유의 가능성이란 바로 우리가 선택할 수 있는 현실적 가능성을 인식함과 동시에 '실현성이 없는 가능성'은 어떤 것인가를 인식하는 데 존재한다. 실현성이 없는 가능성을 이루는 것은 현실에 존재하지만(개인적으로도 사회적으로도), 낯선 택일의 결정이라는 불쾌한 일을 피하려고 하는 우리의 희망 섞인 생각이다. 실현성이 없는 가능성이 물론 가능성이라는 뜻은 전혀 아니다. 그것은 공상적인 꿈이다. 그러나 불행하게도 우리의 대부분은 '참'의 택일에 맞닥뜨리거나 통찰이나 희생이 필요한 선택 앞에 서면 추구할 수 있는 가능성이 그 밖에도 있다고 생각하기 쉬우며, 그렇게 해서 우리에게는 그런 실현성이 없는 가능성은 존재하지 않는다는 것, 그리고 그것을 찾아다니는 것은 운명이 그 자신의 결정을 내릴 때의 배경에 있는 연막이라는 사실에 일부러 눈을 감아버린다. 가능성 없는 일이 실현될 거라는 망상을 지니고 살아간다면, 또 한 번 자신에 대해서 내려진 그 선택이 예기치 못한 파국이 되어 나타나면 그 사람은 놀라고 분노하고 상처를 입는다. 이상의 의미에서 그가 탓할 것은 단 하나, 스스로 그 논쟁에 맞닥뜨릴 용기도 없고 그것을 이해할 이성도 없었다는 것에 있음에도, 스스로를 변호하고 다른 사람을 탓하거나 신에게 기도하는 그릇된 태도를 취해 버린다.

　이로써 인간의 행위는 그 사람의 성격에 작용하는(일반적으로 무의식적인) 힘들에 뿌리내린 성향에서 언제나 비롯된다고 우리는 단정한다. 이 힘들이 어떤 일정한 강도에 다다르면 그 강도 때문에 인간을 어떤 성향으로 만들어 버리고, 그래서 그 사람은 선택의 자유를 잃어버린다. 모순되는 성향이 성격 안에서 효과적으로 작용할 경우에는 선택의 자유가 존재한다. 이 자유는 실존하는 현실적 가능성에 의해서 제한된다. 이런 현실적 가능성은 종합 상황에 의해서 '결정'된다. 인간의 자유는 실재하는 현실적 가능성 가운데 어느 것을 선택하느냐(양자택일을 하느냐) 하는 가능성 안에 있다. 이런 의미에서 자유는 '필연을 의식해서 행위하는' 것이 아니라, '양자택일과 그 결과에 대한 의식을 기반으로 해서' 행위하는 것이라고 정의할 수 있다. 비결정론이라는 것은 없다. 어떤 경우에는 결정론이 존재하고, 어떤 경우에는 인간 특유의 현상, 즉 의식성에 기초한 양자택일이 존재한다. 바꿔 말하면 모든 사건에는 원인이 있다. 그러나 그 사건에 앞서는 다양한 원인 전체 안에는 다음 사건의 원인이 될 수 있는 몇 가지가 존재할 것이다. 이런 원인이 될 수 있는 것 가운데 무엇이 유효한 원인이 될 수 있는지는, 바로 결정하려는 그 순간 그 사람의 의식성에 좌우된다. 다른 표현으로 한다면, 원인이 없는 것은 없지만 모든 것이 그것으로 결정된다고는 할 수 없다(여기서 말하는 결정은 좁은 뜻으로서의 의미이다).

지금까지 펼쳐온 결정론, 비결정론, 양자택일론 견해의 큰 줄기는 스피노자, 마르크스, 프로이트 등 세 사상가의 견해에 따르고 있다. 세 사람 모두 일반적으로는 '결정론자'라고 불린다. 그렇게 불리는 데는 충분한 이유가 있으며, 스스로 그렇게 말하는 존재이기도 하다. 스피노자는 이렇게 썼다. "정신 안에는 절대 의지, 즉 자유의지는 존재하지 않는다. 오히려 정신은 이것 또는 저것을 의지하도록 원인에 의해 결정되며, 이 원인도 다른 원인에 의해 결정되고, 이 후자 또한 다른 원인에 의해 결정되는 식으로 무한히 되풀이된다."[17] 우리는 자기기만에 의해 자신의 의지는 자유라고 주관적으로 경험한다—이는 바로 칸트 및 다른 철학자들이 우리의 의지가 자유라고 한 것을 증명하는 것이었다—는 사실을 스피노자는 다음과 같이 설명했다. 즉 우리는 자기의 욕망을 깨닫고 있지만, 그 욕망의 원인은 깨닫지 못하고 있다. 그 때문에 우리는 자기 욕망의 '자유'를 믿는다. 프로이트도 결정론에 근거한 자기의 관점을 표명하며 마음의 자유와 그 선택을 믿는다고 말했으며, 비결정론은 "완전히 비과학적이고…… 정신생활을 지배하는 결정론의 주장 앞에서는 패배할 것이 틀림없다"고 주장했다. 마르크스도 결정론자로 생각된다. 그는 정치적 사건은 계급형성과 계급투쟁의 결과라고 설명하고, 계급투쟁은 현존하는 생산력과 그 발전의 결과라고 설명함으로써 역사의 '법칙'을 발견했다. 세 사상가는 모두 인간의 자유를 부정하고, 인간의 배후에서 작용하면서 인간을 어떤 방향으로 이끌 뿐 아니라 그렇게 되지 않을 수 없도록 인간을 결정짓는 모든 힘의 장치를 인간 내부에 상정하고 있는 것 같다. 이런 의미에서 마르크스는 가장 순수한 헤겔주의자로, 그에게는 필연성을 깨닫는 것이 가장 큰 자유이다.[18]

스피노자, 마르크스, 프로이트는 결정론자로서의 자기를 규정한다는 표현을 스스로 했을 뿐만 아니라, 그 제자들도 대부분 그들을 결정론자라고 이해하고 있었다. 특히 이는 마르크스와 프로이트에게 해당된다. '마르크스주의자'의 대부분은 역사에는 불변의 진로가 있기라도 한 것처럼 과거가 미래를 결정하며, 어떤 사건은 일어날 일이라 일어난 것이라고 설명했다. 프로이트의 제자들도 대부분 비슷한 견해를 주장했다. 그들은 프로이트 심리학이 선행하는 원인으로부터 결과를 예측할 수 있으므로 과학적 심리학이라고 주장한다.

---

17) *Ethics*, Ⅱ, Prop. XLVII.
18) 이 점들에 대한 상세한 내용은 앞에 실린 각주 9에 소개된 도서 참조.

그러나 이상과 같이 스피노자, 마르크스, 프로이트를 결정론자라고 해석한다면, 이 세 사상가의 철학적인 다른 일면을 완전히 간과하게 될 것이다. '결정론자' 스피노자의 주요 저서가 《윤리학》인 것은 왜일까? 마르크스가 계획한 주된 일은 사회주의혁명이고, 프로이트의 주목표가 신경증에 시달리는 정신병 환자들의 치료에 있었던 것은 왜인가?

이 질문에 대한 답은 정말 간단하다. 세 사상가는 모두 인간과 사회는 어느 정도까지 한 방향으로 기울려는 행동양식을 가지며, 가끔 그 기울기가 결정적이 되기도 한다는 것을 꿰뚫어 보고 있었다. 하지만 동시에 그들은 설명이나 해석만을 일삼는 철학자가 아니라, 변화시키고 변혁시키려는 사람들이기도 했다. 스피노자에게 그의 윤리 목표인 인간의 과제는 바로 결정해야 할 것을 줄이고 자유로 향하는 지적 조건을 획득하는 것이다. 인간은 스스로를 의식해서 인간을 눈멀게 하고, 사슬에 묶는 격정을 인간으로서의 관심에 따라 행동하게 하는 행위('적극적 감정')로 변혁시킴으로써 이를 수행할 수 있다. "열정이라는 감정은 우리가 그것을 명석하게 깨닫는 순간 열정이 아니게 된다."[19] 스피노자에 따르면, 자유란 우리에게 주어지는 게 아니라 우리가 어떤 조건부로 통찰과 노력에 의해 획득하는 것이다. 우리는 불굴의 정신과 의식성을 가질 수 있다면, 선택을 위해 하나를 선택할 수 있다. 자유의 획득은 어려우며, 많은 나라들이 실패하는 것은 그 때문이다. 스피노자는 《윤리학》 끝부분에서 다음과 같이 말했다.

나는 감정에 대한 정신의 능력에 대해서, 그리고 정신의 자유에 대해서 제시하고자 했던 것을 모두 마쳤다. 이로써 현자는 얼마나 많은 것을 행할 수 있는지, 또 지혜도 없으면서 쾌락만 좇는 자보다 얼마나 훌륭한지 분명해진다. 즉 지혜가 없는 자는 외부 원인들에 의해 다양한 방식으로 좌지우지되어 결코 정신의 진짜 만족을 누리지 못할 뿐 아니라 자기와 신과 사물을 거의 의식하지 못한 채 살며, 또한 작용받기를 그만두는 순간 동시에 존재하는 것마저도 그만둔다.

여기에 다다르는 것으로서 내가 제시한 길은 매우 험난해 보이지만, 발견

---

19) *Ethics*, V, Prop. III. 인용문 중에.

할 수는 있다. 또 실제 이렇게 잘 발견되지 않는 것은 어려운 일임이 분명하다. 왜냐하면 만일 행복이 가까이 있어서 그다지 힘들이지 않고 발견한다면, 어떻게 거의 모든 사람들이 그것을 등한시할 수 있겠는가? 모든 고귀한 것은 희귀하며 함께하기에는 쉬운 일이 아니다.[20]

현대 심리학의 조상인 스피노자, 인간을 결정짓는 원인을 인정하는 그가 《윤리학》을 쓴 것이다. 그는 인간이 어떻게 심리적 속박에서 벗어나 자유로워질 수 있는지를 밝히려고 했다. 그리고 '윤리적'이라는 것에 대한 그의 개념은 바로 자유의 획득이다. 이것은 이성 및 중용의 생각과 의식에 의해서 획득할 수 있는데, 많은 사람들이 의욕하는 것 이상으로 좀더 큰 노력을 함으로써 비로소 획득할 수 있다.

스피노자의 업적이 개인의 '구원'(구원이란 의식과 노력에 의해서 자유를 획득한다는 뜻이다)을 지향하는 논문이라면, 마르크스의 목표도 개인의 구원이다. 스피노자는 개인의 비합리성을 다루었지만, 마르크스는 그 개념을 확대시킨다. 개인의 비합리성은 그가 사는 사회의 비합리성이 원인이며, 이 비합리성 자체는 경제 및 사회 현실 안에 존재하는 무계획성과 모순되는 결과라고 그는 생각한다. 마르크스의 목표도 스피노자처럼 자유롭고 독립된 인간인데, 이 자유의 획득을 위해서 인간은 자신의 배후에서 작용해 자기를 결정짓는 힘들을 깨달아야 한다. 해방은 의식과 노력의 결과이다. 특히 노동계급이 인류를 해방시킬 역사적 대행자라고 믿었던 마르크스는, 계급의식과 계급투쟁이 인간 해방을 위한 필요조건이라고 생각했다. 스피노자와 마찬가지로 마르크스는 눈먼 채로 어떤 노력도 하지 않는다면 자유를 잃을 것이라고 말했는데, 그런 의미에서 그는 결정론자이다. 그러나 스피노자처럼 그 또한 해석에만 그치지 않고 변혁을 바라는 사람이다. 그래서 그는 의식과 아울러 노력에 의해서 자유로워지는 방법을 인간에게 가르치려고 했다. 가끔 근거 없이 판단되는 것처럼 마르크스가 필연적으로 일어날 역사적 사건을 예언한 적은 결코 없었다. 그는 늘 택일론자였다. 인간은 자신의 배후에서 작용하는 힘들을 깨달을 수 '있다면', 그리고 자기의 자유를 획득하기 위해 경이로운 노력을 '한다면' 필연의 사

---

20) *Ibid*, Prop. XLII. note.

슬을 끊을 수 있다. 이번 세기의 인간은 '사회주의와 야만주의' 가운데 어느 하나를 골라야 할 상황에 있다는 이 택일론을 이렇게 분류한 것은, 마르크스의 가장 좋은 이해자 가운데 하나인 로자 룩셈부르크였다.

결정론자 프로이트도 변혁을 시도한 사람이었다. 그는 신경증을 건강으로 바꾸고, 이드(id)의 지배를 자아의 지배로 바꾸려고 했다. 인간이 합리적 행동을 할 자유를 잃는 것 말고 대체 어떤 신경증이 있다는 것인가? 인간이 자기의 진짜 관심에 따라서 행동하는 능력 이외에 어떤 정신건강이 존재한단 말인가? 프로이트는 스피노자나 마르크스처럼 인간은 얼마나 결정되어 있는지를 꿰뚫고 있었다. 하지만 프로이트는 어떤 비합리적이고 그 때문에 파괴적인 형태로 행동을 강요받고 있는 상태는 자의식과 노력에 의해서 변혁시킬 수 있다는 것을 확실히 알고 있었다. 그래서 그는 자기를 의식시킴으로써 신경증을 치유하는 방법을 만들어 내려고 했던 것이고, "진리가 너를 자유롭게 하리라"를 치료의 신조로 삼았다.

몇 가지 주요 개념이 이 세 사상가에게 공통적이다. (1) 인간의 행위는 선행(先行)하는 원인에 의해 결정되지만, 의식과 노력에 의해서 그 원인의 힘으로부터 자신을 해방시킬 수 있다. (2) 이론과 실천은 나눌 수 없다. '구원' 또는 자유를 얻기 위해서는 올바른 '이론'을 정확하게 알고 동시에 소유해야 한다. 그러나 행동하고 싸우지 않으면 확실하게 알 수 없다.[21] 이론과 실천, 해석과 변혁은 나눌 수 없다는 사실이 바로 이 세 사상가의 위대한 발견이다. (3) 인간은 독립과 자유를 위한 싸움에 질 '수 있다'는 의미에서 그들은 결정론자이지만, 본질적으로는 택일론자이다. 무언가를 확실히 알 수 있는 가능성 가운데에서 선택할 수 있는 것, 그리고 이 택일로부터 일어나는 것은 그 사람에게 달려 있으며, 인간이 자신의 자유를 잃지 않는 한 그 사람에게 달려 있다는 것을 그들은 가르쳤다. 이렇게 스피노자는 모든 인간이 구원을 얻을 수 있다고는 생각하지 않았고, 마르크스는 사회주의가 승리할 '것이 분명하다'고는 생각하지 않았으며, 프로이트도 모든 신경증이 그의 방법으로 치유되리라고는 믿지 않았다. 사실 세 사람은 모두 회의주의자인 동시에 강한 신념의 소유자이기도

---

21) 예를 들면 프로이트는 환자가 치료비를 내기 위해서 경제적 희생을 치러야 하고, 치유를 위해서는 비합리적 망상을 행위에 드러내지 않음으로써 욕구불만의 희생을 치러야 한다고 굳게 믿었다.

했다. 그들에게 자유란 필연성을 의식해서 행위하는 이상의 것으로, 인간이 악에 맞서고 선을 선택할 커다란 기회이며 또한 의식성과 노력에 근거해서 현실적 가능성 가운데에서 선택할 기회이기도 했다. 그들의 관점은 결정론도 아니고 비결정론도 아니었다. 그것은 현실적이고 비판적인 인본주의였다.[22]

이 기본적 관점은 불교에서도 보인다. 붓다는 인간을 괴롭히는 원인이 번뇌라는 것을 알고 있었다. 그는 인간이 번뇌와 고뇌에 사로잡혀 윤회의 사슬에 매인 채로 있을 것이냐, 번뇌를 뿌리치고 고뇌와 윤회를 마칠 것이냐의 둘 가운데 하나를 선택하게 하려고 했다. 인간은 이 두 개의 현실적 가능성 가운데에서 하나를 선택할 수 있으며, 그 밖에 인간에게 도움이 되는 가능성은 존재하지 않는다.

우리는 지금까지 인간의 마음, 그리고 그것이 선이나 악으로 향하는 경향을 검토해 왔다. 이 책 제1장에서 몇 가지 질문을 던졌는데, 그때보다 더 뚜렷한 기반에 다다르게 되지 않았는가?

여기에서 지금까지의 문제에 대한 해답을 요약하기로 한다.

1. 악이란 특별히 '인간에게만 있는' 현상이다. 악은 인간 이전의 상태로 퇴행하여 특히 인간다운 것, 즉 이성, 사랑, 자유를 배제하려는 것이다. 그러나 악은 인간다운 것임과 동시에 비극이기도 하다. 예컨대 인간이 가장 원초적인 경험형태로 퇴행하더라도 인간은 인간이기를 멈출 수 없다. 그렇기 때문에 인

---

22) 여기서 말하는 택일론의 관점은 본질적으로는 《구약성서》의 관점이다. 야훼(하느님)는 변덕에 의해 인간의 역사에 간섭하지 않고 사도나 예언자에게 3중의 사명을 주어 파견한다. 즉 인간에게 어떤 목표를 보여주고, 자기 선택한 결과를 보여주며, 나쁜 결정에 항의한다는 3중의 사명을. 인간 스스로 선택은 인가이 하는 것으로 누구도, 신조차도 인간을 '구원할' 수 없다. 이 원리를 가장 뚜렷하게 표현한 것은 이스라엘 사람들이 왕을 세워 달라고 했을 때 사무엘에게 했던 야훼의 말이다. "그들의 말을 들어주어라. 그러나 엄히 경고하여 왕이 그들을 어떻게 다스릴 것인지를 일러주어라." 사무엘이 백성들에게 동양의 독재제도에 대해서 엄하게 비판한 뒤에도 백성들이 계속 왕을 구하자, 야훼는 사무엘에게 대답했다. "그들의 말대로 왕을 세워주어라"(《사무엘상》, 8 : 22). 택일론을 보여주는 같은 취지는 다음 문장에 나타난다. "나는 오늘 너의 앞에 축복과 저주, 삶과 죽음을 놓았다. 그리고 너는 삶을 선택한 것이다." 인간은 선택할 수 있다. 야훼는 인간을 구원할 수 없다. 야훼가 할 수 있는 것은 기본적인 양자택일, 즉 삶과 죽음에 인간을 맞닥뜨리게 하고 삶을 선택하도록 인간을 격려하는 것이다.

간은 하나의 해결법으로서 결코 악에 만족할 수 없다. 동물은 악이 될 수 없다. 동물은 살기 위해서 근원적으로 필요한 타고난 충동에 따라서 행동한다. 악이란 인간다운 것의 영역을 넘어 인간다운 것과는 거리가 먼 영역으로 옮아가는 것인데, 인간은 '신(神)'이 될 수 없는 것처럼 동물도 될 수 없기 때문에 악은 대단히 인간다운 것이다. "악은 인간이라는 무게에서 벗어나려는 비극적인 시도를 할 때 자기를 잃어버리는 것이다." 이렇게 악이 갖는 잠재력은 악의 모든 가능성을 상상하게 하면서 그것에 근거한 욕망과 행동을 일으키고, 악의 망상을 키우는 상상력을 인간에게 부여하기 때문에 더욱더 커진다.[23] 여기에 제시되어 있는 선과 악에 대한 관념은 본질적으로는 스피노자가 내세운 바와 같다. "그러므로 나는 앞으로 선이란 우리가 형성하는 인간성의 형태에 더욱더 접근하는 수단이 되는 것을 우리가 정확히 아는 일이라고 풀이할 것이다. 이에 반해 악이란 우리가 그 형태와 일치하지 못하도록 가로막는 것을 우리가 정확히 아는 일이라고 풀이할 것이다."[24] 스피노자에 따르면, 논리적으로는 "말이 인간으로 변화한다면, 그것은 곤충으로 변화한 경우와 마찬가지로 말이 아니게 되어버린다."[25] 선은 우리의 존재를 우리의 본질에 한없이 가까워지게 하고, 악은 그 존재와 본질을 끊임없이 떼어놓는다.

2. 악의 정도는 동시에 퇴행의 정도이기도 하다. 가장 큰 악이란 삶에 가장 역행하려고 하는 것, 즉 죽음에 대한 사랑, 자궁, 땅, 무기물로 돌아가려는 근친상간의 성격을 띠는 공생의 노력이며, 그 사람을 삶의 원수로 만드는—그 이유는 바로 그가 자아의 감옥을 떠날 수 없기 때문이다—자기애로 가득한 자기희생이다. 이런 삶은 '지옥' 안의 삶이다.

3. 퇴행의 정도가 줄어들면서 악도 줄어든다. 그래도 사랑의 결여, 이성의 결여, 관심의 결여, 용기의 결여가 존재한다.

4. 인간은 퇴행'함과 동시에' 전진하는 경향이 있다. 즉 선'도' 악'도' 될 수 있다. 이 두 개의 경향이 어떤 평형을 유지하는 동안에는, 자각과 노력만 가능하다면 그는 선택의 자유를 갖는다. 자신이 놓인 종합적 상황에 의해 규정되어

---

23) 주목해야 할 것은, 선과 악의 충동이라는 말은 성경의 히브리어로는 예체르(Jezer ; '상상하다'라는 뜻)라는 것이다.

24) *Ethics*, IV, 머리말.

25) *Ibid*.

있는 양자택일 사이의 선택은 자유이다. 그러나 두 경향의 균형이 무너질 만큼 그 마음이 둔감해질 때는 선택의 자유가 없어진다. 자유의 상실을 가져오는 사건이 이어지는 상황에서 일반적으로 마지막 결정은 인간이 자유롭게 선택할 수 없다. 마지막 결정을 내릴 때 자기의 그 결정이 갖는 의미를 깨닫고 있었다면, 선을 가져올 선택에 자유로울 수 있었을 것이다.

5. 인간은 자기의 행위를 자유롭게 선택할 수 있는 한 거기에 책임을 갖는다. 그렇지만 책임이란 하나의 윤리적 명제로, 권력을 가진 자가 다른 사람을 벌하려는 욕망의 합리화에 지나지 않는 경우가 많다. 악은 인간적인 것이고, 퇴행의 잠재력이며, 인간성의 상실이기에 우리 모두의 내부에 존재한다. 우리가 그것을 자각하면 할수록 우리는 다른 사람을 단죄하는 지위에 설 수 없게 된다.

6. 인간의 마음은 둔감해질 수 있다. 비정해질 수 있지만 인간다움을 절대로 버릴 수는 없다. 그것은 언제나 여전히 인간의 심정이다. 우리는 모두 인간으로서 태어났다는 사실, 그리고 그러므로 선택해야 한다는 결코 끝나지 않는 일에 의해 결정된다. 우리는 목표와 동시에 수단을 선택해야 한다. 우리는 다른 사람의 구원에 의존해서는 안 되며, 그릇된 선택은 우리를 스스로 구원하지 못하게 한다는 사실을 깨달아야 한다.

실제 우리는 선을 선택하기 위해서는 스스로 깨달을 수 있어야 한다. 그러나 만일 우리가 다른 사람의 불행에, 다른 사람의 친근한 눈빛에, 새의 노랫소리에, 푸른 초목에 감동하는 힘을 잃어버렸다면 그 어떤 깨달음으로도 구원받지 못할 것이다. 삶에 무관심해진 인간에게는 선을 선택할 수 있는 희망이 없어진다. 이럴 때 그 사람의 마음은 너무 둔감해져 버렸기 때문에, 그의 '삶'은 종말을 알린 셈이나 마찬가지이다. 만일 이런 사태가 모든 인류 또는 가장 강한 성원에게 일어나게 된다면 인류의 목숨은 그 가장 중요한 약속을 해야 하는 바로 그 순간에 절멸할 것이다.

For The Love of Life
인생과 사랑

머리글

　이 라디오방송 텍스트는 에리히 프롬의 인생 마지막 10년, 즉 여덟 번째로 10년에 걸쳐 탄생한 것이다. 프롬은 결코 대충하는 법이 없었다. 그는 읽고, 쓰고, 계획하고, 배우고, 마음을 열고, 호기심을 품었다―마지막 순간까지. 그러나 10권짜리 책으로 남은 작업은 정점에 이르러 완성되어 있었다. 언제나 깨어 있는 비판적 관찰자로서 시대의 흐름을 논평할 때 그는 이 샘에서 길어 올릴 수 있었다. 그리고 여기에 다시 실린 내용은 그 작업에 대한 흥미로운 보충이다. 그 가치는 신선함보다는 생생한 말투에 있고, 내용보다는 형태에 있다. 강연과 대화의 대부분은 로카르노에 있는 프롬의 집에서, 나머지는 취리히의 스튜디오에서 녹음되었다. 이 책을 읽는 사람들은 이 위대한 노인이 기꺼이 응해 준 방문과 대화에 간접으로나마 참여할 수 있는 것이다.

　치밀한 문어의 독일어로 씐 초기 작품을 제외하면, 우리는 프롬을 번역본으로만 읽을 수 있어서 그를 앵글로색슨의 저술가로 알고 있다. 하지만 방송 텍스트를 통해서 그는 다시 모국어로 돌아왔다. 이 텍스트는 종이에서 태어난 게 아니라 놀랍게도 직접 말하고 있다. 마티아스 클라우디우스[1]에 따르면, 글은 와인을 물로 만들어 버리는 악명 높은 말이다. 프롬도 말이나 강연이나 연설을 더 좋아했다. 여기에는 그것이 있다. 그를 알았던 사람이라면 이 책을 읽으면서 그의 목소리를 들을 것이다.

　내가 프롬을 처음으로 만난 것은 1970년이었다. 그 뒤에도 가끔 만났던 취리히의 슈톨렌 호텔에서였다. 그는 어디를 가나 단골 호텔이 있었으므로, 초대자로서의 역할을 나에게 양보하는 일은 생각할 수 없었다. 우리는 다음 날 그곳 방송국에서 테이프에 녹음할 예정이었던 초과와 권태에 대한 연속 강연에 대해서 의논했다. 특유의 신중한 표정으로 내 앞에 앉은 프롬은 주위의 소음

---

1) 독일 시인(Matthias Claudius 1740~1815).

을 전혀 개의치 않고 자신의 생각을 말했다. 그가 말을 마쳤을 때 나는 괜찮을 것 같다고 생각했다. 그러나 그렇지 않았다. 이번에는 내 차례였다. 그는 나에게 반론을 요구했고, 특히 그의 방송을 들을 사람들에 대한 정보를 요청했다. 독일의 현재를 충분히 알고 있음을 보여 주는 질문을 던지면서 집요할 만큼 청취자들에게 다가가려고 했다. 상대방과 같은 말을 쓰지만 맞장구는 치지 않는다는 것이 그의 신념이었다. 그는 꼼꼼하게 준비했다. 엄청나게 많은 분량의 메모와 초안을 준비했고, 우리가 잡담을 하는 사이에도 끊임없이 덧붙여 썼다. 그러나 다음 날 아침, 그는 성가신 짐 가방도 없이 나타났다. 내가 서류 가방은 어쨌냐고 묻자, 그는 빙그레 웃으며 고개를 저었다. 우리는 방송국으로 차를 달렸다. 도착하자 그는 재빨리 마이크 앞에 앉더니 자유롭게 말했다. 6회, 정확히 29분씩이었다. 그가 내건 단 하나의 조건은 내가 거기에 있는 것이었다. 상대가, 즉 얼굴 없는 청중의 대리로서 말을 건넬 수 있는 대상이 필요했기 때문이다. 라디오방송에서 자유롭고도 알찬 이야기를 체계적으로 듣는 행운은 우리에게 좀처럼 주어지는 일이 아니다.

프롬이 그의 주제를 자유롭게 펼치면서 폭넓게 열려 있고 참된 이치를 찾는 사고라는 산책으로 나를 이끄는 동안에, 나는 유리창 너머에 있는 모니터실에서 무슨 일이 일어나고 있음을 깨달았다. 그 무렵 프롬은 우리에게는 그리 알려져 있지 않았지만, 이 취리히 방송국 안에는 뭔가 놓칠 수 없는 일이 일어나고 있다는 소문이 퍼져 있었다. 다양한 부서에서 근무하는 사람들—기술자, 비서, 관리인, 그리고 편집실 동료들까지—이 들어와서 옹기종기 모여 서서 귀를 쫑긋 세우고 있었다. 나는 라디오방송에서의 대화 가능성을 그다지 믿지 않는다. 그것은 과대평가해도 안 되고 활용해서도 안 되는 것으로, 라디오에 맞는 간접화법 문체를 써야 하는 것이다. 그런데 프롬은 이 원칙의 예외를 주장했다. 기계장치의 위협에 대해서 그는 당황스러울 만큼 무심하게 행동하면서 미디어라는 장해물을 가볍게 피해 버렸다. 어떻게? 프롬은 다양한 주제를 펼치면서 사색했다. 상대는 물건이 아니었다. 상대와 그 반론은 처음부터 프롬의 머릿속에 현실로서 있었기 때문에 그는 말하면서도 귀를 기울일 수 있었다. 그 정도로 그는 훌륭한 청중이었으며 뛰어난 화자(話者)였다.

그렇다. 취리히 방송국에서 그 순간 나는 분명히 깨달았다. 에리히 프롬의 책은—미국에서는 40년 이래 베스트셀러에 올라 있지만—여기서도 그는 은 신처에서 나와 누구도 말릴 수 없는 첫걸음을 대중 앞에서 내딛을 것임. 이미 얼마 전부터 10권 남짓한 책이 나와 있었다. 출판사도 각양각색이고 번역도 조잡했다. 그러나 생각건대, 오랜 잠을 끝내기 위해서 프롬 자신이 오지 않을 수 없었다. 이상한 일이지만, 아마 이때 지은이와 인간이 같은 인물이 되었다고 설명할 수 있을 것이다. 한쪽이 다른 쪽을 설명한 것이다. 그의 목소리는 그의 말을 구체적으로 표현한 도구였다. 프롬은 살아 있는 목소리로 말하는 것을 기본으로 하는 전통—유대의 전통—속에서 성장했다. 그의 모든 작업은 한 주제의 끊임없는 변주이다. 퇴고와 반복, 심화와 첨예화, 늘 새로운 자극, 그리고 이해로 이끄는 안내로 가득 차 있다. 학문적인 저술가 가운데에서 그만큼 반복을 많이 하는 인물은 거의 없다. 프롬에게 초과의 결여는 곧 빈곤이었을 것이다. 나는 읽을 때마다 놀라곤 하는데, 그의 작품에서는 얼마나 풍부한 자극, 격려, 통찰, 설명이 쏟아져 나오는지! 그리고 읽는 이의 눈에서 비늘이 떨어지는 것이다.

그는 기꺼이—또는 질문에 대답해서, 또는 사고의 실마리를 풀기 위해서—일화를 말했다. 예를 들면 하시디즘[2]의 장로를 만나러 먼 길을 찾아간 인물에 관한 일화. 이 인물은 일부러 스승의 가르침을 배우러 갔느냐는 질문에 이렇게 대답했다. "아니요. 저는 스승이 어떻게 신발 끈을 묶는지 보고 싶었을 뿐입니다." 이 짧은 일화는 하나의 몸짓이 때로는 하나의 강의보다 더 많은 것을 이야기할 수 있음을 뜻하고, 가장 날카롭고 번뜩이는 지혜도 그것을 표현하는 사람이 옳지 않다면 아무짝에도 쓸모없다는 것도 가르쳐 주는데, 프롬을 방문했을 때마다 나는 이 일화를 떠올렸다. 그의 집을 나올 때는 들어갔을 때와는 다른 사람이 된 기분이었다. 뭔가 기운을 얻었고 머리도 맑아졌으며, 지금까지 나 자신을 억압하고 자포자기하게 만들었던 속박도 그다지 신경 쓰이지 않았다.

그가 사람을 끌어들이는 힘은 학식뿐만 아니라, 인생이 이론을 관통하고 이론이 인생을 꿰뚫고 있다는 바로 그 점이었다. 살아간다는 것은 끊임없이 태어나는 것이다. 그러나 비극은 우리 대부분이 살기 시작하기 전에 죽는다는 것이라고, 프롬은 말했다. 이런 통찰 위에서 체제 따위는 성립하지 않는다. 그

---

2) 18세기에 폴란드와 우크라이나 유대교도 사이에 일어난 신비주의적 경향의 신앙부흥운동.

통찰은 끊임없이 새로운 출발을 재촉한다. 프롬은 제자도 학파도 원하지 않았다. 그처럼 영감으로 가득한 사람은 상대에게 흡수되지 않도록 자신을 다 써버리는 것이다. 추상적인 사고력에 대해서는, 그는 그것이 자신에게 매우 부족하다는 사실을 유쾌하게 인정했다. 그는 구체적으로 사색했던 것이다.

1974년 1월 5일 새벽에 남독일 방송은 자전적 대담 〈삶이라는 이름〉을 방송했다. 프롬은 두 시간에 걸쳐서 담담하게 자신에 대해서 이야기했다. 이 방송이 없었다면 그것이 기록되는 일도 없었을 것이다. 그 무렵 슈투트가르트 국립극장에서 고트홀트 레싱의 《현자 나탄》[3]에 출연하고 있던 한 여배우가 극장에서 돌아와 라디오를 켜고 이 방송을 듣다가 한밤중에 나에게 전화를 걸었다. 방금 전에 겪은 일을 한시라도 빨리 알리고 싶었던 것이다. "나탄과 헤어지고 돌아왔는데 다시 나탄을 만났어요."

프롬은 제사장도, 선생도 아니었다. 그는 나탄이었다. 생각할 때 마음에도 대화의 자리를 주는 그의 능력을 옛날 사람들이라면 '지혜'라는 이름으로 불렀을 것이다.

한스 위르겐 슐츠

---

3) 유대인 현자 나탄을 주인공으로, 종교간 평화적 이상을 제시한 희곡.

1. 우리 사회의 초과와 권태

1) 수동적 인간

'초과와 권태'라는 주제에 대해서 말해야 한다면, 먼저 이 두 단어의 뜻에 대해서 한마디 해야 할 것이다. 이는 지금의 경우뿐만 아니라 어느 경우에든 그렇다. 어떤 말의 뜻, 그 진짜 의미를 안다면 그 말로써 불리고 있는 어떤 종류의 문제가—바로 그 말뜻과 역사로부터—더욱 쉽게 이해되는 경우가 많다.

이 두 단어에 대해서 생각해 보자. 초과에는 두 가지 뜻이 있다. 먼저 적극적인 의미—이 경우 '초과(Überfluss)'는 절대적으로 필요한 것을 뛰어넘는 것을 나타낸다. 즉 흘러넘치는 것. 성서에 묘사된 '젖과 꿀이 흐르는 땅'[1]이 떠오를 것이다. 원한다면 즐거운 모임, 술이든 뭐든 바라는 것이 넘치도록 놓여 있던 잔치 자리를 떠올려도 좋다. 머리에 떠오르는 것은 아주 기분 좋은 것으로, 바꿔 말하면 적음, 결핍, 어떤 것을 지나치게 갖지 않으려는 조심 같은 것이 아니다. 이것은 바람직한 초과이며, 그야말로 흘러넘치는 것이다.

그리고 부정적인 뜻—무익하다든가 쓸모없다든가 하는 뜻의 '남는 (überflüssig)'이라는 단어에 나타나 있다. 누군가에게 "당신은 여기서는 완전히 남는 존재이다"라고 말한다면, 그것은 "당신은 없는 편이 낫다"라는 뜻이지, "당신이 여기에 있어서 얼마나 기쁜지 모른다"는 뜻이 아니다—차고 넘치는 술에 대해서 말하는 경우는 아마 그런 뜻일 테지만. 이렇게 초과는 흘러넘치는 것을 뜻할 수도 있고 또 남는 것을 뜻할 수도 있어, 어떤 경우에든 둘 가운데 어떤 초과를 말하고 있는지 물어야 한다.

다음으로 '권태(Überdruß)' 또는 '불쾌(Verdruß)'에 대해서 한마디. '불쾌'는 'verdrießen'이라는 동사에서 온다. 'verdrießen'은 중세 고지(高地)독일어에서는 '지루하게 하다'는 뜻이고, 고트어에서는 '구역질나게 하는'이라는 뜻이다. 따라

---

1) 《출애굽기》 제3장 8절.

서 불쾌란, 지루함이나 구역질이나 불쾌감을 일으키는 것이다. 프랑스어에서는 지루함 이외에도 다른 뜻이 있다. '권태(ennui)'라는 단어는 라틴어의 'innodiare'에서 왔으며, '증오 안에 있다, 증오를 일으키다'라는 뜻을 갖고 있다.

이쯤에서 다음과 같이 물어봐도 좋을 것이다. 즉 남는 것을 뜻하는 초과는 지루함이나 구역질이나 증오를 낳는다는 것을 이미 단어가 암시하고 있지 않느냐고. 거기서 음미해야 하는 것은 우리는 초과 속에서 살아가고 있는가이다. 우리—즉 현대 산업사회, 이를테면 미국, 캐나다, 서유럽에서 발전한 사회를 말한다. 우리는 초과 속에서 살아가고 있나? 우리 사회 속의 누가 초과 속에서 살고 있나? 또 그것은 어떤 초과를 뜻하는가? 남는 것을 뜻하는 초과인가 흘러넘치는 것을 뜻하는 초과인가?—아주 간단히 말하면, 좋은 초과인가 나쁜 초과인가? 우리의 초과는 권태를 낳는가? 초과는 어떻게 해도 권태를 낳는가? 대체 좋은 초과란—흘러넘치고, 세차게 흘러가고, 권태를 낳지 않는 초과란—어떤 것인가? 이 문제에 대해서 논하는 것이 이 이야기의 요점이다.

무엇보다 먼저 심리학과 관련된 것을 말해 두고자 한다. 나는 정신분석가라 앞으로 하는 이야기 가운데 심리학과 관련된 문제를 되풀이하게 될 것이다. 그래서 나는 어떤 일정한 시점, 즉 심층심리학이나 분석심리학의 관점에서 말한다는 점을 미리 밝혀 두고 싶다. 그리고 간단히 말하고 넘어갈 것이 있다. 많은 사람들에게 알려졌다시피, 인간의 문제를 심리학의 관점으로 연구하는 데는 두 가지 방법, 두 가지 가능성이 있다는 것이다. 학문으로서의 심리학은 현재 상태가 아닌 대부분의 경우 행동연구의 관점, 또는 다른 말로 하면 행동주의 관점에서 인간을 연구한다. 즉 직접 보거나 관찰할 수 있는 명명백백한 것, 따라서 측정이나 측량할 수 있는 것만을 연구한다. 왜냐하면 직접 보거나 관찰할 수 없는 것은 당연히 적어도 충분히 정확하게 측정할 수도 측량할 수도 없기 때문이다.

심층심리학, 정신분석과 관련된 방법은 이와는 다른 길을 간다. 목적이 다른 것이다. 그것은 인간의 행동, 행위를 눈에 보이는 것이라는 관점에서만 연구하지 않는다. 오히려 행위의 성질을 결정하는 동기에 대한 물음을 던진다. 몇 가지 예를 들어보자. 한 남자가 미소짓고 있다고 말했다고 치자. 이는 하나의 행위 방식으로, 사진을 찍거나 근육의 움직임으로 설명할 수 있다. 그러나 상점 점원의 미소와, 여러분에게 적의를 갖고 있으면서 감추려고 하는 자의 미소와, 여러분을 만나기를 기대하며 웃는 친구의 미소에 차이가 있음은 잘 알 것이다. 정신과 관련된 서로 다른 동기에서 나오는 수백 종류의 미소가 지닌 차이도 이해할 것이다. 모두 미소인 건 맞지만 저마다가 표현하는 것은 어쩌면 정반대일지도 모르기 때문에, 그것은 장치로는 측정할 수도, 인식할 수도 없다. 그것이 가능한 것은 오직 하나, 장치가 아니라 여러분 자신이기 때문이다. 여러분은 머리로만 관찰하는 게 아니라—굳이 오래된 표현을 하자면—마음으로도 관찰한다. 여러분의 인격이 거기서 일어나고 있는 것을 포착하고, 그 미소의 성격을 파악할 수 있는 하나의 직관을 얻게 된다. 만일 어떤 직관도 얻지 못한다면, 당연히 여러분은 인생에서 많은 실망을 맛보게 될 것이다.

또는 전혀 다른 행위의 묘사를 들어보기로 한다. 어떤 남자가 먹고 있다. 그렇다, 분명히 먹고 있다. 그러나 어떻게 먹고 있는가? 어떤 남자는 게걸스럽게 먹는다. 또 어떤 남자는 먹는 모습만 봐도 매우 꼼꼼한 사람임을 알 수 있다. 즉 모든 행동이 정확하고, 마지막으로 접시가 비는 것이 중요하다고 생각하고 있다. 또 어떤 남자는 게걸스럽게 먹지도 않고 우적우적 먹지도 않는다. 식사가 맛있다. 그는 열심히 먹는다. 그리고 행복하다.

예를 더 들어보자. 어떤 남자가 시뻘게진 얼굴로 소리를 지르고 있다. 그때 여러분은 이렇게 말한다. 이 사람은 지금 화가 났다. 분명 그는 화를 내고 있다. 꼼꼼히 보고 나서 여러분은 생각한다. 대체 이 사람(아는 사람이라고 가정하자)의 마음속에서는 무슨 일이 일어나고 있는 걸까? 그리고 갑자기 깨닫는다. 아, 이 사람은 불안하구나! 겁먹고 두려워하고 있구나! 몹시 화가 난 것처럼 보이는 것은 불안에 반발하는 작용이구나! 그러고서 좀더 꼼꼼히 관찰하고는 확신할 것이다. 이 사람은 본디 자신을 못 미덥고 무력한 인간이라고 느끼는 사람이구나. 모든 것에, 이 세상 전체에 불안을 느끼는 사람이구나! 이로써 세 가지 사실을 관찰하게 된다. 그 남자가 화를 내고 있다는 것, 불안해하고 있다는 것, 그리고 깊은 무력감에 빠져 있다는 것. 이 관찰들은 세 가지 모두 옳다. 그러나 그것들은 그의 내면구조의 서로 다른 층을 보고 있다. 무력감까지 느낀 관찰은 그 사람 마음속에서 일어나고 있는 일까지 묘사하는 가장 깊은 관찰이며, 분노만 느끼는 관찰은 그야말로 수박 겉 핥기이다. 즉 자기도 덩달아 화가 나서 상대방 속에 있는 분노한 인물밖에 보지 못한다면 올바른 관찰이라고 할 수 없다. 그러나 화난 사람의 표면 속에서 불안과 무력감을 품고 있는 인물을 봤다면 그를 대하는 자세도 달라져서, 그의 두려움도 사라지고 분노도 가라앉을지 모른다.

정신분석의 관점에서 보는 우리로서는 무엇에 대해서 논하든지 한 사람을 겉으로만 보고 그가 어떻게 행동할지를 아는 것이 첫 번째 관심사가 아니며, 유일한 관심사도 아니다. 우리는 그가 지금 의식하고 있든 하고 있지 않든 동기와 의도에 관심을 둔다. 우리가 묻는 것은 그의 행동의 질이다. 내 동료 가운데 한 사람—테오도르 라이크(Theodor Reik)—이 언젠가 이런 말을 만들어냈다. "정신분석가는 제3의 귀로 듣는다." 이는 아주 정확한 표현이다. 더 흔한 표현을 들자면, 이렇게도 말할 수 있을 것이다. "그는 행간을 읽는다." 그는 직접 주어지는 것만을 보는 게 아니라, 주어지고 관찰된 것들 속에서 그 이상의 것을 본다. 즉 행동으로 나타나지만 각각의 행동에 끄트머리만 빼꼼 드러내는 성격의 핵심에서 나오는 뭔가를 보며, 비록 그것이 겉으로 드러난 하나의 모습일지라도 그것을 통해서 성격의 특징을 알게 된다. 어떤 행위라도 완전히 독자적인 인물의 몸짓이 아닌 것은 없다. 그러므로 두 행동이 완전히 같은 경우는 있을 수 없다. 이는 두 사람이 완전히 똑같지 않은 것과 마찬가지이다. 두 사람은 서로 비슷할 수도, 가까울 수도 있다. 그러나 결코 똑같지는 않다. 두 사람이 똑같이 손을 들거나, 똑같이 걷거나, 똑같이 고개를 갸웃거리는 경우는 없다. 얼굴을 보지 않고도 걸음걸이로 사람을 식별할 수 있는 것도 이 때문이다. 걸음걸이는 얼굴과 마찬가지로 한 사람의 특징을 나타낸다. 아니, 때로는 그이상으로 잘 나타낸다. 얼굴을 위장할 수는 있지만, 걸음걸이를 꾸미기는 훨씬 어렵기 때문이다. 인간은 얼굴로 거짓말을 할 수 있다. 이는 인간만의 특성으로, 이 점에서 인간은 동물보다 진화해 있다. 연습하면 걸음걸이로 거짓말을 할 수 있다고는 하지만 훨씬 어려운 일이다.

전제는 이 정도로 하고, 여기서 나는 심리학이라는 관점에서 말하기보다는 정신병리학이라는 관점에서 소비문제를 다루고자 한다. 이렇게 말하면 질문이 나올 것이다. 도대체 무슨 말인가? 소비는 누구나 해야 하는 것 아닌가? 인간은 누구나 먹고 마셔야 하며, 옷과 집도 갖고 있다. 요컨대 많은 것을 필요로 하고, 사용하며, 이를 '소비'라고 부른다. 그런데 여기에 심리학과 관련된 어떤 문제가 있는가? 이는 바로 인간의 본성이 아닌가? 살기 위해서 인간은 소비해야 한다. 그러나 여기서 이미 나는 본질을 말하고 있다. 즉 모든 소비가 똑같은 것은 아니다. 강박에서 비롯된, 더 따지고 보면 탐욕에서 나오는 소비가 있다. 그것은 더 많이 먹고 싶다, 더 많이 사고 싶다, 더 많이 갖고 싶다, 더 많이 쓰고 싶다는 갈망이다.

여기서 아마 여러분은 말할 것이다. 그게 정상 아닌가? 결국 우리가 진심으로 바라는 것은 자기가 갖고 있는 모든 것을 늘리는 일 아닌가? 문제라고 하면 충분한 돈이 없다는 것 정도이지, 욕망 자체가 잘못된 것은 아니다……나는 많은 사람들이 이렇게 생각하고 있다는 것을 잘 알고 있다. 하지만 하나의 예를 들어, 문제가 그렇게 간단하지는 않음을 보여주고자 한다. 이것은 모두가 아는 예이겠지만, 여러분과는 그다지 상관이 없기를 바란다. 지방과다증으로 괴로워하는 사람이 있다고 가정하자. 그 원인은 내분비에 있을지도 모른다—이에 대해서 여기서는 다루지 않는다. 그러나 많은 경우의 원인은 단 하나, 과식 때문이다. 그는 여기서 조금, 저기서 조금 하는 식으로 여기저기 기웃거리면서 좋아하는 단것을 집어 먹는다. 이 모습을 주의 깊게 관찰하면, 그가 단순히 끊임없이 먹는 게 아니라 어떤 탐욕에 지배당하고 있음을 확신할 수 있다. 그는 먹지 않을 수 없다. 멈출 수가 없다. 많은 사람이 담배를 끊을 수 없는 것처럼 말이다. 그런데 여러분은 담배를 끊으면 살이 찐다고 주장하면서 끊지 않는다. 그렇게 담배를 끊지 않는 자신을 합리화한다. 왜? 뭔가를 입에 넣고 싶다, 뭔가를 삼키고 싶다 하는 바로 그 탐욕이 음식을 먹거나 담배를 피우거나 술을 마시거나 물건을 사거나 하는 행위로 나타나기 때문이다.

탐욕이나 강박 때문에 먹고 마시고 담배를 피우는 사람이 심장마비로 죽을 수도 있으니 조금 줄이라는 의사의 경고에 따른 경우에 가끔 관찰되는 일인데, 이런 사람들은 갑자기 불안해지고 자신감을 잃고 신경질을 부리고 우울해진다. 여기서 주목해야 할 관련성이 드러난다. 즉 먹지 않는 것, 마시지 않는 것, 담배를 피우지 않는 것이 불안을 낳을 수 있다는 점이다. 먹거나 사기 위해서가 아니라, 자신의 불안한 마음이나 우울한 기분을 억눌러 막기 위해서 먹거나 사는 사람들이 있다. 그들은 불쾌감에서 탈출하려고 더욱더 많이 소비한다. 소비는 그들에게 치유를 약속하며, 식욕만 만족시켜 주면 실제로 우울한 기분이나 불안한 기분을 조금 덜어준다. 이런 사실은 누구든 알고 있을 것이다. 불안이나 우울을 느끼면 딱히 식욕이 있는 것도 아닌데 냉장고로 가서 뭔가를 먹고 마심으로써 마음을 가라앉히게 된다는 사실을. 다른 말로 표현한다면 먹고 마시는 것은 가끔 실제로 어떤 약, 즉 신경안정제 역할을 한다. 더구나 맛도 좋으니까 더 고마운 약이다.

우울한 사람은 자신이 껍데기가 된 것처럼 느낀다. 팔다리가 시들어 없어진 것처럼, 활동하는 데 뭔가가 결여된 것처럼, 몸에 무언가가 부족해서 잘 움직일 수 없는 것처럼 느낀다. 이때 뭔가를 먹으면 껍데기라든가 시들었다든가 약해졌다는 느낌은 잠시 사라지고, 나는 인간이며 확실히 뭔가를 갖고 있고 무(無)가 아니라고 깨닫는다. 인간은 자기 안의 공허를 쫓아내기 위해서 채운다. 이것이 수동적인 인간이다. 그는 자신이 보잘것없다는 불안감을 느끼며, 이 불안감을 잊기 위해 소비하게 된다.

지금 나는 '수동적인 인간'이라는 개념을 썼는데, 이 말을 어떤 뜻으로 쓰고 있는지 궁금할 것이다. 대체 수동이란 무엇인가? 그리고 능동이란 무엇인가? 여기서 나는 먼저 여러분이 잘 아는 수동과 능동의 근대적인 이해에 대해서 말해야 한다. 흔히 능동을 하나의 목적을 향해 에너지를 소비하는 모든 행동으로 해석한다. 따라서 정신과 관련된 활동이기도 하고 육체와 관련된 활동이기도 하다. 또 예를 들면 운동경기도 그렇다. 운동은 건강에 좋고, 또는 조국의 명예가 되기도 하고 명성과 부를 가져다주기도 한다고 대부분의 사람은 생각한다. 인간이 운동하는 것은 운동 자체의 즐거움 때문이 아니라 하나의 효과 때문이다. 어떤 것에 열중하는 인간은 능동적이다. 그래서 미국에서는 어떤 사람은 '바쁘다'고 표현한다. 그리고 '바쁘다(busy)'와 '일(business)'은 같은 단어이다.

그렇다면 이 해석에서 인간이 수동적인 것은 어떤 때일까? 보기에 아무 짝에도 쓸모없고 뭔가를 이루는 것도 아닌 때이다. 일부러 단순한 예를 들어보겠다. 한 사람이 경치를 감상하고 있다. 단지 그것만으로 5분, 30분, 한 시간이 흐른다. 아무것도 하지 않는다. 그저 보고 있다. 사진을 찍는 것도 아니고 오로지 보는 데 눈이 잠겨 있으므로 사람들은 기이하게 느끼겠지만, 설마 그의 '관조'를 능동이라고는 부르지 않을 것이다. 또는(우리 서양문화에서는 보기 힘든 광경이지만) 명상하는 사람을 생각해 보자. 그는 자기 자신을, 자기 자신의 감정을, 자신의 기분을, 자신의 내적 상황을 스스로 깨달으려고 한다. 정식으로 명상하는 경우에는 몇 시간이나 이어질지도 모른다. 아무것도 모르는 주변 사람들은 그를 수동적인 사람이라고 생각할 것이다. 그는 아무것도 하지 않는다. 단지 모든 생각을 머릿속에서 몰아내려고 노력하고 있다. 아무것도 생각하지 않는 것, 오로지 '있는' 것에 집중하고 있다. 아마도 여러분은 이상하게 생각할 것이다. 한번 해보자. 단 2분이라도 좋다. 그러면 그것이 얼마나 어려운 일인지 알게 될 것이다. 머릿속을 끊임없이 뭔가가 스쳐 지나가고, 온갖 잡다한 생각이 들 것이다. 대부분은 쓸데없는 생각이지만 도저히 막을 수가 없다. 아무것도 생각하지 않고 가만히 앉아 있는 것은 정말 견디기 어려운 일이다.

인도나 중국의 위대한 문화에서 이런 명상은 아주 중요하다. 유감스럽게도 우리에게는 그렇지 않다. 우리는 야심에 불타서 늘 뭔가를 해야 한다고 믿고 있기 때문이다. 뭔가를 해내고 뭔가를 낳겠다는 목적을 가진 뭔가를. 그러나 한번 이런 목적을 잊고 자기 자신에게 집중하며 참을성 있게 명상해 보면 아마도 아무것도 하지 않는 이런 행위를 통해서 아주 신선한 기분을 느낄 수 있다는 사실을 알게 될 것이다.

즉 나는 우리 현대 언어의 용법에서 능동을 눈에 보이는 효과가 있는 행위로 여기고, 수동을 목적이 없으며 에너지를 쓰지 않는 것처럼 보는 태도로 간주한다는 걸 알리고 싶었다. 능동과 수동을 이렇게 규정하는 것은 소비 문제와 관련이 있다. '나쁜 초과'의 소비는 겉보기에는 능동처럼 보여도 결국 수동이다. 우리가 단순한 소비자 이상이 되기 위해서는 어떤 형태의 창조하는 능동을, '좋은 초과'를, 가득 차서 넘치는 것을, 저항을 생각할 수 있을까?

2) 현대의 따분함

아리스토텔레스, 스피노자, 괴테, 마르크스, 그 밖에 2000년 동안 서양세계의 많은 사상가들에게서 보이는 능동과 수동의 고전적인 해석에 대해서 잠깐 생각해 보자. 이 경우 능동을 인간 안에 존재하는 힘을 표현하는 어떤 것, 삶을 주는 것, 육체와 관련된 것일 뿐만 아니라 정신 또는 지식, 또 예술과 관련된 능력을 낳는 것 등으로 이해한다. 인간 안에 존재하는 힘이라고 하면 이해하기 어려울지도 모르겠다. 보통 힘이나 에너지는 기계 안에 있는 것이지 인간 안에 있는 것이 아니라고 생각하기 때문이다. 그래서 인간이 힘을 쓸 때는 기계를 발명해서 그것을 사용하고 싶어한다. 기계에 대한 칭찬은 더욱더 강해지지만, 인간 내부의 훌륭한 힘에 대한 통찰은 약해지고 있다. 그리스의 시인[2]이 《안티고네》에서 말한 "세상에 훌륭한 것은 많지만, 인간만큼 훌륭한 것은 아무것도 없다"라는 구절은 이미 본디 뜻이 퇴색되었다. 달 탐사선은 가끔 하찮은 인간보다 훨씬 훌륭하게 보인다. 어떤 의미에서 우리는 요사이 발명들로, 태초에 인간을 창조했을 때의 신보다 더 훌륭한 것을 창조했다고 믿고 있다.

인간 안에 숨어 있는 각양각색의 힘을 의식하고 개발하는 일로 눈을 돌린다면, 우리는 생각을 바꿔야 한다. 단지 말하거나 생각하는 힘뿐만 아니라 한없이 통찰을 깊어지게 하고 한없이 성숙을 드높여 가는 힘, 사랑과 예술로서 표현되는 힘들이 모든 인간 안에서 실현을 기다리고 있다. 능동, 즉 조금 전 예로 든 저자들이 말하는 활동성으로, 인간 특유의 것이면서 거의 묻혀 있거나 억압되어 있는 이 힘을 구체화하고 드러내는 것이다.

여기서 인용을 하나 하겠다. 카를 마르크스로부터의 인용이다. 물론 이 마르크스가 대학의 강의나 신문이나 좌우 두 진영의 선전에서 보이는 마르크스와는 전혀 다르다는 것은 금방 알 것이다. 《경제학·철학 수고》에서 인용한다 (MEGA[3] I.3, p149).

인간이 인간이고, 그와 세계의 관계가 인간적인 관계라고 가정하자. 이때 사랑을 이끌어 낼 수 있는 것은 사랑뿐이고, 신뢰를 이끌어 낼 수 있는 것은 신뢰뿐이며, 이하 똑같다. ……만일 당신이 다른 사람에게 영향을 주고 싶지 않다면, 당신은 정말로 다른 사람을 자극하고 격려하는 힘을 가진 사람이어야 한다. 인간에 대한—그리고 자연에 대한—당신의 관계 하나하나가 당신 의지가 반영되는 대상의 짝이 되는 현실 속 당신의 개인적인 생명의 특정한 표현이어야 한다. 만일 당신이 누구를 사랑하면서도 그 상대의 마음에서 사랑을 일깨우지 않는다면, 즉 만일 당신의 사랑이 사랑으로서 상대의 사랑을 일깨우지 못한다면, 당신이 사랑하는 사람으로서의 자신을 표출함으로써 자신을 사랑받는 사람으로 만들지 못할 때의 당신 사랑은 불능이고 하나의 불행이다.

---

2) 소포클레스.
3) 독일어판 마르크스·엥겔스 전집.

여기서 마르크스가 사랑에 대해서 하나의 능동으로서 말하고 있음을 알 것이다. 실제 근대인들은 사랑에 의해 뭔가를 낳겠다는 생각을 하지 않는다. 단지 사랑받는 것에만 고심하지, 스스로 사랑할 수 있는 것, 즉 사랑에 의해서 상대 안에 사랑을 일깨우고 그로써 뭔가 새로운 것, 지금까지 없었던 것을 세계에 가져오는 것에 고심하려 하지 않는다. 따라서 사랑받는 것은 엄청난 우연이거나, 또는 사랑받기 위해서 필요하다고 일컬어지는 것—효과적인 입냄새 제거제에서부터 세련된 양복이나 고급차에 이르기까지—을 살 수 있는 만큼 사게 됨으로써 실현되는 것이라고 생각한다. 입냄새 제거나 양복에 대해서는 잘 모르겠지만, 많은 남자가 세련된 차 덕분에 사랑받는다는 것은 유감스럽게도 사실이다. 물론 많은 남자가 아내보다 자동차를 더 아낀다는 말을 덧붙여야 한다. 그러면 모든 것은 아귀가 착착 들어맞는 것처럼 보인다. 단 두 사람은 곧 따분해하고, 어쩌면 서로 미워하게 될 것이다. 서로를 속였거나, 아니면 속았다고 느끼거나 둘 가운데 하나이기 때문이다. 사랑받고 있다고 믿었더라도, 실제로는 어떤 연극을 하고 있었던 것이지 능동적인 사랑을 실천한 것은 아니었다.

마찬가지로 수동이라는 말의 고전적인 의미에서는 누군가가 단지 거기에 앉아 생각하고 명상하고 또는 자연을 바라보는 것이라고는 해석되지 않으며, 단순한 반작용, 단순히 외력에 의해 움직이는 것을 뜻한다.

먼저 단순한 반작용에 대해서 말해 보자. 기억해야 할 점은, 능동적인 것은 대개 자극이나 상황에 반작용을 한다. 즉 습관이 되어 있는 탓에 일정한 신호가 주어지면 뭔가를 하지 않을 수 없다. 파블로프의 개는 자신이 일단 먹이와 연관시킨 종소리를 들으면 곧 식욕을 느끼는 반작용을 일으킨다. 그릇으로 달려들 때 그는 당연히 매우 '능동적'이다. 그러나 이 능동은 하나의 자극에 대한 하나의 반작용일 뿐이다. 개는 기계처럼 기능하고 있다. 오늘날의 행동심리학은 바로 이 과정을 연구한다. 즉 인간은 반작용을 하는 존재이다. 자극을 주면 곧바로 반작용이 일어난다. 이는 쥐로도 실험할 수 있다. 쥐로도 원숭이로도 인간으로도 할 수 있고, 좀 어렵지만 고양이로도 할 수 있다. 유감스럽게도 인간의 경우가 가장 쉽다. 인간의 모든 행위는 대부분 상과 벌의 원칙에 따른다고 믿기 때문이다. 상과 벌은 2대 원인으로, 인간은 다른 동물처럼 그것에 따라 행동하는데, 상받을 행동은 하지만 벌받을 행동은 하지 않기를 기대한다. 실제로 벌받을 필요는 없고 겁만 주면 된다. 물론 그 위협이 말에만 그치지 않도록 가끔 한두 사람을 본보기로 벌주는 것이 필요하다.

다음으로 외력에 의해 움직이는 것에 대해서 말해 보자. 주정뱅이를 보면 된다. 그는 가끔 매우 '능동적'으로, 고함을 지르고 허세가 섞인 과장된 몸짓을 한다. 아니면 조증이라 불리는 정신병에 걸려 있는 사람을 생각하면 된다. 그런 사람은 대단히 능동적이다. 자신이 세계를 구원할 수 있다고 믿고 연설하며, 전보를 치고, 꾀를 낸다. 그는 경이적으로 능동적인 사람처럼 보인다. 그러나 이런 능동을 이끄는 힘이 한편으로는 알코올이고, 다른 한편에서는 뇌 속의 어떤 전기(화학적 이상)임을 우리는 알고 있다. 그래도 겉으로 드러난 효과는 모두 극도로 능동이다.

자극에 대한 단순한 반작용으로서의 '능동', 또는 겉으로는 열정적이어도 실은 외력에 의해 움직이는 '능동'은 아무리 과장된 몸짓을 해도 기본적으로는 수동이다. 열정(Leidenschaft)이라는 단어는, 괴로움(Leiden)[4]이라는 단어와 관련되어 있다. 매우 열정적인(leidenschaftlich) 사람이란 상반되는 가치판단을 포함하는 표현이다. 슐라이어마허[5]는 일찍이 말했다. "질투(Eifersucht)란 괴로움(Leiden)을 낳는(schaft) 것을 열의(Eifer)를 갖고 구하는(sucht) 열정(Leidenschaft)이다." 이는 질투뿐만 아니라 인간이 자극받는 모든 정열에도 해당된다. 명예욕(Ehrsucht), 금전욕(Geldsucht), 권력욕(Machtsucht), 식욕(Eßsucht). 모든 병적 욕망(Sucht)은 괴로움을 낳는 열정이다. 그것들은 수동(Passivität)이다. 라틴어의 괴로움(passio)[6]은 우리의 괴로움과 똑같다. 라이덴샤프트라는 단어가 전혀 다른 뜻으로 이해되므로 오늘날 이 점에서 언어 사용에 조금 혼란이 있다. 그러나 지금은 이에 대해서 더 파고들지 않도록 하겠다.

여기서 단순한 반작용으로서의 능동, 또는 외력에 의해 움직이는 인간, 즉 고전적인 의미에서는 수동적 인간의 능동을 보면, 그의 반작용은 결코 새로운 것을 낳지 않음을 알게 된다. 틀에 박혀버린 것이다. 반작용은 인제나 똑같다. 같은 자격에 같은 반작용이 일어난다. 무슨 일이 일어날지 정확히 알고 있다. 모든 것은 계산할 수 있다. 여기에는 아무런 개성도 없다. 힘이 저절로 생기는 일도 없다. 모든 것이 계획된 것만 같다. 같은 자극에 같은 결과는 동물실

---

4) '받다', '입다'라는 뜻도 갖고 있다.

5) 독일 신학자·철학자(Friedrich Ernst Daniel Schleiermacher 1768~1834).

6) '열정'이라는 뜻도 있다.

험실에서 쥐에 대한 관찰에서도 파악할 수 있다. 인간을 본디 기계라고 여기는 행동심리학에서도 마찬가지로, 인간은 일정한 자극에 일정한 반작용을 보인다고 한다. 이 과정을 파악하고 살피고 거기에서 처방을 이끌어 내는 것을 인간은 과학이라고 부른다. 아마 그것은 과학일 것이다. 그러나 결코 인간적이지는 않다! 왜냐하면 살아 있는 인간이 언제나 똑같이 반작용하는 일은 실제로는 결코 없기 때문이다. 그는 어떤 순간에도 늘 다른 인간이다. 전혀 다른 인간은 아닐지언정 결코 똑같은 인간은 아니다. 헤라클레이토스는 이를 다음과 같이 표현했다. "같은 강물에 다시 들어갈 수는 없다." 왜냐하면 "만물은 끊임없이 변화하고 있기" 때문이다. 덧붙여 말한다면 행동심리학은 과학일지 모르지만, 인간의 과학은 아니다. 그것은 소외된 연구자들이 소외된 방법으로 소외된 인간을 연구하는 과학이다. 인간의 한 면을 부각시킬 수는 있다. 그러나 정작 살아 있는 인간, 인간다운 인간은 다루지 않는다.

능동과 수동의 차이에 대해서 하나의 예를 들어보겠다. 그것은 미국의 산업심리학에서 큰 역할을 했다. 엘튼 메이오[7]는 웨스턴 일렉트릭사(社)의 위탁을 받아 시카고에 있는 호손 공장 여공들―비숙련공―의 생산성을 어떻게 하면 높일 수 있을까를 조사했다. 그는 다음과 같은 실험을 했다. 먼저 그가 생각한 것은 오전 중에 10분간 휴식을 주고, 그 뒤에 다시 10분간의 커피타임을 주면 더 열심히 일하게 되리라는 것이었다. 이 비숙련 여공들이 해야 하는 일은 매우 단순한 일, 즉 코일 감기였다. 그것은 아무런 기술도 집중력도 필요하지 않는 가장 수동적이고 단조로운 일이다. 그래서 메이오는 그녀들에게 실험의 목적을 설명하고, 먼저 오후에 커피타임을 넣어 보았다. 즉시 생산성이 두드러지게 높아졌다. 이 방법의 뛰어난 효과를 깨달은 것은 보람된 일이었다. 그래서 오전 휴식도 실시했더니 생산성은 더 올라갔다. 노동조건을 향상시키면 그에 따라서 생산성도 좋아지는 것이다. 즉 완전히 예상대로였다.

보통의 교수였다면 여기서 실험을 마치고, 웨스턴 일렉트릭의 경영진들에게 20분을 포기하면 더 높은 생산성을 얻을 수 있을 거라고 말했을 것이다. 그러나 엘튼 메이오는 달랐다. 즉 그는 이 특전을 다시 빼앗는다면 어떻게 될까 자문했다. 그래서 그는 먼저 커피타임을 없애 보았다―생산성은 향상되었다. 그

---

7) 미국 사회학자·경영심리학자(George Elton Mayo 1880~1949).

런 다음 오전 휴식을 없앴다―생산성은 향상되었다. 모두 이런 식이었다. 어쩌면 여기서 어깨를 으쓱하며 다음과 같이 단정짓는 교수도 있을지 모른다. 맙소사, 이 실험으로부터는 어떤 결론도 내릴 수 없겠군……. 하지만 이 경우 갑자기 '이 비숙련 여공들은 아마 난생처음으로 자신이 공장에서 하고 있는 일에 흥미를 갖지 않았을까?' 하는 생각이 떠올랐다. 코일 감기가 여전히 지루하고 단조로운 일임에는 변함없었다. 그러나 실험에 참가한 결과 그녀들은 자신들이 서로 관련을 맺고 일하고 있다는 것을 느끼고, 이름도 모르는 기업가들의 이익뿐만 아니라 모든 사원에게 의미 있는 일에도 기여하고 있다고 느낀 것이다. 메이오가 밝힐 수 있었던 사실은 노동생산성을 높이는 것은 예기치 못했던 관심이고 참가의 가능성이지, 오전 또는 오후의 휴식이 아니라는 것이었다. 이를 계기로 하나의 새로운 생각이 발전했다. 즉 생산성의 동기는 휴식, 임금인상, 그 밖의 환경 개선보다는 작업 그 자체에 대한 관심에서 찾아야 한다는 생각이다. 이는 나중에 다시 다루겠지만, 여기서는 능동과 수동의 결정적인 차이를 제시하고 싶었다. 여공들이 일에 관심이 없는 동안에는 수동적이었다. 하지만 실험으로 역할이 주어진 순간 마음속에 공동 작업이라는 감정이 싹텄고, 그녀들은 능동적이 되어 태도를 근본적으로 바꾸게 된 것이다.

또 하나, 훨씬 간단한 경우를 들어보자. 한 여행자―물론 사진기를 가진―를 상상해 보라. 어딘가로 가서 눈앞에 산, 호수, 성, 또는 예술 작품을 보고 있다. 그러나 실은 직접 보고 있는 게 아니라 처음부터 사진에 담기 위한 광경을 보고 있다. 그에게 중요한 현실은 광경을 포착해서 자신의 것으로 만들 수 있는 현실이지 눈앞에 실제로 있는 것이 아니다. 두 번째로 오는 것은 사진으로, 실제 보는 것 자체인 첫 번째 행위보다 먼저 온다. 사진이 자신의 주머니에 들어 있으면, 거기 찍혀 있는 부분의 세계를 스스로 창조한 것처럼 친구들에게 보여줄 수 있다. 또 10년 뒤에 그때 자신이 어디에 있었는지를 떠올릴 수 있다. 어쨌거나 사진이라는 인공적인 지각이 근원적 지각을 대신하고 있다. 많은 여행자는 먼저 풍경을 눈으로 보지 않는다. 사진기에 손이 간다. 한편 뛰어난 사진가는 사진기로 찍으려 하는 것을 자신의 내부에 찍는다. 즉 먼저 자신과 피사체의 관계부터 만든다. 이렇게 먼저 보는 것은 하나의 능동이다. 이런 차이는 실험으로 측정할 수 없다. 하지만 얼굴 표정으로는 알 수 있을지도 모르며 아름다운 것을 보고 좋아하는 사람이 있다. 그 사람은 사진을 찍을지도, 찍지 않을지도 모른다. 또(물론 수는 적지만) 사진은 추억을 망가뜨린다며 찍지 않는 사람들도 있다. 사진의 도움을 빌리면, 하나의 추억만 보게 된다. 그러나 사진 없이 그곳 경치를 떠올리려고 하면, 경치는 마음속에 되살아날 것이다. 눈앞에서 보는 것처럼 생생하게 다시 모습을 드러낸다. 말을 떠올릴 때처럼 하나의 기억이 되살아나는 것은 아니다. 스스로 경치를 새로 창조하고, 스스로 이 인상을 낳는다. 이런 능동은 생명력을 갱신하고, 활력을 주며 강화시킨다. 한편 모든 수동은 기쁨을 빼앗고 의지를 꺾을 뿐만 아니라, 가끔 증오로 마음을 채운다.

어떤 연회에 초대되었을 때를 상상해 보자. 이 사람 저 사람이 무엇을 말하고, 자신이 무엇을 말하고, 그에 대해 상대가 또 뭐라고 말할지 처음부터 훤히 상상이 간다. 저마다 말하는 것은 기계의 세계처럼 또렷하고 틀에 박혀 있다. 각자가 자신의 의견과 견해를 갖고 있다. 아무 일도 일어나지 않는다. 그리고 집으로 돌아올 때는 마음까지 녹초가 되어버린다. 그 자리에 있는 동안에는 아마 매우 활기차고 능동적으로 행동했을 것이다. 상대와 똑같이 말하며 흥분하기까지 했을 것이다. 그러나 역시 수동으로 채워진 대화였다. 두 사람 모두 되풀이해서 자기 자신을 연주했기 때문이다. 그것은 눈길조차 주지 않는 오래된 레코드 같은 자극과 반작용으로, 그 어떤 새로운 것도 낳지 않는 지루함 그 자체였다.

그런데 우리 문화에서 한 가지 주목할 사실은 지루함이 얼마나 고통스러운 것인지를 사람들이 충분히 평가하고 있지 않거나, 어쩌면 충분히 의식하고 있지 않다는 점이다. 독방에 있을 때, 또는 그 정도까지는 아니더라도 왠지 힘에 겨울 때 자신의 내부에 뭔가 활기찬 일을 하거나 뭔가를 생산하거나 자기를 눈뜨게 할 만한 활력의 원천이 없으면, 그때의 지루함은 그야말로 무거운 짐이 되고 부담이 되어 혼자서는 설명할 수 없는 무기력감에 빠지게 된다. 지루함은 가장 지독한 고문이다. 이는 매우 근대적인 것으로, 사방에 퍼져 있다. 지루함을 제어할 줄 몰라 거기에 몸을 내맡겨 버린 사람은 몹시 무기력한 사람이 된다. 여기서 당연한 의문이 생길 것이다. 왜 대부분의 사람이 지루함이 얼마나 해로우며 고통스러운지를 깨닫지 못하는가 하는 의문. 그러나 이 의문에 대한 답은 간단하다. 오늘날 우리는 여러 가지를 만들어 내고 있고, 그것만 사용하면 지루함을 달랠 수 있다. 사람들은 신경안정제를 먹거나, 술을 마시거나, 칵테일파티를 찾아다니거나, 아내와 싸우거나, 매스미디어로 기분을 풀거나, 섹스에 전념하거나 해서 지루함을 달래려고 한다. 우리의 많은 활동은 지루함을 의식하지 않으려는 시도이다. 하지만 지루한 영화를 보면서 지루함을 몰아내면 가끔 자괴감이 든다는 점을 잊지 말아야 한다. 그것은 실로 죽을 만큼 지루했다, 내 시간을 알차게 쓴 게 아니라 낭비해 버렸다고 깨달을 때 덮치는 숙취 같은 기분이다. 이것 또한 우리 문화에서 주목해야 할 점인데, 우리는 시간을 아끼기 위해 여러 가지를 하지만 실제로 아꼈을 때는, 그 시간을 어떻게 쓰면 좋을지 몰라 낭비해 버리는 것이다.

3) 만들어진 욕구

인간이 어떤 생리적 욕구에 따라 기능하는 기계라는 생각은 보통 사람들뿐만 아니라 많은 과학자들도 널리 믿고 있다. 욕구에는 배고픔, 목마름, 수면욕, 성욕 등이 있다. 생리적 또는 생물적 욕구는 채워져야 한다. 그것들이 채워지지 않을 때 인간은 신경증에 걸리거나, 또는 배고픔의 경우라면 죽어버린다. 그것들이 채워지면 모든 것은 순조로울 듯하다. 그런데 그렇지 않다. 생리적, 생물적 욕구는 다 채워졌어도 전체적 인간으로서는 채워지지 않을 수도 있다. 그런 경우에는 필요한 것은 다 갖고 있는 것처럼 보이지만 자기 자신과 잘 어울려 살아가지 못한다. 또한 경우에 따라서는 내적으로 중병에 걸리게 된다. 그에게는 자극, 곧 능동성을 부채질하는 자극이 없는 것이다.

몇 가지 예를 간단히 들어보자. 최근 자극을 완전히 배제한 흥미로운 실험이 있었다. 예를 들면 한 사람을 격리된 방에 가두고 온도와 빛을 일정하게 유지하며 식사는 외부에서 넣어주는 식으로, 요컨대 아무 자극도 없이 어머니 배 속에 있는 태아 같은 환경이 지배하게 하는 것이다. 실험 며칠 뒤부터 이 사람에게서 병적인, 가끔 정신분열증과도 비슷한 증상이 악화되어 가는 것이 관찰되었다. 생리적으로는 채워지더라도 이런 수동의 상태는 심리적으로 병을 가져오고, 심하게는 광기로까지 이르게 한다. 태아에게는 정상인(태아라 하더라도 이 실험처럼 자극이 완전히 배제되는 것은 아니지만) 이런 상황도 성인에게는 병의 원인으로 작용하는 상황이 되는 것이다.

꿈을 꾸지 못하도록 하는 실험도 이루어졌는데, 이는 참고할 만하다. 이것은 인간이 꿈을 꿀 때 눈이 아주 빠르게 움직인다는 관찰에서 가능해졌다. 이런 경우에 눈을 뜨게 하면 꿈을 꾸지 못하게 할 수 있다. 이들은 심각한 증상을 보였다. 이것은 꿈을 꾸는 것이 필요한 행위임을 뜻한다. 인간은 잠자는 중에도 심적, 정신적으로 능동적이다. 그리고 이 능동성을 방해하면 병이 난다.

동물심리학자 해리 할로우(H.F. Harlow)는 원숭이 실험을 했다. 그의 주의를 끈 것은 원숭이들이 복잡한 시도를 열 시간도 넘게 할 수 있다는 점이었다. 원숭이들은 끈기 있게 어떤 구조물을 해체해야 했다. 그리고 어떤 상벌도 없고 자극과 반작용의 연결 요소도 없는데, 오로지 작업에 대한 관심에서 참을성 있게 그것을 계속했다. 그러므로 동물 특히 영장류도 먹이를 받거나 혼날지도 모른다는 것만으로 동기부여가 되는 게 아니라 매우 높은 관심을 가질 수 있다.

또는 다른 것을 상상해 보라. 즉 인류는 이미 3만 년 전에 예술을 창조했다는 사실이다. 이렇게 말하면, 그건 주술과 관련된 목적을 위해서 그런 것 아니냐고 반박할 것이다. 예를 들어서 동굴벽화를 떠올려 보라. 우아하고 아름다운 움직임으로 가득한 동물의 모습이 그려져 있다. 그런 그림을 그리면 수렵 때 더 많은 성과를 올릴 수 있다고 믿었으므로 탄생한 것이다. 분명 그랬을 것이다. 그러나 그것으로 정말 그 아름다움이 설명되는가? 또 주술과 관련된 목적 때문이라면 그렇게 예술적인 회화도 동굴이나 항아리의 장식도 필요 없으며, 우리가 오늘날에도 감동하고 즐길 수 있는 아름다움은 하나의 부록이다. 이는 인간이 실제적인 것, 목적에 어울리는 것, 실용적인 것에 대한 관심을 뛰어넘은 훨씬 광범위한 관심을 갖고 있다는 것이고, 창조하며 형성하고 자기 속에 존재하는 힘들을 개발시킨다는 의미에서 능동적이고자 하는 것이다.

독일의 심리학자 카를 뷜러[8]는 매우 아름다운 말을 만들었다. 즉 '작용의 기쁨'이다. 활동성이 기쁨을 가져온다는 뜻으로, 인간은 자신이 어떤 작용을 하면 그것을 즐기게 된다. 그것은 인간이 여러 가지를 사용하기 때문이 아니라 창조하는 행위, 또는 자기 재능을 발휘하는 것 자체가 기쁨을 가져다주기 때문이다. 이는 당연히 교육에 중요한 결과를 가져온다. 이탈리아의 천재 마리아 몬테소리[9]는 기존의 상벌 원리로 아이들을 훈련할 수는 있어도 교육은 할 수

---

8) Karl Bühler(1879~1963). 빈 대학의 교수였지만, 나치스에 쫓겨 미국으로 망명했다.
9) Maria Montessori(1870~1972). 정신과의사·교육학자로 어린이의 자발성을 중시하는 교육법을 제창했다.

없다는 것을 알았다. 한편 수많은 연구에 의하면, 실제로 인간은 활동성 자체가 만족을 낳을 때 학습이 더 잘 이루어진다는 점이 확인되었다.

인간은 자기를 표현할 때, 내재하는 힘을 발휘할 때만이 자기 자신이라고 나는 생각한다. 이에 반해 인간이 '있기'를 그만두고 '갖고' 사용하게 되면, 인간은 타락하고 사물이 되며 그의 삶은 무의미해지고 고통스러워진다. 진정한 기쁨은 진정한 능동에 있다. 그리고 진정한 능동은 인간이 지닌 힘의 발휘이고 발달이다. 순수한 뇌생리학의 관점에서도 머리를 쓰는 것이 뇌세포를 발달시킨다고 분명히 말할 수 있다는 점을 잊어서는 안 된다. 이 발달은 측정할 수도 있다. 이것은 근육을 쓸 때와 그리 다르지 않다. 정해진 것만 하는 활동이라면 근육은 활동하지 않을 때의 상태와 다르지 않아 가능성을 충분히 발휘하는 데까지는 다다르지 못한다.

여기서 초과에 대한 고찰에 몇 가지 경제적, 사회적 관점을 덧붙여 보자. 인류의 역사는 몇 가지 주요 시기로 나눌 수 있다. 장기간에 걸쳐서 원숭이가 인간이 되었다는 지적에서 시작해도 좋다. 그것은 수십만 년이 걸렸다. 그리고 그 이행은 어떤 한 걸음이나 순간이 아니라 아주 천천히, 양적인 것이 질적인 것으로 변화해 간 하나의 과정이다. 6만 년 전에야 겨우 인간은 많든 적든 분리되었던 것 같고, 그 뒤 우리가 오늘날과 같은 현대인 호모 사피엔스 사피엔스[10]로 진화했다. 약 4만 년 전의 일이다. 따라서 그 시기에서부터 시작된다. 놀랄 만큼 짧게 느껴질 것이다.

인간이 동물과 다른 점은 무엇일까? 직립보행이 아니다. 직립보행은 원숭이가 훨씬 오래전부터 하고 있었던 것으로, 뇌가 더 진화할 때보다 훨씬 이전의 일이었다. 그것은 도구의 사용도 아니고, 어떤 결정적인 새로운 것, 하나의 전혀 다른 성질의 것이다. 즉 자의식이다. 동물도 의식을 갖고 있다. 대상에 대한 의식을 갖고 있다. 이것은 이것이고 저것은 저것임을 알고 있다. 그러나 인간은 태어났을 때부터 어떤 다른 새로운 의식, 즉 자기 자신에 대한 의식을 갖고 있다. 그는 자기 자신을 경험한다. 그는 자신이 생각하고 느끼는 것을 자각한다. 우리가 알고 있는 한 이는 동물계와는 다르다. 이것이 인간을 인간답게 만들어 주는 특수성이다.

---

10) 화석 인류와 구별해 현생 인류를 이르는 말.

인간은 어떤 의미에서 완전한 인간으로 태어난 순간부터 어림잡아 3만 년 동안 전체적 곤궁, 전체적 결핍 상태에서 살고 있다. 수렵인인 그는 동물을 사냥하고, 쓸모 있으면서 기르지 않아도 구할 수 있는 것들을 채집해서 산다. 이 시대의 생활은 빈곤과 궁핍으로 특징지어진다. 하지만 여기서 대혁명이 일어난다. 이것은 때로 신석기혁명이라고 불린다. 거의 1만 년 전이다. 인간은 생산을 시작한다. 물건을 생산하기 시작하는 것이다. 인간은 이제 '구한' 것이나 사냥한 것으로 사는 게 아니라 경작자나 동물사육자가 된다. 그는 스스로 뭔가를 만들기 위해서 생각, 기술, 선견지명을 발휘하므로 당장 필요한 양보다 많이 생산하게 된다.

단순한 가래를 쓰는 농민은 오늘날 우리에게는 너무 원시적으로 보일지도 모른다. 그러나 실은 그때까지 인간이 살아온 완전한 자연의존 상태에서 벗어나 두뇌와 상상력과 능력에 의해 세계에 영향력을 갖게 되고, 자신의 생활권을 형성하기 시작한 것은 그가 최초이다. 그는 계획하고, 만약의 사태에 대비하며, 처음으로 상대적 초과를 낳는다. 그는 언제까지나 원시 농경과 가축 사육에 머물지는 않았다. 문화가 발생했다. 도시가 건설되었다. 그리고 곧 제2기가 시작되었다. 바로 상대적 초과의 제2기이다. 내가 '상대적 초과'라고 하는 의미는, 이전의 빈곤과 궁핍은 극복했지만 아직 모든 사람이 초과를 누릴 수준까지는 아니라는 것이다. 사회를 지배하고 권력을 손에 넣고 최상의 것을 독점하는 소수파가 생기고, 다수파에게는 나머지만 남게 되었다. 식탁은 모든 사람을 위해 준비된 것이 아니었다. 초과된 것은 모든 사람이 손댈 수 있는 것이 아니었다. 따라서 간략하고 단순하게 말하자면, 신석기혁명 시작부터 일반화해서 척도를 바꿔 보면 오늘날에도 계속 일반화하고 있는 것은 상대적 초과라고도 할 수 있고, 상대적 결핍이라고도 할 수 있다.

상대적 초과는 양날의 칼과 같다. 한편으로 인간은 문화를 낳을 수 있었다. 건축, 국가 형성, 철학자 부양 등을 위한 물질적 기초를 얻었다. 다른 한편으로 상대적 결핍은 소집단이 대집단을 착취하는 결과를 낳았다. 이 다수파가 없었다면 경제는 번영하지 못했을 것이다. 전쟁 행위는 흔히 주장하듯이 인간의 본능, 즉 인간의 파괴 본능에 뿌리내리고 있는 것이 아니다. 전쟁 행위는 신석기시대에 들어서야 시작된다. 곧 그 무렵에서야 빼앗을 가치가 있는 것이 존재하게 되었고, 인간이 하나의 공동생활을 하게 된 결과 자신이 원하는 것을 갖고 있는 다른 사람을 공격하는 제도로서 전쟁을 고안하게 된 것이다. 우리는 전쟁에 대해서 복잡한 설명을 준비하곤 한다. "우리는 위협받고 있다!"라고 하면, 그것으로 전쟁이 정당화된다. 사실 전쟁은 뻔히 속 보이는 것이 원인이다.

이렇게 신석기시대의 성과인 상대적 초과 때문에 한편에서는 문화가, 다른 한편에서는 전쟁과 인간에 의한 인간 착취가 생겨났다. 이후 인간은 많든 적든 동물원 안에서 살아왔다. 따라서 인간 관찰에 기초하는 우리의 심리학은 모두 동물 관찰에서 동물에 대한 모든 지식이 야생동물에 대한 지식이 아니라 동물원에 갇힌 동물에 대한 지식 위에 성립하는 단계에 해당한다. 바로 그런 심리학으로 동물원의 동물이 야생동물과 다른 행동을 한다는 것을 알게 되었다. 솔리 주커만(Solly Zuckerman)은 리젠트 파크 런던동물원에 있는 망토비비의 공격적인 모습을 관찰했다. 그리고 그것이 이 원숭이의 본성에 의한 것이라고 가정했다. 그러나 그 뒤 야생에 사는 망토비비를 관찰한 다른 연구자들은 그들이 좀처럼 공격적이지 않다는 것을 발견했다. 붙잡힌 상태, 지루함, 제한된 자유 등의 모든 것이 자연 조건 아래서는 일어나지 않는 공격성을 높이는 것이다.

내가 밝히고 싶었던 점은 사람이든 원숭이든 우리 안에서는 자유로운 세계와는 다른 행동을 하게 된다는 것이다. 그러나 인간의 경우는 그 뒤, 제1차 산업혁명과 동시에 새로운 상황을 맞이했다. 그것은 사실 르네상스기에 이미 시작되어 지금에 이르러 첨예화된 것이다. 다시 말해 갑자기 기계의 힘이 동물과 인간의 에너지, 즉 자연의 에너지를 대신한 것이다. 기계가 그때까지는 살아 있는 것에 의해 공급받아야만 했던 에너지를 만들어 낸 것이다. 아울러 이 에너지를 이용하면 소수파뿐만 아니라, 모든 사람을 위한 초과를 생산할 수 있겠다는 새로운 희망이 불타올랐다.

그리고 제1차에 이어서 제2차 산업혁명이라 불리는 혁명이 일어났다. 그 특징은 인간의 에너지뿐만 아니라 인간의 생각도 기계로 대신하는 것이다. 다시 말하면 사이버네틱스(인공두뇌학), 즉 생산도, 다른 기계도 지배하는 기계이다. 그로 말미암아 생산능력이 너무 거대화되었고, 현재도 거대화하고 있어서 실제로 다음과 같은 예측까지 가능하다. 이 새로운 생산기술에 의해서—전쟁이 일어나든, 또는 굶주림이나 전염병이 인류의 수많은 죽음을 가져오든—절대적 초과를 손에 넣을 수 있을 것이다. 그리고 인류는 곤궁과 궁핍 속에서 살아갈 필요가 없어지고, 좋은 초과—남는 것에서 비롯된 초과가 아니라 인간을 배고픔의 걱정, 협박의 걱정에서 해방시켜 주는 넘치는 초과—속에서 살아갈 수 있을 것이다.

　그런데 이 근대사회는 그때까지 그 정도까지는 아니었던 것을 개발했다. 물품만 생산하는 게 아니라 욕구까지 생산하게 된 것이다. 무슨 말일까? 인간은 언제든지 욕구를 느끼고 있었다. 먹고 싶다, 마시고 싶다, 깨끗한 집에서 살고 싶다 등을 생각해 온 것이다. 그러나 오늘날 주위를 둘러보면 광고와 포장이 갖는 의미가 커지고 있음을 깨닫게 될 것이다. 인간의 소망은 자기 자신에게서 나오는 것은 거의 없고, 외부에서 자극받고 조종받는 것이다. 부족함 없이 살고 있는 사람도 갖고 싶은 물건들이 전시되어 있는 것을 보면 자신이 가난하다고 느끼게 된다. 산업은 인간의 욕구를 느끼게 하는 데 반드시 성공할 것이고, 그 욕구를 만족시키려고 할 것이다. 아니, 그렇게 해야 한다. 왜냐하면 현재의 체제 안에서 존속하기 위해서는 이익을 올려야 하기 때문이다. 우리의 오늘날 경제체제는 최대 생산과 최대 소비 위에 이루어져 있다. 한편 19세기 경제는 최대의 절약 위에 성립되었던 것이다. 선조들에게는 악덕이었던 것, 즉 돈이 전혀 마련되지 않았는데 뭔가를 사는 것이 오늘날에는 미덕이다. 반대로 욕구도 없고, 신용거래도 하지 않고, 가장 필요한 것만 사는 인간은 정치적으로 좋게 여겨지지 않는 독특한 인간이다. 미국에서 텔레비전이 없는 사람은 튄다. 명백히 그는 정상이라고 할 수 없다. 과연 이것의 결말은 무엇일까? 소비의 무제한 증대는 인간의 한 형태를 낳는다. 그가 갖고 있는 것은 하나의 이상, 아니 하나의 새로운 종교이다. 그것은 게으름뱅이 천국(Schlaraffenland)의 종교이다. 현대인이 어떤 낙원을 그리는지 묻는다면, 먼저 이슬람교도처럼 많은 딸을 낳는(이는 모든 것을 남자의 관점에서 보았기 때문이다) 것은 아니라고 생각해야 한다. 그는 오히려 커다란 백화점을 상상할 것이다. 거기에는 온갖 것이 있고, 자신은 언제든지 그것을 모두 살 만한, 그리고 가능하다면 이웃들보다 좀더 여유 있게 살 만한 돈을 갖고 있다. 인간은 자존심이 강해야만 살기 때문이다. 따라서 최상의 인간이 되고 싶으면 가장 많은 것을 가져야 한다.

　이만하면 됐다 하는 상태에는 절대 다다르지 않는 것인가 하는 의문은 바로 광란이라 할 만한 생산과 수요의 증대에 밀려나 버린다. 이 경제체제 안의 거의 모든 인간은 필요한 것보다 훨씬 많은 것을 갖고 있는데도 상품의 속도와 양을 따라가지 못해 자신이 가난하다고 생각한다. 그렇게 해서 수동성이 늘어나며, 질투와 탐욕이 강해지고, 마침내는 내적인 감각의 약화, 무력감, 열등감이 커진다. 인간은 갖는 존재로서만 살고, 있는 존재로서는 살지 않는 것이다.

4) 가부장제의 위기

지금까지 소비에 대한 방향성이 초과와 권태의 풍조를 낳는다는 것을 살펴보았다. 이 문제는 어떤 위기, 즉 서양사회를 뒤덮고 있지만 사람들이 원인보다 징후에만 정신을 빼앗겨 보지 못하기 쉬운 위기와 밀접하게 관련되어 있다. 그것은 '가부장제=권위주의 사회구조'의 위기이다.

이것은 대체 무슨 의미인가? 먼저 19세기 최대의 사상가 가운데 한 사람을 떠올려 보자. 스위스의 학자 요한 야코프 바흐오펜[11]이다. 그는 사회가 전혀 다른 두 개의 구성 원리로 결정된다는 것을 처음으로 체계적·학문적으로 보여주었다. 즉 모권과 여권에 근거한 원리와 부권에 근거한 원리이다. 두 가지는 어떻게 다를까?

우리가 알고 있는 가부장제 사회―《구약성서》 또는 로마시대부터 오늘날까지―에서는 아버지가 가족을 소유하고 지배한다. 소유란 말 그대로의 뜻이다. 본디 원시 가부장제 아래서는 아내도 자식도 노예나 가축처럼 가부장의 소유물이었기 때문이다. 가부장은 그들을 마음대로 할 수 있었다. 그런데 오늘날의 젊은이들을 생각하면, 우리는 이 오래된 권리와 아주 거리가 먼 것처럼 보인다. 그러나 서양사회에서는 약 4000년 동안 이 가부장제 원리가 많든 적든 강력한 영향력을 갖고 있었다는 것은 지나칠 수 없다.

가모장제 사회에서는 그것과 반대 현상이 일어난다. 가장 존경받고, 그 지배권에 대해서 이야기할 필요가 전혀 없고 불만 없이 중심에 서는 것은 어머니, 또는 어머니와 같은 존재이다. 부성애와 모성애 사이에는 큰 차이가 있다. 이 차이는 매우 중대하다. 부성애는 본질적으로 언제나 조건이 붙은 사랑에 지나지 않는다. 그것은 일정한 조건의 만족에 기초하고 있다. 다만 부성애라는 것은 구체적으로 X씨나 Y씨 하는 아버지의 사랑을 말하는 게 아니라, 원리적인

---

11) Johann Jakob Bachofen(1815~1887). 법학자·인류학자로, 《모권론》으로 유명하다.

아버지의 사랑을 말한다. 막스 베버라면 그것을 '이상형'이라고 말했을 것이다. 아버지는 자신의 기대와 요구를 받아들이고 가장 잘 따르는 아들을 가장 많이 사랑한다. 그 아들은 아버지의 후계자, 계승자로서도 가장 적합하다. 가부장제 구조에서는 흔히 편애하는 아들—보통은 맏아들이지만 꼭 그렇지만도 않다—이 있다. 《구약성서》를 읽어보면, 늘 편애하는 아들이 있다는 것을 알게 될 것이다. 그는 아버지에게 편애받고 '선택받는다.' 복종함으로써 사랑받는 것이다.

가모장제 사회에서는 다르다. 어머니는 자신의 모든 아이를 평등하게 사랑한다. 왜냐하면 그들은 모두 예외 없이 그녀의 배에서 태어났고, 그녀의 보살핌을 필요로 하기 때문이다. 만일 말 잘 듣는 아이만 사랑하는 어머니가 있다고 한다면, 대부분의 아이들은 죽어버릴 것이다. 누구나 알고 있듯이 어린아이는 결코 어머니가 바라는 행동만 하지는 않는다. 만일 어머니가 가부장적 사랑을 갖고 있다면, 그것은 생물학과 생리학의 관점에서 인류의 종말이다. 어머니는 자기 자식을 자기 자식이기 때문에 사랑한다. 따라서 가모장제 사회에는 계급제가 탄생하지 않고, 배려를 필요로 하는 모든 것에 대한 평등한 사랑이 생겨난다.

이 설명은 아주 단순화시킨 바흐오펜의 소개이다. 가부장제 사회에서 최고 원리는 국가이고, 법률이며, 추상이다. 가모장제 사회에서 그것은 자연의 유대이고, 인간과 인간을 맺어주는 유대이다. 생각할 필요도 없고 일부러 만들 필요도 없다. 자연의 것으로서 그것은 단지 거기에 있다. 한번 천천히 소포클레스의 《안티고네》를 읽어보면, 내가 여기서 제시하려 하는 것을 모두 거기에서 발견하게 될 것이다. 훨씬 상세하고 훨씬 재미있다는 차이는 있지만……. 거기에 묘사되어 있는 것은 클레온으로 상징되는 가부장제 원리와, 안티고네로 상징되는 가모장제 원리의 싸움이다. 클레온에게 최고의 것은 국법이고, 이 법에 반대하는 자는 죽어야 한다. 반면 안티고네는 피와 인간성과 동정의 법에 따르며, 누구도 이 법 가운데 최고의 법을 더럽혀서는 안 된다. 드라마는 오늘날이라면 파시즘이라고 불릴 원리의 패배로 끝난다. 클레온은 전형적인 파시스트 지도자로 그려진다. 그는 단 한 가지밖에 믿지 않는다. 그것은 권력이다. 즉 개인이 완전히 종속되어야 하는 국가이다.

종교의 경우도 마찬가지이다. 서양의 종교는 《구약성서》 이래로 가부장제 종교이다. 신은 인간이 복종해야 하는 위대한 권위로서 묘사된다. 그런 권위의 예가 없는 불교는 이런 점에서 다르다. 양심을 권위의 내면화라고 보는 이해도 가부장제 사회와 밀접하게 관련되어 있다. 프로이트는 초자아에 대해서 말했는데, 그것은 아버지의 명령과 금지의 내면화를 뜻했다. 내가 무언가를 하지 않는 것은 아버지가 하지 말라고 했기 때문이 아니라 내가 아버지를 내 안으로 끌어들였기 때문으로, 그 '내 안의 아버지'가 명령하고 금지하는 것이다. 그러나 이 명령이나 금지를 타당하다고 여기는 것은 애초에 아버지를 그런 존재로 여기기 때문이다. 프로이트가 가부장제 사회 속 인간의 양심에 대해서 한 말은 옳았지만, 양심을 그 자체로서 다루고 사회와의 관련성을 무시한 것은 옳지 않았다. 왜냐하면 전혀 다른 형태의 양심이라는 것이 바로 가부장제가 아닌 사회에 있기 때문이다. 이에 대해서 지금 상세히 설명할 수는 없고, 그럴 생각도 없다. 하지만 권위주의에 근거한 양심과는 반대로 인본주의에 근거한 양심이 있다는 것만은 말해 두겠다. 인간 자신에 뿌리내리고 있는 그에게, 또 그의 발전이나 성장에 좋은 것, 도움이 되는 것을 알려준다. 이 목소리는 가끔 너무 작아서 놓치기 쉽다. 그러나 생리학 분야에서도 심리학 분야에서도 수많은 학자가 좋은 것에 대한 직관인 '건전한 양심'이 존재한다는 증거를 얻고 있다. 그리고 인간이 자신의 목소리를 듣는(horcht)다면 외적인 권위에 복종할(gehorcht) 일은 없다. 그 자신의 목소리는 그라는 유기체 안에 육체적, 정신적으로 잠재하는 목표로 그를 향하게 한다. 이 길은 옳고 그 길은 틀렸다고 가르쳐주는 것이다.

'가부장제=권위주의 사회구조'의 현재 위기를 문제삼는다면 이 모든 것을 고려해야 한다. 그러면 우리가 주목해야 할 상황에 맞닥뜨려 있음을 깨닫게 될 것이다. 서양에서 전통적인 관계는 무너지고 있다. 이 붕괴, 이 위기는 이미 설명했듯이 초과라는 문제와 관련된다. 이 부분을 분명히 하고 싶다. 인간이 많은 것을 단념해야 할수록, 단념의 강요에 저항하지 못하도록 하기 위한 복종을 가르칠 필요가 생긴다. 단념은 신, 국가, 법, 또는 지도자가 바라고 중요시하기 때문에 필요하다는 말로 강요된다. 의심의 여지가 없는 복종심이 없다면, 인간은 더 이상 단념하고 싶지 않다는 생각을 하게 될 것이다. 이것이야말로 단념과 복종이 반드시 필요한 구조 요소인 사회질서에 엄청난 위험이 될 것이다. 이 단념과 복종의 관계가 심리에 근거한 메커니즘과 사회규칙에 의해 사회

속에 깊이 뿌리내리지 않았다면, 지금의 사회는 더는 존재하지 않게 되어버릴 것이다. 그런데 초과가 늘어나면, 단념과 복종의 필요에 대한 이해가 필연적으로 줄어든다. 어째서 단념과 복종을 권하는 그런 권위에 따를 필요가 있을까? 원하는 것은 무엇이든지 손에 넣지 않는가? 이것이 위기의 첫 번째 원인이다.

또 다른 원인은 새로운 생산기술에 있다. 제1차 산업혁명, 즉 19세기부터 20세기 초에 걸쳐서 아직 고풍스러운 기계로 일하던 무렵, 자신의 노동에 의해서만 가족을 굶주림으로부터 보호할 수 있었던 노동자들은 무엇보다도 복종해야만 했다. 복종의 강요는 부분적으로는 지금도 존재한다. 그러나 생산기술이 구식화된 기계기술에서 신식의 사이버네틱스 기술로 차츰 옮아가기 때문에 모든 것은 급속하게 변화하고 있다. 앞선 세기에 필요했던 권위주의에 근거한 복종의 형태는 이제 필요 없다. 오늘날 인간은 협동으로 노동하고, 자신의 실수는 대부분 스스로 바로잡는 장치를 다루고 있다. 옛날의 복종은 굴복을 요구하지 않는 규율로 대체되었다. 사이버네틱스의 기계를 사용하는 것은 마치 체스를 두는 것과 같다. 물론 이것은 지나친 말일 것이다. 그러나 기계에 대한 관계가 근본적으로 바뀌어 버려 상급자와 하급자라는 단순한 관계는 더욱 보기 드물어졌고 공동 작업, 상호 의존 방식이 일반화되었다. 이런 일들이 흔히 말해질 만큼, 또 나의 지금 이야기에서 엿볼 수 있을 만큼 목가적 또는 적극적인 현상이 아니라는 것을 참고로 강조해 두겠다. 나는 현대의 생산기술이 인간을 소외로부터 해방시키고 자립을 돕는다고 주장하고 싶었던 게 아니다. 다만 옛날에 비해 중요한 변화로 주의를 돌리고 싶었다.

'가부장제=권위주의 사회구조'의 위기를 발생시키는 또 다른 원인은 내 생각에는 정치혁명이라는 명백한 사실에서 찾을 수 있다. 프랑스혁명 이후 우리는 몇 개의 혁명을 경험해 왔다. 그것들은 그 약속이나 목표를 이루지 않았지만 늘 옛 모습을 뒤흔들고, 특히 권위주의에 근거한 관계에 의문을 던졌다. 복종, 특히 그것 없이는 봉건시대가 존속하지 못했을 맹목적 복종은 천천히, 그러나 확실히 해체되고 있다. 좌절로 끝나지 않고, 적어도 부분적으로나마 성공한 혁명이 있다는 사실은 이미 불복종이 승리할 수 있다는 증거이다.

권위주의에 근거한 도덕에는 본디 불복종이라는 단 하나의 죄와 복종이라는 단 하나의 미덕이 있을 뿐이다. 그것은 아마도 반동적인 사람들을 제외하고는 공공연하게 인정하지 않을지 모르지만, 근본적으로는 교육의 배후, 모든 가치형성의 배후에 불복종은 극악이라는 확신이 숨어 있다.

일례로서 《구약성서》를 읽어보자. 아담과 하와가 한 짓은 그 자체로는 전혀 악이 아니었다. 오히려 반대이다. 그들은 지혜의 열매를 먹었고, 바로 그 사실로써 인간이 되는 길을 처음으로 열었다. 그러나 그들은 복종하지 않았다. 이 불복종이 전통에 따라 그들의 원죄가 된 것이다. 사실 가부장제 구조 속에서 불복종은 원죄이다. 하지만 가부장제 구조의 위기, 붕괴, 의심과 함께 죄의 개념도 모호해진다. 이에 대해서는 나중에 다시 설명하겠다.

시민혁명, 노동자혁명과 나란히 더한층 광범위하게 아주 중요한 혁명이 일어난다. 즉 여성혁명이다. 때로 이상한 형태를 취하기는 했으나, 여성혁명은 사실상 놀라운 전진을 보였다. 여성은 자식과 똑같이 남자의 관점에서 보면 대상물이고 소유물이었다. 그것이 변했다. 물론 지금도 남자에 비하면 보수 등의 면에서 불리하다. 그러나 그 지위도 자각도 본질적으로 강해졌다. 젊은이들이나 어린아이들의 혁명과 마찬가지로 여성혁명 또한 계속 진보해 갈 것은 어느 모로 보나 틀림없다. 여성은 자신의 권리를 인식하고 분명히 말하고 주장하게 될 것이다.

드디어 '가부장제=권위주의 사회구조'의 위기를 발생시키는 마지막 원인인데, 내가 가장 중요하다고 생각하는 것에 대해서 말하겠다. 그것은 이번 세기 중반부터 많은 사람들, 특히 젊은 사람들이 이 사회의 무능함을 깨닫고 있다는 점이다. 물론 우리는 놀라운 성과를 거두었으며 기술은 상상조차 하지 못했던 것을 이루었다고 말할 수는 있다. 그러나 그것은 사실의 한 부분일 뿐이다. 다른 한쪽에서 보면, 이 사회는 두 번의 세계대전과 그 밖의 수많은 전쟁을 막지 못했다는 것을 보여주었다. 또 인류의 자살을 재촉하는 개발을 허락하거나 장려했다. 지금까지의 역사에서 이렇게 자주 파멸이라는 잠재된 가능성을 각오해야 했던 적은 없었다. 그와 동시에 어떤 기술적 완성도 덮을 수 없는 무능력이 백일하에 드러났다.

달 착륙에 성공한 초과사회가 전면 파괴의 위기에 맞서지 못한다면 물론 무능력하다는 비난을 피할 수 없을 것이다. 그것은 생명을 위협하는 생태학적 파탄에 대한 무능력이다. 인도를, 아프리카를, 그리고 전 세계 비생산화 지대를 굶주림이 덮치고 있다. 하지만 몇 가지 논의와 몸짓 말고는 아무것도 되고 있지 않다. 우리는 마치 성과를 예견할 만한 이성이 없는 것처럼 시간을 낭비하며 하루하루를 보낸다. 이것은 능력의 결여이다. 젊은 세대가 우리를 그다지 신뢰하지 않는 것도 당연하다. 성공을 으뜸으로 삼는 우리의 사회에 어떤 장점이 있건, 가장 중대한 문제를 처리할 능력이 결여된 탓에 인간은 가부장제=권위주의 사회의 구조와 작용을 더는 믿지 않게 된 것이다.

이상에서 말한 위기가 가져올 결과에 대해서 상세히 이야기하기에 앞서, 초과사회가 서양사회에서도 일부분 존재할 뿐이란 것을 특히 강조하고 싶다. 미국에서도 인구의 40퍼센트 가까이는 충분한 생활수준 이하에서 생활하고 있다. 실제로 두 개의 계층이 있다. 하나는 남아도는 형편 속에서 생활하고, 다른 하나는 별로 언급하고 싶지 않을 만큼 가난 속에서 생활하고 있다. 링컨 시대에는 자유와 노예의 구별이 있었다. 오늘날에는 남는 것에서 비롯된 초과와 곤궁으로 구별해야 한다.

내가 지금까지 낭비하는 인간에 대해서 말한 것이 가난 속에서 생활하는 사람들에게 다 해당되는 것은 아니다. 그러나 이들은, 사치가 허락된 자는 낙원 같은 생활을 하고 있다는 꿈같은 생각에 빠져 있다. 가난한 사람은 부자들 연극의 단역이다. 그것은 소수파, 즉 미국이라면 유색인종에게 특히 해당한다. 그뿐만이 아니라 매우 커다란 세계, 즉 가부장제=권위주의 사회 구조의 은혜를 전혀 입지 못한 3분의 2의 인류, 인도인, 중국인, 아프리카인 등에게도 해당된다. 권위주의를 앞세운 다수파와 권위주의와는 거리가 먼 다수파라는 관점에서 균형을 잡기 위해서 꼭 짚고 넘어가야 할 점은, 초과사회가 앞으로도 지금까지처럼 지배하게 될 테지만 그것은 전혀 다른 전통, 그리고 새로운 세력—그것들을 우리는 이미 느껴왔고, 앞으로도 느낄 것이다—에 맞닥뜨릴 거라는 사실이다.

5) 종교의 한계

많은 사람들이 설문조사에서는 분명 신을 믿는다고 대답할 것이다. 또 지금도 꽤 많은 사람들이 교회에 다니고 있으며, 무신론자라는 고백은 오히려 드물다. 그러나 종교가 우리 사회의 가부장제=권위주의 사회구조 위기에 덩달아 피해를 입었다는 것은 지나칠 수 없다. 신학자들도 우리가 아는 종교가 반죽음 상태에 있다는 것을 분명히 인정한다고 말한다. 이 과정은 이미 몇 세기나 이어지고 있으며, 현대에 가까워질수록 빨라지고 있다.

종교는 이중 기능을 갖고 있어서 그 한계도 이중적이다. 우리에게 친숙하며 본질적으로 유대교=그리스도교 전통에 기초하고 있는 종교는 자연 해석의 기능을 가짐과 동시에 도덕원리의 기능, 즉 윤리의 기능도 갖고 있다. 이 두 가지 기능은 서로 무관하다. 왜냐하면 자연을 어떻게 설명하느냐와 어떤 도덕원리, 어떤 가치판단을 갖느냐 하는 것은 전혀 다른 문제이기 때문이다. 하지만 본디 이 두 기능은 나뉘어 있지 않았다. 그 이유는 몇 가지 있다. 먼저 최고의 지성, 최고의 지혜, 최고의 힘을 체현하는 신에 의해서 세계가 만들어졌다는 생각은 일찍이는 실제로 의심할 바 없는, 바꿔 말하면 합리적인 가설이었다. 현재 적극적인 다윈주의자로서 세계의 진화와 인간의 진화를 자연도태, 또는 돌연변이의 귀결로 생각하는 자들에게도 창조주로서의 신이라는 명제는 현재의 인간을 만든 존재가 몇억 년도 전에 자연 발생했으며, 어떤 의미에서 우연히 또는 적어도 도태 법칙에 지배되는 원리라는 명제보다는 훨씬 이해하기 쉽고 받아들일 만하게 보이는 것이다. 자연에 대한 다윈의 설명은 매우 논리적이고 설득력이 있다. 그래도 우리의 의식과는 거리가 멀다.

인간이 아주 옛날부터—초기 원시시대에서도—품어왔던 욕구는 세계와 그 생성의 모습을 그리고자 하는 욕구였다. 예를 들면 아득한 옛날 세계 생성은 이런 모습이었다. 누군가가 죽고, 그 피가 흐른다. 그 피에서 인간이 만들어진다. 아니, 인간 자체가 아니라 용감한 자만이 만들어진다. 그리고 겁쟁이와 여자는 피에서가 아니라 두 개의 다리근육에서 만들어진다. 이는 콘라트 로렌츠의 "인간은 살육의 본능, 피의 환희를 본성으로 갖고 있다"는 이론의 고대판이다. 다만 이 신화를 믿은 자가 호의적으로 여자를 피의 환희로부터 제외시켰다. 물론 그 대신 겁쟁이와 똑같은 냄비에 집어넣은 것이다. 이는 오늘날에 이르기까지 별로 바뀌지 않았다. 가부장제 사회는 여자는 남자보다 양심이 없는 한편, 남자보다 허영심이 강하고 겁쟁이에다 현실감각도 없다는 편견을 가지고 있다. 그런데 이것이 거짓임은 잘 알려져 있다. 많은 경우에 이 속성들은 뒤바뀔 수 있다. 대부분의 여성은 남자가 병에 걸리면 꼴불견이 된다는 것을 알고 있다. 남자는 예외 없이 여자보다 연약한 투덜이가 된다. 그러나 신화를 지키기 위해서 아무도 그런 말을 하지 않는다. 여기서 행해지고 있는 것은 본질적으로는 인종차별 선언의 경우와 똑같다. 백인종이 유색인종에 대해서 말하는 것은 가끔 남자들이 여자들에 대해서 말하는 것과 같은 수준이다. 프로이트조차도 여자는 남자만큼의 양심을 갖고 있지 않다고 주장한다. 그렇지만 어떻게 남자보다 더 양심이 없을 수 있는지, 참으로 상상하기 어려운 일이다. 물론 이것은 적의 열등성을 선언하기 위한 정보일 뿐이며, 어떤 집단이 다른 집단을 지배하고 있을 때는 언제나 보이는 것이다. 그것은 지배를 받는 집단의 자각을 완전히 억제해서 반란이 일어나지 않도록 해야 하기 때문이다.

지금까지 자연을 설명한다는 종교의 한 기능에 대한 작은 각주로서 말했다. 그 기능은 분명 다윈에 이르기까지는 문제없이 돌아갔다. 그러나 거기서 다음과 같은 발견이 있었다. 합리적, 과학적으로 관찰하면 세계의 생성, 인간의 생성은 창조주라는 관념 없이, 즉 진화의 법칙에 따라서 설명할 수 있다는 것이다. 나는 방금 이것은 평범한 사람들에게는 신의 관념보다 아직 상상하기 어려운 것이라고 말했지만, 과학에서 세계의 생성은 수수께끼여서는 안 된다. 진화론에 의해서 '신'은 하나의 작업가설이 되었고, 세계와 인간의 창조 이야기는 신화, 시, 상징이 된다. 그것은 뭔가를 표현하고 있지만, 그 어떤 과학적 진실도 나타내고 있지 않다.

자연을 설명한다는 종교의 주장에 인간이 솔깃하지 않게 되자 종교는 한쪽 다리를 잃었다. 남은 것은 도덕의 근본원리를 알리는 것이다. "이웃을 사랑하라", "다른 사람을 사랑하라"고 《구약성서》는 말한다. "네 원수를 사랑하라"는 《신약성서》에 있다. "가난한 자에게 너의 마지막 옷을 주어라." 아니, 이런 가르침에 진지하게 따르려는 자가 현대사회에서 어떻게 성공할 수 있단 말인가? 그것은 어리석은 자이다. 위로 위로 올라가기는커녕 떨어져 버린다. 성경의 윤리는 설교되기는 하지만 실천하지는 않는다. 그리하여 우리는 두 개의 레일 위를 간다. 이타주의가 찬양받고, 인간애를 가져야 한다고 말한다. 그러나 동시에 성공해야 한다는 강박이 이 미덕의 실천을 가로막는다(물론 지나친 말이 되지 않도록 덧붙여 두어야겠는데, 내 생각에는 좋은 그리스도교도 또는 좋은 유대교도, 즉 사랑하는 사람이라는 것—이 사회에서 굶지 않고—은 충분히 가능하다. 그것은 출세를 위해 헌신하는 대신에 진실과 사랑으로 살아가기 위한 능력을 갖고 있느냐 아니냐, 또 그를 위해 시민으로서의 용기를 발휘하느냐 아니냐에 달려 있다).

적어도 그리스도교 또는 유대교의 도덕이 성공, 무배려, 이기주의, 주지 않고 나누지 않는 도덕과 어울리지 않는다는 것은 사실이다. 이에 대해서 상세히 설명할 필요는 없다. 스스로에게 물어보면 누구든지 알 수 있다. 그리고 그 이중 레일의 성질에 대해서는 여러 논문도 있고 비판도 있다. 요컨대 근대 자본주의에서 실천되고 있는 '윤리'에 의해 종교는 나머지 한쪽 다리도 잘린 것이다. 종교는 그 기능의 신뢰를 잃어버렸기 때문에 그 가치를 대표하지 않는다. 그리하여 신은 세계의 창조주도, 또 이웃애와 탐욕의 극복이라는 가치의 고지자도 사임해 버렸다. 그렇지만 인간은 완전히 종교 없이는 살아갈 수 없을 테고, 또 그것을 바라지도 않을 것이다. 인간은 빵만으로는 살 수 없다. 꿈을 가져야 한다. 관심을 눈뜨게 하고, 자신을 단순한 동물적 존재에서 끌어올려 줄 신앙을 가져야 한다. 과거 이교의 우상숭배로 되돌아가는 것은 현대인에게는 매력적이지 않을 것이다. 그러나 생각건대, 이번 세기에 새로운 종교가 발전했다고 할 수 있다. 그것을 나는 '기술이라는 종교'라고 부르고 싶다.

기술이라는 종교에는 두 가지 면이 있다. 하나는 게으름뱅이의 천국이다. 즉 방해받지 않는 한없는 욕구 충족의 꿈이다. 욕구는 끊임없이 생성되며 끝을 모른다. 인간은 마치 입을 벌리고 있는 영원한 젖먹이처럼 먹을 것을 기다린다. 더, 더, 더…… 낙원은 절대 향락의 경험이고, 수동과 타락을 낳는 초과의 가짜 경험이다. 기술의 목표는 노력을 제거하는 데 있다.

이런 기술이라는 종교의 또 다른 면은 더 복잡하다. 르네상스 이후 인간은 자연의 비밀을 파헤치는 것, 이해하는 것에 집중해 왔다. 자연의 비밀은 동시에 그 창조주의 비밀이었다. 적어도 부분적으로는 그랬다. 400년 동안 인간은 자연을 지배하기 위해서 그 비밀을 아는 데 에너지를 써왔다. 그 가장 큰 목적은 자연 또는 세계를 단지 관찰자로서 보는 게 아니라 스스로 그것을 만들어 내는 것이었다. 극단적으로 첨예화시켜 말하자면(이 경우 딱 맞는 표현을 찾기란 매우 어렵다), 인간은 스스로 신이 되고자 했다. 신이 할 수 있는 일이라면 인간도 할 수 있어야 했다. 생각건대 우리가 본 그 광경, 우주비행사들이 달 표면에 발자국을 남긴 순간의 열광은 이교적 의식이었다. 신이 된 인간이 자신의 한계를 뛰어넘는 길로 한 발짝 내딛은 것이었다. 그 무렵 그리스도교의 신문에도 이런 기사가 실렸다. "세계 창조 이후 가장 위대한 사건이다." 세계 창조 이후에 수육(受肉)[12]보다 큰 사건을 인정한 것은 그리스도교도로서는 조금 경

---

12) 하느님의 아들이, 인간의 모습을 한 예수로 이 세상에 등장한 것=성육신.

솔하다. 그러나 자신을 구속했던 법칙을 극복한 인간이 지상에서 중력을 잃고 무한의 길로 들어간 것을 주관적으로는 사실로서 경험한 이 순간, 그것은 잊혀버렸다.

그런데 이렇게 말하면 과장처럼 들릴지도 모르지만, 나는 표면 아래서 일어나고 있는 경향에 주목하고 싶다. 달 탐사에 대한 비정상의 흥분 상태에서 비롯된 열광은 과학의 성과에 대한 박수갈채에 지나지 않을까? 일단, 그렇지 않다. 특별한 반향은 불러일으키지 못했지만, 그 밖에도 더 훌륭한 과학적 발견은 있다. 아니, 여기서는 뭔가 새로운 일이 잇따라 일어나고 있다. 새로운 형태의 우상숭배 길이 열리고, 기술이 새로운 신이 된다. 또는 인간이 스스로 신이 된다. 그리고 우주비행사는 이 종교의 대사제이다. 따라서 그들은 찬양받는다. 하지만 사람들은 그것을 인정하려 하지 않는다. 왜냐하면 그들은 적어도 이교도가 아니라 그리스도교이거나 유대교도이기 때문이다. 그래서 사람들은 이런 것들에 베일을 씌우고 합리화시켜야 한다. 그러나 이 숨바꼭질의 그늘에서 새로운 종교가 만들어지고 있다고 나는 생각한다. 거기서는 기술이 대지의 어머니가 되어 모든 자식을 배불리 먹이고 있다. 분명 이것들은 복잡하다. 여러 동기가 뒤섞여 새로운 종교의 윤곽을 이루고 있다. 그러나 어쨌거나 이 새로운 종교는 기술이라는 관점에서 할 수 있는 것은 해야 한다는 하나의 원리를 제외하고는 그 어떤 도덕원리도 알리지 않는다. 기술이라는 관점에서 할 수 있는 것은 해야 한다는 원리가 도덕적 의무가 되고, 도덕의 원천 자체가 된다.

도스토옙스키는 신이 죽으면 모든 것은 허락된다고 말했다. 지금까지의 도덕은 그의 의견에 따르면, 신을 인지하는 데 기초하고 있었다. 인간이 신을 믿지 않게 되고, 신이 인간의 사고와 행동에 새겨지는 실재가 아니게 되면, 당연히 다음의 문제가 일어날 것이다. 인간은 완전히 비도덕적이 되어버릴까? 그리고 이제 그 어떤 도덕률의 방향성도 갖지 않게 되어버릴까? 사실 이 의문은 진지하게 다루어야 한다. 비관적으로 생각하려고 든다면 실제로 그렇게 되어버렸고, 우리의 도덕은 끝을 모르고 추락하고 있다고 말해도 좋을 것이다. 이 경우 과거와 현재에는 중요한 차이가 있다. 예를 들면 1914년에는 아직 두 개의 국가법이 지켜지고 있었다. 즉 전쟁에서 민간인을 죽이지 않았고, 고문도 행하지 않았다. 오늘날에는 힘의 사용이 제한되지 않기 때문에 전쟁이 일어날 때마다 당연히 시민은 학살된다. 기술도 그런 구별은 도저히 허락할 수 없을 것이다. 단추를 누르는 것만으로 살육은 아무런 차별없이 이루어진다. 상대가 보이지 않으므로 동정이나 연민도 일어나지 않는다. 고문도 행해진다. 그것은 부정되고는 있지만 누구나가 알고 있다. 고문은 정보를 강제로 이끌어 내는 데 널리 쓰이는 도구이다. 얼마나 많은 나라에서 고문이 이루어지고 있는지를 안다면 누구라도 놀랄 것이다.

아마도 잔인함이 증대되고 있다고 주장해서는 안 될지 모른다. 그러나 인간성이 떨어지고, 아울러 도덕적인 억제도 감소되고 있다는 것을 부정해서는 안 된다. 그것은 세계에 큰 변화를 가져왔다. 한편, 특히 젊은 세대가 이를테면 평화와 생명을 지키고 파괴와 전쟁에 반대하는 투쟁 속에서 새로운 도덕원리를 존중하게 되었다는 것은 우리도 알고 있다. 말만 그런 것이 아니다. 많은 젊은이들(젊은이들만 그런 것은 아니지만)이 또 다른 더 좋은 가치와 목적을 인식하고 있다. 다양한 수단에 의한 생명말살에, 자기보존에는 전혀 도움이 되지 않는 비인간적 전쟁에 수백만 명이 겁먹고 있다. 소비에 맞서서 새로운 사랑의 도덕도 탄생하기 시작했다. 그것은 여기저기 일그러지긴 했지만, 알맹이가 빠진 형식과 정식에 대한 항의로서 인상 깊다. 정치 영역의 헌신에서도 새로운 도덕의 예를 찾아볼 수 있다. 수많은 해방투쟁과 민족자결을 향한 노력이다.

이런 사태의 진전은 용기를 주므로, 도스토옙스키가 도덕원리를 신의 신앙과 결부시킨 것은 잘못되었다고 나는 믿는다. 불교는 많은 문화에서 권위주의 =가부장제 기반이 없어도 도덕원리가 존재하는 눈부신 한 예이다. 도덕원리는 말하자면 인간적인 토양에서 자라나는 것이다. 즉 인간은 자신과 주위 세계에 삶의 원리가 될 수 있는 원리를 갖지 않으면 살아갈 수 없으며, 혼란해지고 불행해진다는 것이다. 이 원리는 외부에서 강제되는 것이어서는 안 된다. 인간 자신의 내부에서 나타나는 것이어야 한다. 이 문제가 갖는 많은 측면에 대해서 지금은 깊이 들어갈 수 없다. 그러나 처음에 언급했듯이, 인간에게는 도덕적으로 행동하고 싶다는 깊게 뿌리내린 욕구가 있다는 것을 말하고 싶었다. 부도덕에 의해서 인간은 조화와 균형을 잃는다. 그리고 만일 도덕이라는 명목으로 인간을 죽여야 한다면, 복종해야 한다면, 자기 자신의 이해에만 따라야 한다면, 동정하면 자신이 곤란해질 뿐이라는 식의 생각을 강요받았다면 그것은 부도덕이다. 이런 목소리가 너무 커지면 인본주의에 근거한 자기 내면의 양심의 목소리는 들리지 않게 될지도 모른다. 그리고 누구나 신이 죽으면 모든 것이 허락된다는 생각을 하게 될 것이다.

6) 인간적 성장의 한계에 맞서서

우리가 현재 경험하고 있는 도덕의 위기에서는 젊은 세대가 특별한 역할을 하고 있다. 나는 특히 성장한 젊은이들 중에서도 급진적인 자들을 생각하고 있다. '급진적'이라고 할 때 내가 말하고자 하는 바는, 스스로 급진적이라고 여기며 어떤 종류의 폭력도 정당화하는 것이 급진적이라는 이름에 걸맞다고 믿는 그런 자들이 아니다. 많은 젊은이들은 급진적이 아니라 그냥 유치할 뿐이다. 레닌은 공산주의의 소아병에 대한 논문에서 이미 그것을 말했다.

젊은이들 사이에는 큰 집단이 있는데, 그것은 정치와 관련된 요구라는 관점에서 급진적일 뿐만 아니라 지금까지 한 이야기의 주제, 즉 권위주의에 근거한 도덕으로부터의 해방이라는 것과 가장 밀접하게 연관된다는 점에서도 급진적이다. 이 저항은 단지 권력자를 목표로 하고 있을 뿐만 아니라(권력자에게는 모든 혁명이 저항하고 있다), 가부장제 원리와 그 원리에 뿌리내리고 그것을 기반으로 하는 도덕, 그러니까 복종을 미덕으로 삼고 불복종을 죄로 삼는 도덕을 목표로 하고 있다. 이 도덕의 결과로서 중대한 의미를 갖는 현상이 생긴다. 해야 할 일이라고 여겨지는 것을 하지 않으면 죄의식을 갖게 된다는 것이다. 자기 자신의 마음, 자기 자신의 감정, 자기 자신의 인간성에 따라 해야 할 일을 하지 않고 권위에 근거한 질서에 복종한다. 만일 그 질서를 침해했다면 죄의식을 갖고 그 대가를 치러야 한다.

나의 인상으로는 젊은 세대의 많은 부분을 특징짓고 많은 사람들—나도 포함해서—의 공감을 이렇게까지 모으고 있는 것은 권위주의에 근거한 도덕에서 비롯된 죄의식으로부터의 해방이다. 그들이 분명히 거절한 것은 유대교=그리스도교의 전통을 갖는 서양인들에게 2000년에 걸쳐서 주입된 죄의식이고, 규범을 일탈하는 것을 두려워하게 함으로써 우리 행동을 광범위하게 규정하는 죄의식이었다. 그렇다고 그들이 도덕과 거리가 멀어진 것도 아니었다. 그들은 오히려 도덕의 새로운 원리를 찾고 있다.

여기서 내가 젊은 세대의 특징이라고 생각하는 현상을 또 하나 들어야만 한다. 그것은 새로운 성실함이다. 그들은 이전 세대처럼 사과하거나 변명하거나 분명하게 의견을 말할 필요성을 느끼지 않는다. 더구나 때로는 결코 고상하다고 할 수 없는 말투를 써서 기존 규범을 주입받은 사람들의 눈살을 찌푸리게 만든다. 그러나 결정적인 것은 거기에 어떤 성실함이 분명히 드러나 있으며, 그것은 시민사회나 가부장제에 근거한 사회구조에서 쉽게 찾아볼 수 있는 전형적인 불성실함과 뚜렷하게 구별되어야 한다는 점이다. 그 불성실함이란 바로 인간은 왜 자신이 죄의식을 갖고 있는지를 감춰야 하고, 또 자신의 성격이 좋은 것처럼 보여야 하는가 하는 의미에서의 불성실함이다. "인간에 대한 일이라면 무엇이든 남의 일로 여기지 않는"[13] 사람이 되는 것은 허락되지 않는다. 이 경우 이미 복종하고 있지 않기 때문이다. 인간의 현실이 가장 좋은 것과 가장 형편없는 것을 모두 포함하고 있다는 사실을 인정하고 받아들인다면, 바로 그것이 인간다운 것이다. 우리의 부정적인 잠재성에 분노하는 게 아니라, 그것을 인간이라는 존재의 일부로서 체험하는 일이 중요하다.

　이 새로운 성실함에 지그문트 프로이트가 크게 기여했다고 생각한다. 분명히 그는 성실함에 전혀 새로운 차원을 열었다. 프로이트 이전에는 누구든지 자신의 '좋은 뜻'을 주장하면 그걸로 충분했다. 그러나 프로이트가 무의식을 발견하고 체계적으로 연구하고부터는 본뜻을 말하는 것만으로는 충분하지 않다. 왜냐하면 관심은 좋은 뜻의 뒤에 있는 무의식 동기를 향하기 때문이다. 그리고 자신의 나쁜 뜻을 자각하고 있건, 잘 합리화해서 자기 자신도 다른 사람도 부정해 버렸을 뿐이건 큰 차이는 없다는 결론에 이른다. 오히려 정말로 나쁜 뜻을 갖고 있는 자가 그것을 의식에서 몰아낸 자보다 조금은 더 성실하다. 후자는 그 뜻을 선량하고 도덕에 충실한 관념으로 포장할 줄 알기 때문에 그만큼 더 잘 실행할 수 있다.

　프로이트 이래로 인간은 자신의 의식과 '좋은 뜻'뿐만 아니라 무의식에도 책임이 있다는 사실에 맞닥뜨려 있다. 말만이 아니라 행동이 그를 대신해서 말하는 것이다. 심하게는, 말은 아무것도 밀하고 있지 않다고 해도 좋을지 모른다. 그리고 그것은 단지 프로이트의 탓만은 아니다. 인간이 경험한 것―속아서 전쟁이 일어나 몇억 명이나 죽고, 또는 '더 높은 명예'를 위해서 자진해서 죽으러 간―때문이기도 하다. 게다가 그것은 모두 거짓과 강령을 바탕으로 하고 있었으므로, 오늘날 우리는 더욱더 인간의 말에 휘둘려서는 안 된다. 말과

---

13) 고대 로마 희극작가 테렌티우스의 말.

사상은 아무렇게나 포장할 수 있다. 따라서 젊은이들은 "그때 어떻게 생각했느냐?" 묻기보다는 더 나아가 "어떻게 행동했느냐? 동기는 무엇이었느냐?"고 따져 물어야 한다.

사실 프로이트의 영향에 의해 새로운 성실함이 도입된 것이 서구 세계 발전이라는 관점에서 그의 업적으로 인정되는 '성(性)의 혁명'보다 훨씬 중대하다. 성의 혁명—예컨대 그렇게 부른다 치고—은 프로이트가 없었어도 당연히 일어났을 것이다. 적어도 완전히 소비를 중심으로 한 사회에서는 말이다. 감각을 만족시키는 것들을 원하도록 만들어 놓고 성의 금욕을 강요하는 것은 사리에 어긋난다. 소비자사회에서는 성도 소비 물자가 된다. 또한 거기에서 그것을 다루는 다양한 기업이 생겨난다. 성적 매력을 만들기 위해서 거액의 돈이 쓰이는 것이다. 이는 이전 시대에 비해서 변화일지언정 혁명은 아니다. 프로이트의 탓으로 돌릴 것이 아니다.

아니, 확실히 새롭다고 말할 수 있는 것은 젊은 세대에서는 성이 죄의식과 결부되지 않는다는 실태이다. 여기서 성과 죄의식의 관계에 대해서 한마디 하고 넘어가겠다. 권위주의에 근거한 윤리가 성욕을 '죄'라고 선언했다면, 당연히 죄의식이 무한히 샘솟는 원천이 생긴다. 그렇게 되면 우리는 누구든 세 살 때부터 죄의식의 막대한 은행예금을 갖게 된다고 할 수 있을 것이다. 자연 그대로의 인간에게는 필연적으로 성적 욕망이 있으니, 그것이 나쁘다면 죄의식을 갖지 않을 수 없다. 성의 제한은 죄의식을 낳고, 그 죄의식이 많은 경우 권위주의에 근거한 윤리를 만들고 유지하는 데 이용된다.

젊은 세대(나이 많은 사람들도 어느 정도까지)는 마침내 이런 죄의식을 던져버린 것 같다. 그것은 완전히 본질적인 진보이다. 그러나 한편 빛나는 모든 것이 금은 아니라는 진부한 문구를 덧붙여야겠다. 소비 지향에 의해서 성은 사실상 더욱더 친밀함의 부족을 덮는 가림막이 되어가고 있다. 인간적 소외를 육체적 친근성으로 대용하는 것이다. 하지만 육체적 친밀함은 정신적 친밀함이 될 수 없다. 정신적 친밀함, 즉 두 사람의 진실한 화합은 육체적 친밀함과 결부됨으로써 생겨나고 거듭 확인될 수 있을지는 몰라도, 결코 그것과 같은 것은 아니다. 정신적 친밀함이 마음대로 생성되지 않을 때 육체적 친밀함을 그 대용으로 삼는 것은 당연한 일이며, 보통의 육체와 소질이 있으면 아주 쉽게 할 수 있다.

젊은 세대는 가부장제 질서도 소비자 사회도 인정하지 않는다고 나는 말했다. 그러나 마약에 손을 대는 예에서도 알 수 있듯이, 젊은이도 새로운 종류의 소비자 계급으로 전락한다. 부모는 자동차, 옷, 치렛감 등을 손에 넣고, 자식은 마약에 손을 댄다. 갈수록 의존성을 강화하면서도 마약에 손을 뻗치는 데는 많은 이유가 있는데, 여기에는 신중한 고려가 필요하다. 어쨌거나 그것은 타락한 수동적 소비 인간의 한 부분이 드러난 결과로, 아이들은 부모를 비난하지만 자신들도 다른 형태로 그 징후를 보여준다. 이 젊은이들 또한 외부로부터 주어지는 것을 늘 갖고 있다. 마약의 효과와 성의 효과, 최면술에 걸려 열광적으로 빠져드는 리듬의 효과를 갖고 있다. 그런 리듬은 그들의 능동성을 촉진하기는커녕 성의 미친 잔치처럼, 또 이성을 잃게 하고 마음속까지 수동적으로 만드는 마약이 가져오는 상태처럼 그들을 혼란시킬 뿐이다. 능동적 인간은 이성을 잃지 않는다. 그는 그 자신이고, 그 자신이기를 계속한다. 더 풍요로워지고, 더 성인이 되며 성장한다. 수동적 인간은 이미 말했듯이 영원한 젖먹이이다. 그가 무엇을 소비하느냐는 결국 아무 상관없다. 말하자면 늘 입을 벌리고 젖병을 기다리고 있다. 그리고 차츰 아무것도 하지 않아도 되는 것에 만족하게 된다. 그것에 대해 그의 정신력이 뭔가를 요구받는 일은 전혀 없고, 마침내 그는 지칠 대로 지쳐서 잠든다. 이때 느끼는 졸음은 건전한 활력의 회복이라기보다는 지루함에 의한 무감각이고 소모이다. 이런 묘사도 과장처럼 보일지 모른다. 그러나 흐름으로서는 우리가 생각하는 것보다 훨씬 많은 사람이 이런 경험을 하고 있다. 그리고 욕망을 생산하는 대중매체는, 우리의 문화 수준은 소비에 의해 증명된다는 신념으로 우리를 이끈다.

우리는 물어야 한다. 인간이 소화하지도 못하고 인간답게 사는 데 아무런 이바지도 하지 않는 나쁜 나머지라는 초과를 안고 있는 우리 사회에서 좋은 초과를 만들어 내는 것이 적어도 원리적으로 아직 가능할까? 기술적으로 생산할 수 있는 초과를 어떤 의미에서 생산적으로 인간과 인간의 성장에 도움이 되도록 이용할 수 있을까? 그 답은 다음과 같은 욕구를 높이고 만족시키는 것이 중요하다는 통찰에 의해서 찾을 수 있다. 즉 인간을 보다 능동적으로, 보다 생기 있게, 보다 자유롭게 만들어 이제 정열에 휩쓸리거나 단순히 자극에 반응하면서 사는 게 아니라, 타고난 힘을 분출시켜 자기 자신과 다른 사람에게 생기를 주고 풍요롭게 하며 활력을 주는 데 매력을 느끼고, 마음을 열고, 흥미를 갖게 하는 욕구이다. 그것은 당연히 여가도 노동시간도 다시 짜야 한다는 것을 전제로 한다. 우리의 여가는 대부분 권태의 여가이다. 그것은 자칫 힘의 환상을 가져온다. 텔레비전만 켜면 세계를 집 안으로 불러낼 수 있고, 차에 앉으면 엔진의 100마력짜리 힘을 자신의 힘이라고 착각해 버리기도 한다. 우리가 진정한 자유시간을 얻는 것은 인간 안에 뿌리내리고 인간의 능동성 발전으로 이어지는 욕구를 촉진시키는 정도에 비례해서이다. 따라서 노동은 단조롭고 지루한 것이 되지 말아야 한다. 그리고 노동조직의 문제는 이렇다. 노동을 재미있고 자극을 주며 활기차게 만들려면 어떻게 해야 하는가?

여기서 우리의 노동 목적은 무엇인가 하는 원칙적인 물음이 생긴다. 생산과 소비의 촉진인가? 아니면 인간의 발전과 성장인가? 흔히 이 둘을 나눌 수 없다고 주장한다. 즉 산업에 좋은 것은 인간에게도 좋고, 그 반대도 참이라는 것이다. 이는 예정조화의 아름다운 생각처럼 들린다. 그러나 정말은 엄청난 속임수이다. 산업에 좋은 것은 대부분 인간에게는 좋지 않았다는 것을 증명하기란 어렵지 않다. 바로 이것이 오늘날 우리가 처한 난처한 상황이다. 지금까지처럼 이대로 계속한다면 진보는 인간을 희생시키게 된다. 그러므로 결정을 내려야 한다. 성서의 관점에서 말하면, 신이냐 카이사르냐 둘 가운데 한쪽을 선택해야 한다. 이는 무척 호들갑스럽게 들리지만, 삶에 대해서 진지하게 말하면 극적으로 변하는 것이다. 지금 우리에게는 삶이냐 죽음이냐뿐만 아니라, 늘어나고 있는 죽은 삶이냐 살아 있는 삶이냐가 문제이다. 모두 더 생기 있고 더 생명에 넘치게 되는 것이 문제이다. 그것에 대해서 사람들은 언제나 자신을 속인다. 그들은 살아가기를 그만둔 것처럼, 또는 아직 전혀 살기 시작하지 않은 것처럼 살고 있다.

인간은 마흔을 넘기면 자신의 얼굴에 책임을 져야 한다는 말이 있다. 저마다의 생활사(生活史)는 그 사람이 자신의 인생을 바로 살았는지 잘못 살았는지(도덕과 관련된 것이 아니라 자기 자신만의 인생이라는 관점에서)를 알려준다는 뜻이다. 그리고 눈부신 업적을 읊는 추도사도 우리가 피할 수 없는 미래의 물음을 다 감추지는 못한다. 우리는 정말로 살았는가, 또는 살고 있는가 하는 물음을. 우리는 살아 있는 것일까, 아니면 억지로 살고 있는 것일까? 나는 마르크스나 디즈레일리 같은 사상가와 의견이 같다. 그들은 사치도 가난만큼이나 나쁜 것이라고 믿었다. 그리고 그들이 생각한 사치는 바로 여기서 나머지를 뜻하는 초과라고 표현한 것이다. 우리가 나머지를 뜻하는 초과 대신 넘치는 초과를 노력의 목표로 삼는다면, 생각하는 방식과 생활하는 습관도 완전히 근본적으로 바꿔야 하는 것은 명백하다. 말할 것도 없이 나는 상황을 그렇게 바꾸는 데 엄청난 어려움이 따른다는 점을 잘 알고 있다.

그러나 나는 그런 변화를 가져오는 조건은 하나밖에 없다고 믿는다. 그것은 인간이 더 많은 삶과 더 적은 반복을 추구하고, 지루함을 거부하며, 자신에게 활기를 불어넣고, 자발적으로 행동하며, 더 자유롭고 쾌활해지고 싶다고 욕구하는 심층 체험이다. 많은 나라(특히 기술 개발이 늦은 나라)의 사람들은 미국인들이 소유하고 있는 것을 모두 소유하게 되면 행복해질 거라는 꿈을 꾸고 있다. 한편 바로 그 미국에서 온갖 근대적 쾌적함을 갖추었음에도 더 행복해지기는커녕 오히려 수동적이고, 비인간적이 되고, 쉽게 조작되는 경험을 한 사람들의 수가 가장 많다. 저항하는 젊은이들 대부분이 질릴 만큼의 초과를 몸소 보여주고 있는 가운데, 그들이 중류계급 출신인 것은 우연이 아니다. 이런 초과는 고작해야 환상 속에서 행복을 좇는 데 지나지 않는다. 공상에서 비롯된 행복이지 영혼이 행복한 것은 아니다.

나는 생활기술의 전략을 위해서 하나의 원리를 분명히 알고, 거기에 모든 주의력을 쏟아붓는 것이 정말 중요하다고 생각한다. 서로 충돌하는 목표를 좇아 그것들이 서로 모순되고 배척하는 것을 알아차리지 못한다면 인간은 인생을 그르친다. 파블로프의 개 실험은 잘 알려져 있다. 그 개는 원을 보면 배고픔을 느끼고, 타원을 보면 먹이를 기피하도록 훈련받았다. 그런 다음 개가 원과 타원을 식별하지 못하도록 형태를 모호하게 만들었다. 그러자 이 충돌로 개는 불안해하고 혼란스러워하며 불안정해지는 전형적인 신경증 증상을 보였다.

서로 충돌하는 목표를 좇으면 인간도 정신적으로 병을 앓게 된다. 평형감각과 자의식과 식별력을 잃게 된다. 그리고 무엇이 자신에게 좋은지 알 수 없게 되어버린다. 그러므로 무엇보다도 우리는 쓸데없는 잡음에 귀를 기울이지 말고 물어야 한다. 우리가 좇고 있는 서로 충돌하는 목표가 어떤 것인가? 그것들은 왜 어울리지 않는가? 이 충돌이 우리 내부에 어떤 해로움을 가져오는가? 이 물음들에는 인간의 이야기나, 광신(狂信)을 낳는 선언 등으로 대답을 해서는 안 된다. 저마다 "너는 짧은 인생을 살 뿐이다. 너는 누구인가? 정말은

무엇을 원하는가?"라고 반성함으로써 대답을 찾으려고 애써야 한다. 만일 초
과에 몸을 맡겨버린다면 빈곤과 비참함을 낳게 되며, 우리 안에 존재하여 발
전할 풍요로움은 억압되어 버린다. 좋은 초과를 선택하느냐 나쁜 초과를 선택
하느냐의 결정에 바로 인간의 미래 자체가 달려 있다.

2. 공격이 발생하는 원천

공격이라는 문제가 오늘날 더욱더 많이 다루어지고 있는 것은 그리 이상하지 않다. 우리는 전쟁을 경험했고, 현재도 겪고 있다. 그리고 대국(大國)은 모든 핵전쟁을 위한 무장을 하고 있으며 우리는 그것에 겁먹고 있다. 동시에 사람들은 스스로가 그것을 바꿀 수 없는 무력한 존재라고 느낀다. 그런데 각국 정부는 모든 지혜와 선의를 가지고도 핵확산 경쟁을 줄이는 것은 물론 동결시키는 데도 전혀 성공하고 있지 못하는 것 같다. 한편으로 공격은 인간 자신이 만드는 것도 아니고 사회적 조건에 기초하는 것도 아니며, 인간의 본성에 있는 것이라는 이론으로 치우치기 쉽다는 점은 이해가 간다. 그리고 사실이 관점은 여러 해 전에 출간된 콘라트 로렌츠의 《공격성에 관하여》라는 책을 통해서 많은 사람들이 받아들였다. 로렌츠는 다음과 같이 주장한다. 공격성은 인간의 내부에서 끊임없이 자연발생적으로 생겨난다. 그것도 뇌 속에서이다. 또 공격은 짐승이었던 우리 선조의 유산이다. 그리고 공격성은 배출구가 없으면 차츰 고조되고 갈수록 커진다. 계기가 있으면 겉으로 드러나지만, 그 계기가 너무 약하거나 전혀 없으면 쌓였던 공격성은 끝내 폭발한다. 시간이 조금 지나면 인간이 공격적인 행위를 할 수밖에 없는 것은 내부에 그런 식으로 공격성과 관련된 에너지가 쌓여 있었기 때문이다. 이 이론은 '수력학 이론'이라고 부를 수 있다. 압력이 높아지면 높아질수록 결국에는 물이나 증기가 폭발할 확률이 커지게 마련이다. 로렌츠는 이 이론을 실명하는 완벽한 예를 들었다. 즉 빈의 아주머니 이야기이다. 이 부인은 반년마다 하녀를 갈아치웠다. 오래전 좋은 시절이었다. 하녀가 오면 그녀는 무척 기뻐하며 큰 기대를 품는다. 그러다가 1주일, 2주일이 지나면 기쁨이 차츰 사라진다. 마침내는 비판적이 되고, 불만이 쌓이고, 그러다가 6개월쯤 지나면 하녀가 더는 참지 못하고 집을 나간다. 그런 일이 6개월마다 많든 적든 규칙적으로 일어난 것이다. 공격성이 서서히 쌓이다가 어느 일정 순간에 이르면 분출될 수밖에 없는 모습을 이 예가 보여준다.

분명히 겉으로는 그렇게 보일 것이다. 그러나 로렌츠보다 좀더 인간을 이해한다면—그는 동물을 대단히 잘 이해하고 있었지만—이상의 것이 결코 대단히 훌륭한 설명은 아니라는 것을 알 수 있다. 정신분석가라면—그렇지 않더라도 조금만 깊이 생각할 줄 아는 사람이라면 대부분—이 아주머니가 자기애가 무척 강하고 착취하는 사람이며, 하녀를 고용했으면 급여로 8시간의 노동을 샀을 뿐이라 생각하지 않고, 사랑과 충성과 종속과 호의와 하루 15시간의 노동을 샀다고 생각하고 싶어하는 사람이라고 판단할 것이다. 따라서 그녀는 늘 새 하녀에게는 이런 커다란 기대로 친절하게 대한다. 그리고 이번에는 틀림없이 그런 하녀일 거라고 굳게 믿기 때문에 처음에는 아무 문제 없이 달콤한 기분을 느낀다. 그러나 시간이 지나면서 그 하녀는 전혀 그녀의 기대에 부응하는 인물이 아닌 것을 알게 된다. 그래서 실망이 쌓이고 쌓인 나머지 화가 치밀어, 다음번에는 제대로 된 하녀를 찾을 거라고 희망하면서 그녀를 내쫓아 버린다. 아마도 그 밖에는 달리 할 일도 없으므로, 이 일은 그녀에게 극적인 사건이 된다. 게다가 그것은 아주 좋은 이야깃거리이다. 아마도 친구들과 대화할 때 가장 중요한 주제일 것이다. 이렇게 모든 것은 결코 가로막힌 공격성과 관련된 문제가 아니라, 매우 특수한 성격구조와 관련된 문제이다. 그리고 여러분 가운데 적어도 나이가 많은 사람들은 똑같은 경우에—아직 하녀라는 직업이 있느냐 없느냐는 차치하고—똑같은 행동을 할 게 틀림없는 사람을 많이 알고 있을 것이다.

공격과 관련된 본능이 타고난 것이라는 이론은 여기서 상세히 설명하고 넘어가야 하는데, 이전의 죽음과 관련된 본능 이론에 어느 정도 가까운 것이다. 1920년대에 시작된 프로이트의 가설은 모든 인간, 모든 세포, 모든 살아 있는 것에는 두 개의 본능, 즉 사는 본능과 죽는 본능이 있다는 것이었다. 죽는 본능, 더 정확히 말하면 죽음과 관련된 본능이 나타나는 형태는 외부를 파괴하는 힘이 되든가, 스스로를 파괴하는 내부의 힘이 되어 병이나 자살을 일으키거나 성충동과 섞여서 피학대 성욕 도착증이 된다. 죽음본능은 인간이 갖고 태어나는 것이다. 환경에 좌우되는 것도 아니고 만들어 낼 수 있는 것도 아니다. 인간은 사실상 이 파괴, 죽음과 관련된 본능을 자기 자신에게 향하든가 다른 사람에게 향하든가 둘 가운데 하나이다. 그렇기 때문에 비극적인 선택을 할 수밖에 없다.

실제로는 타고난 공격성이라는 이런 이론들은 이 문제를 연구하는 다양한 학자들 사이에서도 오랫동안 증명되지 못하고 있다. 흔히 심리학에서는 공격성이 사회행동에 제약받고, 특수한 자극, 문화나 그 밖의 사정들에 '좌우된다'고 본다. 그래도 세상에서는 로렌츠의 공격 이론이 큰 인기를 얻고 있다―아마도 내가 지금 말한 이유에서. 그 이론이 주는 설명에 의해서 인간은 아마 무언가를 할 수 있을 거라는 것에는 눈을 감아버린다. 그것은 아주 좋은 변명을 제공한다. 즉 이런 위험도 저런 공격도 모두 인간이 태어날 때부터 갖고 있다는 것이다. 그것이 인간의 본성인데 대체 어쩔 수 있겠는가?

예부터 줄곧 두 개의 의견이 있었다. 인간은 본성적으로는 악이고 파괴를 지향한다. 따라서 전쟁은 피하기 어렵고, 그러므로 강력한 권위도 피하기 어렵다. 왜냐하면 인간을 제어하고 스스로의 공격성으로부터 지켜야 하기 때문이다. 그리고 또 하나의 생각. 인간은 본성적으로 선이고, 사회 환경에 의해서만 악이 된다. 환경을 바꾸면 인간에게 있는 악, 인간의 공격성을 작게 할 수 있을 뿐만 아니라 세상에서 없애버릴 수도 있다. 이 두 의견은 모두 한쪽으로 치우친 과장이 있다. 인간의 타고난 성질로서의 공격성을 주장하는 사람들은 대단히 많은 역사상 사회나 대단히 많은 문화, 대단히 많은 개인에게 공격성이 아주 작은 경우가 있다는 사실을 지나치기 쉽다. 만일 공격성이 타고난 것이라면 그렇게 될 리가 없다. 한편 반전(反戰), 평화, 사회정의파의 낙관주의자는 공격성의 의미와 힘을 부정하지는 않지만, 적어도 과소평가하기 쉬웠다. 프랑스 계몽주의 철학자들의 생각이 그랬는데, 이 낙관주의는 카를 마르크스의 작품이나 초기 사회주의자들의 신조에서도 보인다.

나는 여기서 다른 관점을 취하겠는데, 첫 번째 관점보다는 두 번째 관점에 가깝다. 먼저 인간은 동물보다 훨씬 파괴성이 강하며 잔인하다고 전제한다. 동물은 가학적이지는 않다. 동물은 생명에 적대하지도 않는다. 그러나 인간의 역사는 상상할 수 없을 만큼의 잔인함과 비정상적인 파괴성의 기록이다. 이런 관점에서 보면, 공격성의 힘을 작게 생각할 필요는 없다. 그리고 내 생각에는 공격성의 뿌리는 동물성 안에 없고, 본능 안에도 없으며, 우리의 과거 안에도 없다. 인간의 공격성이 동물보다 크기 때문에 그것은 인간이라는 존재의 특수한 조건에 근거한다. 공격은 악이다. 파괴성은 악이다. 그러나 로렌츠의 말처럼 '이른바' 악[1]일 뿐만 아니라 인간다운 것이다. 인간의 내부, 우리 모두의 내부에 있는 가능성으로, 인간이 더 좋고 풍요롭게 발전하지 않는 경우에 나타난다.

인간의 '지나친 공격', 즉 동물에 비해 더 강대한 공격은 인간의 성격에 근거한다. 여기서 나는 법률과 관련된 뜻에서 자격이라고 말하는 게 아니다. 정신분석과 관련된 뜻에서 인간이 세상과 관계하는 장치로서의 성격을 말하는 것이다. 성격이라는 단어에서 내가 이해하고 있는 바는, 인간이 자신의 동물적 본능의 발달이 너무 약하기 때문에 그것을 대신할 것을 만들었다는 점이다. 성격에 대해 내가 여기서 말하고 있는 것은 어쩌면 이론적으로만 들릴지도 모른다. 그러나 자신의 경험에 비추어 본다면, 이런 뜻에서의 성격이란 무엇인가를 많은 사람이 정확하게 알고 있을 것이다. 다른 사람들을 모질게 대하는 성격을 지녔다고 할 수 있는 사람을 만난 적이 있을 것이다. '친절한 사람'이라는 꼬리표가 달린 사람들도 만났을 것이다. 물론 그것은 그 사람이 일찍이 모질게 대하는 행동을 한 적이 있다거나 일찍이 아주 친절했다는 뜻이 아니다. 그의 인생을 관통하고 있는 하나의 성격특성을 말한다. 그런 사람이라도 기회가 없어서 그런 행동을 전혀 하지 않는 경우도 있다. 아주 꼼꼼하게 관찰해야만 아주 보잘것없는 그런 행동을 발견할 수 있다. 또 소질로 보면 파괴하는 성격이 아닐지라도 격노하거나 절망해서 누군가를 쏴 죽일 수 있다. 하지만 그렇다고 해서 파괴하는 성격이라고는 말할 수 없다.

악은 인간다운 것이기 때문에 동물이었던 옛날에 근거를 두는 게 아니라 인간이라는 존재에 근거를 두는 것이라고 전제한다면, 본능론자들이 피하기 어려운 논리적 역설을 피할 수 있게 된다. 본능론자들은 인간의 더 큰 공격성을 동물의 더 작은 공격성으로 설명하려고 한다. 그런 일이 어떻게 가능하겠는가? 인간이 동물들로부터 물려받은 것이 인간을 동물보다 훨씬 공격을 잘 하고 파괴하는 존재로 만든다고는 생각할 수 없다. 논리적으로는 인간이 동물과 다른 행동을, 곧 훨씬 잔인한 행동을 한다고 한다면, 그 잔인함은 동물들로부터 물려받은 것이 아니라 인간이라는 존재의 조건에서 비롯된다고 가정해야 한다.

---

1) 《공격》의 원제는 《이른바 악—공격의 자연사(自然史)에 관하여》이다.

먼저 동물의 공격성을 들어보자. 동물의 공격성은 생명을 지닌 존재의 생리 작용에서 비롯된 적응이다. 동물의 개체와 종족의 자기보존을 위해서 작용하며, 그것이 동원되는 것은 동물의 사활이 걸린 이해(利害)가 외부로부터 위협받은 경우, 즉 생명, 식량, 이성과의 관계, 자신의 영역에 위협이 발생한 경우이다. 이 위협에 맞닥뜨리면 동물은 물론 인간도 공격성이나 도주 등의 반작용을 일으킨다. 이 위협이 없다면 공격성도 동원되지 않는다. 따라서 공격성이란 하나의 기구로서 뇌에 있으며 언제나 자극받을 가능성이 있지만, 특별히 아무런 자극도 없고 기회도 없으면 늘어나지도 않고 행동을 일으키지도 않는다. 따라서 '수력학' 모델에는 합치하지 않는다. 이는 신경생리학자 발터 헤스(Walter Rudolf Hess)에 의해 처음으로 아주 뚜렷하게 강조되었다. 그는 적당한 자극이 있고, 죽고 사는 것에 대한 위협이 중추를 움직일 때 뇌의 어떤 부분이 공격성을 띠게 되는지를 보여주었다.

육식동물의 공격성은 이와는 다르다. 육식동물은 위협받았다고 느끼기 때문에 공격하는 것이 아니라 먹이를 구하기 위해 공격한다. 신경생리학의 관점에서 보더라도 육식동물의 공격성은 동물의 방어적 공격과 다른 중추, 뇌의 다른 부분에 그 위치가 정해진다. 주로 동물의 공격성은 위협받은 경우를 제외하고는 전체적으로 매우 낮다고 봐야 한다. 싸워도 동물의 경우는 거의 피를 흘리지 않는다. 침팬지, 망토비비, 그 밖의 영장류를 관찰한 바에 따르면 이런 영장류의 사회생활 실태는 놀랍도록 평화롭다. 따라서 말하자면 인류가 침팬지에게서 보이는 것과 같은 정도의 공격성을 갖고 있다면, 전쟁이나 공격의 걱정은 전혀 하지 않아도 된다. 늑대에게서도 같은 현상을 볼 수 있다. 늑대는 육식동물이다. 양을 공격할 때는 당연히 공격성을 띠게 마련이다. 그러나 인간은 늑대가 공격하는 동물이라는 이미지를 만들어 버렸다. 이 경우 인간은 늑대가 먹이를 구할 때 보이는 공격성을 먹이를 구하지 않을 때 보이는 공격성과 착각한 것이다. 늑대는 같은 늑대들끼리는 참으로 사이가 좋다. 따라서 인간들 간의 공격성을 묘사하는 데 늑대들 간의 공격성을 빌려 와서, 다른 인간에 대한 어떤 인간의 행동이 다른 늑대에 대한 어떤 늑대의 행동과 같다(인간은 다른 인간에 대해 늑대이다)[2]고 말하는 것은 부당하다. 양을 대하는 늑대의 행

---

2) 로마의 희극작가 플라우투스의 말.

동과 같다고는 말할 수 있어도, 늑대를 대하는 늑대의 행동이라고는 말할 수 없다.

이렇듯 동물의 공격성은 수력학 모델에는 따르지 않는다는 것을 알 수 있다. 동물이 위협받지 않는 한, 자연적으로 증대하며 쉬지 않고 성장해 가다가 마침내는 폭발에 이르는 공격성은 존재하지 않는다. 다른 표현도 가능할 것이다―인간의 공격성은 뇌 안에 생물학적으로 존재하는 가능성이지만 필연성은 아니다. 그것은 어떤 생명 유지를 위해 작용하는 환경에 의해서 활성화되어야만 겉으로 드러난다. 이는 공격성을 학습에 의해서만 얻고, 인간은 환경에 의해서만 공격성을 띠게 된다는 행동학의 명제와 비교해서 기억할 만한 매우 중요한 차이이다. 사태는 그리 단순하지 않다. 즉 공격성이 환경에 의해서만 학습되어야 한다면 그렇게 빠르고 강력하게 동원되지 않아야 하는데도 실제로는 그렇게 동원되고, 또 그렇게 동원되어야 한다. 그리고 공격성은 소질로서, 또 가능성으로서 생물학적으로 뇌에 존재하는 것이므로 곧바로 동원할 수 있다. 왜냐하면 신경생리학과 관련된 모든 기구가 거기에 있어서 기능하기 때문이다. 그러나 그것은 이미 말했듯이 먼저 동원되어야 한다. 동원되지 않는다면 작용하지 않는다. 간단한 예로 설명하자면 인간이 몸을 보호하기 위해 밤에는 침대 옆에, 낮에는 책상 안에 권총을 보관한다고 해도 그 사람이 언제나 총을 쏠 태세를 갖추고 있다는 뜻은 아니다. 그것은 위험이 있으면 그 권총을 쓰겠다는 뜻이다. 뇌의 생리도 그렇게 되어 있다. 이른바 습격할 때의 재빠른 반작용의 가능성으로서 뇌에 권총이 있는 것이다. 하지만 그것은 본능 이론―이 즉응성의 존재에 의해 인간 내부에 공격성이 충만하고, 마침내는 폭발해야 한다고 하는―과는 다르다.

결국 발터 헤스나 신경생리학자의 연구에서 기억해야 할 것은 동물이 위험할 때 습격뿐만 아니라 달아나는 것으로도 반작용한다―오히려 습격보다 달아나는 경우가 더 많다―는 점이다. 습격은 동물이 달아날 수 없을 때 행동하는 마지막 수단이다. 이런 경우에 동물은 덤벼들어 싸운다.

인간의 '공격 본능'에 대해서 말하는 자는 마찬가지로 인간의 도주 본능에 대해서도 말해야 한다. 공격성 이론과 본능의 신봉자가 인간은 늘 공격욕에 사로잡혀 있으며 그것을 잘 제어하지 못한다고 말한다면, 마찬가지로 인간은 거의 제어하기 어려운 도주 충동으로 가득차 있으며 그것을 잘 제어하지 못한다고 말하는 것도 옳음을 알아야 한다. 사실 전쟁을 관찰한 자는 인간의 도주 본능이 얼마나 강한지를 알고 있다. 그렇지 않다면 도주를 가끔 사형으로 처벌하는 법규는 필요하지 않다. 바꿔 말하면 공격받았을 때의 반작용으로서 인간에게는 뇌가 명령하는 두 가지 가능성이 있다. 습격과 도주이다. 그러나 도주 충동도 습격 충동도 아무런 공격을 받지 않고 위협도 없는 경우에는 활동하지 않는다. 그리고 늘 활동적으로 저절로 커지는 공격욕이나 도주욕을 스스로 만들어 내지는 않는다.

우리는 로렌츠나 어떤 의미에서 프로이트가 주장한 죽음과 관련된 본능 이론이 제기하는 '수력학' 이론은 지지할 수 없음을 살펴보았다. 신경생리학의 조사 결과에 따르면 인간의 공격성은 동물과 마찬가지로 늘 성장하고 스스로 일어나는 본능에서 비롯되는 것이 아니라 자극, 즉 인간이나 동물의 생존과 아주 한정된 사활의 이해에 대한 위협을 뜻하는 계기에 의해서 동원되는 것이다. 하지만 이 '수력학' 이론은 신경생리학의 조사 결과라는 이유만 가지고 지지할 수 없는 게 아니라 인류학, 고생물학, 정신의학, 또는 사회심리학에서 보이는 다른 사실들도 이유가 되기 때문에 지지할 수 없는 것이다. 만일 이 이론이 옳다고 한다면 모든 개인, 모든 문화와 사회에서 공격성은 대부분 똑같다고 가정해야 한다. 분명 지능과 마찬가지로 힘이라는 관점에서도 비교적 작은 차이일지언정 차이가 있다는 점을 인정하더라도, 대부분의 경우 인간은 누구나 같은 정도의 공격성과 파괴하고자 하는 충동을 나타낼 것이다. 그러나 결코 그렇지는 않다.

인류학 자료에서 시작하자. 원시부족 가운데에는 특별히 공격성이라고 말할 수 있는 것은 아무것도 발견되지 않고, 정반대로 누구에게나 친절한 부족이 많다. 그런 부족들을 묘사할 때, 많은 특징이 하나의 증후군을 만들어 서로 관련되어 있다는 사실을 깨닫게 된다. 즉 공격은 얼마 없고(범죄가 없고 살인도 거의 없음을 뜻한다), 사유재산도 없으며 착취도 없고 계급제도 없다. 그런 부족은 이를테면 북아메리카의 푸에블로 인디언에 있다. 그 밖에도 전 세계에서 발견할 수 있을 것이다. 인류학자 콜린 턴불(Colin Turnbull)은 그런 부족에 대해서 매우 흥미로운 기록을 남겼다. 그들은 푸에블로 인디언 같은 농민이 아니라 원시 수렵민으로, 3만 년 전의 수렵민과 그리 다르지 않다. 바로 중앙아메리카의 피그미족이다. 그들은 원시림에서 산다. 그들 간에는 거의 공격이 없다. 화를 내기는 한다. 그러면 나의 이 명제에 반대하는 많은 사람들은 "그것 봐라, 역시 있다. 그 남자는 화를 냈다"라고 쓸 것이다. 그러나 그것으로는 조금 조잡한 고찰이라는 말을 들어도 할 수 없다. 왜냐하면 화를 낸다는 것과 공격에 몸을 맡기고 전쟁을 바라거나 사람을 죽이려고 하는 것은 전혀 다른 일이기 때문이다. 그가 화를 냈을 뿐인지, 아니면 파괴를 좋아하고 증오로 가득한 사람인지를 구별하지 않는다면 그 관찰력은 매우 빈약할 수밖에 없다.

원시림에서 사는 이 수렵민은 원시림을 어머니라고 생각한다. 그들은—어떤 수렵민도 그렇듯이—필요한 만큼, 먹을 만큼의 동물을 사냥한다. 물론 저장은 생각하지 않는다. 고기를 보존할 수 없기 때문이다. 필요한 딱 그만큼만 사냥한다. 여분은 많지 않다. 그러나 사는 데는 부족하지 않다. 따라서 사유재산도 없다. 그리고 지도자도 없다. 그럴 필요가 어디에 있는가? 생활은 상황의 필연성에 따라 규제되고, 누구나가 무엇을 해야 하는지를 알고 있다. 이 종족에는 깊이 뿌리내린 민주주의가 있다고 해도 좋다. 누구도 다른 사람에게 명령하지 않는다. 그럴 이유가 없기 때문이다. 남에게 뭔가를 명령해 봤자 아무 이익이 없다. 당연히 착취도 없다. 다른 사람을 이용해 봤자 이득이 없다. 자신이 사냥하지 않아도 되도록 사냥에 이용할까? 그랬다가는 삶은 엄청나게 따분해질 것이다. 그것 말고 또 무슨 할 일이 있단 말인가? 나를 위해서 다른 사람이 할 수 있는 것은 아무것도 없다. 가정생활은 평화롭고, 일부일처제가 지배하며, 쉽게 이혼할 수 있다. 결혼 전에는 자유롭게 성관계를 가질 수 있다. 성(性)에는 죄의식이 뒤따르지 않는다. 일반적으로 여성이 임신하면 결혼하고, 부부는 평생 같이 산다. 싫어지면 헤어지지만 그리 흔한 일은 아니다.

사람들에게는 근심이 없다. 그러나 사냥은 결코 쉽지 않다. 동물이 잘 나타나지 않고, 잡지 못하는 경우도 흔하기 때문이다. 그러나 그들은 원시림이 자신들을 잘 키워 줄 거라는 믿음을 갖고 있다. 그래서 더 써야 한다, 더 아껴야 한다, 더 가져야 한다는 생각에 사로잡히지 않는다. 따라서 총체적으로 매우 만족스러워한다. 그런 부족이야말로 진정한 초과사회이다. 그렇게 풍요롭기 때문이 아니라 가진 것 이상을 바라지 않기 때문이다. 그리고 그들이 가진 것은 안정되고 쾌적한 생활을 하는 데 충분하다.

목청 높여 강조하고 싶은 것은, 이 경우 하나의 특징을 드는 게 아니라 늘 체제와 구조에 눈을 돌리는 것이 얼마나 중요한가이다. 공격이냐 공격이 아니냐 묻는 것만으로는 판단이 매우 어렵다. 하지만 눈을 구조로 옮기면, 눈앞에 있는 것은 전체적으로 친절하고 서로 싸우지도 않고 질투도 하지 않는 사람들이라는 것, 공격의 결여는 전체의 심적, 사회적 체제의 논리적 일면이라는 것을 알게 된다. 또 심적 체제가 사회적 체제와 얼마나 밀접하게 얽혀 있는가도 알게 된다.

인간의 역사 가운데 가장 흥미로운 시대가 이른바 '신석기혁명'이다. 그것은 약 1만 년 전, 농경의 발생에 의해 소아시아에서 일어났다. 참고로 아무 증거도 없지만, 여자들이 농경을 발견했다는 것은 일단 분명하다. 즉 그녀들이 야생의 풀을 재배해서 먹을 수 있는 보리, 즉 곡물로 개량할 수 있다는 것을 발견한 것이다. 남자들은 그렇게 똑똑하지는 않았다. 그 무렵 그들은 아마 사냥을 계속하려고 했을 테고, 양떼를 돌보는 일을 했을 것이다. 농경을 통해서 인간은 자연이 주는 것만을 먹을 필요가 없고, 스스로 창조적으로 자연에 개입할 수 있으며, 자기 자신의 이성과 기술을 통해 뭔가를 만들 수 있다는 것을 깨달았다. 그것은 이미 말했듯이, 아주 최근에서야 일어난 일이다. 신석기혁명의 초기, 대충 말하자면 4000년 사이에서 아마도 가장 고도로 평화로운 사회가 보인다. 아마 많은 점에서 북아메리카 인디언의 예로 알려진 저 사회와 닮은 그것은 가모장제 조직을 갖고 있었으며, 작은 마을에서 살았을 것이다. 인간은 당장 필요한 경우에만 좀더 많이 만들었다. 그럼으로써 더 안정될 수 있었고, 인구를 더 늘릴 수 있었다. 그러나 남을 부러워하거나 남으로부터 약탈하게 될 정도로 많은 것을 모으지는 않았다. 이 신석기사회를 지배했던 것은 아마도 앞서 말한 부족과 마찬가지로 매우 민주적인 삶이고, 거기서는 여자 그리고 어머니가 아주 강력한 역할을 했다. 이 사회는 나중에 가서야 가부장제 조직으로 변화되었다. 그것은 기원전 4000년부터 3000년에 걸쳐서 시작한다. 그것은 모든 것이 변화하는 시대이다. 소비하기보다는 훨씬 많은 것을 생산한다. 노예를 소유하고, 노동 분화가 진행된다. 군대가 생기고, 정부가 생기고, 전쟁을 일으킨다. 돌연 남을, 자기를 위해서 이용할 수 있다는 것을 깨닫는다. 왕을 정점으로 한 계급제도가 생겨난다. 왕은 신의 대리인으로, 때때로 대사제와 같은 인물이다. 이 상태가 되자 엄청나게 많은 공격성이 발달한다. 왜냐하면 이제 약탈도, 탈취도, 착취도 가능하기 때문이다. 그리고 자연민주주의는 누구나가 복종하는 처지가 되는 계급제로 바뀌게 된다.

여기서 전쟁의 원인을 언급하고 넘어가야겠다. 본능론자들은 가끔 전쟁의 원인은 공격성에 근거한 인간의 본능에 있다고 말한다. 이는 아주 단순하기도 하고, 아주 잘못된 것이기도 하다. 왜냐하면 무엇보다 우리는 대부분의 전쟁은 일단 정부가 국민들에게 습격의 가능성과 아울러 생명, 자유, 민주주의 등 가장 신성한 가치들을 지켜야 한다고 믿게 해야만 일어날 수 있다는 것을 잘 알고 있기 때문이다. 전쟁의 흥분은 1~2주 이어지면 대개 사라져 버린다. 따라서 그것을 지속시키려면 사람들을 위협하거나 벌해야 한다. 전쟁이 실제로 공격성에 근거한 본능을 만족시키게 될 만큼 인간이 본디 공격성을 지닌 존재라면 정부는 전혀 그럴 필요가 없다. 정반대로, 국민들이 그 공격성의 배출구로서의 전쟁을 기다리는 일이 없도록 늘 평화를 선언해야 한다. 실제로는 우리가 모두 알고 있듯이 그렇지 않다. 게다가 매우 분명히 말할 수 있는 점은, 제도로서의 전쟁이 시작된—또는 고안되었다고 말해도 좋을 것이다—것은 겨우 신석기혁명 뒤의 시대이다. 따라서 군대나 왕이 탄생하고, 전쟁을 일으키며, 노예를 획득하고, 재산을 빼앗을 가능성이 생긴 결과로 도시국가가 성립되었을 때라는 얘기가 된다. 조직된 전쟁은 수렵민이나 원시농경민들 사이에는 없었다. 그럴 가능성이 없었기 때문이다.

이와 관련해서 흥미로운 것은 수많은 원시부족에서 공격성의 커다란 결여와 일반화된 친절과 협력으로 이루어진 하나의 체제를 발견할 수 있다는 점이다. 그렇다면 물론 수력학에 근거한 공격성의 본능 이론을 고집할 수 없다. 여기서 우리는 하나의 사회 안에서도 공격의 정도에 큰 차이가 있다는 것을 알게 된다. 이를테면 독일에서—1930년대 초를 생각해 보면—나치스가 거둔 성공의 중심에는 완전히 본질적인 부분이 나이 많은 소시민계급, 또는 엘리트 양성 과정에서 벗어난 장교와 학생 집단에 있었다. 그러나 중류계급이나 상류계급과는 감정적으로 무관했다. 그렇다고 이들 계급이 나치스 체제에 복종하지 않았다고 말할 수는 없다. 열광적인 나치스는 이들 계급에서는 나오지 않았고, 하물며 노동자계급에서는 절대 나오지 않았으며, 거기에서 나온 골수 나치스는 오히려 예외였다. 노동자계급에서 나온 골수 반나치스 또한 예외였지만 이것은 다른 문제이다.

이런 현상이 미국 남부의 각 주에서도 관찰된다. 남부의 가난한 백인들은 엄청나게 강대한 공격성을 갖고 있다. 그 정도는 남부 중류계급보다 훨씬 강하고, 남부나 동부 노동자계급보다도 강하다. 사회의 최하층, 사회의 피라미드 밑바닥에 있는 계층이 늘 있는 것이다. 그들에게는 삶의 기쁨이 거의 없다. 교양도 없다. 갈수록 사회 전체의 움직임으로부터 소외되어 간다고 생각한다. 자극을 받는 일도, 관심을 갖는 일도 없다. 그리고 마음속에는 엄청난 분노가 쌓여 간다. 그것은 하나의 가학증으로 뭔가를 만드는 사람, 자신은 사회 움직임의 중심에 있으며 적어도 소외되지는 않았다고 느끼는 사람들 속에서는 생겨나지 않는다. 뒤에 든 사람들은 관심을 갖고 있다. 사회의 다른 사람들과 함께 나아가고 있다는 감정을 갖고 있다. 따라서 이 계층에는 이를테면 독일의 나이 많은 소시민계급이나 미국의 어떤 부분과 같은 정도의 가학증이나 공격성이 없다.

공격성이라는 점에서의 차이는 개인의 경우에도 있다. 누군가가 정신과 의사를 찾아가서 말한다. "선생님, 사람들이 다 밉습니다. 아내도 밉고, 아이들도 밉고, 동료들도 밉습니다. 다 밉습니다." 그 정신과 의사로서는 환자가 그렇게 스스로 진단을 내린 거나 마찬가지일 테고, 대부분의 사람도 그렇게 생각할 것이다. 즉 그는 병에 걸렸다는 것이다. "아주 분명하군요. 공격 본능이 활발해져 있습니다"라고 말할 사람은 없다. 그 사람에게는 늘 공격성이 생기는 성격이 있다고 말할 것이다. 거기서 생기는 질문은 이렇다. 그 사람은 왜 그렇게 되었는가? 사회 환경은? 가정사는? 어떤 경험을 해왔는가? 그래야 비로소 이 사람의 성격구조에 왜 이런 강한 공격성이 발달했는가를 이해할 수 있다. 그러나 본능론자들이 전쟁을 이야기할 때 말하는 것은 아무도 이야기하지 않는다. "어쩔 수 없는 일입니다. 선천적인 공격성의 힘이 다시 나타난 것입니다."

우리는 누구나 공격적인 인물을 알고 있다. 이 경우의 공격적 인물이란 단순히 화를 잘 내는 사람이 아니다. 파괴를 지향하고, 악의로 가득차 있으며, 다른 사람을 못살게 구는 성향이 있는 사람을 말한다. 또 누구나 친절한 인물을 알고 있다. 그런 사람들은 우리에게 겉으로만이 아니라 진심으로 모든 사람을 평등하게 사랑하고 공격성과는 거리가 먼 인물이라는 인상을 준다. 이는 결코 나약한 것도, 비굴한 것도 아니다. 이 차이를 깨닫지 못하면 제대로 살아갈 수 없다. 그리고 그것을 깨닫지 못한 채 제대로 살아가지 못하고 있는 사람이 많다. 그러나 조금이라도 관찰하는 사람이라면 대부분 이 성격학에 근거한 차이를 잘 알고 있다.

이쯤에서 우리는 좀더 엄밀히 따져봐야 한다. 대체 인간에게만 있는 고유한 공격성이란 어떤 것일까? 지금까지는 왜 수력학 이론으로는 안 되는가만을 말해 왔다. 인간의 경우, 원리적으로는 두 종류의 공격성으로 나눌 수 있다. 하나는 이른바 생물학적으로 적응된 방어적인 것으로 동물에게 있는 것과 같다. 다른 하나는 동물에게서는 보이지 않는 인간에게만 있는 공격성으로, 그 한 면은 인간에게만 있는 잔인성이며 다른 한 면은 인간적인 정열로서의 생명을 적으로 대하는 마음, 생명을 사무치게 미워하는 성향, 즉 네크로필리아인데, 이것에 대해서는 여기서는 상세히 설명할 수 없다.

첫 번째 종류로 한정해 보자. 이는 생물학적으로 적응한 것이며, 동물에게서도 보인다. 앞에서 살펴봤듯이, 동물은 사활의 이해가 위협받을 때 인간과 같은 신경생리학적 조직에 근거해서 공격에 의해 반작용한다. 이것은 인간도 마찬가지다. 그러나 인간의 경우에는 이 반작용, 즉 반작용이나 방어 성격의 공격성은 훨씬 규모가 크다. 주요 원인은 세 가지이다. 첫째, 동물은 위협을 현재에만 경험한다. 즉 "지금 자신은 위협받고 있다"는 경험을 한다. 인간은 생각할 수 있기 때문에 미래를 상상할 수 있다. 따라서 인간의 경우는 위협이 지금 존재하기 때문이 아니라, 앞으로 위협이 있을 것을 계산할 수 있으므로 위협을 경험할 수 있기도 한 것이다. 그리하여 인간은 이 순간에 실재하는 위협뿐만 아니라 미래에 있을 위협에도 공격하듯이 반작용한다. 당연히 그로 말미암아 반작용 성격의 공격은 훨씬 광범위해진다. 왜냐하면 인간의 수와 미래의 위험이나 위협을 품은 상황의 수는 방대하기 때문이다.

둘째, 인간의 반작용 성격의 공격이 더 광범위한 이유로서, 인간에게는 동물과 달리 어떤 암시를 줄 수 있다는 것을 들 수 있다. 인간에게는 생명이 위험하고 자유가 위태롭다고 믿게 할 수 있다. 거기에는 말이나 상징이 이용된다. 그러나 동물을 '세뇌'시킬 수는 없다. 그를 위한 상징도 말도 없기 때문이다. 어떤 사람에게 "너는 위협받고 있다"고 믿게 할 수 있다면, 그의 주관적 반작용은 정말로 위협받았을 경우와 똑같아진다. 단지 위협받고 있다고 믿는 것만으로는 그 반작용에 아무런 차이도 일어나지 않는다. 더 말할 것도 없이 위협받고 있다고 사람들이 믿게 함으로써 전쟁이 가능해진 예가 얼마나 많은가? 그렇게 해서 사람들을 전쟁으로 내모는 데 필요한 공격성을 만들어 낸 것이다.

마지막으로 세 번째 원인이다. 인간에게는 특유한 사활의 이해가 있으며, 그것은 인간이 가치나 이상이나 제도를 갖고 있고 그것들과 자기를 동일화시키는 것에 기초하고 있다. 그래서 이런 이상이, 자신에게 둘도 없이 소중한 사람들, 자신에게 신성한 제도 등을 습격하는 것은 사신의 생명이나 식량을 습격하는 것과 같은 뜻을 가질 수 있다. 그것은 자유라는 관념일 수도 있고, 명예라는 관념일 수도 있다. 부모, 또는 아버지, 어머니, 어떤 문화에서는 조상일 수도 있다. 국가, 국기, 정부, 종교, 신일 수도 있다. 이 모든 가치, 제도, 이상은 그에게는 육체와 관련된 생명과 똑같이 그 무엇과도 바꿀 수 없는 것이다. 이것들이 위협받으면 그는 적으로 대하는 마음을 가지고 반작용한다.

이 세 가지 원인을 정리하면 방어 성격을 띠는, 상대를 적으로 대하는 인간의 마음은 방어 성격을 띠는, 상대를 적으로 대하는 동물의 마음과 같은 작용 원리에 의한 것이면서도 훨씬 큰 것임을 알 수 있다. 동물의 경우보다 훨씬 많은 위협이 있기 때문에 또는 훨씬 많은 것이 위협으로 느껴지기 때문이다.

인간은 동물과 함께 생물학적으로 적응한 방어적 공격성을 갖고 있으며, 그것은 그의 사활의 이해를 습격으로부터 지켜주는 작용을 한다. 그러나 인간에게는 그 이상으로 동물에게서는 볼 수 없는 형태의 공격성이 있는데, 이는 생물학적으로 적응되어 있는 것도 아니고, 지켜주는 작용을 하는 것도 아니며, 인간의 성격에 뿌리내리고 있다. 왜 어떤 사람이 그런 공격성을 키우고 있는가는 복잡한 문제로, 여기서 세밀히 살펴볼 수는 없다. 아무튼 이런 공격성이 있으며, 그것은 인간에게 국한되어 있다. 지금 여기서는 그 하나의 발현인 가학증의 성격에 대해서 설명하겠다.

가학증이라고 하면 단지 성도착(이상 성욕)으로만 이해하는 경우가 많다. 즉 여성을 때리거나 괴롭힘으로써 한 남성이 성적 흥분을 얻는다는 식이다. 또는 다른 사람에게 육체적으로 상처를 주는 정열 또는 욕망으로 이해한다. 하지만 본질은 다른 생물을 시배하는 것, 그것도 완전히 절대적으로 지배하는 데 있다. 동물이라도 좋고, 어린아이라도 좋고, 다른 성인이라도 좋다. 어떤 경우건 다른 그 생물이 가학증의 성격을 지닌 인간의 소유가 되고, 물건이 되며, 종속물이 되는 것이 요점이다.

누군가가 다른 사람에게 극심한 고통을 견디도록 강요할 수 있다면, 그것은 극단적인 형태의 지배이다. 그러나 그것이 유일한 것은 아니다. 이런 형태의 가학증은 교사에게서 많이 보이고, 죄수를 다룰 때에도 보인다. 이런 경우, 이런 형태의 가학증은 좁은 의미에서는 성(性)과는 관계가 없지만 이른바 뜨겁고 관능적인 가학증이라는 것을 알 수 있다. 그렇지만 이는 하나의 형태에 지나지 않는다. 훨씬 넓은 범위의 가학증은 '차가운 가학증'인데, 그것은 전혀 관능적이지 않으며 성과도 아무런 관계가 없음에도 관능적이고 성과 관련된 가학증과 똑같은 특징을 갖고 있다. 즉 그것은 지배라는 목적이고, 다른 사람을 완전히 손안에 넣기—도공의 손에 있는 점토처럼—위한 전능이라는 목적이다.

게다가 양성(良性)의 가학증도 있다. 많은 사람들이 알고 있는 것이다. 어떤 사람이—어머니나 상사에게서 가끔 보이지만 실은 누구에게나 있다—다른 사람을 지배하지만, 상대방에게 해를 끼치려는 게 아니라 좋으라고 하는 경우이다. 그에게 무엇을 시키는 것이다. 그가 해야 할 일은 모두 정해져 있다. 그것은 모두 그에게 좋은 일이다. 그를 위해서 좋지만, 더 적절하게 말한다면 도움이 되지만 그는 자유를 잃고 완전히 자립을 잃는다. 이는 아들과 어머니의 경우나, 아들과 아버지의 경우에서 많이 보인다. 이 경우에 가학증의 성향을 지니는 인간은 가학증의 아주 작은 충동에도 당연히 전혀 눈치채지 못한다. '정말로 다 잘되라고 하는' 것이기 때문이다. 가학증의 희생자도 그것을 스스로 깨닫지 못한다. 그렇게 해서 얻게 되는 이익만 보기 때문이다. 자신의 혼이 좀 먹히는 것도, 자신이 복종하고 의존하며 자유가 없는 인간이 되는 것도 전혀 모른다.

먼저 가학증과 관련된 극단적인 예를 하나 들겠다. 전지전능한 정열을 가진 사람이 전능한 신이 되려고 한다. 그것은 카뮈의 희곡 《칼리굴라》에 잘 묘사되어 있다. 로마 황제이자 전제군주인 칼리굴라는 끝없는 권력을 갖고 있다. 처음에는 그도 다른 사람들과 그렇게 다르지 않았다. 그러나 그 뒤에 거머쥔 지위에 의해서 자신은 본디 인간이라는 존재의 제약 밖에 있다고 생각하게 된다. 자신의 권력에는 한도가 없기 때문이다. 그래서 그는 맨 먼저 친구들의 아내를 유혹한다. 친구들은 그것을 알고 있다. 그들이 눈여겨본다기보다는, 그가 억지로 보이는 것이다. 하지만 그들은 무릎을 꿇고 추종해야만 한다. 죽고 싶지 않으면 분노나 불쾌감을 얼굴에 드러내는 것은 꿈도 꾸면 안 된다. 그렇지 않으면 칼리굴라는 기분 내키는 대로 아무나 죽여버린다. 그들이 꼴 보기 싫어진 것이 아니다. 누구든 마음대로 죽일 수 있다는 것이 그의 힘, 그의 전능의 상징이기 때문이다. 그러나 그것도 이 전능의 욕망을 만족시키지 못한다.

결국 여기에도 한계가 있기 때문이다. 그러자 전능의 욕망은—카뮈가 잘 표현하고 있듯이—달을 갖고 싶다는, 이른바 상징적인 욕망이 되어 나타난다. 만약 오늘날 그가 그런 말을 한다면 뭔가 우습게 들릴 것이다. 하지만 수십 년 전, 그 말은 다음과 같은 것을 표현했다. "나는 불가능을 원한다. 나는 그것을 원한다. 나는 그 누구도 갖지 못했던 힘을 원한다. 나는 유일하다. 나는 신이다. 나는 모든 것을 지배한다. 내가 원하는 것을 나는 소유할 수 있다."

절대적인 지배라는 정열로 인간은 인간이라는 존재의 제약을 회피하거나 극복하려고 한다. 인간이라는 존재의 필연으로서 인간은 전능하지 않기 때문이다. 그리고 아무리 강한 힘을 갖고 있더라도 자연 앞에서는 얼마나 무력한가를 죽음이 가르쳐 준다. 카뮈는 힘찬 필치로 이 칼리굴라가 광기에 이르기 전까지는 다른 사람들과 다를 바 없었다는 것을 그리고 있다. 인간이라는 존재의 한계를 뛰어넘으려고 했으므로 그는 미쳤다. 돌아올 길을 잃은 자는 누구나 미치는 법이다. 여기서 우리는 광기가 일반적으로 생각되는 것처럼 병이 아니라, 인간이라는 존재에 관한 문제를 푸는 하나의 방법임을 알게 된다. 광인은 인간 속에 존재하며, 그를 괴롭히는 무력함을 부정한다. 그의 환상에는 한계가 없기 때문이다. 그는 무력함 따위는 없다는 듯이 행동한다. 그러나 그렇더라도 무력함은 존재하므로, 목적에 집착하다 보면 미치지 않을 수 없다. 이른바 그것은 병이 아니라 철학이다. 또는 더 엄밀하게, 또는 더 적절하게 말한다면—종교의 한 형태이다. 광기는 인간의 무력함을 부정하고 부인하려는 시도이다. 그로써 인간은 무력함이 존재하지 않는다는 것을 아주 확실한 형태로 자기 자신에게 연기해 보인다.

50년 전이었다면, 칼리굴라들은 로마 역사에서만 살아 있었다고 생각해도 틀리지 않을 것이다. 하지만 20세기의 우리는 수많은 칼리굴라의 존재를 경험했다. 유럽에서, 미국에서, 아프리카에서, 그리고 곳곳에서 칼리굴라들은 똑같은 과정으로 만들어진다. 그들은 제한 없는 힘을 경험한다. 그리고 그 힘의 한계를 부정함으로써 자기 존재의 문제를 해결하겠다는 정열에서 벗어나지 못하게 된다. 우리는 그것을 스탈린에게서도 히틀러에게서도 뚜렷하게 본다. 인간이라는 존재의 한계가 무시된다. 그와 동시에 어떤 광기가 나타난다.

다행히 대부분의 인간은, 예컨대 가학증의 성향을 지니고 있고 지배를 갈망한 나머지 이 차가운 가학증을 제멋대로 실행했다 하더라도, 비교적 온화한 형태로 끝나는 데 만족할 것이다. 완전한 지배를 바라는 부모가 자식에게 가학증 환자처럼 행동한다는 것은 이미 알려져 있다. 요즘에는 자식들이 참고만 있지 않으니까 그렇게 많지는 않지만, 20년 전, 30년 전, 40년 전에는 대단히 흔한 일이었다. 부모에게 매를 맞거나 학대당한 아이가 병원에 실려 들어오는 사례를 의사들은 많이 알고 있다. 그러나 그것은 실제의 가학증의 성향에서 비롯된 학대의 작은 한 부분에 지나지 않는다. 부모가 "자식 잘되라고 한 일이다" 주장하고, 몸에 남은 학대의 흔적이 어지간히 심하지 않으면 법률적으로도, 관습적으로도 부모는 자식에게 하고 싶은 대로 할 수 있기 때문이다. 부모가 행하는 지배의 정도와, 더 나아가 진짜로 가학증의 성향에서 비롯된 학대를 소재로 하는 책은 몇 권이나 쓸 수 있을 정도이다. 경찰관, 간호사, 교도관들도 마찬가지다. 그들의 권력은 칼리굴라가 가진 권력이 아니다. 그들도 복종해야 하는 아주 작은 인간이고, 그리 대단한 힘을 지닌 것도 아니다. 그렇지만 아이들에 대해, 환자들에 대해, 죄수들에 대해 그들은 매우 커다란 권력을 갖고 있다. 그래서 이런 직업에는 가학증의 성향을 지닌 사람들이 흔하다. 물론 교사나 간호사가 대부분 그런 사람들이라는 뜻은 아니다. 그 반대이다. 의심할 바 없이 교사나 간호사가 되는 아주 많은 사람들의 동기는 널리 사람들에게 도움이 되고 싶고, 그들을 친절하게 대하고 싶다는 마음 때문이고, 사람을 사랑하기 때문이다. 그러나 내가 예로 든 사람들은 그런 마음의 지향점이 어긋나 있어서, 스스로 찾고 있는 합리화의 배후에 실제로 있는 것은 지배하고자 하는 정열임을 일반적으로 깨닫지 못한다.

이 정열은 관료들 사이에서도 자주 보인다. 누구나가 분명히 몇 번이나 관찰했겠지만 간단한 실례를 들어보자. 우체국 창구에 우편 업무를 처리하는 직원이 앉아 있다. 손님 열다섯 명이 기다리고 있었는데, 마감시간인 6시에도 아직 두 사람이 남아 있다. 6시 퇴근 종소리가 울리는 것과 동시에 직원은 창구를 닫아버리고, 30분이나 기다렸던 두 사람은 돌아가야 한다. 이때 직원의 입가에 보일 듯 말 듯한 얇은 미소가 번진다. 희미한, 가학증 환자들에게서 볼 수 있는 미소이다. 두 사람은 돌아가야 한다, 자신에게는 권력이 있다, 이곳에서 하염없이 기다렸던 그들은 내일 다시 와야 한다는 사실을 즐기는 것이다. 1분쯤 늦추어 주고 싶으면 얼마든지 할 수 있지만, 그러지 않는다. 인정 있는 사람이라면 그랬을 것이다. 또 이런 경우, 그렇게 하는 사람도 많다. 그 직원은 단지 마감시간이므로 창구를 닫는 게 아니다. 그는 즐기는 것이다. 엄청난 급료를 받는 건 아니지만 이런 변태와도 같은 쾌락이 그로서는 놓치기 싫은 급료의 일부인 셈이다.

단순히 지배하는 것보다 훨씬 저급한 가학증 환자의 예를 들어보겠다. 하인리히 힘러[3]이다. 그가 친위대 상급장교인 아달베르트 코투린스키 백작에게 보낸 짧은 편지를 읽어보자. "코투린스키 군, 자네는 줄곧 건강이 나쁘고 심장이 문제네. 자네의 건강을 위해서 나는 자네에게 2년간의 완전 금연을 명하네. 2년 뒤에 의사의 건강진단서를 나에게 제출하게. 그것을 가지고 금연 명령을 해제할지 계속 지켜야 할지를 결정하겠네. 히틀러 만세." 이것은 지배이고, 모욕이기도 하다. 그는 한 사람을 머리 나쁜 학생처럼 다루고 있다. 어린애 취급을 받고 있다고 느낄 수밖에 없게 하는 말투를 쓴다. 그는 지배하고 있다. 의사에게 지배를 맡기고, 그 입으로부터 담배를 다시 피워도 되는지 어떤지 말하게 하려고는 하지 않는다. 언제 피워도 좋은지는 자신이 결정하겠다는 것이다.

이런 부류에 속하는 관료의 또 다른 특징은 그가 인간을 사물로 여긴다는 것이다. 인간은 사물이 되며, 관료는 인간으로서의 인간과 관계를 맺지 않는다. 또 다른 특징은 무력함만이 그의 관심을 끌고, 무력하지 않은 것은 관심을 끌지 않는다는 것이다. 가학증의 성향을 지니는 사람들은 대체로 우위에 있는 자들에 대해서는 겁쟁이이다. 그러나 무력한 자나 무력하게 만들 수 있는 자—이를테면 어린아이, 환자, 어떤 정치 상황에서의 반대파 정치가—는 그의 가학증을 자극한다. 그는 정상적인 사람처럼 연민을 느끼지도 않고, 무력한 사람을 더 아프게 해서는 안 된다는 것을 의식하지도 않는다. 상대의 무력함은 그를 더욱더 자극한다. 그것이 상대를 완전히 지배하는 토대가 되기 때문이다.

관료의 제복을 입은 가학증 환자들의 특징은 질서(秩序)에 지나치게 집착한다는 것이다. 질서가 전부이다. 질서는 유일한 확실성이고, 인간이 지배할 수 있는 유일한 것이다. 질서의식이 지나친 사람은 일반적으로 생명에 두려움을 느낀다. 생명은 질서를 갖고 있지 않기 때문이다. 생명은 자발적이며 경이로운 것이기 때문이다. 우리가 갖고 있는 유일한 확실성은 죽음의 확실성이다. 그러

---

3) Heinrich Himmler(1900~1945). 나치스의 친위대대장, 게슈타포 장관 등을 지냈다.

나 생명이라는 현상은 늘 새롭다. 그런데 스스로 관계를 거부하고 모든 것을 사물로 만들어 버리는 가학증의 성향을 지니는 인간, 그런 인간은 살아 있는 것이 그를 위협하기 때문에 그것을 미워한다. 하지만 질서는 사랑한다.

따라서 이를테면 히틀러가 열네 살 때부터 10년 동안 진부하기 짝이 없는 일기―롤빵을 몇 개 먹었다, 열차는 정시에 왔다 등―를 쓴 것은 자못 그다운 행동이다. 자신의 사소한 행동들을 하나하나 분류해 두어야 했던 것이다. 또 그는 어려서 이미 자신이 받은 편지, 보낸 편지를 모두 목록으로 만들어 두었다. 그것이 질서이다. 그것에 대해 다음과 같이 말할 수 있다. 그것은 오래된 관료만이 지니는, 그 부류의 특징을 가장 잘 나타내는 성실함이다. 그에게 생명은 하찮은 것이고, 질서와 규칙이 전부이다.

흥미로운 것은 아이히만[4]이 예루살렘에서 죄악감이 있느냐는 질문을 받았을 때의 일이다. 그 질문은 매우 인간미 있는 정신과의사가 했는데, 아이히만은 이때 겉으로 보기에는 매우 자유로웠다. 그는 대답했다. 네, 죄악감을 갖고 있습니다. 왜 갖고 있느냐고 묻자, 그는 말했다. 어렸을 때 학교 수업을 두 번 빼먹었기 때문입니다. 그것은 이런 상황에서 피고인 그가 말할 만한 대답은 전혀 아니었다. 현명하게 대답하고 싶었다면, 너무나 많은 유대인을 죽여서 죄악감이 있다고 대답했을 것이다. 그는 온전히 제정신이었고, 그 대답은 그에게 아주 당연한 것이었다. 그는 그때 질서를 잃은 것이다. 관료는 단 하나의 죄만 알고 있다. 질서를 어지럽힌 경우이고, 규칙을 어긴 경우이다.

마지막으로 가학증 성격은 복종성이 특징이다. 약한 자를 지배하기 바라는 한편으로는, 더 강한 자에게 복종하지 않고 살기에는 자기 내부의 생명력이 너무 약하다. 예를 들면 힘러는 히틀러를 우상처럼 숭배했다. 가학증 환자가 복종하는 것이 인간이 아니라면 그것은 역사이고, 과거이며, 또는 자연의 힘이고, 자신보다 강한 모든 것이다. 문제는 언제나 이렇다. 나는 복종해야 한다. 나는 더 강한 힘에―그것이 어떤 이름으로 불리든―복종한다. 그러나 약한 자는 내가 지배한다. 이것이 관료적 가학증 환자와 일반적인 차가운 가학증 환자를 포함하는 체제이다.

내가 여기서 말한 것과 놀랄 만큼 합치하는 것은 칼 야코프 부르크하르트

---

4) Karl Adolf Eichmann(1906~1962). 나치스의 유대인 학살 책임자. 전후에 체포되어 이스라엘 재판에서 사형을 받았다.

(Carl Jacob Burckhardt)의 힘러의 성격 묘사이다. 그 무렵 단치히에서 국제연맹위원이었던 그는 힘러를 다음과 같이 평했다. "매우 똘똘 뭉친 말단 벼슬아치 근성, 뭔가 융통성 없는 소심함과 지나친 성실함, 로봇 같은 면이 있으며 음침함." 이것이야말로 차가운 가학증 환자의 모습이다. 여기서 의문이 하나 생길 것이다. 힘러가 그런 처지에 있지 않았다면, 나치즘 같은 것이 없었다면 힘러는 전혀 다른 사람이 되었을까? 그랬다면 어떤 인간이 되었을까? 그는 관리의 모범이 되었으리라고 단언할 수 있다. 그리고 그의 장례식 때 목사나 상사가 말하는 모습이 내 눈앞에 선하다. "그는 가정의 좋은 아버지였습니다. 아이들을 사랑하고, 모든 에너지를 직장과 임무와 조직에 바쳤습니다." 힘러는 바로 그런 사나이였다. 분명히 해두어야 할 것은, 가학증의 성향을 지니는 사람도 자신이 인간이고 친절할 수 있다는 것을 자기 자신에게 증명하고자 하는 욕구를 어딘가에 갖고 있다는 점이다. 자신에게도 어딘가에 인간다운 면이 있다고 스스로에게 증명할 수 없다면, 그 사람은 광기에 가깝다. 왜냐하면 그는 모든 인류로부터 고립되어 있기 때문이고, 또 그것을 견딜 수 있는 사람은 아무도 없기 때문이다. 기록에 따르면 정치범, 유대인, 러시아인 등을 처형한 돌격대원의 대부분이 미치거나 자살하거나 정신병에 걸렸다. 그리고 그 돌격대의 지휘관이었던 한 사람은 이런 글까지 남겼다―사살 또는 독가스에 의한 유대인 학살이 얼마나 인도적이고 군율에 따른 것인가를 대원들에게 알려줘야 했다. 그것은 그들의 마음 평정을 깨지 않기 위해서였다……

내 생각에는 수많은 힘러와 수많은 가학증 환자가 있지만, 단지 기회가 없어서 겉으로 드러난 가학증 환자가 되지 않았을 뿐이다. 그러나 우리에게는 모두 한 사람의 히틀러가 숨어 있다든가, 가학증 환자의 소질이 있으며, 기회만 있다면 그것이 나타나리라고 생각하는 것은 잘못이라고 생각한다. 내가 여기서 말하고자 하는 요점은, 가학증의 성향을 띤 성격도 있고 그렇지 않은 성격도 있다는 것이다. 가학증의 성향을 띤 성격의 사람은 상황이 무르익으면 겉으로 드러나는 가학증 환자가 된다. 다른 사람들은 상황이 그렇게 되어도 가학증 환자가 되지 않는다. 서로 다른 성격을 갖고 있기 때문이다. 따라서 대단히 중요한 일은 어떤 사람이 가학증 환자이고 어떤 사람이 그렇지 않은가 하는 이미지를 만들어 이를 배우는 것이고, 어떤 사람이 아이나 동물에게 아주 친절하다든가 이런저런 좋은 일을 했다는 사실에 현혹되지 않는 것이다. 성격으로 눈을 돌려야 비로소 그 사람의 의식이나 전체 행동 뒤에 숨어 있는 것, 그 성격의 본디 특징, 그리고 더 나아가 겉으로 드러난 것으로서 보상의 성격을 띠는 특징을 알 수 있다. 생각건대 성격에 대해서 더 이해하고 겉으로 드러난 인간의 행동에 쉽게 영향받지 않게 된다면 엄청난 이익이 될 것이다. 단순히 우리의 개인적 삶뿐만 아니라 정치와 관련된 면에서도 그렇다. 정치와 관련된 우리의 운명을 이끌고 가려는 자들이 가학증 환자인지 아닌지를 파국이 오기 전에 반드시 알아야 하기 때문이다.

3. 꿈은 세계적인 인간의 언어

우리는 모두 단 하나의 언어만 할 줄 안다고 생각한다. 우리는 그것을 모국어라고 부른다. 어쩌면 그 밖에 몇 가지 외국어를 배우기도 했을 것이다. 프랑스어, 영어, 이탈리아어 등. 그러나 우리는 누구나 또 하나의 언어를 말한다는 것을 잊고 있다. 즉 꿈이라는 언어이다. 이 언어는 매우 주목할 만하다. 이것은 세계언어로, 인간 역사의 모든 시대에 나타나고 모든 문화에 나타난 것이다. 어떤 원시인이 꾸는 꿈이라는 언어도 성서에 나오는 파라오가 꾸는 꿈이라는 언어[1]나, 슈투트가르트나 뉴욕에 사는 사람들이 꾸는 꿈이라는 언어나 거의 비슷하다. 우리는 이 언어를 밤마다 말한다. 대체로 꿈을 꾼 것을 잊어버리고 꿈 같은 건 꾸지 않았다고 말하지만, 사실 우리는 밤마다 꿈을 꾼다.

그렇다면 이 꿈이라는 언어의 특징은 무엇일까? 먼저 그것은 밤의 언어이고, 잠의 언어이다. 마치 밤에는 프랑스어를 말할 수 있지만 낮에는 한마디도 이해하지 못하는 것과 같다. 또 그것은 상징언어이다. 이 언어는 감각적이며, 손으로 잡을 수 있거나 눈으로 볼 수 있는 것과 관련된 구체적인 형태로 마음속 경험을 나타낸다고 말할 수 있다. 외부의 것이 내부의 것을 나타내고, 사물이 어떤 경험을 나타낸다고 할 수 있다. 그것은 시와 닮았다. 작가가 "빨간 장미는 내 마음을 따뜻하게 한다"고 해도 온도가 올라가는 것을 생각하는 사람은 아무도 없다. 이는 어떤 감정, 어떤 경험을 말하는 것이고, 그것을 구체적인 물리현상의 형태로 나타낸 것이기 때문이다.

아주 재미있는 꿈의 실례가 아마 내가 말하고자 하는 사실을 분명히 해줄 것이다. 지그문트 프로이트가 꾸고 이야기한 꿈[2]이다. 그것은 식물표본의 꿈으로 매우 짧다. 프로이트는 자신이 식물표본을 갖고 있는 꿈을 꾸었는데, 그중에 압화(꽃누르미)가 하나 있었다. 그게 모두이다. 이와 관련해서 그는 몇 가지

---

1) 이집트 왕 파라오가 꾼 꿈을 요셉이 해석해 주었다는 이야기. 〈창세기〉 41장.
2) 프로이트 《꿈의 해석》 참조.

생각이 들었다. 그 꽃은 그의 아내가 좋아하는 꽃으로, 아내는 그가 평소 꽃을 선물해 주지 않는다며 투덜댔었다. 한편 이 꽃은 코카인과 관련이 있었는데, 그는 코카인의 발견자와 거의 같은 시기에 그 의학적 쓰임새를 깨달았다. 표본 속 하나의 꽃. 그것은 간단한 상징이다. 그러나 아주 많은 것을 뜻한다. 그것은 프로이트 인격의 본질적인 한 특징에 대해서 뭔가를 말하고 있다. 꽃은 사랑의 상징인 동시에 성적인 것, 선정적인 것, 살아 있는 것의 상징이기도 하다. 하지만 표본 속의 꽃은 마른 꽃으로, 전혀 다른 목적을 가지고 있다. 즉 학문적 관찰의 목적이다. 연구대상으로서 조사하더라도 향기 나는 것, 살아 있는 것이라고는 받아들이지 않는다. 프로이트의 사랑과 성에 대한 태도를 관찰한다면, 실제 다음의 것을 깨닫게 된다. 그는 그것들을 학문연구의 대상으로 삼았지만, 실제 인생에서 그는 오히려 품위 있고 내성적인 사람이었다. 그는 마흔이 넘어서도 어떤 친구에게 편지로 "매력적이라고 생각하는 여성이 꿈에 나와서 놀랐다"고 말한다. 그것은 대부분의 사람이라면 그런 일이 있었어도 그리 이상하게 생각하지 않을 나이의 프로이트가 보인 경험의 한 예에 지나지 않는다. 그리하여 마른 꽃은 하나의 상징으로서 우리 앞에 있다. 그리고 표현하는 데 몇 마디 말만 필요한 이 작은 상징 속에서 실은 프로이트의 성격이 보인다. 그 성격에 대해 이 짧은 꿈이 상징언어로 말한 것을 정확히 재현하고자 한다면 몇 페이지를 써야 할 것이다.

꿈의 언어에 대해서 더 알 수 있는 것은 꿈속에서는 자기 자신이나 다른 사람에 대해서 깨어 있을 때 알고 있는 것보다 훨씬 많은 것을 알고 있다는 점이다. 우리는—나중에 다시 한 번 다루겠지만—꿈속에서는 깨어 있을 때보다 어떤 의미에서 합리성과는 거리가 먼 존재인 반면에 어떤 의미에서는 현명하고 훨씬 통찰력이 있는 존재이다. 프로이트의 예도 그것을 보여준다. 그의 자기분석에서 알 수 있듯이, 그도 자신의 이 특성을 거의 깨닫지 못했지만, 꿈속에서는 꽃이 상징하는 것에 대한 자신의 분열되고 이중적인 평가 태도를 뚜렷하게 인식하고 있었다.

이와 관련해서 꿈의 언어의 또 다른 특징을 들 수 있는데, 이에 대해서는 꿈을 말할 때도 일반적으로는 충분히 평가되어 있지 않다. 대부분의 사람은(나는 '대부분의'라고 말하지만 아직 통계로 처리된 숫자는 없다. 따라서 더 신중하게 '많은 사람' 또는 적어도 내가 정신분석의 실천에서 본 것 가운데 '과반수의 사람'

이라고 해야 할지도 모르겠다) 꿈속에서는 어떤 의미에서 깨어 있을 때보다 상상조차 할 수 없을 만큼 창조적이다. 꿈속에서 그들은 이야기, 시, 신화의 작가가 된다. 물론 깬 상태에서는 아무리 노력해도 그렇게 될 수 없지만. 나는 정말 많은 꿈을 예로 들었다. 그것들은 그대로 발표하면 카프카의 다양한 단편에도 견줄 만하다. 그러나 그 사람이 깨어 있을 때 누군가가 "그래, 카프카 같은 단편을 써봐"라고 말한다면, 그는 머리가 이상한 사람을 대하듯이 상대를 쳐다볼 것이다. 그리고 틀림없이 그런 일이 그로서는 불가능하다. 꿈속에서는 시인이고 예술가이지만 깨어 있을 때는 모든 재능을 잃어버린 상태이기 때문이다. 그러므로 창조적인 예술가는 잠을 자지 않을 때도 창조적인 사람이라고까지 정의해도 좋을지 모른다. 즉 깨어 있는데도 창조적인 사람이라고 말이다.

인간은 낮에는 하나의 문화 속에 있다. 낮에 우리가 말하는 것은 우리가 어디서 태어났는지에 크게 좌우된다. 수렵 부족에 속하는 아프리카인은 어떤 것에 대해서 우리 같은 사람들과는 다른 범주에서 이야기하며, 이는 마땅한 일이다. 우리가 말하는 것은 사회 조건에 따라서 결정된다. 하지만 꿈에서 우리는 세계어를 말한다. 우리가 모국어라든가 외국어라고 여기는 낮의 언어는 늘 사회조건에 따라 결정되는 언어이다. 반면에 꿈이라는 언어는 세계어이고, 인류어이다.

그렇다면 이 특질을 어떻게 설명하면 좋을까? 먼저 어떤 것에 대해서 검토해야 한다. 그것은 복잡하게 보일지도 모르지만 실제로는 아주 간단하다. 곧 각성과 수면의 차이이다. 우리는 두 개의 존재형식에 따라서 살아가는데, 그것은 너무나도 당연한 일이라 그다지 느끼지도 못한다. 즉 인생의 한 부분은 눈을 뜬 채로 보내고, 다른 부분은 자면서 보낸다. 그런데 눈을 뜨고 있다는 것은 어떤 것일까? 눈을 뜨고 있을 때는 생활의 고됨을 경험하는 상태에 있는 것이다. 일을 해야 한다. 살기 위해서 필요한 것을 벌어야 한다. 습격에 대해서는 몸을 보호해야 한다. 요컨대 '투쟁하고 싸워야 하는' 것이다. 이는 우리의 행동에 영향을 미치고 생각에 영향을 미친다. 행동에 대해서 말하자면, 사회에 편입되어야 한다. 살고 있는 사회의 기대에 부응해 행동하고, 생산하고 일할 수 있도록 만들어야 한다. 그러나―이것이 중요한데―그것은 생각의 범주나 감정에 큰 영향을 미친다.

낮에 사물을 볼 때는 적당한 방법에 따라야 한다. 그러니까 그 사물을 사용하고, 다루고, 이용해서 뭔가를 만들기 위해서 봐야 한다. 우리는 이성적으로 행동해야 한다. '이성적'이란 '다른 사람처럼', '다른 사람이 우리를 이해해 주는 것처럼'이라는 뜻이고, '다른 사람이 우리를 괴짜라든가 미치광이라고 생각하지 않고 마음에 들어하도록'이라는 뜻이다. 그렇게 해서 우리는 '상식'이나, 이른바 '건전한 감각'이 명령하는 것을 생각하고 느낀다. 누구나가 생각하고 느끼는 것은 부모를 사랑한다는 것, 부모나 다른 권위자들은 최선을 바랄 뿐만 아니라 최선을 알고 있으며 그것을 행하고 있다는 것 등이다. 우리는 상황이 시키는 대로 행복하고 명랑하게 느끼고, 다른 상황이 지시하는 대로 슬프다고 느끼지만, 사실 많은 경우 아무것도 느끼지 않고 단지 얼굴만 즐거워 보이는 표정이나 슬퍼 보이는 표정을 짓기 때문에 그렇게 느낀다고 생각할 뿐이다. 그리고 불합리하게 보이는 것은 생각하지 않는다. '있어서는 안 되는 일은 있을 리가 없기' 때문이다. 그것의 가장 좋은 예는 안데르센의 《벌거벗은 임금님》이라는 동화로 알려져 있다. 임금님은 벌거숭이이다. 어른들만이 임금님이 멋진 옷을 입고 있다고 생각한다. 그렇게 기대하고 있기 때문이다. 오직 소년만 임금님이 아무것도 걸치고 있지 않다는 것을 알고 있다. 그의 사고가 아직 대부분의 어른들이 지닌 대낮의 사고처럼 형성되지 않았기 때문이다. 우리는 눈을 뜨고 있을 때는 다른 사람들이 기대하는 대로 행동하고, 생각하고, 느낀다.

바로 이것을 예증하는 꿈의 실례를 한 가지 더 살펴보자. 어떤 기업의 간부는 높은 지위에 있는데, 그의 위에는 사장밖에 없다. 깨어 있을 때 그는 생각한다. 자신은 사장과 아주 잘 지내고 있다. 자신은 사장을 좋아하고, 그와는 아무 문제도 없다……. 그러나 꿈속에서는 전화기 코드로 두 손이 묶여 있으며, 전화기는 한쪽에 대롱대롱 매달려 있다. 그리고 사장이 그 옆 바닥에 쓰러져 있는데, 자고 있는 것 같다. 그는 엄청난 분노를 느낀다. 망치를 발견하고, 두 손으로 그것을 들어 사장의 머리를 내리치려고 한다. 힘껏 내리친다. 그러나 아무 일도 일어나지 않는다. 사장은 눈을 뜬 채 비열한 웃음을 짓고서 그를 바라본다……. 즉 이 남자는 사장과 좋은 관계에 있다고 믿고 있지만, 꿈은 그가 사실 그 상사를 미워하고, 자신이 구속되어 있고 억압받고 있으며, 결박되어 있다고 느끼며, 그의 앞에서는 무능하고 무력하다는 것을 알려준다. 그것이 꿈속에서 경험하는 현실이고, 그 현실은 깨어 있을 때는—적어도 겉으로 보기에는—사라져 버린다.

그렇다면 잠든 상태일 때는 무슨 일이 일어나는 걸까? 우리는 자유롭다. 이는 주목할 만한 것으로, 어쩌면 이상하게 들릴지도 모른다. 하지만 어떤 의미에서 우리는 자고 있을 때만 자유롭다고 말할 수 있다. 즉 자고 있는 동안에는 전쟁 같은 삶에 책임을 질 필요도, 무엇을 극복할 필요도, 자신을 지킬 필요도, 적응할 필요도 없다. 자신이 생각하고 느끼는 것을 그대로 생각하고 느낀다. 우리의 사고와 감정은 잠들어 있을 때 최고의 주관성을 얻는다. 자고 있을 때는 무엇도 할 필요가 없고, 그냥 있기만 하면 된다. 자고 있을 때는 아무 목적도 갖지 않는다. 세계는 보이는 대로, 보는 그대로 경험할 수 있으며, 어떤 목적을 다하기 위해서 어떻게 보여야 하는 것은 없다. 다르게 표현한다면, 자고 있을 때는 무의식이 무대에 등장한다. 그러나 무의식은 신비로운 것이 아니다. 다만 자고 있는 동안에 깨어 있을 때는 몰랐던 것이 알고 있는 것으로서 나타나고, 반대로 깨어 있을 때는 자는 동안 알고 있던 것을 모르게 된다는 것뿐이다. 또는 이렇게도 말할 수 있다. 깨어 있을 때는 자고 있을 때의 의식이 무의식이고, 자고 있을 때는 깨어 있을 때의 의식이 무의식이다……. 두 개의 다른 평면이 있는데 하나는 자고 있을 때, 다른 하나는 일어나 있을 때 번갈아 의식이고 무의식인 것이다.

그런데 이것은 우리가 자고 있을 때 합리성과는 거리가 멀고 본능에 보다 충실하다는 뜻일까? 분명 많은 경우에 그렇다. 그렇지만 늘 그런 것은 아니다. 대부분 그런 것도 아니다. 프로이트는 꿈이 늘 합리적인 것에 맞서서 합리적인 것과는 거리가 먼 것을 표현한다고 믿었지만…… 그래도 꿈속에서는 앞에서 말했듯이 더욱 큰 통찰과 더욱 큰 지혜를 얻는 일이 아주 많다. 무엇에 의존하지도 않고, 방해받지도 않고 보고 느낄 수 있기 때문이다. 그리고 자고 있을 때 꿈을 검열하며, 꿈의 자유를 받아들이려 하지 않고 꿈의 진짜 내용을 바꾸거나 감춘다. 자신의 진짜 생각을 남에게 들키고 싶지 않을 때처럼. 이 경우 잠 속에서 자기 자신을 충분히 이해하려고 하지 않는다. 그렇기 때문에 꿈을 잘 잊는다. 우리의 꿈은 대부분 깨어 있을 때의 생활에는 적응하지 못하고 방해만 될 뿐이며, 우리를 귀찮게 하기 때문이다.

우리는 꿈속에서는 더 창조적이다. 꿈속에서는 깨어 있을 때는 몰랐고 예상도 하지 못한 창조력을 발휘한다. 예를 들면 어떤 남자의 꿈을 떠올린다. 그도 능력 있는 간부이다(참고로 여기서 말하는 꿈은 내 환자의 꿈이 아니다. 관리직의 인격에 대한 연구에서 가져온 것이다). 이 남자는 업무가 순조로워서 매우 행복하다고 느낀다. 실제 수입과 영향력으로 보아도 그렇게 느끼는 것이 당연하다. 흔히 느껴야 할 것을 느끼기 때문이다. 그래서 이 남자도 자신이 아주 행복하다고 느낀다. 그리고 그는 어떤 꿈을 꾼다. 이 꿈의 첫 번째 부분에서 그는 작은 호숫가에 있다. 호수는 더럽고, 주위는 어두침침하다. 아름답지 않은 음침한 분위기이다. 그는 꿈을 꾼 뒤에 떠올린다. 이 호수는 실제 그의 부모 집 근처에 있던 호수와 똑같다. 그 즐겁지 않은 기억은 호수만이 아니라 소년 시절의 슬프고 비참한 기분의 기억이다. 두 번째 장면에서 그는 호화로운 차를 타고 새로 난 넓은 길을 엄청난 속도로 달려 산을 올라간다. 그는 힘과 성공을 자각하고 있으며, 행복하다. 그리고 세 번째 장면이 있다. 그가 산꼭대기에 오른 뒤의 일이다. 갑자기 그는 외설물 가게에 있다. 혼자이다. 차 안에서는 아내와 함께였는데 지금은 아무도 없다. 모든 것이 먼지로 수북하게 덮여 있다. 완전히 버림받은 고독한 기분이다. 이 꿈은 그가 실제로 자신의 인생과 운명에 대해서 느끼는 것을 말하고 있다. 아주 간단히 말하자면, 소년 시절은 모든 것이 슬프고 더러웠다. 지금 자신은 맹렬한 속도로 성공의 정점을 향해 달리고 있는 승리자이다. 그러나 마침내 이 질주가 끝나고 나면 다시 어린 시절과 똑같은 더러움과 비참함, 똑같은 슬픔과 고독으로 돌아간다는 것이다. 모든 것은 지나간다. 그리고 자신은 본디 왔던 곳으로 돌아간다. 이것은 욕망이 아니다. 그의 인생의 공허함에 대한 깊은 통찰이 창조적, 예술적인 언어로 나타나 있다.

다음과 같이 말해도 좋다. 많은 사람은 창조적 표현력을 갖고는 있지만, 낮에는 사회의—하이데거가 말한 '일상인(Das Man)'의—압력이 너무나도 큰 탓에 자기 자신이 되어 스스로 뭔가를 만들 용기가 없다⋯⋯ 사실 이것은 인간 안에 존재하는 창조하고자 하는 자질의 실현을 허락하지 않는 우리 사회에 대한 서글픈 주석이다.

우리는 꿈속에서 자기 자신에게 어떤 보고를 하고 있다. 이는 《탈무드》[3](베라코트 55a)에 있는 것처럼 "해석되지 않는 꿈은 읽히지 않는 편지와 같다." 사실 "해석한다"는 말은 결코 옳다고 할 수는 없다. 꿈을 해석할 필요는 전혀 없

---

3) 유대교의 성전. 베라코트는 그 율법서인 〈미쉬나〉의 한 절.

으며—해석해야 할 것은 아무것도 없다—그것은 중국어나 이탈리아어를 배우는 데 해석이 필요 없는 것과 마찬가지이다. 꿈은 독자적 문법과 독자적 형태를 가진 하나의 언어로, 인간은 그것을 배운다. 또 그것은 경험을 나타내는 언어이지, '사실'을 기술하기 위한 언어가 아니다. 꿈이라는 언어를 배우기는 쉽다. 그를 위해 정신분석가가 될 필요는 없다. 외국어를 배우는 것과 같은 시기에 학교에서도 배울 수 있다. 내 생각에 꿈이라는 언어를 배우기 시작하는 것은 대단히 유익하다. 우리의 꿈을 이해하면, 자기 자신도 다른 사람도 더 잘 이해하게 되기 때문이다. 아니, 유익할 수 있을 거라고 바로잡겠다. 불이익이 될수도 있기 때문이다. 일반적으로 우리는 자기 자신이나 다른 사람을 그렇게 여러모로 알기를 바라지 않는다. 괜히 번거롭기만 하기 때문이다. 그래도 자신을 알면 알수록, 그리고 다른 사람에 대한 환상이 줄어들면 줄어들수록 그만큼 우리는 풍요로워지고 활기에 넘치며 힘차게 살아가게 된다. 게다가 꿈이라는 언어를 이해하면, 대부분의 인간이 빠져 있는 지성으로 치우친 방향성에 대해서 한 발 거리를 두게 된다. 그러면 우리는 관념적으로만 사고하지 않게 되고, 감각의 섬세성과의 관계를 확립하게 된다. 지식과 감정을 통합해 잘못된 선택을 뛰어넘는 것이다. 그렇다고 해서 나는 위험한 반지성주의나 새로운 감상주의를 변호하는 것은 아니다. 내가 말하고 싶은 것은, 꿈이라는 언어가 우리 인생에서 필요한—요즈음 더욱더 필요한—뭔가를 가르쳐 줄 수 있다는 점이다. 꿈속에서 우리는 시인이 되기도 한다.

4. 심리학이 낯선 사람들을 위한 심리학

1) 현대 이전 및 현대의 심리학

심리학이 낯선 사람들이란 누구인가? 그리고 심리학이란 무엇인가? 심리학이 낯선 사람들은 명료하고도 단순하다. 심리학을 배운 적이 없고, 이 분야에서 학위를 갖고 있지 않은 사람들이다. 그렇다면 당연히 대부분의 사람은 심리학자가 아니다. 그러나 그렇지 않다. 나는 현실에는 그런 사람들이 존재하지 않는다고 주장하고 싶기 때문이다. 왜냐하면 인간은 누구나 자신의 인생에서 자기 나름의 방법으로 심리학을 이용하고 있으며, 또 이용해야만 하기 때문이다. 누구든 다른 사람의 마음속에 있는 것을 알아야 한다. 다른 사람을 이해하려고 해야 한다. 또 다른 사람이 어떻게 행동하는가를 미리 알려고 해야 한다. 그러기 위해서 대학 연구실까지 갈 필요는 없다. 가는 곳은—실제로는 갈 필요가 전혀 없지만—일상생활이라는 연구실로, 거기서 온갖 실험과 온갖 사례를 곰곰이 생각하고 궁리할 수 있다. 따라서 문제는 어떤 사람이 심리학자이냐 아니냐가 아니라, 좋은 심리학자이냐 나쁜 심리학자이냐이다. 그리고 심리학을 공부하는 것이 더 좋은 심리학자가 되는 데 도움이 된다고 생각한다.

두 번째 문제. 대체 심리학이란 무엇인가? 이 물음에 대답하는 것은 첫 번째보다 훨씬 어렵다. 시간이 좀 걸린다. '심리학'은 글자 그대로 마음의 학문을 뜻한다. 하지만 이 마음의 학문이 정말로 무엇인가를 거의 설명해 주지 못한다. 무엇을 대상으로 하는가? 어떤 방법을 쓰는가? 목적은 무엇인가?

대부분의 사람은 심리학이 비교적 새로운 학문이라고 생각한다. 그렇게 생각하는 것은 '심리학'이라는 말이 대충 최근 100년이나 150년 사이에 비로소 알려지게 되었기 때문이다. 그러나 그런 사람들은 현대 이전의 심리학이 있고, 그것이 대략적으로 말하면 기원전 500년부터 17세기까지 이어져 왔다는 것, 즉 이 심리학은 '심리학'이라고 불리지 않고 '윤리학'이나 가끔 '철학'이라고 불렸지만 실은 심리학이었다는 것을 잊고 있다. 그렇다면 이런 현대 이전 심리학의 본질과 목적은 무엇이었는가? 여기에 대해서는 매우 간결하게 대답할 수 있다. 보다 좋은 인간이 되는 것을 목적으로 인간의 마음을 아는 것이었다. 심리학은 이렇게 도덕적, 더 말한다면 종교적, 정신적 동기를 갖고 있었다.

이 현대 이전 심리학의 몇 가지 예를 아주 짧게 들어보자. 불교는 방대하고 아주 복잡하며 세련된 심리학을 갖고 있다. 아리스토텔레스는 심리학 교과서를 썼다. 다만 그는 그것을 윤리학이라고 불렀다. 스토아학파는 매우 흥미로운 심리학을 전개했다. 많은 사람들은 아마 마르쿠스 아우렐리우스의 《명상록》을 알 것이다. 토마스 아퀴나스에게는 심리학의 한 체계가 있었는데, 아마 오늘날 대부분의 심리학 교과서보다 더 많은 것을 가르쳐 줄 것이다. 거기에는 나르시시즘, 자부, 비굴, 겸허, 열등감, 그 밖의 많은 개념에 대한 매우 흥미로운 논의와 검증이 있다. 스피노자의 경우도 마찬가지다. 그는 심리학을 쓰고, 그것을—아리스토텔레스처럼—윤리학이라고 불렀다. 스피노자는 아마 무의식을 명확하게 인식한 최초의 위대한 심리학자일 것이다. 그는 이렇게 말했다. "우리는 모두 자신의 욕망을 알고 있지만 그 욕망의 동기는 알지 못한다." 뒤에서 다시 다루겠지만, 사실 이것은 나중에 가서야 등장한 프로이트 심층심리학의 기초가 된 것이다.

그 뒤 현대에 이르러 전혀 다른 심리학이 출현한다. 그것은 대충 100년도 넘은 옛날 일이다. 그 목적은 달랐다. 마음을 알려고 하는 것은 보다 좋은 인간이 되기 위해서가 아니라—아주 간단히 말하면—보다 성공하는 인간이 되기 위해서이다. 자신을 알고 다른 사람을 아는 것은 인생에서 더 많은 이익을 얻기 위해서이고, 다른 사람을 조작하기 위해서이며, 출세하는 데 가장 유리하도록 자신을 만들기 위해서이다.

현대 이전과 현대의 심리학 과제의 차이는 문화와 사회 목표가 얼마나 크게 변화했는지를 봐야 비로소 충분히 이해할 수 있다. 분명 고대 그리스 또는 중세의 인간이 반드시 일반적으로 오늘날 우리보다 훨씬 나은 것은 아니었다. 일상의 행동에서는 오히려 못했을 것이다. 그러나 그들의 삶은 하나의 이념에 지배되었다. 이를테면 인생은 오직 빵을 얻기 위해서만이라면 살아갈 가치가 없다, 인생에는 어떤 의미가 있어야 한다, 인생은 인류의 발전에 도움이 되어야 한다 등이었다. 이와 관련해서 심리학이 있었던 것이다.

현대인들은 다른 견해를 갖고 있다. 즉 더 많이 있는 것보다 더 많이 갖는 것에 관심을 갖는다. 더 높은 지위를, 더 많은 돈을, 더 많은 권력을, 더 많은 명성을. 그것은 갈수록 확대되어 가며, 세계에서 경제적으로 가장 발달하고 가장 풍요로운 나라인 미국에서 아마 가장 뚜렷하게 드러난다. 하지만 오늘날이 목적이 정말로 자신을 행복하게 해주는지 의심하기 시작한 사람들이 차츰 많아지고 있다는 것을 우리는 이미 알고 있다. 그러나 이는 지금 여기서 논할 문제가 아니다. 실제로 이 두 가지 목적은 심리학에 서로 다른 두 방향을 제시한다. 이 현대심리학을 어떻게 볼 것인가를 제시하기 위해서 몇 가지를 말하겠다.

현대심리학은 아주 조심스럽게 시작되었다. 기억, 청각적·시각적 현상, 사고연상(聯想)을 연구하는 데 관심을 가졌다. 그리고 동물의 심리에 관심을 가졌다. 아마 분트[1]라는 이름이 현대심리학의 출발점에서 가장 특징적이고 가장 중요할 것이다. 이 심리학자들은 일반 대중을 위해서 쓰지 않았다. 그리 유명하지도 않았다. 그들은 전문가를 위해서 썼고, 그들의 연구와 저술에 '전문가가 아닌 사람'들은 거의 관심을 갖지 않았다.

그러나 심리학이 근본문제에 전념하게 되고 인기를 얻게 되자 사정은 달라졌다. 근본문제란 인간행동의 동기를 찾는 것이다. 그것이 최근 50년간 심리학의 주제였다. 이 문제는 당연히 누구와도 관련이 있다. 누구나 자신에게 정말로 동기를 주는 것은 무엇인가, 자신은 하필 왜 그런 것에서 동기를 얻는가 하는 것을 알고 싶어하기 때문이다. 따라서 심리학이 그런 것에 대해 뭔가 증명해 줄 것을 약속한다면 물론 매우 고마운 일이다. 그래서 동기의 심리학은 모든 학문 가운데에서 아마도 가장 인기 있는 학문이 되었고, 특히 최근 수십년 동안 그 인기가 전혀 식지 않았을 뿐만 아니라 오히려 커진 것이다.

이 인기 있는 심리학에는 두 개의 주류학파가 있다. 본능이론과 행동심리학 또는 행동이론(behaviorism)이다. 먼저 본능이론에 대해서 간단히 말하겠다. 이 이론은 19세기 최대 사상가인 찰스 다윈으로부터 비롯되었다. 그는 이미 인간의 동기로서의 본능을 연구하고 있었다. 그를 중심으로 차츰 하나의 이론이 세워졌다. 이 이론은 간단히 말하면 어떤 행동에도 동기가 있고, 어떤 동기도 인간에게 타고난—동물에게 타고난 본능이 있는 것처럼 인간에게도 타고

---

1) Wilhelm Wundt(1832~1920). 독일 실험심리학 창시자로 진화론에 근거한 철학체계를 수립.

난—각각의 독립된 본능이라는 점을 강조한다. 만일 당신이 공격적이라면 그 원인은 당신에게 있는 공격본능이다. 복종적이라면 복종본능, 소유욕이 강하고 탐욕스럽다면 소유본능, 질투가 많다면 질투본능, 협조적이라면 협조본능, 쉽게 달아나는 성질이라면 도주본능……. 실제 본능론자는 200여 개의 서로 다른 본능을 모을 수 있었다. 그것들은 (피아노 건반을 각각 두드릴 때처럼) 정확히 정해진 인간행동의 동기이다.

이 본능이론의 대표자는 두 명의 미국인, 윌리엄 제임스(William James)와 윌리엄 맥두걸(William McDougall)이었다. 그런데 내 설명을 듣고 있으면 이것은 매우 단순화된, 참으로 소박한 이론처럼 생각될지도 모른다. 그러나 결코 그렇지 않다. 다윈이 다져 놓은 기초 위에 이 두 사람과 그 밖의 저명하고 훌륭한 사상가들이 아주 흥미로운 건축물을 올린 것이다. 다만 내 생각에 이 건축물은 올바로 구성되어 있지 않다. 실은 건축물이 아니라 현실의 표현에는 이르지 않는 단순한 표상에 지나지 않는다. 대단히 인기를 얻었던 가장 새롭고 본격적인 본능이론은 콘라트 로렌츠의 것으로, 그는 인간의 공격을 많든 적든 타고난 공격본능에서 찾았다.

이 이론이 불충분한 것은 그 단순화 경향 때문이다. 개개의 행동에 이론적으로 하나의 본능이 있다고 가정한다면 분명히 아주 간단해진다. 그러나 실제로는 아무것도 설명해 주지 못한다. 단지 행동에는 동기가 있고, 개개의 행동에는 개개의 동기가 있으며, 그 동기들은 타고난 것에 지나지 않는다. 이른바 이 본능의 대부분을 그것은 실증해 주지 못했다. 일부의 것은—이를테면 방어적 공격, 도주, 또는 훨씬 두루뭉술하지만 어느 정도의 섹스 등—본능과 닮은 부분을 포함한다. 그런데 학습이나 문화적, 사회적 영향 자체가 이 타고난 본능을 엄청나게 변화시킬 수 있다는 사실이 존재한다. 그 정도는 이 변화를 겪은 사람이나 동물의 본능이 거의 사라지는 만큼, 또 한편으로는 엄청나게 강화되는 만큼 커진다.

이 이론의 또 다른 문제점은 어떤 본능이 많은 사람이나 많은 문화에서는 매우 강한 데 비해, 다른 곳에서는 전혀 진화하지 않는 경우가 있다는 것이다. 예를 들면 아주 공격적이고 원시적인 부족이 있는 한편, 총체적으로 공격성이 아주 약한 부족도 있다. 한편으로는 개개의 인간에 대해서도 그것이 관찰된다. 오늘날 누군가가 정신과의사를 찾아가서 이렇게 말한다고 치자. "선생님, 너무 화가 납니다. 전부 다 죽여버리고 싶어요. 아내도, 자식들도, 나 자신도······."
그때 의사는 "음, 이 남자의 공격본능은 매우 강하군"이라고 말하지 않는다. 오히려 진단을 내리고 결정한다. "이 남자는 병이군. 그가 표현하고 있는 공격성도, 그의 내부에 쌓여 있는 증오도 병의 증상이니까." 만일 이것이 본능이라면 물론 자연스러운 현상이지 병의 징후는 아닐 것이다.

또 우리가 알고 있는 것은—이것은 아주 중요하다—원시시대의 수렵민이나 채집민, 즉 모든 문명의 시작에 있는 사람들이 공격성이 가장 약한 사람이었다는 사실이다. 만일 공격성이 타고난 것이라면 수렵민이나 채집민은 그것을 가장 뚜렷하게 보여주어야 한다. 그러나 그와는 반대의 것이 증명된다. 문명의 발전—기원전 4000년쯤부터—대도시, 왕국, 계급제, 군대의 성립, 전쟁의 발명, 노예제의 발명—'발명'이라고 말하는 것은 이 모든 것이 자연 발생의 현상이 아니기 때문이다—에 따라서 가학증, 공격성, 정복욕, 파괴욕이 원시시대 및 선사시대 사람의 경우보다 비교할 수 없을 만큼 커진 것이다.

이런 문제점들 때문에 반대학파인 행동이론이 정반대의 것을 주장하게 되었다. 즉 타고난 것은 아무것도 없고 모든 것은 사회 환경의 결과이며, 사회 또는 가정을 통해서 이루어지는 아주 정교한 인위적 조작의 결과라는 것이다. 현재 이 학파의 가장 중요하고 저명한 대표자는, 미국의 스키너(Burrhus Frederic Skinner) 교수이다. 그는 저서 《자유와 존엄을 넘어서》에서 다음과 같은 의미의 말을 했다. "자유나 존엄이라는 개념은 완전히 허구이며, 애초에 존재하지도 않았다. 그것은 사람들로부터 받는 영향에 의해서 만들어진 것에 지나지 않으며, 그 결과 사람들은 자유로워지고 싶다는 개념을 갖게 된다. 그러나 인간의 본성에는 자유에 대한 희망도, 인간의 존엄이라는 감각도 없다." 이 이론의 간단한 실례. 어린 한스는 시금치를 싫어한다. 어머니는 벌을 주지만—많은 부모들에게는 익숙한 일이다—대개 효과는 없다. 스키너는 말한다. 이것은 잘못된 방법이다. 시금치에 대해서 그다지 이야기하지도 않고 갑자기 식탁에 내놓는 것이다. 어린 한스가 조금 먹으면, 어머니는 다정하게 고개를 끄덕이며 특별히 쇼트케이크를 약속한다. 다음번에 시금치가 식탁에 나오면 어린 한스는 이제 그것을 먹고 싶은 생각이 든다. 그러면 어머니는 다시 다정하게 미소 지으며 이번에는 초콜릿을 주는 것이다. 이것을 어린 한스가 조건이라고 생각할 때까지, 즉 시금치를 먹으면 상을 받을 수 있다는 것을 학습할 때까지 계속한다. 상을 싫어하는 사람이 어디 있겠는가? 그리고 얼마쯤 지나면 그는 시금치를 좋아하게 되어 다른 요리들보다 즐겨 먹게 된다. 실제로 이런 일은 가능하다. 스키너는 이것을 최대한 효과적으로 하는 방법을 밝히기 위해서 노력했다. 이 상은 언제든지 되풀이되지 않는다. 한 번 중단했다가 다시 도입하는 것이다. 그리고 많은 재치 있는 연구와 실험에 의해서, 어떻게 하면 인간을 가장 잘 유혹할 수 있을까, 어떻게 하면 상을 이용해서 이쪽이 바라는 대로 행동하게 할 수 있을까 하는 시험이 이루어졌다. 스키너는 이쪽이 그런 행동을 원하는 까닭에 대해서는 전혀 흥미가 없다. 어떤 객관적 의미가 있는 가치는 존재하지 않는다고 말한다.

이는 실험실의 심리학자 처지를 생각하면 아주 당연하다. 쥐 또는 토끼가 먹느냐 먹지 않느냐는 전혀 중요한 문제가 아니다. 흥미가 있는 것은 이 방법으로 먹도록, 또는 먹지 않도록 만들 수 있느냐 뿐이다. 이 행동심리학자들이 인간도—그리고 자기 자신도—모르모트로서 체험하는 것으로, 무엇을 위해서 왜 그런 조건을 붙여야 하느냐는 문제는 중요하지 않고, 그것이 가능하다는 사실과 가장 잘 그렇게 만들 수 있는 방법만 중요하다. 행동주의 이론에서는 인간과 행동을 떨어뜨려 놓는다. 행동하는 인간을 연구하는 게 아니라 행동이라는 제품을 연구하는 것이다. 제품은 행동이다. 행동의 배후에 있는 것, 즉 인간에 대해서는 이렇게 잘라 말한다. 그것은 무의미하다. 그것은 철학이나 사변의 문제다. 자신들이 흥미를 갖는 것은 인간이 '하는' 것뿐이다. 행동주의는 만일 그 이론이 옳다면, 당연히 일어날 반작용을 일으키지 않는 사람들이 놀랄 만큼 많은 까닭에 대해서도 연구하지 않는다. 또 많은 사람이 반역하고, 순응을 거부하며, 바로 이 이론 전체를 의미하는 교묘한 매수에 응하지도 않고, 오히려 정반대 행동을 하는 실태에도 조금도 흔들리지 않는다. 이 이론의 출발점은 대부분의 인간이 매수되기를 바라는 것이며, 자기 자신이라는 것, 자기 본질과 자기 소질에서 나오는 것을 실현시키는 것 등은 그다음 문제라는 데 있다.

본능이론과 행동이론에는 크게 대립되는 점이 있지만 공통점도 있다. 두 이론 모두에서 인간은 결코 자신의 인생을 쌓아 올려 만드는 존재가 아니다. 본능이론에서 인간은 인간으로서의 종과 동물로서의 종의 과거에 따라서 행동하는 존재로 규정된다면 행동주의 이론에서 인간은 사회적 약속이나 사회적 조건의 유효한 작용에 따라서 행동하는 존재로 규정된다. 그는 자기 사회의 유리한 유혹에 따라서 조건이 결정된다. 다른 쪽의 인간이 자기 종의 과거에 따라서 조건이 결정되는 것과 마찬가지다. 그러나 둘 모두 이 두 이론에 의한 인간모델이 인간이 무엇을 원하는가, 인간은 무엇인가, 인간의 본질에 적합한 것은 무엇인가 등에 의해 결정되는 것은 아니다.

이 두 개의 커다란 흐름은 오늘날 '현대심리학'의 대부분을 대표하고 있다. 행동심리학이 승리했다고 말해야 할 것이다. 미국 대학의 심리학 교수들은 거의 행동주의자이고, 소련의 심리학이 추구하는 방향도 그들과 가깝다. 이는 정상적인 사회적 인식에 근거하는 것인데, 이에 대해서는 여기서 더 설명할 수 없다.

2) 지그문트 프로이트의 세 가지 기본개념

앞에서 말한 두 가지 흐름과 더불어 세 번째 흐름이 있다. 정신분석, 또는―다른 이름으로는―심층심리학으로, 지그문트 프로이트가 창시했다. 프로이트의 목적은 인간의―특히 합리적인 것과는 거리가 먼―열정을 합리적으로 이해하는 것이었다. 그는 증오, 사랑, 복종, 파괴성, 질투, 시기―이런 다양한 열정에 대해서는 위대한 작가들(셰익스피어, 발자크, 또는 도스토옙스키만 들어도 충분하다)이 희곡이나 소설에서 적나라하게 다루고 있다―의 원인과 조건을 이해하려고 했다. 프로이트는 이런 것들을 과학 연구의 대상으로 삼으려고 했다. 그는 합리적인 것과는 거리가 먼 과학을 창시했다. 그는 합리적인 것과 거리가 먼 것을 예술과 관련된 관점이 아니라 이치에 들어맞는가 하는 관점에서 연구하려고 한 것이다. 그러나 프로이트의 이론이 기본적으로 그런 생각을 당찮은 일로 여긴 심리학자나 정신과의사보다 예술가들, 특히 초현실주의자들에게 훨씬 강한 영향을 미친 점도 이해가 간다. 프로이트의 연구는 예술가들의 질문에 정확히 합치한 것이다. 인간의 열정이란 무엇인가, 어떻게 하면 그것을 이해할 수 있는가? 대부분의 정신과의사들이 알고 싶어한 것은 단지 인간에게 고통을 주거나, 사회나 자신의 삶이 요구하는 것에 적응하지 못하도록 하는 증상을 치료하려면 어떻게 해야 하는가였다.

프로이트가 바란 것은―이것을 이해하는 일은 매우 중요하다―행위의 동기, 특히 정열을 학문적으로 연구하는 것만이 아니었다. 그에게는 현대 이전의 심리학과 똑같이, 그리고 현대심리학의 주류학파와는 반대로 도덕과 관련된 지향점도 있었다. 그가 지향한 바는 인간은 독립을 얻기 위해서 자기를 이해하고 무의식이라는 덮개를 걷어야 한다는 것이었다. 즉 인간이 자유로워지고 어른이 되기 위한 이성의 지배이고, 환상의 파괴였다. 그것은 계몽주의를 지향하는 것이지 합리주의를 지향하는 것이 아니었다. 그러나 그런 지향점은 다른 심리학이 심리학의 이름으로 이해하고 설정한 지향점을 뛰어넘은 또 다른 지향점을 제시했다. 다른 심리학은 인간을 보다 잘 기능하게 하는 것 말고는 어떤 지향점도 설정하지 않았다. 프로이트가 지향한 것은 인간의 한 모델이며, 위대한 계몽주의 철학자들이 지향한 모델과 많은 점에서 일치한다.

프로이트의 이론과 그것을 체계화하는 방법은 물론 시대정신에 의해—다원주의, 유물론, 본능주의에 의해—크게 결정된다. 그러므로 그의 이론은 때로 프로이트 자신이 본능주의자인 것처럼 보이기도 했다. 그것은 커다란 오해를 낳았다. 나는 먼저 프로이트가 발견한 핵심과 내가 인식하고 있는 것(이는 당연히 개인적 견해이지, 대부분의 정신분석가와 일치하는 견해가 아니다)을 제시하고자 한다.

첫 번째 중심 개념은 무의식, 즉 억압이라는 개념이다. 이 기본 개념은 현재 거의 잊힌 상태이다. 정신분석이라고 할 때 인간의 마음에 떠오르는 것은 자아와 초자아와 에스(이드)이고, 오이디푸스 콤플렉스와 리비도 이론이다. 이는 프로이트가 정신분석의 기본 정의에는 포함시키지 않았던 것들이다.

따라서 먼저 억압된 것에 대해서 말하겠다. 우리는 가끔 전혀 의식되지 않은 동기에 의해서 결정된다. 작고 평범한 예에서 시작하겠다. 얼마 전에 한 동료가 나를 찾아왔다. 그가 나를 그렇게 좋아하지 않는다는 것을 알고 있었다. 그래서 그가 나를 찾아온 것이 조금 놀랍기까지 했다. 그는 초인종을 눌렀고, 나는 문을 열었다. 그는 손을 내밀고 웃으면서 말했다. "그럼 잘 있게." 즉 그는 무의식적으로 벌써 돌아가고 싶었던 것이다. 그는 이 방문을 달가워하지 않았다. 그것이 말로 나타나 "잘 있었나?" 할 것을 "잘 있게"라고 했다. 이럴 때, 그런 다음에 뭐라고 말할 수 있겠는가? 먼저 아무것도 말할 것은 없다. 그 자신이 정신분석가이기 때문에 자기 속마음을 들켜버렸다는 것, 더욱이 어떤 식으로 들켰는지까지 정확하게 알고 있었다. "그럴 생각은 아니었네"라고 변명할 수도 없었다. 그건 너무 뻔한 변명이다. 두 사람 모두 실수를 나중에 변명하는 것이 문제가 아니라, 실수를 들켜버린 것이 문제임을 알고 있었기 때문이다. 상황이 너무 어색해서 그냥 가만히 있었다. 그러나 이것은 수백 차례나 일어나는 일 가운데 한 예에 지나지 않으며, 프로이트는 바로 이러한 예들로부터 그의 학설을 세웠다.

다른 예를 살펴보자. 자신의 아이를 회초리로 때리는 가학증의 성향을 지닌 아버지가 있다. 요즘에는 50년 전보다 드물어졌다고 생각한다. 그런 아버지, 즉 남에게 고통을 주거나 엄하게 지배하는 데서 만족을 느끼는 사람이다. 왜 그렇게 하느냐고 물으면(보통은 그에게 물을 필요가 없다. 언제든지 기꺼이 먼저 말을 꺼내기 때문이다), 그는 대답한다. "그래야 아들의 행동거지가 좋아지고, 나빠지지 않으니까요. 아들을 사랑하기 때문에 그러는 겁니다." 믿을 수 있겠는가? 믿을 수 있을지도 모르고, 믿을 수 없을지도 모른다. 그러나 그의 얼굴을 봤으면 좋겠다. 회초리로 때릴 때 어떤 표정을 하고 있는지—그 눈은 정열적 특징을 드러내고 있다. 이 얼굴에서 실제로 볼 수 있는 것은 증오로 가득 차 있으면서도 동시에 회초리로 때릴 수 있다는 기쁨으로 가득 차 있는 남자이다. 이는 경찰관(물론 모두가 다 그런 것은 아니다)이나 간호사, 교도관, 그 밖의 많은 개인과 관련된 상황에서도 보인다. 많건 적건 감춰져 있는데, 그것은 모든 사람에게는 저마다 비밀로 해야 할 사정이 있기 때문이다. 하지만 이 아버지의 예를 계속해 보자. 그를 보면, 그 동기는 그가 말한 내용이 아니라는 것을 알 수 있다. 그는 자식의 행복 따위는 생각하지 않는다. 그것은 '합리화'이다. 그 동기는 그의 가학증의 성향을 지닌 본능이지만, 그는 그것을 전혀 깨닫지 못한다.

역사적 의미를 가진 더 큰 예를 들어보자. 아돌프 히틀러이다. 히틀러는 의식적으로는 독일에 최선의 것을 바라고 있다고 믿었다. 그것은 독일의 위대함이고, 독일의 건강이며, 독일의 세계적 의의 등이었다. 그는 잔인한 명령을 내렸지만, 확실히—우리가 아는 한에서는—잔인하게 행동하고 있다고 자각한 적은 한 번도 없었다. 그가 늘 자각하고 있었던 점은 자신의 행위는 독일을 구원하겠다는 소망에 따랐다는 것, 운명의 이름으로, 인종의 이름으로, 신의 뜻으로 역사의 법칙을 실현하기 위해서라는 것이었다. 그러나 그는 자신이 파괴하고자 하는 욕망을 가진 사람임을 의식하지 못했다. 그는 죽은 병사들이나 파괴된 집들을 똑바로 볼 수 없었다. 그렇기 때문에 제2차 세계대전 중에는 결코 전선에 나가지 않았다. 개인적인 두려움 때문이 아니다. 자신의 파괴하고자 하는 욕망이 저지른 구체적인 결과를 눈앞에서 보는 일을 견딜 수 없었던 것이다. 이는 청결 강박증을 가진 사람들의 경우와 매우 비슷하다. 의식적으로는 그들은 늘 청결하고 싶어한다. 하지만 그런 사람들을 분석해 보면, 그들이 무의식중에 알고 있다는 것을 알 수 있다. 즉 자신의 손에 피나 때가 묻어 있다는 것, 자신은 자기 내부에 무의식중에 숨어 있는 것으로부터 벗어날 수 없다는 것을 말이다. 그것은 범죄, 어쩌면 잠재적 범죄이고 범죄를 지향하는 본 뜻이기 때문에 늘 깨끗이 씻어내야 한다. 히틀러도 얼마쯤 그런 성향이 있었다. 청결 강박증은 없었지만, 많은 관찰자들은 그가 일반적인 청결한 사람의 도를 넘어서 비정상적인 결벽증 환자였음을 확인했다. 그러나 나는 다만 비슷한 점을 들어보았을 뿐이다. 히틀러는 자신의 파괴하고자 하는 욕망의 실체를 보려 하지 않은 채 억압해 놓고서 자신의 선의만을 체험했던 것이다. 물론 그런 일이 가능했던 것은 어느 지점까지였다. 마침내 독일이—더 정확하게는— 그 자신이 전쟁에 졌다는 것을 알게 되었을 때, 파괴하고자 하는 욕망을 억누르던 것이 해제되었다. 갑자기 그는 독일을, 독일 민족을 절멸시키고 싶어졌다. 그는 생각했다. "싸움에서 이기지 못한 이 민족은 더 살 가치가 없다." 그러자 마침내 이 인물의 그런 욕망 자체가 모두 겉으로 드러난 것이다. 사실 그것은 늘 그의 내부에 있었다. 그의 성격 안에서, 그것을 비밀에 부쳐두는 일이 어느 날 더는 불가능해질 때까지 억압되고 합리화되어 있었을 뿐이다. 그리고 그렇게 되어서도 그는 합리화하려고 몹시 애썼다. "독일인은 더 살 가치가 없으니까 죽어야 한다."

이런 예는—극적인 것이건 그렇지 않은 것이건—곳곳에서 날마다 찾아볼 수 있다. 인간이 자신의 진짜 동기를 자각하지 않는 것은 자기에 대해서 뭔가를—양심이나 여론과 너무 모순되는 것으로, 자기를 진짜로 움직이는 것을 알게 되면 엄청난 불쾌감을 느낄 정도의 것이다—안다는 통찰과 인식을 여러 이유로 견딜 수 없기 때문이다. 그래서 그들의 선택은 그것을 의식하지 않고, 따라서 자기 자신의 일부분과도 '더 나은 자기'와도, 대부분의 '훌륭한 사람들'의 생각과도 싸우지 않는다.

그런데 억압에는 매우 흥미로운 결과가 따른다. 자기 행위의 진짜 동기가 무엇인가를 암시받으면, 사람들은 (여기서 두 번째 요점이 되는데) 프로이트가 저항이라고 부른 반작용을 하게 된다. 그 정보에 맞서서 방어하는 것이다. 좋은 뜻에서 그들을 위한다고 생각해 주어진 정보조차도 격렬하게 거부한다. 자신의 내부에 있는 진실을 깨달으려고 하지 않는 것이다. 그들은 이 정보에 대해서 이를테면 자동차를 운전하는 자가 누군가로부터 문이 닫혀 있지 않다, 전조등이 꺼져 있다는 등의 말을 들었을 때처럼은 행동하지 않는다. 운전자는 주변 사람을 고맙게 생각한다. 그러나 억압을 지적받은 사람들의 경우는 전혀 다르다. 그들은 저항이라는 반작용을 일으킨다. 앞에서 말한 여러 억압의 경우, 그들 내부에서 진짜로 일어나는 것은 무엇인가, 즉 그들 스스로 만들어 내는 허구가 아니라 진실은 무엇인가, 그들 내부의 진실은 무엇인가를 밝혔다면 그들은 저항을 한다고 예상해도 좋다.

그럼 사람들은 어떤 행동에 의해서 저항할까? 가장 전형적인 반작용은 불쾌, 격노, 공격이다. 듣고 싶지 않은 말을 들은 사람은 벌컥 화를 낸다. 이른바 범행의 목격자를 피하려고 한다. 그를 죽이면 안 된다―너무 위험하다. 그래서 이른바 상징적으로 그를 피하는 것이다. 그들은 분노를 담아서 말한다. "질투심에 그런 말을 하는군. 동기가 비열해. 내가 미운 거야. 몰래 내 욕을 하면서 즐기고 있지?" 등등. 분노가 너무 격해서 위험해지는 경우도 흔하다. 그들이 어디까지 분노를 드러내는가는 그때의 상황에 따라 좌우된다. 분노를 폭발시켰다가 일이 더 복잡해질 것 같으면(예를 들어서 부하가 상사에게 그럴 때) 그들은 오히려 아무 말도 하지 않는다. 집으로 돌아간 뒤 아내나 가족에게 불만을 터뜨린다. 별 문제가 없을 때, 즉 자신이 상사인 경우라면 부하의 비판에 대해(비판이라고 해도 옳은 지적일 뿐이지만) 아주 거만한 반작용을 일으킬지도 모른다. 이를테면 부하에게 부하라는 점을 일깨워 주거나 당장 해고해 버릴지도 모른다. 물론 그가 자신에게 상처를 줬다는 점을 의식해서 해고하는 게 아니라―이 하찮은 남자가 어떻게 자신에게 상처를 줄 수 있겠는가―이 하찮은 남자가 남을 헐뜯는 사람이면서 또 비열한 사람이라는 이유에서이다.

이와 다른 더 간단한 저항의 방법은 한 귀로 듣고 한 귀로 흘리기이다. 특히 중요한 지적도 아니고 말투도 강하지 않으면, 상대가 오해하거나 전혀 듣지 않는 경우가 가끔 있다. 물론 언제나 그런 일이 가능하다는 것은 아니지만, 이것은 가장 단순하고 널리 퍼진 저항의 형태이다.

또 다른 형태는 실망하고 풀이 죽는 것이다. 많은 부부가 서로 그것을 경험하고 있다. 뭔가 상대편 행위의 진짜 동기를 콕 집어 말했을 경우, 그런 말을 들은 쪽은 기가 죽고 자포자기에 빠져 때때로 불만을 터뜨리거나 비난하게 된다—입 밖으로 내고 안 내고는 관계없이. "당신이 무슨 짓을 했는지 봐. 당신이 그런 말을 하는 바람에 기가 죽어버렸잖아." 상대방이 옳은 말을 했는지 아닌지는 전혀 중요하지 않다. 그러나 말한 쪽은 얼마간 다시 무의식의 동기를 지적하지 않도록 조심할 것이다. 그 대가가 얼마나 비싼지 톡톡히 깨달았기 때문이다.

저항의 다른 형태는 도피이다. 이것은 결혼생활에서 흔히 일어나는 일로서 감춰 두고 싶은 사실을 상대가 발견했다는 것을 알았기 때문이다. 어쩌면 그 숨바꼭질은 의식과는 관련이 없는 행동이었을지도 모른다. 하지만 상대가 드러난 것 이상의 자신을 봤다는 것을 느낀다. 그리고 그것을 참을 수 없다. 자신을 바꾸고 싶지 않으니까 인정하고 싶지 않은 것이다. 지금 이대로 있고 싶다. 그러니까 도피해야 한다. 이런 일은 정신분석에서도 가끔 관찰된다. 환자가 듣고 싶지 않은 말을 분석자가 말했을 경우, 환자가 치료를 그만둬 버리는 일은 드물지 않다. 물론 그런 경우의 주장은 이렇다. "그만두는 것은 분석자 자신의 머리가 이상하기 때문이다. 그가 나에 대해서 말한 것은 그가 미쳤다는 증거이다. 그렇지 않고서는 그런 말을 할 리가 없다……!" 제3자라면 누구든 분석자가 전적으로 옳다는 것을 안다. 그러나 그런 말을 들은 당사자는 자신을 바꾸는 일에 엄청난 불안을 느끼는 사람이므로, 폭력의 형태로(지금 말하고 있는 것은 모두 폭력의 형태이다) 반작용을 하게 된다. "당신과 더는 만나고 싶지 않다. 두 번 다시 그런 말은 듣고 싶지 않다."

그런데 자신을 바꿀 준비가 되어 있다면 사정은 완전히 달라진다. 한 사람이 자신을 바꾸기 위해서 진정으로 자신을 이해하려고 한다면, 그리고 자신의 진실을 알려고 한다면 불쾌감이나 도피 등으로 반작용하는 일은 없을 테고, 자신의 성장에 필요한 말을 해준 것에 진심으로 감사할 것이다. 치료해야 할 병을 진단해 준 의사에게 감사하는 것처럼 말이다. 그러나 대부분의 사람은 자신을 바꾸겠다는 생각은 하지 않는다. 자신은 바뀌지 않아도 된다는 것을 증명하고 싶을 뿐이다. 바뀌어야 하는 쪽은 다른 사람들이기 때문이다.

실제 우리 에너지의 대부분은 억압과 그 억압을 벗어나려는 데에 쓰이고 있다고 단언해도 지나친 말이 아니다. 그것은 물론 엄청난 힘의 소비로, 많은 사람이 자신이 쌓아 올린 것이나 재능을 유익한 목적에 쓰지 못하도록 방해한다.

프로이트의 세 번째 개념인 전이(轉移)에 대해서 알아보자. 그것의 좁은 의미는 환자가 분석자를 어린 시절에 접한 인물, 즉 아버지나 어머니로서 체험하는 것이다. 다시 말해서 분석자에 대한 반작용은 근본적으로 결코 현실에서 자신의 앞 또는 뒤에 앉아 있는 사람에 대한 것이 아니며, 환자는 분석자를 통해서 자신의 어린 시절에 의미를 갖고 있었던 누군가(아버지, 어머니, 할아버지 등)를 본다. 작은 예를 하나 말해 보겠다. 어떤 분석가가 3주일 동안 치료를 받으러 왔던 여성 환자에 대해서 이야기해 준 적이 있다. 그녀는 마지막 날 진료실을 나서면서 그를 물끄러미 바라보았다. "어머나, 수염을 기르고 계시지 않네요." 그 분석가는 수염을 기른 적이 없었다. 그런데 그녀는 3주 동안 그에게 수염이 있다고 생각했다. 그녀의 아버지에게 수염이 있었기 때문이다. 분석가는 X에 지나지 않았다. 그녀는 그를 그 사람 자체의 모습으로 본 적이 한 번도 없었다. 그는 아버지였다. 그래서 수염이 있었던 것이다.

그러나 전이라는 개념은 정신분석 치료에서 관찰되는 것을 훨씬 뛰어넘는 의미를 지니고 있다. 일반적으로 보면, 전이는 현실을 평가할 때 저지르기 쉬운 인간다운 잘못과 갈등의 가장 중요한 원인 가운데 하나이다. 전이를 통해서 세계를 욕망과 불안의 안경으로 보고, 환상과 사실을 혼동하기도 한다. 다른 사람을 볼 때도 현실에 있는 그대로가 아니라 그랬으면 좋은, 또는 그러지 않았으면 좋은 사람으로 본다. 다른 사람에 대한 이 환상은 그 진실을 대신한다. 그를 있는 그대로가 아닌, 눈에 비친 모습으로서 인식한다. 그리고 그를 현실의 독립된 인간으로서가 아니라 공상의 산물처럼 대한다.

설명을 위해서 몇 가지 예를 들어보겠다. 두 사람이 서로 사랑한다고 상상해 보자. 그런 일은 이전보다 적어졌다. 모든 것에 더 간단한 방법이 있기 때문이다. 하지만 그것에 대해서 말할 생각은 없다. 아무튼 같은 인간끼리 실제로 서로 사랑하는 일이 일어났다고 가정해 보자. 그들의 머릿속은 상대의 아름다움이나 미덕이나 장점으로 가득하고, 서로에게 강하게 이끌리는 것을 느낀다. 그리하여 가끔 결혼하기도 하지만, 반년쯤 지나면 다음과 같은 사실을 깨닫게 된다. 상대는 자신이 사랑한 사람이 아니라, 전혀 다른 사람이라는 것을. 자신이 사랑한 것은 환영이고, 전이의 대상이었다. 상대에게서 자신이 보고 싶은 것—아마도 어머니상, 아버지상, 선량함, 총명함, 성실함—만을 보았기 때문이다. 그러나 그것이 환상임을 깨닫지 못했던 것이다. 그렇게 되면 가끔 상대를 미워하게 된다. 상대에게 가졌던 환상이 깨졌다고 느끼기 때문이지만, 실은 자신이 진실을 보지 않고 환상을 그리고 있었던 탓에 스스로를 속여 넘겼던 것이다. 그렇지만 그것은 필요없는 일이며, 있어서도 안 되는 일이다. 전이를 이해하게 된다면 그런 일은 일어나지 않을 것이다.

정치 분야에서도 마찬가지다. 수백만의 사람들이 총통에 대해서 느꼈던 흥분과 열광이 눈에 선하다. (독일뿐만이 아니라 다른 나라들에서도 그랬었다.) 많은 지도자는 악했지만, 좋은 경우도 많았다. (이 문제는 중요하긴 하지만 결정적인 문제는 아니다.) 훨씬 중요한 것은 실제로 찾아볼 수 있는 다음의 사실이다. 즉 대부분의 사람들이—'고맙게도'라고 해도 좋을지 모른다. 내가 말하려고 하는 경향은 아주 위험하긴 하지만—치료하러 오는 사람, 진실을 말하는 사람, 안전을 제공하는 사람, 지도해 주는 사람, 선의의 사람 등에게 깊은 동경을 갖고 있다는 것이다. 그리고 이 선의의 사람처럼 보이는 법을 아는 자가 나타나면 사람들은 그에게 기대를 전이시켜—그가 사실은 사람들과 국가에 불행을 가져오는 파괴자라 할지라도—구원자이고, 구세주이고, 해방자라고 믿는다. 이 큰 기대는 작은 단체 지도자들에게도 자주 이용된다. 많은 정치가는 사람들에게 감명을 주기 위해서 텔레비전에 좋은 모습으로 비치고, 사람들의 비위를 맞추며, 어린아이들에게 뽀뽀하고 해서 이 사람이야말로 선의의 사람이고, 적어도 어린이를 귀여워하니까 모든 사람을 미워할 리가 없다는 환상을 진실처럼 보이게 만들어서 전이에 관한 사람들의 병적인 버릇을 계획적으로 이용하고, 그 위에 자신의 성공을 쌓아 올린다.

이런 일들이 일어나지 않게 하기 위해서는 사람들이 전이를 더 잘 이해하고, 기대의 각인을 찍어 사물을 보는 경우와, 편견 없이 사물을 보는 경우를 구별하도록 노력하며, 최종적으로는 비판하는 관점에서 생각해야 한다. 대부분의 경우, 아주 흔하고 하찮은 행위가 일부러 강조된 것이나 대연설보다 훨씬 더 많은 것을 말해 준다. 전이를 더 잘 이해하게 되면 사랑도 결혼도, 또 정치생활도 완전히 본질적으로 하나의 불행, 또는 재앙으로부터—허상과 실상의 착각이라는 재앙으로부터—해방된다. 이 두 가지를 구별하기란 쉽지 않다. 날마다 연구하고 실천하여야 한다. 누구나 집에 자신의 연구실을 갖고 있다. 매일의 만남이 그것이다. 참고로 텔레비전에도 이런 점에서 엄청난 장점이—많은 단점을 제외하고—있다. 얼굴, 몸짓, 표정을 꼼꼼히 관찰할 수 있기 때문에 상대의 성질을 있는 그대로 알게 된다. 텔레비전에서 말하고 있는 모습을 보면 정치 '지도자'에 대해서 많은 것을 알 수 있다. 그러나 많은 것을 알기 위해서는 올바로 관찰하는 법을 알아야 한다. 이것들로부터 내가 전하고자 하는 바는 개인적 관계에서건 정치적 관계에서건 전이를 인식하는 것이 인간의 정치적, 개인적 삶의 개선을 위해 결정적으로 중요하다는 것이다.

3) 정신분석의 발전

정신분석의 온갖 학파와 발전, 그리고 앞날은 아주 간결하게 서술할 수 있을 거라고 생각한다. 정신분석을 발전시킨 최초의 인물은 바로 지그문트 프로이트이다. 그는 20년대부터 성본능과 자기보존본능의 갈등을 기초로 한 오래된 이론을 수정해 새로운 이론을 만들었는데, 그것은 두 개의 생물학적 힘의 갈등 위에 세워져 있다. 즉 파괴를 지향하는 힘과, 통일 및 사랑을 지향하는 힘, 삶의 본능과 죽음의 본능이다. 이 발전이 어떤 의미를 갖는지에 대해서 지금은 깊이 분석할 수는 없지만, 그것이 의미하는 것은—프로이트는 그렇게 보지 않았지만—원칙적인 변화이다. 프로이트 자신에 의해 만들어진 새로운 정신분석의 학파라고 해도 지장이 없을 정도이다.

정신분석에서 두 번째 중요한 발전을 가져온 인물은 칼 구스타프 융(Carl Gustav Jung)이었다. 융은(프로이트에서 벗어나 다른 생각을 제기한 다른 대부분의 사람과 마찬가지로) 성이 중요한 역할을 한다는 프로이트의 명제에 반대했다. 그는 심리와 관련된 에너지를 별도로 설정하고, '리비도'라는 이름을 성과 관련된 에너지가 아니라 심리와 관련된 에너지 전체에 부여했다. 그리고 재주가 있는 기질과 깊은 통찰로 가득한 방법을 통해서 개개의 환자의 무의식 안에서 찾아볼 수 있는 것을 가장 원시적이고 우리와는 전혀 다른 문화를 가진 다른 여러 민족의 신화와 상징 속에서 밝히려고 했다.

알프레드 아들러(Alfred Adler)는 이와 반대로 신화에도 심층에도 관심을 갖지 않았다. 그는 생존경쟁 전략에 관심을 가졌다. 따라서 힘에 대한 의지를 인간 동기의 중심개념으로 여겼다. 그러나 내가 이렇게 말하면, 아들러가 주장한 것보다 훨씬 단순하게 들리게 된다. 그의 저술은 아주 재기발랄하고 복잡하며, 우리의 인간 인식에 기여한 바가 많다. 그리고 그는 처음으로—프로이트보다 훨씬 전에—자신의 심리학 체계에서 인간의 공격에 결정적인 위치를 인정한 인물이었다.

이어서 여러 의미에서 결부되어 있는 두 개의 학파를 들겠다. 첫째는 정신의학의 학파로, 미국에 사는 스위스인 아돌프 마이어(Adolf Meyer)에 의해 창시되어 미국의 뛰어난 정신분석학자인 해리 스택 설리번(Harry Stack Sullivan)에게 계승되었다. 그리고 설리번이 얻은 지식은 영국의 심리학자 로널드 데이비드 랭(Ronald David Laing)의 연구에 가장 근본적으로, 그리고 내 생각에는 가장 알찬 형태로 나타나 있다. 이런 연구자들 사이에는 차이점이 다양하지만 공통되게 주장하고 있는 것은 첫째로 성이 인간 행동의 유일한 동기라는 평가에 대한 부정이고, 둘째로 인간관계에 대한 관심이다. 즉 사람과 사람 사이에 일어나는 일, 그들이 서로 어떻게 작용하고 어떻게 반작용하는가, 사람들이 함께 살면 생기는 공간이 어떤 성질의 것인가 하는 것에 대한 관심이다. 이 정신분석가들은 흥미롭게도 특히 조현병에 전념한다. 그들은 이것을 근본적으로는 일반적인 의미에서의 질병으로 보지 않고 개인의 경험, 인간관계의 작용으로 이해한다. 그것은 심각한 결과를 낳지만, 다른 모든 심리학적 문제와 마찬가지로 본질적으로는 심리학적인 문제를 제기하는 것이다. 랭은 이 견해를 가장 마지막까지 밀고 나갔다. 그는 조현병의 행동이 사회적 상황에 대응한 개인의 '발병'으로, 가정 안에서뿐만 아니라 사회 내부에서도 일어나는 것임을 가장 뚜렷하게 이해할 수 있었기 때문이다.

다른 정신분석가들이 발전시킨 이론도 이와 다름없다. 페어뱅크스,[2] 건트립(Harry Guntrip), 발린트(Michael Balint)의 이론과 나의 연구는 같은 토대 위에 있지만, 조현병을 첫째로 들지 않고 특히 인간관계 형성에 작용하는 사회적, 윤리적인 힘을 지적하는 것이다.

정신분석의 가장 중요한 업적과 발전을 다룬 다음에는 중요한 마지막 문제가 떠오른다. 즉 정신분석의 앞날은 어떻게 될 것인가이다. 이에 대해서 잠깐 말하고 싶지만, 그리 간단하지가 않다. 의견이 극단적으로 갈리기 때문이다. 그것들을 요약해서 정리하면 두 개의 극단론이 될 것이다. 하나의 의견은 이렇

---

2) 페어베언(William Ronald Dodds Fairbairn)을 착각한 것으로 보인다.

다. 정신분석은 무익하고 성과도 없다. 누군가를 분석적으로 치료하려고 시도하느냐 아니냐는 아무래도 상관없는 일이다. 다른 극단론은 이렇다. 정신분석은 마음의 문제를 치료하고 해결하는 것이며, 고민을 가진 자가 있다면 언제든지 긴 의자에 누워 3, 4년 분석을 받아야 한다. 이것은 얼마 전까지만 해도 미국에서 꽤 퍼져 있던 상황이었지만, 최근에 와서는 다른 치료법이 등장하면서 조금 약화되었다.

분석에서 어떤 치료 작용도 기대할 수 없다는 비판에는 아무런 근거가 없다고 나는 생각한다. 그것은 40년도 넘는 분석가로서의 내 경험뿐만 아니라 수많은 동료들의 경험으로 봐도 그렇다. 그리고 잊지 말아야 할 점은 분석가가 충분히 유능하지 않은 경우가 흔하고(이는 어떤 직업에도 있는 일이다), 또 환자의 선택에 실패하는 경우가 가끔 있다는 것이다. 즉 이 방법이 적절하지 않은 환자를 분석하려고 하는 것이다. 현실에서는 분석을 통해 많은 사람들의 증상이 나았으며, 많은 사람들이 처음으로 자신을 분명히 인식하고 자신에게 성실하고 자유로워지고 진실에 다가가게 되었다. 그것은 과소평가되는 경우가 많지만, 그것만으로도 대단히 중요한 성과이다.

당연히 정신분석을 반대하는 관점에는 시대가 원인이 되는 어떤 전제가 있다. 이를테면 인간을 구원할 유일한 것은 약이라는 생각이다. 아무것도 복용하지 않으면 낫지도 않는다. 알약이 치료제이다. 또는 모든 것은 이른 시기에 이루어져야 한다는 생각이다. 미국에서 해리스(Thomas Anthony Harris)의 책이 출간되었는데, 독일어로도 번역되어 있다. 《나는 OK, 당신도 OK》(1975)라는 천박한 책으로, 프로이트 이론을 재탕한 것이다. 그래도 각각의 조언이 어떤 식으로 "도움이 되는가" 하는 것을 믿는다면 도움이 된다. 그러나 여기에 제시되어 있는 것은 속되고 단순하며, 깊은 생각을 요구하지 않고, 무엇보다도 인간이 자신의 저항과 마주할 필요도 없다. 그것이야말로 이런 종류의 치료가 피하는 것이다. 모든 것은 단순하고, 모든 것은 가볍다. 그야말로 시대의 전체적 특징이라고 해야 할 것이다. 모든 것은 알약처럼 복용하기 쉬워야 한다고 믿는다. 그리고 노력하지 않으면 모르는 것은 모르는 채로 있는 편이 낫다.

예로서 어떤 젊은 남자의 이야기를 하고 싶다. 그는 격식 있는 음식점에 들어가 메뉴판을 가져오라고 시킨다. 천천히 읽은 뒤 종업원에게 말한다. "유감스럽지만 마음에 드는 것이 없군." 그리고 나가버린다. 2주일이 지나서 그는 다시 찾아온다. 종업원은 질문한다. 대단히 고급스러운 음식점이라 대단히 공손하게 묻는다. "지난번에는 마음에 드는 식단이 없으셨습니까?" 손님은 대답한다. "아니, 있었소. 하지만 내 분석가가 자기의 주장을 훈련해야 한다고 말했거든." 이것은 하나의 방법으로, 그로써 어떻게 하면 자기 자신에게 확신을 가질 수 있는지, 어떻게 행동해야 하는지, 어떻게 하면 종업원 앞에서 주눅 들지 않을 수 있는지 등을 알게 된다. 이 방법을 통해서 더 앞으로 나아갈 수도 있다. 다만 이 경우, 도대체 왜 그렇게 자신이 없는가 하는 점은 전혀 들여다보지 않는다. 다른 사람들 모두를 권위로—다시 전이의 문제가 되는데—아버지상으로 보는 사람이라는 사실은 발견되지 않는다. 음식점에서 이 방법을 써서 곧바로 어떤 성과를 얻은 뒤 자신감이 생겼다고 해도, 진짜 원인은 건드리지 못했으므로 그 내면에는 자신감 없는 인간이 숨어 있다. 더구나 그 상황은 더 나빠지기까지 했다. 왜냐하면 자신에게 자신감이 없다는 것을 거의 깨닫지 못하게 되었기 때문이다. 그럼 왜 자신감이 없는가? 그것은 권위를 두려워하기 때문이 아니라 자기 자신을 완전히 발전시키지 못했기 때문이다. 자신의 신념을 의지하지 못하기 때문이다. 다른 사람의 도움을 기대하는 어린아이인 채로 있기 때문이다. 충분히 성장하지 못했기 때문이다. 자기 자신을 의심하기 때문이다……. 행동요법이라 불리는 정신요법으로는 이것을 바꿀 수 없다. 쓰레기를 양탄자 밑으로 도로 밀어넣을 뿐이다.

그러나 정신분석에 대한 모든 비판이 근거가 없는 것은 아니다. 내가 정당하다고 생각하는 의심을 몇 가지 들어보겠다. 정신분석이 무의미한 말로 전락해 버리는 일이 아주 흔하다. 그렇게 만드는 것은 프로이트의 자유연상이라고 생각한다. 머리에 떠오르는 것을 무엇이든지 말하는 것이다. 그러면 심층에 있는 순수하고 의미 있는 것들을 말할 수 있게 된다고 프로이트는 생각했다. 하지만 많은 분석의 경우, 사람들은 남편이나 부모가 어떤 행동을 했는지를 수백 번이고 무의미하게 말한다. 그러므로 거기에서는 아무것도 나오지 않는다. 아무리 해도 마찬가지다. 그러나 귀를 기울이고 있는 자가 있다. 그러면 환자는 뭔가를 얻을 수 있을 것이다, 또는 드디어 상태가 변화할 것이다 하는 생각을 갖게 된다. 그렇게 말하는 것만으로는 아무도, 아무것도 바뀌지 않는데도 말이다. 이것은 프로이트가 생각한 방법, 즉 무의식의 덮개를 치우고 저항과 싸우는 방법이 아니다. 프로이트는 인간이 노력 없이 뭔가를 얻을 수 있다든가 어려운 정신적 문제를 해결할 수 있다고 가정한 적은 한 번도 없었다. 예를 들어 광고가 약속하고 있다 하더라도, 노력 없이는 인생에서 아무것도 손에 넣을 수 없다. 노력을 두려워하는 자, 욕구불만이나 고민을 피하는 자는 결코 아무것도 이룰 수 없을 것이다. 분석에서도 마찬가지다. 분석은 중노동이다. 그것을 대강 추스르는 정도로 처리하는 분석자는 자신의 연구를 망치게 된다.

또 다른 잘못은 체험하지 않고 머리로 처리하는 데서 생겨난다. 환자는 끝없는 수다 속에서 할머니에게 맞은 적이 있다든가 등등이, 무엇을 뜻하는지에 대해서 이론을 세운다. 그가 이론에 중점을 두는 사람이라면 그에 상응한 복잡한 이론을 펼쳐 이론 위에 그 이론을 세우기만 할 뿐, 체험하지는 않는다. 자신의 안에 있는 것을 체험하지 않는다. 자신의 불안을 체험하지는 않는다. 자기 사랑의 결여, 다른 사람으로부터의 독립을 체험하지는 않는다. 이것들은 저항에 의해서 보호받는다. 그래서 두뇌 인간, 지능이 순수한 인간을 우선시하려는 뚜렷한 시대 흐름에 따르게 된다. 사고는 만능이고, 감정은 안정을 취하기 위한 나머지 생각에 지나지 않으며, 최대한 무시된다.

마지막으로 말하고 싶은 것은 너무나도 많은 사람들이 아주 하찮은 고민거리만 생겨도 정신분석가에게 달려가야 한다고 생각한다는 점이다. 그들은 먼저 스스로 고민을 해결하려는 시도를 하지 않는다. 진지하게 노력해 봐도 스스로 상태를 인식하고 개선할 수 없을 때 비로소 정신분석가를 찾아가야 한다.

분석은 여전히 일련의 장해에 가장 좋은 치료법이다. 그 장해란 자기애 또는 다른 말로 나르시시즘, 즉 다른 사람과 관계를 가질 수 없는 것과 관련되어 있다. 환상으로의 도피, 방해받은 정신적 성장, 그리고 청결 강박증이나 여러 종류의 강박증상은 정신분석을 통해서만 유효하고 결실 있는 치료를 할 수 있다.

정신분석은 병의 치료나 치유와, 적어도 비슷하게 큰 의미를 전혀 다른 방면에서 갖고 있다. 즉 정신적 성장과 인간으로서의 자기발달을 촉진하는 수단으로서의 의미이다. 솔직하게 말해서 이 정신적 발달에 대한 욕망은 오늘날에는 극소수 사람들만 갖고 있다. 대부분의 사람들에게는 전혀 다른 목표가 있다. 더 많은 것을 소유하고, 더 많은 것을 소비하는 것이다. 그들은 스무 살이 되면 어엿한 성인이 되었다고 생각한다. 그다음은 이 어엿한 성인이 된 기계(器

械)를 잘 이용하는 데 모든 정력을 쏟는다. 만일 인간으로서 아직 변화한다고 한다면, 이는 불리한 것으로 보일 뿐이다. 만약에 변화한다면 자신이 기대하고 있는 모델과 합치하지 않게 되고, 또 10년이 지났을 때 지금 갖고 있는 생각과 같은 생각일지, 어떤 삶을 살고 있을지 알 수 없기 때문이다. 대부분의 사람은 성장하거나 변화하기를 전혀 바라지 않는다. 자신을 개발하기를 원하지 않는다. 손에 넣은 가능성을 유지하고, 완전히 누리고, '자본화되기'만을 바란다.

물론 여기에는 예외나 반대의 움직임도 있다 ─ 특히 미국에서 ─ 는 것을 알고 있다. 오늘날 많은 사람들은 깨닫고 있다. 모든 것을 소유하고 모든 것을 누리고 있음에도 자신들이 충족되지 않고 불행하다는 것을. 인생이 무의미하며 자신들이 우울하다는 것을. 자신들이 불안하고 다음과 같은 의문을 갖고 있다는 것을. "내가 하고 있는 것들이 단지 더 큰 차를 사기 위해서라면 우리는 무엇을 위해서 살고 있는 것인가?" 원하는 것을 모두 손에 넣고, 그것을 위해 모든 인생을 바쳐야 했던 부모 또는 조부모가 얼마나 불행했는지 그들은 알고 있다. 이 소수파는 오래된 지혜를 많든 적든 분명히 재발견했다. 인간은 빵만으로는 살 수 없다는 것, 그리고 재산과 권력은 행복을 보장해 주지 않으며 오히려 불안하고 긴장하게 만든다는 것을. 이들은 다른 목표에 매진하려고 한다. 그러니까 더 소유하는 게 아니라 더 '있는' 것, 더 이성적이 되는 것, 환상을 없애는 것, 그리고 환상의 유지를 필요로 하는 상태를 없애는 것이다. 이 갈망은 가끔 아주 단순한 형태, 즉 요가나 선(禪) 등의 동양 종교에 대한 열광이라는 형태로 나타난다. 나는 '단순'이라고 말했지만, 이런 종교가 단순하기 때문이 아니라 사람들이 단순하게 그 종교에 접근하기 때문이다. 그들은 성인(聖人)이라고 주장하는 몇몇 인도인 행자(行者)의 선전술이나, 인간의 감수성을 길러주는 이런저런 요법을 선전하는 다양한 집단에 속아 넘어가는 것이다. 생각건대 여기서 정신분석은 매우 중대한 위치를 차지하고 있다. 즉 자기 자신을 인식하고, 자신의 현실을 지각하며, 환상으로부터 벗어나고, 또 불안이나 탐욕에 휘둘리는 것으로부터 자유로워지는 실천으로서의 위치이다. 그리고 그것은 대상으로서의 나를 잊고, 행동하며 느끼고, 소외되지 않는 인간으로서 나를 체험함으로써 세계를 다른 형태로, 곧 나의 관심, 관계, 창조력의 대상으로서 체험하도록 준비하기 위해서이다.

그런 체험은 훈련할 수 있다. 정신분석은 이 훈련에 기여할 수 있다. 그것은 정신분석이 자기 자신을 체험하는—자신은 누구인지, 어디에 있는지, 어디로 가는지를 체험하는—하나의 방법이기 때문이다. 거기에 도움이 되는 방법은 이 관계를 이해하고 있고, 인간을 적응시키는 것이 분석의 목적이라고 생각하지 않는 분석가에게 분석을 받는 것이다. 그러나 그런 분석은 너무 오래 이어지면 안 된다. 그것은 때때로 의존심을 낳게 된다. 도구를 쓸 수 있을 때까지 충분히 배웠다면 스스로 자기 분석을 시작해야 한다. 그리고 그것은 평생토록, 마지막 날까지 이어지는 과제이다. 가장 좋은 방법은 불교의 명상에 있는 것과 같은 호흡 및 정신집중 훈련과 결부시켜 자기분석을 아침마다 실행하는 것이다. 그 핵심은 삶의 분주함에서 벗어나는 것, 자기 자신이 되는 것, 자극 쫓기를 그만두는 것, 내면적으로 능동적이 되기 위해서 자신을 비우는 것이다.

이들을 행하는 것은 체험 능력의 심화와 '치유'와 회복—의학적인 의미에서가 아니라 깊은 인간적 의미에서—을 경험하는 것이라고 나는 생각한다. 하지만 여기에는 참고 견디는 마음가짐이 필요하다. 그리고 그런 마음가짐은 분명 우리들 사이에 충분히 퍼져 있지 않다. 이것을 하려고 하는 사람이 많은 성과를 거두기를 기도한다.

5. 삶이라는 이름

대담에 의한 초상

슐츠 프롬 씨, 이제부터 대화를 시작할 텐데, 회견이 아니라 대화입니다. 주제가 없는 대담으로, 정해진 목적도 없고 준비된 것도 없습니다. 말하자면 그저 이야기를 즐기자는 것입니다.

거기서 내가 하게 될 역할은, 한 독자가 평소 공부하고 있는 책의 저자를 방문해서 종이에 인쇄된 것을 사 가지고 돌아가는 것만으로는 얻을 수 없는 것을 얻게 되리라 바라는 일이라고 생각합니다. 오늘 밤 내 역할은 오로지 경청하는 것입니다. 질문 같은 것 없이, 그저 당신이 이야기를 들려주었으면 합니다.

이렇게 말하면 유행에 뒤처진 것처럼 들릴지도 모르겠습니다. 살롱이 연상되기조차 합니다. 우리는 방송실 안에 있지만요. 방송실 안에서는 대화를 하지 않습니다. 여기서는 토론하거나 대화를 주고받거나 둘 가운데 하나입니다. 대화를 대중에게 판매할 상품으로 제작하지, 우리가 이해하는 것과 같은 얼마간 의식적인 관심인 진실은 신경 쓰지 않습니다.

대화(Unterhaltung)란 말 그대로 자세(Haltung)로, 자세와 자세 사이에(unter)라는 뜻입니다. 겸허해야 합니다. 놀이(Spiel) 가운데 하나는 아니지만 정신의 놀이로 뽐낼(aufspielen) 필요는 없습니다.

이렇게 전제를 깔았으니 이제 묻고 싶은데, 프롬 씨, 여기서 우리가 하려고 하는 것은 시대에 맞는 것입니까, 맞지 않는 것입니까? 일부 사람들은 그렇다 치고, 명백히 죽어가고 있고 고작해야 골동품 대접받는 것을 부활시키려는 사람이 있을까요? 편지 문화를 생각해 보세요. 조용히 죽어가고 있습니다. 대화 문화는 아직 구원할 수 있을까요? '아니'라고 생각합니다. 생각하면, 조심스럽게 표현하더라도 유감스러운 일입니다.

프롬 아주 유감스러운 일이라고 말해도 좋을 겁니다. 우리 문화의 한 결함이고 징후에 불과한 만큼 더욱 그렇죠. 그 결함은 유감스러울 뿐만 아니라 치명적일지도 모릅니다. 이런 식으로 표현해도 좋을까요? 우리는 더욱더 어떤 목적이 있고 어떤 결과를 얻을 수 있는 것만 하고 있습니다. 그리고 결국 그 결과는 무엇일까요? 돈, 명예, 승진입니다. 하지만 인간은 아무 목적도 없는 것을 하겠다는 생각은 거의 하지 않습니다. 그런 일이 가능하다는 것도, 바람직하다고까지 할 수 있다는 것도, 또 무엇보다 아름답다는 것도 잊어버렸습니다. 인생에서 가장 아름다운 것은 자신의 힘을 발휘하는 것입니다. 그것도 어떤 목적을 위해서가 아니라 행위 자체를 위해서 발휘하는 것입니다. 네, 사랑이 그렇습니다. 목적을 갖지 않습니다. 많은 사람들은 물론 목적이 있다고 말하겠지만……. 목적은 있다, 성적 만족을 얻거나, 결혼식을 올리고 자식을 낳고 시민에 어울리는 생활을 하는 것이 사랑의 목적이라고 말할 것입니다. 바로 그렇기 때문에 요즘은 사랑을 눈 씻고 찾아봐도 찾을 수 없는 것입니다. 목적 없는 사랑 말이죠. 사랑하는 행위 자체만이 중요한 사랑입니다. 결정적인 역할을 하는 것은 소비하는 게 아니라 '있는' 것인 사랑입니다. 인간의 자기표현이고 능력의 표명인 사랑입니다. 하지만 그렇게 이해되는 사랑은 우리의 문화처럼 성공, 생산, 소비 등의 외적인 목적만 지향하는 문화와는 완전히 멀어져 버렸습니다. 너무 멀어져 버려서 그 사랑이 가능하다는 것은 이젠 꿈에도 생각하지 못하게 되었습니다.

대화는 상품이나 싸움을 위한 수단이 되었습니다. 대중에게 보일 수 있는 이상, 그것은 오늘날 하나의 검투사 싸움입니다. 서로에게 달려들어서 상대를 굴복시키려고 합니다. 또는 자신이 얼마나 현명하고 뛰어난가를 과시하기 위해서 대화합니다. 또는 자신이 옳다는 것을 확인하기 위해서 대화합니다. 그렇게 해서 자신의 생각이 옳음을 보는 것입니다. 그들은 새로운 것은 아무것도 생각하고 싶지 않다는 마음으로 대화합니다. 그들에게는 의견이 있습니다. 양쪽 다 상대가 말하고자 하는 바를 진작 알고 있습니다. 그리고 둘 다 자신의 견해를 바꾸지 않아도 되는 말만을 합니다.

진짜 대화는 의견을 바꾸게 하는 것도, 싸우는 것도 아닙니다. 그것은 서로 주고받는 것입니다. 누가 옳으냐 하는 것은 전혀 문제가 되지 않습니다. 말하는 것이 아주 중요한가 아닌가 하는 것도 문제가 되지 않습니다. 문제는 순수하다는 것입니다. 아주 하찮은 예를 들어도 좋을 것입니다. 두 사람이 집으로 향하고 있습니다. 동료입니다. 나의 직업상 동료로, 정신분석가라고 칩시다. 한 사람이 말합니다. "피곤하군." 다른 한 사람이 "나도"라고 말합니다. 이것은 아주 평범하게 들리지만, 그렇지 않습니다. 두 사람이 같은 일을 했을 때 두 사람 모두 각자가 얼마나 피곤한지 알고 있습니다. 그래서 순수하게 인간적인 전달(Mitteilung)[3]을 하고 있는 것입니다. "우리는 피곤하다. 그리고 서로 우리가 얼마나 피곤한지 알고 있다"고 말하는 것입니다. 두 지식인이 최신이론을 거창한 말로 시작하는 토론이라기보다는 대화에 더 가깝습니다. 지식인들은 둘 다 혼잣말을 하고 있을 뿐, 실제로는 아무런 접촉도 없습니다.

대화술이나 대화의 즐거움(마음을 여는 것, 함께 있다는 의미의 대화로, 그런 것은 대부분 말을 이용해서 아주 쉽게 표현됩니다. 댄스에서는 몸동작으로 표현됩니다. 대화에는 몇 가지 형태가 있습니다)이 모두 다시 가능해지려면 우리의 문화가 크게 바뀌어야 합니다. 즉 목적이라는 일방적인 삶의 방식이 극복되어야 합니다. 우리는 하나의 마음가짐이 필요합니다. 그 마음가짐이란 단 하나를 가치 있는 목적으로 삼는 마음가짐이자 인간다운 삶의 표현과 성장입니다. 간단히 말하면 '있는 것'이 문제로, '갖는 것'이나 사용, 전진 등과 같은 태도와는 반대입니다.

슐츠 지금 우리에게는 옛날보다 훨씬 많은 자유시간이 있습니다. 그래서 대화의 기회도 많아졌지만, 외적인 기회는 내적인 경향과 반비례하는 것 같습니다. 당신이 말한 '함께 있다는 것'은 성가신 도구나 장치가 끼어듦으로써 방해받고 있습니다. 어떤 완고한 마음가짐이 지금 우리가 '대화'라고 부르는 것을 못하도록 방해하는 것처럼 보입니다.

프롬 게다가 이렇게 말할 수 있지 않을까요? 대단히 많은 사람들(아마도 대부분의 사람들)이 실제로는 프로그램 없이, 장치 없이, 주제 없이, 예정 없이 대화하는 것을 불안해합니다. 겁내고, 당황하고, 서로 무엇을 말해야 좋을지 알지 못합니다. 독일에서는 어떤지 모르겠습니다. 예를 들자면 미국에서는 한 사람만 또는 한 쌍의 부부만 절대 초대하지 않는 것이 보통입니다. 여러 명이어야만 합니다. 4명이 모이면 어색해지지 않기 때문입니다. 엄청난 노력을 기울여야 따분하고 같은 화제가 되풀이되지 않습니다. 6명이 모이면 대화는 되지 않

---

3) '똑같이 이해하다'가 본디 뜻.

지만, 어색한 분위기는 피할 수 있습니다. 언제든지 어떤 화제가 있습니다. 한 사람이 화제가 떨어지면 다른 사람이 이야기하기 시작합니다. 어떤 의미에서는 이중주로 음악이 끊기지 않는 것입니다. 하지만 대화는 없습니다.

생각건대 오늘날 대단히 많은 사람들이 돈이 들지 않는 즐거움은 그다지 재미있지 않다는 생각을 하고 있습니다. 우리는 기업의 광고를 통해서 행복은 모두 구입한 상품에서 나온다고 믿는 데에 익숙해져 있습니다. 그러나 그런 물건들이 없어도 살아갈 수 있다, 그것도 아주 행복하게 살아갈 수 있다는 생각은 거의 하지 않습니다. 그리고 그것은 옛날과는 어마어마하게 다릅니다. 나는 지금 73세입니다. 50년 전에는 사람들은 자신의 즐거움을 위해서 아주 적은 물건만 샀습니다. 중류계급도 그랬습니다. 라디오도 없었고, 텔레비전도 자동차도 없었습니다. 하지만 대화는 있었습니다. 물론 대화로 '기분 전환'을 하려고 한다면 잡담이 되어버립니다. 대화에는 '집중력'이 필요합니다. 정신적으로 활기가 없는 사람은 대화도 그다지 활기차지 않습니다. 그러나 다음과 같은 것을 두려워하지 않았다면 더 활기찬 사람이 되었을 사람이 많습니다. 즉 자신의 안에서 밖으로 나가는 것입니다. 자신을 드러내는 것입니다. 갑자기 의지할 곳을 잃었을 때의 대비라고 생각하는 지팡이를 놓는 것입니다. 그러니까 혼자서 자기 자신, 또는 다른 사람과 상대하는 것입니다.

슐츠 우리는 지금 여기서, 라디오에서 이야기하고 있습니다. 라디오와 텔레비전에는 정보를 주는 임무와 즐거움을 주는 임무가 있습니다. 우리 독일연방공화국의 방송법에는 그런 것이 정해져 있습니다. 한편으로는 당신이 이미 알려주었고, 의심할 여지도 없는 것인데, 라디오와 텔레비전은 대화 문화의 해체에 큰 기여를 했습니다…….

프롬 그것이 내가 매우 흥미를 갖는 점 가운데 하나입니다. 묻고 싶은데, 자신의 경험은 어떻습니까? 즉 라디오와 텔레비전의 작용과 기능은 대체적으로 비슷합니까, 아니면 이 두 개의 의사전달 매체의 기능과 소질이 서로 아주 다르다고 생각합니까?

슐츠 네, 아주 다르다고 추측합니다. 추측이라고 말한 것은 커뮤니케이션학이 야심적이라는 평판은 받고 있지만, 라디오와 텔레비전의 서로 다른 작용의 규명에는 그다지 기여하고 있지 않다고 말하고 싶기 때문입니다. 그래서 당신의 이 질문에는 몇 가지 주관적 인상과 관찰만 대답할 수 있습니다.

라디오도 텔레비전도 기본적으로는 대화를 전달하는 것은 아니라고 생각합니다. 그것들은 간접적인 것입니다. 한편에서는 주고, 다른 한편에서는 받습니다. 반론 같은 것은 일어나지 않습니다. 라디오 또는 텔레비전이 끼어드는 곳에서는 대화가 끊깁니다. 라디오도 텔레비전도 대화처럼 보일 수는 있지만, 실제로 성립시킬 수는 없습니다. 그것은 살아 있는 인간만의 것이라고 생각합니다. 하지만 내가 결정적으로 중요하다고 생각하는 것은 라디오와 텔레비전이 대화를 일으키고 불러오며 촉진하는가, 아니면 대화의 조건을 깨는가, 즉 대화를 할 수 없는 분위기를 만드는가입니다. 이 점에서 나는 텔레비전보다는 라디오에 더 큰 희망을 갖고 싶습니다.

텔레비전은 다른 매체보다도 수동적으로, 그리고 기분 좋게 소비에 파고듭니다. '시간 죽이기'에 가장 효과가 있는 수단입니다. 그러나 대화는 시간을 필요로 합니다. 시간이 허비되면 대화는 잘 이어지지 않습니다. 라디오는—내 생각이 옳다면—그런 강한 흡인력은 발휘되지 않습니다. 더 많은 주의와 더 많은 상상을 필요로 하고, 또 촉진합니다. 마음만 먹으면 대화의 재료를 듬뿍 제공할 수 있습니다. 대화 자체가 아니라 대화의 소재입니다. 우리 라디오 방송인이 우리의 한계, 즉 보충해 줄 것이 필요하다는 사실을 자각하면 할수록 그것을 기대합니다. 라디오의 매력, 그러니까 라디오의 자극적인 점은 바로 라디오가 매개할 수 없는 것이라고 생각합니다. 그 한계나 작위성이나 대리적 성격이 분명히 알려진다면, 라디오는 의사소통의 또 다른 본디의 직접적인 가능성을 가르쳐 주는 것입니다. 예를 들면 직접 대화의 일회성과 아름다움 등입니다…….

프롬 네, 그건 나도 잘 압니다. 나도 실제로는 라디오 청취자, 그리고 가끔 텔레비전 시청자로서의 아주 개인적인 경험밖에 없습니다. 그리고 내 경우, 앞으로 말할 관찰을 했습니다. 참고로 아내도 그랬는데, 당신도 자신의 의견을 들려주실 수 있겠지요? 이 대화를 듣고 계신 여러분도 텔레비전을 볼 때 비슷한 경험을 하고 있지는 않은지 돌아보시기 바랍니다. 나는 라디오를 들을 때는 자유로운 인간입니다. 즉 흥미가 있으면 라디오를 켭니다. 하지만 중독되지는 않습니다. 기계적인 수단을 통해서 이를테면 대화 같은 것을 듣습니다. 그것은 전화로 누군가가 나에게 이야기하는 것을 듣는 것과 같습니다. 분명 전화 대화처럼 개인적인 것은 아닙니다. 그러나 역시 우리는 그것에 익숙합니다.

즉 빨려 들어가지는 않습니다. 그러므로 귀를 기울이냐 아니냐에 대해서는 정신적으로 완전히 자유롭다고 말해도 좋습니다. 텔레비전의 경우는 조금 다른 것 같습니다. 자유로운 정도는 조금 감소합니다. 텔레비전을 켜고 화면을 보는 순간 나의 안에서 어떤 순간이 탄생하고, 그때 나는 강박까지는 아니지만 어떤 충동을 느낍니다. 그리고 머리로는 시시한 것이라는 걸 알면서도, 그것을 들여다보려고 하는 강한 욕구가 생깁니다. 물론 텔레비전의 모든 것이 시시하다고 말하고 싶은 것은 아닙니다. 그것이 시시하고 내가 그것을 알고 있는 것이라 해도 들으려고 하고 보려고 하는 경향이 생긴다고 말하고 싶은 것입니다

　텔레비전에는 어떤 매혹이 있습니다. 라디오보다 훨씬 강한 매력이 있습니다. 마음을 끌어당기는 매력입니다. 그것은 거기에 비친 것이 주는 매력이 아닙니다. 그래서 가끔 스스로에게 물었습니다. 뭘까, 이 매력은? 그리고 그것은 아주 심층의 체험에 있다고 생각합니다. 버튼을 누름으로써 제2의 세계를 자신의 거실로 끌어들일 수가 있습니다. 이것은 깊은 마술 본능에 호소합니다…….

　슐츠 격세유전의 본능…….

　프롬 텔레비전은 나를 하나의 신으로 만듭니다. 저는 지금 자신을 둘러싸고 있는 현실을 버리고, 그 대신 새로운 현실을 만듭니다. 버튼을 누르면 탄생합니다. 나는 신이자 창조주나 마찬가집니다. 그것은 나의 세계입니다. 여기서 어떤 이야기가 생각나는군요. 이 이야기의 강점은 실화라는 점인데, 이를 참으로 정확하게 말해 줍니다. 한 아버지가 여섯 살짜리 아들을 차에 태우고 폭풍우가 치는 날에 드라이브했을 때의 일을 말합니다. 큰길에서 타이어 하나가 펑크 난 것입니다. 그래서 바퀴를 갈아끼워야 했습니다. 물론 아주 불쾌한 일이었습니다. 그때 그 어린아이가 아버지에게 말했습니다. "아빠, 다른 방법은 없어요?" 아이에게 세계란 그런 것입니다. 이건 그다지 마음에 안 드니까 다른 것으로 돌리자…….

　얼마 전 아내가 폴란드 작가가 쓴 소설을 읽고 나에게 이야기해 주었습니다. 큰 흥미를 갖고 들었지요. 이 소설에는 한 인간이 묘사되어 있습니다. 갑부의 아들인데, 그 아버지는 꽤 미쳐 있었습니다. 그는 아들을 커다란 저택 안에서 키웠는데, 아들은 읽기도 쓰기도 배우지 못했고, 사람들과 이야기하는 일도 없었습니다. 즉 아버지의 집 안에서 완전히 격리되어 있었던 것입니다. 그에게

있는 것이라고는 텔레비전이라는 기계 하나뿐이었습니다. 하루 종일 켜 놓고 살았습니다. 그리고 그것이 현실이라고 믿었지요. 그러다가 아버지가 죽었습니다. 아들은 그곳을 떠나 사람들 사이로 들어가야 했습니다. 하지만 그는 자신의 눈으로 보는 것이 텔레비전과는 다른 현실임을 이해하지 못했습니다. 그는 한 마디도 하지 않았습니다. 아무것도 이해하지 못했습니다. 그저 물끄러미 쳐다보기만 했습니다. 세계는 그에게 텔레비전 드라마였기 때문입니다. 그런데 그가 아무것도 말하지 않고, 그 뒤 미국의 한 유력자 가정에 들어가자, 모두 그를 아주 훌륭한 사람이라고 생각했습니다. 어느 날 그의 이름은 전국에 알려지게 되었으며, 마침내는 대통령 후보에 오르기까지 했습니다. 그가 아무것도 말하지 않고, 아무 의견도 갖고 있지 않았기 때문입니다.

여기에는 내가 말하고 싶은 것이 고스란히 묘사되어 있습니다. 현실과 텔레비전에 비치는 것에는 아무런 차이도 없습니다. 그리고 다른 세계를 손가락 하나로 현실로 만들 수 있다는 체험, 당신이 말하는 격세유전이 마음속 깊이 닿는 체험, 그것은 분명 무서울 만큼 매력이 있을 것입니다. 그러니까 텔레비전이 뭔가 '좋은 것'을 만드는 것은 전혀 불필요하다는 말입니다. 의사소통 수단으로서의 존재를 통해서 이미 사람들을 끌어당기고 있기 때문입니다. 마치 불이 나거나 사람들의 관심을 끄는 사건이 일어나면 사람들이 몰려드는 것처럼……

슐츠　거기에는 그냥 보고 있기만 하면 되기 때문에, 참여할 준비는 근본적으로 없습니다. 즉 이런 것이죠. 이(누르는 버튼에 의한) 표면적인 힘의 반대쪽은 완전한 수동이고, 한편 아직 라디오에 대해서는(아담 뮐러가 일찍이 말했습니다만) 듣는 것은 대답하는 것의 하나의 양식이라고 생각할 수 있습니다. 따라서 근본적으로는 다만 인식을 갖고 있을 뿐이라고 하는 것과는 하나로 볼 수 없는 능동적인 자세입니다.

그런데 이쯤에서 프롬 씨에게 질문이 하나 더 있습니다. 독일의 상황에 판정을 내릴 수는 없을 테고, 그럴 생각도 없을 것입니다. 하지만 텔레비전은 물론 듣는 습관에 아주 중대한 변화를 일으켰습니다. 즉 텔레비전이 어떤 일에 주목하고 관찰해야 하는 습관을 없애버린 탓에, 우리는 그 듣는 사람들의 주의력을 믿을 수 없다는 것입니다. 그래서 나의 질문은 이렇게 되는데, 라디오는 이런 경향에 너무 빨리 굴복한 게 아닐까요? 주의력이 이제는 대규모로 존재하지 않는다는 결론, 또는 주장에 따르는 것은 너무 급한 게 아닐까요? 라디오는 오히려 그것을 거슬러야 하지 않을까요? 더 수동적인 매체로서, 또 이제 대중매체—이 역할에서는 아주 오래전부터 제외되었고, 그것은 좋은 일이라고 생각합니다만—로서 이해되는 것이 아닌 매체로서, 지금 우리가 말한 이 차이를 고려한 명확한 역할을 독자적으로 만들어 내야 하지 않을까요?

프롬 물론 나는 판정을 내릴 수 없습니다. 독일의 라디오 프로그램을 거의 모르니까요. 하지만 당신이 말한 것은 분명 정곡을 찌르고 있다고 생각합니다. 대학의 과정에서 다루는 주제를 당신이 남독일방송에서 수없이 다루었다는 것을 알고 있습니다. 아마도 더 쉬운 말로 했을 텐데, 그것은 그야말로 공적입니다(대학 과정에서도 더 쉬운 말을 쓰고 내용을 충실하게 하는 편이 좋습니다). 이것은 바로 라디오의 위대한 사명이라고 생각합니다. 즉 라디오가 교육과 관련된 중요한 기능을 맡을 수 있습니다. 그리고 무엇보다도 당신이 집중력에 대해서 한 말이 매우 중요하다고 생각합니다. 정말이지 오늘날의 인간은 얼마나 집중력 없이 사고하고, 생활하며, 일하고 있는지, 정말 놀랍습니다. 업무가 너무나 자잘하게 세분화되어 있는 탓에 대부분의 경우 기계적이고 부분적인 집중력만 있을 뿐, 인간의 전부를 필요로 하는 전체적인 집중력은 없습니다. 예를 들면 벨트 컨베이어 앞에서 똑같은 나사를 조이는 일만 되풀이하는 노동자는 리듬에서 벗어나지 않도록 집중해야만 합니다. 하지만 이런 한정된 집중력은 전인적인 인물이 순수하게 감각을 집중시키는 것과는 전혀 차원이 다릅니다. 전인적인 인물은 귀를 기울일 줄 아는 동시에 다른 것을 생각하지 않습니다. 어떤 것에도 만족하지 않기 때문에, 늘 동시에 다섯 가지의 일을 해치우려고 하지 않습니다. 이는 당연한 일로, 집중력 없이는 아무것도 탄생하지 않습니다. 집중하지 않는 일은 모두, 말하자면 가치가 없는 일입니다. 집중하지 않고는 신나고 즐거운 일도, 성과도, 능동도 없습니다. 그것은 위대한 예술가나 위대한 학자에게만 해당되는 것이 아니며 누구에게나 해당되는 것입니다.

슐츠 청취자 여러분, 이쯤에서 대화를 멈추고 여러분에게 나의 이야기 상대에 대해서 몇 가지를 전달하고자 합니다. 미국에서는 그럴 필요가 없습니다. 그곳에서는 에리히 프롬 씨도 그의 저작도 유명합니다. 그러나 이곳에서 그의 이름은 그에게 어울리는 명성을 이제 겨우 얻어가고 있지요.

프롬 씨는 1900년 3월 23일에 프랑크푸르트에서 태어났습니다. 외동아들이었습니다. 그는—이것에 대해서는 그에게 곧 질문하겠습니다만—전통 있는 유대교 정신 속에서 자랐습니다.《구약성서》의 이야기는—프롬 씨에 따르면—다른 어떤 것보다도 그의 마음을 움직였습니다. 어린 양과 사자가 함께 뛰노는 세계 평화의 모습이 무엇보다도 소년을 사로잡았습니다. 그리고 일찌감치 민족 공존, 국제주의에 대한 강한 관심을 그의 내부에 싹트게 했습니다. 김나지움 학생 시절 에리히 프롬은 1914년에 전쟁을 일으키게 된 집단광기라는, 이치에도 맞지 않는 현상을 증오하고 그것에 저항하는 의식을 키워갔습니다.

그와 아울러 다른 개인 체험이 그를 동요하게 했습니다. 그것은 그의 성장에 결정적인 영향을 주었습니다. 예술가이자 그의 집안의 친구였던 아름답고 젊은 부인이 그녀의 늙고 초라한 아버지의 죽음 뒤에 자살한 것입니다. 그녀는—그것이 유언이었는데—아버지와 함께 묻히기를 원했습니다. 가깝고 친숙한 삶의 기쁨보다는 죽음을 함께하는 편을 선택할 만큼 이 부인이 아버지를 사랑하는 일이 어떻게 가능할까 하는 의문이 프롬 씨의 머릿속을 맴돌았습니다. 이 관찰과 사색의 과정이 그를 정신분석으로 향하게 했습니다. 행위의 이면에 있는 동기를 묻게 된 것이었습니다.

대학에서 공부하는 사이에, 프롬 씨가 하나부터 열까지 훤히 알고 있는 예언자들의 책에 놀라운 동료들이 추가되었습니다. 붓다, 마르크스, 바흐오펜, 그리고 프로이트입니다. 이 이름들이 그를 자극한 가장 중요한 사람들입니다. 너무 다양하고, 때로는 정반대처럼 들릴지도 모르지만, 프롬 씨는 그들을 한 지붕 아래에 모은 것입니다. 이에 대해서는 앞으로 이야기할 예정이니, 대화를 앞질러 나가지는 않겠습니다.

프롬 씨는 하이델베르크에서 심리학과 철학과 사회학을 배웠습니다. 그리고 22세에 철학박사가 되었습니다. 그런 다음 뮌헨과 프랑크푸르트에서 연구와 분석을 했습니다. 그 뒤 유명한 베를린의 정신분석연구소에서 훈련을 마쳤습니다. 1930년에는 실천하는 정신분석가가 되었습니다. 베를린에서 활동하면서도 프랑크푸르트의 정신분석연구소에서 가르치고, 프랑크푸르트대학 사회연구소에서도 소장을 맡아 가르쳤습니다. 이 연구소는 나치즘 진출 뒤, 뉴욕의 콜롬비아대학에서 활동을 계속하게 되었습니다. 프롬 씨는 1934년에 미국으로 건너갔습니다. 여러 대학에서 가르쳤습니다. 몇 개의 중요한 정신분석과 사회심리학 연구소를 거쳤습니다. 한편으로는 늘 분석가로 활동하고 다른 한편에서는 환자와의 교류 중에 경험을 쌓는 데 중점을 두었습니다. 1949년에 멕시코로 이주했는데, 거기서 1965년까지 여러 방면에서 활약했으며 대학에서도 더욱 넓은 범위에 걸쳐서 활동했습니다. 현재 그는 그 대학의 명예교수로 있습니다. 지금에 이르기까지 멕시코에서도, 뉴욕에서도 많은 강의를 맡고 있습니다. 최근에는 티치노에 살면서 집필에만 집중하고 있습니다.

프롬 씨는 평화운동에 참여했습니다. 그리고 SANE[4]의 창시자 가운데 한 사람입니다. 그것은 미국의 가장 중요한 평화운동으로, 핵군비경쟁에 반대하는 투쟁 외에 베트남 전쟁 반대투쟁도 주도했습니다. 그는 50년대에 사회주의 당에 들어갔지만, 다시 탈당했습니다. 당이 충분히 급진적이지 않다고 봤기 때문입니다. 그는 정신분석 이론을 마르크스의 사회론에 끌어들이는 데 기본적으로 공헌했습니다. 이는 프로이트 이론을 사회적, 인본주의적으로 수정하는 것과 뜻을 같이하는 것이었습니다. 그는 국제적으로 다양한 분야에서 보내온 원고를 받아서 사회주의 성향의 인본주의에 대한 논문집을 편집했습니다. 그리고 같은 것을 전공한 그 누구보다도 정치문제에 힘을 쏟았습니다. 《희망의 혁명》은 에리히 프롬 씨가 유진 매카시의 대통령 입후보를 지지했을 때 탄생한 비약과 투쟁의 저술입니다. 그는 교수 출신의 상원의원에게 힘을 보태주었습니다. 유진 매카시는 시와 철학을 벗으로 삼는 사람이었음에도, 아니 오히려 바로 그랬기 때문에 미합중국 정치 최고 직무의 후보자로서 프롬 씨의 관심을 끌 수 있었습니다. 그는 국민들에게 희망을 일깨워 줄 수 있었기 때문입니다. (그것은 프롬 씨에게 매우 정치적인 범주에 속하는 일입니다.) 프롬 씨에게 두드러지는 것은—학문 세계에서는 결코 흔한 것이 아닙니다—생각하는 것, 말하는 것, 행하는 모든 것에서 인습에 얽매이지 않은, 정통과는 거리가 먼 태도입니다. 그에게는 창백한 사상 대신 신선한 공감이 있습니다. 그는 먼지를 털어냅니다. 새로운 문제 제기를 재촉합니다. 드라마나 그 밖의 고정관념을 싫어합니다. 정신과 바람은 히브리어로 같은 단어입니다. 그에게는 완성되지 않은 부분이 있으며, 그렇기 때문에 적도 아군도, 또 그를 감싸는 자도 무시하는 자도, 그를 멋대로 단정지어 버릴 수 없습니다.

---

4) National Committee for a Sane Nuclear Policy의 약어로, 건전한 핵정책위원회.

프롬 씨, 이렇게 대강의 줄거리를 기술해 보았는데, 이제 직접 이야기를 들려주겠습니까? 당신의 글 가운데에서 '지적 전기(知的傳記)'라는 표현을 읽었는데, 소년 시절과 학창 시절의 어떤 영향과 감명이 당신의 성장 특징이 되었습니까?

프롬 나에게 중요하다고 생각되는 몇 가지를 이야기할 수 있을 것 같군요. 노파심이 심한 부모님의 외동아들이었다는 것. 그것은 물론 나의 성장에 적극적인 공헌은 하지 않았지만, 나는 시간을 들여서 그 상처를 조금이라도 치유하려고 노력했습니다.

다른 것이 내 성장에 적극적으로 이바지했지요. 또는 적어도 아주 결정적인 작용을 했습니다. 그것은 나의 집안입니다. 나는 친가 쪽과 외가 쪽이 모두 오랜 옛날부터 랍비[5] 조상을 가진 엄격한 정통파 유대교 가정에서 태어났습니다. 그리고 이 오랜 전통의 정신 속에서 성인이 되었습니다. 즉 전시민사회적, 전자본주의적이며, 근대적이라기보다는 확실히 중세적인 전통입니다. 이것은 내가 태어난 세계, 즉 20세기의 세계보다 나에게는 훨씬 현실적이었습니다. 나는 물론 독일의 학교, 즉 김나지움에 다녔습니다. 그런 다음 대학에 갔습니다. 그리고 독일 문화에서 길어 올린 사상에 강한 관심을 가졌습니다. 아마 이것에 대해서는 나중에 다시 이야기할 것입니다.

나의 생활감각은 현대인의 것이 아닙니다. 현대인 이전의 것입니다. 그 감각은 《탈무드》를 배우고, 《성서》를 자주 읽고, 조상들의 이야기를 자주 들음으로써 더욱 강해졌습니다. 조상들은 모두 시민사회 이전에 있었던 세계에 살았던 것입니다. 지금 생각난 이야기가 하나 있습니다. 나에게는 위대한 탈무드 연구가였던 증조할아버지가 있습니다. 하지만 그는 어디의 랍비도 아니었습니다. 바이에른에 작은 상점을 갖고 있었지만, 수입은 얼마 되지 않았습니다. 어느 날 그는 짧은 여행을 하면 돈을 벌 수 있다는 이야기를 듣게 되었습니다. 물론 자식이 많아서 생활은 빠듯했습니다. 그래서 아내는 말했습니다. "좋은 기회잖아요? 한 달에 사흘만 나가 있으면 돈이 된다니까요." 그러나 그는 말했습니다. "지금 제정신이오? 한 달에 사흘이나 공부가 뒤처지지 않소!" "맙소사, 도대체 무슨 말을 하는 거예요?" 그 뒤 다시 그 이야기가 입에 오르는 일은 없었

---

5) 유대교의 율법교사.

습니다. 그렇게 증조할아버지는 하루 종일 가게에 앉아 《탈무드》를 공부했습니다. 그는 손님이 가게에 들어오면 발끈 성을 내며 말하곤 했습니다. "여기가 아니면 갈 가게가 없는 것이오?" 이것이 나에게는 현실의 세계였습니다. 현대세계는 나에게 낯선 것이었습니다.

슐츠 얼마나 계속되었지요?

프롬 오늘날까지요. 열 살인가 열두 살 때 일이 떠오르는군요. 누군가가 "나는 상인이다", "사업가다"라고 말하면 늘 당혹감이 들었습니다. 왜냐하면 이렇게 생각했기 때문이지요. 맙소사, 평생 돈을 버는 것 말고는 할 일이 없다는 걸 인정해야 하다니, 얼마나 부끄러울까! 그 뒤 그것이 얼마나 당연한 것인지 알게 되었지만, 역시 늘 흠칫거렸습니다. 나는 아직도 사업 문화, 또는 그런 의미에서의 시민 문화 속에서는 이방인입니다. 그것은 바로 내가 시민사회와 자본주의를 심하게 비판했던 중요한 원인이기도 합니다. 나는 사회주의자가 되었습니다. 이 사회도, 사람들의 관심도, 인생은 무엇을 위해 있는가 하는 물음에 대응하지 않는 것 같습니다. 하지만 그것은 중대한 지적 결론도 결의도 아니었습니다. 늘 거기에 위화감을 느끼고, 어떻게 그런 일이 정말로 가능한지 이상하게 생각했던 것입니다.

슐츠 그렇지만 그와 동시에 그 반대의 경험도 있지 않을까 싶습니다. 바로 당신의 사고와 당신의 삶에 이 현대의 세계가 없다고는 주장할 수 없기 때문입니다. 정반대로 희망의 발견과 위기라는 양면을 가진 현대세계가 보통 사람들 이상으로 있지 않을까요?

프롬 거기에는 아마 간단히 대답할 수 있을 것입니다. 현대세계에서 나를 강하게 끌어당긴 것은 모두 시민사회 이전의 세계를 돌아보게 하는 요소였습니다. 스피노자가 있었습니다. 마르크스가 있었습니다. 바흐오펜이 있었습니다. 거기에서 나는 안식을 얻었습니다. 거기에서 내 안에 살아 있는 과거와 현대세계에서 내가 사랑하는 것들과의 통합을 발견했습니다. 현대세계 안에서 오래된 세계에 뿌리내리고 있는 이 부분, 바로 그것이 나에게는 친숙했던 것입니다. 그리고 거기에는 모순도 없었습니다. 그것이 내가 알고 있는, 내가 바라던 세계였습니다. 그렇기 때문에 나는 이런 결합을 가져오는 모든 것에 대해 대단한 열정으로 연구하게 된 것입니다.

슐츠 그것은 학창시절 일입니까? 아니면 그 이전부터 그랬습니까? 당신

안에서 이 두 세계는 언제 만났습니까?

프롬 나의 성장에 결정적인 사건이 있습니다. 바로 제1차 세계대전입니다. 당신은 그것을 이미 말씀했습니다. 그 전쟁이 일어날 무렵 나는 열네 살이었습니다. 그때는 같은 반의 소년들처럼 아직 어린애였으므로, 전쟁을 정말로 이해하지 못했습니다. 하지만 무척 빨리 꿰뚫어 보기 시작했지요. 그리고 고통스러운 의문에 사로잡혔습니다. 그것은 아직도 나를 쫓아다닙니다. 아니, 그것이 나를 쫓아다니는 게 아니라 내가 그것을 쫓아다니는데 어떻게 그런 일이 가능한가 하는 것입니다. 부분적으로는 분명히 합리적인 것과는 거리가 먼 목적 때문에, 또는 또렷하게 인식한다면 누구도 자신의 목숨을 내놓을 리 없는 정치적 관념 때문에 수백만의 인간이 수백만의 인간을 죽이고 죽임을 당하는 것, 그리고 그것을 결판 짓는 데 4년간의 비인간적 상황이 필요하다는 것이 어떻게 가능한가 하는 의문입니다. 전쟁은 어떻게 심리적으로 가능할까요? 무엇이 사람들에게 동기를 줄까요? 이런 의문이 그때 나를 괴롭혔습니다. 아마도 이것이 그 무렵에 들었던 가장 중심적인 의문이고, 아직까지도 나의 사고에 본질적인 영향을 미치고 있습니다. 시민사회 이전의 집안과 전쟁은 나의 사고와 감정에 각인을 남긴 두 개의 두드러진 경험이었습니다.

슐츠 어떤 종류의 독서가 당신의 방향성에 도움이 되었습니까? 꼭 일이나 교육과 관련된 책만 말하는 게 아니라, 당신의 개인적 존재와 관련이 있는 것도 포함될 거라고 생각합니다만.

프롬 거기에 대해서도 나는 곰곰이 생각한 적이 있습니다. 사실 내 인생을 결정하고 나에게 이른바 '영감을 준' 책이 몇 권 있습니다. 여기서 주석을 달아도 좋다면, 나는 일반론으로서 내 인생을 결정해 준 책이 있다는 것이 중요하다고 믿고 있습니다. 우리가 읽는 책은 대부분 그러지 못합니다. 순수하게 전문 학술서이거나 아무런 의미도 없는 것, 둘 가운데 하나지요. 하지만 본디 누구든지 스스로에게 물어야 합니다. 자신의 성장 과정에 결정적인 의미를 가진 책이 한 권, 또는 두 권, 또는 세 권 있을까 하고.

슐츠 잠깐 끼어들어도 괜찮다면, 플로베르의 말이 있습니다. 나는 배우기 위해서 읽는 것이 아니다, 살기 위해서 읽는다.

프롬 바로 그것입니다. 아주 아름다운 말입니다. 나는 그 말을 몰랐지만, 내가 하고 싶은 말이 그것입니다. 그리고 이 의미에서는 인생에 결정적인 영향을 주는 책은 많지 않습니다. 물론 조금이라도 좋은 책은 어떤 것이든 그만큼의 작용이 있습니다. 책을 읽고도 아무 영향도 받지 않는 경우는 없습니다. 진지한 대화나 진지한 만남에는 늘 나름의 결과가 있는 것과 같습니다. 인간이 서로에게 진지하게 이야기할 때는 반드시 서로 뭔가를 경험합니다. 그뿐만이 아니라—더 말한다면—두 사람 내부에서 어떤 변화가 반드시 일어납니다. 그것은 양적으로 너무나 보잘것없어서 눈으로 보여줄 수는 없습니다. 하지만 사실 그것은 당신이 아까 이야기했던 점으로 돌아가는 것입니다. 즉 두 사람이 서로 대화하는데 끝내 둘 다 처음과 다를 바가 없다면, 그들은 대화를 나눈 것이 아닙니다. 두 사람이 한 것은 단순히 말을 주고받은 것일 뿐입니다.

책도 마찬가지입니다. 그 책이 없었다면 '나는 지금의 내가 아니었을 것이다' 하는 책이 내 인생에 세 권, 네 권, 또는 다섯 권 있습니다. 이 책들이 없었다면 나는 어떻게 되었을지 모릅니다. 첫 번째는 예언자들의 글입니다.《구약성서》라고 하지요. 가나안 정복 전쟁에 대한 글은 지금만큼 극단적으로 싫어하지도 않았지만, 그렇다고 취향도 아니어서 한두 번 읽었을까 말까입니다. 하지만 예언자의 글과 〈시편〉, 특히 예언자의 글은 나에게 예나 지금이나 변함없이 샘입니다.

슐츠 그것들을 편집해서 주석을 달 생각은 없습니까?

프롬 그런 책을 쓴 적이 있습니다.《너희도 신처럼 되리라》로, 유대교 전통을 해설한 책입니다. 그 책에서 내가 시도한 것은 〈시편〉을 해석해서 슬픔에서 기쁨으로 바뀌는 마음의 움직임을 나타내는 노래들과 기분은 변하지 않고, 그래서 늘 그런 것은 아니지만 어떤 의미에서 독선적인—앞의 노래와는 전혀 다르지요—노래들을 구별하는 것이었습니다. 뒤의 노래에는 적어도 마음에 갈등이 없고 마음의 움직임은 있습니다. 〈시편〉에는 절망 상태에 빠졌을 때 인간이 어떻게 되는지를 알아야 비로소 이해되는 것이 있습니다. 인간은 절망을 극복합니다. 하지만 절망은 또 오지요. 또 극복합니다. 그리고 절망의 구렁텅이에 잠겨 그 극에 이르렀을 때 갑자기 기적처럼 전환점이 찾아와 환희와 신뢰, 그리고 희망의 기쁨을 맞이하는 것입니다. 그 좋은 예는 "나의 하느님, 나의 하느님, 어찌하여 나를 버리십니까?"라는 구절로 시작하는 〈시편〉 제22장입니다.

아마 관심이 있겠습니다만, 예수가 죽음 앞에서 왜 이 절망의 말을 했는가

하는 것은 아주 오래된 문제입니다. 나는 어렸을 때부터 궁금했는데, 자신의 의지에 의한 죽음과 신뢰에 대한 모순처럼 생각되었습니다. 하지만 실은 결코 모순이 아닙니다. 왜냐하면(이 책에 상세히 나와 있지만) 〈시편〉을 인용하는 유대교의 전통 방법은 그리스도교처럼 〈시편〉 몇 장 몇 절이라고 번호를 드는 게 아니라, 최초의 문장 또는 최초의 구절로써 〈시편〉 전체를 나타내는 것입니다. 복음서가 그리고 있는 것은 "예수는 〈시편〉 제22장을 말씀하셨다"는 뜻입니다. 따라서 여러분이 그 〈시편〉을 읽는다면 알게 될 것입니다. 분명 절망으로 시작하고 있지만 희망의 찬가처럼 끝납니다. 그리고 아마 다른 〈시편〉과는 다르게 널리 세상을 구제하고자 하는 원시 그리스도교의 구세주를 기다리는 바람을 표현하고 있습니다. 이 변화를 보지 않고, 예수가 이 〈시편〉의 첫 문장만을 말씀하셨다고 믿으면 잘못 이해하게 됩니다. 뒷날 복음서의 이 문장은 개정되었습니다. 너무 오해가 많았기 때문입니다. 이 문제에 너무 깊이 들어간 것 같군요. 하지만 다른 예정도 없으니 괜찮습니다—이것은 하나의 샘입니다. 오늘날에도 예언자들의 글을 읽으면 50년 전처럼 신선하고 생생하게 느껴집니다. 아마 더 신선하고 생생할 것입니다.

두 번째 커다란 영향은—말년에 들어서입니다만—마르크스로부터 받았습니다. 나를 매료시킨 것은 무엇보다도 그의 철학과 사회주의 이상으로, 그것은 세속적인 형태로 인간의 자기성장 사상을 표현하고 있습니다. 인간이 완전히 인간다운 존재가 된다는 사상, 갖는 것, 죽은 것, 축적된 것이 아니라 살아 있는 자기발현을 목표로 하는 인간의 사상입니다. 1844년 철학 작품에서 마르크스는 그것을 제시하기 시작했습니다. 실제로는 여러분이 이 작품들을 읽더라도, 마르크스가 글쓴이라는 사실을 모르고 훌륭한 마르크스 전문가가 아니라면, 누가 쓴 글인지 거의 깨닫지 못할 것입니다. 문체가 마르크스답지 않기 때문이 아니라 한편으로는 스탈린주의자들이, 다른 한편에서는 대부분의 사회주의자들도 마르크스에 대한 인상을 너무 심하게 변질시켜 놓았기 때문입니다. 마치 마르크스는 철두철미한 경제변혁에만 관심 있었다는 식으로 말이지요. 사실 경제변혁은 목적을 위한 수단에 지나지 않습니다. 즉 마르크스에게 결정적으로 중요했던 것은 인본주의라는 의미에서의 인간해방이었습니다. 괴테의 철학과 마르크스의 철학을 살펴보면 놀랄 만큼 닮았다는 것을 알게 됩니다. 마르크스는 완전히 인본주의의 전통 속에 있습니다. 그리고 내 생각에는 예언자의 전통 속에 있습니다. 가장 날카롭고 가장 급진적인 사상가 가운데 하나인 마이스터 에크하르트[6]의 말을 읽는다면—아마 놀랄 만큼—비슷한 점이 많다는 사실을 발견할 것입니다.

슐츠 마르크스는 여러 분야에서 그와 같은 관점을 지닌 사람들처럼 신봉자들로부터 보호를 받아야 합니다. 하지만 어디에서 그것이 이루어지고 있죠? 오늘날 대학이나 다른 곳에서 실제로 마르크스 같은 저작가를—이를테면 브레히트나 프로이트, 블로흐도 그렇고, 근본적으로는 후세 사람들이 그 이름을 내세워서 논의하는 창조적인 인물이라면 누구나 그렇겠습니다만—부스럼투성이로 만드는 것으로부터 보호하려는 시도가 이루어지고 있나요? 어디서 그것을 하고 있습니까?

프롬 오늘날 마르크스를 우파로도 좌파로도 왜곡하지 않고 해석하는 마르크스 전문가는 정말이지 찾아보기 힘들지요.

슐츠 전문가들은 마르크스를 자신의 견해가 옳다는 것을 증명하는 증거로서 이용하고 있습니다.

프롬 그렇습니다. 자기 견해가 옳다는 것을 증명하는 증거로 이용하고 있습니다. 그리고 자신의 견해뿐만 아니라 어떤 활동이나 정책의 증거로 삼고 있습니다만, 그것들은 가끔 마르크스가 생각하고 바란 것과는 정반대입니다. 그것이 러시아의 관점에서 본 국가자본주의건 자유주의의 관점에서 본 서유럽 자본주의건, 마르크스를 끌어들이고 있는 한은—후자의 경우는 대부분 사회민주주의 이론가들입니다만—마르크스를 변질시키고 있습니다. 마르크스를 이해하는 사람, 정말로 이해하고 있는 사람의 수는 오늘날 극소수입니다. 나와 다른 몇 명을 제외하고는 모두 옳지 않다는 식으로 말한다면 당연히 오만하게 들리겠지요. 물론 그럴 생각은 없습니다.

그러나 내가 보기에는 대부분의 마르크스 전문가가 마르크스의 사고가 근본적으로 종교에 바탕한 사고라는 점을 놓치고 있는 것 같습니다. '종교에 바탕한'이라고 해도, 신을 믿는다는 뜻으로 이해해서는 안 됩니다. 이 뜻에서는—더 말한다면—불교도 종교와 거리가 멉니다. 불교에는 신이 없기 때문입니다. 그런 게 아니라, 태도라는 의미에서 '종교에 바탕한 것'이라는 것입니다.

---

6) Meister Eckhart(1260?~1327). 중세 독일의 신비사상가.

인간이 자신의 자기애나 이기주의, 내적 고립을 뛰어넘어서 마음을 여는 것, 그리고—마이스터 에크하르트라면 그렇게 말하겠지만—자신이 채워지기 위해서, 충분히 받아들일 수 있도록 하기 위해서, 충분한 존재가 되기 위해서 자신을 완전히 비우는 것을 모든 문제라고 보는 태도입니다. 표현은 다르지만 바로 그것이 마르크스의 결정적인 본바탕입니다. 나는 가끔 여러 사람에게 마르크스의 《경제학·철학 수고》 일부를 읽어주는 것을 즐겼습니다. 선(禪)의 대학자 가운데 한 사람인 스즈키 다이세쓰 박사와 나눈 대화를 기억하고 있습니다. 누가 지은이인지는 말하지 않고, 몇 군데를 읽고 질문했습니다. 이것은 선입니까? 네, 물론 선입니다, 라고 그는 말했습니다. 학식 있는 신학자들의 모임에서도 몇 부분을 읽어준 적이 있는데, 모두 고전 원문, 이를테면 토마스 아퀴나스에서 완전히 근대신학의 이론까지 온갖 추측을 했습니다. '마르크스의 것일지도 모른다'고는 누구도 생각하지 못했지요. 마르크스를 몰랐던 것이겠지요.

그것을 또렷하게 보고 있는 일련의 마르크스주의 학자들이 있습니다. 예를 들면 에른스트 블로흐(Ernst Bloch)입니다. 또 장 이브 칼베(Jean Yves Calvez)처럼 반마르크스주의의 가톨릭 학자들도 있습니다. 그 수는 그리 적지 않지만, 그 영향은 지배적인 마르크스 해석의 영향과 비교하면—신학자를 제외하고는—아직도 보잘것없습니다.

나에게 중요한 다음의 샘은 유감스럽게도 이제는 그다지 유명하지 않은 지은이입니다. 즉 가모장제 사회를 발견한 요한 야코프 바흐오펜입니다. 약 110년 전, 그는 대표작을 썼습니다. 영어로는 겨우 5년 전에 번역되었지만 아직 완역은 아닙니다. 바흐오펜은 가부장제 사회 이전에 가모장제 사회가 존재했다는 것을 발견했습니다. 오로지 일반적으로 주장한 것만이 아니라, 모권을 중시하는 관점과 부권을 중시하는 관점의 차이가 어디에 있는가를 제시했습니다. 간단히 말하면 모권을 중시하는 관점은 조건 없는 인간애를 대표하고 있습니다. 어머니는 자식에게 어떤 공적이 있는 게 아니라 무조건 자식을 사랑합니다. 자신의 아이니까 사랑하는 것입니다. 실제 어머니가 귀엽게 웃는 자식이나 예의 바른 자식만을 사랑했다면, 대부분의 아이는 굶어 죽었을 것입니다. 아버지는 단적으로 말하자면 자식이 자신에게 복종하기 때문에, 또 자신을 닮았기 때문에 사랑합니다. 나는 모든 어머니와 모든 아버지에 대해서 말하는 것이 아닙니다. 이상형의 범주에 대해서 말하고 있습니다. 즉 아버지와 어머니의 사랑이 역사를 관통하고 있는 고전적인 형태에 대해서입니다. 개개의 인간은 매우 복잡하므로 어머니 같은 아버지도, 아버지 같은 어머니도 많이 존재합니다. 그래서 그 차이는 사회체제, 곧 가부장제 사회체제와 가모장제 사회체제의 차이와 어떤 관계가 있습니다. 이에 대한 가장 좋은 책은 《안티고네》입니다. 안티고네는 모권제의 원리를 대표합니다. "다 미워하기 위해서가 아닙니다. 다 사랑하기 위해서 나는 있습니다." 그리고 클레온은 인간과 관련된 모든 가치보다 국가의 법이 우선시된다는 부권제(요즘으로 치면 파시즘이라고 할 수 있는) 원리를 대표하고 있습니다.

바흐오펜의 발견은 나에게는 하나의 열쇠였습니다. 오로지 역사를 이해하기 위해서만이 아니고, 행동을 조건으로 하는 사랑의 원리를 가진 우리의 가부장제 사회를 특히 이해하기 위해서도 아니며, 나에게 더욱더 개인 성장의 중심문제가 되고 있는 것을 이해하기 위한 열쇠이기도 했습니다. 즉 인간에게 있는―남자에게도 여자에게도―어머니를 동경하는 것이 어떤 뜻을 갖는가 하는 것입니다. 어머니와의 유대란 무엇일까요? 그것은 실제로 무엇을 뜻할까요? 오이디푸스 콤플렉스의 본질은 무엇일까요? 성적인 유대와 관련이 있을까요? 나는 그렇게 생각하지 않습니다. 그것은 인간의 가장 깊은 유대와 연관이 있습니다. 즉 어떤 특별한 인물상을 동경하는 것이며 여신을 동경하는 것입니다. 그 여신은 인간을 위한 책임을 지고, 인생의 위험 그리고 죽음의 공포까지도 책임지고 인간을 어떤 낙원에 머무르게 함으로써 보호하는 것입니다. 당연히 인간은 어머니에 대한 의존과, 완전히 자기 자신이 되지 못하는 형태로 그 대가를 치릅니다. 그것은 중요한 문제이고, 바흐오펜은 나에게 20년대 첫 무렵에 결정적으로 중요했던 것입니다.

그리고 아주 많은 영향을 끼친 것이 불교입니다. 불교가 나에게 보여준 것은 신을 갖지 않아도 성립하는 종교와 관련된 자세가 있다는 것이었습니다. 불교에 대해서 안 것은―그것은 1926년 무렵이었는데―나에게 가장 중요한 경험 가운데 하나였습니다. 불교에 대한 관심은 아직도 이어지고 있습니다. 나중에 선을 배움으로써 불교에 대한 관심은 더욱 커졌습니다. 선은 특히 스즈키 박사를 통해서 배웠지만, 많은 책에서도 배웠습니다.

아, 그리고 아직 이야기하지 않았는데 지그문트 프로이트입니다. 프로이트는 비슷한 시기에 나에게 의미 깊은 존재가 되었습니다. 지금도 그렇습니다. 이것들의 영향은—예언자들의 유대교, 마르크스, 모권(母權), 불교, 프로이트—나의 사고에, 또 사고뿐만 아니라 내 성장의 모든 것에 걸쳐서 작용한 결정적 영향이라고 해도 좋습니다. 왜냐하면 나는 다른 사람이 체험한 것을 자기의 체험으로 받아들일 수 없는 것을 생각하는 능력이 없었고, 아직도 그것을 할 줄 모르기 때문입니다. 나는 추상적인 사고에는 약합니다. 그래서 내가 동시에 구체적으로 경험할 수 있는 것에 대해서만 생각할 수 있습니다. 그렇지 않으면 거의 관심이 없고 능력도 없습니다.

슐츠 당신은 마르크스를 잘 알고 있음에도—아니, 오히려 이렇게 말해야 겠지요—그렇기 때문에 전형적인 마르크스주의자가 아닙니다. 프로이트와의 관계도 마찬가지인 것 같습니다. 당신은—오늘날 흔히 말하기로는—프로이트에서 출발했습니다. 그러나 엄밀한 의미에서는 그를 떠나 있습니다. 초월해 있습니다. 전진한 것입니다. 그것이 당신과 프로이트파의 현격한 차이입니다. 그리고 내 견해가 옳다면, 당신은 그들을 아주 비판하는 태도를 가지고 있습니다.

프롬 나는 줄곧 소수파에 속해 있었습니다. 바흐오펜도 소수파일 것입니다. 아마도 그에게 감명을 받은 사람은 대부분 소수파입니다. 비교적 작은 집단입니다. 프로이트의 경우도 물론입니다. 나는 베를린 연구소에서 순수한 프로이트파로서 교육을 받았습니다. 처음에는 성애 등에 대한 프로이트 이론을 믿었습니다. 이 점에서 나는 늘 좋은 학생이었습니다. 즉 자신이 제재(題材)를 더 잘 알게 되기 전까지는 스승이 옳다고 생각했던 것입니다. 아무것도 모르면서 반항부터 시작하지는 않았습니다. 요즘에는 오히려 그것이 유행이지만 그때는 그렇게 유행하지 않았고, 나도 그렇지 않았습니다. 그렇게 해서 나는 열심히 공부했습니다. 물론 그것이 옳다는 강력한 압력이 있었습니다. 그런데 몇 년쯤 지나자 의심스러워졌습니다. 발견되어야 할 것이 환자의 자료에서는 발견되지 않았고, 그것이 오로지 해석을 강요하는 것임을 깨닫는 일이 더욱 많아졌습니다. 또 깨달은 것이 있습니다. 프로이트 이론을 사용하는 한은 환자와 환자의 진짜 문제를 실제로 건드리지 못한다는 것입니다. 지금은 프로이트 이론에 대해서 말하고 싶지 않습니다. 그것은 복잡한 문제입니다. 그렇지만 언제나 결론은 정해져 있었습니다. 오이디푸스 콤플렉스이고, 거세불안이며, 성애와 성애에 대한 불안과 관계된 모든 것이었습니다.

　나는 많은 경우, 이런 것이 내가 진찰하는 사람들과 전혀 관계가 없다는 사실을 관찰했습니다. 그리고 몹시 불쾌해지기 시작했습니다. 즉 지루해지기 시작한 것입니다. 나는 약해졌고, 배운 것을 모두 실천해 보았습니다. 아, 자지는 않았습니다. (어떤 선생은 말했습니다. 잤어요. 자는 것이 나쁜 것은 아니에요. 분석 때 잠들면 곧잘 꿈을 꾸는데, 이야기를 들을 때보다 그 꿈을 통해서 환자를 더 잘 관찰할 수 있으니까요. ……합리화지요.) 그렇지만 나는 6시간, 7시간, 8시간쯤 지나면 싸우다 지친 사람처럼 된다는 것을 깨달았습니다. 그리고 스스로에게 물었습니다. 너는 왜 그렇게 지쳐 있느냐? 왜 지루해하느냐? 시간이 지나면서 깨닫게 되었는데, 요컨대 내가 인생을 건드리지 않고 근본적으로는 추상적인 것을 다루고 있다는 데서 오는 것입니다. 소년 시절을 연상시키는 비교적 원시적인 경험이라는 형태라고 하더라도 말이지요.

　그리고 차츰 더 나에게 중요하다고 생각되는 것, 즉 인간과 인간의 관계를 깨닫고, 반드시 본능에 기초하지 않고 인간의 인간으로서의 존재에 기초하고 있는 인간의 열정을 깨달음으로써 나는 눈뜨기 시작했습니다. 그렇습니다. 정말로 이해할 수 있었습니다. 내가 분석하는 사람들도 나의 말을 이해하게 되었습니다. 그는 느꼈습니다. 아, 그렇구나! 하고. 나는 이제 지치지 않았습니다. 분석은 매우 생생한 것이 되었습니다. 나는 가끔 이렇게 생각했습니다. 환자가 분석에서 아무런 증상의 호전을 보이지 않더라도—유감스럽게도 그런 경우는 흔합니다만—분석의 시간은 지금까지 그의 인생에서 가장 격려가 되고 가장 자극적을 주는 시간이라고요. 왜냐하면 그는 생기를 되찾았기 때문입니다. 그래도 내가 지치면 환자에게 물었습니다. 도대체 왜 그럴까요? 당신이 왔을 때 나는 그렇게 지치지 않았습니다. 지금은 지치는군요. 이것은 당신의 말 때문일까요? 그리고 그렇게 지루한 이야기가 되도록 내가 무엇을 한 것일까요? 그렇게 해서 분석의 시간은 그사이에 무슨 일이 일어나더라도 흥미로워야 한다는 것이 나에게 좋은 분석을 판단하는 진짜 기준이 되었습니다. 정교하고 선명하며 정해진 형식의 모습을 갖추고 있기 때문에 흥미로운 게 아니라, 두 사람이 어떤 것에 대해서 말했다는 것, 즉 뭔가 중요한 것, 순수한 것, 두 사람과 관계된 것에 대해서 이야기했기 때문에 흥미로운 것입니다.

　슐츠　조상으로부터 물려받은 것, 또 아까 예로 들었던 당신에게 영감을 준 예언자의 글, 마르크스, 바흐오펜, 프로이트, 불교 등은 명백히 서로 관계가 있지만 반면 너무나도 동떨어져 있어서 그런 것들이 당신 내부에서 모자이크처럼 되어 있는 것, 또는—일부 당신의 지지자들이 말했듯이—창조적으로 통합되어 있는 것에 눈을 휘둥그레 뜨는 사람이 많은 게 아닐까요? 당신은 그것이 당신의 특색이라고 생각합니까?

프롬 네, 그렇겠지요. 나의 사고와 감정의 가장 깊은 곳에 있는 충동은 겉보기에는 서로 상반되는 이런 흐름들, 참고로 이것들은 모두—불교는 제외하고—유럽 문화 형성에 본질적인 의미를 갖는 것인데, 따로 흩어져 있는 이런 흐름들의 상태를 자유롭게 만들고 그 안에서 공통의 구조를 보려고 하는 정열적인 관심이었습니다. 당신이 말한 '통합을 가져오는' 것이라고나 할까요. 더 정확히 표현하자면 그것은 결코 통합은 아닙니다. 나는 그것들이 하나의 기본 자세, 기본관념, 다양한 모습임을 제시하려고 했습니다. 내가 가장 즐겨 읽는 작가는 두 사람이라고 해도 좋습니다. 바로 에크하르트와 마르크스입니다. 그러면 대부분의 사람은 당연히 대답하겠지요. 멍청한 소리! 이거 못 믿을 사람이군! 그렇지만 마이스터 에크하르트의 급진주의와 카를 마르크스의 철학은 아주 깊은 면에서 공통점이 있습니다. 즉 표면을 관통해서 근본에 다가가는 것입니다. 에크하르트가 말했듯이, 어떤 사물의 성장 원인은 뿌리에 있습니다. 이는 마르크스도 말할 만한 것이고, 마찬가지로 프로이트도 말할 만한 것입니다. 우리에게는 지은이와 작품을 한 상자에 넣어버리는 버릇이 있습니다. 그 안에서 어떤 일면을 꺼내 여러모로 뜯어보지만, 본질이나 전체는 보지 못합니다. 반면 내가 시도한 것은 따로 흩어져 있기는 하지만 서양에서 흔한 사고의 바탕을 이루는 결정적인 측면들을 살아 있는 상태로 결합시키고, 나아가 전체 문맥과 관련지어서 보는 것이었습니다. 그것은 본질적인 충동으로, 내가 40년 동안 해온 작업의 내용이라고 생각합니다.

슐츠 갑작스럽지만, 괜찮다면 이쯤에서 대화를 잠시 멈추고 당신과 청취자 여러분에게 잠시 창조적인 휴식시간을 드리고자 합니다. 프롬 씨, 내가 알기로 당신은 음악을 자주 듣고, 손님을—예를 들자면 나도 그렇습니다만—그 습관으로 이끈다고 하던데요. 자신은 프랑크푸르트 시절의 동료였던 테오도어 비젠그룬트 아도르노 같은 음악의 현인이 아니고 애호가라고 했는데, 특히 좋아하는 음악이나 듣고 싶지 않은 음악이 있습니까?

프롬　나의 음악 취향은 매우 고전적입니다. 나에게 음악은 아주 중요하지만, 그것은 물론 전문가로서의 의미가 아니라 음악 체험, 음악을 듣는다는 의미에서 중요합니다. 어디서든 음악을 듣지 않고 산다는 것은 생각할 수 없을 정도이지요.

슐츠　가져온 레코드를 봤더니 바로크 음악, 모차르트, 특히 관악기 협주곡과 바이올린 협주곡, 베토벤 등이 많던데, 특별히 좋아하는 것이 있다고 들었습니다. 파블로 카잘스가 치는 바흐의 〈무반주 첼로 모음곡〉입니다. 카잘스는 젊은 시절 우연히 이 곡을 발견하고 12년 동안이나 연습해서 겨우 공연할 자신이 생겼는데, 이것을 '바흐 작품의 고갱이'라고 말했습니다. 모음곡 여섯 곡을 잠시 들어보겠습니다. 그런데 그 전에 잠깐 이야기할 게 있습니다. 나는 카잘스가 죽기 몇 년 전에 녹화된 텔레비전 대담을 최근에 보았습니다. 거기서 카잘스는 전 세계를 향해서 말할 수 있는 기회가 생긴다면 어떤 말을 하고 싶으냐는 질문을 받았습니다. 그의 대답은 이랬습니다. "나는 사람들에게 말할 것이다. 진심으로 여러분이 바라고 있는 것은 전쟁이 아니라 평화다, 죽음이 아니라 삶이다, 어둠이 아니라 빛이다. 그리고 내가 말하고 싶은 것을 분명히 하기 위해서, 즉 그것이 결코 감상적인 조화가 아니라 강한 생명력이라는 것을 분명히 하기 위해서 바흐를 모두에게 연주할 것이다……."

*

슐츠　프롬 씨는 5, 6년을 들여서 한 권의 책을 썼습니다. 미국에서는 이미 출판되었고, 독일에서도 《인간 파괴성의 해부》라는 제목으로 가을에 출판될 예정입니다. 이 책은 인간의 공격을 다루고 있는데, 말하기에 따라서는 반박서입니다. 인간의 공격에 대해서 잘 알려져 있는 대단히 많은 관념들을 반박하는 관점을 취하고 있습니다. 그 가운데 한 장은 분명 우리의 특별한 관심을 끌 것입니다. 히틀러에 관한 장(章)으로 히틀러의 성격 연구입니다. 이것도 반박의 장이라고 할 수 있습니다. 우리가 곧바로 흥미를 가질 만한 것과는 근본적으로 다르기 때문입니다.

프롬　최근 히틀러를 숭배하는 출판물들이 있습니다. 그렇게 몇 판씩이나 나올 만한 것은 아니지만, 예전의 나치스들이 쓴 것입니다. 독일에서 출판된 두 권의 주요한 책은 페스트(Joachim Clemens Fest)가 쓴 것과 마저(Werner Maser)가 쓴 것입니다. 미국에서는 얼마 전에 랑거(Walter Charles Langer)가 쓴 책이 출판되었습니다. 이 책에는 주목할 만한 역사가 있습니다. 이 작업은 심리학의 관점에서 히틀러에 대한 인상을 포착하기 위해서 전쟁 중에 정보기관에 위임받은 것이었습니다. 지은이는 아주 정통파 정신분석가입니다. 이 책은 아직까지도 비밀에 부쳐져 있습니다. 미국에서는 하나도 비밀스럽지 않은 많은 문서들이 비밀에 부쳐져 있더군요. 그 무렵 지은이는 당연히 거의 자료를 수집하지 못했습니다. 그는 히틀러를 프로이트의 관점에서 분석했습니다. 즉 '히틀러에게는 오이디푸스 콤플렉스가 있다', '부모의 성교를 목격한 적이 있다' 등입니다. 그래서 히틀러는 얼마쯤 밝혀져 있습니다. 물론 그것은 조금 단순합니다. 대부분의 사람에게 충분히 해당하는 주제도 히틀러처럼 복잡한 성격을 밝히는 데는 쓸 수 없기 때문입니다.

프랑스의 지은이 자크 브로스(Jacques Brosse)의 더 훌륭한 분석이 있습니다. 정신분석의 용어를 전혀 쓰지 않았음에도 히틀러를 현실적으로 대단히 잘 파악하고 있습니다. 분석 용어를 쓰는 순간, 당연하지만 완전히 추상적인 관념이 되어버립니다. 그런 관념들은 너무 복잡하고 우스꽝스러우며, 언급하는 데만도 너무 많은 시간을 잡아먹습니다. 그렇다 하더라도 그가 이론적인 분석 공식이 아니라 감정이입과 상식으로 연구했다는 점에서, 그의 책은 이런 종류 가운데 독보적으로 좋은 책입니다.

나의 분석은 지금까지 독일에서 출판된 역사적인 사건들을 말한 것과도, 히틀러의 심리학적 전기를 쓰고자 하는 분석적 기획과도 다릅니다. 나는 이미 1941년에 《자유에서의 도피》에서 짧게 히틀러를 분석했습니다. 그러나 소년 시절의 자료는 다루지 않았습니다. 최근의 역사 자료를 사용한 이번 시도는 훨씬 깊게 파고들어 간 것입니다. 맨 처음 분석에서는 히틀러를 주로 사도마조히즘(가학피학증)의 성향을 지닌 인간으로 보았습니다. 즉(내가 이해하는 바로는) 다른 인간에게 미치는 지배와 힘에 대해, 아울러 굴종에 대해 한없는 열정을 가진 인간으로서입니다. 이후 연구를 거듭해 더 좋은 통찰을 얻어, 히틀러의 경우에는 더 중요하게 생각되는 다른 원인을 제시하기에 이르렀습니다. 나는 그를 네크로필리아(시신과 유골에 애착을 느끼는 환자)의 개념으로 특징지었습니다. 이것은 흔히 성적도착에만 해당되는 개념입니다. 하지만 나는 위대한 스페인의 철학자 우나무노의 예를 모방했습니다. 그는 1936년 살라망카에서 있었던 강연에서 팔랑헤당[7]의 "죽음이여, 만세!"라는 표어는 네크로필리아에 충실한 표어라고 말했습니다. 즉 성이나 육체와는 관련이 없다는 의미에서 내가 이해하는 네크로필리아는 모든 죽은 것, 살아 있지 않은 것, 해체에 이르는 것, 살아 있는 관계가 파괴되는 것 등으로 치닫는 것이고, 살아 있는 것을 사랑하는 것과는 반대로 순수하게 기계적인 것을 사랑하는 것입니다. 네크로필리아란 죽음을 사랑한다는 뜻입니다. 네크로스는 주검입니다. 네크로필리아는 죽음을 사랑한다는 것이 아니라 죽어 있는 것, 모든 살아 있지 않은 것을 사랑한다는 것입니다. 이와는 반대로 살아 있는 것을 사랑한다는 것이 있습니다. 모든 성장하는 것, 구조를 갖는 것, 통일을 이루는 것, 분해되어 있지 않은 것을 사랑한다는 것입니다.

히틀러로 돌아가서 아주 솔직하게 생각한다면, 히틀러가 전쟁을 일으키고 그것이 수백만 명을 파멸로 끌고 갔다는 사실만으로는 특별한 사건이라고 비난할 수 없을 것입니다. 그것은 장군이나 정치가들이 지난 6000년 동안 해온 일입니다. 이것은 흔히 조국을 위해서 어쩔 수 없었다는 등의 합리화와 연결되어 있었습니다. 그러나 히틀러가 무력한 사람들을 죽인 것은 전쟁을 원했던 많은 장군이나 정치가도 하지 않은 일이었습니다. 내가 히틀러를 분석한 내용의 근본 요점은, 히틀러가 근원적으로는 살아 있는 것을 미워하는 인간이었음을 제시하는 데 있습니다. 히틀러가 유대인을 미워했던 것은 물론 맞습니다. 그런데 틀리기도 합니다. 그런 주장은 너무나도 편하기 때문입니다. 그는 유대인을 미워했습니다. 그것은 그렇습니다. 그렇지만 그는 독일인도 미워했습니다. 승리를 잃고 야심이 무너졌을 때, 그는 전 독일이 절멸하기를 바랐던 것입니다. 1942년에 이미 그것을 공언했습니다. 전쟁에서 진다면 독일 민족은 더 살 가치가 없다고 했습니다. 히틀러는 네크로필리아 유형에 속하는 인간의 극단적인 예이지만, '행복'을 목청 높여 보장한 탓에 그 성격은 신봉자들에게 감춰져 있었던 것입니다.

히틀러의 표정에는 이런 유형에 속하는 인간들이 갖고 있는 특징이 있습니다. 즉 뭔가 고약한 냄새를 맡은 것처럼 코를 킁킁거리는 버릇입니다. 물론 악

---

7) 프랑코를 당수로 한 파시스트당.

취 따위는 없습니다만. 따라서 이들에게는 모든 살아 있는 것이 죽은 것 이상으로 오물이며, 그들이 완전히 원시적인 관계양식—즉 냄새를 맡고 코를 킁킁거리는 것—을 발달시키고 있음을 알 수 있을 것입니다. 한스 폰 헨티히(Hans von Hentig)는 범죄 문헌에서 찾아볼 수 있는 이런 사례를 많이 들었습니다. 예를 들면 악취를 맡고 싶은 마음을 갖고 있는 사람이 많다는 것입니다. 이런 유형에 속하는 사람에게는 두드러진 특징이 있습니다. 그들은 시체 냄새나 배설물, 썩은 것을 '자극적'이라고 느낍니다. 사회 상규(常規)와 어그러지는 그런 성향은 얼굴 표정에서도 읽을 수 있습니다. 이런 유형에 속하는 인간은 얼굴 표정이 바뀌지 않음을 알게 될 것입니다. 그는 반작용을 일으키지 않습니다. 얼어붙어 있기 때문입니다. 그러나 바이오필리아[8] 인간은 표정이 움직입니다. 살아 있는 것을 느끼면 얼굴이 빛날 것입니다.

다른 방식으로도 묘사할 수 있습니다. 네크로필리아 유형에 속하는 인간은 한없이 지루한 인간입니다. 바이오필리아 유형에 속하는 인간은 결코 지루하게 만들지 않습니다. 그가 무엇을 말하는가는 전혀 문제되지 않습니다. 아주 시시한 내용이라도 상관없습니다. 다만 그가 말하는 것에는 언제나 생기가 있습니다. 네크로필리아 유형에 속하는 인간도 재치 있는 말은 합니다. 그러나 죽어 있습니다. 스스로 돌이켜 보면 깨닫는 것이 있습니다. 교양 있는 사람이 아주 재치 있는 말을 하지만 지루합니다. 그리고 훨씬 멍청한 사람이 단순한 말을 하지만(다시 대화라는 문제로 돌아갑니다만) 전혀 지루하기는커녕 자극을 받습니다. 생명이 말하고 있기 때문입니다. 인간을 잡아끄는 것은 언제나 살아 있는 것입니다. 인간은 생동감을 가짐으로써 매력 있는 존재가 됩니다. 요즘 사람들이 믿는 것은—그것은 남자들이 하는 말로, 이를테면 화장품 회사가 여성들에게 밥먹듯이 하는 말인데—얼굴을 일정한 규칙에 따라서 화장하고, 주름은 성해진 대로 만들며, 현대적이고 매력이 있다고 여겨지는 표정을 흉내내면 사람들에게 호감을 얻고, 매력 있는 존재가 될 것이라는 점입니다. 정말 많은 사람이 그런 말에 현혹되고 있습니다. 대부분은 자기 자신을 충분히 갖고 있지 않은 사람들입니다. 실제 사람을 잡아끄는 것은 딱 하나입니다. 생기입니다. 흔히 보는 것인데, 두 사람이 서로 좋아지려고 할 때는 상대를 잡아끄니

---

8) 네크로필리아의 반대어로, 생명을 사랑하는 본능을 뜻한다.

다. 그것은 상대의 마음에 들고 싶다, 상대를 잡아끌고 싶다는 욕망에 당연히 평소보다 생기 넘치기 때문입니다. 불행하게도 그들이 목표에 이르러서 서로를 '소유'했을 때, 생기 있고 싶다는 욕망은 대부분 사라져 버립니다. 그리고 갑자기 둘은 전혀 다른 사람이 되어버리고, 얼마쯤 지나면 더는 서로 사랑하지 않게 됩니다. 두 사람은 도대체 왜 서로 사랑했는지조차 이해하지 못합니다. 상대가 이제는 다른 사람이기 때문입니다. 상대는 더 이상 아름답지 않습니다. 생기 넘쳤던 기분이, 그 표정에 드러났던 아름다움이 없어졌기 때문입니다.

네크로필리아 유형에 속하는 인간의 얼굴은 결코 아름답지 않습니다. 전혀 생기가 없기 때문입니다. 히틀러의 사진을 보면 알 수 있습니다. 그는 자유롭고 생기 있게 웃을 수 없었습니다. 슈페어[9]는 점심식사, 또는 아침식사가 거의 참을 수 없을 만큼 지루했다는 이야기를 몇 번인가 나에게 해주었습니다. 히틀러는 말하고 또 말했으며, 모두가 지루해하고 있다는 것을 전혀 눈치채지 못했습니다. 그 자신도 너무나 지루해서 말하면서도 깜빡깜빡 졸았습니다. 전형적인 네크로필리아입니다. 살아 있지 않은 것입니다.

나의 네크로필리아와 바이오필리아라는 개념이 형성된 것은 임상 경험과 프로이트의 삶의 본능, 죽음의 본능이라는 개념에서였습니다. 최근 나는 '죽음의 본능'을 인정하지 않았습니다. 대부분의 정신분석가와 마찬가지로 오랫동안 인정하지 않았습니다. 경험에 근거한 기반이 결여된 순전히 이성으로써 인식된 것처럼 생각되었기 때문입니다. 그런데 그 뒤 자신의 임상 경험으로부터, 프로이트가 품었던 이론적 구상은 논의의 여지가 있는 것처럼 보이지만, 그는 다시 어떤 아주 중대한 것을 찾고 있음을 알게 되었습니다. 즉 살아 있는 것에 마음이 기우는 것과, 죽어 있는 것 및 파괴적인 것에 마음이 기우는 것은 인간의 근원적인 두 개의 힘이라는 것입니다. 프로이트는 이것을 훌륭하게 표현했습니다. 그는 말했습니다. 에로스, 삶의 본능 또는 사랑의 본능에는 전체를 합쳐 하나로 만들고자 하는 성향, 하나가 되어 함께하고자 하는 성향이 있는 반면에 죽음의 본능에는 해체, 또는 내 방식대로 표현하자면 분해하고자 하는 성향이 있다.

프로이트의 개념 형성과 네크로필리아, 바이오필리아의 개념 형성에는 두

---

9) Albert Speer(1905~1981). 나치스 시대에 군수장관을 지냄.

가지 주요한 차이점이 있습니다. 첫째로 프로이트는 두 개의 힘을 나란히 다루고 있습니다. 인간의 파괴욕과 삶의 기쁨은 강도가 비슷하다는 것입니다. 그러나 나는 그렇게 생각하지 않습니다. 절반은 생물학적 근거에서 믿지 않습니다. 생명 보존이 사실상 생물학적으로 최고 원리라는 것을 전제로 한다면, 생존이라는 관점에서 자기파괴가 생명보존과 촉진의 충동과 마찬가지로 중요한 부분을 이루고 있다는 것은 당찮은 말입니다. 그리고 다른 이유에서도 나는 믿지 않습니다. 파괴의 성향, 즉 죽음이라는 본능의 성향은 삶의 기술이 실패한 결과라는 것, 옳지 않은 삶의 방식에서 비롯된 결과라는 것을 제시할 수 있습니다.

자유와 자기발전의 가능성이 없는 인간, 틀어박히고, 모든 것이 기계적이고, 생기라고는 찾아볼 수 없는 계급이나 사회에서 살아가는 인간…… 그런 인간이 샘솟는 생명력을 발휘하는 능력을 잃는다는 것은 마땅합니다. 사실상 히틀러 신봉의 핵심이 되었던 소시민계급—그것은 바로 경제적 사회적 상황이 팍팍해서 아무런 희망도 없는 사람이었습니다—은 근대 자본주의 발달에 의해 경제적으로 보면 몰락할 운명이었던 것입니다. 나치스가 처음에 목가적 풍경을 노래하며 "백화점을 소상인들의 것으로 만들자", "거기서는 누구나 자신의 작은 장소를 갖게 될 것이다" 말했을 때, 그것은 선동적이고 아주 매력적인 이념이었지만, 또한 현실과는 전혀 동떨어진 것이었습니다. 왜냐하면 나치즘은 독일의 자본주의적 발전을 저지하지 않고 진행하도록 내버려 두었기 때문입니다.

좌절한 생명력과 네크로필리아의 이 관계는 개인에게서도 볼 수 있습니다. 가정이 너무나도 '죽어 있는' 탓에, 어릴 때부터 살아 있는 숨결을 전혀 느끼지 못했던 사람들도 드물지 않습니다. 모든 것이 관료주의적이고, 모든 것이 일정한 형식을 지니며, 모든 것이 '갖는 것'이고, 모든 것이 규칙이며, 그리고 부모는 모든 자발적인 삶의 움직임을 옳지 못한 것으로 여깁니다. 아이는 본디 의심도 없고, 매우 생기 있고 능동적인 성향을 갖는 법이지만—최근의 신경생리학과 심리학의 연구는 그것을 밝혔습니다만—그런 아이가 차츰 기력을 빼앗기고 다른 길을 걷게 됩니다. 그것은 살아 있지 않은 것이 커다란 역할을 하는 길입니다. 마침내 자신의 삶에 기쁨이 없는 것은 그 복수를 하는 것이고, 자신의 인생에서 어떤 의의도 찾을 수 없다고 느낄 바에는 차라리 삶을 파괴하려 한다고 할 수 있습니다. 생리적으로는 살아 있지만, 정신적으로는 죽어 있는 것입니다. 그 때문에 적극적인 파괴욕이 생기고, 태어나긴 했지만 살아 있는 인간은 되지 못했다고 스스로 인정할 바에는 차라리 모든 것을, 자기 자신까지도 없애버리고 싶다는 열정이 생기는 것입니다. 그런 것을 스스로 인정하는 것은 당사자에게는 너무나도 괴로운 감각입니다. 그래서 파괴욕이 거의 피하기 어려운 반작용이 된다고 가정하는 것은 단순한 억측이 아닙니다.

슐츠　네크로필리아가 증가하고 있다고 생각합니까?

프롬　그렇게 생각합니다. 다양한 기계의 지나친 사용에 의해서 증가하고 있다고 생각합니다. 우리는 살아 있는 것으로부터 달아나고 있습니다. 사이버네틱스(인간기계론 또는 인간두뇌학)의 사회와 문화에서는 사물이 인간을 차츰 더 대신하고, 살아 있는 것을 추방하는 까닭을 간단히 설명하기란 매우 어렵습니다. 인간은—우리는 이것에 대해서 이미 말했지만—더욱더 자신의 '있는 것'에 대해서 불확실해지고 있습니다. 여기서 '있다'고 하는 것은 철학의 역사에서 큰 역할을 했던 개념입니다. '있다'는 것은 무엇일까요? 이 경우, 내가 관심을 갖는 것은 철학적인 의미가 아니라 경험적인 측면입니다. 좀 간단한 예를 들어보겠습니다. 정신분석가를 찾아온 부인이 이런 식으로 이야기를 시작하는 경우는 많습니다. 선생님, 저는 문제를 '갖고' 있답니다. 행복한 부부관계를 '갖고' 있고 아이도 둘이나 '갖고' 있지만, 고민을 많이 '갖고' 있답니다. 그 여인의 말은 모두 '갖는다'는 것과 관련해서 조합되어 있습니다. 세계는 모두 갖는 것의 대상이 된 것처럼 보입니다. 옛날 같으면 이렇게 말했을 것입니다(이것은 독일어뿐만 아니라 영어에서도 나 자신의 언어 체험으로부터 잘 알고 있는 것입니다). 즉 나는 불행하게 느낀다, 만족하고 있다, 걱정하고 있다, 남편을 사랑한다, 또는 사랑하지 않는다, 또는 그것을 의심한다. 거기서는 자신이 있는 것에 대해서 이야기하고 있습니다. 그러니까 자기 자신의 능동성에 대해서, 감정을 건드리는 것에 대해서 이야기하는 것이지 대상 또는 소유에 대해서 이야기하는 것이 아닙니다. 사람들은 갈수록 더 다양한 '있는 것'을 명사로 표현하게 되었고, 그것이 '갖는다'는 말과 결합하는 것입니다. 자신은 모든 것을 갖고 있다, 곧 자신이 '있는' 것은 아무것도 없습니다.

슐츠　당신이 그랬듯이 '살아 있다'는 말을 강한 의미를 담아 발음하고 또 표현할 수 있다면, 또 당신의 의견에 따르면 인간은 인간적인 미래를 민족의 이름으로도 법(法)의 이름으로도 당(黨)의 이름으로도 비상시의 이름으로도 신의 이름으로도, 그리고 권위에 따르는 모든 것의 이름으로도 쟁취할 수 없고 단지 살아 있는 것의 이름으로만 쟁취할 수 있다고 한다면, 그렇다면—이 것은 나의 생각입니다만—살아 있는 것에 대한 당신의 관심에는 그것이 충분한 발전을 이룰 수 있는 조건에 대한 관심이 따를 것이고, 따라서 그렇지 않은 상황에 대한 관심도 따를 것입니다. 당신은 살아 있는 것에 유리한 조건을, 또 상황을 상상할 수 있습니까? 바이오필리아에 대한 당신의 생각에는 정치적인 귀결이 있습니까? 당신은 당신의 정신분석 동료들과 달리 또렷하게(그것도 독립된) 정치적 인간입니다. 이 경우의 정치는 반드시 정당정치와 같지는 않을 것입니다. 아마 인간은 자기 자신은 당이 아니기 때문에 더 당파에 붙는 것일지도 모릅니다. 그런 것들은 의심 없이 이론을 대하는 당신의 태도와 관계되어 있는데, 좀더 보충해서 설명해 주겠습니까?

프롬 네, 그러지요. 그것은 개인적으로도 일반적으로도 중요한 문제니까요. 당신 말대로 인간이 정당과 관계하기 시작할 나이인 청년 시절에, 나는 어떤 정당에도 속하지 않았습니다. 미국의 사회주의 정당에 몇 년간 당원으로 들어가 있었지만, 내 의견으로는 그것이 너무나도 우파 쪽으로 치우치게 발전해 버려서 아무리 낙관적으로 보더라도 계속 당원으로 남아 있을 수는 없다는 생각이 들었습니다. 나는 정치에 아주 관심이 많은 사람입니다. 그렇지만 나의 '노선'이 지지받는다고 해서 정치에 환상을 품지는 않습니다. 위선이 인간을 정당에 묶어 놓기도 합니다. 그러나 결국은 진실만이 인간의 해방을 가져옵니다. 그렇건만 너무나도 많은 사람들이 자유를 두려워하고 환상에 의지하지요.

슐츠 사람들이 당파에 치우치기 때문이겠지요. 그것은 시야를 좁히는 것입니다. 어떤 점에서 정당 중심의 정치는 정치다운 정치를 사라지게 하는 현상이라고 나는 생각합니다. 그렇다고 정당정치와 그 필요성에 반대하는 것은 아닙니다. 다만 정치가 정당정치 중심이 되면 우리가 정치에 관심을 두지 않게 될 위험이 있다고 생각합니다만……

프롬 그렇습니다. 정당, 특히 가장 진보한 정당, 참고로 그런 정당은 오늘날 거의 정당으로 여겨지지 않습니다만, 그런 정당이야말로 많은 자립한 인간을 전제로 하고 있기 때문입니다. 정치에 관여하는 사람이 자기 처지에 서서 자신이 생각하는 것, 알고 있는 것을 솔직하게 말하는 것은 정치적으로 매우 필요한 일입니다. 사적인 것과 공적인 것을 분리할 수는 없습니다. 자신에 대한 지식과 사회에 대한 지식을 분리할 수는 없습니다. 그 둘은 하나입니다. 내 생각에는 여기에 프로이트와 다른 정신분석가들의 잘못이 있습니다. 그들은 그것을 분리할 수 있다고 봤습니다. 자기 자신에 대해서는 완전하게 통찰하고 있지만 사회적 사건에 대해서는 까막눈일 수 있다고 봤습니다. 그것은 있을 수 없는 일입니다. 진실은 분리할 수 없으므로, 그것은 있을 수 없는 일입니다. 여기서는 현실을 보고, 저기서는 눈을 감을 수는 없습니다. 그런 것은 칼을 무디게 만듭니다. 즉 진실의 추구를 쓸모없게 만들어 버립니다. 다른 사람을 올바로 바라보고 그들을 사회적 제약 아래에서 봤을 때만이, 즉 세상에서 흔하게 일어나는 일에 비판하는 태도로 맞설 때만이 자기 자신도 올바로 볼 수 있습니다. 그것은 사랑의 규칙이기도 합니다. 인간을 사랑한다면 이해와 사랑을 개인에게만 향할 수는 없습니다. 그것은 실패로 이어집니다. 그럴 때 인간은 정치적 인간이 되어야 합니다. 감히 말하고 싶습니다만 자신의 기질, 자신의 직업, 자신의 능력에 가장 맞는 방식으로 정치에 정열적인 관심을 갖는 사람이 되어야 합니다.

여기에 대해서 좀더 말하고 싶은데, 지식인에게는 첫째로도 둘째로도 셋째로도 단 하나의 의무가 있다고 생각합니다. 되도록 진실을 추구하고, 그것을 말하는 것입니다. 지식인은 정치의 강령을 만드는 것을 제1의 천직으로 삼는 것도 아니며 그것이 제1의 기능도 아닙니다. 그렇다고 내가 지금까지 말한 내용의 범위를 좁히는 것은 아닙니다. 지식인에게는 지식인만의 기능이 있습니다. 그것이 지식인의 특징이고, 또 그래야만 하는 것입니다. 내가 말하는 것은 자기 자신의 이해(利害)나 그 밖의 다른 이해들을 돌아보지 말고, 타협하지 않고 진실을 추구하는 기능입니다. 그리고 지식인은 어떤 훌륭한 것이라 하더라도 정당 강령에 따름으로써, 또는 정치적인 목적에 따름으로써 온전한 진실을 추구하고 그것을 말한다는 자신의 기능을 제한한다면, 자신의 가장 특징적인 의무, 더 나아가서는 자신이 가진 가장 소중한 정치적 의무에 대해서 죄를 짓게 됩니다. 왜냐하면 정치의 진보는 우리가 얼마나 많은 진실을 알고 있느냐, 얼마나 그것을 분명하고 대담하게 말하느냐, 그리고 얼마나 많은 사람이 그것에 감명을 받느냐에 달려 있다고 믿기 때문입니다.

6. 히틀러―그는 누구인가, 이 인물에 맞서는 저항의 의미

슐츠 세계적으로 저항이라는 문제가 갈수록 주목받고 있습니다. 저항에는 수많은 동기, 수많은 형태가 있습니다. 저항의 권리도 있습니다. 저항의 의무조차 있습니다.

간디는 이론 면에서 광범위한 가능성과 전략적 향상을 제안했고, 실천 면에서는 놀라운 성과를 거두었습니다. 그에게 저항은 어떤 일정한 투쟁기술의 완전한 습득이 아니라 신념에 따른, 인간의 모든 존재와 관계되는 하나의 자세라는 것은 의심할 바 없었습니다. 간디는 저항하는 사람들을 병사로 여겼습니다. 그들은 목숨을 버릴 각오가 되어 있어야 하지만, 그 용기는 전쟁을 향한 용기가 아니라 평화를 향한 용기입니다. 그 무기는 바로 무기를 버리는 것이었습니다. 저항에 대한 간디의 가르침이 내포하고 있는, 정치와 관련된 커다란 의미에 우리는 겨우 눈뜨기 시작하고 있습니다. 간디가 말하는 의미에서 그 즈음의 요구에 딱 들어맞는 계획적인 저항은 히틀러에 대해서는 전혀 또는 거의 없었습니다.

그러나 여기서 히틀러에 대한 저항을 화제로 들어야 합니다. 실행된 저항뿐만 아니라 실행되지 않은 저항도 말해야 합니다. 그에 대한 저항이 의미하는 바를 확인하려면 알아야 합니다. 그는 대체 어떤 사람이었을까요? 그만한 규모의, 합리성과는 전혀 동떨어진 권위가 어떻게 그의 것이 될 수 있었을까요?

히틀러에 대한 많은 문헌을 살펴보면, 대부분의 지은이들이 그를 이상하게 생각하지 않는다는 점이 이상합니다. 히틀러를 규명하려는 그들의 시도는 주로 수박 겉핥기식입니다. 다음과 같은 결론이 적지 않습니다. 히틀러에 대한 저항이 더 분명하고 더 통일되어 있었다면 당연히 성공했을 텐데…….

과연 그럴까요? 누구 또는 무엇에 저항해야 하는지 사람들은 정말 충분히 이해하고 있었을까요? 히틀러라는 인물과 그 활동의 복잡성을 꿰뚫어 보는 사고 방법도 없이 적절한 반대를 하는 것이 과연 가능할까요? 분명 많은 저항의 투사들은 상대하는 히틀러가 누구인지, 또 어떤 인간인지를 상당히 정확하게 알고 있었습니다. 그러나 그들은 개인뿐만 아니라 집단현상을 상대로 했던 것입니다. 그들은 장군 없는 부대였습니다. 마찬가지로 깨어 있는, 인구의 과반수를 차지하는 집단들에게 지지받고 응원받고 있다고는 느낄 수 없었습니다(그들이 어느 정도까지의 민주주의적인 기반을 바라고 있는가 하는 문제는 고려하지 않겠습니다). 한편으로는 너무 늦다, 다른 한편으로는 너무 빠르다는 불안한 인상에 초조해하고 있었습니다. 히틀러의 몰락은 진작 시작되었다—그런데 사람들은 히틀러 없이 정치할 준비가 되어 있는가? 이런 망설임이 모반 공모자들의 주요한 동아리 안에서 아주 중요한 역할을 했습니다.

프롬 씨는—대부분의 동료들과 다르게—일찍부터 새로운 정치적 심리학과 인류학을 주장했습니다. 당신의 견해에서 기여된 이 범주는 내가 생각하기에는 서로 다른 관점의 완성이라고 해도, 또 그런 관점에서 의문을 던지는 의미에서도 히틀러 평가에 빼놓을 수 없는 것 같습니다만······.

프롬 네, 그럼 이 히틀러라는 사나이는 누구였을까요? 이 인물이 어떤 사람이었는지에 대한 물음은 저마다 관심의 정도는 다르지만 누구나 갖고 있습니다. 그는 어떤 사람인가? 자신은 어떤 사람인가? 그렇지만 이에 대해 결정적인 것을 말할 수 있을까요? 히틀러에 대해서도 다른 누구의 경우와 마찬가지로 어려운 일입니다. 인간에게는 몇 겹의 동기와 지향과 모순이 있기 때문입니다. 의식적으로 자신에 대해서 생각하는 것 말고도 무의식적으로 느끼고 행동하는 것이 많습니다. 따라서 이 사람은 어떤 사람인가, 어떤 사람이었나, 자신은 어떤 사람인가 하는 물음에 하나의 완전한 대답을 찾는 일은 결코 없습니다. 그렇다고 해서 이 분별을 가지고 어떤 상대주의에 빠져서 '우리는 이 사람이 어떤 사람인지, 내가 어떤 사람인지 모른다'고 생각하는 것은 잘못입니다. 가까운 심정으로 이른바 실제 목적을 위해 한 사람이 축복이냐 저주냐를 판단하는 정도는 알 수 있습니다. 이런 제한을 두고 나는 이 히틀러라는 인물에 대해서 뭔가를 말해 보고자 합니다.

그의 경력을 살펴보면, 그는 이미 어린 시절부터 줄곧 환상 속에서 살아왔다는 것을 알 수 있습니다. 그는 과대망상에 사로잡혀 있었는데, 그 때문에 그는 결코 현실에 적응할 수 없었을 것이고, 또 실제로 전혀 적응하지 못했습니다. 그 자신이 《나의 투쟁》에서 말하는 바로는, 아버지는 그가 공무원이 되기를 바랐지만 그는 예술가가 되고 싶었으므로 아버지와 갈등을 빚었던 것 같습니다. 그러나 그것이 갈등이었을 리는 없었습니다.

히틀러에게 예술가가 된다는 것은 다른 소수의 사람들이 그런 것과 마찬가지로, 어떤 것에도 얽매이지 않고 다만 자신의 환상에 따라서 살아갈 수 있다는 것을 의미했습니다. 아버지에게 아들이 공무원이 된다는 것은, 자기 자신이 공무원이었기 때문에 아주 당연한 일이긴 했지만, 절대적으로 중요한 것은 아니었습니다. 그에게 더욱더 분명해진 것은 이 아들에게 책임감과 규율감이 없고, 자기 자신을 적극적으로 삶에 적응시켜 하나의 목표를 이루기 위해서 계획을 세워 뭔가를 하려는 경향이 없다는 점이었습니다. 그렇게 해서 히틀러는 자기애의 성향이 강한 인간이 흔히 그렇듯이 많은 환멸을 맛봤습니다. 그의 과대망상은 나날이 심해졌고, 현실에서의 성취와는 더욱 동떨어져 갔습니다. 이 괴리로부터 원망, 분노, 증오가 생기고, 무엇보다도 그의 과대망상은 끊임없이 확대되었습니다. 현실에서 이루는 것이 적으면 적을수록 더욱더 환상에 빠져들었던 것입니다.

슐츠 그것은 일찍부터 나타났습니까?

프롬 아주 일찍부터 나타났습니다. 그는 빈에 갔는데, 미술대학 시험에 통과하지 못해 건축을 배우려고 생각했습니다. 그렇지만 건축을 배우기 위한 자격을 따기 위해서는 1년을 더 학교에 다녀야 했습니다. 그럴 수도 없었고, 그러고 싶지도 않았습니다. 그 대신 그는 자신이 시험에 떨어졌다는 사실을 모두에게, 친구들에게도 숨겼습니다. 그는 빈의 거리를 걸으며, 아름다운 집들을 스케치했습니다.

이렇게 해서 자신은 건축가가 될 수 있다고 생각했습니다. 마침내 그는 소상인이 되었습니다. 말하자면 상업미술가였습니다. 표본만 모사할 뿐 거의 또는 전혀 자연을 그리지 않는 매우 획일적인 미술가였습니다. 이런 그림을 팔아 적은 수입을 얻었습니다.

과대망상이라는 점에서 히틀러는 인간으로서 완전한 실패자였습니다. 그리고 전쟁이 일어난 것입니다. 이 전쟁에서 그는 비로소 눈을 떴습니다. 갑자기 자신을 독일과 동일시할 수 있게 되어, 자립을 위한 것은 하나도 할 필요가 없어졌던 것입니다. 사실 그는 용감하고 믿음직한 병사가 되었습니다. 그러나 장교들은 곧 그의 상관에 대한 무조건적인 추종에 얼굴을 찌푸리게 되었습니다.

그것은 그가 가진 특징 가운데 하나였습니다. 나중에 권력을 얻어 다른 모든 사람들에게 추종을 강요하는 상황이 되어서도 그것은 사라지지 않았습니다. 그의 위에는 그가 머리를 조아리는 '운명'이나 '자연의 법칙', 그리고 '신의 뜻' 말고는 아무것도 없는 것처럼 되었지만요.

그것이 히틀러의 한 특징이고, 또 다른 특징은 그의 위대한 자기애입니다. 자기란 무엇일까요? 내가 말하는 자기애란 누구나가 관찰할 수 있습니다. 다른 사람에게서는 발견하기 쉽고, 자기 자신에게서는 발견하기 어렵지만…… 자기애의 성향이 강한 인물이란 자신과 관계된 것만이 현실이고 중요하다는 사람입니다. 나의 사상, 나의 육체, 나의 소유물, 나의 생각, 나의 감정, 그 모든 것은 현실에 있습니다. 나의 것이 아닌 것은 존재감이 적고, 존재하지 않는 것이나 마찬가지입니다. 정신병에 걸린 듯한 상태가 되면 외부세계에서 일어나는 것을 전혀 깨닫지 못하기도 합니다. 히틀러는 평생토록 자기애의 성향이 강한 인물이었습니다. 자기 이외의 것에 관심을 가진 적이 없었습니다. 거의 완전히 감정이 없었고 어머니에 대한 것이건 친구에 대한 것이건 흥미가 없었습니다. 아니, 친구 따위는 전혀 없이 완전히 고립된 생애였습니다. 알고 있는 것은 오직 자기 자신에 대한 것, 자신의 계획, 자신의 권력, 자신의 의지뿐이었습니다.

아마 히틀러의 가장 중요한 특징은 네크로필리아일 것입니다. 죽은 것, 파괴, 생명 없는 모든 것을 사랑하는 이상한 성향입니다. 물론 이것은 아주 복잡한 주제로, 여기에서는 철저하게 논할 수 없습니다. 그러나 이런 말은 할 수 있습니다. "어떤 사람은 생명을 사랑하고 있다"고 하면, 그것으로 성격이 표현되는 사람들이 있습니다. "그 사람은 생명을 미워하고 있다"고 말할 수 있는 사람들도 있습니다. 생명을 사랑하는 사람들은 금방 다른 사람들도 알아봅니다. 사랑하는 사람, 그것도 무엇이냐 누구이냐를 따지지 않고 생명 자체를 사랑하는 것이 분명한 사람만큼 매력적인 것은 없습니다. 그래도 생명을 사랑하지 않는 사람들이 있습니다. 이런 사람들은 오히려 생명을 미워합니다. 살아 있지 않은 것에 매력을 느끼고, 급기야는 죽음에 매력을 느낍니다.

슐츠 그런데 이쯤에서 꽤 긴박한 문제가 있습니다. 히틀러의 네크로필리아적 영향에 대해서 왜 더 많은 방어가 이루어지지 않은 것입니까? 아니, 왜 더 많은 반발과 증오와 반감이 없었던 것입니까? 이 사실은—적어도 잠재적으로—네크로필리아가 광범위하게 일반을 아우르고 있었기 때문이 아닙니까?

히틀러와 그를 추종했던 사람들, 동조했던 사람들, 복종했던 사람들 사이에 유사, 상호관계, 더 나아가서는 협력이 있었을 것이 틀림없습니다.

프롬 이 문제에 대한 답은 많은 층을 이루고 있습니다. 첫째로, 그의 성격과 광신적 신봉자들의 성격 사이에 깊은 유사점이 존재했다는 것은 사실입니다. 또 문제를 사회학, 사회심리학의 관점에서 보면 열광적 국가사회주의자들의 핵의 뿌리가 소시민층, 즉 완전히 희망을 잃고 원한에 찬 계층, 스스로를 가학피학증의 성향을 지니는 기질로 만들고, 따라서 '자전거적 기질'(위에는 머리를 숙이고, 아래는 짓밟는)을 갖고 있는 계급에 있었다는 것을 알 수 있습니다. 이들은 자신들의 삶에는 사랑해야 할 것, 흥미로운 것은 하나도 없었으므로 다른 사람들을 통제하는 권력을 추구하고, 심지어는 자기 자신의 파멸까지도 추구했던 것입니다.

다음으로 두 번째 점입니다. 히틀러는 배우, 그것도 뛰어난 배우였기 때문에 그의 목표가 독일의 구원이자 해방이고 행복인 것처럼 보일 수 있었습니다. 그것에 현혹되어 수백만의 사람이 그를 믿고, 진실로부터 간단히 눈을 돌렸습니다. 히틀러에게는 무서운 암시의 재능이 있었습니다. 그의 힘을 카리스마에서 비롯된 것이라고 말하건, 최면에서 비롯된 것이라고 말하건, 선동에서 비롯된 것이라고 말하건, 뭐라고 말하건 간에 사람들로 하여금 스스로 몸을 내맡기게 만드는 감화력이 있었던 것 같습니다(예를 들면 그의 눈빛에 현혹되었다는 말을 흔히 듣게 됩니다). 그의 방식은 이렇습니다. 먼저 그에게 굴복시켜 버리고, 그런 다음에 그의 말을 믿게 합니다. 히틀러 자신이 일찍이 설명한 적이 있습니다.

"집회는 저녁에 해야 한다. 그러면 모두 지쳐 있기 때문에 누가 말하는 것을 쉽게 믿고, 이성적인 저항도 적다……."

이런 원인이 전부 모인 결과, 히틀러는 실제로 열렬한 신봉자를 갖게 되었고, 그들을 속였습니다. 자신의 파괴성을 감췄기 때문입니다. 그가 어떤 목표를 갖고 있는지 꿰뚫어 보지 못한 사람이 수백만이나 되었습니다. 이들은 하멜른의 쥐 잡는 사나이(피리 부는 사나이)를 따라가는 것처럼 그를 따른 것입니다. 어디로 데려가는지조차 모르는 채 말입니다.

슐츠 그렇게 그는 한편으로는 유혹자였습니다. '위에서' 온 자였습니다. 또 사람들이 '강한 인간'이라고 부르는, 해결과 해방을 약속하는 자였습니다. 다른 면에서는 '아래로부터' 만들어진, 또는 적어도 가능성을 얻은 것은 아닐까. 즉 기대와 상황의 산물은 아닐까 생각됩니다. 강한 인간은―보기에 따라서는―모두 약한 인간이 아닐까, 하는 의심을 나는 갖고 있습니다. 그 강함은 그가 많은 대표자라는 사정에 따른 것입니다. 반면 저항의 때에 나타나는 강함은 전혀 다른 성질입니다. 히틀러는 우리가 여기서 말하고 있는 저항이라는 것을 전혀 할 수가 없었습니다. 아니면 나의 견해가 틀린 것일까요? 나로서는 '지도자[1]'로 이끌어진 자, 유혹된 자와의 매우 기묘한 관계가 흥미롭습니다.

프롬 그 점에서 당신이 아주 옳다고 생각합니다. 히틀러는 자신의 강함을 확인하기 위해서도 대중이 필요했던 지도자였습니다. 갈채 없이 하나의 사상을 기르고 확대시킬 수 있는 사람이 아니었습니다. 자신이 인정받고 있다고 느끼기 위해서 칭찬이 필요했습니다. 열광이 필요했습니다. 그의 권력감각은 자신이 말을 건 사람들의 반응으로부터도 나왔습니다. 그것은 뮌헨에서 그의 출발점이 된 당원 21명의 국가사회주의노동자당이라는 작은 집단에서도 이미 나타나 있었습니다. 자기애의 성향이 강한 사람이라면 누구나 그렇듯이, 자신의 일로 머릿속이 꽉 차서 자신이 입 밖에 내는 한 마디 한 마디가 가장 뛰어난 지혜, 가장 뛰어난 진실인 것처럼 자신의 귀에 들리는 것이었습니다. 그러나 자신을 믿기 위해서는 자신을 믿어주는 사람이 필요했습니다. 자기 자신 외에 아무도 믿어주는 사람이 없었다면 광기는 갈 데까지 갔을 것입니다. 그의 주장이 이성에 기초한 신념의 결과가 아니라 감정이 섞인 욕망의 표명이었기 때문입니다. 그것은 자기의 위대함과 권력의 감각을 토대로 했지만, 그 위대함과 권력은 앞에서 말했듯이 보장이 필요했습니다. 히틀러로부터 갈채와 성공을 제거한다면, 그는 거의 미친 사람이 되어버릴 것입니다. 나는 그가 미쳤다고 말할 생각은 없습니다. 분명 미치지는 않았습니다. 하지만 아주 단적으로 말한다면, 그는 수백만 명의 사람이 자신을 신봉하고 있으니 자신의 사상은 진실이라고 스스로에게 증명함으로써 광기에 빠지지 않을 수 있었던 것입니다. 그에게는 진실의 증명은 갈채에 있지 사상 자체의 내적 일관성에 있지 않았습니다. 히틀러는 무엇이 진실인지에 관심을 갖지 않았습니다. 그는 다만―참고로 선동가는 모두 그렇지만―갈채를 부르는 것에만 관심을 가졌습니다. 갈채가 진

---

1) 히틀러는 스스로 총통(퓌러)이라고 일컬었다.

실로 만들어 주었기 때문입니다.

슐츠 그 말은 일반적으로 정치와 정치가를 평가할 때 분명 큰 참고가 될 것입니다. 다만 우리는 아직 그런 비현실성에 대한 유혹이나 그런 심리적 정복에 대해서 면역을 가진 정치적 거물이 되지 못한 게 아닐까요? 그래서 말인데 프롬 씨, 그렇다면—첫 번째 물음으로 돌아가겠습니다만—당신이 지금 성격을 규정지은 인물에 대한 저항, 집단 불복종, 반역이란 어떤 것입니까?

프롬 '저항(Widerstand)'이라는 말을 살펴봅시다. Wider—Stand(반대해서—서다=저항), Wider—Wille(반대의—의지=적의), Wider—Setzung(반대해서—있다=저항), Wider—Gefühl(반대의—감정=반감)—이것이 가능하려면 인간은 이미 버젓한 사람이어야 합니다. 그러면 쉽게 속아 넘어가거나 감명을 받지 않습니다. 오히려—그 반대로—필요가 있다면 항의, 거부, 반역도 가능해집니다. 물론 그러기 위해서는 다음을 인식하는 것이 전제입니다. 즉 히틀러 같은 '지도자'와 그 정책을 생각할 때 단지 독일의 번영과 발전을 위해서 무엇이 바람직한가 하는 뻔한 정치와 관련된 전망이 아니라, 그의 사상을 관통하고 있는 성격, 감정, 아니 더 나아가서는 철학, 종교와 관련된 구성 요소에 대해서 문제를 제기해야 한다는 것입니다.

물론 히틀러는 독일의 최선을 바란다고 말했습니다. 그것을 바라지 않는 사람이 있겠습니까? 그는 다른 나라를 파괴하고 정복하는 것이 목표라고는 말하지 않았습니다. 모든 것은 독일의 번영이라는 목적을 위한 방어 행동이라는 것이었습니다. 이를 순수하게 정치적 선언으로 받아들인다면, 나는 그것을 옳다고 생각한다, 또는 옳다고 생각하지 않는다, 그 수단은 타당하다, 또는 타당하지 않다고 말하는 것이 됩니다. 그것은 합리적인 계산의 문제에 그칩니다. 경제문제에서 합리적으로 계산하는 것과 같습니다. 반면 이 모든 것이 심층심리학적인 의미에서의 '합리화'이고, 보기에 합리적인 근거가 전혀 본질을 찌르고 있지 않다는 것을 인식하면, 히틀러의 이념이 네크로필리아 성향과 가학피학증의 성향을 아울러 지닌 성격의 표현이자 그 결과라는 사실을 알게 됩니다. 조금 전에 간단히 말한 대로입니다. 오히려 합리적으로 그럴싸한 말의 이면을 보고, 지도자가 말하는 것을 듣는 게 아니라 어떻게 말하고 있는지 그 입가를 읽고 표정과 몸짓과 인물 전체를 보려고 한다면, 그때 비로소 그 사람의 성격을 발견할 수 있습니다. 그리고 이 지도자가 네크로필리아임을 발견해

진심으로 거부하고, 분노를 느끼며, 어떤 식의 관계도 바라지 않고, 결코 같은 편은 되고 싶지 않다고 생각할 것입니다. 왜냐하면 자기 안에 있는 모든 힘은 생명의 유지와 인간의 존엄과 자신의 자유를 위한 것인 데 반해서 네크로필리아 성향의 지도자에게 모든 힘은 파괴와, 재갈을 물리는 것과 가두는 것, 정복과 지배를 목적으로 하기 때문입니다. 우리는 말에만 주의하지 말고, 그 말을 하고 있는 사람이 그 본성과 성격으로 보아 누구이며 어떤 사람인가를 정확히 헤아려야 합니다.

또한 아주 많은 경우처럼 여기서 문제가 되고 있는 것은 합목적성이라는 의미에서의 정책뿐만이 아니라 세계관이고, 더 말한다면 종교라는 점에 주목해야 합니다. 인간은 누구나 아주 넓은 의미에서는 종교와 비슷하다고 할 수 있습니다. 즉 목숨을 이어간다는 최소한의 필요성을 넘은 목표를 갖고 있다는 뜻입니다. 뭔가를 이룸으로써 자신이 먹고 사랑하는 기계 이상의 존재임을 보여주려고 하는 목표와 정열을 갖고 있다는 뜻입니다. 그러나 오늘날 그런 종교는 종교와 관련된 의식 형태로 나타나지 않고, 가끔 정치 또는 경제와 관련된 사고와 계획의 영역에 나타납니다. 다만 그것이 실은 종교라는 것을 모릅니다. 히틀러의 종교는 무엇이었냐고 묻는다면, 이렇게 말할 수 있을 것입니다. 그것은 국가적 이기주의와 정복, 차별과 증오의 신격화였다고. 그것은 힘과 파괴라는 간사하고 악독한 종교였습니다. 그냥 사악한 종교인 것만이 아니었습니다. 그리스도교나 유대교 등의 종교, 또는 인본주의의 전통적 세계관과 근본적으로 대립하는 것이었습니다. 또 다른 방식으로 표현하자면 이럴 것입니다. 어떤 의미에서 히틀러의 종교는 사회적 다원주의의 종교였다고요. 그에게는 종(種)의 보존에 이바지하는 것은 선(善)이었습니다. 인간은 신의 명령을 받아, 또는 정의의 명령을 받아, 또는 사랑의 의미에서 행동하는 게 아니라 진화의 이름으로 행동하는 것입니다. 그리고 다윈 이래 적지 않은 사람들에게 사회적 다원주의가 새로운 종교가 되었습니다. 진화의 원리가 새로운 신들이고, 다윈은 이 종교의 새로운 예언자입니다. 자신은 진화의 법칙과 생물학의 법칙을 섬김과 동시에 수행하고 있다는 것이 히틀러가 믿었던 아마도 단 하나의 것이었습니다.

이 사고는 히틀러에만 국한된 것은 아닙니다. 이를테면 공격에 대해서 콘라트 로렌츠가 쓴 글에서도 보입니다. 그것들을 지지하는 철학은, 인간은 진화의 법칙을 따라야 한다는 것입니다. 그는 그런 사상을 1941년의 논문에서 논리정연하게 말하고 있습니다. 그리고 히틀러의 '민족위생'에 관한 법률을 과학적인 근거를 가진 것이라 칭찬하고, 그 법률에 적극 찬성했습니다.

　문제는 정치성을 띠는 표명의 배후에 세계관과 관련된, 그러니까 종교, 심리학과 관련된 사실이 있다는 것, 그리고 최선을 바랄 뿐이라는 주장이나 단언이나 핑계가 그 자체로 심리, 세계관과 관련된 특수한 형태의 표현이라는 것을 우리가 인식할 수 있느냐 없느냐입니다. 누구나 알고 있는 예를 살펴봅시다. 프랑스 혁명입니다. 박애, 평등, 자유. 그것은 분명 그 시대 사람들을 움직인 정열이었는데 인간의 성질에 깊이, 그 모든 존재에 뿌리내리고 있는 것으로, 많은 심리학자들의 가설에 따르면 인간의 뇌구조에서 시작된다고 생각되기도 합니다. 자유의 필요성은 인간이라는 유기체가 충분히 기능하기 위한 조건입니다. 그것들은 모두 프랑스 혁명가들의 정치 노선이었을 뿐만 아니라 거기에는 계몽주의의 모든 철학이 작용하고 있었으며, 또 그 철학은 헤아릴 수 없이 많은 인간의 마음에 깊이 뿌리내리고 있었던 것입니다. 이들은 역사적 상황에 근거해서 이들 인간적 요청에 눈뜨고, 그것을 명확히 발언하기에 이르렀습니다. 마찬가지로 히틀러의 자기애도 종교였지만 물론 목적은 반대이며, 따라서 반대의 성격을 가진 사람들을 잡아끈 것입니다.

　슐츠　그것은 몰트케[2]와 프라이슬러[3]가 민족재판소에서 대결했을 때를 떠올리면 잘 이해되지 않을까요? 몰트케는 이렇게 말을 맺었습니다. 자기애와 그리스도교의 공통점이 동시에 둘을 구분하고 서로를 적으로 상대하도록 작용한다. 둘 다 온전한 인격을 요구한다…….

　프롬　그렇습니다. 몰트케는 지금 내가 여기서 장황하게 설명하려고 했던 것을 목숨이 달린 상황에서 한마디로 표현했습니다. 그것도 아주 정확하게 말했지요. 바로 그것이 문제점입니다.

　슐츠　몰트케에게는 이런 의미에서의 놀랄 만큼 명쾌하고도 평범한 영역을 넘은 발언이 많이 있습니다. 그의 정치관은 그야말로 냉정하고, 여러 인생 국면에서 유능한 실천가의 면모를 보여주었지만, 인간이 정치적 관심의 중심이라는 것을 늘 지적했습니다. 국민교육계획에 대한 생각이라는 관점에서는 다

---

2) Helmuth J. von Moltke. 독일의 법률가·정치가로, 히틀러 암살 계획에 관여한 죄로 처형당했다.
3) Roland Freisler. '민족재판소' 판사로서 인정사정없는 판결을 내려 이름을 떨쳤다.

분히 오이겐 로젠스톡 휘시[4]의 자극을 받았지만, 이 인물은 정치교육이라는 관점에서는 결국 어떤 사람이 어떤 사람인가 하는 문제가 그 사람이 정치적으로 어떻게 생각하고 있는가라든가 어떤 당을 선택할 것인가 하는 문제보다 중요하다는 의견이었습니다. 그 무렵 사람들은 여기에 귀를 기울이려 하지 않았습니다. 오늘날에도 귀를 기울이려 하지 않습니다. 사생활 제일주의라고 오해하고 있기 때문입니다. 하지만 당신이 했던 해설을 배경으로 하면, 이것은 더없는 현실 문제가 됩니다. 저항, 즉 히틀러에 대해서 오랫동안 실행되지 않았던 저항은 단순한 이의(異議)가 아니라 대립하는 삶의 방식이라고 말할 수 있습니다. 그런 대립하는 삶의 방식은 몇몇 직업정치가에게 맡겨두어서는 안 됩니다. 어떤 의미에서는 비전문가의 것이고, 모든 사람의 것입니다. 이런 주장을 뒷받침해 줄 사회심리학적 연구가 있을까요?

프롬 어떤 사람이 누구인가, 그 성격은 어떤가 하고 묻는 것은 단순히 도덕 또는 심리학과 관련된 문제가 아니라 확실히 정치와 관련된 문제입니다. 그것을 보지 않는 사람은 정치라는 개념의 범주를 좁게 보고 있는 것입니다. 대부분의 독일인은─성격학의 관점으로 봐서─어떤 방향성을 갖고 있었습니까? 독일인은 히틀러의 종(種)이 건강하게 쑥쑥 자랄 수 있는 토양이었습니까, 아니면 그에게 메마르고 저항하는 토양이었습니까? 이에 대해서 분명 하나의 연구가 있었지만, 유감스럽게도 지금까지는 햇빛을 보지 못하고 있습니다. 그것은 1931년에 몇몇 동료와 내가 프랑크푸르트 사회연구소에서 했던 것입니다. (그 뒤 다음의 제목으로 간행. 《제3제국 전야의 독일 노동자와 급여생활자》, 슈투트가르트, 1980년.)

그때 우리는 다음과 같은 문제를 제기했습니다. 히틀러가 차츰 권력을 장악한다고 하면 그에 맞서 얼마나 효과 있게 저항할 수 있을 것인가, 그리고 인구의 과반수, 그중에서도 히틀러에게 반대 의견을 가진 사람들, 즉 노동자와 대다수를 차지하는 급여생활자들이 그에게 어느 정도의 저항을 할 것인가 등이었습니다. 우리는 이 문제를 성격학의 관점에서 풀어낸 분석에 근거해서 연구하려고 했습니다. 그것은 히틀러가 아니라, 처음으로 권위주의에 근거한 성격이라는 개념을 다루었습니다. 즉 그 구조로 보아 인간에게 복종하기를 바라

---

4) Eugen Rosenstock Huessy. 독일 태생의 학자. 여러 대학에서 법학, 사회학, 신학 등을 가르쳤다.

고, 굴복하며, 그와 동시에 지배도 하는 경향을 가진 성격입니다. 그것들은 언제나 하나로 붙어 있으며 어느 하나가 다른 것을 보충합니다. 이것은 진짜 민주주의적, 또는 혁명적 성격과는 반대입니다. 혁명적 성격은 지배하는 것과 지배받는 것, 그 둘 모두에 이의를 제기합니다. 따라서 이 성격에서는 인간의 평등과 존엄이 근원적인 필요조건이고, 이 존경과 이 평등에 이바지하는 것만이 그것을 잡아끕니다.

우리는 다음과 같은 이론적 고찰에서 출발했습니다. 즉 인간이 생각하는 것은 그다지 중요하지 않다는 것입니다. 대부분은 우연으로, 어떤 형태의 강령에 귀를 기울이느냐, 예부터 이어진 유대나 사회 조건에 따라서 어떤 당에 속해 있느냐, 어떤 이념을 믿고 있느냐 등에 달려 있습니다. 그러므로 많건 적건 그 사람은 다른 사람들도 생각하는 것을 생각합니다. 그것은 인간이 순응하고 의존하는 성향을 갖고 있다는 하나의 증거입니다. 그리고 우리는 그것을 의견이라고 불렀습니다. 그 의견은 간단히 바꿀 수 있습니다. 하나의 의견은 상황이 바뀌지 않는 동안에만 효과가 있습니다. 참고로 말하면, 바로 이것이 의견만을 묻는 모든 여론조사의 커다란 약점입니다. 이런 종류의 시험은 그 성질상, 내일 상황이 완전 바뀐다면 당신은 어떻게 할 것이냐고 물을 수 없습니다. 하지만 정치적으로는 그것이 문제이지, 한 사람이 지금 무엇을 생각하고 있는가는 중요한 문제가 아닙니다. 중요한 것은 그가 어떻게 살고 행동하는가입니다. 그리고 어떻게 살고 어떻게 행동하는가는 성격에 달려 있습니다. 이렇게 물으면, 당신이 아까 언급한 또 다른 개념에 다다르게 됩니다. 즉 신념의 개념입니다. 신념은 인간의 머리뿐만 아니라 성격에도 뿌리를 내리고 있는 의견입니다. 신념은 그가 무엇인가 하는 것에서 나오고, 의견은 다만 그가 무엇을 듣는가 하는 것에서 가끔 나옵니다. 그래서 우리는 결론을 내렸습니다. 사람들은 공포정치 체제에 반대하는 신념을 갖고 있는 동안은 저항하지만, 오로지 의견을 갖고 있는 한에서는 저항하지 않는다……. 그러니까 그들 자신의 성격이 권위주의와는 동떨어진 경우에만 저항하고 항의할 것입니다. 그리고 우리에 갇히기를 거부할 것입니다…….

슐츠 나는 당신이 조사(調査)의 근본에 놓은 문제 설정에 놀라고 있습니다. 오늘날의, 주로 양(量)을 다루는 여론조사에서는 거의 생각할 수 없는 것입니다. 의견 조사뿐만 아니라, 이른바 정치교육도 '의견' 위에 성립해 있고 성격에 대한 물음은 등한시되고 있습니다.

  프롬 유감스럽게도 그런 커다란 결함이 정치적 태도에 대한 대부분의 조사에 있습니다. 또 그것은 정치교육에 대한 모든 노력에도 있습니다. 성격학적 원인과 정치에는 반드시 뒤따르는, 이른바 세계관에서 비롯된, 그러니까 종교에서 비롯된 원인을 고려하지 않는 것입니다. 또 하나, 특히 마르크스주의가 강조한 개념이 있습니다. 즉 경제와 계급이해의 발현으로서의 정치입니다. 마르크스주의자는 그것을 정치가 가진, 목적을 합리화하는 성격과 구별해서 거듭 강조하고 있습니다. 대개 그들은 옳다고 생각합니다. 하지만 이 마르크스주의의 기본 생각에 없는 것도 있습니다. 즉 정치에서는 경제와 관련된 사회적 동기만 중요한 게 아니라는 점입니다. 사회와 관련된 경제적 원인과 결부되어 있는 경우에도 인간의 어떤 열정, 어떤 가능성이 발휘되는가가 중요합니다. 즉 인간은 자신의 경제적 이해에 따라서 행동할 뿐만 아니라 인간적 상황, 인간이라는 존재의 조건에 깊이 뿌리내린 내적인 필연성, 열정, 목적 등에 따라서 행동합니다. 인간이 정치적으로 왜 이렇게 또는 저렇게 행동하는가를 이해하려고 한다면, 나는 두 가지 원인―경제적 열정과 특히 인간적인 열정―을 충분히 알아야 한다고 믿습니다. 이 두 원인은 '사회적 성격'이라는 관점에서는 통합되는 것입니다.

  여기에 심리학 일반이 메우지 못했던 커다란 틈이 있고, 정치학은 아직 뒤처진 합리주의에 근접한 단계에 있습니다. 정치에서 열정은 경험주의에 근거한 연구의 대상이 되지 못하는 것처럼 말입니다.

  프랑크푸르트에서 했던 조사로 다시 돌아가면, 우리가 하려고 했던 것은 독일의 노동자와 급여생활자의 주된 성격 연구였습니다. 많은 상세한 설문지를 2000명에게 나누어 주었습니다. 그리고 돌려받은 것은 600부 정도였습니다. 그때로서는 아주 표준적인 회수율이었습니다. 설문조사는 하나의 질문에 공식적인 '네' '아니오' '매우' '조금' '전혀' 하는 대답이―그것이 일반 방식이었습니다만―적혀 있는 것이 아니었습니다. 회답은 질문을 받는 사람이나 면접자가 각각 적는 것이었습니다. 그리고 그 회답을 정신과의사나 정신분석가가 대화할 때의 대답을 분석하는 방식으로 분석했습니다. 즉 대화 상대가 의식적으로 생각하고 있는 것에 반해서 의식하지 못하고 있는 의미는 대체 무엇인가 하는 것입니다. 거기에서 밝혀진 것인데, 하나하나의 회답을 이런 방법으로 분석하는 것을 수백 개의 회답에 적용해봤더니 하나의 인상을 파악할 수 있었습니다. 인간이 의식적으로 생각하는 것뿐만 아니라 그의 성격에서 비롯된 인상, 그가 사랑하는 것, 증오를 느끼는 것, 매력을 느끼는 것, 추천하고 싶은 것, 또는 거부하고 비난하는 것 등에서 비롯된 인상입니다.

한 예를 들면 "체벌은 없어도 좋은가"라는 질문에 한 사람은 "좋다"고, 다른 한 사람은 "안 된다"고 대답했습니다. 어떤 견해를 말하더라도 성격에 대해서는 그다지 분명하지 않습니다. 하지만 "네, 체벌은 아이의 자유를 제한하기 때문에. 그리고 아이는 두려워하지 않는 법을 배워야 하기 때문에"라고 누군가가 회답했다면, 우리는 권위주의와는 동떨어진 성격의 사람의 발언으로 해석했습니다. 반대로 다른 사람이 "아니오, 아이는 부모를 두려워하는 법을 배워야 하고 순종을 배워야 하기 때문에"라고 회답했다면, 그것을 권위주의에 근거한 성격을 나타내는 발언으로 해석했습니다. 그렇지만 단 하나의 질문만 가지고 그런 결론을 이끌어 낼 수는 없습니다. 설문조사에는 수백 개의 질문이 있었는데, 우리 자신도 놀랄 만큼 하나의 설문조사 회답에 모순되는 점이 없음을 확인했습니다. 10개 정도의 질문의 회답을 보면 나머지 질문의 대답은 알 수 있습니다.

우리는 다음과 같은 결과를 얻었습니다. 질문을 접한 사람의 10퍼센트쯤은 권위주의를 추종하는 성격이었습니다. 그들은 히틀러의 권력 획득에 전후해서 열광적인 나치스가 될 것이라고 예상되었습니다. 15퍼센트쯤은 권위주의와는 동떨어진 성격이었습니다. 이론적 가정에서는 결코 나치스가 되지 않을 사람들입니다. 생명이나 자유를 걸 용기가 있느냐 없느냐는 별개의 문제지만, 이들은 나치스의 정치, 나치스의 이념을 늘 격렬하게 거부하게 될 것입니다. 대부분에 해당하는 75퍼센트는 복합성격이었습니다. 분명히 권위주의도 아니고 권위주의와는 동떨어진 것도 아니며, 두 가지 특성을 갖고 있는 시민적 성격에서 흔히 보이는 것입니다. 이들에 대해서 우리는 이렇게 생각했습니다. 이것은 광신적 나치스도 저항자도 되지 않을 사람들이다. 그렇게 되기에는 성격이 충분히 명확하지 않기 때문이다. 즉 그들은 많건 적건 동조자가 될지언정 투사는 되지 않을 것이다.

독일의 노동자와 급여생활자 가운데에서 적어도 마음속으로는 저항자였던 사람과 나치스가 된 사람의 수가 몇 퍼센트였는지를 가르쳐 주는 정확한 자료는 아무것도 없지만, 우리 조사에서 확인한 각각의 양은 상당히 실제와 가깝다는 것에 사정을 아는 많은 사람들이 동의해 주리라 생각합니다. 비교적 소수의 독일 노동자들만이 저항으로 치달았습니다. 그리고 그보다 적은 숫자의 노동자들이 광신적 나치스가 되었습니다. 그러나 대부분은 어느 쪽도 아니었습니다. 그래서 저항은 결실 없이 끝난 것입니다. 여기서 이론적으로 얻어진 예상은 정치 상황과 히틀러의 성공 예언으로서 당연히 큰 의미를 갖는 것이었습니다. 사람들이 대체 무엇을 느끼고 있는가, 무엇인가에(오로지 무엇을 생각하고 있는가, 무엇을 말하는가 뿐만이 아니라) 관심을 갖는다면 어떤 나라의 어떤 국민도 마찬가지입니다. 신념과 의견의 이 차이를 먼저 이해한다면, 그것은 경험으로 입증되고 구체적인 사회적=분석적 연구에 근거해서 증명되는 것입니다.

슐츠   당신들의 분석은 발표되지 않았다고 했는데, 왜 그런가요?

프롬   발표되지 않은 것은 그 무렵 연구소의 지도부가 그것이 알려지는 것을 바라지 않았기 때문입니다. 왜냐고 말한다면—몇 가지 생각되는 바는 있지만, 여기서 그 사실을 논하는 것은 처음 주제에서 너무 동떨어진 것입니다.

슐츠   아마 우려와 염려가 바탕에 깔려 있었겠지요. 늦었지만 유감스럽게 생각합니다. 알려졌다면 경고하는 의미를 가졌을지도 모르니까요.

프롬   물론입니다. 하지만 조사는 끝난 채로 비밀에 부쳐졌습니다. 연구소 역사에 대한 보고에서 볼 수 있는, 이 조사가 전혀 이루어지지 않았다는 주장은 완전히 틀렸습니다. 조사는 이루어졌고, 자료는 지금도 있습니다.

슐츠   오늘날 똑같은 기획이 있습니까?

프롬   전혀 듣지 못했습니다. 나는 동료인 마이클 매코비(Michael Maccoby)와 멕시코의 작은 마을에서 같은 원리에 의한 이와 비슷한 조사를 했습니다. (독일판은 에리히 프롬 전집 3《정신분석적 성격학의 이론과 실천—멕시코의 한 촌락의 사회적 성격》, 슈투트가르트, 1981년.) 이것은 '권위주의적' 및 '비권위주의적'일 뿐만 아니라 다른 성격 특성도 다루고 있습니다. 마이클 매코비는 미국 여러 계층의 죽음을 찬미하는 인물과 삶을 찬미하는 인물의 구분에 대해서 연구했는데, 이 방법이 효과가 있었습니다. 그 밖에는 지금까지 이것을 모방한 예도, 계승한 예도 전혀 없습니다.

슐츠   프롬 씨, 어떻게 하면 우리가 더 좋은 정치적인 인간 이해에 다다를 수 있을까요? 말할 것도 없이 정치가의 대부분은 그것에 관심이 없을 것입니다. 그러나 민주주의 정치에서는 정치의 무대 위에 있는 사람에게 날카로운 눈을 돌리는 것이 어쩔 수 없는 것이라고 생각됩니다. 텔레비전은 그들의 표정을 빠짐없이 보고 몸짓을 관찰하며 그 공허한 말을 의심할 기회를 주고 있습니다. 우리는 말로만 분명하게 드러낸 그 이면에 있는 진짜 동기를 찾는 법을 배워야 합니다. 어떻게 하면 좋겠습니까?

프롬 바로 그것이야말로 민주주의에서 모든 것의 중심을 이루는 문제입니다. 민주주의가 선동가들에게 농락되는 것을 어떻게 하면 막을 수 있을까요? 민주주의에서 사람들은 스스로 판단해야 합니다. 정치가가 말하는 것을 믿기만 한다면 어떻게 스스로 판단할 수 있겠습니까? 그런데 실상은 전혀 다릅니다. 유권자의 잠재의식에는 이미 후보자의 정직, 거짓, 성실, 청렴, 또는 모순에 대한 감각이 있습니다. 그 예는 미국에서도 독일에서도 볼 수 있습니다. 다만 그것이 발휘되는 일이 거의 없을 뿐입니다.

민주주의가 기능할 수 있으려면(그 밖에도 내가 아직 이야기하지 않은 다른 조건들이 있습니다만) 한 정치가의 주된 경향과 열정이 무엇인가, 그의 이론과 정치적 의견의 철학적, 종교와 비슷하지만 종교가 아닌 성격이 어떤 것인가에 눈을 돌리는 법을 사람들이 배워야 합니다. 그리고 그것이 먼저 뜻하는 바는 어떤 것을 잊어야(verlernen) 한다는 것입니다. 인간이 말하는 것이 중요하다는 점을 잊고, 인간을 전체로서 관찰하는 법을 배워야(lernen) 합니다.

기묘한 일이지만, 비즈니스의 삶에서 우리는 이 요청을 최대한 표현하고 있습니다. 다른 사람을 고용할 때나 공동으로 사업할 때는 누구든 상대가 자신에 대해서 이야기하는 것을 곧이곧대로 믿는 어리석은 짓은 하지 않고, 그 사람의 됨됨이에 대해서 알려고 할 것입니다. 우리는 이해관계가 자신에게 이로우면 이로울수록 조심성이 많아지고, 더 성격학의 관점에서 판단하려고 듭니다. 그러나 사회, 정치와 관련된 이해가 개입되면 곧 수고를 마다하지 않게 되어버립니다. 그리고 남에게 끌려다니지 않게 되고 주저앉아, 자신에게 비위를 맞춰 줄 누군가를 바라고, 그에 대해 보복을 하는 것입니다. 그렇기 때문에 우리는 그의 '입가에 주의'하지 않고, 그가 누군지에 대해서도 관심을 갖지 않습니다. 하지만 우리는 지금 말한 것을 배울 수 있습니다. 인생 경험이라는, 누구나가 저마다 가지고 있는 자연의 연구실에서 배울 수 있습니다. 유아 시절에도, 청년 시절에도, 성인이 되어서도 날마다 배울 수 있습니다. 거기서는 기본적으로 모든 것을 볼 수 있습니다. 보려고만 하면 됩니다. 그러면 당신에게도 큰 성과를 올린 심리학, 특히 학문으로서의 심리학이 사회와 정치에 대해서는 유감스럽게도 전혀 아무런 수확도 가져다주지 못한다는 것을 얼마쯤 읽게 될 것입니다. 성격의 학문인 성격학은 정치, 결혼, 친구관계, 교육 등에 중심적 의미를 갖는 중요한 것이지만, 이 학문도 대개 큰 역할은 하지 않습니다. 그래도 그것은 인생에서 학문적인 심리학자를 발견하는 것보다 훨씬 중요한 일입니다. 이런 발견은 가끔 이론적으로는 커다란 의미를 갖고 있지만, 인생의 피할 길 없는 실제문제에는 전혀 빈약한 발언밖에 하지 못하는 경우가 많습니다.

슐츠 이쯤에서 나의 직업을 예로 들어보고 싶은데(아마 과대평가하게 되겠지만) 저널리스트는 적어도 성격학에 대해 어느 정도의 능력을 갖고서 누구나 가능한 것은 아니겠지만, 정치나 우리 모두와 관계되는 그 밖의 사건 또는 그 진전을 거리낌 없는 시각으로 평가할 수 있는 비판과 판단 기준을 가져와 세간에 발언할 수 있어야 하지 않겠습니까?

프롬 그렇습니다. 하지만 한 가지, 즉 성격학을 쓰는 데는 용기가 필요하다는 점을 잊어서는 안 됩니다. 다시 말해서 이 정치 지도자들과 그 사상은 아름답고 올바르며, 우리의 구원이 된다는 것은 쉽습니다. 그렇지만 그는 사기꾼이다, 그의 정치는 파괴를 지향한다, 그의 목적은 우리에게 말하고 있는 것과 전혀 다르고, 그의 이상은 우리가 바람직하게 생각하는 모든 것과 모순되는 종류의 세계관 또는 종교라고 말하는 것에는 용기가 필요합니다. 왜냐하면 그런 단언이 간단히 증명되지 않는 경우가 많기 때문입니다. 그것은 성격학과 관련된 부분이 아주 복잡하게 얽혀 있기 때문입니다. 게다가 우리에게는 부정적인 단언을, 증명할 수 없는 '비과학적' 가치판단이라고 생각하는 경향이 있습니다. 가치판단은 취미에 대한 것이라면 당연하게 언제나 곧 행해집니다. 그러나 개인과 관계되는 것이 되는 순간 사람들은 어떤 가치판단처럼 들리는 것을 말하기 두려워합니다. 그리고 자신들의 판단이 비과학적이라는 비난을 들으면 불안해집니다. 사실 단언이 동시에 가치판단이기도 한 경우는 그것을 위해 이성적인 논의의 여지가 없는 것과 같습니다.

슐츠 마지막으로 우리가 여기서 말한 것들을 돌아보고 정리하기 위해서 질문을 하나 하겠습니다. 저항은 특별한 능력을 필요로 하는 수준 높은 능동성의 한 이름이지만, 다양한 이유에서 우리는 사회=정치와 관련된 관점에서 볼 때 훨씬 많은 수동성, 무관심, 숙명주의, 무력감 등과 만납니다. 그리고 위험, 결심, 책임, 또는 '죄'를 받는 것에 대한 커다란 '거부'—작은 거부라면 더욱 그렇지만—를 만납니다. 유감스럽게도 이곳은 그 다양한 이유를 상세히 살펴볼 장소가 아닙니다. 그러나 저항이 암살의 필요성을 낳기 훨씬 이전에 효력을 발휘하기 위해서는 언제 어디에서 시작해야 하는가라는 물음에 몇 마디 대답해 주었으면 합니다.

프롬 히틀러에 대한 저항을 그가 승리한 뒤에나 시작한다면, 시작하기도 전에 패배한 것입니다. 왜냐하면 저항하기 위해서는 그 핵심인 신념을 가져야 하기 때문입니다. 자신을 신뢰할 줄 알아야 합니다. 비판적으로 생각할 줄 알아야 합니다. 자립한 인간이어야 합니다. 인간이어야지 양(羊)이어서는 안 되는 것입니다. 이것을 이루고 '사는 기술과 죽는 기술'을 습득하기 위해서는 많은 노력, 연습, 인내를 필요로 합니다. 능력이라는 것이 모두 그렇듯이 학습이 필요합니다. 그렇게 성장한 사람은 자신과 다른 사람에게 무엇이 좋은지, 또는 나쁜지를 아는 힘을 습득할 수 있습니다. 그것은 인간으로서의 그에게 좋으냐 나쁘냐이지 소유나 성공, 또는 권력을 위해서는 아닙니다.

뇌조직은 인간에게 독자적인 것을 줍니다. 가장 바람직한 목적을 설정하고 거기에 정열을 바치는 것입니다. 이 길을 가는 사람은 저항하는 법을 배웁니다. 히틀러 같은 커다란 압제에 대해서만이 아니라 '작은 압제', 은밀한 압제, 일생생활에서의 관료주의와 소외에 대한 저항입니다. 오늘날 이 저항은 이전보다 어려워졌습니다. 이 작은 압제가 사회구조 전체에서 탄생한 것이기 때문입니다. 거기서 인간은 차츰 더 하나의 번호가 되고, 하나의 톱니바퀴가 되며, 관료주의체제의 단역이 되어갑니다. 거기에서는 어떤 결정을 내릴 필요도 없고 책임을 질 필요도 없습니다. 대개 관료주의 기구가 지정하는 것만을 합니다. 또한 스스로 생각하는 일, 스스로 느끼는 일, 스스로 성장하는 일이 갈수록 줄어듭니다. 그가 스스로 생각하는 것은 모두 이기주의에서 나오는 것입니다. 그리고 대답해야 할 질문은 어떻게 하면 승진할 것인가, 어떻게 하면 돈을 더 벌 것인가, 또는 어떻게 하면 더 건강해질 수 있는가입니다. 인간으로서의 자신에게 이득이 되는 것은 무엇인가가 아닙니다. 시민으로서의 우리에게 이득이 되는 것은 무엇인가? 이것은 물론 그리스인이나 고전적 전통에서 사고

(思考)의 주된 대상이었습니다. 자연의 지배를 더 키우는 도구로서의 사고가 아니라, 무엇보다도 살아 있는 것에 대한 최선의 길은 무엇인가, 인간의 발전과 성장을 촉진하는 것은 무엇인가 하는 문제에 대한 답을 발견하는 도구로서의 사고입니다.

보편적인 수동성, 개인 및 사회의 삶을 결정할 때의 건설적인 협력의 결여—파시즘이라든가 그런 종류의 운동—에서, 우리가 대부분의 경우 나중에 가서야 이름을 발견하는 운동 등이 자랄 수 있는 토양입니다.

7. 오늘날에도 영향을 미치는 예언자의 글

오늘날까지 미치는 예언자의 글이 지닌 영향력에 대해서 말하려면 먼저 몇 가지 물음을 던져야 한다. 그들 예언자들은 신앙심 깊은 그리스도교도나 유대교도 이외의 사람들에게도 영향을 주는가? 또는 전혀 다른 면에서 묻자면, 그들은 모든 동시대인들에게 영향을 주어야 하지 않는가? 좀더 나아가서, 그들은 다시 영향력을 가져야 하지 않는가? 바로 현재 영향력이 없기 때문이다. 우리는 예언자 없는 시대에 살고 있고, 시대는 예언자를 필요로 하기 때문이다. 그러나 그것에 대해서 말하기 위해서는 예언자란 《구약성서》의 의미에서 대체 어떤 것인가에 대해서 우리의 의견이 일치해야 한다. 그는 훨씬 전부터 결정되어 있는 미래를 보여주는 예언자인가? 좋은 소식, 기쁜 소식이 아니라 나쁜 소식을 전해 주는 예언자인가? 카산드라[1]의 자식인가? 아니면 델포이[2]의 신탁처럼 아주 모호하긴 하지만 사람들이 어떻게 해야 하는지를 알려주는 신탁인가?

아니다. 왜냐하면 예언자는 결정론자가 아니기 때문이다. 그들은 자신의 인생과 자신의 역사를 만들고자 하는 사람들의 의지를 물리쳐 제외하지 않는다. 그들은 미리 알리는 자(Voraussager)가 아니라, 분명하게 알리는 자(Aussager)이다. 또는 진실을 알리는 자(Wahrsager)라고 해도 좋다. 물론 이것은 일반적으로 쓰는 이 단어의 뜻은 아니지만.[3] 진실은 다음과 같다—인간은 어떤 선택을 할 수 있고, 해야만 하는데, 다만 그 선택지 자체는 결정되어 있다는 것이다. 이렇게 인간은 결정되어 있지 않지만, 그가 해야 하는 선택은 분명히 결정되어 있다. 성서 시대에 예언자들이 말했던 시대의 선택은 국가의 힘, 대지의 힘, 우상이 나타내는 모든 힘을 숭배할 것인가, 아니면 국가를 파괴하고 백성들을 뿔

---

1) 트로이왕 프리아모스의 딸. 아폴론에게 벌을 받아, 그의 예언은 누구도 믿지 않게 되었다.
2) 신탁으로 유명한 아폴론의 신전이 있다.
3) Wahrsager는 일반적으로 점쟁이를 뜻한다.

뿔이 흩어놓을 것인가였다.

민족은 이 선택을 해야 했다. 그리고 예언자가 이 선택을 놓아둔 것이다. 내가 강조하고 싶은 것은, 예언자들이 이 선택에 대해서 말한 것은 오늘날 이해되듯이 도덕 또는 종교와 관련된 것일 뿐만 아니라, 가장 엄밀한 의미에서 현실정치와도 관련된 것이었다는 점이다. 예언자들은 정신적 실체를 잃고 사명을 잃고 다른 나라들과 똑같이 된 서남아시아의 작은 오리엔트 국가들이 다른 작은 나라들이 몰락한 것처럼 결국은 몰락하는 모습을 보았다. 그리고 이렇게 몰락할 것이냐, 국가의 우상화를 근절할 것이냐 하는 양자택일밖에 없는 것을 보았다. 민족은 이 두 가지 가능성 가운데 어느 하나를 정할 수는 있었지만, 예언자는 작은 나라와 민족의 존속이라는 두 가지를 손에 넣을 수 있다는, 오랫동안 이 민족이 품고 있었던 환상을 빼앗아 버리려고 했다.

이것을 보여주는 좋은 예가 있다. 즉 히브리인이 왕을 원했을 때 사사(士師), 예언자 사무엘이 보인 태도이다. 그들은 우리도 다른 나라의 백성들처럼 되고 싶다고 말했다. 사무엘은 선택할 것을 제시했다. 오리엔트의 전제정치에 의한 각 개인의 탄압이냐 자유냐였다. 어쨌든 민족은 이 두 가지 가운데에서 선택해야만 했다. 그리고 민족은 다른 나라들처럼 되기를 바랐다. 왕을 원했던 것이다. 그러자 신은 말했다—그러니 이제 그들의 말을 들어주어라. 그러나 엄히 경고하여 왕이 그들을 어떻게 다스릴 것인지를 일러주어라.[4]

이는 우리를 예언자의 제3의 기능으로 인도한다. 즉 그들은 항의자이다. 그들은 선택을 제시하는 것만이 아니다. 그들은 몰락으로 이끌 가능성을 적극 경고한다. 그 가능성에 대해서 항의한다. 하지만 알리고 항의한 다음에는 사람들이 하는 대로 내버려 둔다. 신도 개입하지 않는다. 기적을 행하지도 않는다. 책임은 인간에게 있다. 인간 스스로가 자신의 역사를 만들어야 한다. 예언자가 도움을 주는 것은 오로지 선택을 제시하고, 불행에 이르는 결정으로 주의를 끈다는 의미에서만이다.

이 문제는 지금도 옛날과 똑같이 존재한다. 우리도 인간다운 사회와 야만이라는 선택, 전면적, 또는 최선의 경우에도 반은 전면적인 파괴와 철저한 핵비무장(核非武裝)이라는 선택에 맞닥뜨려 있다. 오늘날에도 이런 선택을 제시하

---

4) 《구약성서》 〈사무엘상〉 제8장 4~9절.

고, 파멸을 가져오는 그런 선택에 항의하는 것이 예언자의 사명이리라.

그런데 예언자의 신앙이란 무엇이었을까? 예언자는 하나의 신앙을 알렸다. 그 존재에 진실과 정의가 깃들어 있는 유일신의 신앙이다. 그러나 본질적으로 그들은 신앙문제가 아니라 삶의 문제에 관여했다. 즉 이 유일신의 원리가 얼마나 이 세상에서 실현될 것인가의 문제에 연관된다. 물론 하나의 신앙문제는 예언자에게 중요한 문제였다. 바로 신은 하나라는 것이다. 그런데 신이 하나라는 것은 대체 어떤 의미일까? 다수에 대한 하나라는 수학적 문제일까? 그것은 사물의 온갖 다양성과 우리 자신의 정신과 본능의 온갖 다양성 배후에 있는 하나, 그런 하나가 존재하는 것을 뜻한다. 그것은 최고 원리로서의 하나이다. 그러나 이 하나는 우리가 결정적인 두 번째 원인을 생각한 경우에만 예언자를 이해하기 위해서 의미를 갖게 된다. 그것은 신과 우상의 구별이다. 우상은 인간의 작품이다. 신도 우상처럼 인간의 작품으로서 추앙받는다면 우상이 된다. 신은 살아 있다. 그리고 거듭 말하게 되는 것은 '살아 있는 신'이다. 우상은 사물이다. 즉 죽어 있다. 어떤 예언자가 말했듯이, 그것들은 눈이 있어도 보지 못하고 귀가 있어도 듣지 못한다.[5]

예언자들은 우상숭배가 인간의 노예화를 의미한다는 것을 알고 있다. 그들은 우상숭배자는 하나의 나무토막을 갖고 있는 자와 같다고 비꼬아서 말한다. 나무토막의 절반에 불을 붙이고, 그 불로 케이크를 굽는다. 나머지 절반으로 우상을 만들며, 자신의 손으로 만든 이 한 토막의 나무를 숭배한다. 마치 스스로 만든 이 나무토막이 그보다 훌륭하다는 듯이. 그렇다면 대체 어떻게 그것이 훌륭한 것이 될까? 이 나무토막에 모든 힘을 쏟아붓고, 이입하고, 자신을 가난하게 하고, 우상을 풍요롭고 강하게 함으로써이다. 우상이 강해지면 강해질수록 그는 가난해진다. 그리고 완전한 빈곤화를 피하려면 우상의 노예가 됨으로써 우상에 절하여 자신의 내면적 풍요의 일부를 되찾아야 한다. 근대철학의 용어에서는 바로 이런 현상을 '소외'라고 부른다. 소외는 마르크스와 헤겔이 사용한 의미에서는 예언자들의 우상숭배라는 개념과 똑같은 것을 표현한다. 즉 사물에 대한 복종, 내적 자아와 자유의 상실, 그리고 복종에 의한 자기 자신과의 관계 회복이다. 우리는 우상을 갖고 있지 않고, 우상숭배자도 아

---

5) 《구약성서》 〈시편〉 제115장 5~6절.

니라고 믿는다. 그것은 우리에게는 바알(Baal)도 아스타르테(Astarte)[6]도 없다고 늘 생각하고 있기 때문이다. 그러나 우리의 우상은 이름을 바꾸고 있을 뿐이라는 사실을 깜빡하고 있는 것이다. 바알이나 아스타르테라는 이름이 아니라 소유, 권력, 제조, 소비, 명예, 명성, 그 밖에 이러한 것들에 붙은 다양한 이름으로 불리고 있으며, 현대인들은 그것들을 숭배하고 스스로 그 노예가 되었다.

예언자들이 말한 모든 것 가운데 세계사에서 가장 중요한 것은 구세주 시대의 이상이다. 이것은 전례 없는 새로운 이상으로, 역사상 더없이 풍요로운 열매를 가져다주는 원천이 되었다. 그것은 '구원' 사상이다. 자기완성에 의한 인간 구원 사상이다. 예언자가 말하는 의미에서의 메시아 시대는 낙원에서 인간을 향해 던져진 저주[7]의 정지(停止)이다. 이 저주는 탐욕에 의해서, 또 늘 더 많이 소유하고 싶다는 욕심에 의해서 자기 자신과의 조화를 잃는다는 저주를 포함하고 있다. 이 저주는 또한 양성 간의 싸움에도 연관되어 있다. 오늘날 우리는 남성이 지배하는 성(性)이라는 것을 당연시하고 있다. 그러나 성서에서 이야기하는 바로는 남성 지배는 저주와 벌로서 정해진 것임을 늘 고려해야 한다. 즉 이 저주 이전에는 남자는 여자를 지배하지 않았다. 실제로 인간의 선사시대에는 그렇지 않았다는 것을 예증하는 사료가 많다.

마지막으로 이 저주는 노동을 기피하는 것에서, 인간은 이마에 땀을 흘려 빵을 벌어야 한다는 생각에서, 노동은 기쁨이 아니라 벌(罰)이라는 생각에서 인간과 자연의 싸움을 포함하고 있다. 이 생각은 오늘날까지 대부분 사람들의 현실에서 드러나 있다. 그리고 인간을 자연과 싸우는 존재로 만든 이 저주는, 여자는 고통스럽게 아이를 낳아야 한다는 생각에도 나타나 있다. 남자의 땀과 여자의 산고(産苦)는 두 가지 상징으로, 성서의 저주에 담겨 있는 인간의 명예 실추나 단죄가 표현되어 있다. 이것은 모두—이미 말했듯이—우리가 오늘날 피할 수 없는 당연한 사실로서 받아들이고 있는 현상이다. 성서 지은이들에게는 결코 그렇지 않았던 것이다.

그렇다면 예언자의 메시아 사상이란 무엇일까? 그것은 새로운 평화의 확립이었다. 전쟁이 없는 상태 이상의 것으로, 개인 간, 민족 간, 남녀 간, 인간과 자연 간의 연대와 조화의 상태이다. 예언자가 말했듯이, 인간이 두려움을 배우지

---

6) 모두 고대 셈인이 숭배한 신.
7) 《구약성서》 〈창세기〉 제3장 14~17절.

않는 상태이다. 인간은 공격이, 인간이 가진 두려움의 결과라는 것을 너무나도 쉽게 잊는다. 인간은 끊임없이 두려워하고, 의심하며, 좋지 않은 것을 믿게 되는 상황에 놓인다. 예언자는 급진적인 표현을 한다. 공격은 두려움이 사라져야 비로소 사라진다……. 이것은 메시아의 시대에 관한 그들의 관념에 포함된다. 예언자들에게 메시아의 시대는 초과의 시대였다. 그것은 사치가 아니라, 거기서 먹기를 바라고, 인간으로서 거기에 앉아 다른 사람들과 함께 같은 접시에 담긴 식사를 할 권리를 가진 사람들 모두를 위해서 비로소 식탁이 차려진다는 의미에서 초과의 시대였다. 예언자들에게 메시아의 시대는 사람들이 자기 자신과도 자연과도 싸우지 않고, 소유욕도 시기도 없이 평화와 조화 속에서 살아가는 시대라는 것뿐만 아니라, 인생이 새로운 목적과 목표를 획득하는 시대로서의 특징이 있다. 그것은 육체적인 의미에서 살아가는 데 필요한 것을 얻는다는 목표가 아니다. 그런 것이라면 언제든지 존재하기만 하면 해결할 수 있는 과제이다. 중요한 목표는—예언자의 말에 따르면—신의 완전한 인식이고, 또는 비신학적으로 표현하면 인간이 영혼의 힘과 생명과 이성을 충분히 발전시켜 자신 안에 중심을 갖고 인간이 될 수 있는 존재로서의 자유이다.

　이 메시아의 시대는 어떤 뜻에서 낙원 생활이 다시 온 것이다. 단, 낙원 생활은 역사의 시작이었다. 또는—더 말한다면—선사시대의 시작이기도 했다. 낙원과 관련된 조화는 인간이 자신을 다른 사람과 다른 개체로서 경험하기 이전에 번영했다. 그것은 인간으로서 발달되지 않은 상태에서의 조화이고, 원시의 조화이며, 원초 및 역사 이전의 것과 하나가 되는 조화였다. 메시아의 시대란 인간이 역사에서 자기 자신을 완전히 실현시킨 뒤에 그것과의 조화로 되돌아가는 것이다. 역사는 메시아의 시대로 끝나는 게 아니라, 어떤 뜻에서 인간의 역사가 드디어 정말로 시작된다고 말할 수 있다. 거기서는 인간이 완전한 인간이 되는 것을 가로막는 깃이 극복되어 있다.

　나는 인간성의 발전 과정에서 메시아 사상이 가져다준 역사상 더없이 풍요로운 열매에 대해서 말했다. 아마 메시아 사상만큼 인간성의 발전에 영향을 준 사상은 없을 것이다. 개개의 문제를 파고들어 가지 않아도, 또 의문을 파헤치지 않아도 다음의 것은 말할 수 있다. 그리스도교도 사회주의도 이 사상의 표현 방법은 서로 다르고, 많은 점에서 내가 이 이념의 핵이라고 말한 것과는 거리가 있지만, 모두 메시아 사상의 영향을 아주 깊이 받았다고 말이다. 그것을 개개의 점에서 제시하는 것은 본질에서 너무 동떨어지겠지만······.

　메시아 사상은 줄곧 계승되어 왔다. 그것은 또한 거듭 짓밟히고, 또 거듭 타락했다. 예를 들면 그리스도교에서. 그러나 그런 와중에도 결코 죽지는 않았다. 그 속에서 씨앗으로 늘 살아 있었다. 이는 오늘날 다양한 형태로 볼 수 있다. 사회주의, 즉 인본주의를 지향한 마르크스의 사회주의도 그렇다. 그것은 이른바 사회주의 국가의 출현과 동시에 곧 전면적으로 타락해 버렸다. 하지만 여기서도 씨앗은 말라죽지 않았다. 여기서도 메시아 사상의 현세적 이상이라는 이 핵—그것은 마르크스 사회주의에서는 보이지만, 사회민주주의에 근거한 사회주의나 공산주의에 근거한 사회주의에서는 보이지 않는다—이 개인의 경우만은 아니지만 거듭 되살아나는 것을 볼 수 있다. 실제 근대의 역사는 메시아 사상의 엄청난 영향 없이는 거의 생각할 수 없으며, 그것이 어디서 어떻게 이루어지고 어디서 어떻게 부패되었는지를 확인하지 않고는 충분히 이해할 수 없을 것이다.

　이런 이유에서 예언자들은 현재 매우 큰 영향력을 갖고 있다고 말할 수 있다. 그들이 오늘날에도 영향을 미치는 것은 이런 이유에서만이 아니다. 그 밖에도 아까 강조했듯이, 우리의 선택이 예언자 시대에서 중대했던 선택과 원리적으로 매우 비슷하기 때문이기도 하다. 우리도 선택을 봐야 한다—그리고 골라야 한다. 오늘날에도 영향을 미치는 것을 이해하고자 한다면, 당연히 현대사에만 몰두할 것이 아니라 예언자들도 읽어야 한다. 그들은 아주 중요한 관련성을 갖고 있고, 더 말한다면 아주 자극적이다. 그리고 오늘날의 세계에 대해서 날마다 쏟아지는 수많은 정보보다 훨씬 할 말을 많이 갖고 있다. 그 정보들은 현재(現在)와 관련되어 있고 현재를 대표한다는 자부심으로 큰소리치고 있지만 현재를 꿰뚫어 보지는 못한다.

8. 인간이란 누구인가

"인간이란 누구인가?"라는 물음은 문제의 핵심과 직결되어 있다. 만일 인간이 사물이라면 "인간이란 무엇인가?" 물을 수 있고, 자연물이나 공업 제품을 정의하듯이 정의할 수 있을 것이다. 그러나 인간은 사물이 아니며, 사물처럼 정의할 수도 없다. 그럼에도 인간은 가끔 사물처럼 다루어진다. 인간은 인간을 말할 때 "그는 노동자다", "공장장이다", "의사다"라는 식으로 말한다. 하지만 그것은 오로지 그의 사회적 기능의 꼬리표를 붙이는 것에 지나지 않는다. 즉 인간이 사회적 위치에 따라서 정의되는 것이다.

인간은 사물이 아니라 지속적으로 발전하는 생명체이다. 그 인생의 어떤 지점에서도 그는 아직 되어야 할 존재, 그렇게 될 존재가 되지 못했다.

인간은 분명 탁자나 시계처럼 정의할 수는 없지만, 완전히 정의가 불가능하지도 않다. 인간에 대해서도 사물이 아니라 살아가는 과정이라는 것 이상의 말을 할 수 있다. 인간의 정의에서 가장 중요한 관점은 인간이 사고에 의해 욕구 충족을 넘어 발전할 수 있다는 관점이다. 사고는 인간에게—짐승의 경우와는 다르게—오직 갖고 싶은 물건을 손에 넣는 수단이 아니라, 자기 존재 및 주위 세계의 현실 모습을 편애나 반감에 사로잡히지 않고 발견하는 수단이기도 하다. 바꿔서 표현하면 인간은 동물처럼 지능을 갖고 있을 뿐만 아니라 이성도 부여받았기에 진실을 인식할 수 있다. 인간은 이성을 통해 스스로 깨우침으로써 육체적 존재로서도 정신적 존재로서도 최신을 다할 수 있다.

그러나 경험이 보여주는 바로는, 많은 인간은 소유욕과 허영심에 의해 눈이 멀어 사생활에서는 이성에 따라 행동하지 않는다. 또 나쁜 점은 국민으로서 행동하는 경우에, 이성에 의한 방향성이 적다는 것이다. 그것은 선동가들이 시민들에게 너무 쉽게 망각시키기 때문이다. 그들의 조언을 따르면 국가도 세계도 파멸해 버린다는 것을 말이다. 많은 민족이 멸망한 것은 그들의 행동을 결정하는 비이성적 열정으로부터 스스로를 해방시키지 못했기 때문이고, 이성의 인도를 받지 못했기 때문이었다. 여기에 《구약성서》 속 예언자들의 중요한 책무가 있었다. 그들은 일반적으로 예언자들에 대해서 생각되듯이 앞날을 예고한 것이 아니다. 진실을 말하고, 그로써 민족의 현재 행위가 미래에 어떻게 귀결될 것인지를 간접적으로 보여주었다.

사물은 어느 정도는 겉모습으로 묘사되지만, 인간은 사물이 아니기 때문에 인간이라는 존재 자체의 개인적 경험으로만 정의될 수 있다. "인간이란 누구인가?"라는 물음은 그렇기 때문에 "나는 누구인가?"라는 물음으로 귀결된다. 인간을 사물처럼 대하는 오류에 빠지지 않는다면 "나는 누구인가?"라는 물음에 대해서는 "인간이다"라는 대답 말고는 있을 수 없다.

물론 대부분의 사람들은 이 정체성을 체험하고 있지 않다. 그들은 자기 자신에 대해서, 자신의 개성에 대해서, 자신의 정체성에 대해서 생각할 수 있는 한의 모든 가공 이미지를 만들어 낸다. 또 때로는 "나는 교사다", "나는 노동자다", "나는 의사다" 등으로 대답한다. 그러나 인간의 작용에 대한 이러한 정보는 그 자신에 대해서는 아무것도 가르쳐 주지 않으며 "그는 누구인가?", "나는 누구인가?"라는 물음에 대한 그 어떤 대답도 포함하고 있지 않다.

여기서 다시 어려운 문제가 생긴다. 누구든 사회, 도덕, 심리, 그 밖의 면에서 일정한 방향을 갖고 있다. 다른 사람이 선택한 방향이 불변의 방향성인지, 또는 그 방향이 어떤 자극적인 경험의 영향을 받으면 바뀔 수 있는 것인지, 또 실제로 바뀌는지를 나는 언제 어떻게 알 수 있을까? 그는 지금 있는 그대로의 인간이고 결코 바뀌지 않을 것이라고 단언해도 좋을 만큼 인간이 확고해지는 지점이 있을까? 통계로 보면, 많은 사람에 대해서 그렇게 말할 수 있다. 그러나 모두가 죽는 그날까지 그렇다고 말할 수 있을까? 그리고 그 사람이 더 오래 살았다면 달라졌을 것이라고 생각되는 경우에도 그렇게 말할 수 있을까?

인간은 또 다른 방법으로 정의된다. 즉 인간은 두 종류의 정열과 본능에 의해 결정된다. 첫 번째 종류는 생물학적인 기원을 갖는 것으로, 본질적으로는 모든 인간에게 똑같다. 그것은 생존의 욕구를 포함하고 있으며, 그 안에는 공복과 갈증을 달래는 욕구, 보호의 욕구, 어떤 사회구조를 추구하는 욕구, 그리고—훨씬 강제력은 약하지만—성의 욕구가 있다. 또 다른 종류의 정열은 생물학적 뿌리를 갖지 않으며, 모든 인간에게 같지 않다. 그것은 다양한 사회구조에서 나온 것이다. 그런 정열이란 사랑, 기쁨, 연대(連帶), 질투, 증오, 시기, 경쟁심, 탐욕 등이다. 증오에서는 반작용적인 증오와 내인성(內因性) 증오를 구별해야 한다. 이 개념은 여기서는 반작용적인 우울증에 대한 내인성 우울증의 경우처럼 쓰이고 있다. 반작용적인 증오는 자신 또는 자신의 집단에 대한 습격이나 위협에 따른 반작용으로, 대부분 위험이 사라지면 해결된다. 내인성 증오는 성격특성이다. 이런 증오로 가득한 사람은 증오를 충분히 경험할 새로운 가능성을 늘 찾고 있다.

생물학적인 근거를 갖는 정열에 반해서, 지금 말한 사회적인 뿌리를 가진 정열은 그때그때의 사회구조의 산물이다. 착취하는 소수자가 저항력을 갖지 않는 가난한 다수자를 지배하는 사회에서는, 쌍방에 증오가 생긴다. 착취당하는 쪽이 증오한다는 것에 대해서는 설명할 필요도 없다. 반면 지배하는 소수자는 억압받는 다수자들의 복수를 두려워하는 마음에서 증오하지만, 또 그들은 자신들의 죄의식을 억누르고 착취 행위의 정당성을 설명하기 위해서도 대중을 증오해야 하므로 증오한다. 공정과 평등이 존재하는 한 증오는 사라지지 않는다. 마찬가지로 평등과 공정의 원리를 훼손하는 것을 정당화하기 위해서 거짓을 말해야 하는 한, 진실은 존재하지 못한다.

분명 많은 사람들은 주장한다. 평등 및 공정과 같은 원리는 역사의 흐름 속에서 발전해 온 이념으로서, 인간의 본질에 선천적으로 있는 것은 아니라고. 여기서는 이 견해에 일일이 반증을 들 수는 없다. 그러나 한 가지는 강조하고 싶다. 바로 인간에게는 그 바탕에 평등과 공정의 감각이 있으며, 그것은 집단에 의한 평등과 공정의 원리를 훼손하는 것에 대해 민감하게 드러난다는 점이다. 인간 양심의 민감함이 가장 분명하게 드러나는 것은 공정과 평등이 훼손되었을 때 대부분의 사람이 보이는 반작용에서, 자신들에게 책임이 없는 한 아주 하찮은 경우에도 보인다. 그리하여 양심은 적에 대한 국민적 집단의 비난에서 강력한 목소리가 된다. 예컨대 인간에게 선천적인 도덕적 민감함이 없다면, 진실이건 거짓이건 적이 행한 잔학 행위의 보도를 접하는 순간 어떻게 극심한 분노를 일으킬 수 있겠는가?

또 다른 정의에 따르면, 인간은 본능이 행동을 제어하는 정도가 가장 적은 생물체이다. 분명 인간에게도 예를 들면 공복(空腹)이나 성(性)과 같은 본능적 동기는 남아 있다. 하지만 인간이 본능에 크게 움직이는 것은 개인 및 전체의 생존이 위험한 경우뿐이다. 인간에게 동기를 주는 정열의 대부분, 이를테면 명예욕, 질투, 시기, 복수심 등은 어떤 종류의 사회적 상황에서 생겨나고 자라는 것이다. 그 정열의 강도는 생존 본능보다 세어질 수도 있다는 것으로부터 추측할 수 있다. 인간은 증오나 명예욕, 그리고 사랑이나 충성심을 위해서 자진해서 목숨을 던진다.

인간의 모든 정열 가운데 가장 혐오스러운 것, 즉 자기 힘의 우위를 믿고 다른 사람을 이기적인 목적에 사용하는 충동은 세련된 형태의 식인(食人) 습관과 다를 바 없다. 신석기시대 사회에는 다른 사람을 자신의 목적을 위해 착취하는 이런 정열이 아직 없었다. 현재 살아 있는 거의 모든 인간에게 인간이 착취하려 하지도 않고 착취당하지도 않았던 시기가 역사상 존재했었다는 생각은 매우 이상하고 거의 이해하기 어려울 정도이다. 그러나 진실이다. 초기의 농경, 수렵 문화에서는 모든 사람이 살아가기에 충분한 것이 있었다. 그래서 축적은 의미가 없는 것이었다. 개인의 소유물이 자본으로서 투자되고 권력을 낳는 일은 아직 없었다. 이 단계의 사고는 《구약성서》 안에 전설[1]로서 반영되어 있다. 황야에서 이스라엘 사람들은 만나(manna)를 얻었다. 그것은 충분했으므로 누구나 먹고 싶은 만큼 먹을 수 있었다. 하지만 만나는 저장할 수 없었다. 그날 안에 다 먹지 못한 것은 썩어 없어졌다. 인위적으로 만나를 공급하려는 것은 아무런 의미없는 행동이었을 것이다. 그러나 곡물이나 도구와 같은 물품은 만나와는 다르게 저장할 수 있었다. 그리고 마침내 가장 많은 것을 가지는 자에게 권력을 주기에 이르렀다. 초과가 어느 정도를 넘어서야 권력이 다른 사람에게 미치고, 권력을 가진 계급이 그들을 강제로 노동시키며, 자신의 몫으로서는 최저한의 생활에 만족시키는 일이 의미를 갖게 된 것이다. 가부장제 국가의 승리 이후는 노예, 노동자, 그리고 여성이 착취의 주된 대상이 되었다.

인간이 좀더 강력한 동료의 소비물이 아니게 되어서야 식인의 선사(先史)는 끝나고, 인간으로서의 역사가 시작될 수 있었다. 이 변화는 식인 습관이 얼마나 범죄적인가를 우리가 충분히 깨닫기를 요구한다. 그러나 충분한 자각도 진심 어린 후회가 따르지 않으면 무력하다.

후회는 유감 이상의 것이다. 후회는 더 강한 감정이다. 후회하는 사람은 자기 자신과 자신이 한 짓에 구역질을 느낀다. 참된 후회와 그에 따르는 수치심

---

1) 〈출애굽기〉 제16장 13~21절.

은 같은 범죄가 되풀이해서 일어나는 것을 막아준다. 유일한 인간적 경험이다. 그것이 없으면 범죄가 전혀 없었던 것 같은 인상이 생긴다. 그런데 어디에서 참된 후회를 발견할 수 있을까? 이스라엘인들은 가나안 사람들을 모조리 죽인 것을 후회했을까? 미국인은 인디언을 거의 몰살해 버린 것을 후회했을까? 인간이 수천 년을 살아온 체제에서는 힘이 정의와 다름없으므로, 승리자는 후회할 필요가 없다.

　우리 자신이나 우리의 동시대인, 조상이 저지른 범죄는 실제 자기 손으로 한 짓이건 우리가 침묵했기 때문에 벌어진 일이건 각자가 분명히 의식해야 한다. 그 범죄들은 공공연한—더 말한다면 의식적인—말로 고백되어야 한다. 로마 가톨릭교회는 개인에게 죄를 고백할 기회를 제공하고, 그로써 양심의 목소리를 낼 장소를 준다. 그러나 개인의 참회로는 충분하지 않다. 그것은 집단이나 계급, 또는 국민, 특히 양심의 요구에 따른 적 없는 군주국가가 저지른 죄는 다루지 않기 때문이다. 우리가 '국민의 죄를 고백'하려고 결심하지 않는 한, 인간은 계속해서 인습을 고집하고, 적의 범죄에 대해서는 민감하면서 자기 민족의 범죄에는 눈을 감을 것이다. 국민 전체가 도덕의 대표자인 체하면서 양심을 존중하지 않고 행동하려 한다면, 개인이 어떻게 양심의 명령에 진지하게 따를 수 있겠는가? 국민 한 사람 한 사람의 양심의 목소리는 침묵될 뿐이다. 왜냐하면 양심은 진실과 마찬가지로 나눠 가질 수 없기 때문이다.

　인간의 이성이 활동하기 위해서는 비합리적인 정열에 지배받아서는 안 된다. 지성은 나쁜 목적에 쓰이더라도 지성인 것에는 변함이 없다. 반면 이성, 즉 진실을 자신들의 목적에 유리하게 쓰기 위해 자의적으로 보는 게 아니라 있는 그대로 이해하는 이성은 비합리적인 정열이 극복되어 있는 한, 다시 말해 인간이 진실로 인간답게 되고 비합리적인 정열이 주된 동인(動因)으로서 행위를 규정하는 일이 없는 한은 활동한다.

　여기서 우리는 인류의 생존에 없어서는 안 되는 정열이라는 중요한 문제에 맞닥뜨린다. 분명 공격과 파괴성은, 한 집단이 다른 집단을 전멸시키고 자신은 살아남을 수 있게 해준다. 그러나 전 인류라는 관점에서 보면 이야기는 다르다. 공격이 보편적으로 확대되면 하나 또는 다른 집단의 멸망에 그치지 않고, 마침내는 인류의 절멸에 이를 것이다. 예전에는 이 생각은 현실과 동떨어진 공론의 대상이었다. 오늘날에는 인류의 생존 자체가 위태롭게 여겨진다. 인간은 자멸의 수단을 갖고 있고, 실제 그것을 실행에 옮길 궁리를 하고 있기 때문이다. 그것도 다 생명에 대한 사랑이 최저 수준으로까지 떨어져 버렸기 때문이다. 오늘날에는 강자생존의 원리—독립국가의 이기적인 권세욕—가 인류 전체의 말살로 이어질지 모른다고 말할 수 있다.

19세기에 에머슨은 말했다. "사물이 안장에 앉아 인간을 몬다."[2] 오늘날에는 "사물이 인간의 우상이고, 그 숭배가 인간을 절멸시킬 수 있다"고 말할 수 있겠다.

지금까지 거듭 주장해 온 것은 인간이 무한한 순응성을 갖고 있다는 것이었다. 이것은 언뜻 맞는 말처럼 들린다. 각 시대를 통해 인간의 행동을 전망한다면, 가장 고상한 것부터 가장 보잘것없는 것에 이르기까지 인간이 하지 못한 것, 그리고 하지 않은 것은 사실상 없다고 말해도 좋다. 그러나 인간의 순응성에 대해서 말하기에는 어느 정도 한계가 필요하다. 인간의 발전과 완성에 이바지하지 않는 행동양식은 모두 그 대가를 요구하는 것이다. 착취자는 피착취자를 두려워한다. 살인자는 그 행위의 결과로서의 고립을 두려워한다. 반드시 교도소라는 고립이 아니더라도……. 착취자는 자신의 양심을 두려워한다. 기쁨을 잃은 소비자는 생기를 잃고 오직 살아 있을 뿐인 상태를 두려워한다.

인간이 무한한 순응성을 갖고 있다는 말에는, 인간이 생리라는 관점에서는 살아 있는 존재가 될 수 있어도 인간이라는 관점에서는 온전치 못한 존재일 수 있다는 뜻이 담겨 있다. 그런 인간은 불행하다. 기쁨이 없고, 원망만으로 가득하다. 그리고 그 때문에 파괴를 지향하게 된다. 그런 상태에서 해방되어야만 기쁨의 가능성이 다시 열린다. 유전에 근거한 병리학적 상태를 별개로 한다면, 인간은 정신적으로 건강하게 태어난다. 아이를 먼저 일그러뜨리는 것이 완전한 지배를 지향하고 생명을 미워하며 기쁨의 웃음에 견디지 못하는 사람들이다. 그런 다음 그 아이가 온전치 못한 존재가 되면 그들의 악의에 훌륭한 핑계가 생기는데, 그것은 그 아이의 그릇된 행위가 원인이 아니라 결과라고 설명하는 것이다.

왜 인간은 다른 인간을 온전치 못한 존재로 만들어야 하는가? 이 물음에 대한 답은 앞에서 내가 말한 오늘날에도 남아 있는 식인 습관 안에서 찾을 수

---

2) 미국의 사상가·시인 에머슨(Ralph Waldo Emerson)이 쓴 〈W. H. 채닝을 위한 송가〉.

있다. 마음으로 온전치 못한 사람은 강한 사람보다 쉽게 다른 사람의 먹이가 된다. 강한 자는 반격하지만 약한 자는 그러지 못한다. 저항할 길도 없고 강한 자의 악의에 휘둘린다. 지배집단이 피지배자들을 마음으로 온전치 못한 존재로 만들면 만들수록 착취하는 것, 즉 영양분을 쥐어짜듯이 자신의 목적을 위해 쥐어짜는 것이 쉬워진다.

인간은 이성을 가지고 있기 때문에 자신의 경험을 비판적으로 분석하고, 자신의 발전에 이바지하는 것과 가로막는 것을 식별할 수 있다. 그는 행복한 상태에 다다르는 것을 목표로 해서 될 수 있는 한 그의 모든 정신적인 힘과 육체적인 힘이 조화롭게 발휘될 수 있도록 노력한다. 행복의 반대는 무기력, 또는 스피노자의 표현에 따르면 우울상태이다. 따라서 기쁨은 이성의 산물이며, 무기력과 우울한 상태는 잘못된 삶의 결과이다. 《구약성서》가 이스라엘 사람들에 대해 풍요의 한복판에 있으면서 기쁨을 느끼지 않는 것을 중죄라고 비난하는 것은 이 원리를 생각하는 한 명료하게 뒷받침된다.

산업사회의 기본가치는 인간의 행복과는 충돌하는 관계에 있다. 산업사회의 기본가치란 어떤 것일까?

첫 번째 기본가치는 자연지배이다. 그러나 전(前) 산업사회도 똑같이 자연을 지배하지 않았는가? 그것은 분명하다. 그렇지 않았다면 인간은 진작 굶어 죽었을 것이다. 하지만 산업사회의 자연지배 방식은 농업사회의 자연지배 방식과는 다르다. 산업사회가 기술로 자연을 지배하고부터는 특히 그렇다. 기술의 기본은 물건의 생산에 사고력을 쓰는 데에 있다. 그것은 여자의 자궁에 대한 남성적 대용물이다. 그렇기 때문에 《구약성서》 첫머리에는 하느님이 말씀으로 세상을 창조했다고 묘사되어 있다. 그러나 한편 더 오래된 바빌로니아의 창조신화에서는 아직 땅의 여신이 세상을 낳았다고 한다.

산업사회의 가치체계에서 두 번째 기본가치는 폭력이나 보상, 또는―대부분의 경우―이 두 가지의 조합에 의한 인간의 착취이다.

세 번째 기본가치는 경제활동이 이익을 가져다주어야 한다는 것이다. 산업사회에서 이익 추구는 본디 개인의 소유욕이 드러난 게 아니라, 경제활동의 정당성이 잣대가 된다. 대부분의 상품은 팔리기 위해서는 어떤 사용가치든 있어야 하지만, 인간은 사용을 위해 생산하는 게 아니라 이익을 올리기 위해서 생산한다. 나의 경제활동의 성과란 결국 판매한 것을 만드는 데 든 비용, 또는 그것을 얻는 데 든 비용보다 많이 버는 것이어야 한다. 이윤추구를 소유욕이 강한 인간의 개인적인 심리특성으로서 설명하는 것은 널리 알려진 오해이다. 물론 그런 것도 있지만 근대 산업사회에서의 이익을 이해하는 데는 모범이 되는 본보기라고 할 수 없다. 이익은 오로지 효과적인 경제활동의 지표이며 그로써 일의 능력의 잣대가 된다.

산업사회의 고전적 특징은 네 번째 기본가치로서의 경쟁이다. 그러나 이 사회의 발전이 보여주듯이 개개의 기업에서 차츰 진화하는 집중화와 대규모화의 결과—게다가 비합법적이지만 계속 이루어지고 있는 가격 협정의 결과—경쟁은 대기업 간의 협조에 자리를 양보하고 두 개의 기업집단 사이에서보다는 두 개의 작은 소매상 사이에 나타난다. 우리의 경제활동은 오늘날 전체적으로 판매자와 구매자 간의 정서적인 관계를 잃었다. 예전에는 상인과 고객 간에 특수 관계가 있었다. 상인은 고객에게 관심을 가졌으며 판매는 단순한 돈거래가 아니었다. 판매자는 단골이 원하고 마음에 들어하는 것을 팔면 만족감을 느꼈다. 분명 오늘날에도 그런 경우는 있다. 하지만 그것은 예외이고 대부분 시대에 뒤떨어진 작은 상점에 한한다. 현대적이고 값비싼 대형 상점에서는 판매직원이 미소를 짓고 싸구려 백화점에서는 차가운 얼굴을 하고 있다. 이 미소는 진짜가 아니며, 대형 상점에서 붙인 높은 가격으로 물건을 살 수밖에 없다는 것은 새삼 강조할 필요도 없다.

다섯 번째로 들 수 있는 것은 동정의 능력이 우리의 세대에 뚜렷하게 약해졌다는 것이다. 아마도 괴로워하는 힘도 줄어들었다고 말해야 할 것이다. 물론 그렇다고 해서 이전보다 사람들을 괴롭히는 일이 적어졌다는 뜻은 아니다. 사람들은 너무나도 소외되어 있어 자신의 고통을 충분히 깨닫지 못하는 것이다. 만성 통증이 있는 사람처럼 고통을 당연한 듯이 받아들이고 있어서, 그것이 평소보다 심해져야만 깨닫는 것이다. 그리고 고통이 모든 인간, 아니 감각을 가진 모든 생물에게 공통으로 있는 유일한 감정이라는 것을 잊어서는 안 된다. 이런 이유에서 괴로워하면서도 고통이 곳곳에 퍼져 있다는 것을 인식하는 사람은 인간적인 연대의 위로를 받을 수 있다.

한 번도 행복을 경험하지 못한 사람도 많다. 한 번도 괴로워한 적이 없는 사람은 없다. 아무리 고통의 의식을 쫓아내려고 끊임없이 노력한다 하더라도. 동정은 인간에 대한 사랑과 불가분의 관계에 있다. 사랑이 없는 곳에는 동정도 있을 수 없다. 동정의 반대는 무관심이다. 그리고 무관심은 분열증과도 같은 병적 상태라고 표현할 수 있다. 개인에 대한 사랑이라고 불리는 것은 가끔 단순한 의존적 관계에 지나지 않는다는 것을 알 수 있다. 한 사람만 사랑하는 자는 누구도 사랑하지 않는 것이다.

The Revolution of Hope
희망의 혁명

개정판 머리글

이 책은 약 2년 전에 쓴 미국판 초판을 개정한 것이다. 초판을 쓴 것은 매카시의 대통령 후보 지명 선거전이 벌어졌을 때로, 나도 여기에 적극 참가했었다. 그리고 매카시가 대통령으로 뽑히고 그 결과 미국의 정책이 방향을 바꿀지도 모른다는 희망을 버리지 않았다. 결과는 그렇게 되지 않았다. 실패의 이유는 너무 많아서 여기서 다 말할 수는 없다. 그러나 다음의 사실은 남는다. 예전에는 그를 아는 사람도 없었고, 그는 전형적인 정치가와는 정반대 성격을 가졌으며, 급진적인 젊은이나 히피 또는 지식인들에서부터 상층 중산계급의 자유주의자에 이르기까지 거의 모든 국민의 찬성, 아니 가장 열광적인 갈채까지 받았다는 것이다. 선거전은 미국에서 전례를 찾기 어려운 십자군이었다. 그리고 시와 철학을 사랑하는 교수=상원의원이 대통령 자리의 유력한 경쟁자가 되었다는 것은 기적에 가까운 일이었다. 이는 미국 국민들 거의가 사회를 인간화하겠다고 마음먹고 있으며, 그것을 열망하고 있음을 증명하는 일이었다.

매카시의 패배, 닉슨의 승리, 베트남 전쟁의 계속, 더욱더 강해지는 미국의 보수반동 경향 등 모든 것이 1968년 여름에 그토록 선명했던 희망적 풍조를 약화시켜 버렸다. 하지만 아주 사라진 것은 결코 아니다. 워싱턴에서 50여 만 명이 베트남 전쟁에 항의하는 시위에 참가한 것은 희망도, 변화에 대한 의지도 살아 있다는 것을 보여주는 징후 가운데 하나이다. 생태학적인 불균형에서 나오는 위험에 대해 많은 방면에서 일어난 반응은 수많은 미국 민중에게 생명에 대한 관심이 아직도 강하다는 것을 보여주는 또 하나의 증거이다.

이 책은 미국의 상황을 염두에 두고 쓴 것이기는 하지만, 유럽—북미 기술사회들 가운데 하나로서 미국 사회를 다룬 것이며, 이런 기술사회는 모두 기본적으로 같은 문제에 맞닥뜨려 있다. 그러나 나는 두 가지 점에서 초판을 개정할 필요성을 느꼈다. 첫째로, 마지막 장에서 특히 다른 나라 독자들은 그다지 관심이 없는 미국만의 문제에 대한 부분을 몇 군데 삭제했다. 둘째로, 마지막 장에서 어떤 부분은 삭제하고 어떤 부분은 조금 서둘러 쓴 흔적이 있는 초판보다 더 명확히 생각을 표현하기 위해서 문장을 다듬으려고 노력했다.

나의 이전 작품과는 대조적으로 이 책에서는 처음부터 새로운 이론적인 생각을 펼치지 않고, 좀더 학문적인 방법으로 설명한 생각을 다시 구성해서 우리 안에 대부분 아직도 존재하는 생명사랑(biophilia)에 호소하고자 한다. 생명을 위협하는 위험을 충분히 인식했을 때 비로소 이 잠재력을 동원해 우리가 사회를 조직하는 방법을 철저하게 변화시킬 수 있다. 성공 가능성을 낙관하고 있는 것은 아니다. 그러나 생명이 승리를 거두기 위한 진짜 가능성—아주 보잘것없는 가능성일지라도—이 있는 한, 확률로 생각해서는 안 된다고 나는 믿는다.

1970년 6월
에리히 프롬

머리글

이 책은 1968년 미국의 상황에 대한 하나의 반응으로 쓰인 것이다. 이것은 우리가 지금 갈림길(crossroads)에 서 있다는 믿음에서 탄생했다. 하나의 길은―수소폭탄 전쟁에 의한 파멸까지는 아니더라도―완전히 기계화되어 인간이 기계 속의 무력한 톱니바퀴가 되어버리는 사회로 통한다. 또 다른 길은 인간주의와 희망의 부활로―기술을 인간의 행복에 쓰는 사회로―통한다.

이 책은 우리가 놓인 난처한 상황을 분명히 인식하지 못하고 있는 사람들에게 문제점을 분명히 보여주기 위한 것이며, 행동에 나설 것을 호소하는 것이기도 하다. 이 책은 비합리성과 증오에 의해서가 아니라 이성과 생명에 대한 열렬한 사랑에 의해서 필요한, 새로운 해결법을 발견할 수 있다는 믿음에 기초한다. 이 책은 정치적, 종교적인 견해는 다르지만 이 생명에 대한 관심과 이성 및 현실의 존중이라는 점에서는 다르지 않은 광범위한 사람들을 목표로 하고 있다.

이 책은 기존의 나의 모든 작품과 마찬가지로 개인적, 사회적 현실과 현 상태를 유지하기 위해서 가치 있는 사상을 악용해 '내 편으로 만드는' 이념을 구별하기 위한 것이다. 전통적인 사고의 가치를 경시하는 젊은 세대를 위해서 나는 가장 급진적인 발전도 과거와 연계되어 이루어져야 하며, 인간 정신의 최고 달성을 버려서는 진보할 수 없다―그리고 젊음이 다는 아니다!―는 나의 확신을 강조하고 싶다.

이 책은 지난 40년에 걸쳐서 내가 여러 책에서 다루어 온 주제를 다루고 있기 때문에, 나는 같은 사상들을 언급하지 않을 수 없었다. 그 사상들은 주된 문제점, 즉 비인간화를 대신할 길이라는 문제점을 둘러싸고 재편성되어 있다. 그러나 이 책은 나의 기존 생각을 뛰어넘는 새로운 사상들도 담고 있다.

많은 독자를 대상으로 하므로 인용은 최소한에 그쳤지만, 이 책을 쓰면서 나의 생각에 영향을 미친 지은이는 모두 인용했다. 대체적으로 이 책에서 다룬 제재와 직접 관련성이 있는 내 책에 대한 언급도 피했다. 그것들 가운데 주요한 것은 《자유에서의 도피(*Escape from Freedom*)》(1941), 《자신을 위한 인간(*Man for Himself*)》(1947), 《건전한 사회(*The Sane Society*)》(1955), 《악에 대하여(인간의 마음 *The Heart of Man*)》(1964) 등이다.

이 책에서 취한 일반적 방법은 검토되고 있는 중심 문제의 성격을 반영하고 있다. 이것은 당연하지만, 때로는 이 때문에 독자는 조금 어려움을 느낄지도 모른다. 이 연구는 가끔 별개로 다루어지는 두 개의 문제 영역—인간의 성격 구조, 성질, 잠재능력과 현대의 사회·정치·경제와 관련된 문제—을 묶으려고 시도한다. 중점을 두는 곳은 부분별로 다르지만, 책 전체에서 주요한 목적은 이 논의들을 통합하고 하나로 엮는 것이다. 이 작업을 할 때 현대 미국 사회의 문제점에 대한 현실적이고 효과 있는 접근은, 모든 사회체제의 분석이 이 책에서 말하는 '인간이라는 시스템'도 포함해야만 가능하다는 확고한 신조를 갖고 있다. 나는 이 책에 대한 반응으로서 독자들이 사사건건 구분하는 사고 습성을 극복하고 나와 함께 '심리학'에서 '사회학'이나 '정치학'으로 뛰어올랐다가, 다시 본디로 돌아가는 데 그다지 어려움을 느끼지 않기를 희망한다.

마지막으로 원고를 읽어보고 많은 조언을 해주신 이들—루스 난다 안셴(Ruth Nanda Anshen), 나의 아내, 그리고 경제학 분야에서도 소중한 도움을 주신 레이먼드 G. 브라운(Raymond G. Brown)—에게 감사의 뜻을 표한다. 또 출판사의 특별한 협력으로 원고를 넘긴 지 10주 만에 이 책을 출판할 수 있었던 것에 대해서도 감사의 뜻을 전하고 싶다.

E. F.

1. 갈림길

유령이 우리들 사이를 거리낌 없이 활보하고 있지만, 그 모습을 똑똑히 보고 있는 것은 겨우 몇 사람뿐이다. 그것은 예전의 공산주의나 파시즘의 망령이 아닌 새로운 유령이다. 즉 완전히 기계화되어 최대한의 상품 생산과 소비에 열을 올리고 컴퓨터의 지배를 받는 사회이다. 이 사회 과정 속에서는 인간 자신이 기계 전체의 일부가 되어 충분한 식량과 오락을 얻으면서도 수동적이 되고, 생명을 잃고, 감정도 메말라 간다. 이 새로운 사회의 승리와 함께 개인주의와 사생활은 사라져 버릴 것이다. 다른 사람에 대한 감정을 조작하기 위해 심리학과 관련된 조건이나 여러 방법, 또는 새로운 종류의 환상 체험까지 이끌어 내는 약 따위가 쓰일 것이다. 즈비그뉴 브레진스키(Zbigniew Brzezinski)가 말했듯이, "전자기술사회에서는 인간을 잡아끄는 매력적인 성격을 가진 자들이 최신의 의사소통 기술을 이용해서 감정을 조작하고 이성을 지배함으로써 몇 백만이나 되는, 조직되지 않은 시민의 개인적인 지지를 쉽게 모으는 경향이 되어갈 것이다."[1] 이 새로운 형태의 사회는 조지 오웰의 《1984년》(1984)이나 올더스 헉슬리의 《멋진 신세계(*Brave New World*)》에서 소설 형식으로 예언되어 있다.

아마도 현재 가장 기분 나쁜 징후는 우리가 자기 자신의 체제에 대한 지배력을 잃은 것처럼 생각되는 일일 것이다. 우리는 컴퓨터가 계산해서 정해 주는 것을 실행한다. 우리는 인간으로서 좀더 많이 생산하고 좀더 많이 소비하는 것 말고는 아무 목표도 갖고 있지 않다. 우리는 아무것도 결정하지 않고, 무엇을 결정하려 하지도 않는다. 우리는 핵무기에 의한 멸망의 위험에 위협받고 있는 것과 동시에, 책임 있는 결정에서 제외되어 있는 탓에 생기는 수동성에 의한 정신적인 죽음에 위협받고 있다.

---

1) 〈The Technetronic Society〉, 《*Encounter*》, Vol. XXX, No. 1(January, 1968), p.19.

왜 이렇게 되었을까? 자연에 대한 승리의 절정에 있어야 할 인간이 어째서 자신이 만들어 낸 것들의 포로가 되어 자신을 멸망시킬 중대한 위험에 처하게 된 것일까?

과학적 진리를 탐구하는 과정에서 인간은 자연을 지배하기 위해서 쓸 수 있는 지식을 발견했다. 인간은 어마어마한 성공을 거두었다. 그러나 기술이나 물질적 소비만을 일방적으로 강조한 탓에 인간은 자기 자신과의 접촉을 잃었고, 목숨과도 접촉을 잃었다. 종교적 신앙과 그에 관련한 인본주의에 근거한 가치를 잃은 인간은 기술적, 물질적 가치에 전념했으며, 깊은 정서적 체험과 그에 따르는 기쁨이나 슬픔을 느끼는 능력을 잃어버렸다. 인간이 만든 기계는 너무나 강력해져서 자신의 프로그램을 실행해 나갔고, 그것이 이제 인간의 사고를 결정하고 있다.

현재 우리 체제의 가장 무서운 징후 가운데 하나는 우리나라의 경제가 무기생산(그리고 모든 방어 시설의 유지)과 최대한의 소비 원리에 의존하고 있다는 사실이다. 우리의 경제제도가 제대로 돌아가기 위한 조건은 물리적 파멸을 앞세워 우리를 위협하는 상품을 생산하고 있다는 것, 개인을 완전한 수동적 소비자로 바꾸어 죽은 자로 만들어 버리는 것, 그리고 개인에게 무력감을 주는 관료제를 낳는 것 등이다.

우리는 해결할 수 없는 비극적이고 난처한 상황에 맞닥뜨려 있는 것일까? 우리는 건강한 경제를 갖기 위해 병자를 만들어야 하는 것일까? 아니면 물질 자원, 발명, 컴퓨터 등을 써서 인간의 목적에 도움을 줄 수 있을까? 강력하고 기능적인 조직을 갖기 위해서 개인은 수동적이고 의존적이어야 할까?

이 물음들에 대한 답은 다양하다. '거대기계'가 인간 생활에 혁명적이고 근본적인 변화를 가져다줄 것이라고 믿는 사람들 가운데는 새로운 사회는 피할 수 없으므로 공로나 죄과를 따져봤자 의미가 없다고 말하는 사람도 있다. 동시에 이런 사람들은 새로운 사회에 호의적이다. 다만 현재의 인간이 지금 그대로 상태를 유지한다면 이런 사회가 그 사람에게 어떤 작용을 미치게 될지에 대해서는 얼마쯤 걱정하고 있기는 하다. 즈비그뉴 브레진스키와 오토 헤르만 칸(Otto Hermann Kahn)은 이런 태도를 보이는 대표자이다. 이 영역의 반대 쪽 끝에는 자크 엘륄(Jacques Ellul)이 있는데, 그는 저서 《기술사회(*Technological Society*)》에서 우리가 접근하고 있는 새로운 사회와 그것이 인간에게 미치는 파괴적인 힘을 매우 활기차게 표현하고 있다. 그는 무서울 만큼 인간성이 결여된 이 유령과 대결하고 있다. 그는 새로운 사회가 반드시 승리한다고는 결론 내리지 않는다. 다만 확률적으로 보아 이길 것 같다고 생각한다. 그러나 그는 비인간화된 사회가 승리자가 되지 않을 가능성이 있다고 내다본다. "만일 기술사회가 인간의 개인적, 정신적 삶에 주는 위협을 충분히 인식하는 사람의 수가 늘어난다면, 그리고 만일 그들이 이 발전의 방향을 뒤집음으로써 자기 자유를 주장하겠다고 결심한다면."[2] 루이스 멈퍼드의 견해도 엘륄과 같다고 할 수 있다. 《기계의 신화》[3]라는 깊은 통찰과 재기로 넘치는 저서에서 멈퍼드는 이집트와 바빌로니아 사회에 처음으로 모습을 드러냈을 때를 시작으로 '거대기계'를 묘사하고 있다. 하지만 지금까지 말한 저서들처럼 호의를 갖고 있든 공포를 갖고 있든 유령의 존재를 보고 있는 사람들과는 대조적으로, 체제의 정점에 있는 사람들이나 일반 시민 등 대부분의 사람은 유령 따위는 보고 있지 않다. 그들은 19세기에나 어울릴, 시대에 뒤처진 신조(信條)의 소유자로, 기계는 인간의 짐을 더욱더 가볍게 해줄 것이고, 또한 목적을 이루기 위한 수단에 머물 것이라고 믿는다. 그들은 기술이 그 자신의 논리를 펼치도록 놓아둔다면 그것이 암처럼 증식해서 마침내는 개인적, 사회적 삶의 기존 체계까지 위협할 것이라는 위험을 깨닫지 못하고 있다. 나의 이 책의 관점[4]은 원칙적으로는 멈퍼드나 엘륄의 관점이다. 차이가 있다면, 그것은 아마도 사회체제를 다시 인간의 지배 밑에 둘 가능성을 내가 좀더 많이 인정하고 있다는 의미에서일 것이다. 이 점에서 나의 희망은 다음 원인들에 근거하고 있다.

1. 현재의 사회체제를 더 충분히 이해하려면 '인간'이라는 시스템을 그것과 분리하지 말고 모두 다 체계적으로 다룰 필요가 있다. 인간성이란 추상적인 말도 아니고, 무한의 순응성이 있다고 해서 역학(力學)의 관점에서 무시해도 좋은 시스템도 아니다. 인간성에는 독특한 성질, 법칙, 선택 범위가 있다. '인간'이라는 시스템을 연구함으로써 사회경제제도 안에 있는 어떤 원인이 인간에게

2) French edition, 1954 ; American edition, 1964, Alfred Knopf, and first Vintage Books edition, 1967, p.xxx.
3) Lewis Mumford, *The Myth of the Machine*(New York : Harcourt, Brace & World, 1966).
4) 《자유에서의 도피》 및 《건전한 사회》와 같은 관점.

어떻게 작용하는지, '인간'이라는 시스템 내의 동요가 모든 사회체계 안에 어떻게 불균형을 낳는지도 우리는 알 수 있다. 모든 체제의 분석에 인간의 원인을 덧붙임으로써 우리는 체제의 기능장애를 이해할 소지를 얻고, 사회체제의 건전한 경제적 기능을 체제 내 인간의 가장 알맞은 행복과 연결시켜 줄 규준을 결정할 가능성을 얻는다. 물론 인간의 시스템이 그 자신의 구조 원리에 따라 최대한 발전하는 것—즉 인간의 행복—이 가장 높은 목표라고 하는 동의가 있어야만 비로소 지금 말한 모든 것에 근거가 주어진다.

2. 우리의 현재 삶, 그 수동성과 감춰진 태만, 그 사생활 결여와 비인격화, 이런 것들에 대한 불만의 증대, 그리고 인간이 수천 년 역사에서 키워 온 인간 특유의 욕구를 채워 줌과 동시에 인간을 컴퓨터뿐만이 아니라 동물들과도 구별시켜 주는 기쁨으로 가득한 의미 있는 삶에 대한 동경이다. 이런 경향은 국민 가운데 유복한 계층이 이미 충분한 물질적 만족을 맛보고 있으며 소비자의 천국은 약속한 행복을 주지 못한다는 것을 알고 있으므로 더욱더 강해진다(물론 가난한 사람들은 '원하는 모든 것을 가진' 사람들의 기쁨의 결여를 지켜보기만 할 뿐으로, 소비에 따르는 환멸을 스스로 경험할 기회는 아직 주어지지 않았다).

이념이나 관념은 매력을 잃었다. '우익'과 '좌익', '공산주의'와 '자본주의'와 같은 틀에 박힌 문구는 의미를 잃었다. 사람들은 새로운 철학에서 새로운 방향을 찾고 있다. 그 중심에 생명을 우선하며—육체적으로도 정신적으로도—, 죽음을 우선하지 않는 철학을.

미국에서, 그리고 전 세계에서 분극화가 진행되고 있다. 한편에는 힘, '법과 질서', 관료주의적 방법, 그리고 마지막에는 생명을 부정하는 사람들이 있고, 다른 한편에는 생명에 대해 기존의 도식이나 미래상이 아닌 새로운 태도를 깊이 동경하는 사람들이 있다. 이 새로운 전선은 우리의 경제적, 사회적 관행의 근본적인 변혁 욕구를 인생에 대한 우리의 심적, 정신적 태도의 변혁과 묶어 주는 운동이다. 가장 일반적인 형태에서 그 운동의 목표는 개인의 능동화이고, 사회체제에 대한 인간 지배의 회복이며 기술의 인간화이다. 그것은 생명이라는 이름을 앞세워서 벌어지는 운동이다. 생명에 대한 위협은 오늘날에는 하나의 계급이나 하나의 국가에만 해당되는 것이 아니라 모든 인간에게 해당되기에, 매우 넓은 공통의 지반을 갖는 운동이다.

앞으로 이어지는 각 장(章)은 여기에서 대략 설명한 문제, 특히 인간성과 사회경제제도의 관계와 관련된 문제를 세부적으로 논하려는 시도이다.

그러나 맨 먼저 분명히 해두어야 할 점이 하나 있다. 우리가 걸어온 길을 바꿀 가능성에 대해서는 오늘날에 이르러 절망감이 퍼지고 있다. 이 절망감은 주로 무의식 속에 존재한다. 하지만 의식적으로는 사람들은 '낙관적'이며, 그보다 큰 '진보'를 바라고 있다. 현재의 상황과 그 안에서의 희망의 가능성에 대한 논의에 앞서서 희망이라는 현상을 논하고 넘어가야 한다.

2. 희망

1) 희망이 뜻하지 않는 것

사회를 좀더 많은 활동성, 의식성, 이성(理性)의 방향으로 변혁하려는 어떤 시도에서도 희망은 하나의 결정적 요소이다. 그러나 희망의 본질은 때때로 오해되며, 희망과는 아무런 관계도 없고 실은 정반대인 태도와 혼동된다.

희망을 갖는다는 것은 어떤 것인가?

그것은 많은 사람들이 생각하는 것처럼 소망이나 욕망을 갖는 것일까? 만일 그렇다면 더 많고 더 좋은 차, 집, 물건들을 원하는 사람은 희망을 가진 사람인 셈이다. 그러나 아니다. 그들은 더 많은 소비를 추구하는 사람이지 희망을 가진 사람이 아니다.

원하는 것이 물건이 아니라 충실한 삶, 좀더 활동적인 상태, 끝없는 권태로부터의 해방이라면, 그것은 희망을 가진 것일까? 또는 종교 영역에서 말한다면 구원을 찾고, 정치 영역에서 말하는 혁명을 추구한다면, 그것은 희망일까? 분명 이런 기대라면 희망이라고 말할 수 있을지도 모른다. 하지만 거기에 수동적인 성질이 있고, '갖다'라는 기분이 있다면—그것이 극단으로 가면 희망은 사실 포기의 위장에 지나지 않게 되고, 단순한 이념이 되어버리지만—그것은 희망과는 다르다.

카프카는 이런 포기와 수동성의 희망을 《심판》의 어떤 이야기로 살 묘사하고 있다. 한 남자가 천국('법')으로 들어가는 문을 찾아와서 문지기에게 들여보내 달라고 부탁한다. 문지기는 지금은 안 된다고 말한다. '법'으로 들어가는 문은 열려 있지만, 남자는 허가가 날 때까지 기다리기로 한다. 남자는 주저앉아서 몇 날이고 몇 년이고 기다린다. 그는 몇 번이나 들어가게 해달라고 부탁하지만, 언제나 아직 안 된다는 대답을 듣는다. 이 오랜 세월 동안 남자는 거의 끊임없이 문지기를 관찰하고, 마침내는 털가죽의 끝에 앉은 벼룩까지 보게 된다. 마침내 그는 죽을 나이가 된다. 처음으로 그는 묻는다. "이렇게 오랫동안나 말고는 들여보내 달라고 찾아온 사람이 없는 것은 무슨 까닭입니까?" 문지기가 대답한다. "당신 말고는 아무도 이 문으로 들어갈 수 없소. 이 문은 당신의 문이기 때문이오. 이제 슬슬 닫아야겠군."

　남자는 너무 늙어서 이 의미를 깨닫지 못한다. 아마 더 젊었어도 몰랐을 것이다. 결론을 내리는 것은 관리이다. 그들이 안 된다고 하면 그는 들어갈 수 없다. 그에게 이 수동적인 기다림이라는 희망, 그 이상의 것이 있었다면 그는 들어갔을 것이다. 그리고 관리 따위는 무시하려는 그의 용기가 그를 눈부신 궁전으로 이끌 해방적 행동이 되었을 것이다. 많은 사람이 카프카의 노인과 닮았다. 그들은 희망을 갖지만 마음의 충동에 따라 행동하는 사람이 아니기 때문에 관리가 푸른 신호를 보내지 않는 한 언제까지나 기다리는 것이다.[1]

　이런 수동적 희망과 밀접하게 관계하는 것은 때를 기대한다는 식으로 표현할 수 있는 일반화된 희망의 형태이다. 때와 미래는 이런 종류의 희망에서 중요한 범주가 된다. 어떤 일이 일어날 것이 기대된다면 그것은 지금이 아니라 다음 순간이고 다음 날이며 다음 해이고, 또 이 세상에서 희망이 이루어진다고 믿는 것이 어리석다면 다음 세상이다. 이 신념의 배후에는 '미래'나 '역사'나 '후세'에 대한 우상숭배가 있다. 그것은 프랑스 혁명 때 미래를 여신처럼 믿었던 로베스피에르 같은 사람과 함께 시작되었다. "나는 아무것도 아니다. 나는 하찮은 인간이고, 무력하므로 수동적이다. 그러나 때의 투영으로서의 미래가 내가 할 수 없는 일들을 실현해 줄 것이다." 이 미래숭배는 근대 부르주아 사상의 '진보' 숭배의 다른 측면으로, 이것이야말로 희망의 소외이다. 내가 행하는 것, 또는 내가 되는 게 아니라 미래나 후세라는 우상이 뭔가를 가져다주는 것으로, 나는 아무것도 하지 않는 것이다.[2]

　수동적으로 기다리는 것이 절망과 무력(無力)의 위장인 한편, 그와 정반대

---

1) *esperar*라는 스페인어는 기다림과 희망을 동시에 뜻한다. 이것이 내가 지금 설명하고자 하는 수동적인 희망이다.

2) 역사가 정사선악(正邪善惡)을 결정한다는 스탈린주의의 생각은 우상숭배와도 같은 로베스피에르의 후세 신앙을 그대로 이은 것이다. 그것은 마르크스 관점과 대극(對極)을 이룬다. 마르크스는 말한다. "역사는 아무것도 아니고 아무것도 하지 않는다. 뭔가이고 뭔가를 하는 것은 인간이다." 또 포이어바흐에 대한 '테제'에서 "인간은 환경과 교육의 산물이며, 따라서 다른 인간은 다른 환경과 다른 교육의 산물이라는 유물론의 주장은 환경을 바꾸는 것은 인간이고, 교육자도 교육이 필요하다는 사실을 잊고 있다'고 말했다.

의 위장—강령 만들기나 모험주의, 현실 무시, 불가능한 것을 무리하게 하려는 행동—을 하는 다른 형태의 절망이 있다. 이것은 가짜 구세주나 폭동(Putsch) 지도자들의 태도로, 그들은 모든 상황에서도 패배보다 죽음을 선택하지 않는 사람을 경멸했다. 그 무렵 이 허위의 급진적 위장을 한 절망과 허무주의는 젊은 세대의 가장 헌신적인 사람들 가운데 드물지 않았다. 그들은 대담함과 헌신성 때문에 인간의 마음에 호소하지만 현실성과 전략감각이 없는 탓에, 또 어떤 자의 경우는 생명에 대한 사랑이 없는 탓에 설득력이 떨어진다.[3]

2) 희망의 역설과 본질

희망은 역설적이다. 희망은 수동적으로 기다리는 것도 아니고, 일어날 수 없는 상황을 억지로 일으키려고 하는 현실과 동떨어진 태도도 아니다. 희망은

---

3) 이런 절망감이 헤르베르트 마르쿠제(Herbert Marcuse)의 《에로스와 문명(*Eros and Civilization*》(Boston : Beacon Press, 1955) 및 《일차원적 인간(*One-Dimensional Man*)》(Beacon Press, 1964)에 잘 나와 있다. 사랑, 배려, 관심, 책임 등 모든 전통 가치는 이전의 기술사회에서만 의미를 갖고 있었다고 그는 생각한다. 새로운 기술사회–억압도 착취도 없는 사회–에는 새로운 인간이 태어난다. 그는 죽음을 비롯한 그 어떤 것도 두려워할 필요가 없으며, 현재는 아직 명확하지 않은 다양한 욕구를 키우고 '다형태의 성'을 만족시킬 기회를 얻을 것이다(프로이트의 《성 이론에 대한 세 가지 기여(*Three Contributions to the Theory of Sex*)》 참조). 요컨대 인간의 마지막 진보는 유아의 삶으로의 퇴행, 배부른 갓난아기의 행복감으로의 복귀라고 생각한다. 마르쿠제가 절망으로 끝난 것도 이상하지 않다. "사회를 비판하는 이론은 사회의 현재와 미래의 간격에 다리를 놓는 개념을 갖지 않는다. 어떤 전망도 하지 않고 어떤 성공도 제시하지 않는 그것은 늘 부정적이다. 그리하여 그것은 희망을 품지 않고 '위대한 거절'에 목숨을 바친 사람들과, 지금 바치고 있는 사람들에게 충실하고 싶어한다"(*One-Dimensional Man*, p.257.).

이런 인용은 마르쿠제를 혁명의 지도자로서 공격하거나 숭배하는 사람들이 얼마나 잘못 생각하고 있는지를 보여준다. 절망에 기초를 둔 혁명 따위는 과거에도 없었고 앞으로도 없을 것이기 때문이다. 그러나 마르쿠제는 정치에는 관여조차 하지 않는다. 인간이 현재와 미래 사이의 단계에 관여하지 않는다면, 그 사람은 급진적이든 아니든 정치와는 관계가 없기 때문이다. 마르쿠제는 본질적으로는 소외된 지식인의 한 예로, 자신의 개인적인 절망을 급진주의의 이론으로서 제시하고 있다. 유감스럽게도 프로이트를 잘 이해하지 못하고 프로이트에 대한 지식도 별로 없는 그는, 프로이트 학설과 부르주아 유물론과 완곡한 헤겔 철학 사이에 다리를 놓고 그것을 건너면서 그와 그 밖의 똑같은 머리를 가진 '과격론자'들에게는 이론상으로는 가장 진보된 토대를 갖춘 것으로 보이는 것을 합성하고 있다. 여기서는 세밀하게 지적할 수 없지만 그것은 소박한 지적 망상으로, 본디 합리성이 없고 현실성이 없으며, 생명에 대한 사랑이 결여되어 있다.

웅크린 호랑이와 같은 것으로, 덤벼들어야 할 순간이 왔을 때 비로소 덤벼든다. 지친 개량주의도 허위의 급진적 모험주의도 희망의 표현은 아니다. 희망을 갖는다는 것은 아직 태어나지 않은 것을 위해서 늘 준비가 되어 있다는 것이고, 설령 일생 동안 아무것도 태어나지 않았다 하더라도 절망하지는 않는 것이다. 이미 존재하는 것, 또는 존재할 수 없는 것을 희망해도 소용없다. 약한 희망밖에 가지고 있지 않은 사람이 다다를 곳은 제멋대로인 폭력이다. 강한 희망을 가진 사람은 새로운 생명의 모든 징후를 발견하여 소중히 지키고, 태어나려 하는 것의 탄생을 도와주려고 언제든 만반의 준비를 갖추고 있다.

희망에 대한 혼란 가운데에서 주요한 한 가지는 의식적 희망과 무의식적 희망을 가려내지 못하는 것이다. 이는 물론 다른 많은 정서적 체험, 이를테면 행복, 불안, 우울, 태만, 증오 따위에 대해서도 일어나는 잘못이다. 프로이트의 이론이 이렇게 유행하고 있는데도 그의 무의식 개념이 이런 정서적 현상에 거의 응용되지 않는다는 것은 놀라운 일이다. 이 사실에는 두 가지 주된 이유가 있다. 하나는 어떤 종류의 정신분석학자와 어떤 종류의 '정신분석철학자'가 쓴 글에서 무의식의—즉 탄압(repression)의—모든 현상이 성욕과 관련지어져 있고, 억압이—성적 욕망이나 행동의 억제(suppression)와 같은 의미로—잘못 쓰이고 있다는 것이다. 그 때문에 프로이트의 발견에서 가장 중요한 결과가 몇 가지 빠져 있다. 두 번째 이유는 아마도 빅토리아 왕조 이후의 세대에게 억압된 성욕을 의식하는 것이 소외, 절망, 탐욕 등의 체험을 의식하는 것보다 훨씬 편하다는 사실이다. 가장 뚜렷한 예를 하나만 들어보자. 대부분의 사람은 불안, 태만, 고독, 절망 등의 감정을 갖고 있다는 것을 자기 자신에 대해서도 인정하지 않는다. 즉 이런 감정을 의식하고 있지 않다.[4] 이것은 단순한 이유에서이다. 우리의 사회적 양식에서는 성공하는 사람은 두려워하거나 따분해하거나 외로워하지 않는 법이라고 여기기 때문이다. 그는 이 세계를 모든 세계 가운데에서 최고라고 생각해야 한다. 출세를 위한 최선의 기회를 얻기 위해서 그는 의혹, 우울, 태만, 절망 등과 마찬가지로 불안도 억압해야 한다.

---

[4] '무의식'에 대해서 말하는 것도 소외된 생각 및 표현의 한 형태임을 강조하고 싶다. 하나의 기관 같은, 또는 공간을 차지하는 하나의 사물 같은 '무의식'은 존재하지 않는다. 인간이 할 수 있는 것은 외부나 내부의 일을 '의식하는' 또는 '의식하지 않는' 것이다. 즉 우리가 문제시하는 것은 마음과 관련된 기능이지, 신체 어딘가에 배치된 기관이 아니다.

의식적으로는 희망을 갖고 있지만 무의식적으로는 절망하고 있는 사람이 많다. 또 그 반대의 사람도 얼마쯤 있다. 희망과 절망을 검토할 때 가장 중요한 것은 자신의 감정에 대해서 생각하는 게 아니라, 정말로 느끼는 것이다. 이는 말이나 표현으로부터는 거의 알 수 없고 얼굴 표정, 걸음걸이, 눈앞에 있는 것에 흥미를 갖고 반응하는 능력 등으로부터, 또 논리적인 논의에 귀를 기울이는 능력으로 보이는 광신주의와는 거리가 먼 태도 등으로부터 알 수 있다.

이 책에서 사회심리학과 관련된 현상에 적용되는 역학(力學)에 근거한 관점은 대부분의 사회과학 연구에 이용되는 기술(記述)에 근거한 행동주의의 접근과 근본적으로 다르다. 역학에 근거한 관점에서 보는 우리에게 가장 큰 관심은 인간이 지금 무엇을 생각하고, 무엇을 말하며, 어떻게 행동하느냐에 있지 않다. 우리는 그 사람의 성격구조에—즉 그가 가진 에너지의 반영구적 구조에, 그 에너지가 이끄는 방향에, 그 에너지의 강도에—관심을 갖는다. 행동을 일으키는 원인을 안다면, 현재의 행동을 이해할 뿐만 아니라 잘못된 상황에서 인간이 어떻게 행동할 것인지를 이치에 닿게 추측할 수도 있다. 역학에 근거한 관점에서는 인간의 사고나 행동의 놀라운 '변화'도, 그 사람의 성격구조를 알고 있었다면 대개는 예측할 수 있다.

희망이 의미하지 않는 것에 대해서 더 이야기할 수도 있겠지만, 먼저 희망이란 무엇인가를 물어보자. 그것은 말로 묘사할 수 없는가? 아니면 시(詩), 노래, 몸짓, 얼굴 표정, 또는 행위로만 전달할 수 있는가?

인간의 다른 체험들의 경우와 마찬가지로 희망도 말로는 충분히 설명할 수 없다. 아니, 대부분의 경우 말은 역효과를 낳는다. 말은 모호하게 만들고, 떨어뜨리고, 죽여버린다. 사랑이나 증오나 희망에 대해서 말하는 동안에 자신이 말해야 할 것에서 멀어져 버리는 경우가 너무나도 많다. 시나 음악이나 그 밖의 온갖 예술은 인간 체험을 그려내기에는 누가 뭐래도 가장 훌륭한 매체인데, 그것들이 인간 체험의 정확하고 올바른 재현이라고 잘못 생각하고 있는 닳아빠진 화폐 같은 추상성과 모호함을 갖고 있지 않기 때문이다.

그러나 이런 한정을 진지하게 받아들이면서도 시의 말이 아닌 말로 감정적 체험에 다가갈 수도 있다. 이는 자신이 말하는 체험을 다른 사람이 적어도 어느 정도까지는 체험하고 있어야만 가능하다. 그 체험을 설명한다는 것은, 그 다양한 면을 지적함으로써 지은이와 독자가 같은 것을 생각하고 있음을 알게 되는 마음의 유대를 맺는 것이다. 이 시도를 하면서 나는 독자들에게 나와 함께 노력할 것, 그리고 희망이란 무엇인가라는 물음에 대한 답을 줄 것이라고 기대하지 말 것을 부탁해야 한다. 우리의 대화를 가능하게 하기 위해서 독자 자신의 체험을 동원해 달라고 부탁해야 한다.

희망을 갖는다는 것은 하나의 존재상태이다. 그것은 마음의 준비이다. 긴장하고 있지만 아직 행동에 드러나지 않은 능동성(activeness)[5]을 갖춘 준비이다. '활동(activity)'이라는 개념은 현대 산업사회의 인간이 품고 있는 환상 가운데에서도 가장 널리 퍼진 하나의 환상에 기초하고 있다. 우리 문화의 총체는 활동—그것은 부지런히 움직이고 있다는 뜻이고, 부지런히 움직인다는 것은 바쁘다(일에 필요한 분주함)는 뜻이다—이라는 톱니바퀴가 맞물려져 이루어진 것이다. 사실 대부분의 사람은 너무 '활동적'이라 아무것도 하지 않고 가만히 있지를 못한다. 그들은 이른바 여가조차도 다른 형태의 활동으로 바꾸어 버린다. 당신이 돈을 벌기 위해서 활동하지 않는 때는 드라이브를 하거나, 골프를 치거나, 시시한 대화를 나누면서 활동하고 있다. 당신이 두려워하는 것은 거의 아무것도 '할 것'이 없는 시간이다. 이런 종류의 행동을 활동이라고 부를지 말지는 용어상의 문제이다. 골치 아프게도 자신이 매우 활동적이라고 생각하는 사람은 흔히 자신이 '바쁘다'고 생각하지만 지나치게 수동적이라는 사실을 깨닫지 못하고 있다. 그들은 늘 외부 자극이 필요하다. 그것은 다른 사람의 수다이거나, 영화 감상이거나, 여행이거나, 더 두근두근한 소비의 흥분이거나 등이다. 그 자극이 단지 자신의 성욕(性慾)을 풀어주는 상대에 지나지 않는 새로운 남자 또는 여자인 경우도 있다. 그들에게는 엉덩이를 때리고, '스위치를 넣고', 꾀고, 유혹하는 것이 필요하다. 그들은 언제나 달리고 있으며 결코 멈추지 않는다. 그들은 늘 '이끌려 다닐' 뿐 절대 스스로 일을 진행하지 않는다. 그들은 스스로 매우 활동적이라고 생각하지만, 실은 자기를 직시했을 때 생길 불안으

---

5) 나는 마이클 매코비(Michael Maccoby)가 보낸 편지에서 'activeness'-능동성-(보통 쓰이는 'activity' 대신에)라는 단어를 얻었다. 이에 대응해서 나는 passivity 대신에 passiveness-수동성-라는 단어를 쓰는데, 이때 activeness 또는 passiveness는 태도 또는 마음의 상태를 말한다. 나는 몇몇 저서에서 능동성과 수동성의 문제를 특히 생산적 지향과 관련지어서 설명했다. 에르네스트 샤흐텔(Ernest Schachtel)의 《변신 : 애정, 인지, 주의와 기억의 발달에 관하여 (Metamorphosis : On the Development of Affect, Perception, Attention and Memory)》(New York : Basic Books, 1959)에 나오는 능동성과 수동성의 훌륭하고 심오한 논의에 주목하시기를 바란다.

로부터 달아나기 위해서 뭔가를 해야만 한다는 강박관념에 시달리고 있는 것이다.

희망은 생명과 성장의 정신적 부산물이다. 햇빛을 받지 못하는 나무가 해가 드는 쪽으로 줄기를 구부렸다 하더라도, 나무가 인간처럼 '희망을 가지고 있다'고 말할 수는 없다. 인간의 희망은 나무에게는 없을 감정이나 의식과 연결되어 있기 때문이다. 그렇지만 나무는 햇빛을 희망하며, 줄기를 태양 쪽으로 뻗음으로써 그 희망을 드러내고 있다고 해도 잘못된 말은 아니다. 태어날 아이의 경우는 다를까? 갓난아기는 의식을 갖고 있지 않을지도 모르지만, 그 활동은 태어나고 독립해서 호흡하겠다는 희망을 표현하고 있다. 젖먹이는 어머니의 유방을 희망하지 않을까? 유아는 똑바로 서서 걷기를 희망하지 않을까? 병자는 회복되기를, 죄수는 자유인이 되기를, 굶주린 사람은 먹기를 희망하지 않을까? 우리는 다음 날 눈뜨기를 희망하며 잠드는 게 아닐까? 사랑의 행위는 남자가 자신의 힘에 대해서, 또 상대의 사랑을 자극하는 자신의 능력에 대해서 품는 희망을, 또 여자가 남자에 응해서 남자의 사랑을 자극하고자 하는 희망을 의미하는 것은 아닐까?

3) 신념

희망이 사라지면 생명은 사실상 또는 잠재적으로 종말을 알린 셈이 된다. 희망은 생명 구조 및 인간 정신에서 역학의 본질적 요소이다. 그것은 생명 구조의 또 다른 요소, 즉 신념(faith)과 밀접하게 연관되어 있다. 신념은 신앙이나 지식의 약한 형태가 아니다. 또 구체적인 이것저것에 대한 신념도 아니다. 신념은 아직 증명되지 않은 것을 믿는 것이며, 진짜 가능성(real possibility)을 아는 것이며, 잉태된 것을 깨닫는 것이다. 신념이 아직 태어나지 않은 진실에 대한 지식을 가리킬 때에는 합리적이라고 할 수 있다. 그것은 표면을 뚫고 핵심까지 꿰뚫어 보는 지식과 이해의 능력에 기초하고 있다. 신념은 희망과 마찬가지로 미래 예언이 아니라 미래를 잉태하는 현재의 통찰(洞察)이다.

신념은 곧 확신(certainty)이라는 표현에는 한정을 두어야 한다. 그것은 진짜로 가능성이 있다는 확신이다. 그러나 틀림없이 예언할 수 있다는 의미의 확신은 아니다. 갓난아기는 성숙하지 못하고 유산될지도 모르며, 태어나면서 죽을지도 모른다. 또 생후 2주 안에 죽을지도 모른다. 그것이 신념의 역설이다. 즉 신념은 불확실한 것을 확신하는 것이다.[6] 그것은 인간의 통찰이나 이해를 통한 확신이지, 현실의 최종 결과를 예견한 확신이 아니다. 과학적으로 가능한 것에 대한 신념은 필요 없고, 불가능한 것에 대한 신념이 있을 수 없다. 신념은 우리의 생활 체험과 우리 자신을 변혁하는 체험에 기초하고 있다. 다른 사람이 변모할 수 있다는 신념은 내가 변모할 수 있다는 체험에서 나온다.[7]

합리적인 신념과 비합리적인 신념 사이에는 중요한 차이가 있다.[8] 합리적인 신념이 사고(思考)나 감정이라는 관점에서 개인의 내부에서 자연히 일어나는 능동성의 결과인 데 비해서, 비합리적인 신념은 어떤 주어진 것이 진실이든 아니든 그것을 진실로서 받아들이고 거기에 몸을 맡기는 것이다. 대상이 우상이건 지도자이건 또는 이념이건, 모든 비합리적인 신념의 본질적 요소는 그 수동적인 성질이다. 과학자도 자신의 창조적인 사고력에 합리적인 신념을 갖기 위해서는 전통 관념들에 대한 비합리적인 신념을 버려야 한다. 그의 발견이 일단 '증명'되면, 다음에 취하려고 생각 중인 수단(手段)에 대한 신념 말고 다른 신념은 필요없다. 인간관계 영역에서 다른 사람을 '믿는다'는 것은 그 사람의 핵심—즉 그 사람의 기본 태도가 믿을 만하다든가 그 태도가 변하지 않는다는 것—을 확신하는 것을 뜻한다. 같은 뜻에서 우리는 우리 자신—우리 생각의 불변성이 아니라, 인생에 대한 근본적인 방향성과 우리의 성격구조 기반—을 믿을 수 있다. 이런 신념을 가져다주는 것은 자기의 체험이고, 정당하게 '나'라고 말할 수 있는 능력이며, 동일성(identity)의 감각이다.

희망은 신념에 따르는 마음이다. 신념은 희망의 마음이 없으면 지속되지 못한다. 또 희망은 신념 말고는 아무것에도 기반을 둘 수 없다.

4) 불굴의 정신

희망이나 신념 외에, 이것들과 이어져 있는 다른 요소가 생명의 구조 안에 있다. 그것은 용기로, 스피노자식으로 말하면 불굴의 정신(fortitude)이다. 불굴의 정신이라는 표현이 덜 모호하리라 생각한다. 왜냐하면 오늘날 용기라는 단

---

6) 히브리어에서는 '신념(emunah)'이라는 단어가 확신을 의미한다. 아멘이란 '확실하게'라는 뜻이다.
7) 확신에 대한 욕구에 대해서는 제3장에서 논의한다.
8) '합리적'과 '비합리적'의 의미에 대해서는 제4장에서 논한다.

어는 살아가는 용기보다는 죽는 용기를 나타내는 경우가 많기 때문이다. 불굴의 정신이란 희망이나 신념을 공허한 낙관주의 또는 비합리적인 신념으로 변형시킴으로써—그리고 파괴함으로써—그것들의 지위를 위태롭게 하려는 유혹에 맞서는 능력이다. 불굴의 정신이란, 세상이 '네'라는 대답을 바랄 때 '아니오'라고 말하는 능력이다.

그러나 불굴의 정신을 충분히 이해하기 위해서는 다른 측면에 대해서도 언급해야 한다. 그것은 두려움을 모르는 태도(fearlessness)이다. 두려움을 모르는 사람은 위협을 두려워하지 않는다. 죽음조차 두려워하지 않는다. 하지만 흔히 그렇듯이, '두려움을 모르는'이라는 말은 몇 가지 전혀 다른 태도를 포함하고 있다. 여기서는 가장 중요한 세 가지 태도만 짚어보자. 첫째로, 인간은 삶을 원하지 않기에 두려움을 모를 수 있다. 그런 사람에게 생명은 그다지 가치가 없다. 따라서 죽음의 위험을 만나도 두려워하지 않는다. 그런데 그는 죽음을 두려워하지는 않지만 삶을 두려워하고 있는지도 모른다. 그의 두려움을 모르는 태도는 생명에 대한 사랑의 결여에서 비롯한다. 목숨을 걸어야 할 상황에 놓여 있지 않을 때는 두려움을 모르는 것이 보통이다. 사실 그는 가끔 위험한 상황을 요구하지만 그것은 삶에 대한 공포, 자기 자신에 대한 공포, 사람들에 대한 공포에서 벗어나기 위해서이다.

두 번째는 인간, 제도, 또는 사상 등의 우상에 대해서 공생적(共生的, symbiotic) 종속관계[9]에 있는 사람의 태도이다. 우상의 명령은 신성하며, 육체를 존속시키기 위한 명령과 비교할 만큼 강제력이 강하다. 이 우상의 명령을 거역하거나 의혹을 갖기라도 하는 날에는 우상과의 동일성을 잃을 위험에 맞닥뜨리게 된다. 이는 그가 완전히 독립했고, 그 결과 광기(狂氣) 직전에 위험을 침범한다는 것을 의미한다. 그는 이런 위험에 놓이는 것을 두려워하므로 죽음도 마다하지 않는다.

세 번째는, 자신에게 자신감을 가지고 생명을 사랑하는 완전히 성장한 사람에게서 찾아볼 수 있다. 탐욕을 극복한 사람은 어떤 우상에도, 어떤 것에도 집착하지 않는다. 따라서 그는 아무것도 잃을 것이 없다. 그는 아무것도 갖고 있지 않기에 풍요롭다. 자기 욕망의 노예가 아니기에 강하다. 그는 자신의 내부

---

9) 프롬은 symbiosis라는 단어를 자유가 없는 사람이 뭔가와 일체화되어 있는 상태라는 뜻으로 쓰고 있다.

와 외부에 있는 현실을 충분히 파악하고 있으므로 우상이나 비합리적인 욕망, 환상 등을 버릴 수 있다. 이런 사람이 완전한 '계몽' 상태에 다다르면 완전히 두려움을 모르게 된다. 그가 이 목표를 향해 나아가면서 다다를 수 없다면, 그의 두려움을 모르는 태도도 완전한 것은 되지 못할 것이다. 그러나 완전히 자기 자신이라는 상태를 향해 나아가고자 하는 사람은 누구나 두려움을 모르는 태도를 향해 한 발짝 내디딜 때마다 분명한 힘과 기쁨의 감각이 눈뜨는 것을 알고 있다. 그는 인생의 새로운 국면이 시작된 것처럼 느낀다. 그는 괴테의 시구가 진실이라는 것을 느낄 수 있다. "나는 그 어떤 것 위에도 내 집을 세우지 않았기에 모든 세계가 내 것이 되었다(*Ich hab mein Haus auf nichts gestellt, deshalb gehört mir die ganze Welt*)."

희망과 신념은 생명에 빼놓을 수 없는 요소이고, 바로 그런 본성에서 개인적으로도 사회적으로도 현재 상태를 뛰어넘는 쪽으로 움직이고 있다. 모든 생명이 갖는 성질 가운데 하나는 그것이 늘 변화하고 있으며, 어떤 순간에도 결코 같은 상태를 유지하지 않는다는 것이다.[10] 정체된 생명은 죽음으로 향한다. 정체가 완전해지면 이미 죽음이 일어나고 있는 것이다. 따라서 유동적인 성질을 가진 생명은 현 상태에서 벗어나 그것을 극복하는 쪽으로 향하게 된다. 우리는 더 강해지든가 더 약해지든가, 더 현명해지든가 더 어리석어지든가, 더 용감해지든가 더 비겁해지든가 둘 가운데 하나이다. 모든 순간이 더 좋은, 또는 더 나쁜 쪽으로 향할지 결정되는 순간이다. 우리는 자신의 태만, 탐욕, 증오에 먹이를 주거나 굶기거나 둘 가운데 하나이다. 먹이를 주면 줄수록 그것들은 강해진다. 굶기면 굶길수록 그것들은 약해진다.

개인에 대해서 말할 수 있는 것은 사회에 대해서도 말할 수 있다. 사회는 결코 움직이지 않고 가만히 있는 것이 아니다. 사회는 성장하지 않으면 쇠퇴한다. 현 상태를 넘어 좀더 좋은 쪽으로 향하지 않으면 그것은 더 나쁜 쪽으로 바뀐다. 우리는 개인으로서 또는 사회를 구성하는 인간으로서 현 상태를 유지하면서 주어진 상황을 어떤 쪽으로든 바꾸지 않는 환상을 자주 품는다. 이것

---

10) 여기서는 유기적인 생명과 무기적인 물질에 대한 각각의 정의나, 둘의 경계 문제를 논할 수 없다. 오늘날의 생물학과 유전학의 관점에서 보면 전통적인 구별이 의심스러워진 것은 확실하다. 그러나 그 구별이 타당성을 잃었다고 생각하는 것은 잘못이다. 필요한 일은 그 구별을 더욱 정교하게 하는 것이지, 그것을 다른 것과 대치시키는 것이 아니다.

은 가장 위험한 환상 가운데 하나이다. 우리가 멈추는 순간 우리는 쇠퇴하기 시작한다.

5) 부활

개인적 또는 사회적 변혁이라는 이 개념은 부활의 의미를 그리스도교의 신학적인 뜻과 관계없이 다시 정의할 수 있게 만들었고, 강요하기까지 한다. 새로운 의미에서의 부활—그리스도교의 관점에서는 그 상징적 표현 가운데 하나의 가능성을 뜻하겠지만—은 이 세상의 현실 다음에 새로운 현실을 만들어내는 것이 아니라, 이 현실을 더 큰 활동성의 방향으로 변혁시키는 것이다. 인간과 사회는 지금 이 자리에서 이루어지는 희망과 신념의 행위에 의해서 시시각각 되살아난다. 사랑이나 의식이나 동정의 모든 행위는 부활이다. 태만이나 탐욕이나 이기주의의 모든 행위는 죽음이다. 존재의 모든 순간에서 우리는 부활이냐 죽음이냐의 갈림길에 맞닥뜨린다. 모든 순간에 우리는 어떤 대답을 준다. 이 대답은 우리가 무엇을 말하고 무엇을 생각하느냐가 아니라, 우리가 무엇인가, 어떻게 행위하는가, 어떤 방향으로 움직이느냐에 있다.

6) 세상을 구제하고자 하는 희망

신념과 희망, 이 세상에서의 부활이 고전에 등장하는 것은 세상을 구제하고자 하는 예언자들의 통찰의 경우이다. 그들은 카산드라[11]나 그리스 비극의 합창단처럼 앞날을 예언하지는 않는다. 그들은 여론이나 권위에 눈감지 않고 지금의 현실을 본다. 그들은 예언자들을 바라지 않는다. 다만 그들의 양심(conscience)—그들의 '같이 아는 마음'[12]—의 목소리를 표현해야만 한다고 느끼는 것이다. 또 그들은 어떤 가능성을 보고 있는지를 말하고, 가야 할 여러 길을 사람들에게 보여주며, 그들에게 경고하지 않을 수 없다고 느낀다. 그들의 경고를 진지하게 받아들여 태도를 바꾸든가 눈과 귀를 막은 채로 있든가—그리고 괴로워하든가—하는 것은 사람들의 의지에 달려 있다. 예언은 늘 이것이냐 저것이냐의 말이며, 선택의 말이고, 자유의 말이다. 좋든 나쁘든 그것

---

11) 트로이왕 프리아모스의 딸. 트로이 전쟁 뒤에 비극적 최후를 맞는다. 아폴론에게 받은 예언 능력으로 유명하다.

12) 양심(conscience)의 어원적인 의미 : con(with)+science(knowledge).

은 결코 결정론이 아니다. 예언자에게 어울리는 선택의 가장 짧은 표현은 《신명기》의 한 구절이다. "나는 오늘 너의 앞에 삶과 죽음을 놓았다. 그리고 너는 삶을 선택했다."[13]

예언자가 등장하는 문헌에서 세상을 구제하고자 하는 통찰은 '존재하는 것, 또는 아직도 거기에 있는 것과 성장하고 있으며 아직 존재하지 않는 것'[14] 사이의 긴장관계에 기초하고 있다. 예언자의 시대가 지나자 구세주 사상의 의미에 변화가 생겼다. 그 변화가 최초로 등장한 것은 기원전 164년 무렵의 《다니엘서》나 《구약성서》를 편찬할 때 채용되지 않았던 위서(僞書)[15]에서이다. 이런 문헌은 예언자들의 '수평적'[16] 역사관과 대비해 '수직적' 구원관(救援觀)을 갖고 있다. 개인의 변혁을 강조하고, 마지막 대변동에 의한 역사의 파괴적 끝을 주로 강조한다. 하늘의 계시에 근거한 이 시각은 선택이 아니라 예고의 관점이다. 자유가 아니라 결정론의 관점이다.

뒤의 《탈무드》[17]나 율법학자의 흐름에서는 본래의 예언자에게 어울리는 선택된 통찰이 지배하게 되었다. 초기 그리스도교 사상은 하늘의 계시에 기초한 관점의 구세주 사상으로부터 더욱 강한 영향을 받았다. 단 아이러니하게도 제도로서의 교회는 보통 수동적으로 기다리는 처지로까지 더 후퇴해 버렸다.

그러나 '그리스도의 재림'이라는 관념 속에서 예언자라는 관념은 명맥을 유지해 왔다. 그리고 그리스도교 신앙의 예언자다운 해석은 혁명적, '이단' 종파에 몇 번이나 모습을 드러내 왔다. 오늘날에는 가톨릭 이외의 여러 종파에서만이 아니라 로마 가톨릭교회 안에서도 급진파들은 예언자에게 어울리는 원리로의, 또 그 선택이라는 관점으로의 명백한 복귀를 보여주고 있다. 급진파들

---

13) 《너희도 신처럼 되리라(*You Shall be as Gods*)》(New York : Holt, Rinehart and Winston, 1967)에서 나는 예언자적 택일주의의 성질을 아주 자세히 논했다. 같은 책에서는 본디의 택일주의사상과 대조적인, 깨우침을 통해서 알게 하고자 하는 유대 구세주 사상의 경향에 대해서도 논하고 있으므로 참고할 것.

14) 레오 벡(Leo Baeck), 《유대주의와 기독교(*Judaism and Christianity*)》(New York : The Jewish Publication Society of America, 1958), 월터 카우프만이 머리말을 쓴 번역본.

15) 《구약성서》의 예언자들이 썼다고 전해지지만, 실은 위작이라고 여기고 있는 것.

16) 벡이 앞의 책에서 사용한 말. 테야르 드 샤르댕(Teilhard de Chardin)은 《인간의 미래(*The Future of Man*)》(원제 : L'Avenir de l'homme)(1959)(New York : Harper & Row, 1964)에서 이 개념들의 종합체를 만들려고 시도하고 있다.

17) 유대의 율법-미쉬나-과 그 해설-게마라-의 모든 것. 유대인 정신문화의 중요한 원천이다.

은 정신적인 목표는 정치적, 사회적 과정에도 적용되어야 한다는 생각으로의 명백한 복귀도 보여주고 있다. 그리스도교 이외에서는 본래의 마르크스파 사회주의가 세속의 말에 의한 세상을 구제하고자 하는 통찰의 가장 의미 깊은 발현이었지만, 공산주의자에 의한 마르크스의 왜곡에 의해 부패되고 멸망해 버렸다. 최근에는 약간의 사회주의적 인간주의자들에 의해 특히 유고슬라비아, 폴란드, 체코슬로바키아, 그리고 헝가리에서 다시 마르크스주의의 세상을 구제하고자 하는 요소에 대해 말하게 되었다. 마르크스주의자와 그리스도교도는 세상을 구제하고자 하는 공통의 유산에 기초해 전 세계에서 대화를 나누게 된 것이다.[18]

7) 희망의 좌절

희망, 신념, 불굴의 정신이 생명에 덧붙는 것이라면, 어째서 이렇게 많은 사람이 희망이나 신념이나 불굴의 정신을 잃어버리고 예속과 의존의 상태를 사랑하는 것일까? 이런 것들을 잃어버릴 가능성이 바로 인간존재의 특징이다. 우리는 처음에는 희망, 신념, 불굴의 정신을 가지고 시작한다. 그것들은 정자와 난자, 양자의 결합, 태아의 성장과 탄생 등에 갖춰진 무의식적, '비사고적' 성질이다. 그러나 인생이 시작되면 환경의 변화나 우연한 사건 등이 희망의 가능성을 촉진시키거나 가로막는다.

우리는 대부분 사랑받기—다만 어리광을 부리거나 양육되는 것뿐만 아니라 이해와 배려와 존경받기—를 희망했다. 우리는 대부분 사람을 믿을 수 있기를 희망했다. 어린 시절 우리는 인간이 발명한 거짓—말에 의한 거짓 발명이 아니라 목소리, 몸짓, 눈, 얼굴 표정에 의한 거짓 발명—을 아직 몰랐다. 어린아이가 어떻게 이런 인간 특유의 교묘한 발명, 즉 거짓에 대비할 수 있겠는가? 우리 대부분은 인간이란 존재는 가끔 입으로 말하는 것이 본심이 아니며, 본심이란 그 반대를 말하는 것이라는 사실을 깨닫고 많든 적든 잔혹한 충격

---

18) 에른스트 블로흐(Ernst Bloch)는 《희망의 원리(*Das Prinzip Hoffnung*)》(1954)(영문판 : *The Principle of Hope*, 1986)에서 마르크스 사상에 근거한 예언자로서 희망을 주는 원리를 그 누구보다도 많이 좇고 있다. 에리히 프롬이 편집한 국제논문집인 《사회주의자의 인본주의(*Socialist Humanism*)》(New York : Doubleday, 1965)에는 사회주의 성향의 현대 인본주의 저술가들의 글이 많이 실려 있다. 그 밖에 유고슬라비아 잡지 《실천(*Praxis*)》 영어판 참조.

을 받는다. '세상 사람들'뿐만 아니라, 바로 우리가 가장 믿었던 사람들—부모, 선생, 지도자—까지도 그런 것이다.

성장 과정의 어떤 시기에 자신이 가졌던 희망이 좌절되는—때로는 완전히 무너지는—숙명을 피할 수 있는 사람은 거의 없다. 아마도 이것은 좋은 일이리라. 희망의 좌절을 겪지 않았다면 어떻게 그의 희망이 억제할 수 없는 단단한 것이 될 수 있겠는가? 어떻게 그가 낙관적 몽상가가 될 위험에서 벗어날 수 있겠는가? 그러나 한편 희망이 완전히 꺾여 회복할 수 없는 경우도 흔히 있다.

실제로는 희망의 좌절에 대한 반응이나 반작용은 역사적, 개인적, 심리적, 체질적인 다양한 사정에 의해서 크게 달라진다. 많은 사람들, 아마도 거의 모든 사람들은 희망의 좌절에 대한 반응으로서 세상 일반의 낙관주의, 즉 좋은 일은커녕 어쩌면 최악의 일이 일어날지도 모른다는 것을 인식하는 번거로움은 피하고 최상의 일만을 바라는 낙관주의에 동조한다. 이들은 다른 사람들이 휘파람을 부는 동안 자신도 휘파람을 분다. 절망을 느끼기는커녕, 마치 팝 콘서트에 참가하고 있는 것처럼 보인다. 그들은 자신들의 요구를 거두고 얻을 수 있는 것에 한정시키며, 도저히 안 될 것 같은 일은 처음부터 꿈도 꾸지 않는다. 그들은 무리의 일원으로서 잘 적응하며, 다른 누구도 절망한 것처럼 보이지 않으므로 절망을 느끼지 않는다. 그들이 그려 보여주는 하나의 독특한 포기의 낙관주의는 오늘날 서양사회의 너무나도 많은 사람들에게서 찾아볼 수 있다. 다만 낙관주의는 흔히 의식하고 있으며, 포기는 의식하지 못하고 있다.

희망의 좌절이 낳는 또 다른 결과는 '완고한 마음'이다. 많은 사람이—비행 소년부터 비정하지만 유능한 성인에 이르기까지—인생의 어떤 시기—다섯 살 때일지도 모르며, 열두 살 때일지도 모르고, 스무 살 때일지도 모르지만—에 더는 상처받는 것을 참을 수 없어진다. 그들 가운데 어떤 사람은 갑자기 뭔가를 깨닫고, 또는 심경에 변화라도 생긴 듯이 이제 더는 못 참겠다고 생각한다. 더는 아무것도 느끼지 않겠다, 이제는 아무도 나에게 상처를 주지 못할 것이다, 하지만 나는 다른 놈들에게 상처를 줄 수 있다고 생각한다. 그들은 친구들도, 자신을 사랑해 주는 사람도 찾지 못하는 불운을 탄식할지 모르지만, 그것은 불운이 아니라 그들의 숙명이다. 동정도 감정이입의 능력도 잃고 그들은 누구의 마음을 어루만질 줄도—누구의 손길을 받을 줄도—모른다. 그들의 인생에서 승리는 아무도 필요로 하지 않는다는 것이다. 그들은 다른 사람의 손길을 받지 못하는 존재라는 것을 자랑스럽게 생각하고, 남에게 상처를 주면서 희열을 느낀다. 남에게 상처를 주는 것이 범죄적인 방법으로 행해지느냐 합법적인 방법으로 행해지느냐는, 심리적 원인보다는 사회적 원인에 의해 훨씬 많이 좌우된다. 그들 대부분은 마음이 얼어붙어 있어서 일생을 마칠 때까지 불행하다. 기적이 일어나서 얼음이 녹기 시작하는 일도 드물지 않다. 그것은 단순히 그들이 어떤 사람을 만나 그 사람이 자신에게 보여주는 배려나 관심을 믿고 새로운 차원의 감정이 열릴 뿐인 것인지도 모른다. 운이 좋으면 그들의 얼음은 완전히 녹아, 완전히 망가진 듯이 보였던 희망의 씨앗이 되살아나게 된다.

희망이 부서졌을 때 일어나는 또 하나의, 그리고 훨씬 무서운 결과는 파괴성과 폭력이다. 인간은 희망 없이는 살 수 없는데, 바로 그렇기 때문에 희망을 완전히 잃은 사람은 생명을 증오한다. 그는 생명을 창조할 수 없으므로 생명을 파괴하고 싶어한다. 이것은 불가사의함이라는 점에서는 생명 창조에 그리 뒤지지 않는다. 그러나 할 수 있는 일은 훨씬 손쉽다. 그는 자신이 살 수 없었던 인생의 복수를 하려는 것이다. 그러므로 그는 완전한 파괴성에 몸을 던지고, 그 결과 다른 사람이 다치든 자신이 다치든 아무래도 상관없다.[19]

보통 희망이 사라졌을 때의 반작용으로 나타나는 파괴성은 사회적 또는 경제적인 이유에서 많은 사람들의 즐거움으로부터 제외되어 사회적으로도 경제적으로도 갈 곳 없는 사람들에게서 발견된다. 증오나 폭력을 낳는 주요한 원인은 경제적 불만이 아니다. 계획이 자꾸만 좌절되는 절망적인 상황 또한 폭력이나 파괴성을 이끈다. 사실 너무 가난하고 학대당하고 희망의 그림자도 없어서 절망조차 할 수 없는 집단들이, 희망의 가능성을 보면서도 동시에 사정이 그것의 실현을 허락하지 않는다는 것을 알고 있는 집단들만큼 폭력적이지 않다는 사실은 의심할 여지가 없다. 심리적으로 말해서, 파괴성은 희망의 뒷면이다. 죽음에 이끌리는 감정은 생명 사랑의 뒷면이고, 기쁨이 권태의 뒷면인 것처럼.

희망으로 사는 것은 개인만이 아니다. 민족이나 사회계급도 희망, 신념, 불굴의 정신에 의해서 살며, 이 가능성을 잃으면 민족도 계급도 소멸해 버린

_____

19) 이 문제 및 파괴성의 다른 문제들에 대해서는 나의 신간 《인간 파괴성의 분석(*The Anatomy of Human Destructiveness*)》에서 상세히 다루고 있다.

다—또는 활력의 결여에 의해서, 또는 그 결여에 뒤따라 기세가 커지는 합리성과는 거리가 먼 파괴성에 의해서.

개인 안에 희망이 자라느냐 절망이 자라느냐는 그가 속하는 사회 또는 계급에 희망이 있느냐 절망이 있느냐에 따라서 크게 좌우된다는 사실을 눈여겨보아야 한다. 개인의 희망이 어린 시절에 아무리 좌절되었더라도, 만일 그 사람이 희망과 신념의 시대에 살고 있다면 그의 희망에도 불이 켜질 것이다. 한편 개인적인 체험으로부터는 희망을 가질 수 있는 사람이라도 그 사회나 계급이 희망의 정신을 잃으면 우울과 절망으로 기울어지는 경우가 흔하다.

오늘날, 그것도 제1차 세계대전이 시작된 이래, 그리고 아마도 특히 미국에서는 이전 세기 말엽 반제국주의 동맹이 좌절된 뒤로 더욱더 심해진 것 같은데, 희망은 급속히 서양세계에서 자취를 감추고 있다. 앞에서 말했듯이 절망은 낙관주의의 옷을 입고, 일부 사람들 가운데서는 혁명적 허무주의의 옷을 입고 있다. 그러나 인간이 자기 자신에 대한 생각이나 그런 관념은 실제로 그가 무엇인지, 무엇을 진짜 느끼고 있는지의 내용과 비교하면 중요하지 않다. 그리고 우리에 대해서는 자신이 무엇을 느끼고 있는지 깨닫지 못하고 있는 것이다.

절망의 징후는 모두 우리 앞에 있다. 사람들의 피곤에 찌든 표정을 보라. 사람들 간에 어울림의 결여—그들이 필사적으로 '어울리려고' 하고 있을 때조차도—를 보라. 도시의 물이나 공기가 끊임없이 독성을 더해 가는 것을 억누르거나 가난한 나라들의 굶주림을 극복하기 위한 진지한 계획조차 세우지 못하는 이 꼴을 보라. 우리 모두의 생명이나 계획에 대한 일상적인 위협—수소폭탄—을 배제하지 못하는 모습은 말할 것도 없다. 희망에 대해서 우리가 무엇을 말하고 무엇을 생각하건 생명을 위해 행동하고 계획하지 못한다는 것이 우리의 절망을 고스란히 드러내고 있다.

그러나 이 절망감이 높아지는 이유에 대해서 조금은 알고 있다. 1914년 이전에 사람들은 이 세계는 완전한 장소이고, 인간의 생명을 완전히 무시하는 전쟁은 과거의 것이 되었다고 생각했다. 그러나 제1차 세계대전이 일어났으며, 모든 나라의 정부는 그 동기에 대해서 거짓말을 했다. 그리고 스페인 내전이 일어났고, 서양 여러 나라도 소련도 그럴듯한 변명의 희극을 연기했다. 다음으로 스탈린 체제와 히틀러 체제의 공포, 제2차 세계대전, 여기서 일반시민의 생명은 완전히 무시되었다. 그리고 베트남전쟁, 여기서 미국 정부는 작은 나라의 국민들을 '구하기' 위해서 그들을 압살하려고 몇 년 동안이나 힘을 행사해 왔다. 게다가 강력한 국가들은 모든 사람에게 희망을 주었을 단 하나의 수단—다른 국가들도 따라서 할 만한, 제정신을 잃지 않았다는 것을 믿고 자신의 핵무기를 버리는 것—을 취하지 않았다.

하지만 이 절망감의 고조에는 그 밖에도 이유가 있다. 그것은 완전히 관료제가 된 산업사회의 형성과 이런 조직을 대하는 개인의 무력함인데, 이것에 대해서는 다음 장에서 말하겠다.

만일 미국과 서양 사회가 지금의 무의식 절망상태, 신념과 불굴의 정신적 결여상태를 계속한다면, 핵무기를 터뜨리겠다는 유혹에 저항할 수 없어질 것은 뻔하다. 그렇게 되면 모든 문제—인구과잉, 게으름, 굶주림—가 해결될 것이다. 왜냐하면 그것은 모든 생명을 말살하는 것이기 때문이다.

인간이 지배력을 쥐는 사회적, 문화적 질서의 방향으로 진보하느냐 마느냐는, 절망을 대하는 우리의 능력에 달렸다. 첫째로 우리는 이 절망을 인식해야 한다. 둘째로 우리의 사회적, 경제적, 문화적 삶을 새로운 방향으로 바꿈으로써 다시 희망을 가질 수 있게 될 가능성이 정말로 있는지 아닌지를 검토해야 한다. 이 진짜 가능성이 존재하지 않는다면 희망 따위는 그야말로 어리석은 것에 지나지 않는다. 그러나 실제로 가능성이 존재한다면 희망은 있을 수 있다. 새로운 여러 길과 선택의 검토와, 이 새로운 길들을 실현하기 위한 일치단결된 행동에 기초한 희망이 말이다.

3. 우리는 지금 어디에 있는가, 그리고 어디로 향하는가

1) 우리는 지금 어디에 있는가

18세기와 19세기의 산업주의에서 미래로 이어지는 역사의 탄도(彈道) 위에 있는 우리의 정확한 위치를 정하기란 어렵다. 어디에 있느냐보다 어디에 없는가를 말하는 편이 훨씬 쉽다. 우리는 자유기업을 향하고 있는 것이 아니라, 거기에서 급속도로 멀어지고 있다. 더 뚜렷한 개인주의로 향하고 있는 것이 아니라, 위로부터의 조작이 갈수록 더 활발해지는 대중 문명을 향하고 있다. 우리는 이념의 지도 위에서는 접근하고 있을 장소로 향하고 있는 것이 아니라, 전혀 다른 쪽으로 가고 있다. 이 방향을 아주 똑똑히 보고 있는 사람들도 있는데, 그중에는 이 방향을 환영하는 사람과 두려워하는 사람이 있다. 그러나 대부분의 사람들은 기원전 500년의 지도가 그랬듯이, 현실과 동떨어진 지도를 보고 있다. 우리의 지도가 잘못되어 있음을 아는 것만으로는 충분하지 않다. 가고 싶은 쪽으로 가기 위해서는 올바른 지도를 갖는 것이 중요하다. 이 새로운 지도의 가장 중요한 특징은 우리가 이미 제1차 산업혁명의 단계를 지나 제2차 산업혁명 시기로 접어들었다는 사실이 제시되어 있다는 점이다.

제1차 산업혁명을 특징짓는 것은 인간이 생물(동물이나 인간)의 에너지 대신 기계(증기, 석유, 전기, 원자)의 에너지를 쓰게 되었다는 사실이었다. 이 새로운 에너지원은 공업 생산의 근본적 변화의 바탕이 되었다. 이 새로운 산업의 잠재력과 결합되어 있는 것이 어떤 종류의 산업조직, 즉 오늘날로 말하면 중소기업이라고 불리는 것인데 그것들은 소유자가 곧 경영자로, 서로 경쟁하고 노동자를 착취하며 이익 배분을 둘러싸고 노동자와 싸웠다. 중류 및 상류계급 성원이 집안의 가장이 되듯이 기업의 가장이 되었고, 자기 운명의 가장은 자신이라고 생각했다. 유색인종 세계에 대한 인정사정없는 착취와 병행해서 국내 개혁이 진행되고 가난한 자들을 배려하게 되었으며, 마침내는 이번 세기 전반에 걸쳐서 노동자계급은 가난의 밑바닥에서 비교적 안락한 삶으로 떠올랐다.

제1차 산업혁명에 이어 제2차 산업혁명이 일어나고 있으며, 현재 우리는 그 시작을 바라보고 있다. 이를 특징짓는 것은 생물의 에너지가 기계의 에너지로 바뀌었다는 것뿐만 아니라, 인간의 사고가 기계의 사고를 대신하고 있다는 사실이다. 사이버네틱스와 오토메이션('사이버네이션')에 의해서 인간의 두뇌보다 훨씬 정확하고 훨씬 빠르게 일하는 기계를 만들어 중요한 기술, 조직과 관련된 문제에 대답할 수 있도록 한 것이다. 사이버네이션은 새로운 종류의 경제 및 사회 조직이 등장할 수 있는 가능성을 낳고 있다. 비교적 소수의 거대기업이 경제기구의 중심이 되었는데, 그리 머지않은 미래에는 그것을 완전히 지배할 것이다. 기업은 법률적으로는 몇십만이나 되는 주주의 소유물이지만, 그것을 관리하는 것은(실제로는 법률상의 소유주와 관계없이 관리하는 데) 자율적으로 기능을 계속하는 관료기구이다. 사기업과 정부 간의 동맹이 매우 강화되고, 이 동맹을 구성하는 둘은 더욱더 구별하기 어려워진다. 미국 국민의 대부분은 충분한 식사, 충분한 집, 충분한 오락을 누리고 있다. 그리고 아직 평균 이하의 생활을 하고 있는 미국의 '미개발' 부분도 아마 예측할 수 있는 미래에 편입될 것이다. 우리는 지금도 개인주의, 자유, 신에 대한 믿음 등을 공언하고 있지만, 쾌락주의에 근거한 유물론의 원리가 조직 내의 인간이 주위에 동조하기를 강요하고 있는 현실을 보면 이 공언도 퇴색되고 만다.

만일 사회가 멈출 수 있다면—그것은 개인의 경우와 마찬가지로 불가능한 일이지만—문제는 그리 불길한 양상을 띠지 않을 것이다. 그러나 우리는 새로운 종류의 사회와 새로운 종류의 인간생활을 향해 나아가고 있으며, 아직 그 발단밖에 보이지 않지만 그 진행은 급격히 속도를 올리고 있다.

2) 기원후 2000년의 비인간화 사회의 전망

핵전쟁이 그때까지 인류를 멸망시켜 버리지 않았다면 기원후 2000년에 우리가 발견할 사회와 인간은 어떤 것일까?

이제부터 미국 사회가 걸어갈 길을 사람들이 알게 된다면, 대부분까지는 아니어도 많은 사람들이 두려운 나머지 그 길을 바꾸기 위해서 적당한 수단을 찾아낼 것이다. 사람들이 자신이 가고 있는 방향을 모른다면 나중에 깨달았을 때는 이미 늦고, 그들의 운명은 최종적으로 정해져 있을 것이다. 불행하게도 대부분의 사람들은 자신의 길을 깨닫지 못하고 있다. 자신이 향하고 있는 새로운 사회는 그리스나 로마의 사회, 중세의 사회, 전통적인 산업사회 등과 근본적으로 다르며, 그것은 농경사회가 식량 채집이나 수렵사회와 달랐던 것과 같음을 그들은 깨닫지 못하고 있다. 대부분의 사람은 아직도 제1차 산업혁명의 사회개념으로 세상을 바라본다. 우리가 50년 전보다 수도 많고 질도 좋은 기계를 갖고 있는 것을 보고, 그들은 이것을 진보라고 부른다. 그들은 직접적인 정치적 탄압이 없다는 것이 개인적 자유가 쟁취되었다는 증거라고 믿는다. 기원후 2000년에 대한 그들의 전망은, 중세 이후 인간의 동경이 완전히 실현되는 해가 되리라는 것이다. 그러나 사실 기원후 2000년은 인간이 자유와 행복을 위해 노력한 시대가 드디어 종말을 고하고 행복의 정점에 다다르는 해가 아니라, 인간이 인간이기를 그만두고 사고나 감정도 없는 기계로 변해 버리는 시대의 시작인지도 모른다는 것을 그들은 깨닫지 못하고 있다.

새로운 비인간화 사회의 위험에 대해서는 19세기에도 직관력이 날카로운 사람이면 분명히 인식하고 있었다는 사실에 주목해 보면 재미있다. 게다가 그들이 서로 반대되는 정치 진영의 사람들이었던 것을 생각하면 그들의 통찰력이 주는 인상은 더욱 강해진다.[1]

디즈레일리 같은 보수주의자와 마르크스 같은 사회주의자가 생산과 소비의 무제한 증대가 인간에게 미치는 위험에 대해서 사실상 같은 생각을 갖고 있었다. 기계에 대한 인간의 예속과 커져만 가는 인간의 탐욕 때문에 얼마나 약해질 것인가를 두 사람 모두 깨닫고 있었다. 디즈레일리는 이것을 해결하려면 새로운 부르주아지의 힘을 제한하면 된다고 생각했다. 마르크스는 고도로 산업화된 사회도 재화가 아니라 인간이 모든 사회적 노력의 목표인 인간적 사회로 바꿀 수 있다고 믿었다.[2] 앞선 세기의 가장 눈부신 진보적 사상가 가운데 하나인 존 스튜어트 밀은 이 문제를 매우 뚜렷하게 인식하고 있었다.

인간의 정상 상태는 성공하기 위해서 노력하는 것이므로 깔보고 짓밟고 밀치고 젖히는 현재와 같은 사회생활이 인간의 가장 바람직한 상태라고 생각하

---

1) 《건전한 사회(The Sane Society)》, 184쪽과 그 다음에서 인용한 부르크하르트, 프루동, 보들레르, 소로, 마르크스, 톨스토이의 말을 참조.
2) 에리히 프롬의 《마르크스가 본 인간의 개념(Marx's Concept of Man)》(New York : Ungar, 1961) 참조.

고, 산업진보 과정에서 드러난 한 단계의 바람직하지 않은 징후라고 생각하지 않는 사람이 제시하는 인생의 이상 따위, 솔직히 말해서 나한테는 아무런 매력도 없다. ……과연 부(富)가 힘이고 최대한 풍요로워지는 것이 모든 인간의 야심인 한, 부를 얻는 길이 내 편 네 편 없이 모든 것에 열려 있다는 점은 참으로 바람직한 일이다. 그러나 인간성이라는 관점에서 최고의 상태는 가난한 자가 아무도 없는 한편 누구도 더 풍요로워지기를 바라지 않고, 무리하게 앞으로 나가려는 다른 사람의 힘에 의해 제자리로 되돌아오는 것을 두려워할 이유도 없는 상태이다.[3]

100년 전 위대한 사람들은 오늘, 또는 내일 일어날 일을 알고 있었는데, 실제로 그 일을 겪고 있는 우리가 일상생활을 유지하기 위해 일부러 눈을 감고 있는 것 같다. 이 점에서는 자유주의자나 보수주의자나 똑같이 눈이 보이지 않는 듯하다. 통찰력을 가진 저술가들 가운데에서도 내가 낳고 있는 이 괴물을 분명히 본 사람은 아주 소수이다. 이 괴물은 홉스의 《리바이어던》이 아니라 몰록(몰렉)[4]이다. 즉 모든 것을 파괴하고 인간이라는 희생양을 요구하는 우상이다. 이 몰록은 조지 오웰이나 올더스 헉슬리가, 또 대부분의 현직 사회학자나 심리학자들보다 더 분별력이 날카로운 공상과학소설 작가들이 상상력을 발휘해서 묘사하고 있다.

나는 이미 브레진스키의 원자기술사회의 설명을 인용했는데, 여기에 덧붙여 다음 문장만 소개하고자 한다. "전체로서는 인간주의적인 지향에서, 때로는 이념적인 관점에서 체제에 반대하는 지식인은…… 차츰 더 숙련자나 전문가들에게 뒤처지고 있다…… 또는 따로따로 떨어진 행동을 포괄적으로 통합하는 지적 의미 부여를 권력자들에게 줌으로써 사실상 그들이 갖고 있는 이념이 되는 만능 종합자들에게 뒤처지고 있다."[5]

최근에 새로운 사회의 통찰로 가득한 멋진 그림을 현대의 가장 훌륭한 인간주의자 가운데 하나인 루이스 멈퍼드가 보여주었다.[6] 만일 미래에 역사가가 존재할 수 있다면, 그들은 멈퍼드의 저서를 현대를 예언한 경고라고 생각할

---

3) 《경제학 원리(*Principles of Political Economy*)》(London : Longmans, 1929 ; 1st edition, 1848).

4) 《구약성서》에 나오는 신으로, 자식을 불에 태워서 제물로 바치라고 요구한다.

5) 〈전자기술사회(The Technetronic Society)〉, p.19.

6) Lewis Mumford, 《기계의 신화(*The Myth of the Machine*)》.

것이다. 멈퍼드는 미래가 과거 안에 내리고 있는 뿌리를 분석함으로써 미래에 새로운 깊이와 전망을 알려주고 있다. 과거와 미래를 잇는 중심현상이라고 생각하는 것을 그는 '거대기계'라고 부른다.

'거대기계'란 완전히 조직화되고 균질화된 사회체계로, 거기서는 사회 자신이 기계처럼 움직이고 인간은 그 부분처럼 움직인다. 완전한 통제에 의해서, '질서, 권력, 예측 가능성, 특히 지배의 끊임없는 강화'에 의해서 이루어지는 이 조직화는 이집트나 메소포타미아 사회 같은 초기 거대기계에서 기적에 가까운 기술적 결과를 낳았다. 그리고 그것은 현대 기술의 도움을 빌려 미래의 기술사회에서 가장 완전하게 그 특색을 발휘하게 될 것이다.

멈퍼드의 거대기계 개념은 최근의 어떤 현상을 밝히는 데 도움이 된다. 현대에서 거대기계가 대규모로 쓰인 최초의 예는 내가 생각하기로는 스탈린주의의 산업화 체제이고, 그다음은 중국 공산주의가 사용한 체제이다. 레닌이나 트로츠키는 마르크스가 상상한 것처럼 혁명이 궁극적으로는 개인으로서 인간이 사회를 지배할 것이라고 기대했지만, 스탈린은 이런 희망의 모든 아쉬움을 저버리고, 이 희망을 완전히 버리지 않는 것처럼 보이는 사람들을 모두 물리적으로 말살함으로써 그 배신을 결정적인 것으로 만들었다. 스탈린은 영국이나 미국 같은 나라에 비하면 훨씬 뒤떨어졌지만, 그래도 산업적으로 충분히 발달한 부분을 중심으로 해서 그 위에다 그의 거대기계를 만들 수 있었다. 그런데 중국 공산당 지도자들의 눈앞에 있는 상황은 달랐다. 그들에게는 산업 중심이라 할 만한 것이 없었다. 그들의 유일한 자본은 7억 민중의 육체적인 힘과 열정, 사상이었다. 그들은 이 인적 자원을 완전히 통제함으로써 기술발전을 이루는 데 필요한 자본의 본원적 축적에 해당하는 것을 낳을 수 있고, 비교적 단기간에 서양의 기술수준에 이를 수 있다는 결론을 얻었다. 이 완전한 통제를 이루기 위해서는 강제와 개인숭배와 교화를 적절히 섞어야 했는데, 이는 마르크스가 사회주의사회의 본질요소로서 예상했던 자유와 개인주의의 정반대였다. 하지만 사적인 자기중심주의나 최대소비주의를 극복하고자 하는 이상이 적어도 지금까지는 중국 체제의 본질이라는 점을 잊어서는 안 된다. 다만 그것이 전체주의, 민족주의, 사상통제 등과 이어져 있기 때문에 마르크스의 인간주의에 근거한 통찰을 무효로 만들고 있다.

산업화의 첫 단계와 사회 자신이 거대한 기계가 되고 인간이 그 살아 있는 부품이 되는 제2차 산업혁명 사이에는 이처럼 근본적인 단절이 있지만, 그것은 이집트의 거대기계와 20세기의 거대기계 사이에 있는 중요한 차이만큼은 두드러지지 않는다. 무엇보다도 이집트 기계의 살아 있는 부품인 노동은 강제노동이었다. 죽음, 또는 굶주림이라는 노골적 협박에 의해 이집트의 노동자들은 노동을 강요받았다. 20세기인 오늘날, 미국처럼 가장 발달된 산업사회의 노동자는 쾌적한 삶—100년 전에 노동했던 그의 조상들은 꿈도 꾸지 못할 풍요로운 삶이라고 생각했을 삶—을 살고 있다. 그는—여기에 마르크스의 잘못이 있는데—자본주의 사회의 경제진보에 참가해서 이익을 얻고 있으며, 사실은 사슬보다 훨씬 많이 잃을 것을 갖고 있다.

노동을 감독하는 관료 지배자들은 옛날 거대기계의 엘리트 관료와는 매우 다르다. 그들의 삶의 과정에서 지침이 되는 것은 많든 적든 노동자들에게 통용되는 것과 같은 중산계급다운 덕목이다. 그들은 노동자보다 높은 급료를 받지만, 소비생활의 차이는 질보다는 양의 차이이다. 사용자도 노동자도 같은 담배를 피우고, 비슷해 보이는 차를 탄다. 고급차가 싸구려 차보다 승차감이 좋긴 하지만. 그들은 같은 영화와 같은 텔레비전 프로그램을 보고, 그들의 아내들은 같은 냉장고를 쓴다.[7]

관리자로서의 엘리트는 다른 점에서도 옛날과 다르다. 즉 그들은 자신이 명령을 내리는 자들과 똑같이 기계의 부속물이다. 그들은 자신이 관리하는 공장의 노동자와 똑같이, 아니 그 이상으로 소외되어 있고 불안을 갖고 있다. 그들은 다른 사람들처럼 지루해하며, 똑같은 방법으로 권태감을 해소한다. 그들은 옛날의 엘리트—문화를 창조하는 집단—가 아니다. 그들은 과학이나 예술의 발전을 돕기 위해 많은 돈을 내지만, 하나의 계급으로서는 이 '문화적 번영'을 담당하는 사람들처럼 그 소비자이다. 문화를 창조하는 집단은 사회 주변에서 살고 있다. 그들은 창조하는 과학자이고 예술가이지만, 현재로서 20세기 사회의 가장 아름다운 꽃은 과학이라는 나무에 피어날 뿐, 예술이라는 나무에는 피지 않는 것 같다.

---

7) 주민의 개발되지 않은 부분이 새로운 생활양식과 무관하다는 사실은 앞에서 설명했다.

3) 현재의 기술사회

a. 그 원리

전자기술사회가 미래의 체계가 될지도 모르지만 지금은 아직 아니다. 그것은 현재 이미 존재하는 것으로부터 발전할 가능성을 갖고 있으며 아마도 그렇게 되리라 여겨지므로, 이를 막기 위해서는 충분한 수의 사람이 그 위험을 깨닫고 우리가 나아갈 방향을 바꿔야 한다. 그러려면 현재의 기술체계 작용과 그것이 인간에게 미치는 영향을 더 면밀히 이해해야 한다.

오늘날 작용하고 있는 이 기술체계의 지도 원리는 무엇인가?

현재의 체계 안에서 작용하고 있는 모든 사람의 노력이나 사고를 이끄는 원리는 두 가지이며, 체계는 그 선을 따라서 움직인다. 첫 번째 원리는 뭔가를 기술적으로 할 수 있으니까 해야 한다는 원리이다. 핵무기를 만들 수 있다면, 설령 우리가 모두 파멸된다고 해도 만들어야 한다. 달이나 행성으로 여행을 할 수 있다면, 설령 지상의 많은 필요를 충족시키는 것을 희생해서라도 해야 한다. 이 원리는 인본주의의 전통이 키워 온 모든 가치의 부정을 뜻한다. 이 전통에서는 뭔가를 해야 하는 것은 그것이 인간에게, 또 인간의 성장, 기쁨, 이성에 필요하기 때문이며, 그것이 아름다움이고 선(善)이거나 참이기 때문이다. 뭔가를 기술로써 할 수 있으니까 해야 한다는 원리를 일단 받아들이면, 다른 가치들은 모두 왕위를 빼앗기고 기술 발전이 윤리의 기초가 된다.[8]

두 번째 원리는 최대 효율과 생산의 원리이다. 최대 효율의 요구는 결과적으

---

[8] 이 원고를 다시 읽어보면서, 나는 하산 외즈베칸(Hasan Özbekhan)의 논문 〈기술의 업적 : '할 수 있다'는 '해야 한다'를 암시한다(The Triumph of Technology : 'Can' Implies 'Ought.')〉를 읽었다. 매사추세츠 공과대학에서 있었던 초대 발표 때 얻은 이 논문은 캘리포니아주 샌타 모니카에 있는 시스템 디벨롭먼트 코퍼레이션(System Development Corporation)에서 복사판으로 출판된 것으로, 게오르크 바인부름(George Weinwurm) 씨가 호의에서 나에게 보내주었다. 제목이 말해 주듯이, 외즈베칸은 내가 본문에서 말하고 있는 것과 같은 생각을 펼치고 있다. 그는 관리과학 분야의 뛰어난 전문가로서의 관점에서 분명한 문제 제기를 하고 있는데, 그와 나처럼 동떨어진 분야의 저자가 쓴 글 가운데에서 같은 발상이 발견된다는 사실이 매우 인상 깊다. 그의 생각과 나의 글에 나타난 생각의 동일성을 보여주는 문장을 인용해 보겠다. "그리하여 전략과 관련된 개념인 실현 가능성이 규범과 관련된 개념으로 승격하고 그 결과 기술과 관련된 현실이 완성된다고 한다면, 그것은 모두 '해야 한다'는 것을 뜻하도록 받아들여진다."

로는 최소의 개인성 요구로 이어진다. 개개의 인간을 완전히 계량화시킬 수 있는 단위로 환원해서 그 성격을 천공 카드에 표시할 수 있다면, 사회기구는 더욱 효율적으로 움직일 것이라고 믿어진다. 이런 단위는 고장을 일으키거나 마찰을 낳지 않으므로 더욱 쉽게 관료제의 규칙에 따라 관리할 수 있다. 이런 결과에 다다르기 위해서는 인간은 개인성을 빼앗기고 자기 자신의 내부보다는 단체의 내부에서 자기 동일성을 발견하도록 가르침을 받아야 한다.

경제성에 근거한 효율의 문제는 신중히 생각할 필요가 있다. 경제성에 근거한 효율을 올린다는 논점, 바꿔 말하면 최소한의 원료로 최대한의 효과를 올린다는 논점은 역사, 진화와 관련된 관점에서 봐야 한다. 이 문제가 중요성을 더하는 것이 현실의 물자 부족이 생활의 첫째 과제인 사회에서라는 것은 분명하며, 사회의 생산력이 높아짐에 따라서 그 중요성은 낮아진다.

다음으로 탐구해야 할 방향은 효율이란 기존의 활동 가운데에서 알려져 있는 한 요소에 지나지 않는다는 사실을 충분히 고려하는 것이다. 우리는 아직 시도하지 않은 방법의 효율이 좋은지 나쁜지를 잘 모르므로, 효율을 근거로 현재 있는 것을 변호하는 데는 신중해야 한다. 또 효율의 파급을 시간과 공간이라는 두 범위와 관련지어 생각함과 동시에, 그 범위를 자각할 만큼의 주의가 필요하다. 좁은 범위로 한정하면 효율이 좋다고 생각되는 것도, 더 넓은 시간적, 공간적 범위에 걸쳐서 논의하면 효율이 뚝 떨어질 수 있다. 경제학에서는 '이웃효과(neighborhood effects)'라고 하는 것이 더욱더 주목받고 있다. 그것은 직접적인 활동의 범위 밖에 미치는 효과로, 이익이나 원가를 생각할 때는 가끔 무시된다. 무시의 한 가지 예를 들자면, 어떤 특정 산업계획의 효율을 오로지 그 기업에 미치는 직접적 효과만으로 평가하는 경우이다. 이때, 예를 들면 가까운 강이나 공기 중에 쌓인 마찰물이 지역사회에 심각하고 값비싼 비효율을 기져오는 것은 고려에서 제외된다. 우리는 시간이나 사회의 이해를 전체적으로 계산에 넣는 효율의 규준을 분명히 세워 나가야 한다. 궁극적으로는 우리가 효율을 검토하고자 하는 체제의 기본요소로서 인간, 또는 그와 관련된 요소를 그 범위에 넣을 필요가 있다.

효율이라는 이름에 의한 비인간화는 자주 보이는 현상이다. 이를테면《멋진 신세계》방식을 사용한 전화회사의 방식이다. 이용자를 응대하는 교환원의 대응을 기록하는 그것은 이용자에게는 노동자의 업무 태도를 채점하라고 의뢰하는 등 모두 '올바른' 종업원의 태도를 가르치고 서비스를 규격화하며 효율을 높이는 것을 노리고 있다. 즉시 사회에 도움이 된다는 근시안적인 눈으로 본다면, 이것은 순종적이고 다루기 쉬운 노동자를 만들 것이고, 따라서 회사의 효율은 높아질 것이다. 인간으로서의 노동자 처지에서 보면 그것은 자기불신감, 불안감, 불만감의 원인이 되며, 거기에서 다시 무관심 또는 적의까지 생길지도 모른다. 커다란 눈으로 보면, 이것은 효율을 높이는 것에는 전혀 도움이 되지 않을 수도 있다. 왜냐하면 회사도 사회 전체도 틀림없이 이런 방식에 대한 높은 대가를 치르게 될 것이기 때문이다.

노동을 조직화할 때 자주 쓰이는 다른 방식은 어떤 판단도 인간끼리의 접촉도 남지 않도록, 또 필요하지도 않도록 일을 분할하고 세분화시켜 창조성(이것은 위험이나 불확실성의 요소도 포함한다)이나 집단작업의 요소를 끊임없이 제거해 가는 방식이다. 노동자나 기술자는 결코 이 세분 과정에 무신경하지 않다. 그들의 불만은 대부분 정당하며, 분명히 표현된다. "우리는 사람이다"라든가 "이런 일은 사람이 할 일이 아니다"라는 문구는 드물지 않다. 여기서도 좁은 의미에서의 효율은 개인과 사회의 관점에서 보면 사기를 떨어뜨리거나 반대로 북돋우기도 한다.

투입산출(投入産出)의 숫자만을 생각한다면, 어떤 체계는 효율이 높다는 인상을 줄지도 모른다. 그러나 지금 다루고 있는 방법이 그 체계 안의 인간에게 어떤 영향을 주는가까지 고려해 본다면 그들이 태만, 불안, 우울, 긴장감 등을 갖고 있다는 것을 알게 될지도 모른다. 거기에서 이중의 결과가 나온다.

(1) 그들의 상상력은 정신적인 병리 때문에 자유롭게 작용하지 않게 될 것이다. 그들은 창조성을 잃고, 그들의 사고는 틀에 박힌 것이 되며, 그 결과 그들은 체계의 좀더 생산적인 발전에 공헌하는 새로운 발상이나 해결 방법을 제안하려고도 하지 않을 것이다. 전체로서의 그들의 에너지는 매우 낮아질 것이다.

(2) 그들은 스트레스나 긴장의 결과로서 많은 육체적 병에 시달릴 것이다. 건강과 관련된 이 손해는 체계 전체에도 손해이다. 게다가 그들의 아내나 자식들과의 관계에서, 또 책임 있는 시민으로서의 역할에서 이 긴장과 불안이 그들에게 어떤 영향을 줄지를 검토한다면, 언뜻 보아 효과적인 방법도 인간적 견해에서만이 아니라 단순히 경제라는 규범적 기준으로 따져 보더라도 체계 전체에 가장 효율이 나쁜 것이 될지도 모른다.

요약해 보자. 효율은 어떤 목적을 가진 활동에도 바람직하다. 그러나 지금 검토하고 있는 체계가 그 일부에 지나지 않는 더 큰 체제의 관점에서 효율을 검토해야 한다. 효율은 체제 안의 인간, 또는 그와 관련된 요소를 고려해야 한다. 결국 효율 자체가 어떤 기업에서든 주요한 규범이어서는 안 되는 것이다.

같은 원리의 또 다른 면, 즉 최대 생산을 매우 간단히 공식화하면, 그것은 무엇을 만들건 많이 만들수록 좋다는 주장이다. 국가 경제의 성공은 총생산의 증가로 측정된다. 회사의 성공도 그렇다. 포드는 에드셀 같은 호화로운 신차의 실패로 수억 달러의 손실을 입었을지도 모르지만, 이런 일은 생산곡선이 상승을 이어가는 과정에서 일어나는 한 작은 불행에 지나지 않는다. 경제성장은 끊임없이 올라가는 생산이라는 형태로 구체화된다. 그리고 생산을 어느 정도에서 멈춰야 좋은가 하는 한계에 대한 전망은 아직 없다. 국가 간 비교도 같은 원리에 입각한다. 소련은 더 빠른 경제 성장을 이룸으로써 미국을 따라잡기를 바라고 있다.

이 끊임없고 한없는 가속의 원리에 지배받는 것은 산업 생산만이 아니다. 교육제도에도 같은 규범적 기준이 작용해서 대학 졸업생이 늘어나면 늘어날수록 사람들은 좋아한다. 스포츠도 마찬가지로 모든 신기록을 진보로 여긴다. 날씨에 대한 태도도 같은 원리에 좌우되는 것 같다. 오늘은 "10년 만에 최고로 덥다"든가, 경우에 따라서는 추위 따위가 강조된다. 그리고 자신들은 기록적인 기온의 산증인이라는 긍지로 불쾌감을 달래는 사람도 있는 듯싶다. 끊임없는 양의 증가가 인생의 목표, 아니 그것이야말로 '진보'라는 단어의 의미라고 하는 생각의 예는 일일이 들자면 끝이 없을 것이다.

질의 문제, 또는 이런 양의 증가가 대체 무엇에 도움이 되는가라고 묻는 사람은 거의 없다. 이런 치우침은 인간을 중심으로 하지 않는 사회, 하나의 측면, 즉 양의 측면이 다른 모든 것을 압도해 버린 사회에서 분명히 나타난다. 이 '다다익선'의 원리가 지배하게 되면 그것이 모든 체제의 불균형을 낳는다는 것은 쉽게 이해할 수 있다. 모든 노력이 더 많은 것을 이루는 데로 기울면 삶의 질은 중요성을 모두 잃어버리고, 예전에는 수단이었던 활동이 목적이 된다.[9]

---

9) 찰스 웨스트 처치먼(Charles W. Churchman)은 자신의 저서 《이성에 도전하는 것(*Challenge to Reason*)》(New York : McGrarw–Hill, 1968)에서 이 문제를 체계적으로 서술하고 있다. "더욱더 커다란 체계 모델을 만들겠다는 이 생각을 면밀히 검토해 보면, 철저하다는 것이 어떤 의미

더할 수 없이 높은 경제 원리가 더욱 많은 것을 생산하는 것이라면, 소비자는 더욱 많은 것을 바랄—소비할—준비가 되어 있어야 한다. 상품이 더 많이 생산됨에 따라서 소비자의 욕망이 자연히 커지는 것을 산업은 마냥 기다리고 있지 않는다. 상품 가운데 시대에 뒤처진 부품을 끼워 넣음으로써 아직 더 오래 쓸 수 있는 제품이 있더라도 무리하게 새 상품을 사게 한다. 의류나 내구품(耐久品), 식료품의 경우에도 제품의 형태를 바꾸어 필요한 것 또는 원하는 것 이상의 물건을 사도록 소비자의 심리를 조작한다. 그러나 산업은 생산 증가를 추구하는 것이지 소비자의 필요나 욕구를 믿는 것은 아니다. 그것은 상당할 만큼 광고에 의존하는데, 광고란 자신이 바라는 바를 아는 소비자의 권리에 맞서는 가장 중요한 공격 수단이다. 1966년에 직접 광고(신문, 잡지, 라디오, 텔레비전)에 쓰인 165억 달러라는 돈은 인간의 재능이나 종이, 인쇄 기술의 어리석은 낭비라고 생각될지도 모른다. 하지만 늘어나는 생산과 그 결과로서의 소비가 우리 경제체계의 중요한 특징이고, 그것이 없으면 그 체계가 무너진다고 믿는 체제에서는 어리석은 일이 아니다. 광고비 외에 내구품, 특히 차의 형태를 바꾸는 비용이나 소비자의 식욕을 자극하는 수단인 포장 따위에 쓰이는 어마어마한 금액을 더한다면, 산업이 생산과 판매의 곡선이 상승할 거라는 보장만 얻을 수만 있다면 기꺼이 비싼 대가를 치를 것은 뻔하다.[10]

우리의 생활양식이 바뀐다면 경제에 어떤 현상이 일어날까에 대해서 산업

에서 이성에 도전하는 것이 되는지를 알 수 있을 것이다. 철저함의 좋은 예로 여겨지는 하나의 모델은 배분 모델이라고 불린다. 그것은 세계를, 자원을 사용해서 유용한 생산물을 '산출'하는 활동 체계로 본다. 이 모델의 논리는 아주 간단하다. 필요한 것은 체계 작용의 기본적인 양적 척도이며, 그 특질은 양이 많으면 많을수록 좋다는 것이다. 이를테면 어떤 회사는 이익을 많이 거두면 거둘수록 좋다. 어떤 대학은 자격을 주어 졸업시키는 학생의 수가 많으면 많을수록 좋다. 식량은 많이 만들면 만들수록 좋다. 체계 작용의 척도로서 선택하는 것이 널리 일반적으로 관심받는 척도인 한 중요한 문제가 아님을 알 수 있을 것이다. 우리는 작용의 바람직한 척도로서 선택한 것을 체계의 실시 가능한 활동에 적용한다. 그 활동이란 다양한 제조공장의 작용일 수도, 학교나 대학의 작용일 수도, 농장 등의 작용일 수도 있다. 저마다의 활동은 어떤 점에서 인정받을 만한 정도의 바람직한 양산에 공헌하는 경우에 그 의미를 갖는다. 실제 이 공헌은 활동의 총량과 바람직한 양산의 총량 관계를 도표로 그려 보이는 수학적 함수로서 가끔 표시된다. 어떤 제품이 팔리면 팔릴수록 회사의 이익은 올라간다. 많은 과정을 가르치면 가르칠수록 졸업생 수는 늘어난다. 비료를 많이 쓰면 쓸수록 식량은 많이 만들어진다."

10) 생산과 소비의 무제한 상승이 경제적 필요냐 아니냐 하는 문제는 제5장에서 논한다.

계가 품고 있는 불안은 다음에서 짧게 인용한 어떤 투자은행가의 말에 나타나 있다.

의류는 실용성을 주안점으로 해서 구입하게 될 것이다. 식량은 경제성과 영양가를 고려해서 사게 될 것이다. 자동차는 본질적인 부분 이외의 불필요한 것을 모두 없애고 쓸 수 있는 동안은 족히 10년에서 15년은 주인이 바뀌지 않을 것이다. 집은 비바람을 피하는 곳이라는 특성을 중시해서 지어지고 유지될 것이며, 건축양식이나 부근의 환경 등은 고려되지 않을 것이다. 그렇게 되면 새로운 모델, 새로운 방식, 새로운 발상에 의존하는 시장은 어떻게 된단 말인가?[11]

b. 그 사람에게 미치는 영향

이런 종류의 조직이 인간에게 미치는 영향이란 어떤 것일까? 그것은 인간을 기계의 리듬이나 요구에 지배받는 부속품으로 환원시켜 버린다. 그것은 인간을 '소비하는 인간(*Homo consumens*)', 즉 더 많이 갖고 더 많이 쓰는 것을 유일한 목표로 삼는 완전한 소비자로 바꿔 버린다. 이 사회는 무익한 것들을 많이 만들어 내고, 그와 같은 정도로 많은 무익한 사람들을 만들어 낸다. 인간은 생산기계의 톱니바퀴로서 하나의 사물이 되며, 인간이기를 그만둔다. 그는 관심도 없는 일을 하거나, 관심도 없는 사람과 사귀거나, 관심도 없는 물건을 만들거나 하면서 시간을 보낸다. 그는 만들지 않을 때는 소비한다. 그는 입을 연 영원한 젖먹이로 노력도 하지 않고, 정신적 능동성도 갖지 않으며, 권태를 달래주는(그리고 권태를 낳는) 산업이 강요하는 것—담배, 술, 영화, 텔레비전, 스포츠, 강연—에 여유만 있으면 무엇이든지 제한 없이 '몰두'한다. 그러나 권태를 달래주는 산업, 즉 물건을 파는 산업, 자동차 산업, 영화 산업, 텔레비전 산업 등은 권태를 느끼는 것을 막는 것밖에 할 수 없다. 아니, 이런 산업은 권태를 더 느끼게 할 뿐이다. 목마름을 풀겠다고 짠 것을 마시면 도리어 갈증이 심해지는 것과 같다. 아무리 무의식적이더라도 권태는 역시 권태이다.

마르크스는 늘어나는 소비가 가져오는 결과를 아주 분명하게 보았다. 이

---

11) Paul Mazur, 《우리가 올리는 수준(*The Standards We Raise*)》, New York, 1953, p.32.

는 《경제학·철학 수고》(1844)에 나오는 다음과 같은 말로 뚜렷하게 알 수 있다. "유용한 물건의 너무 많은 생산은 너무 많은 쓸모없는 인간을 낳는다." "기계가 인간의 약점에 응용되는 것은 약한 인간을 기계로 바꾸기 위해서이다." "(사유재산제도 아래에서는)모든 인간이 다른 사람 속에 새로운 욕구를 낳으려고 생각한다. 그것은 남에게 새로운 희생을 강요하기 위해서이고, 그를 새로운 종속적인 처지에 놓이게 하기 위해서이며, 또 그를 유혹해서 새로운 종류의 쾌락으로 이끌어 경제적으로 파멸시키기 위해서이다. ……그렇기 때문에 물건의 양이 늘어남과 동시에 인간이 종속되는 이질적인 실체의 영역도 같이 늘어난다. 모든 새로운 생산품은 기만과 수확의 새로운 가능성이다. 인간은 차츰 더 인간으로서 가난해진다."

오늘날의 산업사회에서 살고 있는 인간의 수동성(受動性)은 가장 현대다운 병적인 특징 가운데 하나이다. 그는 골똘히 생각도 하고 부양받기를 바라기도 하지만, 일하고 자주적으로 행동하려 하지는 않는다. 이른바 음식물을 소화시키지 않는 것이다. 그는 자신이 물려받은 것을 나름대로 다시 만들어서 내 것으로 삼는 게 아니라, 그것을 쌓아두거나 소비한다. 그는 심한 전신(全身) 결핍증에 걸려 있는데, 그것은 우울증 환자들에게서 가장 극단적인 형태로 보이는 증상과 그리 다르지 않다.

인간의 수동성은 '소외증후군'이라고도 할 수 있는 특정 증후군의 한 증상에 지나지 않는다. 수동적이 된 사람은 능동적으로 세계와 관계를 가지려 하지 않고, 마지못해 우상과 그 요구에 따른다. 그리하여 그는 무력감, 고독감, 불안감을 맛본다. 그는 온전한 하나의 인간으로서의, 또는 자기와 똑같은 인간이라는 의식을 거의 갖지 않는다. 주위에 동조하는 것을 참을 수 없는 불안을 피하는 유일한 방법처럼 생각한다. 그러나 그것도 언제나 그의 불안을 달래주지는 못한다.

미국 저술가 가운데 이 다이너미즘(역본설)을 소스타인 베블런만큼 분명히 본 사람은 없다. 그는 이렇게 썼다.

세상에서 인정받고 있는 다양한 체계적인 경제이론에서, 그것이 영국의 경제학자의 손에 의한 것이더라도, 또는 대륙의 학자의 것이더라도, 연구의 소재로서의 인간은 쾌락주 관점에서 다루어지고 있다. 즉 수동적이고 본질적으로 활성이 없는 불변의 것으로서의 인간성이다. ……쾌락주의적으로 본 인간이란 전광석화로 쾌락과 고통을 계산하는 기계로, 행복에 대한 욕망을 갖는 균질(均質)의 삭은 공처럼 외부의 자극을 받아 사방으로 굴러다니지만 그 성질은 변하지 않는다. 그는 전건(前件)도 후건(後件)도 갖지 않는다. 그는 공중에 떠 있는 한정된 인간 소재(素材)로, 서로 충돌하는 힘의 충격을 받아 이리저리 움직이는 것 말고는 안정 균형을 유지한다. 스스로 자연 공간에 위치해 자기 자신의 정신적인 축을 중심으로 팽이처럼 돈다. 거기에 힘의 평행사변형[12]이 충돌해서 그는 그 힘이 하나로 모이는 방향으로 움직인다. 이 충격의 힘이 떨어지면 그는 멈추어 원래대로 자기충족적인 욕망의 공이 된다. 쾌락을 좇는 인간은 정신적으로는 다른 것을 움직이는 원동력이 아니다. 그의 안에는 삶은 없고, 오로지 그의 외부에서 그와는 무관한 환경이 강요하는 일련의 변화에 따를 뿐이다.[13]

수동성에 뿌리내리고 있는 병적인 특징과는 별개로, 오늘날의 정상적인 병리를 이해하기 위해서 중요한 특징이 있다. 내가 말하는 것은 더욱더 커지는 지적(知的)=두뇌적 기능과 감정적=정서적 체험의 분열이고, 사고와 감정, 정신과 마음, 사실과 정념(情念)의 분열이다.

논리적인 사고는 그것이 오로지 논리적인 것에 그친다면[14] 합리적이라고 할 수 없다. 그것이 합리적이기 위해서는 삶에 관심을 쏟는 것, 모든 구체적인 사실, 모든 모순을 안은 전체로서의 삶을 찾고 연구해야 한다. 한편 사고뿐만 아니라 정서 또한 합리적일 수 있다. "*Le coeur a ses raisons que la raison ne connaît point*(마음에는 이성이 전혀 감지하지 못하는 그 자신의 이성이 있다)"고 파스칼도 말했다. 정서적 삶의 합리성은 인간의 심적 구조가 조화로운 균형을 유지

---

12) 두 힘이 하나로 모이는 것은 그 두 개의 힘을 두 변으로 하는 평행사변형의 대각선으로서 구해진다.

13) 《현대문명에서 과학의 지위와 다른 평론들(*The Place of Science in Modern Civilization and Other Essays*)》에 포함된 〈경제학이 진화하는 과학이 아닌 까닭은?(Why Is Economics Not an Evolutionary Science?)〉(New York : B. W. Huebsch, 1919), p.73.

14) 망상장애 증상에서 나타나는 사고의 특징은 그것이 완전히 논리적인 것이면서도 그 지침으로서의 현실에 관심을 두지 않거나 구체적으로 검토하지 않을 수도 있다는 사실이다. 바꿔 말하면 논리는 광기와 무관하지 않다.

하면서, 그 균형을 성장시키는 것을 지지하고 촉진하는 정서를 의미한다. 따라서 예컨대 이치에 들어맞지 않는 사랑이란 사람의 의존성, 더 나아가서는 불안과 적의(敵意)를 키우는 사랑이다. 이치에 들어맞는 사랑은 한 사람을 다른 사람과 친밀하게 이어줌과 동시에 그 사람의 독립성과 전체성을 잃지 않게 하는 사랑이다.

이성의 원천은 합리적인 사고와 감정의 융합이다. 이 두 개의 기능이 분열하면 사고는 조현병을 닮은 지적 활동으로, 감정은 생명에도 위해를 끼치는 신경증을 닮은 정념(情念)으로 떨어져 버린다.

사고와 감정의 분열은 병의 원인이 되어 가벼운 정도의 만성(慢性) 조현병을 일으키는데, 전자기술시대의 새로운 인간은 이미 이것에 시달리기 시작하고 있다. 사회과학에서는 인간의 문제를 생각할 때 이와 관련된 감정의 문제는 전혀 다루지 않는 것이 당연시되어 버렸다. 과학적 객관성을 유지하기 위해서는 인간에 대한 사상이나 이론으로부터 정서적인 관심을 모두 없애야 한다고 생각하는 것이다.

이런 사고의 일례는 허먼 칸의 수소폭탄전쟁에 대한 책이다. 핵전쟁이 끝나고 얼마 지나지 않은 적당한 시기에 경제기구를 재건해서 전과 같은 정도의, 또는 전보다 더 나은 상태로 만들 수 있을까 없을까를 판단의 규준으로 삼을 경우, 몇백만 정도의 미국인이 죽음을 '허용할 수 있을까' 하는 식으로 문제를 논하고 있다. 국민총생산이나 인구의 증가 또는 감소의 숫자가 이런 생각의 기본 범주를 이룬다. 그러나 노고, 고통, 야수화(野獸化) 등과 같은, 핵전쟁이 인간에게 주는 결과의 문제는 무시되어 있다.

허먼 칸의 《서기 2000년(The Year 2000)》도 완전히 소외된 거대 기계사회에서는 마땅히 예기되는 책의 한 가지 실례이다. 칸의 관심은 생산, 인구 증가 등의 숫자, 그리고 경우에 따라서는 전쟁 또는 평화의 다양한 줄거리로 향한다. 많은 독자가 그에게 감명을 받는 것은 끊임없이 변화하는 만화경처럼 그가 조합해 보여주는 무수히 많은 시시한 자료를 학식과 심오한 사상의 발현이라고 오해하고 있기 때문이다. 그의 논리 바탕에 있는 천박함, 그가 제시하는 미래도(未來圖)에서 보이는 인간적 차원의 결여 등을 독자들은 깨닫지 못한다.

나는 여기서 가벼운 정도의 만성 조현병이라는 단어를 썼는데, 좀더 설명할 필요가 있다. 조현병은 다른 모든 정신병 상태와 마찬가지로 정신의학에서뿐만 아니라 사회적인 면에서도 정의되어야 한다. 어떤 문턱을 넘은 조현병적 체험은 어떤 사회에서도 병이라고 생각할 것이다. 그 병에 걸린 사람은 어떤 사회적 상황에서도(조현병 환자가 신, 부당, 성사, 승려 등의 지위에끼지 오를 때를 제외하고는) 자신의 역할을 다하지 못하기 때문이다. 그러나 가벼운 정도의 만성 정신병에는 여러 종류가 있으며, 그것에 몇백만이나 되는 사람이 걸린 채로—바로 그것이 어떤 문턱을 넘지 않기 때문에—사회적 기능을 평범하게 수행하고 있다. 그들은 몇백만이나 되는 사람과 같은 병에 걸려 있는 한 자신은 고독하지 않다는 만족감을 갖고 있다. 바꿔 말하면 그들은 완전한 정신병에만 있는 독특하고 완벽한 고립감을 피하고 있다. 오히려 그들은 자신을 정상이라고 믿고, 마음과 정신의 유대를 잃지 않은 사람을 '미쳤다'고 생각한다. 모든 가벼운 정도의 정신병에서 질병이냐 아니냐의 정의는 그 병리가 다른 사람들에게도 퍼져 있느냐 아니냐로 결정된다. 가벼운 정도의 만성 조현병이 있듯이, 가벼운 정도의 만성 편집증이나 우울증도 있다. 그리고 국민의 어떤 층 사이에, 특히 전쟁이 일어날 것 같은 때는 편집증 요소가 증가하는데, 그것이 모두에게 공통으로 있는 한 병으로 느끼지 않는다는 증거가 많이 있다.[15]

기술진보에 최고 가치를 주는 경향은 우리의 지성(知性) 편중과 연관되어 있을 뿐만 아니라 가장 중요한 것으로서 기계적인 것, 모든 생명 없는 것, 모든 인공의 것에 정서적으로 이끌리는 심층심리와도 연관이 있다. 생명 없는 것에 끌리는 것이 가장 극단적인 형태가 되면 죽음과 부패를 동경(시신·유골 애착증)하게 되는데, 그렇게 심하지 않은 경우에도 '생명을 공경하면서 두려워하는 것'이 아니라 생명에 관심을 두지 않게 된다. 생명 없는 것에 이끌리는 사람들은 살아 있는 구조보다는 '법과 질서'를 좋아하고, 자발적 방법보다는 관료

---

15) 병이라고 여기는 것과 정상이라고 여기는 것의 차이는 다음 예를 보면 명확하다. 한 남자가 자기 나라의 도시를 대기오염으로부터 구하기 위해 공장이나 자동차, 비행기 등을 모조리 없애야 한다고 말했다면 아무도 그가 미쳤다는 것을 의심하지 않을 것이다. 그러나 만일 우리의 생명, 자유, 문화, 또는 우리가 지켜야 한다고 생각하는 다른 국민들의 그런 것들을 지키기 위해 마지막 수단으로서 수소폭탄을 이용하는 전쟁이 필요할지도 모른다는 여론이 있었다고 한다면, 이런 의견은 완전히 정상으로 여긴다. 차이는 결코 사고의 종류에 있지 않으며, 다만 앞의 생각은 모두의 것이 아니므로 정상적이지 않다고 여기고, 뒤의 생각은 몇백만이나 되는 사람들과 강력한 국가들의 정부가 공유하고 있기 때문에 정상이라고 여기는 것에 지나지 않는다.

적 방법을, 생물보다는 물건을, 독창보다는 반복을, 풍요보다는 통합을, 쓰는 것보다는 쌓아두는 것을 좋아한다. 그들이 생명을 제어하려고 하는 것은 생명이 제어할 수 없는 자발성을 두려워하기 때문이다. 그들은 자신을 그 앞에 놓아 주위 세계와 하나가 되려고 하지 않으며, 오히려 생명을 죽이려고 한다. 그들이 가끔 죽음을 농락하는 것은 생명에 뿌리내리고 있지 않기 때문이다. 그들의 용기는 죽을 용기이고, 가장 극단적인 이 용기의 특징은 러시안룰렛[16]이다.[17] 우리나라의 자동차 사고율이나 수소폭탄 전쟁의 준비 등은 이 죽음을 농락하려는 태도의 증거이다. 그리고 결국은 조직 내 인간의 따분하고 생기 없는 상태보다는 이 자극적인 도박을 선택하지 않을 자가 있겠는가?

단순한 기계가 갖는 매력의 한 징후는 사고의 면에서도, 감정의 면에서도, 그 밖에 어떤 기능의 면에서도 인간과 전혀 다르지 않은 컴퓨터를 만들 수 있다는 생각이 일부 과학자와 일반 사람들 사이에 갈수록 더 확산되고 있다는 것이다.[18] 내 생각에 중요한 문제는 이런 컴퓨터 인간이 가능한가 아닌가 하는 게 아니라, 현실의 인간을 더 합리적이고 조화롭고 평화를 사랑하는 존재로 바꾸는 것을 가장 중요하다고 여기는 역사적인 시대에 왜 이런 생각이 이렇게 확산되고 있느냐 하는 점이다. 이 컴퓨터 인간이라는 생각에 매료된다는 것은 많은 경우, 생명이나 인간적 체험으로부터 벗어나 기계적인 것이나 순수히 지적인 것을 향하려는 경향이 드러난 결과가 아닐까? 우리는 그런 의심을 억누를 수 없다.

사람 같은 로봇을 만들 가능성이 어딘가에 있다면, 그것은 미래이다. 그러나 지금도 우리는 이미 로봇처럼 행동하는 사람들을 보고 있다. 대부분의 사람이 로봇처럼 되어 있다면, 인간 같은 로봇을 만드는 데 문제가 있을 리 없다.

---

16) 회전식 연발 권총에 총알을 한 발만 넣고 총알의 위치를 알 수 없도록 탄창을 돌린 뒤 몇 사람이 차례로 자신의 머리에 대고 방아쇠를 당기는 내기.

17) 마이클 매코비는 다양한 주민에게 존재하는 죽음을 희구하는 증후군과 삶을 희구하는 증후군의 비율을 '해석법'에 의한 질문표를 써서 보여준다. 그의 〈정치적 선택과 관련된 정서적 태도 조사(Polling Emotional Attitudes in Relation to Political Choices)〉 참조.

18) 예를 들면 딘 에버렛 울드리지(Dean E. Wooldridge)는 《기계를 닮은 인간(*Mechanical Man*)》(New York : McGraw—Hill, 1968)에서 '평범한 방법으로 만들어진 인간과 전혀 구별할 수 없는 컴퓨터를 인공으로 만들 수 있게 될 것이라고 말하고 있다(!). 컴퓨터의 권위자 마빈 리 민스키(Marvin L. Minsky)는 저서 《계산(*Computation*)》(Englewood Cliffs, N. J. : Prentice Hall, 1967)에서 "인간에게 없는 한계를 기계가 갖고 있다고 생각해도 좋을 이유는 없다"고 말한다.

인간 같은 컴퓨터라는 생각은 기계를 인간적으로 사용하느냐 비인간적으로 사용하느냐 하는 선택의 좋은 예이다. 컴퓨터는 많은 점에서 생명을 늘리는 데 도움이 된다. 하지만 컴퓨터가 인간과 생명을 대신한다는 생각은 현대의 병리가 드러난 것이다.

단순한 기계에 대한 열중(熱中)을 보충하는 것으로서 인간의 동물적인 성질이나 정서, 또는 행동의 본능적 근원을 강조하는 생각이 퍼져 있다. 프로이트의 심리학은 이런 본능심리학이었다. 그러나 그의 리비도 개념은 깨어 있을 때나 잠들어 있을 때의 무의식 과정에 대한 그의 중대한 발견에 비하면 그다지 의미 있는 것은 아니다. 본능적인 동물적 유전을 강조해서 최근 가장 인기 있는 저자는 콘라트 로렌츠(Konrad Lorenz, 《공격행위에 대하여(*Das sogenannte Böse*)》)나 데즈먼드 모리스(Desmond Morris, 《털없는 원숭이(*The Naked Ape*)》와 같은 사람들인데, 그들은 프로이트가 제시한 인간 특유의 문제에 대한 새로운, 또는 귀중한 통찰을 전혀 보여주지 않는다. 그들은 자신이 본능에 의해 결정되어 있다고 생각함으로써 자신이 안고 있는 진짜 골치 아픈 문제를 대충 넘기고 싶어하는 사람들을 만족시키고 있다.[19] 많은 사람들의 꿈은 영장류의 정서와 컴퓨터 같은 두뇌를 조합하는 데 있는 것 같다. 이 꿈이 이루어지면 인간의 자유와 책임 문제는 사라질 것이다. 인간의 감정은 본능에 의해 결정되고, 그의 이성은 컴퓨터에 의해 결정되며, 인간은 자신의 존재가 그에게 던지는 문제에 대답할 필요가 없어진다. 이 꿈이 마음에 들건 들지 않건 실현은 불가능하다. 컴퓨터의 두뇌를 가진 털없는 원숭이는 인간이 아니게 될 것이다. 오히려 '그'는 존재하지 않게 될 것이다.[20]

---

19) 이 로렌츠 비판은 그의 일 가운데 한 부분, 즉 유추에 의해 인간의 심리문제를 다루고 있는 부분에 적용되며, 동물의 행동이나 본능이론 분야의 일에 적용되는 것은 아니다.

20) 이 원고를 다시 읽으면서 나는 루이스 멈퍼드가 같은 생각을 1955년에 《분별이라는 이름으로(*In the Name of Sanity*)》(New York : Harcourt Brace & Co.)에서도 말했다는 것을 깨달았다. "그렇기 때문에 현대인은 이제 그의 비극의 마지막 장을 향해 다가가고 있다. 그 종말 또는 그 공포는 감추고 싶어도 감춰지는 것이 아니다. 우리는 자동인형과 이드가 합체해 긴밀한 협력관계를 맺는 것을 보아왔다. 이드가 무의식의 깊은 바닥에서 떠올라 기계 같은 사고자(思考者)임과 동시에 인간 같은 기계인 자동인형은, 다른 생명 유지 기능이나 인간적 반응과는 무관하게 의식적 사고의 정점에서 내려온 것이었다. 첫 번째 힘은 전인격(全人格)에서 분리되었을 때 가장 사나운 짐승보다 더 잔인하다는 것이 판명되었다. 두 번째 힘은 인간적 정서, 인간적 불안, 인간적 목적에 너무나도 무감각하며, 모든 기관이 장치된 본디의 목적인

기술사회의 병원(病源) 가운데 인간에게 부과되는 또 다른 두 가지 영향을 여기서 지적하고 넘어가야겠다. 즉 프라이버시(privacy)와 인간의 개인적인 만남의 소멸이다.

'프라이버시'는 복잡한 개념이다. 그것은 예나 지금이나 중상류계급의 특권이다. 왜냐하면 프라이버시의 밑바탕에 있는 자신만의 공간은 돈이 들기 때문이다. 그러나 이 특권은 다른 경제적 특권과 함께 다른 계급과 공유하는 재산이 되어가고 있다. 이상의 경제적 요인과는 별개로, 프라이버시는, 나의 사생활은 나의 집, 내 재산과 마찬가지로 나의 것이지 다른 누구의 것도 아니라는 저축주의에도 기초한다. 그것은 또 위선(僞善)의 부산물, 도덕적 외관과 현실과 다름에서 나오는 부산물이기도 했다. 이러쿵저러쿵해도 사생활은 역시 인간의 생산적 발전에 중요한 조건처럼 보인다. 뭐니 뭐니 해도 마음을 집중하기 위해서도, 또 자기 마음의 진행을 가로막는 다른 사람의 끊임없는 수다라는 '잡음'이나 방해로부터 벗어나기 위해서도 사생활이 필요하기 때문이다. 만일 모든 사적 자료가 공적 자료로 바뀌어 버린다면, 인간의 체험은 더 천박하고 더 획일적인 것이 되어갈 것이다.

사람들은 '다른 감정'을 갖는 것을 두려워할 것이다. 그들은 심리검사에 의해 '바람직한', '정상', '건강한' 태도의 규준을 정하려고 하는 심리학적 조작에 더욱 휘둘리기 쉬워질 것이다. 사회나 정부기관이 태도가 '가장 훌륭한' 자를 찾도록 돕기 위해 이런 검사를 응용하고 있다는 것을 생각하면, 지금은 좋은 직업을 얻기 위한 거의 보통의 조건이 되어버린 심리검사의 사용은 사실 시민의 자유를 중대하게 침해하는 것이라고 할 수 있다. 유감스럽게도 많은 심리학자가 인간에 대한 그들의 지식을 모두 들어 커다란 조직이 효율로 여기는 것에 봉사하기 위해 인간을 조작하고 있는 것이다. 이렇게 심리학자들은 산업 및 정부 체제의 중요한 부분이 되면서도, 한편으로는 자신들의 활동은 인간에게 필요한, 가장 알맞은 정도의 발전에 도움이 된다고 주장한다. 이 주장은 단체에게 최선인 것이 인간에게도 최선이라는 합리화에 기초하고 있다. 관리자가 이해해야 하는 중요한 사실은 심리검사로 얻은 것

한정된 범위의 물음에만 대답하는 것에 너무 전념하고 있어서, 그것이 문명뿐만 아니라 과학까지 파국으로 내몰고 있을지라도 그 자신의 강박적 메커니즘의 작용을 중지하고 파멸을 억제하는 지성이 결여되어 있는 것이다."

들은 대부분 매우 한정된 인간상에 기초하고 있으며, 그 인간상은 관리하는 데 필요해서 심리학자들에게 전달되었다가 독립된 인간 연구의 결과라는 선전을 통해 다시 관리자측에게 되돌아가는 모습이라는 것이다. 사생활 침해가 마지막에는 지금까지 전체주의 국가가 했던 것보다 더 전체적이고 더 심한 개인 통제로까지 이어지리라는 것은 언급할 필요도 없을 정도이다. 오웰의 1984년이 실현되려면, 테스트나 조건부로 길을 열어줄 심리학자들의 많은 도움이 필요하다. 중요한 점은 인간의 행복을 이해하고 그것을 목표로 하는 심리학과, 기술사회에 더욱 도움이 되기 위해 인간을 한낱 사물로서 연구하는 심리학을 구별하는 것이다.

c. 확신에 대한 욕구

지금까지의 논의 가운데에서 나는 현재 사회에서 인간의 행동을 이해하기 위해 가장 중요한 요인을 제외시켜 왔다. 인간은 확신(certainty)을 구한다는 것이다. 인간은 자신의 행동을 반자동적으로 제어해 줄 일련의 본능을 갖고 있지 않으며 다양한 선택을 강요받는다. 그것은 아주 중요한 문제일 경우, 만일 선택을 그르치면 생명에 중대한 위험이 따른다는 것을 뜻한다. 결정해야 하는—때때로 시급히—때에 인간을 엄습하는 의심은 고통스러운 긴장을 낳으며, 재빠르게 결정하는 능력에 커다란 위기를 가져올 가능성조차 있다. 그 결과 인간은 확신을 향해 강한 욕구를 갖게 된다. 그는 자신이 결정을 내리는 방법이 옳다는 것을 의심할 필요가 없다고 믿고 싶어한다. 아니, '옳은' 결정을 하더라도 그 타당성을 의심하는 고통받을 바에는 차라리 '그릇된' 결정을 내려서 거기에 확신을 갖고 싶어한다. 인간이 우상이나 정치지도자를 믿는 심리적 이유 가운데 하나도 여기에 있다. 이런 것들은 그가 결정을 내릴 때의 의심이나 위험을 없애준다. 이것은 결정이 내려진 뒤에 그의 생명이나 자유 등에 위험이 없다는 것을 뜻하는 게 아니라, 결정의 방법이 잘못되었다는 두려움이 없다는 것을 뜻한다.

몇 세기 동안 확신은 신의 개념에 의해 보증되었다. 전지전능한 신은 세상을 창조했을 뿐만 아니라 의심 없는 행동 원리도 널리 알렸다. 교회는 이런 원리들을 세부적으로 '해석'하고, 개인은 교회의 규칙에 따름으로써 그 안에서 지위를 확보하여, 무슨 일이 일어나더라도 자신은 구원의 길, 그리고 천국의 영

원한 삶으로 가는 길에 있다고 확신했던 것이다.[21]

과학적인 접근이 일어나고 종교적인 확신이 부패하기 시작하면서 아울러 인간은 새로 확신을 찾아내야만 했다. 처음에는 과학이 확신에 새로운 기초를 줄 수 있는 것처럼 보였다. 앞선 세기까지의 합리적 인간에게는 그랬다. 그러나 삶이 갈수록 복잡해지고 인간의 모든 균형이 상실되어 감과 동시에, 또 개인의 무력감과 고독감이 커짐과 동시에 과학을 지향하는 인간은 합리적인 독립된 인간이 아니게 되었다. 그는 스스로 생각하는 용기를 잃었고, 인생에 완전히 지적, 정서적으로 참가해서 결정을 내리는 용기를 잃었다. 그는 합리적인 사고가 줄 수 있는 '불확실한 확신'을 '절대적 확신', 즉 예측 가능성에 기초한 이른바 '과학적' 확신으로 교환하기를 바란 것이다.

이 확신을 보장하는 것은 인간 자신의 못 미더운 지식이나 정서가 아니라, 예언을 가능하게 하고 확신의 보증인으로 만드는 컴퓨터이다. 한 예로 대기업의 계획안을 들어보자. 컴퓨터의 도움을 빌려서 회사는 몇 년 뒤의 계획까지 (인간의 정신이나 기호의 조작까지 포함해서) 세울 수 있다. 경영자는 자신의 개인적인 판단에 의지할 필요 없이 컴퓨터가 선언하는 '진실'에 의지하면 된다. 이 경영자의 결정은 잘못된 결과를 낳을지도 모르지만, 그는 결정을 내리는 과정을 의심할 필요는 없다. 그는 컴퓨터가 예언한 결과를 받아들이는 것도, 거부하는 것도 자유라고 생각한다. 하지만 실제로는 경건한 그리스도교인이 신의 의지를 저버리고 행동할 수 없었던 것처럼, 그에게 자유란 없다. 그런 행동은 하려고 들면 할 수 있을 것이다. 그러나 그런 위험을 무릅쓰려면 그는 미쳐야 한다. 신—또는 컴퓨터의 해답—보다 위대한 확신의 원천은 없기 때문이다.

이 확신에 대한 욕구에서 컴퓨터에 의한 계획의 유효성에 대해서도 맹신과 같은 것이 탄생한다. 경영자들은 의심에서 벗어나지만, 그것은 조직에 고용되

---

21) 루터와 칼뱅의 그리스도교 신학은 인간은 결정을 내릴 때 그릇된 기준을 쓸 위험을 두려워해서는 안 된다고 역설적으로 가르쳤다. 인간의 자유 및 인간의 선행 역할을 업신여겼던 루터는 인간이 할 수 있는 유일한 결정은 자신의 의지를 완전히 신에게 맡김으로써 자신의 지식과 책임에 근거해서 결정하는 모험에서 벗어나는 것이라고 가르쳤다. 칼뱅의 생각은 이렇다. 모든 것은 예정되어 있으며, 인간의 결정은 사실 문제가 아니다. 인간의 성공은 그가 선택받은 자라는 증거이다. 《자유에서의 도피》에서, 나는 이런 교의(教義)들의 바탕에 있는 절망과 불안을 지적했다.

어 있는 사람들도 마찬가지이다. 컴퓨터에 기초한 계획에 신과 같은 성질을 부여하는 것은 결정 과정에 인간의 판단이나 정서의 방해가 들어가서는 안 된다는 바로 그 사실인 것이다.[22]

정부의 정책이나 전략의 경우에도 같은 계획 방법이 갈수록 더 보편화되고 있다. 이상적인 것은 외교정책—이것은 오늘날에는 군사계획까지 뜻한다—이 변덕스러운 인간의 의지로부터 벗어나 컴퓨터 방식에 위임되는 것이다. 인간처럼 좀처럼 실패하지 않고 이기적인 동기도 갖지 않는 그것은 '진실'을 말해 준다. 모든 외교정책이나 군사전략이 컴퓨터의 결정에 따라 이루어지는 것이 이상적인데, 이는 모든 사실을 컴퓨터에 의해 알리고 고려하고 이용하는 것을 뜻한다. 이 방법에 의해 의심이 끼어들 여지는 없어지지만, 그렇다고 큰 불행을 반드시 피할 수 있는 것만도 아니다. 그러나 의심 없는 '사실'에 근거해서 결정을 내린 뒤에 큰 불행이 일어난다 하더라도 그것은 천재지변 같은 것이므로 인간이 감수해야 한다. 인간은 알고 있는 범위에서 최선의 결정을 내리는 것 이상의 것은 할 수 없기 때문이다.

위와 같이 생각해야 비로소 다음의 문제에 대답할 수 있지 않을까 한다. 즉 우리나라의 정책이나 전략의 입안자들이 어떤 시점에서 그들이 내리는 명령에 의해 그들 자신의 가족이나 대부분의 미국인, '잘하면' 문명세계의 대부분이 파멸하게 될지도 모른다는 상념을 속 편하게 하고 있을 수 있는 것은 대체 어찌 된 까닭인가 하는 물음이다. 사실이 그들을 대신해서 내려주었다고 생각되는 결정을 믿는다면 그들의 양심은 끄떡없는 것이다. 자신들의 결정이 불러올 결과가 아무리 엄청난 것일지라도, 그 결정에 다다르게 한 방법의 정당함과 합법성에 대해서는 아무런 불안감도 가질 필요가 없다. 그들은 신념에 따라 행동하지만, 그것은 검사성성(檢邪聖省)[23] 심판관들의 행위의 바탕에 깔려 있었던 신념과 본질적인 차이는 없다. 도스토옙스키의 대심문관(大審問官)처럼 자신은 할 수 있는 최선의 일을 하고 있다고 확신하기 위한 다른 방법이 없

---

22) 결정을 내릴 경우 저마다의 목표에 대한 논의는 다음의 책을 참조할 것. 피어 솔버그(Peer Soelberg)가 쓰고 조지 피스크(George Fisk)가 편집한 《개인 목표들의 구조 : 조직원리 이론, 경영의사 결정의 심리학에 관한 암시(*Structure of Individual Goals : Implication for Organization Theory, the Psychology of Management Decision*)》(Lund, Sweden : C. W. K. Gleerup, 1967), pp.15~32.
23) 옛날의 종교재판소.

기 때문에 잘못된 행위를 할 수밖에 없다는 비극적인 사람도 그 가운데에는 있을지도 모른다. 우리나라의 입안자들은 합리적인 성격을 갖고 있다고 일컬어지지만, 그 성격도 근본적으로는 과학 이전의 시대에서 종교에 근거해 이루어졌던 결정과 다를 바가 없다. 여기서 한 가지 짚고 넘어가야 할 것이 있다. 그것은 신의 의지에 대한 맹목적인 복종으로서의 종교적인 결정도, '사실'의 논리에 대한 신앙에 근거한 컴퓨터에 의한 결정도 모두 소외된 결정의 형식이며, 거기서 인간은 자신의 전망, 지식, 탐구, 책임을 신이건 컴퓨터건 하나의 우상에게 맡긴다는 점이다. 예언자들의 인간주의적 종교는 이런 복종을 몰랐다. 결정은 인간이 행하는 것이었다. 인간은 자신이 좋은 상황을 이해하고 몇 가지 선택 가능성을 인정하고 나서 결정을 해야 했다. 진정한 과학적인 합리성도 이와 다르지 않다. 컴퓨터는 인간이 몇 가지 가능성을 구체적으로 그려낼 때 도움을 줄 수 있다. 그러나 그를 대신해 결정까지 해주는 것은 아니다. 인간 스스로의 결정이란 그가 다양한 모델 가운데 어떤 것을 선택할 수 있다는 뜻뿐만 아니라, 자신의 이성을 발휘하고, 자신이 처리하는 현실과 관계를 맺고 반응하며, 이성의 관점, 즉 인간의 활동성을 유지하고 실현하는 관점에서 보아 관련성 있는 사실을 컴퓨터로부터 이끌어 내야 한다는 뜻이기도 하다.

컴퓨터의 결정을 맹목적이고 비합리적으로 믿는 것은 전략계획뿐만 아니라 외교정책의 경우에도 적대하는 상대끼리 저마다의 자료 처리방식에 따라서 결정할 때는 위험한 것이 된다. 서로 상대의 움직임을 읽고, 자신의 수(手)를 생각하고, 양측의 수가 과연 계획대로 될 것인지 그 가능성을 생각해 본다. 선수는 게임의 줄거리를 다양하게 그릴 수 있다. 자신이 이길 경우, 뜻대로 되지 않아 비길 경우, 또는 둘 다 질 경우 등이다. 그러나 하비 휠러(Harvey Wheeler)가 지적했듯이,[24] 어느 쪽이 '이기면' 둘 다 끝이다. 게임의 목적이 비기는 것일지라도, 이 게임의 규칙상 무승부는 상정되지 않는다. 양측 선수는 서로의 방법 때문에, 또 확신에 대한 욕구 때문에 컴퓨터 이전 시대의 외교나 전략의 방법, 즉 대화―주고받기, 공공연한 또는 은밀한 양보, 타협 등의 가능성, 아니 그것이 유일한 합리적인 결정일 때는 항복의 가능성조차 고려한 뒤의 대화―를 포기해 버린다. 대화는 파국을 피하기 위한 위의 가능성을 모두 갖고 있음

---

24) 나이젤 캘더(Nigel Calder)가 편집한 《평화가 오지 않는다면(*Unless Peace Comes*)》(New York : The Viking Press, 1968), pp.91ff.

에도 현재의 방식에서는 배제되어 있다. 자기파괴에 이를 만큼 계속 이어지는 지도자들의 행동은 가히 광신적이다. 다만 그들의 행동은 컴퓨터 방식의 합리성(계산 가능성)에 대한 몰정서적인 신념에 기초하고 있으므로 심리학적 의미에서는 광신자가 아니지만⋯⋯.

워싱턴과 모스크바 간의 핫라인은 이 비인간적인 결정 방법에 대한 냉소적인 비판이다. 컴퓨터 방식에 의해 두 나라가 충돌할 것 같고 양쪽 다 그것으로부터 벗어날 수 없을 것 같을 때, 두 나라는 정치적 절차의 최후수단으로서 개인적인 통신이라는 고전적인 방법을 쓸 것이다. 1962년 쿠바 미사일 위기는 케네디와 흐루쇼프 간의 여러 차례에 걸친 개인적 통신 덕분에 해결되었다. 1967년 아랍—이스라엘 전쟁 때도 같은 일이 일어났다. 이스라엘군이 미국의 정보수집함 리버티호를 공격하자 미국측 비행기가 격한 움직임을 보였다. 러시아는 미국의 움직임을 감시하고 있었다. 이것을 어떻게 해석해야 할 것인가? 공격 준비로 봐야 할까? 바로 이때 워싱턴은 핫라인으로 이 행동을 모스크바에 설명했다. 모스크바는 그 설명을 믿고 군사충돌의 위험을 막았던 것이다. 핫라인은 체제의 지도자들이 때를 놓치기 직전에 제정신으로 돌아갈 수 있다는 것, 그리고 그들은 위험한 대결을 풀기 위해서는 인간의 대화가 컴퓨터가 명령하는 수보다 안전한 방법이라는 것을 인식하고 있다는 증거이다. 그러나 전체적인 경향을 생각하면, 핫라인은 인류의 존속을 지키기에는 약한 수단이다. 양측 선수는 설명을 위한 좋은 기회를, 적어도 상대방이 그 설명을 믿어주기 위한 좋은 기회를 놓칠지도 모르기 때문이다.

지금까지 나는 경제적 및 정치적인 전략의 절차 안에서의 확신에 대한 욕구만을 말해 왔다. 그러나 현대의 체제는 다른 면들에서도 이 욕구를 채워 준다. 개인 일생도 예언할 수 있게 된다. 초등학교에서 고등학교, 대학교에 이르는 성적과 심리검사로 개인의 삶을 예언할 수 있다. 물론 경제체계의 경제적 변동에 좌우되지만. 실제 큰 단체 안에서 사다리를 올라가고 싶어하는 사람의 삶에는 엄청난 위태로움과 불안함이 따라다닌다. 그는 언제 어디서 떨어질지 모른다. 동경하던 목표에 다다르지 못해 가족이나 친구의 눈에 실패자로 비칠지도 모른다. 그러나 이 불안은 확신에 대한 욕망을 키울 뿐이다. 그의 결정 방법이 확신에 찬 것이었음에도 실패했다고 한다면, 적어도 그는 자기 자신을 탓할 필요가 없다.

이런 확신 욕구가 사고나 감정이나 미적 감상의 세계에도 있다. 읽고 쓸 줄 아는 사람이 많아지고 대중매체가 발달해서 어떤 생각이 '옳은'지, 어떤 행동이 잘못인지, 어떤 감정이 정상인지, 어떤 기호가 '유행'하고 있는지를 개인은 금방 배운다. 개인이 해야 할 일은 오로지 매체가 보내주는 신호를 받아들이는 것뿐으로, 그렇게 하면 실수하지 않는다는 것을 확신할 수 있다. 패션잡지는 어떤 스타일을 좋아해야 할지를 가르쳐 주고, 독서모임은 어떤 책을 읽어야 할지를 가르쳐 주지만, 가장 걸작은 적당한 결혼 상대를 찾는 최신 방법이 컴퓨터의 결정에 근거하고 있다는 것이다.

우리의 시대는 신을 대신할 것을 발견했다. 즉 기계적인 계산이다. 이 새로운 신은 이제 우상이 되었고, 모든 사람이 그 희생양이 될지도 모른다. 신성한 것, 의심을 허락하지 않는 새로운 개념이 생겨나고 있다. 계산 가능성, 개연성, 사실성의 개념이다.

이제 우리는 다음 물음을 진지하게 생각해야 한다. 만일 컴퓨터에 모든 사실을 준다면 앞날의 행동에 대해 할 수 있는 최선의 결정을 컴퓨터가 내려줄 수 있다는 원리의 어디가 잘못되었는가?

사실이란 무엇일까? 아무리 정확하고 개인적 또는 정치적 편견에 의해 왜곡되지 않은 경우라도 사실이 그 자체로서 오로지 중립성을 유지하는 일은 있을 수 없다. 사실의 분류라는 행위 자체에 의해서 거짓이 될 수도 있다. 즉 관련성 있는 사실에서 주의가 돌려지거나, 또는 사고가 여러 방향으로 분산되고 단편화되는 결과로 생기는 선택이다. 후자의 경우 '정보'를 많이 받아들일수록 의미 있는 결정을 할 수 없게 된다. 사실의 분류란 평가와 선택을 포함한다. 이 것을 깨닫는 것이 사실을 합리적으로 사용하는 데 필요한 조건이다. 화이트헤드가 사실에 대해서 중요한 발언을 했다. 《이성의 기능(*The Function of Reason*)》에서 그는 이렇게 쓰고 있다. "모든 권위의 기초는 사고에 대한 사실의 우월이다. 그러나 사실과 사고의 이 대조는 오해받기 쉽다. 사고는 체험이라는 사실의 한 요인이기 때문이다. 이렇게 직접적 사실이 사실로서 있는 것은 그 안에 포함되어 있는 사고 때문이다."[25]

사실은 관련성이 있어야 한다. 그러나 무엇과, 누구와 관련성을 가지는가?

---

25) 비콘 출판사 지장본판(紙裝本版), 1958, p.80.

만일 A라는 인물이 심한 질투에 미쳐 연적(戀敵)을 해치고 교도소에 들어갔다는 말을 들었다면, 나는 하나의 사실에 대해서 들은 셈이 된다. 나는 이런 정보를 여러 방식으로 표현할 수 있다. A는 교도소에 들어간 적이 있다든가, A는 난폭한 사람이었다(또는 이다)라든가, A는 질투심이 강한 사람이었다(또는 이다)라든가. 하지만 이 사실들은 A에 대해 거의 아무것도 말하고 있지 않다. 어쩌면 A는 대단히 격정적인 남자일지도 모른다. 자존심이 센 남자일지도 모른다. 또 아주 고결한 남자일지도 모른다. 어쩌면 내가 얻은 사실의 정보에는 A가 어린아이와 이야기할 때 그의 눈은 빛나고 친근하게 도움을 준다와 같은 것이 빠져 있을지도 모른다. 이 사실이 생략된 것은 이 범죄의 자료와 관련성이 없다고 생각되었기 때문일지도 모른다. 그리고 컴퓨터가 인간의 눈에 어린 표정을 기억하거나 그의 입가 표정의 미묘한 느낌을 관찰해서 기록으로 옮기는 일은—현재 단계에서는—어려운 것이다.

간단히 말하면 '사실'이란 사건의 해석이다. 그리고 해석은 관여를 전제로 하며, 그 관여에 의해서 사건의 관련성이 구성된다. 가장 중요한 문제는 나는 어떤 점에서 관여하고 있는가를 깨닫는 것이며, 그 결과로서 관련성 있는 사실이란 어떤 것이어야 하는가를 인식하는 것이다. 나는 그의 친구인가, 아니면 형사(刑事)인가, 아니면 오직 그를 전체적으로 그의 인간성을 통해서 보고 싶어하는 한 인간인가? 나의 관여를 깨닫는 것과는 별개로, 나는 이 사건에 대해서 모든 상세한 내용들을 알아야 한다. 아마 그때도 그것들은 그의 행위를 어떻게 평가해야 하는지를 나에게 가르쳐 주지는 않을 것이다. 그의 개별성과 본질, 성격—그 자신조차 깨닫지 못하고 있을지 모르는 요소도 포함해서—을 통해서 그라는 사람을 알 수 없다면 그의 행위를 평가할 수 없다. 그러나 충분히 알기 위해서는 나 자신도 알아야 한다. 나 자신의 평가 체계를, 그중 무엇이 진짜이고 무엇이 이념인지를 알아야 한다. 그리고 나의 관심을—그것이 이기적이든 아니든—알아야 한다. 사실이 단순한 묘사 형태로 제시될 때 나는 몇 가지 정보를 얻은 셈이 될 것이다. 하지만 동시에 사실을 왜곡하고 싶으면 오로지 '사실'을 늘어놓는 것이 가장 유효하다는 것도 잘 알려져 있다.

어떤 남자의 생애에서 일어난 한 가지 사건을 평가하는 문제에서, 정치적 사회적 삶과 관계된 사실에 대해서 말할 때 더 복잡하고 중요해진다. 만일 공산주의자가 극동의 어느 나라에서 권력을 쥐기 위한 수단을 취하고 있다는 것을 사실로서 제시했을 경우, 이 사실은 그들이 동남아시아의 모든 것을, 또는 아시아의 모든 것을 정복하려 하는 위협을 뜻하는 것일까? 만일 그렇다고 할 경우, 그것은 그들이 미국이라는 '존재'를 위협하고 있다는 것을 뜻할까? 미국이라는 '존재'를 위협하고 있다는 것은 미국인이라는 물리적 존재, 또는 우리나라의 사회체제, 또는 우리나라의 표현이나 행동의 자유 등을 위협하고 있다는 것을 뜻할까? 아니면 그것은 지금 활동하고 있는 우리나라의 엘리트를 그들 자신의 엘리트와 바꾸고 싶어한다는 것을 뜻할까? 이렇게 여러모로 예상되는 결과 가운데 어떤 것에 대응했을 경우에는 1억 미국인, 또는 모든 생명이 아주 사라질지도 모르는 위험을 정당화하거나 요구하는 것이 허용될까? 공산주의자의 위협이라는 '사실'은 그들의 전체적인 전략이나 계획을 어떻게 평가하느냐에 따라서 다른 의미를 지닌다. 그런데 공산주의자란 누구를 가리키는가? 소비에트 정부인가, 중국 정부인가, 아니면 대체 누구인가? 또 소비에트 정부란 누구인가? 코시긴—브레즈네프의 정부인가? 아니면 그들의 현재 전략이 실패했을 때 권력을 쥘 그들의 후계자의 정부인가?

내가 분명히 밝히고 싶은 점은 애초의 출발점인 하나의 사실이라도 체제 전체의 평가 없이는 의미가 없다는 것이고, 체제 전체의 평가란 관찰자로서의 우리까지 포함하는 하나의 과정 분석이라는 것이다. 궁극적으로는 어떤 종류의 사건을 사실로서 가려내는 것을 결정했다는 사실 자체가 우리에게 어떤 영향을 준다고 말해야 한다. 이 결정에 의해서 우리는 어떤 방향으로 움직이도록 자신을 묶은 것이다. 그리고 이 속박이 우리의 앞으로의 사실 선택 방법을 결정한다. 우리의 상대편도 마찬가지이다. 그들도 우리의 선택 방법뿐만 아니라 그들 자신의 선택 방법에 의해서도 영향을 받는 것이다.

그러나 사실 자신이 평가에 따라 가려내지고 정리되는 것만은 아니다. 컴퓨터 프로그래밍 자체가 기성의, 그리고 가끔 의식되지 않는 가치에 기초하고 있다. 많이 만들면 만들수록 좋다는 원리도 그 자신이 하나의 가치판단이다. 만일 이 생각을 바꾸어 체제는 인간에게 가장 알맞은 능동성과 활동성을 촉진해 주어야 한다고 믿는다면, 우리는 다른 프로그래밍을 실행해 다른 사실이 관련성을 갖도록 만들 것이다. 컴퓨터의 결정은 확실하다는 환상은 대부분의 일반 사람들과 많은 결정 책임자들에게 공통되는데, 이는 ⓐ 사실은 객관적으

로 '주어진 것'이고, (b) 프로그래밍은 규범과는 무관하다는 잘못된 가정에서 나온다.[26]

모든 계획의 입안은 컴퓨터를 사용할 경우건 사용하지 않을 경우건 그 바탕에 있는 규범이나 가치에 좌우된다. 계획을 세운다는 것 자체는 인류가 선택한 가장 앞선 수단 가운데 하나이다. 그러나 그것이 '맹목적인' 계획 입안이고, 인간이 자신의 결정, 가치판단, 책임을 내던지는 것이라면, 그것은 재앙이될 수 있다. 만일 그것이 살아 있는, 때리면 울리는 '열린' 계획이고, 인간적인 목적이 충분히 자각되어 입안 과정의 지표가 된 것이라면, 그것은 축복이 될 것이다. 컴퓨터는 계획을 엄청나게 쉽게 만들어 주지만, 그 사용은 수단과 목적의 올바른 관계의 근본원리를 정말로 바꾸지는 않는다. 다만 그것을 잘못 사용하면 그 원리는 바뀔 것이다.

---

26) 하산 외즈베칸은 '규범적'인 계획이 '전략적' 및 '전술적' 계획에 우선해야 한다는, 매우 타당한 생각을 가지고 있다.

4. 인간적이란 것은 무엇을 뜻하는가

1) 인간성과 그 다양한 발현

기술사회에서 인간의 현재 상황에 대해서는 이미 설명했으므로, 다음 단계로 기술사회를 인간화하기 위해서 무엇을 해야 하는가라는 문제를 검토하겠다. 그러나 이 첫발을 내딛기 전에 우리는 먼저 자신에게 물음을 던져야 한다. 인간적이란 것은 어떤 것인가? 즉 사회체제가 기능할 경우 하나의 본질적 요소로서 생각해야 하는 인간적 요소란 무엇인가 하는 것이다.

이 생각은 이른바 '심리학'을 뛰어넘은 것이다. 이는 '인간과학'이라고 불리는 편이 적절한 것으로, 인간의 이해와 관련성을 갖는 한 역사학, 사회학, 심리학, 신학, 신화학, 생리학, 경제학, 그리고 예술 등 모든 자료를 다루는 학문 분야이다. 이 장에서 내가 할 수 있는 것은 아무래도 아주 한정적이다. 이 책의 문맥을 고려해서, 또 이 책의 대상인 독자 여러분과의 관계에서 가장 중요하다고 생각되는 부분을 논하기로 했다.

인간은 과거에—현재도 그렇지만—인간적이라는 것의 어떤 특정한 형태를 인간의 본질이라고 보는 오류에 쉽게 빠졌다. 이 오류의 정도에 따라 인간은 자신이 동일화되어 있는 사회의 언어에 의해서 인간성을 정의하고 싶어한다. 이것이 전체적인 경향이긴 하지만, 한편으로는 예외도 있었다. 자기 자신이 속한 사회의 차원을 뛰어넘은 세계를 보는 사람도 늘 있었다. 이런 사람은 살아 있을 때는 바보나 범죄자라고 불릴지도 모르지만, 기록된 인간의 역사에 관한 한 그들은 위인의 명부에 이름을 올린다. 그들은 보편적으로 인간적이라고 부를 수 있는 어떤 것, 그리고 특정 사회가 이런 것이라고 여겼던 인간성과 다른 어떤 것을 그렸다. 대담하고 상상력이 풍부하며, 그들 자신의 사회생활 한계를 뛰어넘은 세계를 보는 사람이 늘 있었던 것이다.

인간 특유의 성질을 단 한마디로 나타내는 '인간'의 정의를 몇 가지 떠올려 보는 것도 유익할지 모른다. 인간은 호모 파베르(Homo faber)—도구를 만드는 존재―라고 정의되었다. 분명 인간은 도구를 만든다. 그러나 우리의 조상은 완전한 인간이 되기 전부터 도구를 만들었다.[1]

인간은 호모 사피엔스(Homo sapiens)―생각하는 존재―라고 정의되있는데, 이 정의에서는 사피엔스란 무엇인가 하는 것에 모든 것이 달려 있다. 생존을 위해 좀더 좋은 수단을 발견하고, 필요한 것을 습득하는 방법을 찾기 위해 머리를 쓰는 것―이런 능력이라면 동물에게도 있는 것으로, 이런 종류의 성취에 관한 한 인간과 동물 사이에는 겨우 양적인 차이밖에 없다. 하지만 사피엔스라는 단어가 종류의 현상의 핵심을 이해하고자 하는 사고(思考)라는 뜻에서의 지식을 뜻한다면, 또 거짓의 많은 표면에서부터 '진짜 진실'까지 관통하는 사고, 조작하는 게 아니라 이해하는 것을 목적으로 하는 사고를 뜻한다면, 이때야말로 호모 사피엔스는 분명 인간의 정확한 정의라고 할 수 있을 것이다.

인간은 호모 루덴스(Homo ludens)―유희(遊戱)하는 존재―라고 정의되었다.[2] 이때 유희란 직접적인 생존의 필요를 초월한, 목적을 갖지 않는 활동을 말한다. 실제 동굴회화를 그린 인간의 시대부터 오늘날에 이르기까지 인간은 목적 없는 활동에 몰두하고 있다.

두 가지 정의를 더 들어보자. 하나는 호모 네간스(Homo negans)―부정할 수 있는 존재―이다. 대부분의 인간은 자신의 생존이나 이익에 필요할 때는 '예'라고 말하지만, 그럼에도 '아니오'라고 말할 수 있는 존재로서의 인간이다. 인간의 행동을 통계적으로 보면, 인간은 오히려 아첨꾼이라고 할 수 있을 것이다. 그러나 인간의 가능성 면에서 바라보면 인간은 '아니오'라고 말하는 능력에 의해, 즉 육체적 생존을 희생해서라도 진실, 사랑, 성실 등을 주장함으로써 다른 동물들과 구별된다.

또 다른 인간의 정의를 들자면 호모 에스페란스(Homo esperans)―희망하는 존재―일 것이다. 제2장에서 지적했듯이, 희망을 갖는다는 것은 인간이라는 것의 근본 조건이다. 인간이 모든 희망을 버렸다면 그는―그것을 아느냐 모

---

1) 《기계의 신화(*The Myth of the Machine*)》에 나오는 루이스 멈퍼드의 이 점에 대한 논의 참조.
2) 요한 하위징아(Johan Huizinga)의 《유희하는 인간 : 문화 속에서 유희라는 요소 연구(*Homo Ludens : Proeve eener bepaling van het spel-element der cultuur*)》, 구스타프 발리(Gustav Bally)의 《자유의 기원에서 한계까지 : 동물과 인간 유희의 분석(*Vom Ursprung und von den Grenzen der Freiheit : Eine Deutung des Spiels bei Tier und Mensch*)》(Basel : Schwabe, 1945) 참조.

르느냐를 불문하고—지옥문에 들어간 것이다. 그리고 자신의 인간성을 버린 것이다.

인간이라는 종(種)으로서의 특징에 가장 의미 깊은 정의를 내린 사람은 마르크스일 것이다. 그는 그것을 '자유롭고 의식적인 활동'이라고 정의했다.[3] 이 생각에 담긴 의미는 뒤에서 논의하도록 하자.

지금까지 든 정의에 아직 더 많이 덧붙일 수도 있겠지만, 그래도 "인간적이란 것은 무엇을 뜻하는가"라는 물음에 정당하게 대답한 것은 되지 못한다. 이런 정의는 인간이라는 것의 어떤 요소만을 강조해서 더 완전하고 체계적인 대답을 주려고 하지는 않는다.

어떤 대답을 하려고 들면 금방 반론이 나올 것이다. 이런 대답은 고작 형이상학적인 사고에 지나지 않으며, 시적이긴 하지만 모두 주관적인 기호의 표현이지 분명히 확인할 수 있는 진실을 말하는 것은 아니라고. 이 마지막 말은 자신의 개념을 객관적 진실로서 말해도 좋을 법한데, 물질의 성질에 대해서 그 어떤 결정적인 말도 하려 들지 않는 이론물리학자를 연상시킨다. 분명 인간적이란 것은 무엇을 뜻하는가에 대해서 지금 무엇이 결정적인지를 말할 수는 없다. 인간의 진화가 역사의 현시점을, 즉 인간이 온전히 인간적인 시대가 시작될 동말동 하는 이 시점을 훌쩍 뛰어넘어 나아간다 하더라도, 그것을 말하지 못할 수도 있다. 그러나 인간의 성질에 대해서 결정적인 것을 말할 수 있느냐 없느냐에 대해서 회의적이라고 해서 과학성의 어떤 것들에 대해서 말하지 못할 이유는 없다. 즉 그것은 사실을 관찰하는 것으로부터 결론을 이끌어 내는 것으로, 대답을 찾으려는 동기가 좀더 행복한 삶을 좇고자 하는 욕망이 사실임에도 정확한 결론이다. 아니 오히려 화이트헤드가 말했듯이 "이성의 기능은 살아 있는 기술을 촉진하는 것이다."[4]

인간적이라는 것은 무엇을 뜻하는가, 이 물음에 대답하기 위해서 우리는 어떤 지식을 이용할 수 있을까? 이 물음에 대한 답은 지금까지 이런 대답이 가끔 취해 온 방향—인간은 선이다, 아니 악이다, 사랑이 많다, 아니 파괴적이

---

3) 마르크스가 인간을 정치적 동물이라고 규정한 아리스토텔레스의 유명한 정의를 비판하며 사회적 동물로서의 인간 개념으로 대체한 것, 그리고 도구를 만드는 동물이라는 프랭클린의 정의를 "과연 양키의 나라답다"고 혹평한 것은 주목할 만하다.
4) 《이성의 기능(*The Function of Reason*)》(Boston : 비콘 출판사, 보스턴 지장본판, 1958), p.4.

다, 쉽게 속는다, 아니 판단력이 바르다 등 —에는 있을 수 없다. 명백히 인간은 둘 가운데 하나일 수 있다. 음악적인 인간도 있거니와 음치도 있다, 그림을 잘 아는 사람도 있거니와 색맹도 있다, 성자도 있거니와 악한도 있다 하는 것과 똑같다. 이 특징들 및 그 밖의 여러 특징들은 인간이라는 것의 다양한 가능성이다. 실제로 이것들은 모두 우리 한 사람 한 사람 안에 있다. 자신의 인간성을 충분히 깨닫는다는 것은 테렌티우스(Terentius)가 말했듯이 *"Homo sum, humani nihil a me alienum puto*(나는 인간이다. 인간의 그 어떤 것도 나와 무관하지 않다)"라는 것을 깨닫는 것이다. 한 사람 한 사람이 모든 인간성—범죄자뿐만 아니라 성자까지—을 자신의 안에 갖고 있다는 것을 깨닫는 것이다. 괴테가 말했듯이, 자신이 그 범인이 되는 모습을 상상할 수 없는 범죄는 없다는 것을 깨닫는 것이다. 이 모든 인간성의 발현은 인간적이란 것은 무엇을 뜻하는가에 대한 답은 아니다. 이것들이 대답해 주고 있는 것은 우리의 특징이 천차만별임에도 똑같은 인간일 수 있는가 하는 물음에 대해서만이다. 인간적이라는 것이 뜻하는 바를 알고 싶다면 우리는 인간의 다양한 가능성이라는 관점에서가 아니라, 이 가능성들이 선택의 가능성으로서 나오는 애초의 인간존재 조건이라는 관점에서 대답을 찾겠다는 마음을 가져야 한다. 이런 조건들은 형이상학적인 사색의 결과로서가 아니라 인류학, 역사학, 아동심리학, 개인적 및 사회적 정신병리학 등의 자료를 검토한 결과로서 인식할 수 있는 것이다.

2) 인간존재의 조건들

이 조건들이란 무엇인가? 본질을 들면 두 가지인데, 이 두 가지는 서로 연관되어 있다. 첫째는 본능의 결정력 저하이다. 이는 동물 진화의 정도가 높아짐에 따라서 낮아지며, 인간에게서는 최저가 되어 눈금이 0에 다가간다.

둘째는 몸무게에 대비해 뇌의 크기와 복잡함의 엄청난 증가이다. 그것은 대체로 갱신세(更新世, 플라이스토세 : 신생대 제4기의 첫 시기) 후반에 일어났다. 이 커진 신피질(新皮質)이 인식이나 상상, 그 밖의 언어나 상징 사용과 같은 인간존재를 특징짓는 모든 능력의 기초를 이룬다.

인간은 동물이 갖고 있는 본능을 갖고 있지 않기 때문에 동물처럼 능숙하게 도망가거나 공격하지 못한다. 연어는 알을 낳기 위해 어느 강으로 돌아가야 하는지를 알고 있으며, 많은 새들은 겨울에는 남쪽의 어디로 가야 하는지,

또 여름에는 어디로 돌아가면 되는지를 알고 있지만, 인간은 그렇게 확실하게 '알고' 있지 않다. 인간의 결정은 본능이 대신해 주지 않는다. 인간이 결정을 내려야 한다. 인간은 늘 갈림길에 맞닥뜨려 있고, 그가 내리는 모든 결정에는 실패의 위험성이 따른다. 인간이 의식을 얻기 위해서 치르는 대가는 불안이다. 인간은 인식력을 가지며, 인간의 조건을 받아들임으로써, 또 성공의 보장은 없을지라도 실패는 하지 않을 거라는 희망 덕분에 불안을 견딜 수 있다. 인간에게 확실한 것은 없다. 인간이 할 수 있는 유일하고 확실한 예언은 "나는 죽을 것이다"라는 것이다.

인간은 자연의 변덕으로 태어나 자연 속에 있으면서 자연을 초월하고 있다. 인간은 행동과 결정의 원리를 발견해서 그것을 본능의 원리로 바꿔야 한다. 인간은 어떤 방향성의 틀을 가짐으로써 일관된 행동의 조건으로서의 일관된 세계상을 만들어 내야 한다. 인간은 죽음, 굶주림, 부상 등의 위험뿐만 아니라 또 다른 인간 특유의 위험, 즉 광기의 위험과 싸워야 한다. 바꿔 말하면, 인간은 생명을 잃을 위험뿐만 아니라 정신을 잃을 위험에 대해서도 몸을 지켜야 한다. 지금 말한 조건 아래에서 태어난 인간은 어떤 형태로 이 세계에 평안을 가져다줄, 그리고 완전한 무력감, 방향성 상실, 존재 기반의 전복을 피할 수 있는 준거의 틀을 발견하지 못한다면 정말로 미쳐버릴 것이다. 인간이 삶을 지속하는 동시에 정상상태를 유지한다는 과제를 해결할 수 있는 방법은 많다. 어떤 방법은 다른 방법에 비해 낫고, 어떤 방법은 못하다. '낫다'는 것은 좀더 큰 힘, 밝기, 기쁨, 독립성 등을 촉진하는 방법을, '못하다'는 것은 그 정반대를 뜻한다. 그러나 좋은 해결법을 발견하는 것보다 더 중요한 일은 발전성 있는 해결법을 찾는 것이다.

지금까지 말한 생각으로부터 인간의 순응성이라는 문제가 발생한다. 인류학자를 비롯해서 인간을 관찰하는 사람들 가운데에는 인간은 무한한 순응성을 갖고 있다고 믿어온 사람도 있다. 언뜻 그렇게 보인다. 고기도 채소도, 또는 둘 모두를 먹을 수 있는 것처럼, 인간은 노예로서도 자유인으로서도, 가난함 속에서도 풍요로움 속에서도, 사랑을 존중하는 사회에서도 파괴를 존중하는 사회에서도 살아갈 수 있다. 실제 인간은 거의 무엇이든지 할 수 있다. 아니 아마도 사회질서가 인간에 대해 거의 무엇이든지 할 수 있다고 하는 표현이 더 나을 것이다. 이 '거의'가 중요하다. 설령 사회질서가 인간에 대해 모든 것─굶기고 고문하고 투옥하고, 또는 지나치게 음식물을 주는 등—을 할 수 있다 하더라도, 그것은 반드시 인간존재의 조건 자체에서 나오는 어떤 결과를 따를 수밖에 없다. 인간은 모든 자극이나 쾌락을 빼앗기면 일을 할 수 없게 된다. 적어도 숙련이 필요한 일은 할 수 없게 된다.[5] 거기까지 완전하게 빼앗기지 않았을 경우, 만일 인간을 노예로 만든다면 그는 반항하게 될 것이다. 만일 인생이 너무 따분하다면 인간은 폭력을 앞세우게 될 것이다. 만일 인간을 기계로 만든다면 모든 창조성을 잃게 될 것이다. 이 점에서 인간은 동물이나 무생물과 다르지 않다. 어떤 동물은 동물원에 집어넣을 수는 있어도, 번식을 하지 않게 된다. 또 어떤 동물은 자유로운 때에는 얌전하지만 동물원에 집어넣으면 난폭해진다.[6] 물을 일정 습도 이상으로 데우면 수증기가 된다. 또 일정 온도 이하로 식히면 고체가 된다. 그러나 물의 온도를 내려서 수증기를 만들 수는 없다. 인간의 역사는 바로 인간에게 할 수 있는 일과 동시에 할 수 없는 일을 보여준다. 만일 인간에게 무한한 순응성이 있다면 혁명은 일어나지 않았을 것이다. 또 문화가 인간을 그 양식에 저항 없이 순응시켰을 테니까 변동도 일어나지 않았을 것이다. 인간은 비교적 순응성이 있는 정도로, 사회질서와 자신의 인간적 욕구 사이의 불균형을 견딜 수 없을 만큼 심하게 만드는 조건에는 늘 반항하고 항의해 왔다. 이 불균형을 최소화하려는 시도와 더 받아들이기 쉽고 바람직한 해결법을 확립하려는 욕구가 역사에서 인간 진화의 다이너미즘의 핵심에 있다. 인간의 항의가 물질적인 고통에서만 기인한 것은 아니다. 뒤에서 논의할 인간 특유의 욕구도 혁명에 대한, 그리고 변동의 역학에 대한 동기로서 강력한 것이다.

3) 방향성과 헌신의 틀에 대한 욕구

인간존재가 제기하는 문제에 대해서는 다양한 대답이 가능하다. 그런 대답들은 두 가지 문제를 중심으로 하고 있다. 하나는 방향성의 틀을 구하는 욕구

---

5) 감각의 사실에 대한 최근의 실험은 인간이 반응할 수 있는 자극이 없는 상태가 극단으로 가면 중증의 정신병 징후가 발생한다는 것을 보여준다.
6) 같은 사실이 농장이나 다른 비구속 상태에서 생활하는 정신병 환자에게서도 발견된다. 그들은 이런 비강제 상태에서는 거의 난폭성을 드러내지 않았다. 이는 그들의 난폭함을 이유로 옛날처럼 감금상태로 만드는 것이 그 처치로 말미암아 가벼워지거나 억제되는 병증 자체의 원인이라는 것을 증명했다.

이고, 또 하나는 헌신의 틀을 구하는 욕구이다.

　방향성의 틀을 구하는 욕구의 답이란 어떤 것인가? 인간이 지금까지 발견한 하나의 주요한 대답은 동물 가운데에서도 볼 수 있다. 즉 집안에 무엇이 최선인지를 알고 있다 여겨지고, 계획을 세우고 명령을 내리며, 자신을 따르는 것이 모두에게 가장 좋은 일이라고 약속하는 한 사람의 강력한 지도자를 따르는 것이다. 지도자에 대한 충성을 강요하기 위해서, 바꿔 말하면 지도자를 믿을 만한 신앙심을 개인에게 심어주기 위해서 지도자는 그 어떤 부하보다도 뛰어난 능력을 갖고 있다고 여긴다. 그는 모든 것을 알고 모든 일을 할 수 있다고 여긴다. 그는 신이나 신의 대리나 또는 대사제이며, 우주의 비밀을 알고 있고, 우주의 존속에 필요한 의식을 행한다. 분명 지도자들은 많은 경우, 약속이나 협박을 이용해서 교묘하게 복종을 강요해 왔다. 그러나 결코 그것이 다는 아니다. 인간 자신의 진화가 매우 높은 단계에 이르지 않는 동안 인간은 지도자를 구해 왔고, 왕, 신, 아버지, 전제자, 성직자 등의 정당성을 증명하는 터무니없는 이야기를 무조건적으로 믿어왔다. 이 지도자에 대한 욕구는 오늘날 가장 열린 사회에서도 아직 존재하고 있다. 미국이나 소련 같은 나라에서도 모든 인간의 생사가 걸린 결정은, 지도자의 소집단이 헌법의 정식 위임에 기초해서 행동하는 한 사람에게 맡겨져 있다. 그것이 '민주주의적'이라고 불리건 '사회주의적'이라고 불리건 마찬가지이다. 안도감을 찾는 욕망에서 인간은 자신의 의존상태를 사랑한다. 비교적 편해진 물질생활에 의해서, 또 세뇌를 '교육'이라 부르고 복종을 '자유'라고 부르는 이념에 의해서 의존이 쉬워질 때는 특히 그렇다.

　이 종속성의 근원을 동물 간의 지배=복종의 현상 속에서 찾을 필요는 없다. 사실 꽤 많은 동물의 경우 그것은 인간의 경우만큼 극단적이지도 않고 일반적이지도 않으며, 예컨대 우리의 동물적 과거를 완전히 무시한다 하더라도 인간존재의 조건 자체가 복종을 요구할 것이다. 그러나 하나의 결정적인 차이가 있다. 인간은 반드시 양(羊)일 필요가 없다. 실제 인간이 동물이 아닌 한, 인간은 현실과 관계를 가지며, 현실을 의식하고, 그리스 전설의 안타이오스(Antaeus)[7]처럼 자신의 발이 대지에 닿는 것에 관심을 갖는다. 인간은 현실과

---

7) 바다의 신 포세이돈과 대지의 여신 가이아 사이에서 태어난 거인. 어머니 대지와 닿아 있는 동안에는 무적이었지만, 헤라클레스가 그를 공중에 들어 올려 기운을 뺀 뒤에 목을 졸라 죽였다.

충분히 접촉할수록 강해진다. 인간이 단순한 양이 아닌 한, 그리고 그의 현실이 본질적으로는 사회가 만들어 낸 허구, 즉 사회가 인간이나 사물을 더 잘 조작하기 위해서 만들어 낸 허구에 지나지 않은 경우에 인간으로서 약한 존재이다. 사회양식의 모든 변동이 이런 인간에게 강한 불안을 주고 광기의 위험조차 느끼게 하는데, 그것은 그와 현실의 모든 관계가 진실로서 주어지는 허구의 현실을 매개로 하고 있기 때문이다. 현실을 오직 사회로부터 주어진 자료로서가 아니라 자신의 힘으로 파악할 수 있으면 있을수록 인간은 안심하게 된다. 예전처럼 완전히 여론에 의지하지 않게 되므로 그만큼 사회의 변동에 위협받을 일도 적어지기 때문이다. 본디 인간으로서의 인간에게는 현실에 대한 지식을 확장하려고 하는 타고난 경향이 있었는데, 이는 진실에 다가가는 것을 뜻한다. 여기서 문제되는 것은 형이상학적인 진실의 개념이 아니라 진실에 더욱더 접근하는 개념으로, 이것은 허구와 환상의 후퇴를 뜻한다. 이 현실 파악 정도가 높아지거나 낮아지는 것의 중요성과 비교하면, 어떤 일에든지 궁극적인 진리가 있느냐 없느냐 하는 문제는 완전히 추상적이므로 아무래도 좋은 문제의 영역을 벗어나지 못한다. 인식의 고조 과정은 바로 잠에서 깨고, 눈을 뜨고, 자신의 앞에 있는 것을 보는 과정 그 자체이다. 인식이란 환상을 버리는 것을 뜻한다. 그리고 이것이 이루어지는 정도에 따라서 그것은 해방의 과정이 된다.

산업사회의 현시점에서 지성과 정서 사이에 비극적인 불균형이 있는 것은 사실이지만, 인간의 역사가 인식 고조의 역사라는 사실을 부정할 수는 없다. 이 인식은 인간의 외부에 있는 자연의 사실 및 인간 자신이 지닌 본성의 사실에 미치고 있다. 인간의 눈가리개는 아직 벗겨지지 않았지만, 많은 방면에서 인간의 비판적인 이성은 우주의 본성과 인간의 본성에 대해서 여러 가지 발견을 했다. 이 발견의 과정은 이제 막 시작되었다. 여기에서 중대한 문제는 인간이 가진 현재의 지식이 준 파괴력이 큰데도 오늘날에는 예상치도 못한 정도로까지 그 지식을 확대할 수 있을 것인가, 아니면 현재의 기초 위에 더욱 충실한 현실상을 세우기도 전에 인간이 스스로를 절멸시킬 것인가 하는 문제이다.

인간이 이렇게 발전하기 위해서는 하나의 조건이 필요하다. 그것은 인간의 역사 대부분에 걸쳐서 인간에게 '허위의식'—그 목적은 지배와 복종을 각각 정당화하는 것이었다—을 강요해 온 사회적 모순이나 비합리성이 없어지는 것, 적어도 그것들이 줄어서 현존하는 사회질서를 옹호하기 위해 인간의 비판적인 사고력을 마비시키지 않게 되는 것이다. 물론 이는 무엇이 첫 번째이고 무엇이 두 번째인가 하는 문제가 아니다. 지금 있는 현실 및 그 개선을 위한 다양한 방법을 인식하는 것이 현실을 바꾸는 데 도움이 되고, 현실을 개선하는 것이 모든 사고를 뚜렷이 하는 데 도움이 된다. 과학적 사고 방법이 정점에 다다른 오늘날, 지금까지의 타성에 젖은 사회를 건전한 사회로 변모시킨다면 일반 사람들도 과학자들처럼 제3자의 관점에서 이성을 발휘할 수 있을 것이다. 이것은 본디 뛰어난 지성이 필요한 일이 아니라, 사회생활에서 비합리성—필연적으로 정신의 혼란으로 이끄는 비합리성—이 없어진다면 이룰 수 있다.

인간은 정신을 갖고 있다. 그리고 주변 세계를 어느 정도 이해함과 동시에, 거기에 구조(構造)를 주기 위한 방향성의 틀을 구하고 있다. 그러나 그뿐만이 아니라 인간은 마음과 육체를 갖고 있으며, 그것들은 세계—인간과 자연—와 정서적으로 관계 맺기를 바라고 있다. 앞에서 지적했듯이 동물의 세계에 대한 관계는 주어진 것이고, 그 관계를 맺어 주는 것은 본능이다. 인간은 자기를 인식함으로써, 또 고독을 느끼는 능력을 가짐으로써 격리되어 있으므로, 자신의 몸 밖에 있는 세계와 관계를 맺고자 하는 욕구를 채워 주는 정서적 유대를 찾지 못한다면 바람에 흩날리는 가련한 먼지 한 톨이 될 것이다. 하지만 동물과는 대조적으로 인간에게는 이런 관계를 얻을 방법이 몇 가지 있다. 정신의 경우와 마찬가지로, 이 가운데 몇몇 가능성은 다른 것들보다 뛰어나다. 그러나 인간이 정상의 상태를 유지하기 위해서 가장 강하게 구하는 것은 자신이 단단히 이어져 있다고 느끼는 어떤 유대감이다. 이런 유대감이 없는 사람은 광기라고 정의되며, 주변 사람들과 어떤 정서적인 관계도 갖지 못한다.

인간의 유대 가운데 가장 쉽고 가장 빈번한 형태는 자신이 태어난 그 원천—혈통, 대지, 씨족, 부모, 또 복잡한 사회에서는 민족, 종교, 계급 등—과의 '일차적 유대'이다. 이런 유대는 본디 성(性)과 관련된 것이 아니며, 아직 성장하지 않은 인간이 갖고 있는 자기 자신이 되고 싶다는 동경이나 견디기 힘든 격리감을 이겨내고자 하는 동경을 이루어 준다. 인간의 격리문제를 해결하기 위해서 내가 '일차적 유대'라고 이름 붙인 관계—그것은 어머니와 아이의 관계에서는 자연스럽고 필요한 것이다—를 지속하는 이 방법은 대지, 호수, 산, 동물—이것에는 때때로 개인과 이 동물들(신성하게 여기며, 상징성을 띠는 동물)

의 상징적인 동일화가 뒤따른다─등을 숭배하는 원시신앙을 연구하면 분명해진다. 이것은 모신(母神), 풍요의 여신, 대지의 여신 등이 숭배받는 가모장제(家母長制) 시대의 종교에서 보인다.[8] 부신(父神), 남신(男神), 왕, 족장, 법, 국가 등이 숭배의 대상이 되는 가부장 시대의 종교에는 어머니나 대지에 대한 이런 일차적 유대를 극복하려는 시도가 있는 듯이 보인다. 사회가 이렇게 가모장 중심의 종교에서 가부장 중심의 종교로 옮아가는 것은 진보이긴 하지만, 이 두 가지 신앙 형식에 공통된 사실이 있다. 바로 인간은 자신이 맹목적으로 따르는 우월한 권위와의 정서적인 유대를 발견한다는 사실이다. 자연, 어머니, 아버지 등과의 유대를 유지함으로써 인간은 분명 이 세계에 안주할 수 있다. 그러나 인간은 이 안심감 때문에 엄청난 대가를 치르게 된다. 그것은 복종이고 의존이며, 이성과 사랑하는 능력의 발달을 저해한다. 어른이 되어야 할 인간이 어린아이에 머물러 버린다.[9]

어머니, 대지, 인류 등과의 근친상간과도 같은 유대나 양성·악성 황홀감의 원시적인 형태가 소멸될 수 있으려면 인간은 좀더 높은 형태의 안주하는 만족감을 이 세계에서 발견해야 한다. 지성이 발달할 뿐 아니라 복종 없이 연대감을 갖는 능력이, 구속되지 않고 안주하는 능력이, 질식하지 않고 친밀해지는 능력이 발달되어야 한다. 사회적인 규모에서 이 새로운 통찰이 관찰된 것은 기원전 제2천년기 중반부터 제1천년기 중반에 걸쳐서─인간의 역사에서 가장 눈부신 시기 가운데 하나─였다. 인간존재에 대한 해답을 이제 자연으로의 복귀나 아버지상(像)에 대한 맹목적인 복종에서가 아니라 새로운 통찰 속에서 구했다. 그것은 바로 인간은 다시 이 세계에 안주하며 무서운 고독감을 극복할 수 있다는 통찰이었고, 인간으로서의 힘과, 사랑하고 이성을 이용하며 아

---

8) 가모장제 사회에 대한 바흐오펜(Bachofen) 및 브리포(Briffault)의 저작 참조.

9) 오늘날 많이 보이는 '어머니에 대한 애착'의 개별 사례는 어머니에 대한 이 유대가 인간존재의 위기에 대처할 수 있는 해답 가운데 하나에 지나지 않았다는 사실을 무시하고 있다. 의존심이 강한 20세기의 개인은 사회적 측면에서는 그에게 독립을 요구하는 문화 속에서 어찌할 바를 모르며 때때로 신경증에 걸린다. 왜냐하면 그의 사회는─원시사회와는 다르게─그의 의존에 대한 욕구를 충족시켜 줄 사회적이고 종교적인 양식을 주지 않기 때문이다. 어머니에 대한 '애착'은 인간존재에 대한 해답의 하나인 개인적 표현으로, 어떤 문화는 이것을 종교적인 형태로 표현하고 있다. 그것은 개인의 충분한 발달과 갈등하는 것이기는 하지만 하나의 해답이다.

름다움을 창조하고 누리며 자신의 인간성을 모든 주변 사람들과 나누는 능력을 충분히 발달시킴으로써 그것을 이룰 수 있다는 통찰이었다. 불교, 유대교, 그리스도교는 이 새로운 통찰을 선언한 것이다.

이 새로운 유대에 의해서 인간은 모든 인간과의 일체감을 가질 수 있는데, 이는 아버지나 어머니에 대한 복종의 유대와는 본질적으로 다르다. 그것은 조화로운 우애의 유대로, 그 안에서는 연대나 인간적인 유대가 정서적, 지적인 자유의 제한에 의해서 훼손되지 않는다. 바로 그렇기 때문에 우애에 의한 해결은 주관적인 기호에 의한 해결이 아니라고 할 수 있다. 그것은 인간의 두 가지 욕구, 즉 밀접한 관계를 가짐과 동시에 자유롭고 싶다, 전체의 일부이면서 독립을 유지하고 싶다는 욕구를 충족시키는 유일한 해결이다. 그것은 많은 개인이 겪어온 해결이며, 개인성이나 독립성을 제한하지 않고 연대의 유대를 강화하는 것이 예나 지금이나 가능한 종교집단이나 세속집단이 겪어온 해결이다.

4) 생존의 욕구와 초생존(超生存), 곧 정신과 관련된 욕구

지금 우리 앞에 닥친 인간의 위기와 다양한 선택의 가능성에 대해서 충분히 이해하기 위해서는 인간존재에 내재하는 또 다른 본질적 모순을 논의해야 한다. 인간이 동물의 경우와 본질적으로 같은 신체와 신체적 요구를 갖고 있는 한, 인간은 천성적으로 육체의 생존을 위해서 노력하도록 되어 있다. 단 인간에게는 동물처럼 발달한 본능적, 반사적 성질이 없다. 신체는 인간에게 그가 어떤 상황에 놓여 있든지, 행복하든지 또는 불행하든지, 얽매여 있든 또는 자유롭든 간에 생존하고 싶다는 욕망을 준다. 그 결과 인간은 일해야 한다. 또는 자기 대신에 다른 사람에게 일을 시켜야 한다. 인간의 지난 역사에서 대부분의 시간은 식량채집을 위해 쓰였다. 여기서 나는 '식량채집'이라는 단어를 매우 넓은 뜻으로 쓰고 있다. 동물의 경우 근본 의미는 본능적인 기관이 알려주는 양과 질의 음식물을 모으는 것이다. 인간의 경우에는 선택할 수 있는 음식물의 종류에 융통성의 범위가 훨씬 넓다. 그러나 이뿐만이 아니라, 인간은 일단 문명화의 과정을 시작하면 식량을 모으기 위해 일할 뿐만 아니라 옷을 만들기 위해서, 집을 짓기 위해서, 그리고 더 진화한 문명의 경우에는 육체의 생존을 위해서 꼭 필요한 것은 아니지만 문화를 발달시키는 생활의 물질적인 기초를 구성하는 것으로서, 정말로 필요하게 된 많은 것들을 만들어 내기 위해서 일한다.

만일 인간이 오로지 살아가는 것에만 인생을 보내는 데 만족한다면 아무런 문제도 없을 것이다. 인간에게는 개미의 본능은 없지만, 그래도 개미 같은 삶을 충분히 견딜 수 있을 것이다. 하지만 개미인 것에 만족하지 못한다는 것, 초생존 또는 공리주의의 한계를 뛰어넘는 것과 관계되는 영역이라고 부를 수 있는, 인간 특유의 영역이 생물 또는 물질에 근거한 생존 영역 밖에 있다는 것이 인간 조건의 본질이다.

이는 무엇을 뜻하는가? 바로 인간이 인식과 상상력을 갖고 있기 때문에, 또 자유의 가능성을 갖고 있기 때문에 인간에게는 천성적으로 아인슈타인이 예전에 말했듯이 '컵에서 던져진 주사위'는 되지 않는다는 경향이 있다. 인간은 생존을 위해 무엇이 필요한가를 알고 싶어할 뿐만 아니라, 인생이란 무엇인가도 이해하고 싶어한다. 인간은 생물 가운데 자신을 인식하는 유일한 존재이다. 인간은 역사의 과정에서 스스로 발달시켜 온 능력, 즉 단순한 생물로서의 생존의 과정을 뛰어넘은 것에 도움이 되는 능력을 사용하고 싶어한다. 굶주림과 성(性)은 순수한 생리현상으로서, 생존의 영역에 속한다(프로이트의 심리학 체계의 주요한 오류는 그 시대의 기계론과 관련된 유물론의 영향을 받았다는 점으로, 그 오류에 근거한 프로이트는 생존에 도움이 되는 직접 원인을 토대로 해서 심리학을 수립했다). 그러나 인간에게는 인간 특유의 생존 기능을 뛰어넘은 열정이 있다.

이는 마르크스가 누구보다도 분명히 표현하고 있다. "열정은 인간의 다양한 능력이 목적하는 것을 얻고자 노력할 경우의 그 능력을 말한다."[10] 이 표현에서 열정은 관계 또는 결합의 개념으로 보인다. 인간성의 다이너미즘이 인간적인 것인 한 이 다이너미즘이 본디 뿌리내리고 있는 토양은 자신의 능력을 세계와의 관계에서 발휘하려는 욕구이지, 세계를 자신의 생리적 필요를 충족시키기 위한 수단으로서 쓰려는 욕구가 아니다. 이것은 나한테는 눈이 있으니까 나는 보고 싶다, 나한테는 귀가 있으니까 나는 듣고 싶다, 나한테는 정신이 있

---

10) 에리히 프롬의 《마르크스가 본 인간의 개념(Marx's Concept of Man)》(New York : Frederick Ungar, 1964)에 실린, 토머스 보토모어(T. Bottomore)가 영문으로 번역한 〈경제학·철학 수고(Economic and Philosophic Manuscripts)〉에서.

으니까 나는 생각하고 싶다, 그리고 나한테는 마음이 있으니까 나는 느끼고 싶다는 뜻이다. 요컨대 나는 인간이니까 인간과 세계가 필요다는 뜻이다. 마르크스는 세계와 열정적으로 결합하는 '인간의 능력'이라는 말의 뜻을 다음과 같이 매우 명확하게 밝혔다.

"세계와의 인간적인 관계—보는 것, 듣는 것, 냄새 맡는 것, 맛보는 것, 만지는 것, 생각하는 것, 관찰하는 것, 느끼는 것, 원하는 것, 행하는 것, 사랑하는 것—여기서는 개인으로서 인간의 모든 기관이 인간 현실의…… 능동적 표현 (Betaetigung)이다. ……실제 문제로서는 어떤 것이 인간과 인간적인 관계를 갖고 있을 때, 나는 거기에 인간적으로 자신을 맺어주는 일밖에 할 수 없다."[11]

인간의 다양한 동인(動因)은 그것들이 공리주의의 한계를 뛰어넘은 것인 한 근본적인 인간 특유의 욕구가 드러난 것이다. 즉 인간과 자연은 결합함과 동시에, 그 결합 속에서 자신을 확인하고자 하는 욕구이다.

인간이라는 존재의 이 두 가지 형태, 곧 좁은 의미 또는 넓은 의미에서의 생존을 목적으로 하는 식량채집과, 인간의 능력을 발휘해서 공리적인 일을 초월한 의미를 찾는 자유롭고 자발적인 활동은 인간존재에 본질적으로 내재해 있다. 각각의 사회와 각각의 인간에게는 이 두 가지 생존형태가 저마다 특유한 리듬으로 나타난다. 문제는 이 두 가지가 서로 갖고 있는 상대적인 힘이고, 어느 쪽이 상대를 지배하느냐이다.

행위나 사고에도 양극적인 이중성이 있다. 생존 수준에서의 활동은 보통 일이라고 불리는 것이다. 초생존 수준에서의 능동성은 유희라고 불리는 것이고, 또는 신앙, 의식, 예술 등과 관련된 모든 활동이다. 사고 또한 두 가지 형태로 나타난다. 하나는 생존 기능을 하고, 다른 하나는 이해와 직관이라는 뜻에서의 지식 기능을 한다. 이 생존을 위한 사고와 초생존을 위한 사고의 구분은 의식 및 무의식을 이해하기 위해서 대단히 중요하다. 우리의 의식적인 사고는 언어와 관련되어 있으며, 어릴 때부터 우리 머릿속에 새겨진 사회적인 사고 범주에 따르는 사고 형식이다.[12] 우리 의식은 본질적으로는 언어, 논리, 금기 사항

---

11) 같은 책 132쪽.

12) 벤자민 워프(Benjamin Whorf)의 저작은 언어와 사고 방법 및 체험의 차이 사이의 밀접한 관계를 보여준다. 에르네스트 샤흐텔의 《변신 : 애정, 인지, 주의와 기억의 발달에 관하여》 및 그 이전의 논문들에서 이 문제에 중요한 공헌을 하고 있으므로 참조할 것.

따위로 구성된 사회적 거르개가 우리에게 인식을 허용한 현상의 의식이다. 이 사회적 거르개를 통과하지 못하는 현상은 무의식 영역에 머문다. 더 정확히 말하면, 사회적 거르개가 상황을 방해하는 탓에 의식에까지 침투하지 못하는 모든 것을 우리는 의식하지 못한다. 이것이 사회구조에 의해서 의식이 결정되는 이유이다. 그러나 지금 말한 것은 상황의 기술에 지나지 않는다. 인간이 어떤 주어진 사회 속에서 일해야만 하는 한, 생존욕구는 자칫 인간에게 사회가 만들어 낸 개념을 받아들이게 하고, 그 결과 그의 의식에 다른 도식이 새겨져 있었다면 깨달았을 것을 억압하기 쉽다. 여기서는 이 가설의 예를 들 수 없지만, 독자들이 다양한 문화들을 연구했다면 그 나름의 예를 발견하기란 어려운 일이 아니다. 산업시대의 사고 범주는 정량(定量), 추상과 비교, 이익과 손실, 효율과 비효율의 그것이다. 예를 들면 오늘날 어떤 소비사회의 구성원은 성욕을 억압할 필요가 없다. 성(性)은 산업사회의 도식에서는 금기 사항이 아니기 때문이다. 하지만 재빨리 자본을 모아서 그것을 쓰지 않고 투자했던 19세기의 중산계급 사람들은 성욕을 억압해야 했다. 성욕은 그의 사회의, 더 정확하게는 중산계급의 쓰지 않고 저축하는 성질과 맞지 않았기 때문이다. 중세나 그리스의 사회, 또는 푸에블로 인디언 같은 문화를 생각하면, 그들이 인생의 서로 다른 모습을 강하게 의식했다는 것을 쉽게 알 수 있다. 각각의 사회적 거르개에 따라 어떤 모습을 금기한 반면, 다른 모습은 의식 속에 들어가는 것이 허용되었다.

인간이 자신의 사회적 범주를 받아들일 필요가 없는 가장 두드러진 경우는 잠을 자고 있을 때이다. 잠은 인간이 생존을 신경 쓸 필요에서 벗어난 상태이다. 깨어 있을 때 인간은 주로 생존의 기능에 의해서 결정된다. 잠을 자고 있을 때는 자유로운 인간이다. 그 결과, 그의 사고는 사회의 사고 범주에 좌우되지 않고 꿈에 보이는 저 특유의 창조성을 보인다. 꿈속에서 인간은 상징을 만들고, 인생과 그 자신의 개성의 본질에 대해서 통찰력을 얻는다. 식량채집이나 방어에 쫓기는 생물인 동안에는 얻을 수 없는 통찰력을 얻는다. 분명 이 경우는 사회 현실과의 접촉이 없으므로 때때로 인간은 고풍적이고,[13] 원시적인, 유해한 체험이나 사고를 갖는다. 그러나 이런 것도 사회의 사고형(思考型)이 아니

---

13) archaic—개인이나 민족의 무의식적인 기억이 꿈이나 정신병의 징후 따위로 나타나는 경우를 말한다.

라 그 자신을 표현하고 있으므로 진짜이다. 꿈속에서 개인은 사회의 좁은 한계를 벗어나 충분히 개인적이 된다. 그러므로 프로이트가 발견한 꿈의 해석은 기본적으로는 억압된 성본능의 추구에 머물러 있음에도, 우리 모두의 안에 있는 억압되지 않은 인간성을 이해하는 길을 열어주게 된 것이다(때로는 교육에 의한 교화를 아직 충분히 받지 않은 어린아이나 사회적 세계와의 관계를 모두 단절한 정신병 환자 등이 사회에 적응한 사람은 되찾을 수 없는 통찰력이나 창조적인 예술적 가능성을 나타내기도 한다).

하지만 꿈은 인간의 초생존에 근거한 삶의 특수한 경우에 지나지 않는다. 초생존에 근거한 삶은 주로 의식, 상징, 회화, 시, 극, 음악 등의 형태로 나타난다. 공리주의에 근거한 우리의 사상은 아주 당연한 결과로서 이 현상들을 생존 기능을 하는 것으로서 해석하도록 만들어 왔다(때로 속류 마르크스주의가 형식은 문제 삼지 않고 실질적으로는 이런 유물론에 가담했다). 루이스 멈퍼드를 비롯한 날카로운 관찰자들은 프랑스의 동굴회화나 원시적인 도기 장식 따위가 더 진보한 예술형식과 마찬가지로 공리주의에 충실한 목적을 갖고 있지 않다는 사실을 강조한다. 이런 기능은 인간 정신의 생존을 돕는 것이지 육체의 생존을 돕는 것은 아니라고 할 수 있다.

여기에 아름다움과 참의 결합이 있다. 아름다움은 '추함'의 반대가 아니라 '거짓'의 반대이다. 그것은 사물 또는 인간의 본질을 감각으로 표현한 것이다. 아름다움의 창조는 선(禪)의 생각에 따르면, 그리는 대상으로 자신을 채움으로써 그 자체가 되기 위해 자신을 비운 마음의 상태를 전제로 한다. '아름다움'과 '추함'은 관습 범주에 지나지 않으며, 문화에 따라 다르다. 대부분의 사람이 아름다운 것의 예로서 '해넘이'를 든다는 데에서, 우리가 아름다움을 이해하지 못한다는 사실을 알 수 있다. 그렇다면 비나 안개는 그다지 아름답지 않다는 것 같다. 물론 때로는 몸에 불쾌감을 주긴 하지만.

모든 위대한 예술은 본질이라는 관점에서 보면 같은 시대의 사회와 모순된다. 위대한 예술은 존재의 진실을 표현하는 것이고, 그 진실이 어떤 주어진 사회의 생존 목적을 돕느냐 방해하느냐는 아무래도 좋다. 모든 위대한 예술이 혁명성을 띠는 것은 그것이 인간의 진실을 어루만지기 때문이며, 갖가지 일시적인 형태에 지나지 않은 인간 사회의 진실성을 의심하기 때문이다. 정치적으로는 반동 예술가라도—만일 위대한 예술가라면—특정 형태의 사회를 그 모순과 함께 비추는 데 지나지 않은 '사회주의 리얼리즘'의 예술가보다는 혁명성을 띤다.

역사를 통시적(通時的)으로 고찰할 때, 예술을 과거 및 현재의 권력들이 금지하지 않았다는 것은 놀라운 사실이다. 아마 여기에는 몇 가지 이유가 있을 것이다. 하나는 예술이 없으면 인간은 굶주리고, 그 때문에 그는 사회의 실제 목적을 위해서도 아무런 도움을 줄 수 없게 되기 때문이다. 또 하나는 위대한 예술가는 그 독특한 형식과 완결성 때문에 '국외자'이며, 그래서 자극을 주고 생명을 주기는 하지만 자신의 예술을 정치적 언어로 옮기지 않으므로 위험한 존재가 아니었기 때문이다. 게다가 예술은 주로 사회계급 가운데에서도 교육을 받은 계급이나 정치적으로 위험성이 적은 계급만의 것이었기 때문이기도 하다. 지나간 역사를 통틀어 예술가는 궁정의 어릿광대였다. 그들이 진실을 말하도록 허락된 것은 특정한, 그러나 사회적으로 제한된 예술 형식으로 표현했기 때문이었다.

현대 산업사회가 자랑으로 여기는 것은 몇백만이나 되는 사람이 훌륭한 생음악이나 레코드음악을 듣고, 전국의 수많은 미술관에서 예술을 보며, 플라톤에서 러셀에 이르는 인간미 넘치는 문학의 걸작을 쉽게 구할 수 있는 염가판으로 읽기 위한 기회를 갖고 있고, 또 실제로 그 기회를 이용하고 있다는 사실이다. 분명 아주 적은 사람에게 예술이나 문학과의 만남은 진짜 체험이다. 그러나 아주 많은 사람에게는 '진짜' 그림을 보고 있다는 것, '진짜' 음악을 알고 있다는 것, 좋은 책을 읽고 있다는 것 등이 대학교육을 받았다는 사실을 드러내 주며, 따라서 사회의 사다리를 오르는 데 도움이 되는 것인 한 '교양'도 하나의 소비물자이며 지위의 상징이 된다. 최고의 예술도 소비물자로 바뀌어 버린 것이다. 그것은 소외된 방식으로 예술에 대한 반응이 일어난다는 뜻이다. 이를 증명하는 것은 음악회에 가서 클래식 음악을 듣고 지장본으로 나온 플라톤의 작품을 사는 바로 그 사람들의 대부분은 텔레비전으로 모래를 씹는 듯한 저속한 프로그램을 보며 구역질을 느끼지 않는다는 사실이다. 만일 그들의 예술체험이 진짜라면, 예술과는 거리가 멀고 진부한 '드라마'를 보여주면 그들은 텔레비전을 꺼버릴 것이다.

그렇지만 극적인 것, 인간 체험의 바탕을 어루만지는 것에 대한 인간의 동경은 죽지 않았다. 무대나 화면에서 연기되는 드라마는 대부분 예술과는 거리가 먼 상품이거나 소외된 방식으로 소비되는 데 반해서, 현대의 '드라마'는 그것이 진짜라면 원시이고 야만 그 자체이다.

오늘날 드라마에 대한 동경은 현실의 또는 소설화된 사건, 범죄, 폭력 등이 대부분의 사람을 매료시킨다는 점에서 가장 순수하게 나타나 있다. 자동차 사고나 화재가 일어나면 구경꾼들이 모여들어 열심히 구경한다. 왜? 바로 삶과 죽음의 근원적 문제와의 대결이 일상체험의 표면으로 나와 드라마에 굶주린 사람들을 사로잡기 때문이다. 같은 이유에서 범죄나 폭력 기사가 있을 때만큼 신문이 잘 팔리는 때는 없다. 실제 겉으로는 그리스의 연극이나 렘브란트의 그림이 가장 높이 평가받지만, 현실에서 그것들을 대신하는 것은 직접 텔레비전에서 보거나 신문에서 읽은 범죄이고, 살인이며, 폭력이다.

5) '인간적 체험'

현대 산업사회의 인간은 지적(知的)으로 발달했고, 앞으로 어디까지 더 발달할지 알 수 없다. 그와 함께 인간은 동물과 공유하는 감각이나 감정적 체험—성욕, 공격, 공포, 굶주림, 목마름—을 강화하는 경향도 갖고 있다. 결정적인 물음을 던진다면, 인간의 정서적 체험 가운데에서 하위의 뇌에 뿌리내려져 있는 것에 대응하지 않고 오직 인간만이 갖고 있는 체험이 과연 존재할까? 신피질(新皮質)의 엄청난 발달에 의해서 인간은 끊임없이 증대하는 지적 능력을 얻을 수 있었지만 하위의 뇌는 영장류 조상들과 거의 다를 바가 없으며, 따라서 정서적으로는 발달하지 않았으므로 그 '동인(動因)'을 억압이나 제한에 의해서 처리하는 것이 고작이라는 견해를 가끔 말한다.[14]

나는 인간 특유의 체험이 있다고 말하고 싶다. 그것은 지적인 성질의 것도 아니고, 모든 점에서 동물의 경우와 비슷한 저 감정과 관련된 체험과 같은 것도 아니다. 신경생리학에 대해서는 잘 모르기 때문에 추측의 영역을 넘지 못하지만,[15] 발달한 신피질과 오래된 뇌의 특별한 관계가 이 인간 특유의 감정들

---

14) 이 견해는, 이를테면 루트비히 폰 베르탈란피(Ludwing von Bertalanffy)처럼 학식 있는 생물학자도 갖고 있다. 그는 나와 다른 학문에서 출발해 다른 많은 점에서는 이 책에서 말한 것과 똑같은 결론에 다다르고 있다.

15) 나는 다음의 각 방면에서 도착한 편지에 자극받았다는 사실에 감사하고 있다. 고(故) 라울 에르난데스 페온 박사(멕시코). 맨프레드 클라인즈 박사(로클랜드 주립병원, 뉴욕).

의 기초를 이루는 게 아닐까? 사랑, 배려, 동정, 그 밖의 생존기능에 도움이 되지 않는 온갖 감정과 같은 인간 특유의 감정과 관련된 체험은 새로운 뇌와 오래된 뇌의 상호작용에 기초하고 있는 게 아닐까, 그래서 인간은 지성뿐만 아니라 신피질과 동물적 정서라는 성향의 기초가 되는 부분의 상호작용 결과로서의 새로운 감정과 관련된 성질에 의해서도 동물과 구별되는 게 아닐까 하고 추측할 만한 근거는 있다. 인간성의 연구자는 이런 인간 특유의 감정들을 경험으로 관찰할 수 있는데, 신경생리학이 아직 이 부분에 신경생리학에 근거한 체험의 기초를 제시하지 못하고 있다고 해서 제자리걸음만 하고 있을 수는 없다. 인간성에 대한 다른 근본 문제들과 마찬가지로 신경생리학이 아직 미래상을 제시하지 못하고 있다고 해서 인간과학 연구자가 자신의 관찰을 무시하는 상황에 자신을 놓을 수는 없다. 신경생리학도 심리학과 같아서 각각의 과학에 독자적인 방법이 있으며, 당연히 그 과학적인 발달이 주어진 시점에서 다룰 수 있는 문제를 다루는 것이다. 심리학자는 신경생리학의 결론을 알고 그것으로부터 자극과 도전을 받아야 하는데, 그와 마찬가지로 신경생리학자에게 도전하고 자신의 발견을 들이밀어 확신이건 부인이건 요구하는 것이 심리학자의 임무이다. 심리학도 신경생리학도 어려운 과학으로, 모두 탄생한 지 얼마 되지 않았다. 두 학문은 서로 독립적으로 발달해야 하지만, 한편으로는 밀접한 관계를 유지하며 서로 도전과 자극을 주어야 한다.[16]

인간 특유의 체험을 앞으로는 '인간적 체험(humane experiences)'이라고 부르겠는데, 이것을 논의하려면 '탐욕'의 검토부터 시작하는 것이 가장 좋다. 탐욕은 어떤 목표를 이루기 위해서 인간이 갖게 되는 다양한 욕망에 공통되는 성질이다. 탐욕과 무관한 감정을 갖게 되는 경우는 없다. 그는 수동적이지 않으며 자유롭고 능동적이다.

또한 탐욕은 두 가지 방식으로 동기를 부여받는다. (1) 음식물 등에 대한 탐욕스러운 욕구를 낳는 생리적 불균형에 의해서이다. 일단 이 생리적 욕구가

---

16) 참고로 말해 두는데, 생존을 위해서 작용하는 '동인(動因)'에 대한 한 이 방면의 모든 감정에 해당하는 컴퓨터가 개발될 수 있다고 해도 지나친 말이 아니라고 생각한다. 그러나 생존목적에 도움이 되지 않는 인간 특유의 감정에 관한 한 생존과는 거리가 먼 기능에 해당하는 컴퓨터가 만들어질 수 있다고는 상상하기 어렵다. '인간적 체험'은 기계가 흉내낼 수 없는 체험이라고 부정적으로 정의할 수 있다고조차 말할지 모른다.

충족되면 불균형이 만성이지 않은 한 탐욕은 가라앉는다. (2) 심리적 불균형, 특히 심해진 불안, 고독, 불안정, 자기 동일성의 결여 등에 의해서이다. 이런 불균형은 어떤 종류의 욕구, 이를테면 음식물, 성적 만족, 권력, 명성, 재산 등의 욕구를 충족시킴으로써 줄어든다. 원리적으로 이런 종류의 탐욕은 인간의 불안 따위가 없어지거나 크게 줄지 않으면 충족되지 않는다. 첫 번째 형태의 탐욕은 상황에 대한 반응이고, 두 번째 형태의 탐욕은 성격구조에 내재하는 것이다.

탐욕의 감정은 철저히 자기중심적이다. 굶주림이건 목마름이건 성욕이건, 탐욕스러운 사람은 뭔가를 혼자 차지하려고 한다. 그리고 그가 욕망을 채우기 위해 이용하는 것은 오로지 그 자신의 목적을 위한 수단에 지나지 않는다. 이는 굶주림이나 목마름을 말할 때는 명백하지만, 탐욕스러운 형태로 성욕이 일어나는 경우도 마찬가지여서 상대방은 무엇보다도 한낱 사물이 되어버린다. 탐욕스럽지 않은 감정의 경우, 자기중심성은 거의 없다. 이런 감정은 생명을 유지하고, 불안을 가라앉히며, 자아를 만족시키거나 북돋우기 위해서는 필요하지 않다. 그것은 강한 긴장을 완화시키는 데는 도움이 되지 않으며, 생존이나 불안의 진정이라는 뜻에서의 필요성이 끝나는 데서부터 시작한다. 탐욕스럽지 않은 감정에서 인간은 자신을 버릴 수 있고, 자신이 갖고 있는 것이나 갖고 있지 않다고 생각하는 것에 심리적으로 심한 압박을 느끼는 것처럼 집착하지도 않으며, 상처받기 쉬운 열린 마음을 갖는다.

성적 체험은 오직 감각적인 쾌락뿐인데, 사랑의 깊이를 갖지 않는 경우도 있지만 두드러질 만큼의 탐욕이 없는 경우도 있을 수 있다. 생리적인 자극에 의해 성욕이 일어나서 그 결과 친밀한 인간관계가 탄생하는 경우도 있고, 탄생하지 않는 경우도 있다. 이런 종류의 성욕에 대립하는 것은 그 특징으로서 반대의 순서를 갖는다. 즉 사랑이 성욕을 낳는 것이다. 더 구체적으로 말하면 이것은 남자와 여자가 서로에게 관심, 지식, 친밀함, 책임과 같은 의미에서의 깊은 애정을 품고, 인간으로서의 깊은 체험이 육체 결합의 욕구를 불러일으키는 것을 뜻한다. 이 두 번째 형태의 성욕은 반드시 일정한 나이층에 한정되는 것은 아니지만 20대 중반을 넘긴 사람들 사이에서 흔히 일어난다는 것, 그리고 이것이 오랫동안 이어지고 있는 일부일처의 인간관계에서도 성욕이 지속되는 이유라는 것은 뚜렷하다. 이런 형태의 성욕이 일어나지 않는 경우—두 사람이

성도착자이고, 저마다의 도착적 성질 때문에 평생을 함께하는 경우는 별개로 치고—단순히 생리적인 성욕이, 변화와 새로운 성적 체험을 찾는 쪽으로 향하는 것은 당연하다. 이 두 종류의 성욕은 모두 불안 또는 나르시시즘을 본질적인 동기로 하는 탐욕스러운 성욕과는 근본적으로 다르다.

탐욕스러운 성욕과 '자유로운' 성욕의 구별은 복잡하지만, 그 구별은 존재한다. 그것을 증명하는 책을 쓸 수 있다면, 성적 관계의 기술에서는 킨제이나 마스터즈[17]의 책처럼 상세하면서도 그들의 편협한 관점을 뛰어넘는 것일 터이다. 그러나 이런 책이 나올 때까지 기다려야 한다고는 생각하지 않는다. 이 구별을 깨달은 사람들, 또 그것에 민감한 사람들 모두가 그 자신이나 그녀 자신 안에서 여러 형태의 성욕을 볼 수 있고, 빅토리아 왕조의 중산계급에 비하면 더 많은 성적 실험을 거듭하고 있는 현대인들은 이런 관찰을 위한 풍부한 재료를 갖고 있다고 볼 수 있을 것이다. '볼 수 있을 것'이라고 말한 것은 유감이지만 늘어나는 성적 실험이 성적 체험의 질적인 차이에 대한 좀더 깊은 식별과 충분히 관련되어 있지 않기 때문이다. 이런 문제에 대해서 반성하자면, 이 구별의 타당성을 확인할 수 있는 사람은 꽤 많다고 믿긴 하지만.

이쯤에서 다른 '인간적 체험'의 논의로 나아갈 수 있지만, 결코 지금부터 말할 것이 전부라는 뜻은 아니다. 탐욕스럽지 않은 성욕과 관계는 있지만 그것과는 다른 것이 배려(tenderness)이다. 프로이트는 그의 모든 심리학이 오로지 '동인(動因)'을 다루므로 필연적으로 배려를 성적 충동의 결과로서, 즉 목표 달성을 방해받은 성욕으로서 설명해야 했다. 이 정의는 그의 이론에서 필연적으로 나오는 것이었지만, 관찰해 보면 배려는 목표 달성을 방해받은 성욕으로서 설명되는 현상이 아닌 듯싶다. 그것은 하나의 독립된 체험이다. 그 첫 번째 특징은 탐욕과 무관하다. 배려라는 체험에서는 상대로부터 아무것도 구하지 않고, 상호성조차도 구하지 않는다. 거기에는 어떤 특별한 목표나 목적도 없으며, 비교적 탐욕성이 적은 성욕 형태 안에 있는 목적, 즉 육체적인 절정감이라는 목적조차 없다. 거기에는 성이나 나이에 따른 제한도 없다. 아마도 시로 표현하는 경우를 제외하고 그것은 말로는 가장 표현하기 어렵다. 그것은 사람이 다른 사람과 접촉하거나 그 또는 그녀를 볼 때의 모습, 또는 목소리의 상태 등

---

17) 미국 의학자. '마스터즈 보고서'는 '킨제이 보고서'와 같은 성에 대한 중요한 조사보고서이다.

으로 가장 미묘하게 표현된다. 그 뿌리는 어머니가 자식에 대해 느끼는 배려에 있다고 말해도 좋겠지만, 설령 그렇다 해도 인간이 갖는 배려는 자식과의 생물적 유대나 어머니의 사랑으로 자기 자신을 사랑하는 요소를 갖지 않으므로 어머니의 자식에 대한 배려를 훨씬 뛰어넘는다. 그것은 탐욕뿐만 아니라 성급함이나 목적의식과도 무관하다. 인간이 그 역사에서 자기 안에 낳은 갖가지 감정 가운데 오로지 인간적이라는 성질의 순도에서 배려를 넘어서는 것은 아마 없을 것이다.

그 밖에 동정(*compassion*)과 감정이입(*empathy*)이라는 두 개의 감정은 명백히 배려와 관계가 있지만, 완전히 같은 것은 아니다. 동정의 본질은 다른 사람과 '함께 괴로워하는' 것, 더 넓은 뜻에서는 '함께 느끼는' 것이다. 이것은 다른 사람을 외부에서 보는 — 상대를 나의 흥미나 관심의 '대상'으로서('대상' object와 '반대' objection이 같은 어근을 갖고 있다는 것을 결코 잊어서는 안 된다) 보는 — 게 아니라 상대의 안으로 자신이 들어가는 것을 뜻한다. 이것은 그가 체험하고 있는 것을 내가 내 자신 안에서 체험하는 것이다. '나'에게서 '너'로의 관계가 아니라 '너는 그대로이도다(*Tat Tvam Asi*)'[18]라는 글귀로 특징지어지는 관계이다. 동정 또는 감정이입은 다른 사람이 체험하는 것을 내가 내 안에서 체험하고, 그 결과 이 체험에서 그와 내가 하나라는 것을 뜻한다. 다른 사람에 대한 지식은 모두 그 사람의 체험을 내가 내 안에서 체험하는 것에 기초해야 비로소 진짜 지식이 된다. 이렇게 되지 않고 상대가 여전히 대상인 경우는 내가 그에 대해서 많은 것을 알지는 몰라도 그를 진실로 아는 것은 아니다.[19]

이런 종류의 지식은 관찰하는 주체와 관찰되는 객체 간의 균열을 극복해야 가능해진다. 그러기 위해서는 물론 위에서 내가 지적한 인간주의의 전제, 즉

---

18) 산스크리트어(=Thou art that).

19) 정신분석, 또는 같은 종류의 심층심리요법에서 환자에 대한 지식은 환자라는 인간을 아는 정신분석학자의 능력에 의하는 것이지, 환자에 대해서 많은 것을 알기 위해 충분한 자료를 수집하는 능력에 의한 것이 아니다. 환자의 성장이나 체험의 자료는 때로는 그를 아는 데 도움이 되지만 그런 자료는 지식, 즉 어떤 '자료'도 필요하지 않고 오히려 상대에 대한 완전한 개방과 자기 안에서의 개방성이 필요한 지식의 부속물에 지나지 않는다. 그 지식은 사람을 만난 최초의 순간에 얻어질지도 모르고, 또는 훨씬 뒤에 가서 얻어질지도 모른다. 그러나 안다는 이 행위는 뜻하지 않은 때의 직관적 행위이지, 그 사람의 생활사(生活史)에 대한 정보를 늘려온 최종 결과로서 나오는 것은 아니다.

모든 인간은 자기 내부에 모든 인간성을 갖고 있다는 것, 우리 자신의 내부는 정도의 차이는 있을지언정 성자인 동시에 범죄자이고, 또 그렇기 때문에 다른 사람 안에서 우리가 자신의 일부라고 느끼지 못하는 일은 없다는 것, 이런 전제 위에 서는 것이 필요하다. 이 공동 체험은 피가 이어져 있기 때문이라든가, 더 넓은 차원에서는 같은 음식을 먹고 같은 언어로 말하고 같은 '상식'을 갖고 있기 때문이라든가 하는 사실에 의해서, 우리와 친한 사람들하고만 관계하는 편협함으로부터 우리가 자신을 해방시켜야 한다. 동정이나 감정이입을 수반하는 지식이라는 의미에서 인간을 알기 위해서는 주어진 사회, 인종, 문화 등의 제한된 유대로부터 탈출해 모든 인간적인 것을 포함하는 인간적 현실의 깊이에 다다라야 한다. 인간이 갖는 진짜 동정과 지식은 예술이 그랬던 것처럼 인간의 발달에서 혁명적 요소로서는 너무 과소평가되어 왔다.

자본주의와 그 윤리의 발전 과정에서 가톨릭=중세세계의 기본적인 미덕이었던 동정(또는 자비)이 미덕이 아니게 되는 것은 주목할 만한 현상이다. (예를 들어 벤자민 프랭클린이 늘어놓는 미덕 가운데 동정이나 사랑, 자비는 이름조차 나오지 않는다.) 새로운 윤리규범은 '진보'이다. 진보의 기본적인 의미는 경제적 진보이고, 생산의 성장이며, 더욱더 능률적인 생산방식의 창출이다. 인간의 성질 가운데 '진보'에 도움이 되는 것은 모두 미덕이고, 그것을 가로막는 것은 '죄악'이다. 동정은 '진보'에 도움이 되기는커녕 장해가 된다. 19세기에 가혹한 노동자 착취에서건 경쟁 상대의 박멸에서건 쓸모없는 제품의 광고에서건, 어떤 경우든 동정은 '진보'의 추구를 가로막는다. 그렇기 때문에 동정은 이제 미덕이 될 수 없고, 감상이거나 아니면 완전히 어리석은 행동으로 여겨진다. 진보의 추구를 중심적인 윤리규범으로 봄으로써 사람들은 비동정적, 비인간적으로 행동할 때도 '마음 편히' 행동할 수 있다. 이런 경향이 결정적으로 분명해진 것은 제1차 세계대전 이후였다. 대전 중에는 정치적 목적을 이루는 수단으로서의 무제한 힘을 행사하는 원리는 아직 동정적인 배려에 의해서 억압되었기에, 비무장 민간인의 살해를 금지하는 장치도 마련되었었다. 그 뒤 이런 배려는 전반적으로 자취를 감추었다. 제2차 세계대전 중 공습에 의한 민간인 대량 학살, 베트남 전쟁에서 벌어진 비전투원인 농민의 살해, 알제리, 브라질, 베트남에서와 마찬가지로 히틀러나 스탈린 체제에서의 고문 등은 정치적, 경제적 목적을 위해서 동정이 완전히 자취를 감추었다는 것을 보여준다. 더 잔인해진 것처럼 보이는 것은 대체로 동정이 줄었다는 뜻이다.

현대 산업사회에서는 동정이라는 행위를 '박애(philanthropy)', 즉 자신의 도덕적 양심을 만족시키기 위해 관료적으로 조직된 소외된 형식이 대신해 버렸다. 그리하여 가끔 아무런 동정심도 갖지 않고 손에 넣은 돈이 동정의 복제(複製)로서 주어진다. 복지국가를 낳는 기원이 된 좀더 큰 사회정의의 감각도 결코 동정의 표현이 아니다. 그것은 훨씬 복잡한 동기가 낳은 것이다. 커지는 소비자 시장에 대한 욕구, 가난한 사람들의 정치적 압력(그리고 간접적으로는 혁명에 대한 공포), 산업국가에서 강해져만 가는 민주적 평등의식 등인데, 동정이 이런 동기 가운데 있다고는 생각되지 않는다.

배려, 사랑, 동정은 더없는 감정적 체험이며, 일반적으로도 그렇게 인정된다. 나는 여기서 이런 것들만큼 확실히 감정으로서 인정받지 못하고, 더 많이는 태도라고 불리는 몇 가지 '인간적 체험'에 대해서 말하고 싶다. 지금까지 논해 온 체험과의 주요한 차이는 이것들이 다른 사람에 대해 같은 직접적 관계를 나타내지 않으며, 오히려 자신의 내부에서 다른 사람과는 이차원적인 관계밖에 갖지 않는 체험이라는 사실에 있다.

내가 설명하고 싶은 이 제2의 그룹 가운데 첫 번째 것은 '관심'이다. '관심'이라는 단어는 오늘날 그 뜻의 대부분을 잃었다. 이런저런 것에 "나는 관심을 갖고 있다"고 말한다면, "나는 그것에 대해서 특별히 강한 감정은 갖고 있지 않지만 그렇다고 아무래도 좋다는 뜻은 아니다"라고 말하는 것과 거의 같은 뜻이다. 이 말은 흔한 속임수의 하나로, 강렬한 감정의 결여를 감춤과 동시에 대단히 모호해서 어떤 산업의 주식에 대한 관심에서 여자에 대한 관심에 이르기까지 거의 모든 것을 포함할 수 있는 말이다. 그러나 이렇게 너무 일반적이 된 말의 의미의 타락도 우리가 본디의 좀더 깊은 의미에서 말을 사용하는 것—그것은 말 자신의 존엄을 회복하는 것인데—을 방해하지 못한다. '관심(interest)'은 라틴어의 'interesse(사이에 존재하는)'에서 온다. 내가 관심을 갖는다면, 나는 자신을 뛰어넘어 세계에 마음을 열고 세계 속으로 뛰어들어가야 한다. 관심은 능동성에 기초한다. 그것은 비교적 일정한 태도로 인간이 언제 어느 때든 외적 세계를 지적이며 정서적, 감각적으로 파악할 수 있게 해준다. 관심을 갖는 사람은 다른 사람들로부터도 관심을 받는다. 왜냐하면 관심은 전염성을 갖고 있어서, 도움 없이는 자발적으로 관심을 갖지 못하는 사람 안에서도 관심을 일깨워 주기 때문이다. 관심의 의미는 그 반대개념인 호기심을 생각하면 더욱 분명해진다. 호기심이 강한 사람은 본질적으로 수동적이다. 그는 지식이나 감각을 얻고 싶어하며, 결코 만족감을 느끼지 못한다. 정보의 양이 지식의 깊이라는 질을 대신하고 있기 때문이다. 호기심을 만족시킬 수 있는 가장 중요한 영역은 소문이다. 창가에 앉아서 주위에서 일어나는 일들을 망원경으로 들여다보는 여자가 말하는 시골의 소문이건, 신문 논평을 메우거나 시청 직원회의뿐만 아니라 교수회의, 작가와 예술가들의 칵테일파티에서 주고받는 좀더 상세한 소문이건 마찬가지이다. 호기심은 본성상 싫증을 모른다. 호기심에 포함되어 있는 악의는 별개로 치더라도, 그것은 상대방이 누구냐 하는 물음에 결코 진심으로 대답해 주지 않기 때문이다.

관심에는 많은 대상이 있다. 인간, 식물, 동물, 사상, 사회구조 등. 그리고 무엇에 관심을 갖는가는 어느 정도 사람의 기질이나 개성에 좌우된다. 그러나 대상은 두 가지 의미밖에 지니지 않는다. 관심은 세계에 대한 관계의 태도 및 형태로서 모든 것에 미치는 것으로, 이를 매우 넓은 뜻에서 살아서 성장하는 모든 것에 대한, 살아 있는 인간의 관심이라고 정의할 수 있을지도 모른다. 한 사람의 관심 영역이 작아 보이는 경우라도 그 관심이 진짜라면, 그가 관심을 갖고 있기만 해도 다른 분야에 대한 그의 관심을 불러일으키는 데 아무런 어려움이 없을 것이다.

다음으로 여기서 논해야 할 '인간적 체험'은 책임(responsibility)이다. 여기서도 '책임'이라는 단어는 본디 의미를 잃고, 보통은 의무(duty)와 동의어로 쓰이고 있다. 의무는 부자유의 영역에 속한 개념이지만, 책임은 자유의 영역에 속한 개념이다.

의무와 책임의 이 차이는 권위주의에 근거한 양심과 인본주의에 근거한 양심 간의 구별에 대응한다. 권위주의에 근거한 양심이란 본질적으로 자신이 종속한 권위자의 명령에 스스로 따르려는 태도이다. 그것은 미화된 복종이다. 인본주의에 근거한 양심이란 자기 인간성의 목소리에 스스로 귀를 기울이려는 태도로, 그 어떤 사람의 명령에도 좌우되지 않는다.[20]

---

20) 프로이트의 초자아 개념은 권위주의적 양심을 심리적으로 정식화한 것이다. 이는 아버지의 명령이나 금지—그것은 나중에 사회적 권위에 의해 계속된다—에 따르는 것을 뜻한다.

다음에서 말하는 두 가지의 '인간적 체험'은 감정이나 감동이나 태도 따위로 분류하기 어렵다. 그러나 어떻게 분류하는가는 별문제가 아니다. 이런 분류는 모두 전통적인 구별에 기초하고 있어, 그 구별이 확실한 것인가 아닌가가 의문이기 때문이다. 나는 동일성(identity)과 전체성(integrity)의 감각을 말하고 있다.

최근 동일성 문제가 심리학에서 논의의 중심으로 들어오게 되었고, 이것은 특히 에릭 에릭슨(Erik Erikson)의 뛰어난 업적이다. 그는 '동일성의 위기'에 대해서 말했는데, 의심할 바 없이 산업사회의 심리학적 문제들 가운데 하나를 언급한 것이다. 하지만 내 생각에 그는 동일성 및 동일성의 위기라는 현상을 충분히 이해할 만큼 철저하지도 않았고, 통찰도 그리 깊지 않았다. 산업사회에서 인간은 사물로 바뀌며, 사물에는 동일성이 없다. 아니면 있는가? 어떤 해에 생산된 어떤 형의 포드는 같은 형의 다른 모든 포드와 같고, 다른 형이나 다른 연대의 차와는 다르지 않은가? 모든 1달러 지폐는 동일성을 갖고 있지 않은가? 같은 모양, 액면, 교환가치를 갖고 있는 한은 다른 1달러 지폐와 똑같지만, 사용 기간에 따라서 만들어진 종이 질(質)의 차이라는 점에서는 다른 1달러 지폐와 다르지 않은가? 사물도 똑같거나 다르다. 그러나 우리가 동일성이라고 말할 때에는 사물에는 없고 인간에게만 속하는 성질을 말한다.

그렇다면 인간적인 관점에서의 동일성이란 무엇일까? 이 문제를 해결하는 데는 많은 접근 방법이 있지만, 그중에서 나는 동일성이란 인간을 정당하게 '나'—나의 모든 현실적 또는 잠재적 활동의 구조를 조직하는 능동적 중심으로서의 '나'—로 만들어 주는 체험이라는 개념만을 강조하고 싶다. 이 '나'의 체험은 자발적인 활동 상태에서만 존재하는 것으로, 수동성이나 반각성(半覺醒) 상태, 즉 일을 하는 정도로는 깨어 있지만 자신 안의 능동적 중심으로서의 '나'를 느낄 정도로는 깨어 있지 않은 상태에서는 존재하지 않는다.[21] 이 '나'의 개념은 자아의 개념과는 다르다(나는 이 단어를 프로이트의 영향을 받은 뜻으로 쓰고 있는 게 아니라, 이를테면 '자아가 강한' 사람이라는 식으로 일반적인 의미로 쓰고 있다). 나의 '자아' 체험은 사물로서의 나, 내가 갖고 있는 몸, 내가 갖고 있는 기억—그리고 내가 갖고 있는 돈, 집, 사회적 지위, 권력, 자식, 문제—등의 체험이다. 나는 자기 자신을 사물로서 본다. 그리고 나의 사회적 역할도

---

21) 동양 사상에서 이 '나'의 중심은 때때로 눈과 눈 사이, 즉 신화적인 말로 '제3의 눈'이라 불리는 것이 있었던 곳에 존재한다고 여겨졌었다.

내가 사물이라는 것의 한 속성이다. 많은 사람이 자아 동일성과, '나' 또는 자기 동일성을 쉽게 혼동한다. 이 차이는 헷갈릴 수 없는 근본적인 것이다. 자아의 체험과 자아동일성의 체험은 소유의 개념에 근거하고 있다. 나는 '나'를 소유하고 있다. 이 '나'가 갖고 있는 다른 모든 것을 내가 소유하고 있듯이 말이다. '나' 또는 자기동일성은 존재의 범주와 관계되지 소유의 범주와는 관계없다. 내가 '나'인 것은 내가 살아 있고, 관심을 갖고 있으며, 관계를 맺고 있고, 능동적인 한에서이며, 또 나의 겉모양—다른 사람 및 (또는) 나 자신에게 비치는—과 내 성격의 핵심의 통합을 이룰 수 있는 한에서이다. 현대의 동일성 위기는 근본적으로는 더욱더 심해져 가는 인간의 소외와 물질화에 근거한 것으로, 그 해결은 오직 얼마나 인간이 다시 태어나 다시 능동적이 될 수 있느냐에 달려 있다. 소외된 인간을 근본적으로 변혁하여 살아 있는 인간으로 만드는 것 이외에 동일성의 위기를 해결할 심리학적 지름길은 없다.[22]

자기(self)보다 자아(ego)가, 존재보다 소유가 갈수록 더 강조되는 사실은 우리의 언어 발전 가운데 분명하게 드러나 있다. "잠이 오지 않는다"라고 말하지 않고 "불면증을 갖고 있다"라고 말하며, "슬프다, 난처하다" 등으로 말하지 않고 "문제를 갖고 있다" 말하고, "아내와 나는 서로 사랑한다"라고 말하지 않고 "행복한 결혼생활(때로는 성공적인 결혼생활)을 하고 있다"고 말하는 것이 당연시되어 왔다. 존재의 과정에 있는 모든 범주는 소유의 범주로 바뀐다. 자아는 움직이지 않고 멈추어 사물을 소유함으로써 세계와 관계하지만, 자기는 참가 과정에서 세계와 관계한다. 현대인은 모든 것을 소유한다. 차, 집, 직업, '꼬맹이'들, 결혼, 문제, 걱정, 만족—이것으로도 부족하면 정신분석의(精神分析醫)까지 갖고 있다. 그는 어떤 존재로도 존재하지 않는 것이다.

동일성의 개념을 전제로 하는 하나의 개념은 전체성 개념이다. 이것에 대해서는 간단히 논하는 것으로 충분할 것이다. 전체성이란 바로 자기동일성을 침해하는 것이 가능한 많은 경우에 오히려 그것을 침해하지 않겠다는 마음이기 때문이다. 오늘날 동일성을 침해하는 유혹은 주로 산업사회에서 출세할 기회이다. 이 사회 속에서 살다 보면, 인간은 결국 자신을 사물로서 체험하게 되는 경향이 있으므로 동일성의 감각은 진기한 현상이 된다. 그러나 사실상 앞

---

22) 이 작은 책에서는 여기서 말하는 동일성의 개념과 에릭슨이 제기한 개념들의 차이를 상세히 논할 여유가 없다. 다른 기회에 이 차이에 대한 상세한 논의를 발표하고자 한다.

에서 설명한 의식적 현상으로서의 동일성과는 별개로 하나의 무의식적인 동일성이라는 차원에서는 문제가 복잡해진다. 내가 말하고 싶은 것은 어떤 사람들은 의식적으로는 사물로 바뀌어 있지만 무의식적으로는 하나의 동일성 감각을 갖고 있으며, 그것은 바로 사회 과정이 그들을 완전히 사물로 바꾸는 데 성공하지 못했기 때문이라는 것이다. 이런 사람들은 전체성을 침해하는 유혹에 패배하면서도 무의식적인, 그리고 어떤 불안감을 주는 어떤 죄의식을 갖고 있다. 물론 그들은 그 원인을 깨닫지 못하지만. 전통적인 정신분석 방법에 의해서 죄의식을 근친상간적 욕망의, 또는 '무의식적 동성애'의 결과로 설명하기란 매우 쉽다. 그러나 정말은 완전한 죽음—심리학적 의미에서—을 이루지 않는 한, 인간은 전체성을 갖지 않고 살아가는 데 죄의식을 느낀다.

동일성과 전체성에 대한 우리의 논의를 보충하기 위해서 W. 폭스(W. Fox)가 취약성(*vulnerability*)이라는 훌륭한 단어를 써서 밝힌 하나의 태도에 대해서도 짧게나마 언급하고 넘어갈 필요가 있다. 자신을 자아로서 체험하고 동일성의 감각으로서 자아동일성을 갖는 사람은 당연히 이것—그, 그의 몸, 기억, 재산 등, 더 나아가서는 자아의 일부가 된 그의 의견이나 정서 투입(emotional investments)의 양식 등—을 지키려고 한다. 그는 자신의 유명무실해진 존재의 영속성과 견고함을 위협할 가능성이 있는 모든 인물, 모든 체험에 늘 방어 자세를 취한다. 이와는 대조적으로, 자신을 소유로서가 아니라 존재로서 체험하는 사람은 자신이 취약한 인간인 것을 너그럽게 받아들인다. 그에게 속하는 것은 아무것도 없고, 다만 그는 살아 있음으로써 존재할 뿐이다. 그러나 그가 활동적인 감각을 잃을 때마다, 또 마음의 중심을 잃을 때마다 그는 아무것도 소유하지 않고 어떤 존재로서도 존재하지 않는 위험에 빠진다. 그는 부단한 민감함과 각성과 활동성에 의해서만 이 위기에 맞설 수 있으며, 존재하지 않고 소유하므로 완전한 자아의 인간과 비교하면 취약하다.

여기서 나는 그 밖의 '인간적 체험'으로서 희망, 신념, 용기에 대해서 말하고 싶지만, 이것들에 대해서는 제1장에서 길게 설명했으므로 여기서는 더 언급하지 않아도 좋을 것이다.

'인간적 체험'의 모든 현상을 이렇게 논하더라도, 여기서 다룬 개념들의 바탕에 암묵적으로 존재하는 현상을 밝히지 않는다면 완전히 불완전한 논의로 끝나고 말 것이다. 그 현상이란 초월(*transcendence*)이다. 초월은 흔히 종교적인 문맥에서 쓰이며, 신성한 체험에 다다르기 위해서 인간의 모든 차원을 뛰어넘는 것을 말한다. 이런 초월의 정의는 유신론 체계 속에서는 훌륭한 의미를 갖지만, 무신론의 관점에서 신의 개념은 자아의 감옥을 벗어나 마음을 열고 세계와 이어지는 자유의 경지에 다다르기 위한 시적인 상징이었다고 말할 수 있다. 신학과는 무관한 의미에서 초월을 말한다면 신의 개념이 필요 없다. 그러나 심리적 현실도 마찬가지다. 사랑, 배려, 동정, 관심, 책임, 동일성의 기초는 바로 소유와 대비되는 존재이며, 그것이 곧 자아를 초월하는 것을 뜻한다. 그것은 자신의 자아를 버리고, 탐욕을 버리며, 자신을 채우기 위해 자신을 비우고, 풍요롭게 하기 위해 자신을 가난하게 한다는 뜻이다.

육체적으로 생존하고 싶은 욕망에서 우리는 생명을 가진 물질의 탄생 이래 우리에게 새겨진, 몇백만 년이나 되는 진화의 세월에 의해 전달되어 온 생물적 충동에 따른다. '생존을 초월해서' 살겠다는 욕망은 역사에서 인간이 창조한 것으로, 절망과 좌절을 대신하는 것으로서 인간이 선택한 길이다.

이 '인간적 체험'의 논의를 마지막으로 장식하기 위해서 자유(freedom)는, 완전히 인간적이기 위한 하나의 성질이라고 나는 말하겠다. 우리가 육체적 생존의 영역을 초월하는 한, 공포나 무력감이나 자기애, 의존심 등에 흔들리지 않는 한 우리는 강제(compulsion)를 초월하고 있다. 사랑, 배려, 이성, 관심, 전체성, 동일성 등은 모두 자유의 자식들이다. 정치적 자유는 인간 특유의 발달을 돕는 한에서만 자유의 조건이 된다. 소외된 사회에서 정치적 자유는 인간의 비인간화에 기여하는 것으로, 부자유가 된다.

6) 가치와 규범

현재까지 우리는 인간적 상황의 근본적 요소 가운데 하나를 아직 다루지 않았다. 그것은 행위나 감정의 지침이 되는 가치에 대한 욕구이다. 물론 사람들이 자신의 가치는 '이것이다'라고 생각하는 것과, 사람들을 이끌고 있으면서도 사람들이 눈치채지 못하고 있는 실제적 가치 사이에는 차이가 있다. 산업사회에서 공인된 의식적인 가치는 종교적, 인간주의적 전통에 따른 가치, 즉 개성, 사랑, 동정, 희망 등이다. 그러나 이런 가치들은 대부분의 사람에게는 이념이 되어버리며, 인간 행동의 동기가 될 만한 힘이 없다. 직접적으로 인간 행동의 동기가 되는 무의식적인 가치는 관료제 산업사회의 체제 속에서 태어난 것으로 재산, 소비, 사회적 위치, 오락, 흥분 등의 가치이다. 의식적이고 실효가 없는 가치와 무의식적이고 실효를 갖는 가치 사이의 이 차이는 성격 내부에 파탄을 낳는다. 그렇게 배웠으며 자신도 지키고 있다고 공언하고 있는 것과 다른 행위를 해야 하므로 인간은 죄의식을 느끼고, 자기 자신도 다른 사람도 믿지 못하게 된다. 젊은 세대는 바로 이 차이를 꿰뚫어 보기에, 그것에 대해서 그토록 타협을 거부하는 태도를 취한다.

가치—공인된 가치이든 진실상의 가치이든—는 구조화되지 않는 개개의 항목이 아니라 히에라르키(교권제도)를 구성하는 것이며, 그 안에서는 어떤 최고의 가치가 그것을 실현하기 위해서 필요한 상관물로서 다른 가치를 결정한다. 지금 말한 저 인간 특유의 체험들이 발전해서 지난 4000년 동안의 서양, 인도, 중국의 심리적이고 정신적인 전통 속 가치체계를 이루고 있다. 이 가치들이 계시에 기초하고 있는 한, 계시의 원천—그것은 서양에 관한 한은 신을 뜻한다—을 믿는 사람들을 구속했던(불교와 도교의 가치는 초월자의 계시에 근거하는 것이 아니었다. 특히 불교에서 가치의 타당성은 근원적인 인간의 상태—고통, 그 근원, 즉 탐욕의 인식, 그리고 탐욕을 극복하는 방법, 즉 '팔정도(八正道)'의 인식—를 검토함으로써 얻어진다. 이 때문에 불교의 가치에 근거한 히에라르키는 합리적인 사고와 진정한 인간으로서의 체험 이외에 아무런 전제도 갖지 않는 사람이라도 접근하기 쉽다) 서양인들에게는 서양종교에 의해 제시된 가치의 히에라르키가, 신의 계시 이외의 기반을 가질 수 있느냐 없느냐 하는 의문이 생긴다.

간단히 정리하면, 가치의 기초로서 신의 권위를 인정하지 않는 사람들에는 다음과 같은 유형이 있다.

1. 모든 가치는 개인적인 기호의 문제이며, 그 이상의 기반을 갖지 않는다고 주장하는 완전한 상대주의. 사르트르의 철학은 근본적으로는 이 상대주의와 다르지 않다. 인간은 스스로 선택한 어떤 것에도 자유롭게 자신을 투입(project)할 수 있으므로, 이 투입이 진짜인 한 최고의 가치가 될 수 있다고 말하기 때문이다.

2. 다음의 가치개념은 사회에 내재하는 가치개념이다. 이 견해를 주장하는 사람들은 저마다의 사회가 모순을 포함하면서도 특정 사회구조를 유지한 채로 존속하는 것이 그 구성원 전체의 최고목표여야 하며, 따라서 그 특정 사회

의 존속에 도움이 되는 규범이 최고가치이고 각각의 개인을 구속한다는 전제에서 출발한다. 이 견해에서는 윤리규범은 사회규범과 같으며, 사회규범은 어떤 주어진 사회의 존속—그 부정이나 모순을 포함한—에도 도움이 된다. 한 사회를 지배하는 엘리트는 행사할 수 있는 모든 수단을 동원해서 자신들의 권력 기반인 사회규범이 마치 신의 계시에 의한, 또는 인간성에 내재하는 신성하고 보편적인 규범인 것처럼 보이게 한다는 점은 명백하다.

3. 다음의 가치개념은 생물에 내재하는 가치개념이다. 이 생각을 대표하는 사람들은 사랑, 충성, 집단 연대 등의 체험이 동물 안에 있는 같은 감정에 뿌리내리고 있다고 추론한다. 즉 인간의 사랑과 배려는 동물의 어미가 새끼를 대하는 태도에 뿌리내리고 있다 보고, 연대(連帶)는 많은 종류의 동물들 특성인 집단 응집(凝集)에 뿌리내리고 있다고 본다. 이런 견해에는 타당한 점도 많지만 인간의 배려, 연대, 그 밖에 '인간적 체험'과 동물 안에서 관찰되는 것 사이의 차이라는 중요한 문제에는 대답해 주지 않는다. 콘라트 로렌츠와 같은 젊은이들이 제시하는 유추에는 전혀 설득력이 없다. 생물에 내재하는 가치체계는 여기서 논하고 있는 인간주의적 방향성을 가진 체계와는 자주 정반대의 결과에 다다른다. 널리 알려진 유형의 사회진화론에서는 자아주장, 경쟁, 공격성을 최고의 가치로 여긴다. 이 학파의 주장에 따르면, 이런 것들을 종(種)의 생존과 진화의 기초가 되는 주요 원리로 여기기 때문이다.

이 책에 제시된 사물에 대한 견해에 대응하는 가치체계는 알베르트 슈바이처가 '생명에 대한 경외'라고 부른 것의 개념에 근거하고 있다. 가치 있는 것, 또는 좋은 것은 인간 특유의 능력에서 좀더 큰 발전에 기여하고 생명을 촉진하는 모든 것이다. 가치 없는 것, 또는 나쁜 것은 생명을 질식시키고 인간의 능동성을 마비시키는 모든 것이다. 불교, 유대교, 그리스도교, 이슬람교와 같은 위대한 인간주의적 종교나 소크라테스 이전의 철학자들에서부터 현대 사상가들에 이르는 위대한 인간주의적 철학자들의 모든 규범은 이 일반적인 가치의 원리를 저마다 독자적으로 단련한 것이다. 탐욕 극복, 이웃 사랑, 진리 추구(사실의 무비판적인 추구와는 다른) 등은 서양과 동양의 모든 인본주의 철학 및 종교의 체계의 공통 목표이다. 인간은 어느 정도 사회적, 경제적 발전을 이룬 결과 단순한 육체적 생존의 목표를 뛰어넘은 문제에 전념할 수 있는 시간과 힘이 생겼고, 비로소 이런 가치들을 발견할 수 있었다. 그러나 이 단계에 다다르고부터 이 가치들은 서로 동떨어진 사회에서—히브리 부족 사상가에서 그리스 도시국가나 로마제국 철학자, 중세 봉건사회 신학자, 르네상스 사상가, 계몽기 철학자, 더 나아가서는 괴테나 마르크스, 그리고 현대의 아인슈타인이나 슈바이처와 같은 산업사회 사상가에 이르기까지—지지받고, 어느 정도까지는 실천되어 왔다. 현재 단계의 산업사회에서 이런 가치들의 실천이 갈수록 더 어려워지고 있다는 것은 분명하다. 사물이 된 인간이 거의 삶을 체험하지 않고, 그 대신 기계가 계획해 준 방침에 따르기 때문이다.

인간성이 사라진 거대한 기계사회에 승리하고 인본주의 산업사회를 구축하는 희망을 정말로 갖기 위해서는, 전통가치가 부활하고 사랑과 전체성이 가능한 사회가 탄생한다는 조건이 필요하다.

내가 인본주의적이라고 부른 가치는 모든 고급문화에 퍼져 있는 합의를 나타내고 있으므로 존중하고 고려할 만하다고 말했다. 그 다음으로 내가 따져야 할 것은 이 가치들이 우리 사생활의 동기가 되고 우리가 계획하는 모든 사회적인 기획이나 활동의 지도원리가 되어야 할 규범이라는 생각을, 적어도 분명히 암시하는 듯한 정답이라고 인정하게 해줄 객관적이고 과학적 증거가 있느냐 하는 것이다.

이 장의 앞부분에서 말한 것과 관련해서 나는 규범의 타당성 근거는 인간이라는 존재의 조건이라고 말하고 싶다. 하나의 체계를 구성하는 인간의 성격은 체계이기 위한 최소한의 요건으로서 다음의 것을 갖는다. 즉 광기에 빠지지 않을 것이다. 그러나 일단 이 요건이 충족되면 인간은 선택을 하게 된다. 인간은 쌓아두는 것 또는 만드는 것, 사랑하는 것 또는 미워하는 것, 존재하는 것 또는 소유하는 것 등으로 일생을 마칠 수 있다. 무엇을 선택하더라도 인간은 어떤 구조(그의 성격)를 만들며, 그 안에서 어떤 방향성이 지배하게 되면 다른 방향성이 필연적으로 그에 뒤따른다. 인간에게는 오로지 한 무리의 가치를 구할 가능성만 주어져 있다는 가정은 인간존재의 법칙으로부터는 결코 나오지 않는다. 그 법칙에서 이끌려 나오는 것은 다른 길의 선택으로, 우리는 그런 갈림길들 가운데에서 어떤 것이 더 나은지를 정해야 한다.

그러나 '훌륭한' 규범이라고 하는 것이 바로 지금 따지고 있는 논점을 분명하게 해주는 것이 아닐까? 무엇이 나은지를 누가 정하는가? 이 물음의 답은 어떤 구체적인 양자택일에서 시작하는 편이 쉬울 것이다. 만일 인간이 자유를 빼앗긴다면, 그는 포기하고 생기를 잃든가 분개해서 공격성을 띠게 될 것이다. 만일 따분하다면, 인생에 수동적이 되든가 무관심하게 될 것이다. 만일 천공카드와 같은 상태로까지 전락한다면, 독창성과 창조성, 관심을 잃을 것이다. 만일 내가 어떤 원인을 최대한으로 강화한다면, 다른 원인은 그에 맞춰 최소한으로 약화시키게 될 것이다.

이제 다음의 가능성 가운데 어느 것이 바람직한가 하는 물음이 된다. 활기 있는, 기쁨에 찬, 관심을 갖고 있는, 능동적인, 평화를 사랑하는 구조인가. 아니면 활기 없는, 흐리멍덩한, 관심을 갖고 있지 않은, 수동적인, 공격을 좋아하는 구조인가?

우리는 구조를 다루고 있으며, 하나의 구조에서 선호하는 부분을 골라내어 그것을 다른 구조의 선호하는 부분과 결합시킬 수는 없다는 것을 인식하는 일이 중요하다. 개인생활뿐만 아니라 사회생활도 구조화되어 있다는 사실에 의해서 우리의 선택은 단독 특성 간의, 또는 특성 복합군 간의 선택이 아니라 구조 간의 선택에 한정되어 버린다. 실제 대부분의 사람이 원하는 것은 공격적이고, 다른 사람과 경쟁하며, 시장에서 최고 성공을 거두고, 모두로부터 사랑받으며, 그와 아울러 배려가 있고, 사랑이 넘치며, 전체성을 갖춘 사람이다. 또 사회 차원에서는 사람들이 바라는 사회는 물건의 생산과 소비, 군사력과 정치력을 최대한 끌어올림과 동시에 평화, 문화, 정신적 가치를 촉진하는 사회이다. 이런 생각은 현실성이 없는 것으로, 보통은 인간 특성의 복합물 가운데 '멋진 것'이 추한 것을 꾸며주거나 감추는 역할을 한다. 일단 선택이 다양한 구조 간의 선택이라는 점을 인정하고 어떤 구조가 '진실한 가능성'인지 확실히 안다면 선택의 어려움은 크게 줄어들고, 선택에 대한 의심은 거의 사라진다. 그리하여 삶을 희구하고 생명을 사랑하는 사람은 삶을 희구하는 가치에 기여하는 결정을 하고, 죽음을 희구하는 사람은 죽음을 희구하는 가치에 기여하는 결정을 할 것이다. 이 둘의 중간에 있는 사람은 확실한 선택을 피하려고 하거나, 또는 마지막에 자신의 성격구조 안의 지배하는 힘에 따라서 선택할 것이다.

만일 하나의 가치구조가 다른 모든 가치구조보다 더 훌륭하다는 것을 객관적 증거에 따라 증명했다 하더라도, 실제로 크게 얻는 바가 없을 것이다. 그

'훌륭한' 가치구조가 자신의 성격구조에 뿌리내린 요구와 모순되므로, 그것에 동의하지 않는 사람들은 객관적 증거 따위에는 마음이 흔들리지 않기 때문이다.

그럼에도 나는 주로 이론적인 근거에서, "만일 하나의 전제에서 출발한다면 객관적 규범에 다다를 수 있지 않을까"라고 말하고 싶다. 그 전제란 생명의 체계가 성장해서 최고의 활력과 본질적인 조화를, 즉 주관적으로는 최고의 행복을 낳는 것이 바람직하다는 것이다. 인간이라는 체계를 검토해 보면 삶을 희구하는 규범이 더 많은 체계의 성장과 힘에 이바지하며, 죽음을 희구하는 규범은 기능장애와 병리에 공헌한다는 것을 알 수 있다. 규범의 타당성은 최적의 성장과 행운을 촉진하고 불행을 최소한도로 되돌리는 그 기능에 의해서 밝혀진다.

경제적으로 말해서 대부분의 사람은 여러 가치 체계 사이에서 헤매고 있으며, 그 결과 어떤 방향으로도 충분히 발전하지 못한다. 그들은 커다란 미덕도 커다란 악덕도 갖지 않는다. 그들은 입센이 《페르귄트》에서 아주 훌륭하게 표현했듯이, 각인(刻印)이 닳아버린 화폐와 같은 존재이다. 자기도 갖지 않고 동일성도 갖지 않으며, 게다가 그 사실을 발견하기를 두려워하고 있다.

5. 인간화로 가는 기술사회의 모든 단계

1) 일반전제

제2차 산업혁명 중에 발전한 산업사회를 인간화할 수 있을까? 이제는 이 문제를 고찰할 순서가 되었다. 그러기 위해서는 먼저 심리와 관련된 이유에서뿐만 아니라 경제와 관련된 이유에서도, 폐지하면 반드시 우리 사회 전체가 파괴될 제도나 방법에 대해서 살펴봐야만 한다. 이것의 요소는 다음과 같다.

(1) 수천 년 동안 정계, 실업계, 대학, 병원 등에서 발달한 대규모의 집중 기획. 이 집중 과정은 지금도 진행 중이며, 곧 거의 모든 중요한 목적을 지닌 활동은 거대한 체계에 의해 이루어지게 될 것이다.

(2) 집중의 결과로서 각 체계 안에서 벌어지는 대규모 계획.

(3) 이론과 실제에 근거한 중요한 통제 원리로서의 사이버네이션, 즉 사이버네틱스(인공두뇌학)와 오토메이션(자동화). 이 경우 컴퓨터가 자동화의 가장 중요한 요소이다.

그러나 이 가운데 지위를 보장받는 것은 이 세 가지 요소만이 아니다. 모든 사회체계 안에 나타나는 요소가 그 밖에도 있다. 인간이라는 체계이다. 앞에서 지적했듯이, 이것은 인간성이 순응성 없는 존재라는 것을 뜻하지는 않는다. 그것이 뜻하는 바는 인간성은 오로지 제한된 수의 잠재적 구조만을 허용하고, 옳고 그름이 뚜렷한 어떤 종류의 갈림길에 대한 선택을 우리에게 강요한다는 것이다. 기술사회에 관한 한, 가장 중요한 갈림길은 다음과 같다. 만일 인간이 수동적이고 태만을 느끼며 감정을 갖지 않고 지성으로만 쏠려 있다면 불안, 우울, 자기상실, 인간에 대한 무관심, 폭력 등의 병리적 징후를 발달시킬 것이다. 실제 로버트 H. 데이비스(Robert H. Davis)가 논문에서 썼듯이, "사이버네이션의 세계가 정신건강에 대해 갖는 장기적인 영향을 생각하면 평정심을 유지할 수가 없다."[1] 이 점을 강조하는 것은 중요하다. 계획 입안자들의 대부분이 인간이라는 요소를, 아무런 혼란도 일으키지 않고 어떤 조건에서도 자신을 순응시키는 존재로서 다루고 있기 때문이다.

우리가 마주치는 선택 가능한 길은 아주 적으며, 어떤 것을 선택하더라도 옳고 그름이 분명하다. 하나의 가능한 길은 지금까지 취해 온 방향을 계속하는 것이다. 이것은 수소폭탄전쟁, 생태학적 불행, 또는 무서운 인간의 병리 등을 낳을 것이다. 두 번째의 가능한 길은 폭력혁명에 의해 방향을 바꾸려고 시도하는 것이다. 이것은 체제가 오롯이 무너지는 위기를 가져오며, 마침내 어떤 형태의 군부독재 또는 파시즘으로 귀결될 것이다. 세 번째 가능한 길은 체제가 인간의 행복과 성장의 목적에 봉사하도록 인간과 어울리는 체제로 만드는 것이다. 이것은 이성과 현실성과 생명에 대한 사랑에 의해 동기를 부여받은 국민 대부분이 갖는 요소의 결과로서 서서히 일어나는 혁명적인 변화를 통해서 이루어진다. 거기서 문제는 다음과 같이 제기된다. 이것이 과연 가능한가? 그리고 이것을 이루기 위해서는 어떤 단계를 밟아야 하는가?

어떻게 이 목적을 이루느냐 하는 안내도를 '계획'으로서 제시하는 것이 나의 뜻이 아님은 독자들에게 새삼 말할 필요도 없으리라 생각한다. 그것은 작은 책에서는 불가능할 뿐만 아니라, 유능하고 관심 있는 사람들의 도움을 받아야만 가능한 수많은 연구가 필요하기 때문이다. 나의 의도는 나에게 가장 중요한 단계들을 논의하는 것이며, 아래와 같다.

(1) 인간이라는 체계를 포함하는, 그리고 인간의 최적수준 작용을 검토한 결과 탄생하는 규범에 기초하는 계획.

(2) 민중의 자발적인 활동과 책임이라는 방법을 통한, 또 현재 소외된 관료주의에 근거한 관리 방법을 인본주의에 근거한 관리 방법으로 바꾸는 것을 통한 개인의 능동화.

(3) 소비양식을 능동화에 기여시키고, '수동화(passivation)'[2]를 가로막는 소비

---

1) 로버트 테오발드(Robert Theobald)가 편집한 《보장된 소득(*The Guaranteed Income*)》(New York : Doubleday Anchor Books, 1967)에 실린 〈컴퓨터에 의한 자동화의 발달 : 1965–85(The Advance of Cybernation : 1965–85)〉에서.

2) 나는 이 단어를 activation에 대응하는 것으로서 만들었다. 이것은 사전에는 나오지 않지만 필

성향으로 바꾸는 것.

(4) 과거 종교체계에 상당하는 새로운 형태의 심리적·정신적 방향성과 헌신의 출현.

2) 인본주의에 근거한 계획

제3장에서 시작한 계획에 대한 논의에 이어서, 나는 다시 모든 계획은 계획자가 그것을 깨닫고 있건 아니건 가치판단과 규범을 그 지침으로 삼고 있다고 말하고 싶다. 이것은 모든 컴퓨터에 의한 계획에 대해서도 마찬가지이다. 프로그래밍뿐만 아니라 컴퓨터에 주는 사실의 선정도 가치판단을 포함하고 있다. 내가 경제생산을 최대로 하기를 원하는 경우를 기쁨, 일에 대한 관심, 그 밖에 의미에서의 인간의 행복을 최대로 하기를 바라는 경우와 비교한다면, 프로그램뿐만 아니라 사실까지도 바뀌게 될 것이다. 뒤엣것의 경우는 다른 사실이 고려되고 프로그램도 바뀐다.

여기서 몇 가지 중대한 의문이 생긴다. 전통가치, 즉 적어도 여론에 의해 정당화되거나 개인의 기호나 경향의 문제로서 승인되는 가치를 인정하는 것 말고 인간적 가치에 대한 어떤 지식이 어떻게 가능한가? 제4장에서 나는 인간의 행복은 불행한 상태와 마찬가지로 경험에서 비롯된 것이고 객관적으로 묘사될 수 있다는 사실을 언급했다. 행복을 낳는 조건은 육체적으로나 정신적으로나 불행을 낳는 조건과 마찬가지로 명백하게 밝힐 수 있다는 것이다. 인간이라는 체계를 연구하면 객관적으로 타당한 가치를 인정하게 되며, 그 근거가 되는 것은 그런 가치들이 이 체계에 가장 잘 어울리는 수준의 작용을 이끌어 낸다는 것, 또는 적어도 선택할 수 있는 범위를 실감한다면 인본주의에 근거한 규범은 대부분의 정상인들이 그 반대의 규범보다 바람직한 것으로 받아들이리라는 것이다.

인본주의에 근거한 규범의 타당성을 이런 근거에서 구하는 것이 옳건 그르건, 인간화된 산업사회의 일반목표는 다음과 같이 정의된다. 즉 우리 사회의 사회, 경제, 문화와 관련된 삶을 변혁하고, 그것이 인간의 성장과 활동성을 해치지 않고 오히려 자극하고 촉진하도록 만드는 것, 그것이 개인을 수동적이고

요한 말이다. 인간을 좀더 능동적으로 만드는 상황도 있고, 좀더 수동적으로 만드는 상황도 있기 때문이다.

수용하는 존재로 만드는 게 아니라 능동적으로 만들도록 하는 것, 우리의 기술능력이 인간의 성장에 도움이 되도록 만드는 것이다. 이를 실현하기 위해서 우리는 경제, 사회와 관련된 체계를 다시 지배할 수 있어야 한다. 이성에 이끌리고 가장 잘 어울리는 활동성을 좇는 욕구에 이끌린 인간의 의지가 정책 결정을 해야 한다.

이런 일반목표를 전제로 했을 경우, 인본주의에 근거한 계획의 순서는 어떻게 될까? 기계와 컴퓨터는 생명을 향한 사회체제의 기능을 담당하는 부분이 되어야지, 체제를 무너뜨리기 시작하다가 마침내는 죽여버리는 암이 되어서는 안 된다. 기계나 컴퓨터는 인간의 이성과 의지에 의해 결정되는 목적에 정확히 들어맞는 수단이 되어야 한다. 사실의 선택을 결정하고 컴퓨터 프로그래밍을 좌우하는 가치는 인간성, 수많은 가능한 표현, 그에 어울리는 발전 형태, 이 발전을 돕는 진짜 욕구 등의 지식에 근거해서 얻어야 한다. 즉 기술이 아니라 인간이 가치의 궁극적 원천이 되어야 한다. 최대생산이 아니라 인간과 잘 어울리는 발전이 모든 계획의 규준이 되어야 한다.[3] 산업 '진보'가 아니라 인간과 잘 어울리는 발전이 사회조직의 최고원리가 되어야 한다.

이것과는 별개로, 경제분야에서의 계획이 모든 체제의 영향을 받아야 한다. 또한 인간이라는 체계가 모든 사회체제 속으로 들어가야 한다. 계획자로서 인간은 모든 체제의 일부로서의 인간 역할을 인식해야 한다. 인간은 자신을 의식하는 생명의 유일한 사례인데, 바로 그처럼 체계를 만드는 존재로서, 또 분석하는 존재로서 인간은 자신을 자신이 분석하는 체계의 대상으로 삼아야 한다. 이것은 인간, 인간성, 인간성 표현의 진짜 가능성 등의 지식이 모든 사회계획의 기본자료가 되어야 한다는 것을 뜻한다.

지금까지 계획에 대해서 한 말의 바탕에 있는 이론적 가정은, 본디 계획 입안자의 의지를 결정하는 것은 사회와 그것을 구성하는 개개인에게 가장 잘 어

---

3) 하산 외즈베칸은 이 문제를 매우 간단하게 말하고 있다. "이 모든 것에서 우리가 하지 못한 것은 우리에게 동기를 주는, 이른바 바람직한 것(desirables)에 사실인 듯 꾸며낸 의미를 부여하는 것, 이 바람직한 것의 본질적인 가치를 의심해 보는 것, 우리의 소망이나 행위의 장기전망을 짐작하는 것, 우리가 기대하고 있다고 생각되는 결과가 우리가 이루고자 노력하는 목표라고 일컫는 삶의 질과 실제로 일치하는가 아닌가—그리고 현재의 행위가 우리를 그리로 이끄는가 아닌가—를 생각하는 것이다. 바꿔 말해서 계획이라는 것에 대한 글쓴이의 생각에 의하면, 우리는 더 심오한 의미에서는 계획 따위는 되어 있지 않은 것이다."

울리는 수준의 복지에 대한 욕망이라는 가정이었다. 그러나 유감스럽게도 실제로는 이런 가정을 할 수 없다(물론 나는 계획 입안자들이 자신의 동기에 대해서 갖고 있는 관념을 말하는 것이 아니다. 그들은 대부분의 인간과 마찬가지로, 자신의 동기는 합리적이며 도덕적이라고 믿는다. 대부분의 인간은 자신의 행위에 대한 이러한 합리화 곧 이념이 필요한데, 그 하나는 도덕적으로 옳다는 믿음에 의해 자신을 지지하기 위해서이고, 다른 하나는 진짜 동기에 대해서 다른 사람을 속이기 위해서이다). 정부 단계의 계획에서는 정치가들의 개인적 이해관계가 언제나 그들의 진실성을 훼손해, 그 결과 그들의 인본주의에 근거한 계획 능력을 망가뜨리기 마련이다. 이 위험을 최소화하기 위해서는 시민이 정책결정 과정에 더 능동적으로 참가해 정부의 계획이 그 계획의 대상인 사람들이 제어하는 방법이나 수단을 찾는 수밖에 없다.[4]

그렇다면 정부의 계획을 더욱 축소시키고 공공부문 계획을 비롯한 대부분의 계획을 대기업에 맡겨야 할까? 이런 새로운 안건을 내놓는 것에 가담하는 찬성론에는 대기업은 시대착오적인 절차에 집착하지 않고, 또 끊임없이 변동하는 정치적 압력에 좌우되지 않는다는 것, 체계분석이나 연구성과를 곧바로 기술에 응용하는 일에 관한 한은 훨씬 진보되어 있다는 것, 그 지도자들은 일을 계속할 권리를 얻기 위해 몇 년마다 선거전을 치를 필요가 없어서 훨씬 많은 객관성을 갖고 있다는 것 등이 있다. 가장 중요한 찬성론은 관리 및 체계분석은 현대의 첨단을 걷는 일 가운데 하나로, 지성뿐만 아니라 인간의 행복을 통찰한다라는 뜻에서도 가장 진보한 사람들이 이 분야에 이끌리는 것은 당연하다는 주장이다. 이런 논의에도, 그 밖에 많은 찬성론에도 이해되는 점은 많지만 두 가지 중요한 점에 대해서는 설득력이 없다. 첫째로 회사는 이윤을 위해 움직이며 이윤에 대한 관심도는 19세기 기업가와 비교하면 훨씬 낮지만, 이윤추구는 지역사회의 최고 권익을 가끔 훼손하기도 한다. 둘째로 민간기업은 민주주의 체제에서 정부가 받는 그 보잘것없는 제어조차 받지 않는다(만일 이에 반론해서 회사는 시장, 즉 간접적으로는 소비자에 의해 제어받는다고 말하는 사람이 있다면, 그 사람은 소비자의 기호나 욕망이 대부분 회사에 의해 조작된다는 사실을 무시하고 있는 것이다). 생각이 고루한 경영자들에게 없는 것은 선

---

4) 이에 대해서는 본 장의 뒤에서 다시 설명하겠다.

의가 아니라 상상력이고, 충분히 인간다운 삶을 통찰할 수 있는 깜냥이기에 인본주의에 근거한 계획의 관점에서 그들은 더욱 위험하기조차 하다. 사실 그들은 개인적으로는 사리판단이 정확한 사람인 만큼, 자신들의 계획 입안 방법에 대해서는 조금도 의심하지 않는다. 이런 이유에서 나는 존 케네스 갤브레이스나 그 밖의 사람들이 표명하는 낙관론에 찬성하지 않는다. 회사의 계획 입안은 정부나 노동자나 소비자가 제어해야 한다. 바꿔 말하면, 산업의 계획 대상이 되는 사람들이 산업의 결정에 대한 발언권과 투표권을 가져야 한다.

3) 에너지의 능동화와 해방

지금까지 인간에 대해서 다룬 모든 것으로부터 두 가지를 말할 수 있는데, 첫째는 인간의 행복을 위해서 다음과 같은 기본적인 요청이 충족되어야 한다는 것이다. 즉 자신의 모든 능력을 생산적으로 발휘시킨다는 뜻에서 능동적이 될 것. 둘째는 우리 사회를 크게 병들게 하는 근원이 되는 특징 가운데 하나인 인간을 수동화하는 경향이며, 이 수동화는 사회문제나 자신이 일하고 있는 기업의 문제, 심지어 이것은 그다지 드러나지는 않았지만 자신의 개인문제에 조차도 능동적으로 참가할 기회를 박탈당하기 때문에 생긴다는 것이다. 이런 인간의 '수동화'는 모든 집중화된 기업에서 쓰이고 있는 '소외된 관료주의에 근거한' 방법에서 비롯된 것이다.

인본주의에 근거한 방법 대 소외된 관료주의에 근거한 방법

흔한 일이지만, 우리나라에서는 사람들이 눈앞의 잘못된 이분법에 혼란스러워하고 있다. 그들은 어떤 조직도 통제하지 않는 무질서 체제와, 현대 산업주의에서도 눈에 잘 뜨이고 소비에트 체제에서는 더욱 두드러진 관료제 가운데 과연 어느 쪽을 선택해야 하느냐를 고민하고 있다. 그러나 이 양자택일이 유일한 것은 결코 아니며, 그 밖에도 선택은 있다. 내가 생각하는 선택은 우리가 무엇을 할 때의 인본주의에 근거한 관리[5] 방법과 소외된 관료주의에 근거

---

[5] 이 뒤로 나는 '인본주의에 근거한 관료제(官僚制)'라고 말하는 대신에 '인본주의에 근거한 관리(管理)'라는 말을 쓸 것이다. 그것은 '관료제'라는 말 자체가 때때로 소외된 유형의 체제를 뜻한다고 생각되기 때문이다.

한 방법 간의 선택이다.

이 소외된 관료주의에 근거한 방법의 특징으로 몇 가지를 들 수 있다. 먼저 그것은 일방통행의 체계이다. 명령, 제안, 계획 등이 꼭대기에서 나와 피라미드의 밑바닥에까지 전달된다. 개인이 자발성을 발휘할 여지는 없다. 인간은 복지사업의 사례이건 의학상의 증례(症例)이건, 요컨대 '사례'이다. 즉 이 사례는 어떤 준거틀로 정리되건 '인간'과 '사례'의 차이를 보여주는 개개의 특징 없이 모조리 컴퓨터 카드에 기록된다.

현재의 관료주의에 근거한 방법은 무책임(irresponsible)이다. 개인의 욕구, 의견, 필요에 '반응(respond)'하지 않는다는 뜻에서 무책임이다. 이 무책임은 관료주의의 '대상'이 되는 인간의 사례로서의 성격과 밀접하게 관련된다. 인간은 사례에는 반응할 수 없지만 인간에게는 반응할 수 있다. 관료의 이 무책임은 오랫동안 관료주의의 한 특징이었던 또 하나의 면을 갖고 있다. 관료는 자신을 관료제라는 기계의 일부라고 느끼므로 책임지지 않기를, 즉 자신이 그 때문에 비판받을 결정을 내리지 않기를 무엇보다도 원한다. 그는 사례별 규칙에 따라서 뚜렷하게 공적(公的)인 방식으로 처리할 수 없는 결정을 피하려고 애쓰며, 만일 의문이 있으면 자신을 찾아온 사람을 다른 관료에게 보낸다. 그러면 그 관료도 똑같은 행동을 한다. 관료조직을 상대해 본 사람이라면 누구나 이 관료에게서 저 관료에게로 보내지는 이 순서를 알고 있을 것이다. 더구나 때로는 빙빙 돌려지다가 들어왔을 때와 같은 문으로 나오게 되는데, 그의 말에 귀를 기울여 준다고 해도 그것은 그 관료 특유의 방식, 즉 때로는 친절하게 때로는 신경질적으로, 그러나 거의 모든 경우는 관료 자신의 무력감과 무책임, 그리고 '탄원'하고 있는 서민에 대한 우월감이 뒤섞인 방식으로이다. 현재의 관료주의에 근거한 방법은 개인에게 이 관료제라는 기계의 도움 없이는 무엇을 시작할 수도 무엇을 조직할 수도 없다는 느낌을 준다. 그 결과, 그것은 창의성을 마비시키고 깊은 무능력함을 낳는다.

'인본주의에 근거한 관리'의 성질과 방법

인본주의에 근거한 관리방법의 근본원리는 거대화된 기업, 집중적 계획, 사이버네이션 속에서도 그것에 참가하는 개인이 관리자, 상황, 기계 등에 대해 자기를 주장하고, 관리과정에서 어떤 능동적인 역할도 갖지 않는 무력한 분자가 되지 않는 것이다. 이런 자기의지의 주장에 의해서만이 개인의 에너지는 해방되고 정신적 균형을 회복할 수 있다.

이런 인본주의에 근거한 관리의 원리는 다음과 같이 표현할 수도 있다. 소외된 관료주의 안에서는 모든 힘이 위에서 아래로 흐르는 데 반해, 인본주의에 근거한 관리에서는 양방통행의 길이 있다. 위에서 이루어진 결정에 지배되는 '서민(subjects)[6]'은 자신들의 의지와 관심에 따라서 반응한다. 그들의 반응은 최고위층의 정책 결정자들에게 전달될 뿐 아니라, 반대로 결정자들이 반응하기를 강요한다. 결정에 지배받는 '서민'들은 정책 결정자들에게 도전할 권리를 갖고 있다. 적당한 관료(어떤 수준의 관료이건)가 질문에 대답하고 그들의 방식을 설명할 것을 요구받는다면 결정자들이 그 요구에 응한다는 규칙을 만들어 두어야 할 것이다.

이쯤에서 지금까지 말한 제안에 대한 반론이 독자들의 마음속에 쌓여 있으리라 생각되므로, 여기서 곧 그것들에 대해 논하고 넘어가지 않으면 이다음 부분부터는 독자들의 주의를 붙잡아 두지 못할 것이다. 먼저 기업관리에 대해서 이야기해 보자.

아마도 첫 번째 반론은 '서민'의 능동적 참가라는 형식은 효과적인 집중관리 및 계획과 양립할 수 없다는 것이리라. 이 반론이 그럴듯하게 들린다고 한다면, 그것은 ⓐ 현재의 소외된 관료주의에 근거한 방법이 사회를 병들게 하는 근원이라고 생각할 만한 강한 근거를 갖고 있지 않은 경우, ⓑ 시험되고 증명된 방법만 생각하고 상상력을 발휘한 새로운 해결법은 피하는 경우, ⓒ 설령 새로운 방법을 발견했다 하더라도 최대효율의 원리가 여전히 지배하는 원리여야 한다고 주장하는 경우이다. 한편 만일 이 책에 제시된 생각에 따라서 현재의 관료주의적에 근거한 방법에는 사회의 모든 체제에 중대한 위험을 끼칠 우려가 내재해 있다는 점을 인정한다면, 이런 반론들은 현 체제의 작용에 만족하는 사람들에게는 설득력을 갖지 못할 것이다.

더 명확히 말한다면, 문제를 인정하면서도 그것들을 극복할 수 있다고 굳게 믿고서 출발한다면 우리는 문제를 구체적으로, 또 세부적으로 검토하기 시작

---

6) 이 뒤로 나는 관료제에 의한 통제를 받는 사람들을 '서민'이라고 부르기로 하겠다.

할 것이다. 여기서도 최대한의 집중이냐 완전한 분산이냐 하는 이분법은 문제를 쓸데없이 갈라놓는 것이고, 가장 알맞은 정도의 집중과 민중 참가를 규정한 개념을 생각하면 된다는 결론에 다다를 것이다. 가장 알맞은 정도의 집중이란 효과적인 대규모 조직과 계획에 필요한 정도의 집중일 테고, 가장 알맞은 정도의 참가란 집중관리를 불가능하게 하지 않으면서도 참가자에게 가장 알맞은 정도의 책임 있는 참가를 허용하는 방식일 것이다. 이 공식화는 명백히 조금 일반적으로, 곧 첫걸음을 내딛을 기초로서는 충분하지 않다. 이 정도의 큰 문제라도, 그것이 과학지식을 기술에 응용할 때 제기된 것이라면 기술자는 용기를 잃지 않을 것이다. 그는 문제를 해결하기 위한 연구의 필요성을 인정한다. 그러나 우리가 인간의 문제를 다루는 순간, 우리는 쉽게 이런 문제에 좌절하거나 너무 빨리 '안 되겠다'고 포기해 버린다.

우리는 기술문제를 해결할 때는 참으로 무한한 상상력과 창의력을 발휘하면서, 인간의 문제를 다룰 때는 매우 한정된 상상력만을 발휘한다. 왜? 명확한 답은, 우리는 인간과학 분야에서는 자연과학이나 기술에서 갖고 있는 만큼의 지식을 갖고 있지 않다는 것이다. 그렇지만 이 대답으로는 이해할 수 없다. 왜 우리는 필요한 지식을 갖고 있지 않는가? 또는―이쪽이 더욱더 요점을 찌르는데―왜 우리는 지금 갖고 있는 지식을 응용하지 않는가? 더 연구하지 않으면 아무것도 증명할 수 없지만, 나는 가장 알맞은 집중과 분산을 통합하기 위한 실제적인 해결방법을 찾는 것은 우주여행의 기술적 해결을 발견하는 것보다는 어렵지 않다고 믿는다. 왜 이런 연구가 이루어지고 있지 않은가 하고 묻는다면, 현대사회의 우선순위로 볼 때 인간과 관련된 사회조직의 문제를 쉽게 풀 수 있는 방법을 찾는 데 관심이 낮기 때문이라고 답할 수 있다. 그러나 연구의 필요성을 강조하는 한편으로 우리는 이런 문제들에 대한 많은 실험과 논의가 수십 년 전부터 이루어져 왔다는 사실을 잊어서는 안 된다. 산업심리학 분야에서도 관리과학 분야에서도 이론에 관한 귀중한 논의들과 실험들이 많이 이루어지고 있다.

다른 반론도 있다. 이것은 가끔 앞의 반론과 연관된다. 그 주장은 이렇다. 정치적 차원에서의 결정이 효과적으로 제어되는 한 민간기업의 능동적 참가는 필요가 없는데, 왜냐하면 회사는 정부의 입법 부문과 행정 부문의 적절한 감독을 받기 때문이다. 이 반론은 오늘날 정부와 회사는 이미 밀접하게 서로 연관되어 있어 누가 누구를 제어하고 있는지 알기 어렵다는 사실—더 말하자면, 정부의 결정을 시민이 효과 있게 제어하고 있지 않다는 사실—을 고려하고 있지 않다. 그러나 정치 과정에서 이 책에서 제안했던 것처럼 시민이 능동적으로 충분하게 참가했다 하더라도, 기업 자체도 일반 대중이 회사가 내린 결정의 영향을 받는 한 참가자뿐만 아니라 대중의 의지에도 반응하게끔 되어야 한다. 회사에 대한 이런 직접제어가 없다면, 정부가 체제 속에서 민간 부문에 권력을 행사하기란 매우 어려울 것이다.

다음의 반론은 아래와 같이 지적할 것이다. 즉 여기서 제안한 정책결정을 내릴 때의 이중 책임은 최고위층과 '서민' 간의 끝없는 마찰의 원인이 되며, 그것이 심리적인 이유가 되어 그 책임이라는 제도가 효력을 잃는다는 지적이다. 이 문제를 추상적인 관점에서 말한다면, 아마도 우리는 어려운 문제라고 생각할 것이다. 그러나 일단 이런 변화를 받아들이면, 그 결과인 마찰은 추상적으로 봤을 때만큼 격한 것도 아니고 해결할 수 없는 것도 아닐 것이다. 결국 관리자는 실행하는 데 관심을 갖고 있고, 기획의 참가자도 같은 관심을 갖고 있다. 관료가 '상처받기 쉬워'지는, 즉 자신이 지배하는 사람들의 바람이나 주장에 반응하게 되면 곧바로 양측은 당국자로서, 또는 도전자로서의 견해를 고집하기보다는 문제에 관심을 갖게 될 것이다. 이것이 가능하다는 것은 미국이나 외국의 많은 대학에서 밝혀졌다. 이들 대학에서는 일단 학생 참가가 인정되면 학교 당국과 학생 간에 거의 마찰이 일어나지 않았다. 이것은 유고슬라비아의 노동자 자주관리체제나 전 세계의 많은 협동조합운동의 경험 등에도 나타나 있다.

만일 관료제 양식이 소외된 양식에서 인본주의에 근거한 양식으로 바뀐다면, 그것은 필연적으로 관리자로서 성공하는 인간형의 변화로 이어질 것이다. 관료주의가 지닌 이미지에 집착해서 쉽게 상처받기를 두려워하고 직접적, 개방적으로 사람들과 부딪히기를 두려워하는 방어형 성격의 소유자는 불리해질 것이다. 한편 상상력이 풍부하고, 두려움을 모르며, 민감한 사람은 관리방법이 바뀌면 성공할 것이다. 이렇게 생각하면, 어떤 종류의 관리방법에 대해서 관리자에게 '바뀔 의지도 없고 능력도 없으니까' 바뀔 수 없다고 말하는 것이 얼마나 잘못된 일인지를 알 수 있다. 이 경우 무시되고 있는 것은, 새로운 방법은 관리자로 선발하는 원리가 된다는 사실이다. 이것은 현재의 관리자들이 대부분 새로운 유형의 관리자로 대체된다는 것을 뜻하지는 않는다. 그들 가운데에는 현 체제 아래에서는 자신의 민감한 능력을 살릴 수 없지만, 일단 체제가 기회를 주면 그것을 살릴 수 있는 사람이 분명 많을 것이다.

개인이 자신이 일하는 기획에 능동적으로 참가한다는 생각에 대한 반론 중에서 아마 가장 일반적인 것은, 더욱더 활발해지는 사이버네이션을 생각하면 개인의 노동시간은 훨씬 단축되거나 여가시간이 훨씬 늘어날 테니, 개인의 능동화는 노동이라는 상황 속에서 이루어질 필요가 없고 여가로 충분히 이루어질 것이라는 논의이다. 이런 생각은 인간이라는 존재와 노동에 대해 잘못된 개념에 기초하고 있다. 인간은 가장 유리한 기술적 조건 아래에서도 의식주, 그 밖의 모든 필요한 물자를 생산할 책임을 져야 한다. 즉 인간은 일을 해야 한다. 대부분의 육체노동을 기계가 대신한다고 해도, 인간은 자신과 자연 사이의 상호 과정에 참가해야 한다. 인간이 신체를 갖지 않는 존재이거나 육체와 관련된 욕구를 갖지 않는 천사일 경우에만 노동은 완전히 자취를 감출 것이다. 인간은 자연을 동화시키고, 물건의 생산, 분배, 사회의 조직화, 자연재해에 대한 대응 등의 과정을 조직하고 관리해야지, 결코 팔짱만 끼고 일이 굴러가는 모양을 지켜보고 있을 수는 없다. 기술사회에서 노동은 이제 '저주'가 아니겠지만, 인간이 물질과 관련된 자신의 욕구를 돌보지 않아도 되는 천국과 같은 상태는 기술에 관련된 환상이다. 아니면 이 문제의 해결은 브레진스키가 예언했듯이, 엘리트들만 일할 특권을 갖고 대부분의 인간은 소비에 열중하게 되는 것일까? 이것은 이 문제를 풀 수 있는 하나의 해법은 될 수 있겠지만, 대부분의 인간을 노예의 지위로, 그것도 노동을 비롯한 충실한 생활을 보낼 권리를 갖고 있는 자유로운 인간들을 무책임하고 쓸모없는 기생동물이 된다는 역설적인 뜻에서의 노예의 지위로 전락시키게 될 것이다. 만일 인간이 생산하고 조작하는 과정에서 수동적이라면 여가에서도 수동적일 것이다. 만일 인간이 생명을 유지하는 과정에서 책임과 참가를 등한시한다면 인생의 다른 모든 영역에서도 수동적인 역할을 맡게 될 것이고, 자신을 돌봐주는 사람들에게 의존하게 될 것이다. 오늘날 벌써 이런 일이 일어나고 있는 것을 우리는 본다. 인간은 이전보다 많은 여가를 갖고 있지만, 대부분의 사람에게서 보이는 것은 소외된 관료주의에 근거한 방법에 의해서 억지로 주어진 여가에서의 수동성이다. 여가시간에는 대부분 무엇을 구경하거나 소비한다. 여가가 능동성의 결과인 경우는 거의 없다.

만일 인간이 생산체계나 관리체계의 작용에 책임을 질 임무를 면제받는다면, 인간은 완전히 무력해지고 자신감을 잃어 기계 및 기계 전문가에게 의존하는 존재가 될 것이다. 인간은 여가를 능동적으로 이용할 수 없게 될 뿐만 아니라, 체계의 원활한 작용이 위협받을 때마다 파국에 맞닥뜨리게 될 것이다.

이에 대해서도 또 하나, 그것도 매우 중요한 점을 짚고 넘어가야 한다. 설령 기계가 모든 노동, 모든 계획, 모든 조직적 결정, 더 나아가 모든 건강문제까지 처리할 수 있다 하더라도, 인간과 인간 사이에 일어나는 문제까지 처리할 수는 없다. 이 인간 사이의 관계, 인간의 판단, 반응, 책임, 결정 등의 영역에서는 기계가 인간의 작용을 대신할 수 없다. 마르쿠제처럼 완전한 물질적 만족을 얻은 사이버네이션과 '무억압'의 사회에서는 그리스극이나 셰익스피어극, 또는 뛰어난 소설에 등장하는 인간의 갈등은 이제 사라질 것이라고 생각하는 사람들도 있다. 완전히 소외된 사람들에게는 인간이라는 존재의 앞날이 이렇게 보인다는 것은 나도 알고 있지만, 그런 시각은 인간이라는 존재의 앞날에 펼쳐질 가능성보다는 그들 자신의 정서적 한계를 나타내는 게 아닐까 하는 의문이 생긴다. 물질적으로 채워지지 않은 욕구가 없다면 인간과 인간 사이의 문제도, 갈등도, 비극도 없어질 것이라는 가정은 어린아이 같은 백일몽이다.

커다란 기획을 비롯해서 국가 전체나 주(州), 지역사회의 문제에도 능동적으로 참가하기 위해서는 정보교환, 토의, 결정의 과정을 밟기 위한 대면집단(face-to-face group)을 만들 필요가 있다. 모든 종류의 집중화된 기획이나 정치적 결정에서의 이런 집단의 구조를 개별적으로 논의하기에 앞서, 대면집단이 가져야 할 특징을 잠깐 살펴보자.

첫째는 논의가 직접적으로 이루어지고, 선동가의 교묘한 화술이나 조종술이 효력을 발휘하지 못하도록 참가자 수를 제한하는 것이다. 사람들이 규칙적으로 모임을 갖고 서로 알게 되면 누가 믿을 만하고 누가 믿을 만하지 않은지, 누가 건설적이고 누가 건설적이지 않은지를 느끼게 되며, 자기 자신의 참가 과정에서 책임감과 자신감이 커진다.

둘째로 모든 사람이 근본문제에 대해서 최대한 명확하고 정확한 이미지를 갖기 위한 바탕이 되는 객관적이고 적절한 정보가 각 집단에 주어져야 한다.

적당한 정보의 문제에는 많은 어려움이 있으므로 여기서 잠깐 샛길로 빠져야 한다. 외교정책이나 국내정책에서, 또는 기업관리에서 우리가 다루는 문제는 고도로 숙련된 전문가들만 이해할 수 있을 만큼 복잡하고 전문화되어 있지 않은가? 만일 그렇다면 시민이 결정에 참가한다는 전통적인 의미에서의 민주주의 방식은 불가능하다는 점을 인정해야 할 것이다. 또 헌법에 기초한 의회의 기능도 시대에 뒤떨어진 것임을 인정해야 할 것이다. 분명 개개의 상원의원이나 하원의원은 필요하다고 여겨지는 전문지식을 갖고 있지 않다. 대통령도 숙련된 전문가 집단의 조언에 의존하고 있는 듯하다. 교육을 받고 지식도 있는 시민조차 이해하기 어려울 만큼 복잡한 문제는 대통령도 이해할 수 없을 것 같기 때문이다. 요컨대 자료의 복잡함과 난해함은 어쩔 수 없다는 가정이 옳다고 한다면 민주주의 방식은 공허한 형식이 되며, 정치는 전문가가 도맡게 될 것이다. 관리방식도 마찬가지다. 만일 최고위층 관리자들이 자신들에게 결정이 맡겨진, 기술이라는 관점에서 고도로 복잡한 문제를 이해하지 못한다면, 그들은 기술전문가의 결정을 그대로 받아들여야 할 것이다.

자료가 너무 어렵고 복잡해졌으므로 고도로 숙련된 전문가만 다룰 수 있다는 생각은, 자연과학에서는 전문화가 매우 진전돼 있어 자신의 분야에서도 동료의 업적을 충분히 이해할 수 있는 과학자가 얼마 없다는 사실에 크게 영향을 받고 있다. 다행히 정치나 관리에서 정책결정에 필요한 자료는 대부분 그리 어렵지도 않고 전문화되어 있지도 않다. 실제로 컴퓨터를 사용함으로써 프로그래밍에 쓰이는 여러 가지 전제에 따라 저마다 다른 모델을 만들어 내고 저마다 다른 결과를 제시할 수 있기에 어려움은 줄어든다. 소비에트 진영과 관련한 미국의 외교정책 예를 살펴보자. 판단의 근거가 되는 것은 소비에트 진영의 계획이나 의도의 분석이고, 그들의 목표와 그 목표를 추구할 때의 유연성—특히 그것이 파국을 피한다는 그들의 바람에 근거해 있을 때—의 분석이다. 물론 중국이나 독일 등의 외교정책도 마찬가지로 실제의, 또는 이들 상대국이 이해한 범위 내에서의 미국의 외교정책 계획이나 의도에 근거하고 있다. 기본사실은 가능한 한 많은 새로운 기사를 읽어 정보를 알아두려고만 한다면 누구든 손에 넣을 수 있다고 나는 말하고 싶다(모든 필요한 정보를 주는 것은 〈뉴욕 타임스〉 같은 극소수의 신문이며, 이런 신문들조차도 때로는 편중된 선택을 하고 있다는 것은 사실이다. 그러나 이런 상태는 바로잡을 수 있고, 본질적인 문제는 아니다). 이런 사실에 근거해서 지식과 사고력과 판단력을 가진 시민은 근본적인 문제점의 이미지를 만드는 데 필요한 기본정보를 얻을 수 있다.

　우리는 비밀정보를 손에 넣을 수 없으므로 우리의 정보는 매우 불충분하다고 흔히 말한다. 이런 견해는 비밀정보의 중요성을 과대평가하고 있다고 나는 생각한다. 비밀정보가 주는 자료가 쿠바 침공의 경우처럼 가끔 명백히 잘못되어 있다는 사실에 대해서는 새삼 말할 것까지도 없다. 다른 나라의 의도를 이해하는 데 필요한 정보는 대부분 그 나라의 구조나 기록을 철저하고 합리적으로 분석하면, 그 분석을 한 사람이 자신의 감정에 근거한 편견에 좌우되지 않는 한 손에 넣을 수 있다. 소련이나 중국이나 냉전의 기원 등에 대한 가장 좋은 분석 가운데 몇몇은 비밀정보 따위는 전혀 이용할 수 없었던 학자들의 업적 가운데서 발견할 수 있다. 사실 자료의 투철하고 비판적인 분석을 믿고 싶은 마음이 적을수록 비밀정보를 원한다. 비밀정보는 많은 경우, 분석의 허접한 대용품에 지나지 않는다는 것을 부정하지는 않겠다. 최고위층의 정책 결정자들에게 새로운 미사일 기지나 핵폭발 따위와 같은 문제에 대해서 알려주는 비밀군사정보는 중요할지도 모른다. 그러나 상대국의 목표나 그렇게 할 수밖에 없는 이유에 대한 충분한 전체상(全體像)이 있으면 이런 정보, 특히 그 평가는 가끔 전체적 분석에 비해 부수적인 의미밖에 갖지 않는다. 내 논의의 요점은 비밀정보가 중요하지 않다는 것이 아니라, 손에 넣은 자료를 철저하게 비판하는 분석에 의해 지식에 근거한 판단의 기반을 얻을 수 있다는 것이다. 그리고 정치 및 군사 관료들이 우리에게 믿게끔 하려는 수많은 정보를 비밀에 부치는 것이 정말로 필요한가 아닌가 하는 문제는 아직 결론이 나지 않았다는 점을 덧붙여 말하고 싶다. 먼저 비밀을 유지하고 싶다는 요구는 관료제의 바람에 응하고 있다. 그것은 다양한 수준을 포함한 히에라르키를 지지하는 데 도움이 된다. 즉 비밀정보의 종류 가운데 어느 것에 접근할 수 있느냐에 따라서 각 수준이 특징지어진다. 그리고 그것은 관료의 권력을 강화한다. 원시부족에서 복잡한 관료제에 이르는 모든 집단에서 비밀을 갖는다는 것은, 그 소유자가 특별한 마술을 부여받았고 보통 사람들보다 뛰어나다는 생각을 심어주기 위해서이다. 그러나 이런 고려와는 별개로 진지하게 따져야 할 것은 어떤 비밀정보(두 진영은 모두 자신들의 '비밀'이 몇 가지는 서로에게 알려져 있다는 것을 알고 있다)를 갖고 있는 이익이 과연 그 정보에 기초해서 정책결정을 내리는 것에 대한 대가로 시민이나 입법 및 행정 부문의 모든 구성원―'최고기밀'에 접근할 수 있는 극소수의 사람을 제외하고—의 신뢰감을 좀먹는 사회적 결과를 낳을 만한 값어치를 갖고 있느냐 하는 점이다. 비밀유지로 얻은 군사 및 외교와 관계된 이익은 우리의 민주주의체제가 입는 손실보다 적을지도 모른다.

샛길에서 대면집단 내의 정보문제로 돌아와 우리가 물어야 할 것은 ⓐ 어떻게 해서 필요한 정보를 관련 집단에 전달할 수 있는가 ⓑ 어떻게 해서 우리의 교육에 의해 학생[7]의 비판적 사고력을 키워 학생들을 정보의 소비자가 되지 않도록 할 수 있는가 하는 것이다. 어떻게 해서 이런 종류의 정보를 전달할 수 있는가를 상세히 논해 봤자 얻는 것은 없을 것이다. 충분한 배려와 관심이 있다면 적당한 방법을 개발하는 데 큰 지장은 없다.

모든 대면집단이 기능하기 위해서 필요한 그다음 조건은 토론이다. 구성원 모두 지식이 많아질수록 토론은 격렬해지고, 강령을 늘어놓는 성격을 잃으며, 논쟁이라기보다는 인간 사이의 대화가 될 것이다. 광신적 인간은 어느 때나 있을 것이고, 어리석을 뿐만 아니라 병적인 인간도 많건 적건 늘 있기 마련이므로, 이런 자들은 토론에 참가할 수는 없지만 집단에 미치는 그들의 영향력을, 무력을 쓰지 않고 없애버리는 분위기를 조성할 수 있다. 대화를 가능하게 하기 위해서는 집단의 한 사람 한 사람이 방어하는 자세로 대처하기보다는 열린 자세로 대처하도록 노력할 뿐만 아니라, 상대가 자신의 생각을 실제로 어떻게 공식화하고 있는가보다는 무엇을 말하려고 하는지를 이해하려고 노력해야 한다. 모든 알찬 대화에서는 각 참가자가 상대방이 자신의 생각을 뚜렷이 말하도록 도와주어야 하며, 자신도 의심을 가지면서 공식화했을지도 모르는 발언을 방어하는 상황으로 몰아서는 안 된다. 대화에는 늘 서로의 뜻을 뚜렷하고 분명하게 밝힌다는 뜻이 포함되어 있고, 가끔 자신보다는 상대방을 더 잘 이해한다는 뜻조차 포함되어 있다.

마지막으로 만일 집단에 결정권이 없다고 한다면, 또 결정이 그와 관계된 사회적 부분의 실제 과정으로 옮겨가지 않는다면 정보도 토론도 쓸모없고 무력한 것으로 끝날 것이다. 행동하기 위해서 인간은 먼저 생각해야 한다는 것은 사실이지만, 행동할 기회가 없으면 인간의 사고는 위축되고 힘을 잃는다는 것도 사실이다.

---

7) 이 작은 집단학교의 학생.

다양한 기획 안에서 대면집단이 어떤 결정을 내리기를 요구받거나 그 미래상을 제시할 수는 없다. 분명한 점은 정보와 토론의 과정 자체가 교육적인 영향력을 갖고 있으며, 그 과정에 참가하는 사람들을 바꾼다는 것이다. 따라서 그들은 초기에는 잘못된 결정을 하기 쉽다. 그래서 어떻게 생각하고 토론하고 판단하느냐를 배우는 동안에 결정의 범위가 넓어져야 한다. 그들의 결정은 처음에는 각 관계 관료들에게 결정된 것의 설명을 요구하거나 자신들이 원하는 특정 정보를 달라고 요구할 권리, 그리고 계획이나 규칙이나 법률을 제안하고 결정기관의 검토를 요구할 권리 등으로 한정될지도 모른다. 다음 단계는 필요한 숫자에 이른 다수의 의지를 가지고 결정의 재검토를 강하게 요구하는 권리일 것이다. 마지막으로 대면집단은 실행 과정에서 근본원리에 대해서 투표할 자격을 갖게 될 것이다. 물론 그들이 정한 원리의 세부적인 실시는 본디 관리자 측이 해야 할 일이라고 여겨지지만. 대면집단의 결정은 결정과정 전반에 영향을 주어 집중적 계획의 원리를 '서민'의 제어와 창의의 원리로 채우게 될 것이다. 소비자 대표도 결정과정에 참가해야 한다.

제조업에서 노동조합의 발전은 이런 방향으로 내딛은 첫발을 보여주는 것이었다. 최근 몇 년 동안 일어난 사건이 불행히도 이런 조직들을 사회와 관련된 본디의 넓은 목적으로부터 떼어놓은 것이다. 오늘날 조합은 노동자들에게 어느 정도 내부조건들을 좌우할 힘을 준다. 그러나 그 활동영역은 대부분 자금, 노동시간, 어떤 종류의 노동관행 따위의 범위를 크게 뛰어넘지 못한다. 게다가 인간성이 배제된 관료주의에 근거한 방향으로 발전한 예가 너무나 많아서, 가장 밑바닥의 조합원까지 모두 참가한다는 약속을 지키기 위해서는 조직을 재정비해야 한다.

대면집단에서 토론해야 할 기본문제의 예를 몇 가지 들어보자. 이를테면 공장에서 참가자들이 결정을 내려야 할 근본문제로서 논의하는 것은 생산공정, 생산기술 변혁, 노동조건, 참가자들의 주택문제, 노동자 또는 종업원들의 감독 등일 것이다. 가능한 실시 방침과 계획을 여러모로 세울 필요가 있다. 그리고 각 방침에 대한 찬성론 및 반대론을 분명히 해야 한다.

참가자로서의 면접집단은 실업이건 교육이건 보건이건, 모든 기획의 일부가 되어야 한다. 기획의 여러 부문 내에서 참가집단이 활동하면서 자기 부문의 문제에 관여하게 될 것이다. 기획 전체의 논의에 관한 한, 그것은 모든 집단 안에서 이루어지면서 각 결정을 잘 어우러지게 할 것이다. 여기서도 이런 종류의 조직을 세부적으로 제안하는 것은 의미가 없다. 세부적으로 계획을 세우기 위해서는 많은 실험이 필요하기 때문이다.

모든 종류의 기획에서 참가에 대해 말할 수 있는 것은 정치생활에 대해서도 말할 수 있다. 현재와 같은 규모와 복잡함을 가진 국민국가에서 국민의 의지를 표현한다는 생각은 온갖 정당이나 직업정치가 사이에서 벌어지는 경쟁으로 말미암아 왜곡되어 버렸다. 그리고 그 정당이나 정치가는 대부분 선거 때는 여론조사로 보아 표를 모을 것 같은 정견을 내세우고, 일단 당선되면 여러 방면에서 가해지는 압력—유권자의 의지는 그중 하나에 지나지 않는다—에 따라서 행동한다. 문제점에 대한 지식이나 관심이나 신념에 따라서 행동하는 것은 극소수이다.

사실을 말하면, 교육과 유권자의 정치적인 의견 사이에는 놀라운 상관관계가 있다. 가장 지식이 부족한 유권자는 합리적인 것과는 거리가 멀고 광신적인 해결법에 치우치기 쉽고, 교육수준이 높은 유권자는 좀더 현실적이고 합리적인 해결법으로 가는 경향을 보인다. 많은 이유에서 일반선거권을 배운 자들에게만 줄 수도 없거니와 바람직하지도 않으며, 민주주의 사회는 철학자가 왕이 될 가능성이 거의 없는 독재적 형태보다 낫기 때문에 결국 민주주의 방식밖에 없는 셈인데, 이것이 잘될 방법이 하나 있긴 하다. 즉 시민회의(Town Meeting)[8] 구성원이 그들 자신의 문제에 대해서 그러했듯이, 유권자가 그들 사회의 문제에 대한 정보를 얻고 관심을 갖고 관여할 수 있는 정치과정에 의해서 민주주의 방식을 20세기 조건들에 들어맞게 하는 것이다. 의사소통 기술의 발전은 이 과정에서 큰 도움이 될 것이다.

요컨대 시민회의에 해당하는 것으로 기술사회에서 가능한 것은 다음과 같다. 시민회의 정도의 규모, 곧 수천 명으로 구성된 하나의 하원을 만들고, 각 집단은 충분한 정보를 얻어 토론을 거쳐서 정치행동 규칙을 결정한다. 그런 결정은, 현존하는 억제와 균형의 체계 구성에 새로운 성분이 될 것이다. 컴퓨터 기술에 의해서 이런 시민회의 참가자들이 내린 결정을 빠르게 모을 수 있게 된다. 정치교육이 진전됨에 따라서 이 집단은 차츰 더 전국 차원에서의 결정

---

8) 뉴잉글랜드 등에서 일정 자격을 가진 시민이 모여서 시정을 논의하는 모임.

요소가 되어갈 것이다. 이런 모임은 정보와 토론을 기초로 하므로, 그 결정은 국민투표나 여론조사의 결과와는 기본적으로 다르다.

그러나 이런 변화의 가능성도 미국의 권력을 헌법에 의해 다양한 영역에서 권력 행사라는 책임을 부여받은 각 기관에 돌려준다는 조건 위에 성립한다. 군산복합체(軍産複合體)가 입법 및 행정 부문의 많은 기능을 자기 것으로 만들려고 하고 있다. 상원은 외교정책에 대한 영향력에서 헌법이 정한 역할을 대부분 잃었다(상원외교위원회 위원장인 제임스 윌리엄 풀브라이트 의원의 용기와 상상력 넘치는 노력이 최대한 그 역할을 회복하기는 했지만). 군대는 정책의 구체화에 더욱더 강한 영향력을 갖게 되었다. 우리나라 국방예산의 규모를 생각하면 국방부(그리고 중앙정보국. 이것은 정부 체계의 다른 부문으로부터 효과적인 제어를 받지 않고 활동하고 있다)가 차츰 더 팽창하는 것은 놀랍지 않다. 물론 이해할 수 있는 일이지만 한편으로는 우리의 민주주의 체제에 중대한 위험이 되는 것이므로, 그것을 피하기 위해서는 유권자가 자신의 의지를 다시 주장하겠다는 뜻을 단호하게 표명하는 수밖에 없다.[9]

여기서 정치와 경제의 문제에서 문화의 문제로 돌아오면 같은 변화, 즉 수동적 소비문화에서 능동적 참가문화로의 변화되어야 한다는 것을 우리는 알고 있다. 지금은 상세히 논할 때가 아니지만, 대부분의 독자는 이를테면 보는(spectator) 예술(보는 스포츠와 같은 종류의)과 작은 연극집단, 춤, 음악, 독서 등의 형태로 표현되는 행위하는(active) 예술의 차이를 이해할 것이다.

보는 예술 대(對) 행위하는 예술에 존재하는 것과 똑같은 문제가 교육의 영역에도 통용된다. 우리나라의 교육제도는 대학에 다니는 학생 수로 보면 겉으로는 아주 놀랍지만, 질적인 면에서는 그리 놀랍지 않다. 일반적으로 말해서 교육은 사회에서 출세하기 위한 도구로 전락했거나, 고작해야 지식을 인간 생활의 '식량 채집' 부분에서 실제적으로 응용하기 위해서 쓰는 것으로 타락해 버렸다. 일반교양 교육에서도—이런 교육은 권위주의적인 프랑스에서는 이루어지지 않는 것인데—소외된 지성 편중의 형식으로 실시되고 있다. 우리나라에서 가장 뛰어난 대학생 그룹이 글자 그대로 '식상해'하고 있는 것도 무리

---

9) 이 원고를 다시 읽으면서 나는 상원외교위원회에서 하이먼 리코버 해군중장이 했던 증언을 읽었다. 그는 국방부 문관관료들이 외국의 행동과학, 사회과학 연구에 자금을 대거나 그것을 지도함으로써 외교문제를 일으키고 있다고 비난했다.

는 아니다. 그들은 주입받기만 할 뿐, 자극은 받지 않는다. 그들은 대부분의 —다행히도 모두는 아니다—경우에 얻는 지적인 요리에 불만이 있으며, 그런 마음에서 모든 전통적인 저작이나 가치나 관념을 버리는 경향으로 치닫는다. 이 사실을 한탄만 하고 있어 봤자 소용없다. 정서적 체험과 사고의 분열 대신 심정과 정신의 새로운 통일이 탄생할 때 비로소 조건이 바뀔 수 있다. 이것은 100권의 위대한 책을 읽는—진부하고 상상력이 빈약한—방법으로는 안 된다. 그것은 교사 자신이 지식의 관료적 분배자로서의 역할 배후에 자신의 생명력 결여를 숨기고 있는 관료이기를 그만두어야—요컨대 톨스토이의 말을 빌리면, '학생들과 함께 배우는 자'가 되어야—비로소 가능해진다. 만일 학생이 철학, 심리학, 사회학, 역사학, 인류학 등의 문제와 자기 자신의 개인생활 및 사회생활의 관련성을 깨닫지 못한다면, 가장 못하는 학생만 자신의 학과 과정을 진지하게 공부하게 되어버릴 것이다. 그 결과 겉으로는 풍요로워 보이는 우리의 교육적 노력도 문명의 역사가 낳은 최고의 문화업적에 대한 반응의 심각한 결여를 감추는 빈껍데기가 된다. 전 세계 학생이 대학의 관리 운영이나 교과과정 편성에 더 많이 참가하기를 요구하고 있는 것은, 서로 다른 종류의 교육에 대한 요구의 비교적 표면적인 징후에 지나지 않는다. 만일 관료주의에 물들어 있는 교육자가 이 경고를 이해하지 못한다면 현재 학생들로부터 받고 있는 존경도 빛을 잃고, 마침내는 세상 사람들에게서도 존경받지 못하게 될 것이다. 한편 만일 그들이 '상처받기 쉬워'지고 개방적을 지향하게 되며 학생들의 관심에 민감해진다면, 의미 있는 활동이 그 보수로서 가져다주는 만족과 기쁨을 느낄 것이다.[10] 교육에서의 이 인본주의는 물론 고등교육만의 것이 아

---

10) 마르크스는 비관료주의가 사람들에게 미치는 영향의 성질을 다음과 같이 간결하게 표현하고 있다. "인간이 인간이고, 그와 세계의 관계가 인간적 관계라고 치자. 이때 사랑을 이끌어 낼 수 있는 것은 사랑뿐이고, 신뢰를 이끌어 낼 수 있는 것도 신뢰뿐이며, 그 밖의 것도 마찬가지다. 만일 당신이 예술을 즐기고 싶다면, 당신은 예술적인 소양이 있는 사람이어야 한다. 만일 당신이 다른 사람을 움직이고 싶다면, 당신 자신이 정말로 다른 사람을 자극하고 격려하는 힘을 가진 인물이어야 한다. 인간 및 자연에 대한 당신의 관계 하나하나가 당신에게 의지의 대상이 되는 것과 대응하는 당신의 진짜 개인적인 생명의 특정한 표현이어야 한다. 만일 당신이 누구를 사랑하면서도 그 상대 안에 사랑을 일깨우지 않는다면, 즉 만일 당신이 사랑하는 사람으로서의 자신을 드러냄에도 자신을 사랑받는 사람으로 만들지 못한다면 그때 당신의 사랑은 불능이고 하나의 불행이다." 이것은 마르크스가 인간을 주로 물질적 탐욕에 의해 움직이는 존재로 보았다는 편견을 바로잡는 것으로서 나의 《마르크스가 본 인간의

니며, 유치원이나 초등학교에서부터 시작된다. 이 방법이 가난한 농부나 빈민가 주민들에 대한 글자교육에도 응용될 수 있다는 것은 브라질에서, 또는 지금은 칠레에서 파울로 프레이리(Paulo Freire) 교수가 고안하고 응용한 글자교육 방법이 큰 성과를 거두고 있다는 사실이 보여준다.

참가자로서의 대면집단에 대한 이 논의를 마치면서 나는 괜히 세부적 제안의 장단점을 생각해서 막히는 일이 없기를 독자들에게 부탁한다. 나는 오로지 참가라는 이념의 원리를 이해할 수 있는 예로서 제안했을 뿐이지, 어떤 제안 자체가 가장 좋은 해결이 된다고 생각해서 제안한 것은 아니다. 참가집단의 형성을 위한 여러 가능성에 대해 상세히 쓰기 위해서는 적어도 책 한 권이 더 필요하겠지만, 이 주제를 다룬 비슷한 책은 다른 사람들에 의해 더 많이 쓰여야 마땅할 것이다.

참가에 의한 능동화 방법이라는 제안은 민주주의 방식에 다시 생명을 주는 것을 목표로 한다. 그것은 미국의 민주주의는 강화되고 생명을 부여받지 않으면 망해 버릴 거라는 신념에 근거하고 있다. 민주주의는 움직이지 않고 가만히 있는 상태에 머물러 있을 수 없는 것이다.

4) 소비의 인간화

기술사회에서 인간의 능동화라는 목표가 다음으로 필요해지는 단계는 소외된 관료주의에 근거한 구조를 인본주의에 근거한 관리 방법으로 대체하는 것과 같은 정도로 중요하고, 또 어려운 것이다. 다시 나는 독자들에게 이런 제안을 뚜렷한 목표나 방법으로서가 아니라 오직 바람직한 가능성의 예로서 받아들이라고 당부하고 싶다.

오늘날까지 우리의 산업체계는 인간이 요구하고 바라는 것이라면 무엇이든 무조건 승인해야 하고, 가능하다면 사회는 인간의 모든 욕망을 채워 주어야 한다는 원칙대로 해왔다. 우리는 이 원칙에 몇 가지 예외를 두었다. 예를 들면 원하는 만큼 마시고 싶은 인간의 욕망을 무시하고 술을 제한하거나 금지하기까지 하는 법률, 마약을 금지하고 마리화나 같은 마약(그것이 미치는 해악의 정

개념)을 참조할 것. 에리히 프롬 편저 《사회주의자의 인본주의》나 유고슬라비아, 체코슬로바키아, 폴란드, 헝가리를 비롯한 유럽, 미국 내 인본주의에 근거한 마르크스주의자들의 저작도 참조할 것.

도는 아직 논의되고 있는 단계이다)은 지니고 있기만 해도 엄벌에 처한다는, 보다 엄격한 법률. 그리고 이른바 외설서의 판매나 전시도 금지하고 있다. 거기다 우리나라의 법률은 식품의약품 조례에 의해 유해식품의 판매도 금지하고 있다. 이런 방면에서는 주(州)나 국가의 법률에 구체화되어 있듯이 인간에게는 유해한 욕망이 있고, 인간이 그 욕망의 충족을 갈망하고 있음에도 그것을 만족시켜서는 안 된다는 데 일반의 의견이 일치하고 있다. 이른바 외설서는 진짜 위협이 되지 못한다든가, 더 나아가 광고에서 보이는 감춰진 외설은 노골적인 외설서와 적어도 같은 정도로 성욕을 불러일으킨다든가 하는 논의도 있을 수 있지만, 주관적인 욕망의 충족이라는 자유에는 한도가 있다는 원칙은 인정된다. 그러나 이런 제한은 본질적으로 두 가지 원리에만 기초하고 있다. 육체에 끼치는 해악을 염려하는 것과 아주 미미하게 남아 있는 엄격한 도덕관념이다. 지금은 주관적 욕구라는 문제의 전체적 검토와, 욕구의 존재 자체가 그 충족을 위해 충분히 정당한 이유가 될 수 있느냐 없느냐 하는 검토를 시작해야 할 때이다. 모든 욕구를—기원이나 결과를 따지지 않고—충족시킨다는, 일반적으로 인정되는 원칙에 의문을 품고 검토를 시작해야 할 때이다.

적절한 해결법을 찾을 때 우리는 두 개의 강력한 장해물을 만난다. 첫째로 산업계의 이해(利害)이다. 인간을 더 수동적이 아니라 더욱 능동적으로 만들어 주는 제품을 생각하지 못하는 소외자가 너무나 많으며, 그들이 산업계 상상력의 골칫거리이다. 게다가 산업계는 광고에 의해 예측할 수 있는 욕구나 갈망을 만들어 낼 수 있고, 그래서 욕구를 만들어 내고 그것을 채워 줄 제품을 판다는 안전한 방법을 계속한다면 손해를 볼 위험이 거의 없다는 것을 알고 있다.

또 다른 문제는 갈수록 더 중요해지는 어떤 종류의 자유 개념이다. 19세기에 가장 중요한 자유는 이윤을 낳을 것 같으면 재산을 어떤 형태로든지 사용하고 투지해도 좋은 자유였다. 기업의 경영자는 동시에 소유자이기도 했으므로 자신의 획득 동기에 의해 자본의 사용과 투자의 자유를 강조했다. 20세기 중엽에는 대부분의 미국인이 별다른 재산을 갖고 있지 않았다. 막대한 재산을 가진 사람의 수는 비교적 많지만. 남에게 고용되어 있는 보통의 미국인은 현금, 주식, 채권, 생명보험 등 비교적 적은 재산에 만족하고 있다. 그들에게 자본투자의 자유는 비교적 작은 문제이다. 주식을 살 수 있는 사람에게도 대부분의 경우 그것은 투자상담의 조언을 얻거나 그저 투자신탁을 믿고서 하는 하나의 도박이다. 아니, 오늘날 진짜 자유의 감정은 다른 영역, 즉 소비에 있다. 이 영역에서는 수준 이하의 생활을 하는 사람들을 배제하는 모든 사람이 소비자의 자유를 체험하고 있다.

여기 한 개인이 있고, 국가나 그가 고용되어 있는 기업의 문제에 어떤 영향을—하찮은 영향 이상으로는—줄 힘도 없다. 그에게는 상사(上司)가 있다. 그의 상사에게도 상사가 있다. 그의 상사의 상사에게도 상사가 있다. 상사도 없고 관리기구—그들은 그 일부이다—의 계획에 따르지도 않는 사람은 거의 없다. 그러나 소비자로서는 그가 어떤 힘을 갖는가? 담배, 치약, 비누, 방향제, 라디오, 텔레비전, 영화 따위에는 수십 종류가 있다. 그리고 모두 그의 관심을 바라고 있다. 모두 그의 '즐거움을 위해서' 거기에 있다. 그는 자유롭게 이것을 버리고 저것을 선택할 수 있다. 그리고 본질적으로는 아무런 차이도 없다는 것을 잊어버린다. 자신이 좋아하는 상품을 선호할 이 자유는 어떤 힘의 감각을 낳는다. 인간적으로 무력한 사람이 유력해진다—구매자로서, 소비자로서. 소비에서 선택의 자유를 제한함으로써 이 유력한 감각을 제한하려는 시도를 할 수 있을까? 이것은 단 한 가지 조건 아래에서만 가능하다고 생각하는 것이 마땅하다. 그 조건이란 사회의 전체 풍조가 바뀌어 인간이 진정 능동적이 되고, 개인문제나 사회문제에 더 많은 관심을 가지며, 그 결과 슈퍼마켓의 왕이 되는 가짜 자유의 필요성이 좀더 적어지는 것이다.[11]

무제한 소비라는 형태에 의문을 제기하려는 시도는 또 다른 문제에 부딪친다. 강박적 소비가 불안을 보상하게 된다. 앞에서 지적했듯이 이런 소비 욕구는 마음속의 공허, 절망, 혼란, 긴장 등에서 나온다. 소비물자를 '거둬들임'으로써 개인은 이른바 '나는 존재한다'는 자신감을 회복한다. 소비가 줄어든다면 많은 불안이 겉으로 드러날 것이다. 불안이 생길 가능성에 저항하다 보면 소비를 줄이기 싫어하는 마음이 생길 것이다.

이런 작용 원리를 보여주는 가장 유효한 예는 담배 소비에 대한 일반 사람들의 태도이다. 건강에 해롭다는 것이 잘 알려져 있는데도 많은 사람들이 담배를 계속 피운다. 그것은 즐거움을 끊을 바엔 오히려 빨리 죽는 위험을 무릅

---

11) 이런 힘의 감정은 "잘 부탁합니다"라고 말해 오는 몇 명의 후보자들 가운데에서 선택할 수 있는 유권자들에게도, 우상을 만들 수도 있고 부술 수도 있으므로 자신의 힘을 느끼는 영화배우들에게도 존재한다.

쓰기를 바라기 때문일까? 담배를 피우는 사람들의 태도를 분석하면, 다분히 합리화한다는 것을 알 수 있다. 흡연은 감춰진 불안이나 긴장을 없애주는 것으로, 인간은 불안에 맞닥뜨리기보다는 건강을 위험에 빠뜨리는 쪽을 택한다. 그러나 일단 생명의 과정이 질적으로 지금보다 중요해지면 많은 사람이 담배를 피우는 것, 또는 지나치게 피우는 것을 그만둘 것이다. 육체와 관련된 건강 때문이 아니라, 불안과 대결했을 때만이 좀더 생산적인 삶으로 가는 길을 발견할 수 있기 때문이다(참고로 대부분의 쾌락에 대한 충동이 강박적인 것이라면, 그것은 섹스를 포함해서 쾌락을 즐기고자 하는 소망에서 나오는 게 아니라 불안을 피하고 싶은 마음에서 나오는 것이다).

소비 제약의 문제를 평가하기란 매우 어렵다. 미국처럼 풍요로운 사회에서도 의문의 여지 없이 정당한 욕구가 모두 채워지는 것은 아니기 때문이다. 이는 적어도 인구의 40퍼센트에 대해서 말할 수 있다. 가장 알맞은 소비수준에 다다르지도 않았는데 소비를 줄이겠다는 것은 생각조차도 어려운 일이 아닌가? 이 물음에 대한 답의 지침으로서 두 가지를 생각해야 한다. 첫째는 부유한 부분에서는 이미 유해한 소비의 지점에 이르렀다는 것이다. 둘째는 끊임없이 커지는 소비를 목표로 하는 것은 가장 알맞은 소비수준에 다다르기 이전에도 자신의 정당한 욕구를 채우고자 하는 데 그치지 않고 욕망과 그 만족의 한없는 증대를 꿈꾸는 탐욕스러운 태도를 낳는다는 것이다. 바꿔 말하면 생산과 소비의 곡선을 한없이 끌어올리겠다는 생각은 소비가 최고점에 다다르기 전에도 개인의 수동성과 탐욕의 증대에 크게 공헌한다.

이런 점을 고려하더라도 나는 지금 사회를 생명에 봉사하는 사회로 바꿔 나간다면 소비가 바뀌고, 그로써 간접적으로 현재 산업사회의 생산형태가 바뀔 거라고 믿는다. 이런 변화는 관료적인 명령에 의해서가 아니라 생명을 촉진하는 욕구와 생명을 저해하는 욕구의 차이 문제를 깨닫도록 교육받은 일반 사람들의 학습, 정보, 토론, 결정의 결과로서 일어나는 것임은 분명하다.

이 방향으로 가는 첫걸음은 내가 아는 한에서는 지금까지 진지하게 이루어진 적 없는 연구, 즉 이 두 종류의 욕구를 구별하려는 연구일 것이다. 그러므로 심리학자, 사회학자, 경제학자, 그리고 일반 소비자 대표로 구성된 집단이 인간의 성장과 기쁨에 봉사한다는 뜻에서, '인간적'인 욕구와 유리한 투자의 판로를 찾기 위해서 산업과 그 선전이 인위적으로 낳은 욕구를 연구해야 한다. 다른 경우들과 마찬가지로, 문제는 이 두 가지 형태의 욕구 차이나 어떤 종류의 중간 형태를 결정하는 어려움에 있는 게 아니다. 그것은 문제 제기의 어려움에 있다. 이 문제는 사회과학자들이 우리 사회를 흔히 말하듯이 원활하게 움직여 간다든가, 사회 변호인으로서의 역할을 수행한다든가 하는 일에 마음을 빼앗기지 않고 인간에게 관심을 갖지 않으면 결코 제기할 수 없는 매우 중요한 문제이기 때문이다.

여기서 행복의 개념에 대한 일반 고찰을 들어보자. '행복(happiness)'이라는 말은 역사가 오래되었지만, 지금은 그리스의 쾌락주의에서 유래해서 오늘날의 용법에 이르는 이 개념의 의미를 깊이 파고들 때가 아니다. 오늘날 대부분의 사람이 행복으로서 체험하는 것은, 사실 욕망을 그 질과는 관계없이 완전히 충족시킨 상태라고 말하는 것만으로도 충분하다. 만일 행복을 이런 의미로 해석한다면, 그것은 그리스 철학이 거기에 부여한 중요한 조건, 즉 행복은 완전히 주관적인 욕구를 충족시킨 상태가 아니라 인간의 전 존재와 인간의 잠재적 능력의 관점에서 보아 객관적으로 타당한 욕구가 채워진 상태라는 조건을 잃게 된다. 행복에 대해서 이러쿵저러쿵하기보다는 기쁨과 강렬한 활동성을 생각하는 편이 이해하기 쉬울 것이다. 민감한 사람은 비합리적인 사회뿐만 아니라 모든 사회 가운데 가장 뛰어난 사회에서도 피할 수 없는 인생의 비극에 깊이 슬퍼하지 않을 수 없다. 기쁨도 슬픔도 민감하고 활동적인 사람에게는 피할 수 없는 체험이다. 현실에서의 행복이 보통 뜻하는 것은 충실한 인간 체험에 뒤따르는 상태가 아니라, 오히려 표면적이고 만족스러운 포만의 상태이다. '행복'이란 소외된 기쁨의 형태라고 할 수 있다.

이런 소비와 생산 형태에서의 변화는 어떻게 하면 일어날 수 있을까? 먼저 많은 사람들이 개인적으로 이 소비의 형태를 바꾸도록 시도할 수는 있다. 이것은 소집단에서 이미 어느 정도까지 이루어지고 있다. 이 경우의 문제는 금욕주의나 가난이 아니라 생명을 부정하는 소비와 비교되는, 생명을 긍정하는 소비의 문제이다. 이것은 생명이란 무엇인가, 능동성이란 무엇인가, 활기를 주는 것은 무엇인가, 그리고 이런 것들의 반대는 무엇인가 하는 인식 위에 서야만 구별할 수 있다. 옷, 예술품, 집 등은 앞의 범주에 들어갈지도 모르고 뒤의 범주에 들어갈지도 모른다. 의류기업이나 그 홍보부 사람들의 상술에 의해서 만들어지는 유행에 맞춘 옷은 개인의 선택과 취미의 결과로서 아름다운, 또

는 매력적인 옷과는 전혀 다르다. 강요된 옷보다 자신이 좋아하는 옷을 입는
쪽을 선택하는 여자들에게 팔고 싶어하는 의류기업도 얼마쯤 있을지 모르지
만. 예술작품도, 아름다움과 관련된 모든 종류의 쾌락도 마찬가지다. 만일 그
런 것들이 지위의 상징으로서의, 또는 투자로서의 기능을 잃는다면 아름다움
과 관련된 감각은 새롭게 발전할 기회를 얻을 것이다. 필요없는 것이나 단순히
게으름을 부추길 뿐인 것은 사라질 것이다. 자가용차가 지위의 대상이 아니라
수송을 위해 유용하게 쓰일 탈것이 되면 그 의미는 바뀔 것이다. 적어도 2년마
다 새 차를 살 이유는 없어지고, 자동차산업은 생산에 과감한 변혁을 해야만
할 것이다. 간단히 말하면 이렇다. 지금까지 소비자는 산업에 세뇌되고 지배되
기를 허용했고, 심지어 간청까지 해왔다. 이제 소비자는 반격에 나서서 산업에
자신이 원하는 것을 생산하게 하고, 또는 원하지 않는 것을 생산한 결과 큰 손
실을 입힘으로써 산업에 미치는 자신의 힘에 눈뜰 기회를 갖고 있다. 산업지배
에 맞서는 소비자의 혁명은 이제부터이다. 산업이 국가를 지배하고 소비자를
조종할 권리를 밀어붙이는 한, 이 혁명은 완전히 실현할 수 있으며 그 결과는
넓은 범위에 미칠 것이다.

다음으로 해야 할 일은 현재의 광고방법에 법적인 제제를 가하는 것이다.
이 점에 대해서는 거의 설명할 필요가 없다. 지난 수십 년 사이에 발달한 반
(半)쯤은 최면을 거는 듯한 바보 같은 모든 광고를 말하는 것은 아니다. 이런
종류의 광고는 간단한 법률로 제한할 수 있다. 예를 들어서 담배제조업자에게
상품에다 건강에 해롭다는 경고 문구 표시를 의무화하는 법률[12]이나, 또 무역
상의 사기에 가까운, 아울러 오해를 불러오기 쉬운 광고나 특히 식품, 약품, 화
장품 따위에 대한 거짓 광고를 금지하는 법률처럼.

광고업계, 신문, 라디오, 텔레비전, 특히 최면을 거는 듯한 광고를 그 계획과
생산의 중요한 부문으로 삼고 있는 산업계의 연합된 힘을 상대로 과연 이런
법률이 통과될지 아닐지는 우리의 민주주의 방식 안에서 일어날 개혁에 달려
있으며, 그것도 주로 시민들이 정보를 얻어 이 문제를 검토하고 토론할 기회를
갖느냐 아니냐, 또 시민의 힘이 원외단체나 그 단체에 영향을 받는 국회의원들
의 힘을 넘어서느냐 아니냐에 달려 있다.

---

12) 이 원고를 다시 읽으면서 라디오나 텔레비전 담배광고의 전면 금지를 목표로 하는 법을 어
떤 정부기관이 제안했다는 기사를 읽었다.

생산 자체의 방향을 바꾸는 것은 어떤가? 가장 뛰어난 전문가와 문제를 잘 아는 대중의 의견이 국민 전체를 위해서는 어떤 상품의 생산이 다른 상품의 생산보다 바람직하다는 결론에 다다랐을 때, 가장 이익이 많은 것, 또는 통찰, 실험, 용기(勇氣) 등이 가장 적어도 되는 것을 생산한다는 기업의 자유를 우리 헌법의 틀 안에서 제한할 수 있을 것인가? 법률적으로 이는 별다른 문제를 낳지 않는다. 19세기라면 이런 개혁은 산업의 국유화가 필요했을지도 모르지만, 오늘날에는 헌법 개정이 전혀 필요 없는 법률로도 가능하다. '쓸모 있는' 것의 생산을 촉진하고 쓸모없고 건전하지 않은 것의 생산을 억제하려면 '무조건 돈이 되는 것'이라는 공식이 아니라 건전한 사회에 맞는 생산을 하는 데 동의하는 산업을 세법으로 우대해 주면 된다. 정부는 대출이나 경우에 따라서는 직영사업에 의해서 바람직한 생산을 장려할 수 있을 것이다. 이런 사업으로 돈을 벌 수 있는 투자의 가능성이 실제로 증명된다면, 그것은 사기업의 창의성으로 가는 길을 열게 될 것이다.

이런 것들과는 별개로 몇몇 지은이—특히 존 케네스 갤브레이스—가 강조하고 있는 것으로, 공공부문 투자가 민간부문 투자에 비해 차츰 더 중요성을 더해 가고 있다는 사실이 있다. 모든 공공부문 투자—공공운송, 주택, 학교, 공원, 극장 등—는 이중의 이점을 갖고 있다. 첫째로는 인간의 활동성과 성장에 따른 욕구를 채워 주는 이점이 있고, 둘째로는 개인적인 탐욕과 부러움 및 그 결과로서 생긴 다른 사람과의 경쟁심 등이 아니라 연대감을 발달시키는 이점이 있다.

소비에 대해서 이러쿵저러쿵 말했지만, 이와 관련해서 마지막으로 한 가지 더 말할 것—수입과 노동의 관련성—이 있다. 우리 사회는 과거의 사회에서처럼 "일하지 않는 자, 먹지도 말라"라는 원칙을 인정해 왔다(러시아 공산주의는 이 오랜 원칙을 조금 바꾸어, 그것을 '사회주의적' 교훈으로까지 발전시켰다). 문제는 인간이 공공의 이익에 봉사함으로써 사회적 책임을 다하느냐 아니냐가 아니다. 실제 이런 규범을 때로는 분명히, 때로는 암묵리에 인정한 문화에서 일할 필요가 없는 부자는 이 원칙에서 제외되었고, 신사의 정의는 우아한 생활을 하기 위해서 일할 필요가 없는 사람이었다. 문제는 사회적 의무를 수행하느냐 아니냐와 관계없이 누구든 빼앗아갈 수 없는, 살아갈 권리를 갖고 있다는 것이다. 물론 인간이 노동 및 모든 사회적 의무를 충분히 매력적으로 만들고, 자신이 분담해야 할 사회적 책임을 기꺼이 받아들여야 하겠지만, 굶주림의 위협으로 그것을 강요해서는 안 된다. 만약 그런 위협의 원칙을 사용한다면, 사회는 노동을 매력적으로 만들 필요도 없고 그 체제를 인간의 욕구에 적합하게 할 필요도 없다. 과거의 사회에서는 사실 인구수와 이용할 수 있는 생산기술의 불균형 때문에 강제노동이라는 원칙을 버릴 자유가 허락되지 않았다.

풍요로운 산업사회에 이런 문제는 없지만, 중상류층 사람들도 일자리를 잃지 않으려면 산업체계의 정해진 규범에 따르지 않을 수 없다. 우리의 산업체계는 최대한 커다란 활동의 여지를 그들에게 보장하는 방식을 취하지 않는다. 만일 그들이 '올바른 정신'을 갖지 않은 탓에—이것은 그들이 너무 독립적이고, 보통 사람들과 다른 의견을 말하며, '적당하지 않은' 여자와 결혼하는 것을 뜻한다—일자리를 잃는다면, 같은 격식을 갖춘 다른 일자리를 찾기란 매우 어려울 것이다. 그리고 가장 격식 없는 일자리를 얻는 것은 그들의 인격이 추락했다고 스스로도, 그 가족들도 생각한다는 뜻이다. 그들은 출세하는 도중에 만나게 된 새로운 '친구들'을 잃는다. 그들은 아내의 경멸을 두려워하고, 자식들에게 존경을 잃게 되는 것을 겁낸다.

내가 주장하고 싶은 것은 인간에게는 살아가기 위한, 빼앗을 수 없는 권리—아무런 조건도 없는 권리로, 살아가기 위해서 기본적으로 필요한 것을 얻을 권리 및 교육이나 의료를 받을 권리—가 있다는 것이다. 인간은 적어도 개나 고양이를 기르는 사람이 그 반려동물들에게 주는 것과 똑같은 대우를 받을 권리를 갖는다. 반려동물은 먹이를 받기 위해서 무엇을 '증명할' 필요가 없다. 만일 이 원칙이 인정된다면, 만일 남자나 여자나 젊은이가 자신들이 무엇을 하건 물질적인 삶이 위험에 빠지지 않는다는 자신감을 갖는다면 인간의 자유영역은 한없이 넓어진다. 또 이 원칙이 인정된다면, 인간이 1년 또는 그 이상의 세월을 들여 새로운, 그리고 그에게 더 잘 맞는 일을 위한 준비를 함으로써 자신의 직업을 바꿀 수도 있다. 대부분의 경우 어떤 일이 자신에게 가장 잘 맞는지 알 만한 경험도 없고 판단력도 없는 나이에, 자신의 생애에 대한 결정을 내려버린다. 30대 중반쯤이 되어 그들은 '다른 일을 선택할걸' 하고 생각하면서도, 이제 그것을 시작하기에는 너무 늦었다는 사실을 깨닫는다. 다시 말하면 먹고살 만한 직업을 얻을 준비에 필요한 것조차 갖지 못한 탓에 어쩔 수 없이 불행한 결혼생활을 계속해야 하는 여성도 없어질 것이다. 고용된 사람이라도 더 마음에 드는 직업을 찾는 동안에 굶주리지 않을 것임을 안다면, 자신에게 불명예스러운 또는 불리한 조건을 강요받는 일도 없어질 것이다. 이 문제는 결코 실업수당이나 복지수당으로 해결되는 것이 아니다. 많은 사람이 인정하듯이, 우리나라에서 행해지고 있는 관료주의적인 방법은 너무나도 굴욕적이라 그런 수당을 받는 신분으로 전락할까 봐 두려워하는 사람이 많으며, 이런 두려움만으로도 그들에게서 어떤 노동조건을 거부할 자유를 빼앗기에 충분하다.

이 원칙은 어떻게 하면 실현될 수 있을까? 몇몇 경제학자가 해결법의 하나로 '보장된 연간보장소득'('역소득세'라고 하는 것도 있다)을 제안하고 있다.[13] 이 보장된 소득은 노동자들의 원망이나 분노를 사지 않도록 노동에 의해서 얻어지는 최저소득보다 두드러지게 적어야 할 것이다. 그러나 현재의 최저소득은 품위 있는 인간생활을 하는 데 마땅히 필요한 수단을 넉넉히 공급하기에는 너무나 낮다. 보장된 소득을 굴욕적인 것으로 만들지 않기 위해서 실업자, 노인, 병자 등의 소득 최고액을 끌어올려야 할 것이다. 만일 이 보장된 소득이 빠듯하나마 물질적 기초를 모두 보장해 준다면, 현재의 임금수준은 꽤 올라야 할 것이다. 물질적 기초에 대한 현재의 최저기준에 똑같이 맞추어서 최저생활 수준을 정하려고 든다면 정할 수 있다. 더 쾌적한 삶을 살고 싶으면 누구든 자유롭게 좀더 높은 소비 수준에 다다를 수 있다.

보장된 소득은 어떤 경제학자들이 말했듯이, 우리 경제에 중요한 조정자 역할도 한다. 클래런스 에드윈 에이어스는 다음처럼 쓰고 있다. "우리에게 필요한 것은 '산업경제'의 조정자로서 항구적으로 제도화되고, 그로써 수요가 끊임없이 늘어나는 공급과 보조를 맞출 수 있는 구조이다. 현재 사회보장수당이 72세 이상의 모든 사람에게 보장되어 있듯이, 공동사회의 모든 구성원에게 노동소득에 관계없이 기본소득을 보장하는 것은 오늘날 경제가 차츰 더 필사적으로 구하고 있는 유효수요의 증가를 가져오게 될 것이다."[14]

---

13) 로버트 테오발드가 편집한 《보장된 소득》, 그리고 밀턴 프리드먼(Milton Friedman), 제임스 토빈(James Tobin), 위스콘신 주 하원의원 멜빈 레어드(Melvin Laird) – 레어드는 프리드먼의 계획 요점을 대부분 포함한 법안을 제출 중이다–등의 제안도 참조.

14) 로버트 테오발드가 편집한 《보장된 소득》(New York : Doubleday & Co. Inc., 1967, pp.170)에 실린 클래런스 에드윈 에이어스(Clarence Edwin Ayers)의 〈보장된 소득 : 어느 제도주의자의 견해(The Guaranteed Income : An Institutionalist View)〉.

메노 로벤스타인은 보장된 소득과 전통 경제학에 대한 논문에서 다음과 같이 말하고 있다. "경제학자는 전통 경제학자라 할지라도, 대부분의 사람 이상으로 선택의 메커니즘에 대한 자신의 분석을 검토하고, 그것이 불가결하긴 하지만 얼마나 제한된 수단인가를 알아야 한다. 새로운 사고에 대한 많은 제안들이 그렇듯이, 보장된 소득이라는 개념은 행동계획이 될 필요성을 낳기 전에 이론에 대한 도전으로서 환영받아야 한다."[15]

보장된 소득을 주장하는 자가 상대해야 하는 반론은, 인간은 게으름뱅이라 만일 일하느냐 굶느냐의 원칙이 폐지된다면 그 누구도 일하려 들지 않을 거라는 논의이다. 사실 이 가정은 틀렸다. 압도적인 증거가 보여주듯이 인간은 선천적으로 능동적인 경향을 갖고 있고, 게으름은 병리적 징후이다. 일의 매력 따위는 거의 생각하지 않는 '강제노동' 체계 아래에서 인간은 단 몇 시간만이라도 일에서 벗어나려고 한다. 만일 사회체제가 전체적으로 바뀌어 일의 의무에서 강요나 협박이 없어진다면, 아무것도 하지 않기를 바라는 것은 몇몇 병자뿐일 것이다. 어떤 사람들은 수도원 생활과 비슷한 생활을 선택하여, 자신들의 내면적 발전이나 명상이나 연구에만 전념할 수도 있다. 중세에 수도원 생활을 허락할 여유가 있었다면, 물론 우리의 풍요로운 기술사회에는 훨씬 많은 여유가 있을 것이다. 그러나 다시 말하지만, 자신의 시간을 실제로 '좋은 쪽으로 썼다'는 것을 증명해야 하는 관료주의적 방법을 채용한다면 곧 이 원칙 전체가 무너지게 될 것이다.

보장된 소득이라는 원칙의 특수한 변형으로서, 지금은 인정받지 못하겠지만 어떤 중요한 원칙을 이루고 있는 것이 있다. 내가 말하는 원칙이란 품위 있는 생활을 하기 위해서 최소한 필요한 것으로, 현금을 내고 손에 넣는 방식이 아니라 공짜로 얻는 필수품이나 서비스로서 얻는다는 원칙이다. 우리는 초등교육에서 이 원칙을 인정하고 있으며, 또 누구도 숨 쉬는 공기의 대금을 치를 필요가 없다. 이 원칙을 모든 고등교육으로 확대하여 그것을 완전 공짜로 하고, 모든 학생에게 수당을 주고 누구나 자유롭게 교육을 받을 수 있도록 한다. 그것은 하려고만 들면 할 수 있다. 이 원칙을 다른 쪽으로 확대할 수도 있다. 즉 공짜 빵이나 공짜 수송부터 시작해서 기본 필수품을 공짜로 하는 것이다.

---

15) 메노 로벤스타인(Meno Lovenstein)의 〈보장된 소득과 전통경제(Guaranteed Income and Traditional Economics)〉

마지막으로는, 품위 있는 생활을 하기 위한 최소한의 물질적 기초를 구성하는 모든 필수품으로 이 원칙을 확대할 수 있다. 더 말할 것도 없이, 이 구상은 가까운 미래에 실현을 문제로 하는 한 뜬구름 잡는 소리일 뿐이다. 그러나 지금보다 훨씬 진보된 사회를 위해서는 경제적으로나 심리적으로나 합리적인 방법이다.

부유한 미국인들에게 소비에 이은 소비라는 더욱더 어리석음을 더해 가는 끝없는 방식과 인연을 끊으라고 권하기 위해서는, 이런 제안이 갖는 엄밀히 경제적인 의미에 대해서 적어도 간단한 주석을 붙일 필요가 있다. 문제는 간단하다. 소비수준이 급격히 오르지 않더라도 경제의 힘과 안정을 유지하는 것이 기술적, 경제적으로 가능한가 하는 것이다.

오늘날 미국 사회는 적어도 국민의 40퍼센트는 풍요롭지 않다. 그리고 나머지 60퍼센트의 대부분은 과잉소비를 하지 않는다. 따라서 현재의 문제는 우리나라의 생산수준 상승을 제한하는 게 아니라 소비의 방향을 바꾸는 것이다. 하지만 우리 또한 물어야 한다. 어느 정도의 수준이 될지는 모르지만, 아무튼 전 국민에게 정당한 소비수준이란 것이 일단 달성된다면(가난한 나라들을 돕는 생산도 포함해서) 인구증가에 따른 생산증가를 계산에 넣고서 모든 생산이 고정되는 시점이 과연 올까? 아니면 경제적인 이유에서 우리는 한편으로는 소비증가도 의미하는 한없는 생산증가를 목표로서 추구해야 할까?

실제 관점에서 이 문제는 현재까지 아직 그리 긴박해 보이지는 않지만, 경제학자나 계획 입안자들은 검토를 시작할 필요가 있다. 우리의 계획이 한없는 생산의 상승을 향하고 있는 한, 우리의 생각이나 경제적 실천은 이 목표에 좌우되기 때문이다. 이는 이미 연간 생산성장률의 결정과 관련해 중요한 문제가 되고 있다. 최대의 경제성장률이라는 목표는 마치 교의(敎義)처럼 받아들여지는데, 그것은 분명 눈앞에 닥친 실제 필요 때문이기도 하고, 또 생산의 한없는 상승을 '진보'—이는 천국의 산업판(産業版)이다—라고 불리는 인생 목표로 삼는 사이비 종교와도 같은 원리 때문이기도 하다.

19세기에 책을 쓴 옛날 경제학자들이 계속해서 생산을 늘리는 경제방식은 목표에 대한 수단이지, 그 자체가 목적이 아님을 분명히 인정했다는 것은 주목할 만한 흥미로운 사실이다. 적당한 수준의 물질적 생활에 일단 다다르면, 생산력을 사회의 진정한 인간적 발전 방향으로 돌릴 수 있다고 그들은 희망하고 기대했다. 더 많은 물질상품의 생산을 인생의 궁극적, 전체적 목표로 삼는 생각은 그들의 견해와는 거리가 멀었다. 존 스튜어트 밀은 이렇게 썼다.

가끔 혼자가 된다는 의미에서 고독은 명상 또는 성격의 어떤 깊이에 다다르기 위해서도 없어서는 안 되는 것이다. 그리고 자연의 아름다움과 위대함을 마주했을 때의 고독은 개인에게 유익할 뿐만 아니라 사회에도 빼놓을 수 없는 사상이나 동경의 요람이다. 또 자연의 자발적인 활동의 여지가 남아 있지 않은 세계를 보아도 많은 만족은 얻어지지 않는다. 인간을 위해 식량을 생산할 수 있는 땅은 구석구석까지 경작되고, 온갖 꽃을 피우는 들판과 자연의 풀밭은 파헤쳐지고, 인간이 길들이지 않은 모든 들짐승과 새는 식량을 구하는 경쟁 상대로서 멸종당하고, 모든 산울타리와 여분의 나무는 뽑혀버렸다. 야생의 떨기나무나 꽃이 농작물 개량이라는 명목으로 잡초 취급을 받아 뽑혀 나가는 일 없이 자랄 수 있는 땅이 거의 없는 것이 현실이다. 한없는 부(富)와 인구증가로 땅으로부터 많은 것이 뿌리 뽑혀 나가 땅이 그 즐거움의 대부분을 잃어야만 한다면, 그리고 그 수확이 오로지 더 많은 인구, 그러나 더 우수하지도 더 행복하지도 않은 인구를 먹여 살리기 위해서 이루어지는 것이라면 나는 필요에 쫓기기 훨씬 이전에 부와 인구가 증가를 그만두고 현 상태를 유지하기를 자손들을 위해서 진심으로 바란다.

자본이나 인구의 고정된 상태가 인간의 향상이 멈춘 상태를 뜻하지 않는다는 것은 말할 필요도 없다. 모든 종류의 정신문화, 도덕과 사회 진보의 가능성은 여전히 남아 있다. 성공하기 위한 기술에 마음을 빼앗기지 않게 되었을 때도 살아가기 위한 기술을 개량할 여지는 있으며, 개량될 가능성은 훨씬 크다.[16]

"인생을 좀더 고상하게, 또는 참된 뜻에서 좀더 행복하게 만들기 위해서 거의, 아니 전혀 도움이 되지 않는" 소비를 논하며 알프레드 마샬은 말한다. "노동시간을 단축하면 많은 경우 국민의 이익배당이 줄어들고 임금이 낮아지는 것은 사실이지만, 대부분 사람들에게 노동이 조금 줄어든다는 것은 아마도 좋

---

16) 존 스튜어트 밀(John Stuart Mill)의 《정치경제학 원리(*Principles of Political Economy*)》(London : Longman, Green & Co., 1927), pp. 750–751.

은 일일 것이다. 단 이 경우 결과적으로는 물질적 수입이 줄어드는 셈이므로, 오로지 가장 줄어들지 않는 종류의 소비 방법을 포기함으로써 그에 대처하고 남는 시간을 알맞게 쓰는 방법을 배워야 한다."[17]

이런 저자들을 고리타분하다든가 낭만적이라는 말로 단정짓기는 쉽다. 그러나 가장 새롭기 때문이라든가 우리 기술의 계획 원리에 좀더 일치하기 때문이라든가 하는 이유만으로 소외된 인간의 생각이나 계획이 훌륭하다고는 할 수 없다. 오늘날 우리는 계획 입안을 위한 좀더 좋은 조건을 가지고 있으므로, 이번 세기 전반부의 일반적인 분위기로 무시되어 온 사상이나 가치에 주목할 수 있다.

여기서 기억해야 할 이론적 문제는 이렇다. 현대의 기술적 방법의 조건 아래에서도 비교적 덜 진보된 경제체계는 가능한가? 만일 가능하다면 그 조건 및 결과는 어떤 것인가?

나는 몇 가지 일반 의견만 말하고자 한다. 만일 우리가 오늘날 비인간화를 불러오는 불필요한 소비를 끊어낸다면, 그것은 생산 감소, 고용 감소, 수입 감소, 그리고 이윤 감소 등이 경제의 어떤 부분에서 일어나는 것을 뜻한다. 만일 그것이 계획도 없이 강제로 일어나는 것이라고 한다면 전체로서의 경제에, 또 어떤 특정 그룹의 사람들에게 엄청난 문제를 가져다줄 것은 분명하다. 필요한 것은 늘어난 여가를 다양한 분야의 일에 계획적으로 확대하는 것이고, 인간을 다시 훈련시키는 것이며, 어떤 물질자원을 다시 분배하는 것이다. 여기에는 시간이 필요하다. 물론 계획도 사사로운 것이 아니라 사회와 관련된 것이어야 한다. 왜냐하면 하나의 산업이 경제의 넓은 범위에 영향을 주는 계획을 세우거나 실행할 수 없기 때문이다. 알맞은 계획이 있다면 전체의 수입이나 이윤 감소는 해결할 수 없는 문제라고 생각되지 않을 것이다. 소비가 줄어들면 수입의 필요도 줄어들 것이기 때문이다.

생산력이 증가함과 동시에 우리는 생산과 소비 수준은 유지하면서 노동을 확 줄이느냐, 아니면 노동량은 그대로 두고 생산과 소비를 확 늘리느냐 하는 선택의 갈림길에 섰다. 그다지 내키지 않은 채로 우리는 이 두 가지의 혼합을 선택했다. 생산과 소비는 늘어나고 동시에 노동시간은 줄어들며, 미성년자의

---

17) 알프레드 마샬(Alfred Marshall)의 《경제학 원리(*Principles of Economics*)》, 제8판(版), (London : Macmillan, 1966), pp.599.

노동은 거의 없어졌다. 이 선택은 기술적 필연에 강요된 것이 아니라 사회태도의 변화와 정치투쟁의 결과였다.

이런 제안에 얼마나 장점이 있건, 비교적 덜 진보된 기술사회는 가능한가 하는 물음에 경제학자들이 대답할 수 있는 것에 비하면 그다지 중요하지 않다.

중요한 점은 전문가들이 이 문제를 스스로 연구하기는 하지만, 그들은 이 문제의 관련성을 깨달았을 때에만 비로소 연구를 시작하게 된다는 것이다. 주요한 난점은 이 문제의 경제, 기술과 관련된 측면이 아니라 정치, 심리와 관련된 측면에서 발견될 것이라는 점을 잊어서는 안 된다. 습관이나 사고방식은 쉽게 말처럼 되지 않는다. 게다가 소비의 수레바퀴를 돌려 다시 속도를 높이는 데에 수많은 강력한 관계자 집단 사이의 현실적인 이해관계가 깊게 걸려 있으므로, 지금의 형태를 바꾸려는 노력은 오랜 시간이 필요한 힘든 일이 될 것이다. 몇 번이나 말했듯이, 현재 무엇보다도 중요한 것은 우리가 시작하는 것이다.

여기에 대해서 마지막으로 한마디만 더 하겠다. 물건 소비를 고집하는 것은 우리만이 아니다. 다른 서양 제국, 소비에트연방, 동유럽 국가 등도 같은 파멸을 목적으로 하는 덫에 걸려 있는 듯하다. 러시아인들이 세탁기나 냉장고 등으로 우리를 파묻어 버리겠다고 주장하는 것을 보라. 진짜 도전은 그들을 잘못된 경쟁으로 끌어들이는 것이 아니라, 사회발전의 현 단계를 뛰어넘어 그들에게 진정으로 인간적인 사회―자동차나 텔레비전의 수로 정의되거나 측정할 수 없는―의 건설에 도전하는 것이다.

생산수준이 최종적으로 멈추느냐 마느냐 하는 이 문제는 지금은 본질적으로 이론 단계에 머물러 있지만, 만일 소비자가 살아 있는 인간으로서의 진짜 욕구를 채우기 위해 소비를 줄인다고 한다면 매우 현실적인 문제가 일어나게 된다. 만일 이런 문제가 일어난다고 해도, 생산의 방향을 바꾸어 어떤 '불필요한' 사적 소비에서 더 인간적인 형태의 사회적 소비로 바꾼다면 현재의 경제성장률을 유지할 수 있을 것이다.

이 경우에 필요한 것은 뚜렷하며, 현대의 많은 분석 전문가들이나 저술가들이 인정하고 있다. 해야 할 것의 일부 목록에는 다음과 같은 것이 포함되어 있다. 국가 거주 공간의 재편성(몇백만이나 되는 새로운 주택단지), 학교교육과 공중위생의 대폭 확장과 개선, 도시 내부나 도시 간 공공수송망 개발, 미국 지역 사회 내 수만 건의 크고 작은 오락계획(공원, 운동장, 수영장 등), 문화생활의 발전을 위한 중요한 활동의 시작—연극, 음악, 춤, 회화, 영화제작 등을 현재는 이런 차원의 인간생활을 실감하고 있지 못하는 수십만 지역사회와 수백만 생활 속으로 가지고 들어오는 것.

이런 계획들에 의해서 물적 생산과 방대한 인적 자원의 개발이 일어난다. 이런 계획은 가난에 시달리는 소수자의 문제를 연구하면서 동시에 가난하지 않은 사람들의 상상력과 에너지도 연구하는 직접 효과를 갖고 있다. 또 이런 계획들은 소비절약으로 생기는 문제를 완전히 없애주지는 못하지만 얼마쯤은 해결해 준다. 그러한 대규모 프로그램이 실시된다면 인적, 물적 자원의 사용에 커다란 변화가 생기므로 국가 규모의 경제적, 사회적 계획이 필요해지기도 한다. 이런 노력이 가져오는 주요한 결과로서 우리는 진정으로 인간적인 공동사회의 방향으로 확실히 나아가고 있다는 사실을 보여줄 수 있을 것이다. 만일 우리가 이런 프로그램의 각각의 면에서 그에 관계된 사람들이나 지역사회가 계획의 발전과 수행을 책임지도록 보장한다면, 활동적이고 열의 있는 사회의 건설을 향해서 한 발 더 크게 내딛게 될 것이다. 국가 단계에서는 권한을 부여하기 위한 입법에 더해 충분한 재정적 조치도 필요하다. 그러나 이 중요한 최소한의 조치가 이루어졌다면 최대한의 일반 참가와 계획의 다양성을 제1원칙으로 삼아야 할 것이다.

이렇게 사적인 부문보다 공공 부문이 중시되게 되면, 늘어난 수입은 늘어난 세금으로 흘러들어가므로 사적인 지출은 줄어들 것이다. 그리고 죽음과 비인간화를 가져오는 사적 소비에서 사람들을 창조적인 공동체 활동으로 끌어들이는 새로운 형태의 공공 소비로 옮겨가게 될 것이다. 말할 필요도 없이 경제 체계의 중대한 혼란을 피하기 위해서는 이런 이행에 세심한 계획이 필요하다. 이 점에서 우리는 군수 생산에서 평화 생산으로 전환할 때도 같은 문제에 맞닥뜨리는 것이다.

5) 심리적·정신적 재생
이 책에서 계속 논해 온 것은, 인간이라는 체계는 물질적인 욕구가 채워지고 생리적인 생존이 보장되어도 인간 특유의 욕구나 능력—사랑, 배려, 이성,

기쁨 등—이 충족되지 않으면 본디의 기능을 발휘하지 못한다는 점이다.

그야 인간은 동물이기도 하니까, 그런 관점에서는 물질적인 욕구를 먼저 채워야 한다. 그러나 인간의 역사는 회화나 조각, 신화나 연극, 음악이나 춤 등에서 보이듯이 생존의 범주를 뛰어넘는 자신의 욕구의 탐구와 표현의 기록이다. 종교는 인간이라는 존재의 이런 측면을 종합한 거의 유일한 체계였다.

과거 역사에서는 예술 이외에 종교가 인간이라는 존재의 이런 측면을 종합했다. 하지만 '새로운 과학'의 발달과 함께 전통적인 형태의 종교는 갈수록 효력을 잃고, 유럽에서는 유신론의 준거틀에 매여 있던 가치가 사라질 위험에 맞닥뜨렸다. 도스토옙스키는 이런 불안을 유명한 말로 선언했다. "신이 존재하지 않으면 모든 것이 가능하다." 18세기와 19세기에는 소수의 사람들이 과거에 종교가 차지하고 있던 지위에 걸맞는 것을 낳을 필요성을 느꼈다. 로베스피에르는 인위적이고 새로운 종교를 창조하려고 했지만, 필연적인 실패로 끝났다. 그의 배후에 있는 계몽주의와도 같은 유물론과 우상숭배와도 같은 후세 신앙 때문에 새로운 종교를 창시하는 데 필요한 기초 요소가 눈에 들어오지 않았던 것이다. 예컨대 인위적 종교를 만들었다고 해도 새로운 요소는 도입되지 않았을 것이다. 콩트도 새로운 종교를 가르쳤지만, 그의 실증주의 때문에 역시 만족스러운 해답에 다다를 수 없었다. 많은 점에서 19세기의 마르크스 사회주의는 가장 중요한 대중적 종교운동—그것을 체계화하는 말은 세속의 말이었지만—이었다.

신에 대한 믿음이 무너지면 모든 윤리적 가치도 무너질 거라고 했던 도스토옙스키의 예언은 일부분 실현되었다. 법률이나 관습에 의해 널리 인정되는 현대사회의 윤리적 가치, 이를테면 재산이나 사생활 존중, 그 밖의 원칙 등은 그대로 남았다. 그러나 우리 사회질서의 요청을 뛰어넘는 인간적 가치는 분명 그영향력과 중요성을 잃어버렸다. 그런데 도스토옙스키는 또 다른 더 중요한 뜻에서 잘못을 저질렀다. 전 유럽 및 미국에서 최근 몇 년 동안, 특히 최근 5년 동안 펼쳐진 사실은 인본주의에 근거한 전통에 기초하는 좀더 의미 있는 가치를 구하는 대단히 강한 경향을 보이고 있다. 의미 있는 인생에 대한 이 새로운 탐구는 작은 독립된 집단 안에서만 일어난 것이 아니라 가톨릭과 청교도교회의 내부를 비롯해 사회, 정치 구조가 전혀 다른 나라들에서 일어나는 전체적인 운동이 되었다. 이 새로운 운동에서 신앙을 가진 자와 갖지 않은 자의 공통점은, 행위나 인간으로서의 태도에 비하면 개념은 곁다리에 지나지 않는다는 신조이다.

하시딤[18]에 대한 이야기 가운데 이 점의 예증이 될 만한 것이 있다. 하시딤 수도사의 신봉자가 질문을 받는다. "당신은 왜 스승의 이야기를 들으러 가는 겁니까? 스승에게 지혜의 말을 듣기 위해서입니까?" 그는 대답한다. "아니요. 저는 스승님이 신발 끈을 어떻게 묶는지를 보러 가는 것입니다." 이 말에 담긴 뜻은 거의 설명이 필요하지 않다. 한 인간에게 중요한 것은 어렸을 때부터 꾸준히 들어왔으므로, 또는 전통적인 사고의 형태이므로 그가 받아들이는 사상이나 의견이 아니라 인격이고 태도이며, 그의 사상이나 신조가 마음속에 내린 뿌리이다. '위대한 대화'는 공통의 관심과 체험은 공통의 개념보다 중요하다는 생각에 기초하고 있다. 이는 여기서 언급되는 다양한 집단이 그들 자신의 개념이나 사상을 버렸다든가, 그것들이 중요하지 않다고 생각한다든가 하는 것을 뜻하지 않는다. 그들은 모두 공통이 아닌 개념에 의해 격리되어 있는 이상으로 공통의 관심, 공통의 체험, 공통의 행동에 의해서 서로에게 공통되는 것을 가질 수 있다는 신조에 다다른 것이다. 도미니크 피르(Pire)는 이것을 매우 솔직하고 힘차게 표현했다. "현재 중요한 것은 신앙을 가진 자와 갖지 않은 자의 차이가 아니라, 관심을 가진 자와 갖지 않은 자의 차이이다."

인생에 대한 이 새로운 태도는 다음과 같은 원리에 의해 더 뚜렷하게 표현된다. 즉 인간의 발달은 자아, 탐욕, 이기주의, 동포로부터의 단절, 그 결과로서의 사무친 고독 등의 교도소 수감을 초월하는 능력이 필요하다는 것이다. 이 초월이 마음을 열고 세계와 관계를 맺고, 상처받기 쉽고, 동일성과 전체성을 체험하기 위한 조건이다. 또 살아 있는 모든 것을 즐기고 자신의 능력을 주변 세계에 쏟아 '관심을 갖는' 능력의 조건이다. 요컨대 탐욕과 에고마니아(egomania ; 병적인 자기중심주의)를 극복하기 위해서 발을 내딛은 결과 얻어지는 것은 갖는 것이나 쓰는 것이 아니라 있는 것이다.[19]

전혀 다른 관점에서 말하면, 모든 급진적 인본주의자에게 공통되는 원리는

18) '경건파'(piety)를 뜻하며, 본디는 기원전 3세기 무렵에 탄생한 유대 종파를 뜻하지만, 여기서는 19세기에 힘든 수업을 부활시킨 신비사상을 가리키는 것으로 보인다.
19) 여기서 대강 묘사한 원리가 불교사상과 유대–그리스도교 사상이 공유하고 있는 기본적 원리라는 것은 잘 알려져 있다.

모든 형태의 우상숭배—자기 손으로 만든 것을 숭배하고, 그 결과 인간을 사물에 종속시키며, 그 과정에서 자신도 사물이 되는 예언자적 의미에서의 우상숭배—를 부정하고 이것과 싸우는 것이다. 《구약성서》의 예언자들이 싸운 우상은 돌이나 나무로 된 우상이고, 또는 수풀이나 언덕이었다. 오늘날의 우상은 지도자이고, 제도이며, 특히 주(州)이고, 국민이며, 생산이고, 법과 질서이며, 그리고 모든 인공적인 것이다. 신을 믿느냐 아니냐는 우상을 부정하느냐 아니냐에 비하면 곁가지에 지나지 않는다. 소외의 개념은 성서에 나오는 우상숭배의 개념과 같다. 그것은 인간이 스스로 창조한 것에 굴종하는 것이며, 자신이 낳은 상황에 굴종하는 것이다. 신을 믿는 자와 믿지 않는 자를 떼어놓는 것이 무엇이건, 만일 그들이 공통의 전통에 충실하다면 그들을 연결해 주는 무언가가 있다. 그것은 우상숭배에 대한 공통의 싸움으로, 어떤 것도 어떤 제도도 신의 위치를, 또는 신을 믿지 않는 자가 선택할 말을 쓴다면, 사물이 아닌 것을 위해 맡아둔 빈자리를 차지할 수 없다는 깊은 신념이다.

급진적 인본주의자에게 공통되는 세 번째 측면은, 가치에는 히에라르키가 있고 낮은 단계의 가치는 최고 가치에서 나오며, 이런 가치들은 생활—개인적 및 사회적인—의 실천을 구속하고 강제하는 원리라는 신념이다. 생활의 실천에서 이런 가치들이 어떻게 주장하느냐에 대해서는, 그리스도교나 불교에서 수도원 생활을 하는 자와 하지 않는 자의 차이가 있듯이, 급진주의 안에도 차이가 있을지도 모른다. 그러나 뒤흔들 수 없는 종류의 가치가 있다는 원리에 비하면, 이런 차이들은 모두 그다지 중요하지 않다. 사람들이 정말로 십계명이나 불교의 팔정도를 인생의 지침이 되는 데 유효한 원리로서 인정한다면 우리 문화 전체에 극적인 변화가 일어날 것이라고 말하고 싶다. 실천할 필요가 있는 가치를 여기서 세부적으로 논할 필요는 없다. 중요한 것은 이념에 종속되는 원리보다는 실천의 원리를 받아들일 사람들을 모으는 것이기 때문이다.

다음의 공통 원리는 모든 인간의 연대로 생명과 인간성에 대한 충성인데, 이는 어떤 특정집단에 대한 충성에도 늘 우선되어야 한다. 사실 이런 표현도 옳다고 할 수 없다. 다른 사람에 대한 진정한 사랑은 어떤 사랑이건 특별한 성질을 지닌다. 나는 그 사람의, 그 사람뿐만 아니라 인간성 그 자체를, 또는 그리스도교나 유대교의 신자라면 이렇게 말할 텐데, 신을 사랑하기 때문이다. 아울러 만일 내가 내 나라를 사랑한다면, 이 사랑은 동시에 인간 및 인류에 대한 사랑이다. 그렇지 않다면 그것은 독립의 능력을 갖고 있지 않으므로 애착이고, 따지고 보면 이 또한 우상숭배의 발현이다.

중요한 문제는 어떻게 하면 이 새롭고 낡은 원리가 효과를 갖게 되는가 하는 것이다. 종교 내부에 있는 사람들은 그들의 종교를 인본주의의 완전한 실천으로 변형하기를 바란다. 그러나 그들 대부분이 알고 있듯이, 이 종교의 전용(轉用)이 국민의 어떤 부류에게는 효과를 가질지 몰라도 다른 부류에게는 명백한 이유에서 유신론과도 같은 교의를 받아들이지 못하는 사람들과, 그리고 이 교의와 밀접하게 관련된 의례—그러므로 둘은 거의 구별되지 않을 정도인데—를 받아들이지 못하는 사람들도 있다. 현재 교회의 일반 무리에는 들어갈 수조차 없는 부류의 사람들에게 어떤 희망이 있겠는가?

묵시록 또는 어떤 신화에 있는 전제를 갖지 않는 새로운 종교가 창시될 수 있을까?

분명 종교는 구체적, 역사적 과정 속의 정신, 어떤 주어진 사회의 특정한 사회, 문화와 관련된 상황 속에서 정신의 형태로서 겉으로 드러난 것이다. 원리를 짜깁기해서 종교를 창시할 수는 없다. 불교라는 '비종교'는 합리적, 현실적 사고와 모순되는 전제를 갖지 않으며 기본적으로 모든 신화와 무관하지만, 그것도 간단히 서양인들의 마음에 받아들여질 수는 없다.[20] 종교는 보통 천부적 재능을 가진 보기 드문 카리스마적 인격에 의해서 창시된다. 이런 인격이 태어나지 않았다고 생각할 이유는 없지만, 오늘날의 이 땅에는 아직 등장하지 않았다. 그러나 한편 우리는 새로운 모세나 새로운 부처를 기다릴 수만은 없다. 우리는 지금 가지고 있는 것으로 어떻게든 해나가야 한다. 그리고 아무래도 역사의 현 단계에서 이것은 완전히 플러스이다. 왜냐하면 새로운 종교 지도자는

20) 체코슬로바키아의 저명한 철학자 즈비넥 피저(Zbyněk Fišer)는 불교에 관한 깊은 의미와 식견을 담은 책에서 불교는 마르크스주의를 제외하면 대중의 마음을 직접 사로잡은 철학체계이면서, 서양에서라면 종교라고까지 불릴 것으로 발전한 역사상 유일한 철학이라는 점을 강조하고 있다. 그러나 그는 불교를 그대로 베껴 현재 그대로의 형태로 산업사회의 새로운 종교로서 받아들일 수는 없다고도 말하고 있다. 이는 선(禪)도 마찬가지다. 선은 내가 아는 한 가장 고도로 정련된 반이념적, 이성적, 심리적·정신적 체계이며, 또한 모든 형태의 '비종교적' 종교를 발전시키고 있다. 선이 지식인들 사이에서, 특히 젊은이들 사이에서 강한 관심을 불러일으키고, 그것이 서양 세계에 깊은 영향을 줄 것이라는 희망을 갖게 한 것은 우연이 아니다. 나는 선의 사상은 이런 영향을 줄 수 있다고 생각하지만, 서양에서 종교에 해당하는 것이 되기 위해서는 선은 새롭고 예측할 수 없는 종류의 변형을 경험해야 할 것이다.

너무 빨리 새로운 우상으로 바뀌어, 그의 종교는 인간의 마음과 정신에 침투할 기회를 얻기 전에 우상숭배로 바뀌어 버릴지도 모르기 때문이다.

그렇다면 우리에게는 어떤 일반 원리나 가치밖에 남지 않는 것일까?

나는 그렇게 생각하지 않는다. 산업사회 안에 있는 건설적인 힘들이 지금은 죽음을 가져오는 관료주의, 인위적 소비, 조작된 권태 따위로 억눌려 있지만, 만일 그것이 새로운 희망에 찬 마음에 의해, 또 이 책에서 논한 사회적, 문화적 변혁에 의해 해방된다면, 또 개인이 자신에 대한 신뢰를 회복한다면, 그리고 만일 사람들이 자발적으로 순수한 집단생활 안에서 서로 어울린다면 새로운 형태의 심리·정신과 관련된 관행이 나타나고 성장하여 마침내는 통일되어 전체, 사회 차원에서 승인될 수 있는 체계를 이룰 것이다. 그러나 가장 중요한 요소는 오늘날 산업사회의 정치, 사회, 문화와 관련된 상황에 맞는 동정, 사랑, 정의와 진실한 의식이 눈뜨는 것이고, 이 눈뜬 의식을 동기로 하는 행동이다. 인본주의에 눈뜨는 것은 베트남 전쟁에, 세계 각 지방 사람들에게 가해지는 고통에, 핵무장에, 생태학적인 불균형에 의한 생명의 절멸 위기를 모르는 것에, 인종적 불평등에, 자유롭고 순응하지 않는 사상의 억압에, 가난한 민족의 갈수록 더 심해지는 물질적 곤궁 및 부유한 민족에 의한 그들의 착취에, 생산을 위한 장치가 인간을 지배하고 인간을 '물건'으로 바꿔 버리는 비인간화 풍조에 항의하는 것 속에 나타나 있다. 그것은 생명이 사물을 지배하고 인간이 기계를 지배해야 한다는 요구, 모든 사회적인 약속은 하나의 목표—자기가 가진 모든 가능성을 훼손하지 않는 인간의 성장, 죽음과 기계화와 소외에 대한 모든 형태의 생명의 주장—를 가져야 한다고 요구하는 것 속에 나타나 있다. 이 새로운 급진적 인간주의가 모든 국가, 모든 종교 속에서 발견된다는 것, 그것이 다른 집단을 비판할 뿐만 아니라 그 변혁에 자신이 참가할 수 있는 유일한 집단인 자기 자신이 속한 집단까지—아니 이것을 주로—비판하고 있다는 것, 그것이 진정 인종의 틀을 넘고 종교의 틀을 넘은 국제적인 것이라는 것, 그것이 정치적, 철학적, 종교적으로 다른 사상을 가지면서 인간이라는 체험, 그리고 생명을 사랑하는 체험을 같이하는 사람들을 이어준다는 것은 주목할 만한 사실이다. 한마디로 말하면 오늘날의 정신적 재생은 신학이나 철학의 영역이 아니라 정치적, 사회적 행동이나 운동 영역에서 일어나고 있다. 실제로 이 새로운 인본주의는 신에 대한 믿음을 주장하지 않고, 인간은 신의 의지를 실천해야 하는 존재라고 말한 예언자들의 신탁으로 돌아가는 것이다. 여기서 신의 의지란 무엇일까? "억울하게 묶인 이를 끌러주고 멍에를 풀어주는 것, 압제받는 이들을 석방하고 모든 멍에를 부수어 버리는 것이다. 네가 먹을 것을 굶주린 이에게 나눠주는 것, 떠돌며 고생하는 사람을 집에 맞아들이고 헐벗은 사람을 입혀주며 제 골육을 모르는 체하지 않는 것이다"(《이사야》 제58장 6~7절).

어떤 새로운 정신적 형태나 상징이나 의례가 탄생할지는 예언할 수 없다. 그것들은 아마도 전통적인 의미에서의 유신론과 관련된 것이 아니라, 신이나 열반이 그 시적(詩的) 상징이 되는 체험을 공유하는 것이 될 것이다. 이런 정신적 재생이 일어날 조건은, 인간이 다시 생명을 되찾아 사회를, 생명을 위해서—죽음을 위해서가 아니라—조직하는 것이다.

6. 우리는 그것을 할 수 있는가

앞장까지 내가 제안한 변혁은 앞으로 20년 동안에 이르는 급진적인 체제의 변혁이다. 근본 문제는 현재 미국의 권력구조 속에서 민주적 방법에 의해, 또 현재의 여론이나 사고방식이라는 주어진 조건 아래에서 과연 이 변혁들을 이룰 수 있는가 이다. 불가능하다면 이런 제안은 경건한 소망이나 이상주의적인 꿈에 지나지 않을 것이 분명하다. 한편 이 문제는 통계확률의 문제가 아니라는 것도 분명히 해두어야 한다. 앞에서도 말했는데, 생명—개인의 생명이건 사회의 생명이건—의 경우는 회복 가능성이 51퍼센트냐 50퍼센트냐는 중요한 문제가 아니다. 인간의 생명은 불안정하고 예측할 수 없으므로, 살아갈 유일한 방법은 가능성이 있는 한 생명을 보호하기 위한 온갖 노력을 하는 것이다.

그래서 문제는 확실히 우리가 이런 변혁을 이룰 수 있느냐 없느냐가 아니라, 또 그 확률이 있느냐 없느냐가 아니라, 그것이 가능한가 아닌가이다. 실제 "있을 수 없는 일이 일어나는 것도 확률의 일부이다"라고 아리스토텔레스는 말하고 있다. 문제는 헤겔식으로 말하면, '진짜 가능성'의 문제이다. 여기서 말하는 '가능성'은 추상적 가능성, 논리적 가능성, 존재하지 않는 전제에 근거한 가능성이 아니다. 진짜 가능성이란 변혁할 수 있는 근거로서의 심리적, 경제적, 사회적, 문화적 요소의 존재—일정량까지는 아니더라도, 적어도 그것이 존재하느냐 아니냐—가 입증될 수 있다는 것을 뜻한다. 이 장에서는 앞에서 제안한 변혁을 이루기 위한 이런 진짜 가능성을 구성하는 다양한 요소를 논한다.

이런 요소를 살펴보기 전에 어떤 종류의 수단은 바람직한 방향으로 가는 변혁의 조건으로서는 절대로 불가능하다는 점을 강조하고 싶다. 그 첫 번째 수단은 프랑스 혁명이나 러시아 혁명 같은 폭력혁명이다. 즉 무력으로 정부를 무너뜨리고, 혁명의 지도자가 권력을 쥐는 것이다. 이런 해결은 미국에서는 몇 가지 이유로 불가능하다. 첫째로 이런 혁명에는 대중적 기반이 없다. 예컨대 모든 전투적인 흑인들을 포함한 모든 급진적인 학생들이 찬성하더라도—물론 찬성하고 있지는 않지만—그들을 모두 합쳐 봤자 미국 인구의 일부분에 지나지 않으므로 대중적 기반은 전혀 없다. 이를테면 목숨을 건 소수 집단이 '폭동'이나 어떤 게릴라전을 벌이더라도 그것은 반드시 진압되며, 그에 이어 군부독재가 세워질 것이다. 이 도시 저 도시에서 벌어지는 백인들에 대한 흑인들의 게릴라전처럼 생각하는 사람은, 게릴라는 그것을 지지하는 민중 속에서 행해질 때만 가능하다는 마오쩌둥의 기본 통찰을 잊고 있다. 현실의 상황이 이 조건과 정반대라는 것은 강조할 필요조차 없다. 더구나 지금까지 든 두 가지 요소가 없다 하더라도 과연 폭력혁명이 성공할 것인가는 매우 의심스럽다. 미국 사회처럼 고도로 복잡하고 숙련된 관리자의 대집단과 관리기구로서의 관료제에 기초한 사회가 기능할 수 있으려면, 숙련된 사람들이 지금 산업기구를 움직이고 있는 사람들을 대신해야 한다. 학생도 흑인 대중도 이런 기술을 가진 사람들을 공급할 수는 없다. 그러므로 '승리한 혁명'은 오로지 미국 산업기구의 붕괴만을 가져오고, 그것을 진압하는 국가권력이 없더라도 저절로 패배로 끝날 것이다. 《기술자와 가격체계》에서 베블런은 이미 45년도 전에 이 근본적 문제점을 말하고 있다. 그는 다음과 같이 썼다. "미국에서 기득권익을 누리는 자들을 추방하려고 하는 어떤 운동도 이 나라의 생산산업을 전체적으로 계승하지 않으면, 현재 그들이 하고 있는 것보다 더 유효한 계획으로 처음부터 그것을 관리할 수 있는 조직이 이 추방운동을 계승하지 않으면 일시적인 성공도 바랄 수 없다. 현재 그런 조직은 찾아볼 수 없고, 금방 생길 것 같지도 않다."[1] 그는 태업(怠業)이나 게릴라전에 의한 혁명이 거론되는 오늘날과 특히 관련성이 있는 말도 하고 있다. "어디든 미국처럼, 또 유럽의 몇몇 산업화된 지역처럼 기계산업이 결정적인 효과를 발휘한 곳에서는, 그 산업체계가 날마다 유효하게 작용함으로써 생활이 지지된다는 의미에서 공동사회는 하루 벌어 하루 사는 생활을 하게 된다. 이런 경우, 균형을 유지한 생산 과정을 뒤흔들고 어지럽히려고 든다면 언제든지 쉽게 그럴 수 있다. 그리고 언제든지 공동사회의 대부분에 걸쳐서 문제가 일어난다. 바로 이런 상태—산업을 교란시키고 일반

1) 소스타인 베블런(Thorstein Veblen), 《기술자들과 가격체계(*The Engineers and the Price System*)》 (New York : Harcourt, Brace & World, Inc., 1963), p.97.

인들에게 고통을 주는 그 용이함—야말로 AFL=CIO[2]와 같은 당파적 조직의 주요 재산이다. 그것은 태업을 쉽게 할 수 있도록 하고, 효과적으로 하며, 거기에 폭과 넓이를 주는 상태이다. 그러나 태업은 혁명이 아니다. 만일 그것이 혁명이라면 AFL=CIO도, IWW[3]도, 시카고 통조림노동조합도, 미국 상원도 혁명가라고 할 수 있을 것이다."

그는 계속 말한다. "어떤 혁명운동도 그것이 성공해서 얼마간이라도 그 성공을 유지하려면 미리 공동사회의 물질적 복지의 기초인 산업체계에 대한 충분히 생산적인 관리와, 상품이나 서비스의 충분한 배분이 준비되어 있어야 한다. 그렇지 않으면 현존하는 산업조건 아래에서 일시적인 동요를 일으켜 아주 짧은 기간 동안 문제를 진행시키기만 할 뿐, 그 이상은 아무것도 이룰 수 없다. 산업체계 관리에 잠깐이라도 실패한다면, 진보된 산업국가에서는 어떤 혁명운동도 곧바로 실패할 것이다. 이 점에서는 역사의 교훈도 도움이 되지 않는다. 현재의 산업체계와 그로 말미암아 강요된 사회생활의 밀접한 상호 관련 양식은 역사에서 예를 찾아볼 수 없기 때문이다."

1968년의 산업사회와 1917년의 러시아 사회, 아니 1918년의 독일 사회라도 좋은데, 이 두 사회의 기술차이를 생각하는 것은 중요하다. 후자는 전자에 비하면 훨씬 복잡하지 않고, 실제 정치나 산업의 장치들을 외부에서 온 현명하고 유능한 사람들이 계승할 수 있는 사회였다. 그러나 미국의 1968년은 러시아의 1917년과는 전혀 다르다.

여기서 우리는 다시 폭력문제에 부닥친다. 폭력이 그 근본적 이유를 잃어가고 있는 상황—국제관계에서는 핵무기의 존재 때문에, 국내적으로는 그 구조의 복잡성 때문에—속에서 아무리 극소수의 사람에 의한 것이라 하더라도, 그것이 하나의 해결 방법으로 여겨지고 있다는 사실은 그야말로 놀라지 않을 수 없는 부조리이다. 이 폭력의 유행은 심리적, 정신적인 절망과 공허, 그리고 그 결과로서의 생명에 대한 증오에서 비롯한다. 그것을 끊임없이 자극하고 있는 것이, 인간은 거의 제어하기 어려운 타고난 파괴 본능에 의해 폭력을 행사한다는 식으로 인간을 묘사하는 심리학 이론이며, 문학이나 예술의 이런 경

---

2) 미국 노동 총연맹 산업별 조합회의(American Federation of Labor and Congress of Industrial Organizations).
3) 세계 산업노동자 동맹(Industrial Workers of the World).

향—마리네티의 〈미래파 선언〉(1909)[4]에서 죽음과 파괴에 대한 애정을 혁명적 미덕으로서, 또는 공공연히, 또는 암묵적으로 합리화하는 오늘날의 일부 급진 사상가들에 이르기까지—이다.

그러나 고전적인 의미에서의 폭력혁명이 일어날 수 없다는 것은 기술사회의 인간화에 이르는 근본적인 혁명이 혁명적이지 않다는 뜻은 아니다. 여기서 문제는 이런 혁명 욕구를 품도록—적어도 반대는 하지 않도록—국민들 가운데 충분히 많은 부류를 움직일 수 있느냐 없느냐이다. 국민 대부분이 두려워하는 유일한 것은 혼란이다. 즉 혼란과 유혈을 낳는 산업기구의 마비와 파괴이다. 하지만 생산을 위한 장치가 기능을 계속한다—아니, 어느 정도의 계획성을 받아들이고 공익사업에 대한 대규모 투자에 힘입어 지금까지보다 더 뛰어난 기능을 계속한다—고 생각한다면, 위험에 처해 있는 것은 다른 사람의 생명을 지배하는 권력의식을 잃기 두려워하는 사람들이나 생명을 지향할 줄 모르는 저 구제 불능의 관료들뿐이다. 대부분의 인간, 특히 모든 영역의 소비는 과식하면서 생명에는 굶주리고 있는 젊은 세대는 생명을 되찾아 줄 사회, 정치와 관련된 변혁을 요구하려는 마음의 자세를 보이고 있다. 1968년의 대통령 후보 지명 선거전에서 매카시가 많은 인기를 모은 것은 지금까지 발언할 기회가 없었던 국민 대부분이 인본주의에 근거한 대담한 호소에 반응했다는 것을 분명히 보여주었다. 매카시 신봉자들의 사회적 구성은 참으로 다양했다. 그들은 좌익 젊은이들에서부터 자신의 불만을 의식하고 사회의 인간화에 필요한 변혁 방향을 조금이라도 분명히 마음에 그릴 수 있는 풍요로운 중산계층까지 다양했다. 그러나 급진적 인간주의의 새로운 지지층은 매카시의 운동을 훨씬 뛰어넘어 확대되어 있다. 그것은 주로 학생(미국에서 학생이 젊은 세대에서 차지하는 비율은 다른 어떤 나라보다도 훨씬 크다), 지식인, 과학자, 온갖 전문가, 그리고 특히 근대적이고 컴퓨터에 의한 수준 높은 자동 제어 체계를 갖춘 기업에서 일하는 사람들—그리고 이 영역의 반대편 끝에는 흑인들이 있다—로 이루어져 있다. 흔히 말하는 것인데, 노동자계급은 생산과정의 주역 지위를 잃어버렸다. 컴퓨터에 의한 자동 제어 체계가 강화된 결과 과학자와 기술자들은 그 협력 정도에 따라서 생산의—그러므로 사회의—운명을 좌우하는 계급이

---

4) 이탈리아의 시인 필리포 마리네티가 파리의 《피가로》지에 발표한 것으로, 전통을 파괴하고 폭력, 속도, 기계의 아름다움 등을 찬양하는 새로운 미학의 선언이었다.

되었다.

과연 좌익에서부터 실업계의 인본주의자에 이르는 이들 집단을 아군으로 끌어들여 변혁을 위한 대중적인 압력을 낳을 수가 있을 것인가 하는 물음에 답할 수는 없다. 만일 대답이 "예"라면, 극단의 전체주의적이고 배외적 수단만이 변혁 욕구를 막을 수 있을 것이다. 그러나 독재정권 수립은 사회적으로 중요하고 커다란 시민층의 저항을 만나면 쉬운 일이 아니다.

사회적인 원인들로 말미암아 중산계급이 귀를 기울이고 행동을 시작할 수 있게 되었다. 즉 물질적인 풍요 덕분에 중산계급은 더 많은 소비가 행복으로 가는 길이 아님을 체험할 수 있었다. 높아진 교육 수준 덕분에 그들은 새로운 이념을 접하고, 합리적인 논의에 더 많이 반응하게 된다. 쾌적한 경제상황 덕분에 그들은 스스로 해결할 수 없는 개인적 문제들을 더 많이 깨닫게 된다. 그들의 마음속에는 가끔 무의식적이긴 하지만 다음과 같은 의문이 있다. 우리는 원하는 모든 것을 가졌는데도 왜 불행하고 고독하며 불안한 것인가? 우리의 생활양식의, 우리 사회구조 또는 가치체계의 어디가 잘못인 것일까? 그 밖에 더 좋은 길이 있을까?

이에 더해 또 하나 중요한 원인이 있다. 바로 젊은이들과 부모의 관계이다. 최근 반복해서 일어나고 있는 것으로, 12세부터 20세 사이의 청소년이 세상에서 말하는 진실성이나 행해지고 있는 일들의 의미에 대한 의문을 부모들에게 던져, 많은 부모들이 자식들에게 영향을 받는 것이다. 이는 부모들이 권위주의적인 가치도 진보주의적인 가치도 믿지 않는다는 서글픈 상징이라고 말할 수 있지만, 이 신조의 결여는 적어도 이제는 자식이 부모의 마음을 돌릴 수도 있다는 커다란 이점을 지니고 있다. 자식들은 실망을 겪으면서도 거짓말이나 모호한 표현이 가능한 정도의 포기를 아직 모르므로 부모에게 그들 자신의 삶 속에 있는 심각한 모순을 지적하고, 가끔 부모의 눈을 뜨게 하며, 그들을 자극하고, 그들에게 능동성을 주며, 더 진지하고 더 절망적이지 않은 세계관을 얻게 하는 일도 드물지 않다. 부모 가운데에는 그들이 지금까지 절망했던 정치활동에 새로운 관심을 갖게 된 이들도 있다.

아마도 변혁의 진짜 가능성의 기초를 이루는 원인 가운데에서 가장 중요한 것이 일반 논의에서는 그리 중요시되지 않는 듯하다. 나는 사상의 힘을 말하고 있다. 사상(idea)과 이념(ideology)의 차이를 지적하고 넘어가야겠다. 이념은 대중의 소비를 위해 공식화된 사상으로, 자신은 좋은 것 또는 바람직한 것처럼 보이는 어떤 것을 위해 행동하고 있다고 믿음으로써 양심의 가책을 달래고자 하는 모든 사람의 욕구를 충족시킨다. 이념은 기성의 '사상의 상품'으로, 신문이나 웅변가나 공론가들이 그 이념과는 아무 관계도 없고 많은 경우는 정반대이기도 한 목적을 위해 수많은 민중을 조작하려고 퍼뜨린다. 이런 이념은 때로는 특별하게—이를테면 자유를 위한 전쟁을 핑계삼아 전쟁의 인기를 부추기는 경우나, 정치와 관련된 현재 상태(status quo)를 합리화하기 위해 종교 이념이 이용되고, 또 그 상태가 이념에 그 이름을 빌려주고 있는 종교의 진짜 사상과 정반대인 경우처럼—제조된다. 본성적으로 이념은 능동적인 사고나 능동적인 감정에 호소하지 않는다. 그것은 인간을 흥분시키거나 잠재우는 알약과 닮았다. 이를 아주 분명히 알고 있었던 히틀러는 《나의 투쟁》에서 민중을 그러모으기 가장 좋은 때는, 사람들이 지쳐서 영향을 받기 쉬운 저녁때라고 말했다. 이와는 대조적으로 사상은 진실한 것과 관계되어 있다. 그것은 눈을 뜨게 한다. 인간을 잠에서 깨운다. 인간에게 능동적으로 생각하고 느끼고 지금까지 보지 않았던 것을 보라고 요구한다. 사상이 인간의 이성에 호소하고, 앞의 어떤 장에서 내가 '인간적 체험'이라고 설명한 다른 모든 능력에 호소한다면, 그것을 접한 사람을 눈뜨게 하는 힘을 갖고 있다. 사상이 민중과 만나면 열의와 헌신을 낳고 인간의 에너지를 증가시킴과 동시에 그것이 흐르는 물길을 만들어 주기 때문에 가장 강력한 무기가 된다. 중요한 것은 사상이 모호하고 일반적인 것에 그치지 않고, 명확하고 계발을 지향하며 인간의 욕구와 관련성을 갖는 것이다. 사상의 힘은 현재 상태를 지키는 사람들이 사상을 갖지 않는 상황에서는 더욱 강력해진다. 그리고 현재의 상황이 바로 그러하다. 우리나라의 관료제 및 우리가 육성하고 있는 종류의 조직에서 우리가 얻는 것은 그 본성상 고작해야 관료적인 능률이지 사상이 아니다. 현재의 상황을 19세기 중엽의 상황과 비교하면, 19세기는 낭만파도 반동파도 사상으로 가득했다는 것, 그것도 가끔 심오하고 매력적인 사상이었다—그 사상들이 약속한 것을 실현시키지 않는 목적을 위해서 그것들이 쓰였을지라도—는 사실을 무시할 수는 없다. 그러나 오늘날 현재 상태를 옹호하는 자들을 도와줄 사상은 없다. 그들은 자유기업, 개인의 책임, 법과 질서, 국가의 명예와 같은 고리타분한 말을 되풀이하지만, 그들 가운데 일부는 명백히 그들이 말하는 현실과 다르고,

일부는 모호한 이념에 지나지 않는다. 오늘날 새로운 사상이 거의 모든 현재 상태를 근본부터 바꾸려고 하는 사람들 안에서 발견되는 것은 눈여겨볼 만한 사실이다. 그것은 과학자이고, 예술가이며, 선견지명이 있는 실업가나 정치가이다. 새로운 방향을 찾는 사람들에게 커다란 가능성은 그들에게는 사상이 있고, 그들의 반대자에게 있는 것은 인간을 침묵시킬 수는 있어도 인간을 자극하거나 인간의 에너지를 북돋우지 못하는 케케묵은 이념이라는 사실이다.

대중매체는 어떤가? 이것은 새로운 사상을 넓히는 길을 가로막을까? 대중매체는 체제를 지지하므로 근본부터 바꾸려고 하는 사상의 선언을 가로막을 것이라는 표현은 사태를 너무 단순하게 보고 있는 듯하다. 대중매체는 체제의 일부이긴 하지만, 한편으로는 고객도 필요하다. 따라서 신문이 기사를 인쇄해야 하듯이, 대중매체는 인간의 마음을 사로잡는 사상을 확대해야 한다. 그리고 뉴스나 논의의 새로운 원천과 경쟁해야 한다. 대중매체가 새로운 사상을 넓히는 데 절대적인 장해물이 된다고 믿는 사람은 너무 교조적이고 추상적인 생각에 빠져 있는 것으로, 미국 같은 나라에서의 라디오·신문·텔레비전 경쟁의 미묘한 현실을 고려하고 있지 않다. 대중매체가 완전히 정부의 통제를 받는 나라에나 해당되는 것이, 제품을 팔아야만 하는 대중매체에 똑같이 해당되지는 않는다.

다행히 사상을 넓히는 데 대중매체의 호의에 완전히 의존할 필요는 없다. 페이퍼백(지장본)이 출판 방법을 완전히 바꿔 버렸다. 많은 출판사들은 충분한 수의 독자—모든 독자층 가운데에서는 아주 소수일지도 모르지만—를 확보할 수 있는 사상이라면 기꺼이 출판을 맡는다. 그것은 그 사상 자체에 관심을 갖고 있기 때문이기도 하지만, 대부분은 책을 팔아야 하기 때문이다. 60센트짜리 페이퍼백은 경제적으로는 어떤 대중매체나 잡지 못지않게 쉽게 살 수 있는 것으로, 내용만 재미있고 관심을 끄는 것이라면 쉽게 사상을 넓히기 위한 수단이 될 수 있다.

사상을 넓히는 또 다른 방법도 있다. 이것은 이미 많이 쓰이고 있지만, 아직 더 강화할 수 있을 것이다. 그것은 뉴스시트[5]를 이용하는 방법으로, 이것이라면 발행해서 한정된 수의 일반인에게 보내는 비용이 비교적 싸게 먹힌다. 어떤

---

5) (둘로 접지 않은) 한 장짜리 신문.

방송국이든 다른 것에 비해 훨씬 많은 새롭고 진보적인 사상을 방송하고 있다. 전체적으로 새로운 기술적 원인은 새로운 사상의 보급에 유리하게 작용하고 있다. 비용이 들지 않는 인쇄기술이 여러모로 발달하고 있고, 비용이 들지 않는 지역방송국도 만들 수 있다.

요약하겠다. 기술사회의 인간화에 필요한 혁명적 변혁—바로 기술사회를 물리적 파괴, 비인간화, 그리고 광기로부터 구원하는 것—이 생활의 모든 면, 즉 경제적, 사회적, 정치적, 문화적인 면에서 일어나야 한다. 이 변혁들은 동시에 일어나야 한다. 왜냐하면 체계의 일부분에 그치는 변혁은 체계 자체의 변혁으로 이어지지 않고, 체계의 병리적인 징후를 다른 형태로 재생하는 데 지나지 않기 때문이다. 이 변혁들은 (a) 생산과 소비의 형태를 바꿈으로써 경제활동이 현재와 같은 최대생산과 기술적 효율의 원리에 가장 도움이 되는 인간을 만든다는 소외적인 방법과는 반대로, 인간의 발전과 성장을 위한 수단이 되도록 하는 것. (b) 인간, 즉 시민이자 사회과정에 참가하고 있는 사람을 관료적 조작의 대상으로서의 수동적인 존재에서 책임 있고 비판하는 능동적인 인간으로 바꾸는 것. 실제적으로 이는 기업에서 일하는 모든 사람들 및 그들의 생산물이나 서비스를 이용하는 사람들이 결정에 참가함으로써 정치적 관료기구를 시민의 효과적인 통제 아래에 두고, 그로써 관료적 방법에 다시 생명을 불어넣는 것을 의미한다. (c) 기술사회에 특징적인 소외와 수동적 정신의 변용을 꾀하는 문화혁명. 이 변용의 목적은 소유하는 것이나 사용하는 것이 아니라 존재하는 것을 인생의 목표로 하는 새로운 인간이다. 자신의 사랑과 이성의 힘의 충분한 발전을 꾀하고, 만성적인 집단적 정신이상의 원인인 현재의 사고와 감정의 분열이 아니라 둘의 새로운 통일을 이룩하는 인간이다. 모든 것을 만족시키는 어머니상(기술이 산업사회의 모신(母神)이 되는)에 대한 유아적인 애착과 권위주의적인 아버지상('법과 질서'를 대표하는 국가)에 대한 복종과의 양자택일을 극복하고 동정과 정의, 자유와 조직, 지성과 감정이 융합하는 새로운 종합(綜合)을 낳는 인간이다.

이 문화혁명을 일으키고 발전시키는 것은 저마다의 종교적, 철학적 개념이 어떤 것이건 사물이 아니라 생명에 최고 가치를 두는 모든 사람들, 또 중요한 것은 사상이나 개념이 아니라 개념이 뿌리내리고 있는 인간 체험의 현실이라는 신념을 공유하는 사람들이어야 한다. '새로운 인간'에 대해서 아무리 철학적인 사고를 해봤자, 그것이 진정으로 급진적인 사고, 즉 인간과 그 체험에 대한 사고가 아니라 추상적이고 미사여구로 가득한 것이라면 거의 아무 가치도 없다. 진짜 연대는 깊고 진실한 인간 체험을 같이하는 곳에 존재하는 것이지, 이념을 공유하거나 그 바탕이 자기 중심에 빠져 있어서 공통의 만취 상태처럼 아무런 연대도 낳지 못하는 공통의 광신을 공유하는 곳에는 없다. 사상은 육체를 갖고 나타나야 비로소 강력해진다. 개인 또는 집단에 의한 행위로 이어지지 않는 사상은 고작해야 책의 한 구절이나 각주에 지나지 않는다. 그 사상이 독창적이고 관련성을 가지더라도 그 정도이다. 사상은 건조한 곳에 저장된 씨앗과도 같다. 그것에 힘을 주고 싶으면 흙 속에 뿌려야 한다. 흙은 민중이며, 민중의 집단이다. 문화혁명은 서로 다른 이념이나 사회집단들을 관통하는 급진적이고 인본주의적인 운동에 기초해야 한다. 그것은 작은 대면집단에 기초를 두는 것이 중요한데, 그 구성원은 새로운 인간을 목표로 함께 노력하고, 자기 자신을 알려고 하며, 스스로를 감추기—자신으로부터도 다른 사람으로부터도—를 그만두고, 자신들이 문화혁명의 목표라고 생각하는 인간의 핵심을 '오늘 바로 지금' 깨달으려고 한다. 그들은 중앙집권과 관료주의와는 거리가 먼 태도로써 일할 것이다. 그 구성원이 되는 조건은 소비자라는 태도에 대립하는 것으로서의 능동성에 대한 마음의 준비이며, 다양한 이유를 내세워 육성해야 할 특성이 아니라는 그 목적과 신념의 인정이다. 10명 또는 20명으로 이루어지는 이런 작은 집단은 기존의 정치, 종교, 사회와 관련된 집단 나누기의 틀 속에서도 만들 수 있고, 보통의 사회라는 틀에 속하지 않은 개인이 만들 수도 있다.

이런 집단은 모든 참가자를 위한 진짜 근거지, 즉 지식 및 상호 참가라는 의미에서의 영양을 얻음과 동시에 주는 기회를 갖는 근거지가 되어야 한다. 집단의 목표는 소외된 인간에서 능동적인 참가의 인간으로의 인격적 변화를 향해서 나아가는 것이다. 당연히 집단은 소외된 사회가 제공하는 생활 기법을 비판하지만, 끊임없는 분개를 삶의 대용으로서 스스로 위로하는 것이 아니라 인격의 비소외를 최대한 추구해 나가려고 할 것이다.

집단은 감상과는 거리가 멀고, 현실적이며, 성실하고, 용기 있으며, 능동적인 새로운 생활양식을 육성할 것이다. 강조해야 할 점은 현실 속에서 감상과는 거리가 먼 태도—시니시즘(견유주의)에 가깝다고 할 수 있을지도 모르지만—

가 깊은 신념과 희망으로 이어져야 한다는 것이다. 보통 이 둘은 연결되지 않는다. 신념과 희망을 가진 사람은 때때로 현실성이 없으며, 현실주의자는 신념이나 희망을 거의 갖고 있지 않다. 현재 상황에서 빠져나올 길을 찾기 위해서는, 인류의 어떤 위대한 교사들이 그랬던 것처럼 현실주의와 신념이 다시 융합되어야 한다.

집단의 구성원은 새로운 언어를 말할 것이다. 그것은 재능이나 학식 따위를 숨기는 언어가 아니라 표현하는 언어이며 자신의 활동 주체로 '소유'나 '사용'의 범주에서 사물을 처리하는 소외된 주인이 아닌 인간의 언어이기도 하다. 그들의 소비 방식은 다르다. 반드시 최소한의 소비는 아닐지언정 의미 있는 소비이고, 생산자의 욕구가 아니라 생활의 욕구를 채우게 될 것이다. 그들은 인격을 변화시키려고 한다. 감수성 풍부하고 능동적인 인간이 되어 관조와 명상을 실천하며, 조용하고 내몰리는 일도 없고 탐욕과도 무관한 인간이 되는 법을 실천한다. 주변 세계를 이해하기 위해 내부에서 자신을 움직이는 힘을 이해하려고 한다. '자아'를 뛰어넘고, 세계에 대해 '열린' 존재가 되려고 한다. 자신의 사고와 감정을 신뢰하며, 자기 자신의 판단을 내리고, 과감한 행동에 나서려고 한다. 최적의 자유, 즉 진짜 독립성을 얻어서 어떤 종류의 우상 숭배도 병적인 애착도 버리려고 한다. 과거에 대한, 그들의 옛 보금자리에 대한, 가족과 땅에 대한 근친상간과도 같은 유대를 극복하며, 그것을 사랑과 비판으로 가득한 관심으로 대체한다. 그들은 자기에게 깊은 뿌리를 내리고, 확고한 소신을 갖고 세계와 충분히 관계를 맺음으로써만 주어지는 두려움을 모르는 태도를 기른다.

말할 필요도 없이 집단은 저마다의 계획을 갖고 있으며, 그로써 집중적으로 작용하고, 저마다의 문화생활을 가지며, 우리 교육제도로는 전달할 수 없는 지식을 스스로 배운다. 또 구성원 서로 간의 관계는 마음의 접촉으로, 사람들은 갑옷도 가면도 없이 자신을 있는 그대로 드러내기—호기심이나 오지랖에서가 아니라 서로 '보고' '느끼고' '읽기'—를 마다하지 않는다.

이런 목표에 다다르는 여러 길이 있다는 것은 말하지 않겠다. 진지하게 찾는 사람은 스스로 발견할 것이다. 그렇지 않은 사람에게는 내가 이 이상 뭐라고 말해도 그것은 오로지 환상과 오해를 부르는 말에 지나지 않을 것이다.

새로운 형태의 삶을 바라고 이런 집단을 결성할 만큼 열성적이고 진지한 사람이 충분히 있는지 없는지 나는 알 수 없다. 그러나 한 가지 확실한 것이 있다. 만일 이런 집단이 존재한다면, 그 집단들은 깊은 신념을 갖지만 광신적이지 않고, 사랑이 넘치지만 감상적이지 않으며, 상상력이 풍부하지만 현실에 충실하고, 두려움을 모르지만 생명을 경시하지 않으며, 규율을 잘 지키지만 굴종하지 않은 사람들의 힘과 기쁨을 실물로 보여주므로 시민들에게 큰 영향을 끼치게 되리라는 점이다.

역사적으로 보면, 중요한 운동은 작은 집단에서 탄생했다. 여기서 우리 머릿속에 떠오르는 것이 초기 그리스도교도이건 초기 퀘이커교도이건 프리메이슨이건 상관없다. 나는 어떤 사상을 타협 없는 순수한 형태로 대표하는 집단이 역사의 못자리라는 사실을 말하고 있다. 이런 집단은 사상의 생명을 유지하고, 그것이 많은 사람들 사이에 보급되는 속도를 신경 쓰지 않는다. 만일 사상이 '육체를 갖고서' 구체화되어 있지 않다면, 아무리 작은 집단만의 경우라 할지라도 그것은 진짜로 죽음의 위험에 노출되어 있는 것이다.

집단은 자율성을 갖지만, 집단 간의 의사소통을 쉽게 하고 필요한 때 그 일을 도와주는 느슨한 공통 조직에 의해서 서로 이어질 것이다. 이상적으로는 집단은 서로 다른 나이층, 교육, 사회계급, 그리고 물론 서로 다른 피부색을 가진 사람들에 의해서 구성될 것이다.

집단이 특정한 공식적 개념에 근거하고 있고, 참가를 위해서는 각 구성원이 그것을 인정해야만 하는 일은 본디 있어서는 안 된다. 중요한 것은 생활 실천이고 전체적 태도이며 목표이지 특정한 개념 규정은 아니다. 그렇기는 하나 그것은 집단이 분명한 태도를 보여서는 안 된다거나 개념을 토의하거나 주장해서는 안 된다는 뜻이 아니며, 집단을 통일하는 것은 모든 구성원의 태도와 행동이지 그들이 지지하는 개념적 강령이 아니라는 점을 말하고 싶다. 집단은 물론 일반목표—앞에서 운동의 일반목표로서 설명한—를 갖고 있어야 한다. 그러나 방법에 대해서는 집단마다 꽤 다른 경우도 충분히 있을 수 있다. 어떤 집단은 시민 불복종에 찬성하고, 어떤 집단은 그것에 반대할 수도 있다. 각 개인은 자신과 가장 잘 맞는 태도를 지닌 특정 집단에 들어갈 기회를 갖지만, 그와 동시에 시민 불복종과 그 정반대의 다양성도 받아들일 수 있는 좀더 큰 운동조직의 일부가 될 것이다.

이런 운동의 요지는 어떻게 시작하느냐 하는, 완전히 실험적인 제안으로 그린 것이다. 아마도 이런 제안을 토의하다 보면 더 좋은 의견이 나올 것이다. 사실 많은 자발적인 공동목적을 가진 집단이 이미 존재하며, 그 경험으로부터 많은 것을 배울 수 있다. 학생집단에서 농민조직에 이르기까지 주민의 모든 계층 속에서 일어나는 집단활동에서 개인의 창의성을 발휘하는 쪽으로 가고 있다. 목적을 가진 농업단체의 대부분은 경제적 및 인간적 측면에서 훌륭하게 기능하고 있으며, 도시에도 많은 형태의 단체생활이 있다. 목적(目的)집단의 자발적인 결성은 사실 미국의 전통에 깊이 뿌리내리고 있다. 이 운동을 확립하는 데 도움이 되는 실례나 자료가 풍부하기 때문이다.

이 운동의 하나로서 집단 외에 급진적 인본주의 동호회 결성도 생각할 수 있다. 이 구성원은 집단보다 훨씬 많고(100명 또는 500명), 따라서 각 참가자에게 요구되는 노력은 더 적어진다. 그래도 동호회는 고독하고 '떠돌이'라는 느낌을 갖고 있을 뿐만 아니라 사회와 자신의 삶을 급진적 인본주의의 방향으로 바꿈으로써만 공통의 허튼소리인 상식이 세계를 지배하는 지금의 상태를 끝낼 수 있다고 생각하는 사람들에게 근거지를 주게 될 것이다. 이런 동호회는 공동의 사회적, 정치적 계획을 세우고(단 어떤 정당과도 관계하지 않고), 현재의 교육제도로 영양실조에 시달리는 모든 사람들을 위한 학습과 자극의 공간이 되며, 살아가는 기쁨을 위한 문화활동의 중심이 될 것이다. 또 동호회는 자신의 상징이나 의례를 낳을지도 모른다. 저마다의 동호회는 완전한 자율성을 가지므로 관심이나 활동은 서로 다른 것이 될 것이다. 그러나 현존하는 모든 정치 또는 사회 집단과 다른 공통의 목적과 기분을 갖게 될 것이다. 동호회는 대중운동으로서 급진적 인본주의의 기초가 되며, 오늘날의 퀘이커교도 집단이나 아직 중요한 의미를 갖고 있지 않을 무렵의 어떤 비밀결사 지부(支部)에도 걸맞는 것이 될 수 있다.

이제 결정적인 물음으로 돌아가 보자. 여기서 그린 변혁, 특히 생산, 소비, 참가의 변혁은 생산수단의 개인 소유가 사회주의 도입에 의해 마침표를 찍을 수 없는 경우에도 일어날 수 있는가? 인간화의 최저 조건인 변혁 자체를 사유산업(私有産業)이 방해하는 일은 없을까?

순간 머리에 떠오르는 것은 세 가지 생각이다. 첫째는 생산수단의 국유화가 반드시 기술사회의 인간화를 낳지 않는다는 생각이다. 분명한 예는 자본주의 사회 못지않게 소외된 관료주의적, 생산중심주의적 사회를 만들어 낸 소비에트연방이다. 그러나 이는 사실일지언정 단지 국유화가 반드시 인본주의 사회로 이어지지 않는다는 것을 보여줄 뿐, 국유화 없이 목표에 다다를 수 있다는 것을 보여주지는 않는다. 바꿔 말하면 생산수단의 국유화는 인간화 달성을 위한 필요조건일지는 몰라도 충분조건은 아니다. 둘째는 미국의 산업처럼 고도로 집중화된 산업에서는 경영자가 회사를 소유하지 않고, 소유자는 경영에 거의 영향력을 갖지 않는 수십만의 주주이며, 19세기의 소유자=경영자처럼 최대 이익을 탐욕스럽게 추구하는 진짜 소유자는 없다는 생각이다. 이 주장에 따르면, 선의를 가진 경영자라면 그 필요성만 이해한다면 필요한 개혁을 쉽게 시작할 것이다. 하지만 이 생각은 사실 그릇된 전제에 기초하고 있다. 보통의 주주가 '자기' 회사의 경영에 대해 거의 발언권을 갖지 않는다는 사실인데, 많은 경우 전체 주식의 5퍼센트밖에 갖고 있지 않은 사람들이 회사를 관리하므로 가끔 회사 전체 주식의 5퍼센트 이상을 가진 대재단(연금, 보험 등)이 실제로는 그들의 의지를 경영자에게 강요할 수 있다.

생산수단의 국유화는 사회주의혁명의 결과로서 이루어진다. 그러므로 만일 이런 혁명이 성공할 가능성이 없다면 기술의 인간화에도 가능성이 없다는 것은 분명하다. 혁명의 승리가 없으면 어떻게 생산수단의 국유화가 가능한가 하는 의문이 여기서 생긴다. 나는 그 이유가 주로 심리적인 것이라고 생각한다. 현대인들에게 사유재산 개념은 뭔가 신성한 것, 많든 적든 자유 및 개인적 동일성과 결합된 것이 되어버렸다. 현대인에게 재산을 빼앗기는 것은 개인으로서의 자신이 파괴당하는 것을 뜻한다. 이는 주로 있는 것이 아니라 갖는 것을 본질로 하는 체제 안에서는 인간은 자신이 소유하고 지배하는 재산 때문에 자신을 '자신'으로서 체험하기 때문이다. 그 자신이 하나의 재산이고, 거기에 일정량의 정력과 돈을 투입한 그는 그것으로부터 최대 '이익'을 얻어야 한다. 그것이 '성공'을 의미한다. 생산수단을 재산으로 가지고 있는 자는 극소수이며, 자동차나 가구 등과 같은 소비재 형태의 개인재산은 생산수단의 국유화로 위태로워지는 것이 아님을 생각하면, 이렇게 사유재산을 신성한 것으로 생각하는 것은 이치에 맞지도 않거니와 어리석다. 그러나 이런 경우보다 더 심하고 하나의 제도가 종교적인 상징이 되어버린 예는 그 밖에도 수없이 많다. 마침내 대부분의 사람들은 생산수단의 소유와는 아무런 관련이 없음에도 생산수단의 국유화에는 극구 반대할 것이다. 이는 법률에 의한 수용에(이를테면 보상을 준다 하더라도) 아주 격렬하게 저항하기 때문에 혁명 이외의 수단으로는 이룰 수 없다는 것을 뜻한다.

더 말하자면 재산권 문제에만 생각을 집중하는 것은 조금 시대착오적으로, 현대보다는 19세기에 어울리는 사고였다. 기술의 인간화에 이르는 급진적인 변혁을 이루는 데 이런 극심한 저항을 부르지 않는 다른 방법이 있다. 나는 간추려서 다음과 같은 가능성을 말하고 싶다.

(1) 보통주(普通株)가 의결권을 갖지 못하도록 금지하는 법률. 단 보통주의 소유자는 기존대로 배당을 받는다. 의결권이 있는 주식은 기업에 참가하는 모든 사람들과 노동조합, 소비자, 지방(시나 도) 대표자들이 갖는다. 이런 집단들이 저마다 갖는 의결권의 비율은 정해 두어야 한다.

(2) 기업 구성원이 작은 대면집단을 통해서 결정에 참가하는 형태를 규제하는 법률.

(3) 생산을 다음과 같이 규제하는 법률.

(a) 유해한 식품이나 약품뿐만 아니라 심리적, 정신적으로 인간에게 유해한 상품의 생산을 금지한다.

(b) 생산을 인간에게 가장 유익한 쪽으로 돌리고, 인간을 좀더 수동적으로 만드는 경향이 있는 상품으로부터 멀리한다. 이는 법률 규제에 의해, 또는 인간적으로 유익한 제품을 만드는 기업을 세금이나 신용 면에서 우대해 줌으로써 가능해진다. 하나의 중요한 목표는 사사로운 이용이 아니라 공공의 이용을 위한 생산 촉진이다(이를테면 자가용차 대신 훌륭한 공공수송망, 공영주택, 공원 등의 건설).

(c) 공공이익을 위한 경제활동으로 사적 자본의 융자를 받고 있지 않은 자에게 국가가 융자한다. 이는 물건 생산에도, 비중앙집권이고 관료주의와는 거리가 먼 형태에서 문화활동의 발전 기회를 창조하는 경우에도 적용된다.

이런 법률은 미국 헌법을 바꾸지 않고도 지금까지 말한 급진적인 변혁을 가능하게 할 것이다. 문제는 이런 법률을 만드는 것이 생산수단의 국유화보다 쉬운가 하는 점이다. 폭력혁명의 승리 없이도 이런 법률을 적용할 수 있을까?

이것이 가능한가 아닌가를 예언할 수는 없다. 그러나 여기서 나는 누구나 이성적으로 검토할 수 있는 제안을 다루고 있지 '사유재산' 같은 '신성한' 범주를 다루는 것이 아니므로, 이것이 진짜 가능성이라고 믿고 있다. 하지만 결과를 낙관해도 좋다고는 생각하지 않는다. 당국자들은 이런 변혁과 싸우기 위해서 갖은 수단을 쓸 것이다. 그들은 이런 변혁이 '공산주의적'이거나 자유를 위협하는 것이라고 사람들에게 믿게끔 할 것이다. 그리고 이는 엄청난 싸움이 될 것이다. 그러나 적어도 승산은 있다. 만일 (육체적 및 정신적인) 생명의 위협에 보다 강하게 반발함으로써 더 많은 사람들이 급진적 인본주의의 전열에 가담한 결과 여론이 이런 변혁을 요구하게 된다면 말이다. 오늘날 위협적인 집단의 계급과 관련된 이해관계를 위협하는 것일 뿐만 아니라, 모든 인간의 생명과 건전한 정신을 위협하는 것이기도 하므로 급진적 인본주의의 사상이 많은 국민을 움직여 급진적인 변혁이 이루어질지도 모른다는 소박하지만 정당한 희망을 품을 수 있다.

우리는 현대인의 위기 한가운데에 있다. 이미 남은 시간은 그리 많지 않다. 지금 시작한다면 아마도 너무 늦을 것이다. 그러나 희망은 있다. 인간이 다시 자신을 주장하고 기술사회를 인간화할 진짜 가능성이 있는 것처럼, "이 일을 완성하는 것은 우리의 책무가 아니다. 하지만 그것을 피할 권리는 우리에게 없다."[6]

---

6) 미쉬나(Mischna, 유대 법령집) : Pirke Aboth('사제들의 가르침'이라는 뜻으로, 모세 이후 유대교 사제인 랍비들 사이에서 전해 내려온 구전 율법과 관련된 가르침이나 격언들을 집성한 모음집으로, Pirkei Avoth라고 쓰기도 함)−《탈무드》의 일부.

On Disobedience and Other Essays

불복종과 자유

머리글

  에리히 프롬이 다음의 수필에서 밝힌 것은 인간성에 따르고 인간적인 사회의 목표에 따르는 것이 무엇을 뜻하는가, 또 온갖 종류의 우상이나 정치 이념에 복종하지 않는 것이 무엇을 뜻하는가이다. 프롬의 논법은 오늘날에도 가치를 지닌다. 이 순응주의에 복종하지 않는 것과 사회의 '광기'를 비판하는 태도는 지금도 우리의 주된 목적이 되어야 한다.

  프롬은 사회, 정치 현상에 대한 심리학적 통찰을 계기로 얼마 동안 미국 사회당을 지지하고, 군비축소를 요구하는 운동뿐만 아니라 평화운동에도 참가했다. 그런 사회참여는 모든 형태의 '상식'이나 형식적인 정치적 사고에 복종하지 않고, 한편 예언자들이 이 세상에 남겼거나 알베르트 슈바이처나 버트런드 러셀과 같은 사람들이 실례를 보여준 정상적 사고에 따른 것이었다.

  이 책의 모든 논문은 이전에 책이나 잡지에 발표된 것이지만 하나로 정리한 것은 이것이 처음이다. 이것들은 평화와 인류의 생존에 에리히 프롬이 가졌던 깊은 관심과 정열을 보여준다.

  이 책을 펴내는 데 도움을 주신 모든 분들에게 감사를 드린다.

1981년 스위스, 로카르노에서
애니스 프롬.

1. 심리, 도덕과 관련된 문제로서의 불복종

몇 세기 동안이나 왕, 성직자, 봉건영주, 산업계 대표, 그리고 부모들이 주장해 온 것은 복종은 미덕이고 불복종은 악덕이라는 것이었다. 우리는 이와 다른 관점을 끌어들이기 위해 이 견해에 맞서서 다음과 같이 말하지 않겠는가? 인간의 역사는 불복종에 의해서 시작되었지만, 복종으로 끝나는 일도 있을 수 없는 일은 아니라고…….

히브리와 그리스의 신화에 따르면, 인간의 역사는 불복종 행위에 의해서 시작되었다. 에덴동산에 살았던 아담과 하와는 자연의 일부였다. 그들은 자연과 조화를 이루었지만 자연을 초월하지는 않았다. 태아가 어머니의 배 속에 있듯이, 자연 속에 있었다. 그들은 인간이었지만, 그와 동시에 아직 인간이 아니었다. 그들이 명령에 불복종했을 때 모든 것이 끝났다. 대지와 어머니에 대한 관계를 끊음으로써, 탯줄을 끊음으로써 인간은 전(前) 인간적 조화에서 벗어나 독립과 자유를 향해 첫걸음을 내딛을 수 있었다. 불복종 행위가 아담과 하와를 자유롭게 하고 눈뜨게 했다. 그들은 서로를 다른 사람으로서 인식하고 외부 세계를 다른 것으로서, 더 나아가 적의를 품은 존재로서 인식했다. 그들의 불복종 행위는 자연과의 근원적인 관계를 끊고 그들을 개인으로서의 존재로 만들었다. '원죄'는 인간을 타락시키기는커녕 자유롭게 했다. 그것은 역사의 시작이었다. 인간은 자신의 힘에 의지해 온전한 인간이 되기 위해서는 에덴동산을 떠나야 했다.

예언자들은 메시아를 보는 자신들의 관점에 따라서 인간의 불복종은 옳았고 인간은 그 '죄' 때문에 타락한 것이 아니라, 전 인간적 조화라는 족쇄에서 해방된 것이라고 단언했다. 예언자들에게 역사란 인간이 인간이 되는 공간이다. 역사의 전개 속에서 인간은 이성과 사랑의 능력을 발전시켜 자기 자신, 동료들, 그리고 자연 사이에 새로운 조화를 낳는다. 이 새로운 조화는 '세상의 종말'로서 설명된다. 즉 역사 속에서 인간과 인간, 인간과 자연 간에 평화가 찾아오는 시기이다. 그것은 인간 자신이 낳는 '새로운' 낙원으로, 불복종의 결과 어쩔 수 없이 '오래된' 낙원을 떠나게 된 덕분에 오직 인간만이 낳을 수 있는 것이다.

히브리의 아담과 하와 신화와 마찬가지로 그리스의 프로메테우스 신화도 모든 인간 문명을 불복종 행위에 기초한 것으로 보고 있다. 프로메테우스는 신들에게서 불을 훔침으로써 인간 진화의 기초를 닦는다. 프로메테우스의 '범죄'가 없었다면 인간의 역사도 없었을 것이다. 그도 아담과 하와처럼 반항한 대가로 벌을 받는다. 그러나 뉘우치고 용서를 구하지는 않는다. 오히려 자랑스럽게 말한다. "신들에게 순종하는 종이 될 바에는 이 바위에 묶여 있겠다!"

인간은 불복종함으로써 진화를 계속해 왔다. 양심이나 신앙의 이름으로 권력자에게 감히 "아니오"라고 말한 사람들이 있었기에 인간의 정신이 발달할 수 있었는데, 그뿐만이 아니라 인간의 지능 발달도 불복종의 능력에 달려 있었다. 새로운 사상을 억압하려는 당국자나 낡은 사고방식을 고수하고 변화를 당찮은 일로 규정하는 권위자에게 복종하지 않는 능력에……

불복종 능력이 인간 역사의 시작을 이룬다고 한다면, 복종이야말로 앞서 말했듯이 인간 역사의 종말을 가져올지도 모른다. 나는 상징이나 시와 같은 표현으로 말하는 것이 아니다. 5년 또는 10년 안에 인류가 문명 및 지상의 모든 생명까지 없애버릴 수 있고, 그 개연성마저 있다. 행위에는 합리성도 없으며 의미도 없다. 그러나 기술적으로는 원자력시대에 살고 있으면서 대부분의 인간—권력을 쥐고 있는 자의 대부분을 포함하는—이 정서적으로는 석기시대에 살고 있다는 것은 사실이고, 수학, 천문학, 온갖 자연과학은 20세기의 것이지만 정치, 국가, 사회에 대한 우리의 생각은 대부분 과학의 시대보다 훨씬 뒤처져 있는 것도 사실이다. 만약 인류가 자살한다면 죽음의 단추를 누르라고 명령하는 자들에게 복종하기 때문일 것이고, 공포, 증오, 탐욕이라는 원시 감정에 복종하기 때문일 것이며, 나라의 주권이나 국민의 명예와 같은 시대와 동떨어진 문구에 복종하기 때문일 것이다. 소비에트 지도자들은 혁명에 대해서 떠들고, '자유세계'의 우리는 자유에 대해서 떠든다. 하지만 그들도 우리도 불복종은 허락하지 않는다. 소련에서는 명백히 힘에 의해, 자유세계에서는 암묵 속에 설득보다는 교묘한 방법에 의해.

그러나 모든 불복종은 미덕이고, 모든 복종은 악덕이라고 말할 생각은 없다. 그런 견해는 변증법에 근거한 복종과 불복종의 관계를 무시하는 것이다. 복종의 원리와 불복종의 원리가 서로 어긋나는 경우에는 언제나 한쪽 원리에 복종하는 행위는 필연적으로 또 다른 원리에 불복종하는 행위가 되며, 그 반대도 성립한다. 안티고네[1]는 이 이분법의 고전적인 예이다. 국가의 비인간적인 법에 복종함으로써 필연적으로 안티고네는 인간성의 법에 불복종하게 된다. 뒤엣것에 복종한다면 앞엣것에 불복종해야 한다. 종교적 신앙, 자유, 과학 등의 모든 순교자는 자신의 양심, 인간성의 법 및 이성의 법에 복종하기 위해서 그들을 억압하려 했던 자들에게 불복종해야 했다. 복종할 줄만 알고 불복종할 줄 모르는 인간은 노예이다. 불복종할 줄만 알고 복종할 줄 모르는 인간은 혁명가가 아니라 반역자이다. 그는 분노, 실망, 원망에서 행동하는 것이지 신념이나 원리의 이름으로 행동하지 않는다.

그런데 언어의 혼란을 피하기 위해서 중요한 단서를 달아야 한다. 인물, 제도, 또는 권력에 복종하는 것(타율에 의한 복종)은 굴복이다. 거기에는 나의 자율성을 포기하고 내 의지와 판단 대신 다른 사람의 의지와 판단을 받아들인다는 뜻이 담겨 있다. 나 자신의 이성 또는 신념에 복종하는 것(자율에 의한 복종)은 굴복 행위가 아니라 확인 행위이다. 나의 신념 및 나의 판단은 만일 정말로 내 것이라면 나의 일부이다. 다른 사람의 판단이 아니라 그것들에 따른다면 나는 자기 자신이 된다. 그러므로 복종이라는 말은 오로지 비유로서만 들어맞고, 그 뜻은 '타율에 의한 복종'의 경우와 근본적으로 다르다.

그런데 이 구분에 다시 두 가지 단서가 필요하다. 하나는 양심의 개념에 대해서이고, 또 하나는 권위의 개념에 대해서이다.

양심이라는 단어는 서로 전혀 다른 두 개의 현상을 나타내는 데 쓰인다. 하나는 '권위주의에 근거한 양심'으로, 그것은 우리가 마음에 들고 싶어하고 심기를 건드릴까 두려워하는 권위가 내면의 목소리가 된 것이다. 대부분의 사람들이 자신의 양심에 따를 때 경험하는 것은 이 권위주의에 근거한 양심이다. 그것은 프로이트가 말한 양심이기도 한데, 프로이트는 이를 '초자아'라고 불렀다. 이 초자아가 나타내는 것은 아버지의 명령이나 금지가 내면화된 것으로, 그것을 아들이 두려움 때문에 받아들이고 있는 것이다. 권위주의에 근거한 양

---

1) 테베왕의 금지령을 어기고 오빠의 시체를 땅에 묻은 죄로 벌을 받는다.

심과 다른 것으로서 '인본주의에 근거한 양심'이 있다. 이는 모든 인간에게 존재하는 목소리로, 외부의 제재나 보수에는 좌우되지 않는다. 인본주의에 근거한 양심의 기초를 이루는 것은 우리가 인간으로서 무엇이 인간다운 것이고 무엇이 인간답지 않은 것인지, 무엇이 생명을 가져오고 무엇이 생명을 파괴하는지를 알고 있다는 사실이다. 이 양심은 우리가 인간으로서의 역할을 하는 데 도움이 된다. 그것은 우리를 자기 자신으로, 자신의 인간성으로 되돌리는 목소리이다.

권위주의에 근거한 양심(초자아) 또한 외부 권력에 복종하는 것이다. 예컨대 그 권력이 나의 내면 목소리가 된다고 해도 그렇다. 나는 의식적으로는 자신의 양심에 따르고 있다고 믿는다. 그러나 실제로는 권력의 원리에 흡수되어 버린 것이다. 인본주의에 근거한 양심과 초자아가 같다는 착각이 있기에, 내면화된 권위는 자신의 일부가 아니라고 명백히 경험되는 권위에 비해서 훨씬 강력하다. '권위주의에 근거한 양심'에 복종하는 것은 외부의 사상이나 권력에 복종하는 것이 모두 그렇듯이 '인본주의에 근거한 양심', 즉 자기 자신인 권력, 자기 자신을 판단하는 능력을 약화하는 경향이 있다.

한편 다른 사람에게 복종하는 것은 그 자체가 굴복이라는 주장에도 단서를 달아야 한다. 그것은 '합리성이 근거한' 권위와 '합리성과는 거리가 먼' 권위를 구별함으로써 가능하다. 합리성에 근거한 권위의 예는 학생과 교사의 관계에서 보인다. 합리성과는 거리가 먼 권위의 예는 노예와 주인의 관계에서 보인다. 이런 관계들은 모두 지배하는 인물의 권위가 인정되어 있다는 사실에 기초하고 있다. 그러나 역학이라는 관점에서 두 관계는 서로 성질이 다르다. 교사와 학생의 이해(利害)는, 이상적인 경우에는 같은 방향을 향하고 있다. 교사는 학생의 능력을 키워 줄 수 있으면 만족한다. 그러지 못했다면 그 실패는 교사의 것이기도 하고 학생의 것이기도 하다. 한편 노예의 소유자는 최대한 노예를 착취하고 싶어한다. 노예로부터 얻는 것이 많을수록 그는 더욱 만족한다. 동시에 노예도 최소한의 행복할 권리를 지킬 수 있는 만큼 지키려고 한다. 노예와 주인의 이해는 서로 어긋난다. 한쪽의 이익은 다른 한쪽의 손해가 되기 때문이다. 한쪽이 다른 한쪽보다 우위에 있다는 것은 저마다의 경우에 서로 다른 역할을 한다. 교사와 학생의 경우 그것은 권위에 종속하는 사람을 성장시키기 위한 조건이지만, 주인과 노예의 경우에는 그 인물을 착취하기 위한 조건이다. 이와 아울러 또 다른 점이 있다. 합리성에 근거한 권위가 합리성을 띠는 것은 권위를 갖는 것이 교사이건 비상시에 명령을 내리는 선장이건 그 권위가 이성의 이름으로 행사되기 때문으로, 이성은 널리 공통된 것이기에 굴복하지 않고 받아들일 수 있다. 합리성과는 거리가 먼 권위는 힘이나 암시를 행사해야 한다. 달아날 수 있는데도 착취당하고 있을 사람은 없기 때문이다.

어째서 인간은 그토록 복종하고 싶어하는가? 어째서 불복종이 그토록 어려운가? 국가, 교회, 여론 등의 권력에 복종하는 한 나는 안전하며 보호받고 있다고 믿는다. 실제로 자신이 복종하고 있는 것이 어떤 권력인지는 문제가 안 된다. 그것은 늘 어떤 형태로 힘을 행사하고 전지전능을 사칭하는 제도, 또는 인간이다. 복종에 의해서 나는 자신이 숭배하는 권력의 일부가 될 수 있으며, 그래서 자신도 강해졌다고 생각한다. 권력이 대신 결정해 주므로 내가 잘못을 저지를 일도 없다. 권력이 지켜주므로 내가 고독해질 일도 없다. 권력이 허락하지 않으므로 내가 죄를 지을 일도 없다. 예컨대 죄를 저질렀다고 해도, 전능한 권력으로 복귀하기 위한 수단으로서 벌이 주어지는 것에 지나지 않는다.

불복종하기 위해서는 고독해지고, 잘못을 저지르며, 죄를 지을 용기가 있어야 한다. 그러나 용기만으로는 충분하지 않다. 용기를 갖는 능력은 그 사람의 성장에 따라 좌우된다. 어머니의 무릎과 아버지의 지배로부터 벗어났을 때 온전히 성장한 개인으로서 벗어나며, 스스로 생각하고 느끼는 능력을 습득했을 때 비로소 권력에게 "아니오"라고 말하고 불복종할 용기가 생긴다.

인간은 권력에게 "아니오"라고 말하게 되고 불복종함으로써 자유로워질 수 있다. 하지만 불복종 능력이 자유의 조건이 되는 것만은 아니다. 자유가 불복종의 조건도 된다. 자유를 두려워한다면 감히 "아니오"라고 말하지 않을 것이다. 불복종할 용기도 갖지 못할 것이다. 실제로 자유와 불복종할 용기는 떼려야 뗄 수 없다. 그러므로 그 어떤 사회, 정치, 종교 체제가 자유를 내세우려 해도 한쪽에서 불복종을 억압하고 있다면 진실을 말하고 있다고는 할 수 없다.

과감히 불복종하고 권력에게 "아니오"라고 말하는 것이 그토록 어려운 까닭은 그 밖에도 있다. 인류 역사의 대부분에서 복종을 미덕과 동일시하고 불복종을 죄와 동일시해 왔다. 그 이유는 간단하다. 지금까지의 역사에서는 대부분 소수가 다수를 지배해 왔기 때문이다. 이 지배가 필요한 것은 이 세상의 좋은 것은 모두 소수에게 돌아갔고, 다수를 위해서는 쓰레기밖에 남지 않았다는 사실이다. 소수가 좋은 것을 즐기고 싶어하고 게다가 다수의 봉사와 노동을 원한다면 거기에 필요조건이 하나 있었다. 다수에게 복종을 가르치는 것이었다. 분명 복종은 힘으로 강요할 수 있다. 그러나 이런 방식에는 많은 문제점이 있다. 언젠가는 다수가 소수를 힘으로 쓰러뜨리는 수단을 획득할지도 모른다는 두려움이 늘 있다. 더욱이 오직 공포감 때문에 복종해서는 제대로 되지 않는 일들도 많다. 그러므로 힘에서 비롯된 공포에만 뿌리내린 복종을 인간의 마음에 뿌리내린 복종으로 변모시켜야 한다. 불복종하는 것을 두려워하는 마음 대신, 복종하기를 원하고 또 필요에 의해 복종하는 마음을 심어주어야 한다. 그러기 위해서 권력은 '최고선'과 '최고 지혜'의 자질을 가장해야 한다. '모든 것을 다 아는 것'이어야 한다. 그러면 권력은, 불복종은 죄이고 복종은 미덕이라고 선언할 수 있으며, 일단 그것이 선언되면 다수는 자신들을 겁쟁이라고 증오하지 않고 복종은 선(善)이기 때문에 받아들이며 불복종은 악이기 때문에 혐오할 수 있다. 루터에서부터 19세기에 이르기까지 인간은 겉으로 나타난 분명한 권위를 문제로 삼아왔다. 루터나 교황이나 군주들은 그것을 유지하기를 바랐다. 중산계급이나 노동자나 철학자는 그것을 뒤집으려고 했다. 가정 안에서와 마찬가지로 국가에서도 바로 권위와의 투쟁이 때때로 독립된 대담한 인물을 기르는 기초가 되었다. 권위와의 투쟁은 과학자나 계몽주의 철학자를 특징짓는 지적 감각감정과 떼려야 뗄 수 없는 것이었다. 이 '비판하는 감각감정'은 이성에 대한 신념의 감정으로 그와 동시에 말해지는 것, 생각되는 것이 전통, 미신, 관습, 권력에 기초하고 있는 한 그 모든 것에 의심을 품는 것이었다. "감히 확신하라(Sapere aude)" 및 "모든 것을 의심하라(De omnibus dubitandum est)"의 원리는 "아니오"라고 말하는 능력을 인정하고 성장시키는 태도를 특징짓는 것이었다.

아돌프 아이히만[2]의 사례는 우리가 놓인 상황을 상징하는 것으로, 예루살렘 법정에서 고발자들이 문제삼았던 것보다 훨씬 중요한 의미를 지니고 있다. 그는 조직인간의 상징이고, 남자와 여자와 아이를 번호로서 보는 소외된 관료의 상징이며, 우리 모두의 상징이다. 우리는 자신에게서 아이히만을 볼 수 있

---

2) 나치스에 의한 유대인 대량학살의 책임자. 전쟁이 끝난 뒤 체포되어 사형당했다.

다. 그러나 그의 가장 무서운 점은 자백에 의해 모든 것을 말한 뒤에도 진심으로 무죄를 믿고 그것을 주장했다는 것이다. 다시 같은 상황이 되면 그는 분명히 똑같은 짓을 할 것이다. 우리도 그럴 것이다. 실제로 그러고 있다.

조직인간은 불복종하는 능력을 잃어버렸고, 복종하고 있다는 사실조차 깨닫지 못한다. 역사가 여기까지 온 이상, 의심하고 비판하며 불복종하는 능력이 인류의 미래와 문명의 종말 사이에 있는 유일한 방벽인지도 모른다.

2. 인본주의에 근거한 정신분석에 응용된 마르크스주의

마르크스주의는 인본주의이다. 그 목적은 인간이 가진 잠재된 가능성을 온전히 발휘시키는 것이다. 인간이라고 해도 사상이나 의식으로부터 연역(演繹)하는 인간이 아니라 육체적, 심리적 특성을 가진 인간, 진공 속이 아니라 사회라는 배경 속에서 살고 있는 현실의 인간이며, 살기 위해 생산해야 하는 인간이다. 마르크스 사상이 의식뿐만 아니라 전체로서의 인간을 다룬다는 사실이야말로 마르크스의 '유물론'을 헤겔의 관념론, 마르크스주의의 경제주의=기계론에 근거한 왜곡과도 구별하는 것이다. 인간에 대한 경제, 철학과 관련된 범주를 추상적이고 소외된 표현으로부터 해방하고 철학과 경제학을 인간에게 적용한 것은 마르크스의 커다란 공적이었다. 마르크스의 관심은 인간이며, 그 목표는 물질과 관련된 이해의 지배로부터 인간을 자유롭게 하고, 인간이 스스로 준비하고 행동함으로써 자신의 주위에 쌓은 감옥으로부터 인간을 해방하는 것이다. 마르크스의 이 관심을 이해하지 못한다면 그의 이론도, 그것을 실천한다고 말하는 많은 자들이 저지른 왜곡도 이해할 수 없을 것이다. 마르크스의 주요 저서 《자본론(*Das Kapital*)》은 그의 모든 연구 가운데 첫걸음에 지나지 않는 것으로, 본디 여기에 철학사가 이어져야 했다. 마르크스에게 자본의 연구는 산업사회에서 인간의 왜곡된 상태를 이해하기 위해 써야 할 비판 도구였다. 그것은 만약 쓸 수 있었다면 《인간과 사회에 대하여》라는 제목이 붙었을 대작으로 가는 첫걸음인 것이다.

마르크스의 연구는, 《자본론》의 저자뿐만 아니라 '젊은' 마르크스의 연구도 마찬가지로 심리와 관련된 개념으로 가득하다. 그가 다루는 개념은 '인간의 본질'이고 '온전하지 못한 인간'이며, '소외'이고 '의식'이며, '정열적 지향'이고 '독립'인데, 이것들은 가장 중요한 개념을 몇 가지 든 것에 지나지 않는다. 그래도 체계를 갖춘 심리학을 기초로 해서 윤리학을 내세운 아리스토텔레스나 스피노자와는 대조적으로, 마르크스의 연구에는 심리학 이론은 거의 포함되어 있지 않다. 고정된 동인(배고픔이나 성욕 등)과 사회가 낳은 유동적 동인의 구분을 소재로 한 단편적인 논평을 제외하면 마르크스의 책에서는 관련성 있는 심리학을 거의 찾아볼 수 없고, 그 점에서는 그의 후계자들의 책도 마찬가지이다. 그 이유는 심리학과 관련된 현상을 분석하는 것에 관심이나 능력이 모자라기 때문이 아니라(마르크스와 엥겔스가 주고받은 편지를 모은 서간집의 무삭제판에서는 무의식의 동기를 통찰하고 분석한 내용을 볼 수 있는데, 그것은 어떤 훌륭한 정신분석학자들과 비교해도 부끄럽지 않다) 마르크스의 시대에는 인간의 모든 문제에 적용할 수 있는 동적인 심리학이 없었다는 사실에서 찾을 수 있다. 마르크스는 1883년에 죽었다. 프로이트가 책을 발표하기 시작한 것은 마르크스가 죽고 10여 년이 지난 뒤였다.

마르크스의 분석을 보충하기 위해 필요한 심리학은 많은 수정이 필요하긴 했지만 역시 프로이트가 창조한 것이었다. 정신분석은 무엇보다도 동적인 심리학이다. 그것이 다루는 대상은 인간의 행동, 행위, 감정, 사상에 동기를 주는 마음과 관련된 힘이다. 이런 힘은 언제든지 힘으로서 보이는 게 아니라 관찰되는 현상으로부터 추측되어야 하고, 그 모순되고 변모한 형태로 연구되어야 하는 것이기도 하다. 마르크스주의에 근거한 사고에 기여하려면 심리학은 이런 마음과 관련된 힘들의 진전을 포착해서, 그것을 인간의 필요와 그 인간이 몸담고 있는 사회와 역사에 근거한 현실 사이의 끊임없는 상호작용 과정으로서 보는 심리학이어야 한다. 그것은 처음부터 사회심리를 다루는 심리학이어야 한다. 마지막으로 그것은 비판하는 심리학, 특히 인간의 의식을 비판하는 것이어야 한다.

프로이트의 정신분석은 이런 주요 조건들을 충족시킨다. 그런데 이런 조건들과 마르크스 사상의 관련성을 대부분의 프로이트학파와 마르크스학파 사람들은 깨닫지 못하고 있다. 이렇게 상호 접촉이 없었던 이유는 두 파 모두에게 뚜렷하다. 마르크스주의자들은 심리학을 무시하는 전통을 그대로 이어갔다. 프로이트와 제자들이 사상을 발전시킬 때 틀이 되었던 기계적 유물론은 프로이트의 위대한 발견들의 발전을 제약했고, '역사적 유물론'과는 서로 어긋났다.

한편 새로운 발전도 일어났다. 가장 중요한 발전은 마르크스주의에 근거한 인본주의의 부활이다. 작은 사회주의국가들에서 특히 두드러지고 서유럽 국가들에서도 보이는 것인데, 마르크스의 영향을 받은 많은 사회주의자들이 마르크스주의 이론은 인간의 심리학과 관련된 이론이 필요하다는 사실을 깨달았다. 또한 그들은 사회주의는 방향성과 헌신의 체계에 대한 인간의 요구를 만족시켜야 한다는 사실, 또 인간이란 무엇인가, 인생의 의미와 목적은 무엇인가 하는 문제를 다뤄야 한다는 사실도 깨달았다. 사회주의는 "선이란 혁명에 도움이 되는 것이다"(또는 노동자의 나라, 역사적 진전 등) 등과 같은 공허한 문구를 뛰어넘은, 윤리규범이나 정신발전의 기초가 되어야 한다.

한편 정신분석 진영에서 프로이트의 사고 바탕에 있는 기계적 유물론에 대한 비판은 정신분석, 특히 리비도 이론을 비판하는 관점에서 다시 평가하게 되었다. 마르크스주의와 정신분석이라는 두 파의 사고의 발전이 보이는 지금이야말로 인본주의에 근거한 마르크스주의자들이 다음의 사실을 인정해야 할 때이다. 즉 사회적 방향성을 가진 동적(動的)이고 비판하는 심리학이 마르크스주의 이론의 계속 발전과 사회주의의 실천에 결정적으로 중요하다는 것, 그리고 인간을 중심으로 하는 이론은 인간 현실과의 접촉을 잃지 않기 위해서는 이제 심리학을 뺀 이론에 머무를 수 없다는 것. 나는 인본주의에 근거한 정신분석에서 이미 다룬, 또는 앞으로 다룰 주요한 문제를 몇 가지 지적하고자 한다.[1]

맨 먼저 다룰 문제는 '사회적 성격'—즉 어떤 집단(또는 국민이나 계급) 구성원의 행위나 사고를 효과적으로 결정하는 그 집단 공통의 성격 기반—의 문제이다. 이 개념은 성격의 동적(動的)인 성질을 본질로 하는 프로이트의 성격

1) 유감스럽게도 정신분석의 수정이론을 마르크스주의와 사회주의 문제에 응용하려고 시도한 저자가 거의 없어, 1930년 이후에 내가 쓴 책을 주로 언급하지 않을 수 없다. 특히 다음을 참조할 것. 《그리스도 교리(*The Dogma of Christ*)》(Holt, Rinehart and Winston, 1963), 《정신분석의 위기(*The Crisis of Psychoanalysis*)》에 실린 〈정신분석에 근거한 성격학과 사회심리학의 연관성(Psychoanalytic Characterology and Its Relevance for Social Psychology)〉(New York : Holt, Rinehart and Winston, 1970), 《자유에서의 도피(*Escape from Freedom*)》(New York : Holt, Rinehart and Winston, 1941), 《건전한 사회(*The Sane Society*)》(New York : Holt, Rinehart and Winston, 1955), 《마르크스가 본 인간의 개념(*Marx's Concept of Man*)》(New York : Frederick Ungar, 1964), 루스 난다 안센(Ruth Nanda Anshen)이 편집한 《환상(幻想)의 연쇄를 넘어(*Beyond the Chains of Illusion*)》(New York : Pocket Books : Credo Series, 1962). 마지막으로 든 것은 마르크스와 프로이트 이론의 관계를 분명하게 다루고 있다. 정신분석=마르크스주의적 관점에 선 학자들 중에서 가장 중요한 인물은 빌헬름 라이히(Wilhelm Reich)이다. 단, 그의 이론과 나의 이론 간에 공통점은 거의 없다. 마르크스주의를 지향하는 인본주의에 근거한 분석을 발전시키려고 하는 사르트르의 시도는, 그에게는 임상 경험이 거의 없고 화려한 단어의 나열은 있지만 심리학을 표면적으로 다루고 있기 때문에 성공적이지 않다.

개념의 특수한 발전이다. 프로이트는 성격을 리비도와 관련된 다양한 종류의 지향, 즉 어떤 목표를 향해 어떤 원천에서 생기는 마음과 관련된 에너지의 비교적 안정된 발현이라고 생각했다. 구강성애, 항문성애, 성기애와 관련된 성격의 개념에서 프로이트는 인간 성격의 새로운 모델을 제시하고, 그로써 행동을 뚜렷한 정열적 지향의 결과라고 설명했다. 프로이트는 이런 지향의 방향과 강도를 결정하는 것은 '성감대(입, 항문, 성기)'에 대한 유아기의 경험이라고 가정했으며, 체질적인 요소 말고도 부모의 행동도 리비도 발달의 주된 책임이 있다고 가정했다.

사회와 관련된 성격의 개념은 집단에 공통된 성격구조의 기반과 관련되어 있다. 그것이 가정하는 바에 따르면, 사회와 관련된 성격이 형성될 때 근본이 되는 요소는 생산 양식과 그 결과로서 사회계층화에서 비롯된 생활 습관이다. 사회와 관련된 성격은 마음과 관련된 에너지의 특별한 구조로, 어떤 주어진 사회가 기능하는 데 도움이 되도록 그 사회가 만드는 것이다. 평범한 사람은 자신이 해야 하는 일을 하고 싶다고 생각하도록 되어야 한다. 그래야만 사회가 자신의 목적을 위해 그가 에너지를 이용할 수 있는 바탕을 만들어 줄 수 있다. 사회와 관련된 과정 속에서 인간의 에너지가 단순한 육체와 관련된 에너지(땅을 일구거나 도로를 만드는 노동 등)로서 나타나는 것은 아주 일부이고, 또 일부는 특정한 형태의 마음과 관련된 에너지로 나타난다. 다른 부족을 공격하거나 약탈해서 생활하는 미개민족의 구성원은 전사로서의 성격을 가져야 하며, 싸우고 죽이고 빼앗는 정열을 가져야 한다. 평화로운 농경부족의 구성원은 협조하고 폭력에 반대하는 성향을 가져야 한다. 봉건사회는 구성원이 권위에 종속하는 지향과 윗사람을 존경하고 칭찬하는 마음을 가질 때 비로소 원활히 기능한다. 자본주의가 기능하는 것은 사람들이 열심히 일하고, 규율을 잘 따르며, 시간을 지키고, 주된 관심이 돈을 얻는 것이며, 주요 생활원리가 생산과 교환의 결과로서의 이익인 경우뿐이다. 19세기의 자본주의는 저축을 좋아하는 사람이 필요했다. 20세기 중엽의 자본주의는 사용하고 소비하는 데 열렬한 관심을 가진 사람이 필요하다. 사회와 관련된 성격이란 인간의 에너지를 사회와 관련된 과정에서 생산력으로서 쓸 수 있도록 만들기 위한 틀이다.

사회와 관련된 성격을 강화하기 위해서 사회는 온갖 영향력을 동원한다. 이는 교육제도, 종교, 문학, 노래, 농담, 관습, 그리고 무엇보다도 부모가 자식을 양육하는 방법에 의해서 이루어진다. 이 마지막 것이 그토록 중요한 이유는 개인의 성격구조가 태어나서 5년이나 6년 안에 거의 다 형성되어 버리기 때문이다. 그러나 부모의 영향의 본질은 고전적 정신분석학자가 믿는 것처럼 개인 또는 우연과 관련된 것이 아니다. 부모는 자신의 성격 및 교육 방법에 의해서 기본적으로 사회의 대리자이다. 부모들 간의 차이는 얼마 되지 않으며 설령 차이가 있어도 그 때문에 사회와 관련된 성격의, 사회적으로 바람직한 기반을 낳기 위한 부모의 영향력이 줄어드는 일은 일반적으로 없다고 할 수 있다.

사회와 관련된 성격이 주어진 사회의 생활습관에 의해 형성된다는 개념을 정식화하기 위한 하나의 조건은, 프로이트의 성격 개념의 기초인 리비도 이론을 수정하는 것이다. 리비도 이론은 인간을 기계로 여기는 기계론에 근거한 개념에 뿌리내리고 있는데, 그에 따르면 리비도야말로(자기보존의 동인은 별개로 치고) 에너지원이고, 그것은 '쾌감원칙'—증대한 리비도에 의한 긴장을 정상 수준으로까지 감소시키는 것—에 지배되고 있다. 이 개념과는 대조적으로 내가 제시하고자 했던(특히 《자기 자신을 위한 인간(*Man for Himself*)》에서) 것은 기본적으로 사회와 관련된 존재인 인간의 다양한 지향은 '동화'(사물에 대하여)와 '사회화'(인간에 대하여)에 대한 요구의 결과로서 발전한다는 것, 그리고 인간의 주요한 정열을 구성하는 동화와 사회화의 형태는 그 인간이 존재하는 사회구조에 좌우된다는 것이었다. 이 개념에서 인간은 대상—인간과 자연—을 지향하는 정열과, 자신을 세계와 관계 맺으려 하는 욕구라는 특징을 갖고 있다고 생각된다.

사회와 관련된 성격의 개념은 마르크스주의 이론에서는 충분히 다루어지고 있지 않은 몇 가지 중요한 문제에 대답해 준다.

사회가 구성원 대부분의 충성을 얻는 것은 왜인가? 그들이 그 체제 아래에서 고통받는 경우에도, 또 충성은 자신에게 해롭다고 이성이 가르쳐 주는 경우에도 그런 것은 왜인가? 인간으로서 그들의 현실적 이해(利害)가 온갖 종류의 이념의 영향이나 세뇌에 의해서 생긴 허구의 이해 이상으로 중요시되지 못하는 것은 왜인가? 그들의 계급이 놓인 상황의 의식과 사회주의의 이해 의식이 마르크스가 믿은 만큼의 효과를 가져오지 못한 것은 왜인가? 이 물음에 대한 답은 사회와 관련된 성격이라는 현상 안에 있다. 일단 사회가 보통 사람의 성격구조를 형성함으로써 해야 할 일을 하고 싶다고 생각하게 만드는 데 성공한다면, 그 인간은 사회가 강요하는 조건 자체에 만족하게 된다. 입센의 작품에 등장하는 한 인물이 일찍이 말했듯이, "그는 원하는 것이라면 뭐든지 할 수 있지만 그것은 가능한 것밖에 원하지 않기 때문이다." 말할 것도 없이, 이를테면 종속하는 것에 만족하는 사회와 관련된 성격은 온전하지 못한 성격이다. 그러나 온전하지 못하건 아니건 그것은 올바로 기능하기 위해 종속된 인간이 필요한 사회의 목적에 도움이 된다.

사회와 관련된 성격의 개념은 물질과 관련된 사회의 기반과 '이념과 관련된 상부구조'의 관계를 설명하는 데도 도움이 된다. 마르크스는 이념과 관련된 상부구조를 경제와 관련된 기반의 반영으로서만 생각했던 것으로 해석되기도 한다. 이 해석은 정확하지 않으며, 사실 마르크스의 이론에서는 기반과 상부구조 관계의 성질이 충분히 설명되어 있지 않았다. 동적인 심리학 이론이 밝힌 것은 사회는 사회와 관련된 성격을 낳는다는 것, 또 사회와 관련된 성격이 낳고 고집하는 사상이나 이념은 그 사회와 관련된 성격에 어울리며 그에 의해서 육성된다는 것이다. 그러나 경제와 관련된 기반이 어떤 사회와 관련된 성격을 낳고, 다음으로 그 성격이 어떤 사상을 낳는다는 것만은 아니다. 사상도 일단 탄생하면 사회와 관련된 성격에 영향을 미치며, 간접적으로는 사회의 경제구조에 영향을 미친다. 여기서 내가 강조하는 것은 사회와 관련된 성격은 사회의 경제구조와 사회에 퍼져 있는 사상과 이상 사이의 매개라는 점이다. 그것은 양방향, 즉 경제와 관련된 기반에서 사상으로, 그리고 사상에서 경제와 관련된 기반으로 향할 때의 매개이다. 다음 도식이 이 개념을 나타낸다.

경제와 관련된 기반 ⇄ 사회와 관련된 성격 ⇄ 사상이나 이상

사회와 관련된 성격의 개념은 한 사회가 자신의 필요와 목적을 위해서 어떻게 인간의 에너지를 다른 원료처럼 쓰는지를 설명할 수 있다. 실제 인간은 가장 순종하는 자연력의 하나로, 거의 모든 목적에 유용하게 쓰인다. 증오하게 할 수도, 협력시킬 수도, 굴복시킬 수도, 일어서게 할 수도, 고통을 즐기게 할 수도, 행복을 즐기게 할 수도 있다.

이것들은 모두 사실이지만, 인간은 그 인간으로서의 능력을 온전히 발휘함으로써만이 자기 존재의 문제를 해결할 수 있다는 것 또한 사실이다. 사회가

인간을 장애자로 만들면 만들수록 인간은 병자가 된다. 단, 의식적으로는 자신의 운명에 만족하고 있을지도 모른다. 그러나 무의식적으로는 불만이고, 이 불만이 자신을 장애자로 만드는 사회형태를 끝내게 하는 요소이다. 만일 이것이 불가능하다면, 그 사람이 속해 있는 특정한 병의 원인을 제공하는 사회는 망할 것이다. 사회의 변화나 혁명은 새로운 것을 생산하는 힘과 낡은 사회조직 형태의 갈등에서 일어날 뿐만 아니라, 인간다움이 배제된 사회조건과 바꿀 수 없는 인간의 필요의 갈등으로부터도 일어난다. 인간에 대해서는 거의 무엇이든지 할 수 있다. 하지만 어디까지나 '거의'이다. 자유를 추구하는 인간의 투쟁 역사는 이 원리가 인상을 강하게 드러냈다.

사회와 관련된 성격의 개념은 일반 고찰에 적합한 이론에 근거한 개념일 뿐만 아니라, 어떤 주어진 사회 또는 사회계급 안에서 사회와 관련된 다양한 종류의 성격이 얼마나 생기는가를 알고자 하는 경험에 근거한 연구에도 유익하고 중요하다. '소시민적 성격'을 개인주의를 지향하고 인색하며 고집스럽고 협력을 좋아하지 않으며, 시간관념이 없어 시간을 지키지 않는다고 정의했다고 가정한다면, 이 특성증후군은 결코 다양한 성격의 집합이 아니라 에너지가 충만한 하나의 구조이다. 이 구조는 만약 그것을 바꾸려는 시도가 있다면 폭력 또는 암묵의 방해의 형태로서 강력하게 저항할 것이다. 이를테면 경제와 관련된 이익이 있다 하더라도 그것이 효과를 발휘하기란 어려울 것이다. 이 증후군이 존재하는 것은 수천 년 동안이나 소시민 삶의 특징이었던 공통의 생산양식 때문이다. 쇠퇴하고 있는 하층중산계급도 마찬가지이다. 히틀러에게 권력을 준 그 계급이든 미국 남부의 가난한 백인이든 마찬가지이다. 온갖 적극적인 문화자극의 결여, 자신이 놓인 상황, 즉 사회의 전진하는 흐름에 따라가지 못하고 남겨진 상황을 원망하는 것, 예전에는 자신들에게 긍지를 주었던 이런저런 이미지를 파괴한 사람들을 미워하는 것 따위가 어떤 성격증후군을 낳았다. 그것은 죽음을 사랑하는 것(네크로필리아), 피와 흙에 지나칠 정도로 심한 애착을 보이는 것, 강렬한 집단 자기도취(이것은 강렬한 민족주의와 인종차별에서 나타난다)로 이루어져 있다.[2] 마지막으로 예를 하나 더 들겠다. 산업노동자의 성

---

2) 이 점에 관련된 상세한 논의 내용은 다음 작품 참조. 에리히 프롬(Erich Fromm), 《인간의 마음 : 선과 악을 판단하는 재능(*The Heart of Man : Its Genius for Good and Evil*)》(New York : Harper & Row), 루스 난다 안셴이 편집한 《종교관(宗敎觀) 총서(*Religious Perspectives Series*)》(1964) 중에서.

격구조는 시간 엄수, 규율, 협동 능력을 포함하고 있다. 이것은 산업노동자가 효율적으로 기능하기 위한 최소한도를 형성하는 증후군이다. (다른 차이—의존—독립, 관심—무관심, 능동성—수동성—는 현재와 미래의 노동자의 성격구조에 매우 중요한 것이지만 여기서는 무시한다.)

사회와 관련된 성격 개념의 가장 중요한 적응의 예는 마르크스가 그린 미래 사회주의 사회의 사회와 관련된 성격을 재산과 부(富)를 소유하고자 하는 욕구를 중심으로 하는 19세기 자본주의의 사회와 관련된 성격과 구분하는 것이고, 또 20세기(자본주의건 공산주의건)의 사회적 성격, 즉 고도로 산업화된 사회에 차츰 퍼지고 있는 소비인의 성격과도 구분하는 것이다.

소비하는 인간이란 주로 목적이 물건을 소유하는 것이 아니라 더 많이 소비함으로써 내면적 공허, 수동성, 고독, 불안을 보상하는 인간이다. 거대기업과 산업, 정치, 노동에서 거대한 관료기구가 특징인 사회에서 개인은 자신의 노동환경을 지배할 수 없어서 무력함, 고독, 지루함, 불안을 느끼게 된다. 동시에 커다란 소비산업은 이익을 올려야 하므로 광고를 매개로 해서 개인을 포식가 또는 더 많이 소비하기를 바라며 만족하지 못하는 젖먹이로 변모시켜 버린다. 그에게는 모든 것이 소비품목이 된다. 담배, 술, 섹스, 영화, 텔레비전, 여행, 그리고 교육과 책, 강연까지도. 새로운 필요가 인공적으로 만들어지고 인간의 기호가 조작된다. (이런 성격의 극단적인 형태는 잘 알려진 정신병리학과 관련된 현상이다. 그것은 우울이나 불안에 시달리는 사람들의 많은 증례에서 보인다. 그들은 감춰진 우울이나 불안의 보상으로서 과식, 충동구매, 또는 알코올의존증으로 도피하는 것이다.) 지나친 소비욕구는 프로이트가 '구순기=수용하는 성격'이라고 부른 것의 극단적인 형태로, 오늘날의 산업사회를 지배하는 마음과 관련된 힘이 된다. 소비하는 인간은 행복감의 환상을 품고 있지만, 무의식적으로는 지루함과 수동성에 괴로워하고 있다. 기계를 지배하는 힘을 가지면 가질수록 인간으로서는 무력해진다. 소비하면 할수록 산업체제가 낳고 조작하기 위해서 더욱 증대하는 필요에 얽매이게 된다. 전율과 흥분을 기쁨과 행복으로 착각하고, 물질에 의한 안락을 살아 있는 것으로 착각한다. 탐욕의 만족이 인생의 의미가 되며, 그것을 지향하는 것이 새로운 종교가 된다. 소비의 자유가 인간 자유의 본질이 된다.

이 소비의 정신은 마르크스가 그린 사회주의 사회의 정신과는 정반대이다.

마르크스는 자본주의에서 고유의 위험을 분명히 보았다. 그의 목표는 인간이 많은 것의 가치인 사회이지, 인간이 많은 것을 갖거나 사용하는 사회가 아니었다. 그는 인간을 물질에 의한 탐욕의 사슬에서 풀어주어 탐욕의 노예가 아니라 온전히 눈뜨고 살아 있는 감수성 풍부한 존재가 되기를 바랐다. "쓸모 있는 것이라도 너무 많이 생산하면 너무 많은 쓸모없는 인간이 탄생하게 된다"고 마르크스는 쓰고 있다. 그는 극단적인 빈곤은 인간으로 하여금 온전한 인간이 될 수 없도록 가로막는다고 하면서 그것을 추방하기를 바랐다. 또 그는 극단적인 부(富)가 개인을 탐욕의 죄수로 만든다며 그것도 물리치기를 바랐다. 그의 목표는 최대 소비가 아니라 최적의 소비, 즉 더 온전하고 풍요로운 삶으로 가는 수단으로서 도움이 되는 인간이 되기 위한 참된 필요를 채우는 것이었다.

물질과 관련된 탐욕을 만족시킨다는 자본주의의 정신이 공산주의 국가나 사회주의 국가를 정복하고 있는 것은 역사의 아이러니이다. 이런 국가들은 계획경제에 의해서 그런 정신을 억제할 수 있다. 이 정복 과정에는 나름의 논리가 있다. 물질에 바탕을 둔 자본주의의 성공은 공산주의가 승리를 차지한 유럽의 가난한 나라들에게 매우 강한 인상을 주었고, 사회주의의 성공은 자본주의 정신 속에서 자본주의와 경쟁해서 이기는 것과 동일시되었다. 사회주의는 자본주의보다 빨리 가난한 나라들을 산업화할 수 있는 체제로 전락할 위기에 맞닥뜨려 있으며, 경제 측면에서의 생산보다 인간 발달을 주요 목표로 하는 사회는 되지 못할 것 같아 보인다. 이런 전개를 촉진한 것은 소비에트 공산주의가 마르크스의 '유물론'이라는 불완전판을 받아들임으로써 자본주의 국가들과 마찬가지로 마르크스를 최대의 대표자로 하는 인본주의에 근거한 정신적 전통과의 접촉을 잃게 되었다는 사실이다.

분명 사회주의 국가들은 주민의 정당한 물질적 필요를 충족시키는 문제를 해결할 수준에 이르지 못했다(미국도 인구의 40퍼센트는 '유복'하지 않다). 그러나 가장 중요한 것은 사회주의 경제학자, 철학자, 심리학자가 최적의 소비라는 목표는 쉽게 최대한의 소비가 그것으로 변화할 수 있다는 위험을 깨닫는 것이다. 사회주의 이론가는 인간의 필요한 성질을 연구하는 것이 할 일이다. 즉 그것을 채움으로써 인간이 더 생기 있고 감수성이 풍부해지는 인간이 되기 위한 참된 필요와, 인간을 약하게 만들고 수동성과 지루함을 증대시키며 물건 탐욕의 노예가 되도록 만드는 자본주의가 낳은 인공적인 필요를 구분하는 기준을 발견하는 것이다.

내가 여기서 강조하는 것은 생산 자체를 제한하는 것이 아니라, 일단 개인과 관련된 소비의 최적의 필요가 채워지면 이번에는 사회와 관련된 소비의 수단, 즉 학교, 도서관, 극장, 공원, 병원, 공공의 교통기관 등을 더 많이 생산하는 쪽으로 바꿔야 한다는 것이다. 고도로 산업화된 나라들에서 개인과 관련된 소비가 끊임없이 늘고 있는 것은 경쟁, 탐욕, 선망을 낳는 것이 사유재산뿐만이 아니라 무제한의 개인 소비이기도 하다는 점을 암시하고 있다. 사회주의 이론가가 지나쳐서는 안 되는 사실은, 인본주의에 근거한 사회주의의 목적은 인격이 원만한 인간의 온전한 성장에는 도움이 되지만 소비인은 낳지 않는 생산양식을 가진 산업사회의 건설이라는 것이고, 사회주의 사회는 인간이 살아가고 성장하는 데 적합한 산업사회라는 것이다.

사회와 관련된 성격의 연구를 가능하게 하는 경험에 근거한 방법이 있다. 이 연구의 목적은 총인구 안에, 또 각 계층 안에 존재하는 다양한 성격증후군의 비율을 아는 것이고, 증후군 안의 다양한 요소의 강도를 아는 것이며, 또 서로 다른 사회와 경제 조건에 의해서 탄생한 새로운 요소나 모순된 요소를 아는 것이다. 이런 서로 다른 요소들로부터 현재 존재하는 성격구조의 강도, 변화의 과정, 그리고 어떤 방책이 그런 변화를 쉽게 하는가를 통찰할 수 있게 된다. 말할 것도 없이 이런 통찰은 농업에서 산업주의로 옮아가고 있는 나라들에서 중요하지만 자본주의 또는 국가자본주의, 즉 소외된 상태에 있는 노동자가 진정한 사회주의의 상태로 옮아가는 문제에도 중요하다. 또 이런 연구는 정치와 관련된 행동의 지표가 된다. 여론조사에서 확인된 사람들의 정치와 관련된 '의견'만 알아도 사람들이 가까운 미래에 어떻게 행동할지를 알 수 있다. 마음과 관련된 힘의 강도(지금은 아직 의식적으로 드러나 있지 않지만), 예를 들면 민족차별이라든가 전쟁 또는 평화에 대한 의지 등을 안다면, 이런 성격 연구가 잠재된 힘의 강도와 방향을 가르쳐 준다. 이런 힘들은 사회와 관련된 과정 속에서 작용하며, 시간이 지나야 비로소 드러난다.[3]

앞서 말한 성격에 관한 자료를 얻기 위해 쓸 수 있는 방법에 대해서는 상세히 논할 여유가 없다. 모든 방법에 공통되는 것은 이념(즉 합리화)을 내면의, 보

───

3) 따라서 예를 들면, 독일의 하층중산계급이 가진 파괴성은 히틀러가 거기에 자기표현의 기회를 주었을 때 비로소 분명히 드러난 것이다.

통은 의식되지 않는 진실의 표현으로서 받아들이는 잘못을 피하는 것이다. 매우 유효하다는 것이 증명된 방법이 하나 있다. 자유로운 해답을 이끌어내는 방식의 질문지법인데, 각 해답의 해석은 의도하지 않은, 또는 의식되지 않은 의미에 대해서 이루어진다. 따라서 "가장 존경하는 역사상의 인물은 누구입니까?"라는 물음에 대한 하나의 답이 '알렉산더 대왕, 네로, 마르크스, 레닌'이고 다른 답이 '소크라테스, 파스퇴르, 마르크스, 레닌'이었다고 한다면, 첫 번째 해답자는 권력과 엄격한 권위를 숭배하고 두 번째 해답자는 생명에 봉사하고 인류에게 은혜를 준 사람들을 숭배한다라고 추측할 수 있다. 여러 방면에 걸친 투사법[4]의 질문지 방식을 쓰면 어떤 인물이든 성격구조를 알 수 있다.[5]

분석에 근거한 사회심리학의 또 다른 중요한 측면은 프로이트가 말하는 '무의식'이다. 프로이트는 주로 개인의 억압을 다루었지만, 마르크스주의에 근거한 사회심리학의 연구자는 '사회와 관련된 무의식'을 가장 많이 다루게 될 것이다. 이 개념은 커다란 집단에 공통되는 내적 진실의 억압과 관련이 있다. 모든 사회는 그 구성원 또는 어떤 특정 계급의 구성원에게, 만일 의식한다면 사회적으로 '위험'한 사상이나 행동을 가져다줄 충동을 의식하지 않도록 모든 노력을 기울여야 한다. 인쇄된 말이나 입으로 하는 말의 단계가 아니라 사상이 의식에까지 올라가지 않도록 하는 것, 즉 위험한 의식을 억압할 수 있는 경

---

4) 외부에 표시된 것의 분석과 해석에 의해서 감춰진 성격특성을 아는 방법.

5) 이 방법은 내가 E. 샤흐텔(E. Schachtel) 박사, P. 라자스펠트(P. Lazarsfeld) 박사 등과 협력해서 1931년에 처음으로 사회연구소(프랑크푸르트대학)에서 응용하고, 나중에 컬럼비아대학에서도 응용했다. 이 조사의 목적은 독일의 노동자, 피고용자 가운데 권위주의 성격과 반권위주의적 성격의 발생률을 찾는 것이었다. 그 결과는 이후 역사의 전개가 보여준 사실과 상당히 일치했다. 같은 방법이 멕시코의 한 작은 마을에서 이루어진 심리사회학에 근거한 연구에서도 사용되었다. 이것은 정신의학연구재단기금의 지원을 받고 테오도르 슈워츠(Theodore Schwartz) 박사, 롤라 슈워츠(Lola Schwartz) 박사, 마이클 매코비(Michael Maccoby) 박사의 도움을 얻어 나의 지도로 이루어졌다. 루이스 맥퀴티(Louis McQuitty) 박사의 통계적 방법에 의해서 수십만 개의 자료를 컴퓨터로 처리하면 관련된 유형의 특성증후군이 매우 분명하게 나타나는 것이다. 다음의 책 참조. 에리히 프롬(Erich Fromm) 지음, 볼프강 본스(Wolfgang Bonß) 편집, 《제3제국 전야(前夜)의 독일 노동자와 급여생활자─정신분석 연구(Deutsch Arbeiter und Angestellte am Vorabend des Dritten Reiches─Eine sozialpsychologische Untersuchung)》(Stuttgart : Deutsche Verlags─Anstahlt, 1980). 에리히 프롬과 마이클 매코비(Michael Maccoby) 공저(共著), 《멕시코 어느 마을의 사회적 성격 : 사회(社會)정신분석학 연구(Social character in a Mexican village : A sociopsychoanalytic study)》(Englewood Cliffs : Prentice Hall, 1970).

우에 검열이 효과를 거둔다. 당연히 사회와 관련된 무의식의 내용은 사회구조의 수많은 형태에 따라서 달라진다. 공격성, 반역성, 의존성, 고독, 불행, 지루함 등은 아주 작은 예일 뿐이다. 억압된 충동은 그대로 억압을 계속해서 그것을 부정하고, 또는 그 반대를 주장하는 이념으로 대체되어야 한다. 오늘날 산업사회에서 지루함, 불안, 불행에 시달리는 인간은 자신은 행복하고 즐거움이 가득하다는 생각이 주입된다. 또 다른 사회에서는 사상과 표현의 자유를 빼앗긴 인간이 그럭저럭 자신도 가장 완전한 형태의 자유에 다다랐다는 생각이 주입된다. 지금 그 자유의 이름으로 말하고 있는 것은 지도자들뿐이지만……. 어떤 체제에서는 생명 사랑은 억압되고, 그 대신 재산 사랑이 주입된다. 또 어떤 체제에서는 소외의식은 억압되고, 그 대신 "사회주의 국가에 소외는 있을 수 없다"는 강령이 선전된다.

무의식의 현상을 다른 형태로 표현한다면 헤겔 및 마르크스에 따라서, 자유로운 의지 결정을 하고 있다는 환상을 품은 인간의 배후에 작용하는 힘의 총체라고 할 수도 있으며, 또는 아담 스미스가 말했듯이 "경제인은 보이지 않는 손에 의해 움직여져 자신이 의도하지 않았던 목적을 촉진한다"고 말해도 좋다. 스미스에게 보이지 않는 이 손은 선의의 손이었지만, 마르크스에게는(프로이트와 마찬가지로) 위험한 손이었다. 그 힘을 무효로 만들기 위해서는 그 정체를 밝혀야 했다. 의식은 사회와 관련된 현상이다. 마르크스에게 그것은 대부분 잘못된 의식이었고, 억압된 힘의 산물이었다.[6] 무의식도 의식과 마찬가지로 사회와 관련된 현상이며 '사회라는 필터'에 의해 결정되는데, 이 필터는 대부분의 경우 인간의 진짜 경험이 무의식에서 의식으로 올라가는 것을 허락하지 않는다. 이 사회라는 필터는 주로 언어, 논리, 그리고 사회와 관련된 금기(禁忌)로 이루어진다. 이것을 덮어버리는 것이 이념(합리화)으로, 그것은 실제로는 사회라는 차원에서 탄생해서 공유되는 허구에 지나지 않지만 주관으로는 진실처럼 경험된다. 의식과 억압에 대한 이 접근은 "사회와 관련된 존재가 의식을

---

6) 마르크스가 《독일 이데올로기》에서 억압(Verdrängung)이라는 단어를 쓴 것은 흥미롭다. 로자 룩셈부르크는 《레닌주의와 마르크스주의》에서 무의식(역사적 과정의 논리)이 의식(인간의 주관적 논리)에 앞선다고 했다. 이 책은 최근 영어판이 발행되었다. 로자 룩셈부르크(Rosa Luxemburg), 《러시아 혁명 및 레닌주의냐 마르크스주의냐?(*Russian Revolution and Leninsm or Marxism?*)》(Ann Arbor : University of Michigan Press, 1961).

결정한다"는 마르크스의 주장이 옳다는 것을 경험이라는 차원으로 확인시켜 준다.

이런 고찰의 결과, 교조적 프로이트주의 지향의 정신분석과 마르크스주의 지향의 정신분석의 이론 차이가 한 가지 더 분명해진다. 프로이트는 억압의 원인—억압되어야 할 가장 중요한 내용은 근친상간의 욕구이다—으로서 거세공포가 효과가 있다고 생각했다. 나는 그렇지 않고, 개인 차원에서도 사회 차원에서도 인간의 가장 큰 공포는 동료로부터의 완전한 고립, 완전한 추방의 공포라고 생각한다. 죽음의 공포도 이것보다는 견디기 쉽다. 사회는 추방의 위협을 가함으로써 억압의 필요를 실행한다. 만일 당신이 어떤 경험의 존재를 부정하지 않는다면, 당신에게는 소속될 곳도 없고 존재할 곳도 없으며 광기의 위험이 있을 뿐이다. (사실 광기란 외부세계와의 관계에서 완전한 결여를 특징으로 하는 병이다.)

마르크스주의자는 인간의 배후에서 작용하고 명령을 내리는 것은 경제와 관련된 힘과 그것이 정치라는 형식으로 나타난 것이라고 가정해 왔다. 정신분석에 근거한 연구는 이것이 너무나 좁은 개념임을 보여준다. 사회는 사람들로 구성되어 있고, 각 개인은 가장 오래된 것부터 가장 진보한 것에 이르는 잠재된 정열적 지향을 갖고 있다. 이 인간만의 잠재력 전체가 각각의 주어진 사회를 특징짓는 경제, 사회와 관련된 힘의 총체에 의해서 형성된다. 이런 사회와 관련된 힘의 총체는 어떤 사회와 관련된 무의식을 낳고, 또 억압하는 요소와 정상 인간으로서의 기능에 필수로서 주어진 인간답게 살기 위한 필요(어느 정도의 자유, 자극, 삶에 대한 관심, 행복 등) 사이에서 어떤 갈등을 낳는다. 실제 아까도 말했듯이, 혁명이 일어난 것은 새로운 생산력의 표현일 뿐만 아니라 인간성의 억압된 부분의 표현이기도 하며, 이 두 가지 조건이 결합했을 때만 혁명은 성공한다. 개인 차원의 조건에서건 사회 차원의 조건에서건, 억압은 인간을 왜곡하고 단편화하며 전인적 인간성을 빼앗아 버린다. 의식은 주어진 사회에 의해 결정되는 '사회화된 인간'의 나타남이다. 무의식은 우리 내부의 보편된 인간, 선한 인간, 악한 인간의 나타남이며, 테렌티우스[7]의 "인간에 대한 것 가운데 우리와 관계없는 것은 없다고 생각한다"는 말을 정당화하는 인격이 원만

---

7) 고대 로마 극작가, 기원전 185~159.

한 인간이 나타난 것이다. (참고로 덧붙이자면, 이것은 마르크스가 신조로서 중요하게 생각했던 말이다.)

심층심리학은 마르크스 이론에서 중심 역할을 하면서 마르크스가 끝내 만족스러운 해결에 이르지 못한 문제, 즉 인간의 본질과 본성의 문제에도 공헌할 수 있다. 한편으로 마르크스는—특히 1844년 이후는—'인간의 본질'이라는 변증법과는 무관하고 역사성이 배제된 개념을 쓰고 싶어하지 않았다. 그것은 수천 년에 걸쳐서 수많은 지배자가 사용한 개념으로, 그들은 자신의 지배나 법이 불변의 '인간 본성'이라고 그들이 공언하는 바와 일치한다는 사실을 그로써 증명하려고 했던 것이다. 또 마르크스는 인간은 백지로 태어나고, 모든 문화는 거기에 문장을 써넣는 것이라는 상대주의에 근거한 생각에도 반대했다. 만일 이런 생각이 진실이라면, 어떤 주어진 사회가 그 구성원에게 강요하는 존재형태에 어떻게 반역할 수 있겠는가? 또 마르크스가 어떻게 '온전하지 못한 인간'이라는 개념(《자본론》)을 쓸 수 있었겠는가? 그것은 온전하지 못한 것이 될 수도 있는 '인간성의 규범'이라는 개념을 갖고 있었기 때문이 아닌가? 심리학에 근거한 분석에 기초하는 또 다른 답은 역사를 통틀어 변하지 않는 실체라는 뜻에서의 '인간의 본질' 따위는 없다는 가정이다. 내 생각에 그 대답은 모순 속에 인간의 본질이 있다는 사실에서 찾을 수 있다. 그 모순이란, 인간은 우연한 때와 장소에서 자신의 의지와는 상관없이 이 세상에 던져졌다가 의지와는 반대로 이 세상에서 사라진다는 뜻의 '자연' 속에 있으면서, 동시에 본능에 근거한 대비의 결여와 의식—자기 자신, 다른 사람, 과거, 현재에 대한—을 갖고 있다는 사실에 의해서 자연을 초월한다는 것이다. '조화의 장난'으로서의 인간은 새로운 형태의 통일을 발견함으로써 모순을 해결하지 못하면 고독감을 견딜 수 없을 것이다. 인간이라는 존재의 본질된 모순 때문에 인간은 어쩔 수 없이 이 모순의 해결을 바라고, 태어난 순간부터 인생이 던지는 물음의 답을 찾으려고 한다. 어떻게 해서 통일을 발견할 것인가 하는 물음에는 확실하지만 한정된 답이 몇 가지 있다. 인간이 통일을 발견할 수 있는 방법에는 동물의 단계까지 퇴화하려고 하는 것, 인간 고유의 것(이성과 사랑)을 버리는 것, 노예 또는 노예 감독이 되는 것, 자신을 사물로 변모시키는 것 등이 있지만, 그 밖에도 인간 고유의 능력을 발달시킴으로써 자유로운—사슬로부터의 자유뿐만이 아니라 자신의 모든 잠재된 가능성을 발달시키는 것을 인생의 목표로 하는 것에 대한 자유도 뜻한다—인간, 즉 자신의 생산적 노력에 의해 존재할 수 있는 인간이 되고, 그 결과 동포로서의 인간 및 자연의 사이에서 새로운 통일을 발견하는 방법이 있다. 인간에게는 선천적인 '진보의 동인'이 없으며, 새로운 발달 단계별로 생기는 존재와 관련된 모순을 해결할 필요에 의해서 움직인다. 이 모순—바꿔 말하면 인간이 가진 저마다 다른 모순된 가능성—이 인간의 본질을 이룬다.

요약하면, 본론은 변증법 및 인본주의를 지향하는 정신분석을 중요한 관점으로서 마르크스주의 사상에 도입하려고 한다는 주장이다. 마르크스주의는 심리학과 관련된 이런 이론이 필요하고, 정신분석은 진짜 마르크스주의 이론을 받아들여야 한다고 나는 생각한다. 이런 총합(總合)은 두 분야를 모두 풍요롭게 할 것이다.

3. 예언자와 사제

　인류가 낳은 위대한 사상에 근거한 지식이 오늘날만큼 세계적으로 퍼진 적은 없지만, 오늘날만큼 이런 지식이 효력을 잃은 적도 없다고 해도 지나치지 않다. 플라톤이나 아리스토텔레스의 사상, 예언자나 그리스도의 사상, 스피노자나 칸트의 사상은 유럽과 미국의 교양 있는 계층의 수백만 사람들에게 알려져 있다. 수천 개 우수한 학문연구기관에서 가르치고 있고, 그중에는 곳곳에 있는 온갖 종파의 교회에서 설교되는 것도 있다. 더구나 이런 것들이 이루어지는 세계는 누구도 거리끼지 않는 자기중심주의 원리에 따르는 세계이며, 정상 상태와는 거리가 먼 흥분 상태의 민족주의를 낳는 세계이고, 광기의 대량 살인을 준비하는 세계이다. 이 모순은 어떻게 설명해야 좋을까?

　사상을 단순한 사상이나 사고로서 가르치는 한 인간에게 깊은 영향을 주지 못한다. 대개는 이런 형태로 주어지면 사상은 다른 사상을 바꾼다. 새로운 사고가 낡은 사고를 대신한다. 새로운 말이 낡은 말을 대신한다. 그러나 거기서 일어난 것은 단지 개념이나 말의 변화에 지나지 않는다. 그것도 당연하다. 사상에 의해 움직이는 것, 진실을 파악하는 것은 매우 어려운 일이다. 그러기 위해서는 타성의 끈질긴 저항을, 잘못을 두려워하고 무리로부터 떨어지는 것을 두려워하는 마음을 이겨내야 한다. 다른 사상이 그 자체는 옳고 강력한 것이라 하더라도, 그것들을 아는 것만으로는 충분하지 않다. 하지만 사상은 그것을 가르치는 사가 그것에 젖어 살고 있다면, 교사가 몸소 체현한다면, 사상이 몸에 배어 있다면 실제로 인간에게 영향을 준다. 겸손의 사상을 말하는 인물이 겸손하다면, 듣는 사람들은 겸손이 어떤 것인지를 이해할 것이다. 이해할 뿐만 아니라, 그가 단순히 말장난을 하는 게 아니라 진실을 말하고 있다는 것을 믿을 것이다. 인간이, 철학자가, 또 종교를 가르치는 자가 전하고자 하는 모든 사상에 대해서 같은 말을 할 수 있다.

　사상—꼭 새로운 사상이라고 한정할 수는 없지만—을 표명함과 동시에 사상에 젖어 사는 사람들을 예언자라고 불러도 좋다. 《구약성서》의 예언자들은 바로 그렇게 했다. 그들이 표명한 사상은 다음과 같다. 인간은 자신의 존재에 대한 해답을 발견해야 하며 그 해답은 이성과 사랑을 발달시킨다. 그들은 겸손과 정의는 사랑 및 이성과 떼려야 뗄 수 없는 관계임을 가르쳤다. 자신이 주장한 대로 몸소 살았다. 권력을 바라지 않고 오히려 피했다. 예언자로서의 권력조차 바라지 않았다. 힘에 휘둘리지 않고 투옥, 추방, 죽음도 두려워하지 않고 진리를 말했다. 그들은 혼자 멀찍이 떨어져 무슨 일이 일어나는지 앉아서 기다리는 인간이 아니었다. 그들이 동포에게 인간으로서 반응한 것은 동포에게 책임을 느꼈기 때문이었다. 다른 사람에게 일어난 일은 자기 자신에게 일어난 일이었다. 인류란 자신 밖이 아니라 안에 있었다. 진리를 볼 수 있기에 진리를 말할 책임을 느꼈다. 인간을 위협하지 않고 인간이 맞닥뜨린 모든 선택을 제시했다. 예언자는 예언자가 되기를 바라지 않는다. 사실은 가짜가 예언자가 되겠다는 야심을 가지고 있다. 예언자가 되기란 매우 쉽다. 눈에 보이는 선택이 간단하기 때문이다. 예언자 아모스는 이 생각을 아주 간결하게 표현했다.

> "사자가 으르렁거리는데 겁내지 않을 자 있겠느냐? 주 야훼께서 말씀하시는데, 그 말씀 전하지 않을 자 있겠느냐?"[1]

"야훼께서 말씀하시는데"라는 구절은 여기서는 오로지 선택이 분명해졌다는 것을 뜻한다. 의심은 있을 수 없다. 회피는 있을 수 없다. 따라서 책임을 중시하는 자는 예언자가 되는 수밖에 없다. 지금까지 양을 쳤건, 포도밭을 돌봤건, 사상을 펼치고 가르쳤건……. 진실을 제시하며, 선택을 제시하고, 이의를 제기하는 것이 예언자의 역할이다. 큰 소리로 부르짖으며 인간을 반쯤 잠든 관습적 상태에서 눈뜨게 하는 것이 예언자의 역할이다. 예언자를 만드는 것은 역사와 관련된 상황이지, 예언자가 되고자 하는 일부의 소망이 아니다.

많은 국민이 저마다 예언자를 낳고 있다. 붓다는 자신의 가르침을 살았다. 그리스도는 육체로서 이 세상에 나타났다. 소크라테스는 자신의 사상에 따라서 죽었다. 스피노자는 사상 속에서 살았다. 이들이 모두 인류에 깊은 발자취

---

1)《구약성서》〈아모스〉 제3장 8절.

를 남긴 것은, 그 사상이 한 사람의 몸에서 나타났기 때문이었다.

예언자는 인류의 역사에 가끔 나타날 뿐이다. 그들은 죽은 뒤에 신탁을 남긴다. 수백만 사람들이 그 신탁을 소중히 믿는다. 바로 그렇기 때문에 예언자의 사상을 먹잇감으로 삼는 자들이 나오는 것이고, 그들은 그 사상에 대한 민중의 애착을 자신의 목적—지배하고 통제한다는 목적—에 이용한다. 예언자가 표명한 사상을 이용하는 자들을 사제(司祭)라고 부르자. 예언자는 자신의 사상 속에서 산다. 사제는 예언자의 사상을 사랑하는 사람들 속에서 그것을 관리한다. 사상은 이미 생명력을 잃었다. 일정한 공식(定式)처럼 규칙으로 정해진 것이다. 사제는 사상을 얼마나 규칙으로 만드는지가 중요하다고 선언한다. 경험이 죽어버리면 당연히 일정한 규칙이 으레 중요해진다. '올바르게' 규칙으로 정하지 않는다면 어떻게 생각을 통제함으로써 민중을 통제하겠는가? 사제는 사상을 이용해서 인간을 조직하고, 그 사상이라는 올바른 표현을 통제함으로써 인간을 통제한다. 그리고 인간을 적당히 마비시키고 나면, 인간에게는 눈을 뜨고 자신의 삶을 방향 지을 능력이 없다고 선언하고, 방치되면 자유를 두려워하는 자들을 인도하는 역할을 사제들이 하고 있으며 그것은 의무로서의 행위, 아니 동정심에 의한 행위라고 선언한다. 모든 사제가 이렇게 행동한 것은 아니지만 대부분의 사제, 특히 권력을 휘두른 자들은 그랬다.

그러나 종교에만 사제가 존재하는 것은 아니다. 철학에도 사제가 있고 정치에도 사제가 있다. 철학에는 온갖 학파의 사제가 있다. 사제는 때때로 뛰어난 학식을 갖추고 있다. 그들이 하는 일은 창시자의 사상을 관리하고, 나눠주며, 해석하고, 박물관의 전시물로서 이것을 보호하는 것이다. 정치적인 사제도 있다. 지난 150년 동안 우리는 지긋지긋할 만큼 그들을 보아왔다. 그들은 자신의 사회계급의 경제와 관련된 이익을 보호하기 위해서 자유사상을 관리해 왔다. 20세기에 들어서는 사회주의 사상의 관리를 이어 나갔다. 이 사상이 인간의 해방과 독립을 목적으로 하고 있었음에도 사제들은 갖가지 수를 동원해서 인간에게는 자유로워질 능력이 없으며, 적어도 그것은 훨씬 나중의 일이라고 선언했다. 인간이 자유로워질 때까지 자신들이 관리를 계속하고 사상을 어떻게 일정한 규칙으로 정할 것인가, 또 누가 충실하게 믿음으로써 받들고 누가 그렇지 않은가를 결정해야 한다고 그들은 말했다. 민중이 사제들에게 현혹되는 대부분의 이유는 그들이 예언자의 후계자임을 내세우고, 자신이 주장하는 바를 몸소 실천하고 있다고 주장하기 때문이다. 그들의 삶이 그들의 주장과는 정반대라는 사실은 세 살 먹은 아이도 다 알지만, 효과적으로 세뇌되어 버린 민중은 급기야는 사제들이 호화로운 생활을 하는 것도 다 위대한 사상을 대표하기 위해 희생하는 행위라고 믿고, 무자비한 살인을 저질러도 혁명을 실현하고자 하는 신념에서 하는 일이라고 믿게 된다.

오늘날만큼 예언자가 등장하기 좋은 역사 상황은 없다. 전 인류의 생존이 핵전쟁 준비라는 광기에 위협받고 있다. 석기시대에나 어울릴 심성과 맹목성이 가져온 현재 단계에서 인류는 최고치 달성에 근접한 바로 그 순간에 비극과도 같은 역사의 종말에 급속히 다가가고 있는 것처럼 보인다. 그러므로 지금이야말로 인류는 예언자가 필요하다. 그 목소리가 사제의 목소리를 이길지 아닐지는 의심스럽지만······.

사상이 몸에 배어 있고 인류의 역사 상황에 의해 교사에서 예언자로 변모한 몇몇 사람들 가운데 버트런드 러셀이 있다. 그는 뛰어난 사상가이지만, 그것은 그가 예언자가 될 수 있는 근본조건이 아니다. 그는 아인슈타인, 슈바이처와 함께 생존 위협에 대한 서양인들의 해답을 대표하고 있을 뿐이다. 왜냐하면 세 사람 모두 발언하고, 경고하며, 선택지를 제시했기 때문이다. 슈바이처는 랑바레네에서 그리스도교 사상을 전도하고 실천하며 살았다. 아인슈타인은 1914년과 그 뒤 많은 기회에 독일 지식계급의 민족주의라는 정신 나간 목소리에 동화되기를 거부하고 이성과 인본주의 사상 속에서 살았다. 버트런드 러셀은 수십 년에 걸쳐서 합리성과 인본주의에 대한 생각을 책으로 밝혔다. 그러나 최근에는 시장에도 나가서, 국가의 법이 인간성에 근거한 법과 서로 어긋날 때는 참된 인간이라면 인간성에 근거한 법을 선택해야 한다는 것을 모든 사람들에게 제시했다.

버트런드 러셀이 인식한 것은, 다만 한 사람이 경험을 통해 스스로 받아들인 사상을 사회 차원에서의 의미를 지닌 것으로 만들기 위해서는 집단이 스스로 받아들여야 한다는 것이었다. 아브라함이 소돔의 운명에 대해서 하느님과 논의해 하느님의 정의에 도전했을 때[2] 그는 단 열 사람이라도 올바른 자가 있다면 소돔을 살려달라고 빌었지만 그 이하일 경우에는 바라지 않았다. 열 사람

---

2) 〈창세기〉 18장 22절 이하 참조.

이 안 되면, 즉 정의라는 사상을 자연스럽게 받아들인 최소의 집단조차 존재하지 않는다면 아브라함도 이 도시의 구원을 기대할 수 없었던 것이다. 버트런드 러셀은 도시를 구할 수 있는 열 사람이 있다는 것을 증명하려고 노력했다. 그렇기 때문에 민중을 조직하고, 함께 행진하며, 함께 주저앉고, 함께 경찰 트럭에 납치되었다. 그의 목소리는 황야에 부르짖는 목소리이긴 하지만 고립된 목소리는 아니다. 그것은 합창의 지도자이다. 그것이 그리스 비극의 합창이 될지, 베토벤의 교향곡 제9번 '합창'이 될지는 앞으로의 역사만이 밝혀줄 것이다.

버트런드 러셀이 자신의 삶에서 자연스럽게 받아들인 사상 가운데 아마도 첫 번째로 들어야 할 것은 인간의 불복종의 권리와 의무일 것이다. 불복종이라고 해도 "아니오"라고 말하는 것 이외에 인생과 아무런 관련도 없이 불복종한다는 '이유 없는 반역자'의 불복종을 뜻하는 것은 아니다. 이런 반역과도 같은 불복종은 그 정반대, 즉 "아니오"라고 말할 수 없기에 그런 순응하는 복종과 똑같이 맹목이고 무력이다. 내가 이야기하는 것은 긍정할 수 있기 때문에 "아니오"라고 말할 수 있는 인물이고, 양심과 스스로 선택한 원리에 따를 수 있으므로 불복종할 수 있는 인물이며, 즉 혁명가를 말하는 것이지 반역가를 말하는 게 아니다. 대부분의 사회체제에서 복종은 최고의 미덕이고 불복종은 최고의 죄다. 우리 문화에서는 대부분의 사람들이 '죄'의식을 가질 때 사실은 불복종했기 때문에 두려워한다. 자신은 도덕과 관련된 문제로 고민하고 있다고 생각하지만 실제로는 그렇지 않고, 명령에 불복종했다는 사실 때문에 고민한다. 이것은 놀랄 일이 아니다. 결국 그리스도교의 가르침에서는 아담의 불복종이 그는 물론 그의 자손도 근본적으로 타락시켰으므로, 신의 은총이라는 특별한 방법만이 인간을 타락으로부터 구원할 수 있다고 해석한다. 이 사상은 물론 사회와 관련된 교회의 기능과 일치했다. 교회는 불복종이 죄라고 가르침으로써 지배자의 권력을 지지하였다. 겸손, 우애, 정의와 같은 성서의 가르침을 진지하게 받아들인 사람들만은 세속의 권위에 반역했으며, 그 결과 대부분의 교회는 그들에게 하느님에게 반역한 자 및 죄인이라는 낙인을 찍었다. 개신교도 주류는 이런 상태를 바꾸지 않았다. 오히려 가톨릭교회가 세속의 권위와 정신적 권위의 차이에 대한 의식을 잃지 않은 데 반해서, 개신교는 세속의 권력과 동맹했다. 루터가 16세기 독일의 혁명적 농민들에 대해서 다음과 같이 쓴 것은 이런 경향을 최초로, 그리고 극단의 형태로 표현한 것에 지나지 않는다. "그러니 우리는 은밀

히 또는 대놓고 최대한 때리고 죽이고 찌르지 않겠는가? 반역자 이상으로 유독
하고 유해하고 악마같은 것은 있을 수 없다는 사실을 잊어서는 안 된다."

종교와 관련된 공포가 사라졌음에도 권위주의에 근거한 정치체제는 여전히
복종을 자신의 존재를 위한 인간 주춧돌로 삼아왔다. 17세기와 18세기에 일어난
커다란 혁명은 왕의 권위에 맞서 싸웠다. 그러나 곧 인간은 다시 왕의 후계자들
―그 이름을 뭐라고 하건―에게 복종하는 것을 미덕으로 삼기 시작했다. 오늘날
권위는 다 어디로 갔는가? 전체주의 국가에서 그것은 나라의 현재 권위로, 가정
및 학교의 권위를 보다 크게 존경하도록 함으로써 지지받고 있다. 한편 서유럽
의 민주주의국가들은 19세기의 권위주의를 극복한 것을 자랑스러워한다. 하지
만 정말로 극복했을까? 또는 권위의 성격이 바뀐 것에 지나지 않는 게 아닐까?

이번 세기는 정치에서도, 실업계에서도, 노동조합에서도 계층에 따라 조직
된 관료기구의 세기이다. 이런 관료제는 사물 및 인간을 하나의 것으로서 관리
한다. 그것은 어떤 원리, 특히 대차대조표, 정량화, 최대효율, 이익과 같은 경제
원리에 따르는 것으로, 이런 원리로 프로그램을 짠 컴퓨터와 본질적으로는 다
르지 않은 작용을 한다. 개인은 번호가 되고 사물로 변모한다. 그러나 현재 권
위가 없으니까, 또 복종을 '강요하는' 것이 없으니까 자신은 스스로 알아서 행
동하고 있으며 '이치에 맞는' 권위에 따르는 것일 뿐이라는 환상을 갖는다. '이
치에 맞는' 일에 누가 불복종하겠는가? 컴퓨터=관료기구에 누가 불복종하겠
는가? 자신이 복종하고 있다는 것조차 의식하지 못하는데 누가 불복종하겠는
가? 가정에서도 교육에서도 같은 일이 일어난다. 진보 성향의 교육이론이 타
락한 결과, 아이들은 무엇을 해야 할지 배우지 못하고 명령받지도 않으며, 명
령을 실행하지 않아도 처벌받지 않는다는 교육방침이 생겨났다. 아이들은 오
로지 '자신을 표현한다.' 하지만 태어난 순간부터 줄곧 아이들은 순종을 더없
이 중시하고, '남들과 다른' 것을 두려워하며, 무리로부터 고립되는 것을 무서워
하는 마음을 주입받는다. 가정과 학교에서 이렇게 길러지고 큰 조직에서 교육
으로 완성되는 '조직인간'은 의견은 갖고 있으나 신념은 지니고 있지 않다. 즐기
기는 하지만 행복하지 않다. 인격과는 거리가 먼 이름의 권위에 스스로 복종하
기 위해 자신과 자기 자식의 목숨을 희생하기조차 마다하지 않는다. 핵전쟁 논
의에서 활발히 이루어지게 된 사상자 수의 산정도 받아들인다. 인구의 절반은
죽는다―'충분히 받아들인다.' 3분의 2가 죽는다―'그것은 조금 곤란하다.'

불복종의 문제는 오늘날에는 죽느냐 사느냐가 걸린 문제이다. 성서에 따르면 인류의 역사는 불복종—아담과 하와—으로 시작하고, 그리스 신화에 따르면 문명은 프로메테우스의 불복종으로 시작했지만, 인류의 역사가 복종 행위에 의해 끝나는 것도 결코 있을 수 없는 일은 아니다. 그것은 권위에 복종하는 것으로, 그 권위 자체가 '국가의 주권', '국민의 명예', '군사 승리'와 같은 케케묵은 주물(呪物)에 복종하고, 자신 및 자신의 주물에 복종하는 사람들에게 운명의 단추를 누르라고 명령하는 것이다.

따라서 여기서 쓰이는 뜻에서의 불복종이란 이성과 의지를 긍정하는 행위이다. 그것은 본디 뭔가를 거스르고자 하는 태도가 아니라, 뭔가를 구하고자 하는 태도이다. 인간이 보는 능력, 본 것을 입으로 말하는 능력, 보지 않은 것을 말하기를 거부하는 능력을 구하는 태도이다. 그러기 위해서는 공격 또는 반역을 선택할 필요가 없다. 필요한 것은 눈을 뜨고 온전히 깨어서, 반쯤 잠들어 있는 탓에 멸망할 위험에 처한 사람들의 눈을 뜨게 할 책임을 스스로 지는 것이다.

카를 마르크스는 일찍이 이렇게 썼다. "신들에게 순종하는 종이 될 바에는 바위에 묶여 있겠다고 말한 프로메테우스는 모든 철학자의 수호성인이다……." 그 뜻은 인생의 프로메테우스와도 같은 역할 자체를 부활시키는 데 있다. 마르크스의 주장은 철학과 불복종이라는 관계의 문제를 아주 분명하게 보여준다. 대부분의 철학자는 그 시대의 권위에 불복종하지 않았다. 소크라테스는 죽음으로써 복종했다. 스피노자는 권위에 불복종하기보다는 교수의 지위를 버리는 쪽을 택했다. 칸트는 충실한 시민이었다. 헤겔은 젊은 시절 혁명에 공감했던 생각을 버리고, 만년에는 국가를 예찬했다. 그럼에도 프로메테우스는 그들의 수호성인이었다. 물론 그들은 시장으로 나가지 않고 대학 강단이나 서재에 남았다. 그리고 지금 논하지는 않겠지만, 거기에는 많은 이유가 있었다. 그러나 철학자로서 그들은 전통에 충실한 사고나 개념의 권위에 불복종했으며, 그 무렵 믿게 했고 가르쳤던 상투어구에 불복종했다. 어둠에 빛을 가져오고, 반쯤 잠들어 있는 사람들을 눈뜨게 하며, '감히 알자'고 했다.

철학자가 상투어구에 불복종하고 여론에 불복종하는 것은 이성과 인류에 복종하기 때문이다. 이성이 보편이고 모든 국경을 뛰어넘은 것이므로 이성에 따르는 철학자는 세계 시민이다. 인간이 대상이 된다. 이 인물 저 인물이 아니며, 이 국민 저 국민도 아니다. 태어난 곳이 아니라 세계가 그의 나라이다.

사상의 혁명과도 같은 성질은 버트런드 러셀이 누구보다도 잘 표현했다. 《사회개조의 원리(*Principles of Social Reconstruction*)》(1916)에서 이렇게 쓰고 있다.

인간은 이 세상의 무엇보다도—파멸보다도, 아니 죽음보다도—사상을 두려워한다. 사상은 모든 것을 뒤집고 혁명을 일으킨다. 그 파괴력은 무시무시하다. 사상은 특권이나 확립된 제도, 쾌적한 관습을 용서하지 않는다. 무질서하고, 무법하며, 권위도 개의치 않고 몇 시대를 지나도록 시련에 견딘 지혜에도 무관심하다. 지옥의 바닥을 들여다봐도 두려워하지 않는다. 인간을 헤아릴 수 없을 만큼 깊은 침묵으로 둘러싸인 하찮은 점으로밖에 보지 않는다. 그러나 의연히, 마치 우주의 주인이라도 된 듯이 꼼짝하지 않는다. 사상은 위대하고 신속하며 자유롭다. 세계의 빛이고 인간의 최고 영광이다.

그러나 사상을 소수자의 특권이 아니라 다수자의 소유로 만들기 위해서는 두려움을 버려야 한다. 인간을 방해하는 것은 두려움이다. 소중히 여겨 온 신념이 환상이 될 것이라는 두려움, 삶을 지지해 주는 제도가 유해한 것이 된다는 두려움, 자기 자신도 지금까지 자부해 온 것만큼 존경할 만한 존재가 아니게 된다는 두려움. "노동자가 재산에 대해서 자유롭게 생각하도록 놔두라는 것인가? 그러면 우리 부자들은 어떻게 되는가? 젊은 남녀가 성에 대해서 자유롭게 생각하도록 놔두라는 것인가? 그러면 도덕은 어떻게 되는가? 군대가 전쟁에 대해서 자유롭게 생각하도록 놔두라는 것인가? 그러면 군의 규율은 어떻게 되는가? 사상 따위는 엿이나 먹어라! 다시 편견의 그늘에 숨지 않겠는가? 그렇지 않으면 재산도 도덕도 전쟁도 위태로워질 것이다. 인간에게 자유로운 사상을 갖게 할 바에는 차라리 어리석고 게으르고 다른 사람을 괴롭히게 놔두겠다. 자유로운 사상을 가지면 우리와 같은 생각을 갖게 되지 않을지도 모르니까. 어떤 희생을 치러서라도 이런 재앙만은 피해야 한다." 사상에 반대하는 자는 혼이 지닌 무의식의 깊은 곳에서 이렇게 논한다. 그리고 교회에서도 학교에서도 대학에서도 이렇게 행동한다.

버트런드 러셀의 불복종 능력은 어떤 추상화된 원리가 아니라 더없는 현실 체험—생명을 사랑하는 것에 뿌리내리고 있다. 생명을 사랑하는 것은 인물뿐만 아니라 저서를 통해서도 빛나고 있다. 이것은 요즘에는 보기 드문 자질이다.

사람들이 풍요의 한복판에서 살고 있는 나라들에서는 특히 드물다. 많은 사람들은 전율을 기쁨과 혼동하며, 흥분을 관심과 혼동하고, 소비하는 것을 존재하는 것과 혼동한다. '죽음이여 만세'라는 죽음을 찬미하는 듯한 구호는 파시스트만이 의식적으로 쓰는 것이지만, 풍요로운 땅에서 살고 있는 사람들의 마음을 슬금슬금 채운다. 바로 이 사실에 왜 대부분의 사람들이 핵전쟁과 그에 이어지는 문명 파괴를 쉽게 받아들이고, 이 파국을 막기 위한 수단을 취하지 않는지를 설명하는 이유 가운데 하나가 있을 것 같다. 반면 버트런드 러셀이 대량살육의 위협과 싸우고 있는 것은 그가 평화를 주장하기 때문도, 어떤 추상화된 원리에 관여하고 있기 때문도 아니며, 바로 그가 생명을 사랑하는 사람이기 때문이다.

같은 이유에서 그는 인간의 성(性)이 악(惡)이라고 가끔 되풀이하는 사람들의 목소리에는 한 번도 귀 기울이지 않는다. 실제로 그들은 인간보다는 자기 자신과 자신의 절망으로 가득찬 기분에 대해서 말하고 있다. 그렇지만 버트런드 러셀이 감상과 낭만에만 빠져 있는 것은 아니다. 그는 날카롭고 비판을 잘하며 신랄한 현실주의자이다. 인간의 마음속에서 찾을 수 있는 악과 어리석음이 얼마나 깊은지를 알고 있다. 그러나 이 사실을 이른바 타고난 타락과 혼동해서, 인간이 편하게 살 수 있는 세계를 만드는 능력을 갖고 있다는 것을 믿지 못하는 절망으로 가득찬 사람들의 견해를 정당화하지는 않는다. 《자유인의 예배를 포함한 신비주의와 논리(*Mysticism and Logic Including A Free Man's Worship*)》(1903)에서 러셀은 쓰고 있다. "선천적으로 죄를 모르는 세상에 드문 사람들은 별개로 치고, 그 신전에 들어가기 위해서 통과해야 하는 동굴이 있다. 이 동굴의 문은 절망이며, 바닥에는 버려진 희망의 묘석이 깔려 있다. 거기서는 자기(self)는 죽어야 한다. 거기서는 열망, 즉 제어되지 않는 욕구에서 나오는 탐욕은 죽어야 한다. 그래야만 영혼이 운명의 지배에서 벗어나기 때문이다. 하지만 이 동굴에서 '자제의 문'을 빠져나오면 다시 지혜의 빛 아래로 나와, 그 빛을 통해서 새로운 통찰, 새로운 기쁨, 새로운 다정함이 피어나고 순례의 마음을 즐겁게 하는 것이다." 더 뒤에는 《철학 에세이집(*Philosophical Essays*)》(1910)에서 이렇게 썼다.

"그러나 좀더 큰 저쪽 세계에 열린 창이 없다면 지구상의 삶은 지옥에서의 삶과 같다고 느끼는 사람들에게, 또 인간의 전능을 믿는 것은 오만하다고 보고, 세계의 나라들을 발밑으로 내려다보는 거만한 지배보다는 정열을 정복함으로써 얻는 금욕으로 누릴 수 있는 자유를 원하는 사람들에게—요컨대 인간을 숭배하는 것이 적절하다고 생각하지 않는 사람들에게 실제주의자의 세계는 비좁고 보잘것없으며, 인생으로부터 모든 가치의 원천을 빼앗고, 인간이 관조하는 우주로부터 모든 빛을 빼앗음으로써 인간 자신도 작게 만들어 버린다."

인간의 성이 악이라는 주장에 《인기 없는 에세이집(*Unpopular Essays*)》(1950)에서는 다음의 견해를 분명히 밝히고 있다.

"어린아이를 전통 신학에서는 사탄의 앞잡이라 여기고, 교육개혁가의 머리에서는 신비로운 빛에 싸인 천사라고 여겼지만, 다시 작은 악마로서의 존재로 돌아갔다—사탄의 지배를 받는 신학적인 악마가 아니라, '무의식'에 지배받는 음침한 존재로. 그들은 수도사들이 저주했던 악마 이상으로 사악하다고 말하지 않을 수 없다. 현대의 교과서들에서 그들은 놀랄 만큼 변화무쌍한 죄 많은 상상을 집요하리만치 발휘하는데, 과거에 이것에 걸맞는 것은 성 안토니우스[3] 정도이다. 이것은 최종으로 객관적인 사실일까? 아니면 감당하기 버거운 애송이들을 꽁꽁 묶어두지 못하게 된 어른들의 상상이 만들어 낸 것일까? 프로이트 학자들에게 각각 물어야 하지 않겠는가?"

러셀의 책에서 한 군데 더 인용하겠다. 이 인본주의 사상가가 이 삶의 기쁨을 얼마나 깊이 체험하고 있는지를 보여주는 문장이다. 《과학적 전망(*The Scientific Outlook*)》(1931)에는 이렇게 쓰여 있다.

"사랑하는 자, 시인, 그리고 신비사상가는 권력을 구하는 자가 알 수 있는 것보다 충실한 만족감을 발견할 수 있다. 그것은 자신이 사랑하는 대상을 유지할 수 있기 때문이다. 그러나 권력을 좇는 자는 공허감에 시달리지 않으려면 끊임없이 뭔가 새로운 조작을 해야 한다. 내가 죽을 때는 일생이 허

---

3) 이집트 태생으로, 수도사들의 조상으로 알려진 성자. 수업 중에 악마로부터 여러 가지 유혹을 받았다. 251~356.

무했다고 느끼지 않을 것이다. 나는 저녁에 땅이 붉게 물드는 것을 보았다. 아침에는 이슬이 반짝이는 것을 보았다. 차가운 태양 아래서 눈이 빛나는 것을 보았다. 가뭄 뒤의 비 냄새도 맡았고, 화강암으로 된 콘월의 바닷가에서 폭풍우 치는 대서양의 파도가 부서지는 소리도 들었다. 과학은 이런 기쁨들이나 다른 기쁨을 평소라면 맛볼 수 없는 사람들에게까지 줄지도 모른다. 그렇다면 과학의 힘은 현명하게 이용된 셈이다. 하지만 만일 과학이 인생을 가치 있게 만드는 다양한 순간을 빼앗는다면 아무리 잘, 아무리 공들여 인간을 인도한다 해도 그것은 절망으로 가는 길이고 과학은 칭찬받지 못하게 될 것이다."

버트런드 러셀은 학자이고 이성을 믿는 사람이다. 그런데 그와 마찬가지로 학문을 직업으로 하는 많은 사람들과 어떻게 다를까? 이런 사람들에게 중요한 것은 지성으로써 세계를 파악하는 것이다. 그들은 지성에 의해 진실을 완전히 밝힐 수 있다고 믿으며 지성으로 파악할 수 없는 것은 중요하지 않다고 믿는다. 지적인 정식(定式)에 의해 규명할 수 없는 것들에는 의심을 품으면서, 자신의 과학적 접근에는 단순하게도 아무런 의심을 품지 않는다. 탐구하는 인물의 내부에서 일어나는 계몽 과정보다는 사고의 결과에 관심을 갖는다. 러셀은 《철학 에세이집》(1910)에서 실제주의를 논하면서 이런 지적인 작용을 설명하고 있다. "실제주의는 상상의 재료를 이 지구의 표면에서만 찾는 기질의 사람들에게 호소한다. 이런 사람은 진보를 확신하며, 인간의 힘에 인간 이외의 것의 제한이 가해지는 것을 눈치채지 못한다. 전쟁을 사랑하고 거기에 따르는 모든 위험을 사랑한다. 승리를 얻는 데에 진지한 의심을 갖지 않기 때문이다. 그는 종교를 원하지만 그것은 철도나 전등을 원하는 것과 같아서 세속의 일에서 위로나 도움을 얻기 위해서이지, 인간 이외의 대상을 얻음으로써 완전을 갈망하거나 무조건 숭배할 수 있는 것을 갈망하는 것을 채우기 위해서가 아니다."

러셀에게 이치에 맞는 사고는 실제주의와는 대조되는 것으로 확실성을 얻고자 하는 것이 아니라 모험이고, 자기해방과 용기의 행위이며, 사고하는 자를 좀더 눈뜨게 해서 좀더 살아 있는 인간으로 만듦으로써 변혁하는 것이다.

버트런드 러셀은 신념의 인간이다. 신학의 관점에서 본 신앙이 아니라 이성의 힘을 믿는 마음이고, 자신의 노력으로 자신의 낙원을 창조하는 인간의 능력을 믿는 마음이다. 《수소폭탄으로 인한 인류의 위기(*Man's peril from the hydrogen bomb*)》(1954)에는 이렇게 쓰여 있다. "지질학의 시간으로 생각하면, 인간이 지금까지 존재해 온 기간은 매우 짧다. 고작해야 100만 년이다. 인간이 이룬 것, 특히 이 6000년 동안 이룬 것은 적어도 우리가 알고 있는 한, 이 우주의 역사이며 전례가 없다. 헤아릴 수 없을 만큼 긴 세월을 해는 떴다가 지고, 달은 찼다가 기울고, 별은 밤이면 밤마다 빛났다. 그러나 이런 것들이 이해된 것은 인간이 출현한 이후이다. 천문학의 커다란 세계에서도 원자의 작은 세계에서도 인간은 도저히 발견하지 못할 것이라고 생각되었을 비밀을 밝혔다. 예술, 문학, 종교에서 어떤 사람들이 보여준 숭고한 감정에 의해서 이 종족은 존속할 가치가 생겼다. 이 모든 것을 시시한 공포로 끝나게 해도 좋은가? 그것도 한 사람 한 사람의 집단이 아니라 인간 전체를 생각할 수 있는 자가 너무나도 적어서⋯⋯. 우리 종족은 그렇게 지혜가 부족한가? 그렇게 공평하게 사랑할 수 없는가? 그렇게 자기보존의 단순한 명령조차 보지 못하는가? 그 결과, 인간의 어리석은 능력의 마지막 증명으로서 지구상의 모든 생명이 절멸하는 것일까? 멸망하는 것은 인간만이 아니라 공산주의와도 반공주의와도 아무 상관없는 온갖 동식물이니까.

　이런 결말이 될 것이라고 나는 생각하지 않는다. 인간은 잠시 싸움을 잊고 살다 보면 장래에는 과거의 위업 등은 발끝에도 미치지 못할 만큼의 위업을 기대할 수 있다고 생각하고 싶어한다. 마음만 먹으면 우리 앞에는 행복, 지식, 지혜의 끊임없는 진보가 있다. 또는 싸움을 잊지 못해 죽음을 선택하려는가? 나는 인간으로서 인간에게 호소한다, 여러분의 인간성만을 기억하고 다른 것은 잊어버리라고. 그러면 새로운 낙원으로 가는 길은 열린다. 그러지 못한다면 여러분 앞에는 모든 것의 죽음밖에 없다."

　이 신념은 어떤 특질에 뿌리내리고 있으며, 그것 없이는 그의 철학도 전쟁에 반대하는 싸움도 이해할 수 없다. 그 특질이란 생명 사랑이다. 많은 사람들에게 이것은 별 의미를 갖지 않을지도 모른다. 누구나 생명을 사랑한다고 그들은 믿고 있기 때문이다. 누구나 생명을 위협받으면 죽기를 각오하고 지키지 않는가? 인생에는 즐거운 일이 잔뜩 있고, 많은 전율 넘치는 흥분이 있지 않은가?

　일단 사람들은 생명을 위협받아도 죽기를 각오하고 그것을 지키려고 하지 않는다. 그렇지 않다면 핵에 의한 학살 앞에서 저항하지 않을 리가 없다. 또 사람들은 흥분과 기쁨을 혼동하고 전율과 생명 사랑을 혼동한다. 그들은 '풍요의 한가운데에서 기쁨을 모르는' 것이다. 자본주의의 산물로서 칭송받는 모든 미덕—개인의 창의, 위험을 무릅쓰려는 태도, 독립심—은 진작 산업사회에서 사라져 버리고, 주로 서부극이나 갱들 사이에서 발견되는 것이 사실이다. 관료기구처럼 되고 중앙집권화된 산업주의에서는 정치 이념과 무관하게 갈수록 더 많은 사람들이 삶에 지쳐 지루함을 벗어나기 위해서는 죽는 것도 좋다고 생각한다. "빨갱이보다는 죽음을 택하자"라고 말하는 것은 이런 사람들이지만, 마음속에서 그들의 신조는 "삶보다는 죽음을 택하자"이다. 이전에도 말한 것이지만, 이런 방향의 극단적인 형태는 "죽음이여 만세!"를 신조로 하는 파시스트들에게서 찾을 수 있었다. 이를 누구보다도 분명히 인식한 것은 미겔 데 우나무노[4]로, 그것은 스페인 내전이 시작될 무렵 그가 학장으로 있던 살라망카 대학에서 생애의 마지막 연설을 했을 때였다. 마침 밀란 아스트레이 장군의 연설이 있었는데, 한 신봉자가 장군이 좋아하는 "죽음이여 만세!"라는 신조를 강당 뒤쪽에서 외쳤다. 장군이 연설을 마치자 우나무노는 일어나서 말했다. "지금 저는 죽음을 찬미하고 뜻없는 '죽음이여 만세!'라는 외침을 들었습니다. 저는 평생 역설을 부르짖어 그것을 이해하지 못하는 사람들을 분노케 했던 사람이지만, 그런 저 자신이 권위 있는 전문가로서 이 기괴한 역설을 혐오하지 않을 수 없습니다. 밀란 아스트레이 장군은 정상이 아닙니다. 이것은 모욕하는 뜻을 품고서 하는 말이 아닙니다. 장군은 전쟁에서 몸을 다쳤습니다. 세르반테스도 그랬지요.[5] 불행히도 오늘날 스페인에는 장애인이 너무 많습니다. 신의 가호가 없다면 곧 그 수는 더 불어날 것입니다. 밀란 아스트레이 장군이 군중심리의 본보기를 보여준 것을 생각하면 마음이 아픕니다. 세르반테스 같은 정신적 위대함을 갖고 있지 않은 장애자는 자신의 주위에 장애자를 낳는 것에서 불길한 구원을 찾기 쉬워진 것입니다." 밀란 아스트레이는 자제력을 잃었다. "지성을 타도하라!" 그는 외쳤다. "죽음이여 만세!" 팔랑헤당[6] 당원들 사이에서 이 말을 응원하는 환성이 일었다. 그러나 우나무노는 말을 이었다. "이곳은 지성의 전당입니다. 저는 그 대사제입니다. 이 성역을 더럽히고 있

---

4) 스페인 철학자 Miguel de Unamuno(1864~1936).
5) 《돈키호테》를 지은 세르반테스는 레판토 해전(1571)에서 다쳐 왼손의 자유를 잃었다.
6) 프랑코 장군이 이끈 파시스트당.

는 것은 당신들입니다. 당신들은 승리할 것입니다. 폭력을 넘치도록 갖고 있으니까요. 하지만 당신들은 이해시키지는 못할 것입니다. 이해시키기 위해서는 설득이 필요하기 때문입니다. 그리고 설득하기 위해서는 당신들에게 없는 것이 필요합니다. 그것은 싸움에서의 도리와 정의입니다. 당신들에게 스페인을 생각하라고 말해 봤자 헛수고겠지요. 이만 마치겠습니다."

하지만 우나무노가 네크로필리아라고 부른 죽음에 이끌리는 심리는 파시스트 사상만의 산물이 아니다. 그것은 문화에 깊이 뿌리내린 현상으로, 그 문화를 더욱더 강하게 지배하는 것은 대기업, 정부, 군대의 관료제 기구이고, 인공물, 도구류, 기계류가 하는 중심 역할이다. 이 관료제 산업주의는 인간을 사물로 변모시키는 경향을 갖고 있다. 자연을 기술 장치로 바꾸고, 생명력이 있는 것을 생명력이 없는 것으로 바꾸는 경향을 갖고 있다.

이 파괴와 기계 사랑, 그리고 여성 멸시(여성은 남성에게는 생의 발현이고, 그것은 남성이 여성에게 생의 발현인 것과 똑같다)의 가장 빠른 표현 가운데 하나는 이탈리아 파시즘의 지적 선구자인 필리포 마리네티의 〈미래파 선언〉(1909)에서 찾을 수 있다.

······4. 우리는 세계의 장대함을 풍요롭게 한 것은 새로운 아름다움, 즉 속도의 아름다움이라고 선언한다. 폭음처럼 숨을 토해 내는 뱀 같은 굵은 관으로 틀을 꾸민 경주용 차······ 기관총 소리처럼 크게 울리는 소리를 내며 내달리는 것 같은 경주용 자동차는 사모트라케의 니케[7]보다도 아름답다.

······5. 우리는 운전대를 잡은 남자를 노래한다. 그의 상상(想像) 속에서만 존재하는 축은 원궤도를 그리며 돌진하는 지구를 관통한다.

······8. '불가능'이라는 신비로운 여닫개를 반드시 열어야 할 순간에 뒤를 돌아보는 것이 무슨 쓸모가 있다는 것인가? 시간과 공간은 어제 죽었다. 우리는 이미 절대 안에 살고 있다. 이미 영원한, 늘 존재하는 속력을 낳았으므로.

······9. 우리는 전쟁—세계를 치유하는 유일한 것—군국주의, 애국심, 무정부주의자의 살상 무기, 아름다운 살인 사상, 여성을 멸시하는 것을 찬양하고 싶다.

······10. 우리는 박물관, 도서관을 파괴하고 싶고, 도덕주의, 여성해방론, 모든

---

7) 에게해 사모트라케섬에서 출토된 승리의 여신상. 헬레니즘 시대를 대표하는 걸작으로 평가된다.

기회주의자와 공리주의를 주장하는 비열함과 싸우고 싶다.

사실 인간 가운데 생명을 사랑하는 자와 죽음을 사랑하는 자의 차이만큼 큰 차이는 없다. 죽음을 사랑하는 것은 인간만이 획득한 성질 가운데에서도 본보기가 될 만한 것이다. 인간은 따분할 수 있는 유일한 동물이고, 죽음을 사랑할 수 있는 유일한 동물이다. 무력한 사람(성적 무능력자를 말하는 것이 아니다)은 생명을 낳을 수 없지만, 생명을 파괴하고 그로써 생명을 초월할 수 있다. 살아 있는 동안에 죽음을 사랑하는 것은 더할 나위없이 어그러진 것이다. 정말로 죽음을 사랑하는 인물도 있다. 그들은 전쟁을 환영하고 촉진한다. 다만 대부분은 자신의 동기를 깨닫지 못하고 삶, 명예, 또는 자유에 대한 봉사로 욕구를 합리화하지만……. 그들은 아마도 소수자일 것이다. 그러나 삶이냐 죽음이냐의 선택을 한 적이 없고, 바쁘다는 핑계로 그것을 얼버무리는 사람은 많다. 그들은 파괴를 환영하지 않지만, 생명을 반기지도 않는다. 정력적으로 전쟁에 반대하기 위해 필요한 생명의 기쁨이 결여되어 있다.

괴테가 일찍이 한 말인데, 역사상의 다양한 시대를 근본적으로 구별하는 것은 신뢰와 불신의 차이이다. 또 괴테는 이렇게 덧붙였다. 신뢰가 지배하는 모든 시대는 눈부시고 고양되고 풍요로웠지만, 불신이 지배하는 시대는 모두가 빈껍데기에 몸을 바치기를 원하지 않으므로 사라져 버린다고. 괴테가 말하는 '신뢰'는 생명 사랑에 깊이 뿌리내리고 있다. 생명을 사랑하는 조건을 낳는 문화는 신뢰의 문화이기도 하다. 이 사랑을 낳지 못하는 문화는 신뢰도 낳을 수 없다.

버트런드 러셀은 신뢰의 인간이다. 그 저서를 읽고 평화를 위한 활동을 지켜보면, 그가 품고 있는 생명 사랑은 그라는 인간 전체를 움직이는 원동력처럼 생각된다. 그는 생명을 사랑하고 그 모든 형태와 발현을 사랑하기에, 마치 예언자들처럼 다가오는 파멸을 세세에 경고한다. 그런 점에서도 그는 예언자와 닮아서 역사와 관련된 미래는 이미 결정되어 있다고 주장하는 '결정론자'는 아니다. 그는 '선택론자'로서 결정되어 있는 것은 어떤 한정된, 확인할 수 있는 선택임을 잘 알고 있다. 우리의 선택은 핵무장 경쟁을 그만두느냐, 아니면 파괴되느냐이다. 이 예언자의 목소리가 파멸과 권태의 목소리를 이길지 아닐지는 이 세계, 특히 젊은 세대에게 얼마만큼의 생명력이 남아 있는가에 달려 있다. 우리가 멸망한다고 해도, 그 경고를 듣지 않았다고 주장할 수는 없다.

4. 세계에 영향을 미치는 인간철학으로서의 인본주의

특히 유럽, 미국, 라틴 아메리카에서 최근 10년 동안 가장 주목할 만한 발전은 인본주의의 재생이다. '인본주의'와 '르네상스'의 관계는 보통은 반대이다. 르네상스의 인본주의라는 표현을 하는 것이다. 게다가 사실 인본주의의 정의—내 생각에는 좁은 것이지만—가 있는데, 그에 따르면 인본주의란 정확하게는 15세기 및 16세기의 그리스, 히브리, 라틴의 고전 학문과 언어로 가는 복귀 활동을 가리킨다. 세계적 인간철학으로서의 인본주의의 정의는 이것과 전혀 다르다. 르네상스기에 한 정점에 다다랐지만, 2500년의 전통을 가진 서양의 예언자와 동양의 불교로 시작하는 세계적 인간철학이다.

이 인본주의의 주요 원리는 무엇인가? 인본주의 철학은 다음과 같이 특징지을 수 있다. 첫째로 인류는 하나라는 신념, 즉 인간으로서의 성질로 우리 모두에게서 발견되지 않는 것은 없다는 신념이다. 둘째로 인간 존경의 강조이다. 셋째로 자신들을 성장시키고 완성하는 인간 능력의 강조이다. 그리고 넷째로 이성, 객관성, 평화의 강조이다. 폴란드 철학자 아담 샤프(Adam Schaff)는 저서 《마르크스주의와 개인으로서의 인간(*Marxism and the Human Individual*)》[1]에서 또 다른 표현을 하고 있다. 그는 인본주의를 "인간을 최고의 선으로 인식하고, 인간의 행복을 위한 최고의 조건을 현실에 낳고 싶어하는 사색 체계"라고 했다.

이 인본주의 철학이 다양한 시대의 문화 속에서 어떻게 표현되어 왔는가를 살펴보자.

먼저 불교의 인본주의이다. 고전 불교는 오늘날이라면 실존주의 철학이라고 불릴 텐데, 인간이라는 존재의 진실된 상태 분석에서 시작해 마지막으로 다다르는 것은, 인간이라는 존재에게는 반드시 고통이 따르며 이 고통을 없앨 방법은 탐욕을 버리는 것밖에 없다는 생각이다. 이 견해에는 인간의 일반 개념

---

1) 유럽에서 독일어판과 폴란드어판이 출판되었다. 영어판이 1966년 끝무렵에 미국에서 출판될 예정(McGraw—Hill Paperback Series).

이 있고, 인간성의 본보기가 있으며, 동시에 불교가 인간의 문제라고 보는 것, 즉 인간의 고통에 대한 답이 있다.

또 다른 분야의 인본주의 철학을 《구약성서》에서 찾을 수 있다. 〈이사야〉(제19장 23~25절)에 따르면, "그날에 이집트에서 아시리아로 가는 큰길이 트여…… 그날에 이스라엘은 이집트와 아시리아 다음의 셋째 번 나라가 되어 세상에서 복을 받으리라. 만군의 야훼께서 복을 주시며 이르시는 말씀을 들어라. '복을 받아라. 내 백성 이집트야, 내가 손수 만든 아시리아야, 나의 소유 이스라엘아!'" 이것은 보편성 정신과 사고 중심으로서의 한 인간에 대한 개념의 본보기이다. 《구약성서》에는 특히 인본주의 사상으로서 이웃을 사랑하라는 개념(이조차도 매우 어렵다는 것은 모두가 알고 있다)과 이것을 훨씬 뛰어넘는 개념—완전한 남, 즉 혈연도 지연도 없는 사람을 사랑하는 것—이 있다. 《구약성서》에서는 말한다. "몸붙여 사는 사람들을 학대하지 말라. 너희도 이집트 땅에서 몸붙여 살아보았으니, 몸붙여 사는 자의 심정을 잘 알지 않느냐?"(《출애굽기》 제23장 9절) 이 말은 곧, 인간이 다른 사람을 이해하는 데에는 다른 사람의 경험을 그 자신이 어디까지 경험해 보았는가에 달려 있다는 뜻이다. 또 우리는 모두 같은 인간으로서의 경험을 공유하고 있다는 뜻도 담겨 있다. 그러므로 우리는 서로 이해할 수 있다.

같은 사상이 "원수를 사랑하라"(《마태오의 복음서》 제5장 44절)는 계율에 의해 그리스도교 사상으로 계승된다. 95퍼센트의 사람들이 신의 존재를 믿는다고 터놓고 말하는 사회에서 베트남 전쟁 보도의 대부분이 오늘은 베트콩을 몇 명 죽였나 하는 보도라고 한다면, 그것은 모순된 사회 비판이 될 것이다. 이것은 종교가 거의 완전히 이념처럼 되어 버린 그리스도교 문화의 모순이다. 그리스도교 내부에서는 그리스도의 관념 자체가 당연히 인본주의 정신의 표현이었다. 르네상스기 최대의 신학자인 쿠사의 니콜라우스는 인본주의를 대표하고, 크레온은 인간이 만든 비인간적인 법을 대표한다.[2]

로마의 훌륭한 인본주의자 키케로는 이렇게 쓰고 있다. "이 모든 우주는 신들과 인간으로 이루어진 하나의 공동체라고 봐야 한다." 키케로가 생각한 인간 공동체는 국제연합(UN) 같은 것과는 전혀 다르다. 그것은 여기에 아름답게

---

2) 안티고네는 크레온의 금지령을 어기고 오빠의 시체를 매장했다가 벌을 받는다.

표현되어 있듯이 훨씬 근본적이고 훨씬 위대한 개념이다.

르네상스기 인본주의의 위인들—에라스뮈스,[3] 피코 델라 미란돌라,[4] 포스텔,[5] 그 밖에 많은 사람들—에 의해서 인본주의는 '인간 본디의 성질'을 강조하는 개념이 되었고, 자기를 온전히 발휘하여 잠재적인 자기 자신이 되는 것을 근본된 일로 삼는 전체적 인간, 완전한 인간을 강조하는 개념이 되었다. 이처럼 인간이 가진 가능성을 실현해야 한다는 르네상스기의 생각에 자극받아 새로운 종류의 인본주의 사상이 시작된다. 그것은 이전의 인본주의와 무관하지는 않지만 어떤 한 측면을 더 강조한다. 르네상스기 인본주의 사상가들에게 더 중요했던 것은 이성(理性)의 강조이고, 무엇보다도 평화의 강조였다. 그들은 그 무렵의 두 파, 즉 개신교와 가톨릭 사이에 존재하는 광신 풍조를 깨달았다. 합리성이 없는 감정이 끼어 있음을 알았다. 그리고 전쟁을 막으려고 했지만 실패했다. 30년 전쟁은 정신적으로도 물질적으로도 유럽에 중대한 파국을 가져왔지만, 그 그늘에는 객관적인 사고의 풍조를 낳음으로써 전쟁을 막으려고 했던 인본주의 철학자들의 공허하지만 필사적인 노력이 있었다.

17세기부터 19세기에 걸친 계몽주의 철학에 대해서는 몇 명의 이름을 드는 것만으로 좋을 것이다. 바로 스피노자, 로크[6], 레싱[7], 프로이트, 마르크스이다. 그러나 유럽 최대의 인본주의자는 괴테이다. 1814년에 괴테는 이렇게 썼다. "독일국민에게는 아무런 가치도 없지만, 개인으로서의 독일인은 중요하다. 하지만 세간에서는 그 반대를 진실인 것처럼 여긴다. 그들이 가진 모든 장점을 온전히 발전시켜 인류에 이바지하기 위해서는 독일인은 유대인처럼 세계로 흩어져야 한다."

만일 오늘날의 독일에서 이런 말을 했다면 그것은 범죄이고 모반에 가까운 일로 다루어질 것이며, 다른 대부분의 나라 국민들에게도 비난받을 것이다. 괴테를 한 번 더 인용하겠다. 나폴레옹이 이른바 '해방을 위한 전쟁'을 하고 있던 1814년에 쓴 어느 책으로부터이다. "이 나라의 젊은이들은 군대에 들어가는

---

3) 네덜란드 학자 Desiderius Erasmus(1466~1536). 대표작 《우신예찬》.
4) 이탈리아 학자 Giovanni Pico della Mirandola(1463~1494). 대표작 《인간의 존엄에 관하여》.
5) 프랑스 학자 Guillaume Postel(1510~1581). 대표작 《세계의 조화에 관하여》.
6) 영국 철학자 John Locke(1632~1704). 대표작 《인간 오성론》.
7) 독일 극작가·평론가·사상가 Gotthold Ephraim Lessing(1729~1781). 대표작 《라오콘》.

것을 아주 좋게 생각한다. 그것은 그야말로 매력 있는 직업이다. 특히 그 덕분에 완전한 애국자라는 평판을 얻을 수 있으니 더욱 그렇다."

인본주의의 본질, 즉 우리 한 사람 한 사람 안에 인간성의 모든 것이 있다는 생각은 르네상스기에도 그 이전에도 찾아볼 수 있지만, 그것을 가장 분명히 명제로 규정한 인물은 괴테였다. "인간은 자신 안에 개인으로서의 특성뿐만 아니라 모든 가능성을 가진 인간성의 모두를 갖고 있다." 프로이트는 어떤 뜻에서는 괴테의 이 인본주의 사상을 실행에 옮겼다. 정신분석(즉 다른 사람 내면의 무의식을 이해하고자 하는 시도)은 모두 다른 사람의 무의식 안에서 찾아볼 수 있는 것은 자신의 안에도 살아 있다는 것을 전제로 하기 때문이다. 우리가 모두 조금씩 미쳐 있고 조금씩의 악과 조금씩의 선을 갖고 있지 않다면, 즉 우리가 모두 인간 안에 존재하는 선과 악을 포함한 모든 가능성을 자신의 안에 갖고 있지 않다면, 다른 사람의 마음속에 있는 무의식에 가깝고 규범이나 형식에 얽매이지 않는 내용을 어떻게 이해할 수 있겠는가? (물론 나는 이해를 말하는 것이지, 교과서에 따라서 해석하는 것을 말하는 게 아니다.)

전(前)세기 마지막의 위대한 인본주의자는 마르크스이다. 그는 《경제학철학수고》에서 이렇게 썼다. "인간은 자신의 주인이 되지 않는 한, 자신을 독립된 존재라고 보지 않는다. 그리고 자신의 주인이 되는 것은 자신의 힘으로 생존할 수 있는 경우만이다. 다른 사람의 정에 의존해서 사는 사람은 자신을 종속된 존재라고 생각한다." 자기의 여러 방면에 걸친 존재를 모두 포괄하듯이 혼자 차지함으로써 전체적 인간이 되었을 때 인간은 비로소 독립한다. 이 점에서 마르크스는 괴테나 르네상스기 철학자들과 밀접한 관계를 갖는다. 그러나 마르크스가 다른 누구보다도 강조한 것은 독립이고, 다른 누구에게도 의지하지 않는 삶이며, 그가 때때로 사용한 용어를 쓴다면 '자기능동성(self—activity)'이다. 여기서 '능동성'이 뜻하는 바는 뭔가를 하거나 바쁘게 하는 것이 아니라 내적 생산성의 과정으로, 이것은 아리스토텔레스나 스피노자의 개념과 매우 비슷하다. 마르크스는 이것을 또 다른 말로 표현하고 있다. "만일 당신이 누구를 사랑하면서 그 상대가 당신을 사랑하지 않는다면…… 만일 당신이 사랑하는 인간으로서의 자신을 표현함으로써 자신을 사랑받는 인간으로 만들지 못한다면, 그때 당신의 사랑은 불능의 사랑이며 하나의 불행이다." 이것이 마르크스가 한 말이라는 것을 모르는 독자라면 불교나 르네상스기에서 그 출전을 찾을지도 모른다. 불행하게도 마르크스는 미국뿐만 아니라 소련에서도 거의 비슷한 오해를 받고 있으며, 인본주의자로서의 측면은 특히 널리 알려져 있다고 할 수 없다.

내용을 추려서 말하자면, 인본주의는 인간에게 가해지는 위협의 반작용으로서 일어난 것이다. 오늘날 우리는 인간이라는 존재를 위협하는 것이 매우 중대해진 시기에 살고 있다. 먼저 이것은 누가 봐도 뚜렷한 것일 텐데, 핵전쟁 준비 증강으로써 육체로서의 인간이라는 존재 자체를 위협한다. 그러나 그 밖에도 위협은 있다. 그것은 정신과 관련된 존재로서의 인간을 위협하는 것이다. 산업사회—자본주의 사회이건 공산주의 사회라 일컬어지는 곳이건 다르지 않다—에서는 인간은 갈수록 더 사물이 되고, 소비인이 되며, 질릴 줄 모르는 구매자가 된다. 모든 것은 소비 물자로 바뀐다. 인간은 소외되고, 하이데거의 표현을 쓰자면 '나'가 아니라 차츰 더 일개의 '세인(世人)'이 되어버린다. 더욱더 조직인이 되고, 사물이 되며, 살아 있는 것이라는 자신의 인간성 본질 자체를 잃을 위험에 있다.

최근 10년 동안 새로운 인본주의 운동, 또는 인본주의의 르네상스가 일어난 것은 바로 이런 위험을 반대하는 작용으로서였다. 게다가 흥미롭게도 그것은 모든 이념 진영에서 일어났다. 가톨릭교회에서도 새로운 인본주의를 요하네스 23세가 크게 조장하고 격려하는 것을 볼 수 있다. 샤르댕[8]의 이름을 들고, 카를 라너(Karl Rahner)와 같은 가톨릭 신학자의 이름을 드는 것만으로도 이 인본주의 운동이 얼마나 활기 있는 것인지를 알 수 있을 것이다. 개신교회 안에도 비슷한 운동이 있다. 알베르트 슈바이처는 개신교 인본주의의 최대 대표자 가운데 하나이다. 또 그렇게 유명하지는 않지만, 마르크스주의 안에서도 비슷한 르네상스가 보인다. 그러나 소련에서는 보이지 않는다. 아니 있더라도 공표되지 않고 알려지지도 않아서 있다 없다를 말하기 어렵다. 하지만 유고슬라비아, 폴란드, 체코슬로바키아, 헝가리와 같은 작은 사회주의 국가들에는 그것이 있다는 것이 분명하다. 동유럽의 마르크스주의 내부에 있는 인본주의의 르네상스를 체현한 많은 사람들 가운데에서 아담 샤프와 죄르지 루카치[9] 두

---

8) 프랑스 자연과학자·신학자 Pierre Teilhard de Chardin(1881~1955).
9) 헝가리 철학자·문학가 György Lukács(1885~1971).

사람만 들겠다.[10]

가톨릭의 인본주의자, 개신교 인본주의자, 마르크스주의 인본주의자 등 저마다의 개념이 꽤나 다른 것은(이것은 마르크스주의자 자신들 가운데서도 마찬가지이지만) 틀림없는 사실이다. 그렇지만 공통점도 대단히 많다. 먼저 저마다 일치해서 다음의 점을 강조하고 있다. 즉 사상과 관련된 개념만이 중요한 것은 아니다. 곧 그 배후에 있는 인간 경험도 중요하다는 것이다. 왜냐하면 사상과 관련된 같은 개념이라도 가장 다른 인간으로서 처한 현실을 표현하거나 감출 수 있고, 사상과 관련된 정반대의 개념이라도 같은 인간으로서 처한 현실의 표현이 될 수 있기 때문이다. 바꿔 말하면 철학과 관련되었건 정치과 관련되었건 신학과 관련되었건 사상과 관련된 개념에 의해 어떤 태도를 표현하는 것은 중요하지만, 그것이 뜻을 가지려면 그것을 말하는 인물의 현실 경험과 그 개념을 대조해 확인해야 한다. 사상과 관련된 개념은 그 자체는 별 볼 일 없다. 누구나 외국어를 배우듯이 그것을 배울 수 있다. 잘하는 사람도 있고, 그렇지 않은 사람도 있다. 그러나 일상생활에서의 행동—전쟁과 평화에 대해서, 이웃에 대한 태도에서, 말로 하는 것보다 훨씬 충실하게 인간을 표현하는 많은 행위에서—이 인간과 관련된 실질에 뿌리내리고 있지 않으면 개념은 말에 지나지 않는다. 그러므로 신조 및 개념이라는 관점에서 가장 다른 진영에 속해 있어도 인본주의자는 서로 간에 다른 점보다는 공통점을 많이 발견한다. 저마다의 준거틀을 유지하더라도 서로를 매우 잘 이해한다.

오늘날의 새로운 인본주의에 공통되는 두 번째 요소는 인간과 그 온전한 발달에 대한 관심이고, 육체 절멸뿐만 아니라 산업사회가 가져오려고 하는 정신의 죽음으로부터도 인간을 구하는 것에 대한 관심이다.

오늘날 모든 진영의 인본주의가 주로 강조하는 것이 평화이고, 광신의 회피이며 광신이 가져오는 결과—세계를 파괴하기 위해서 미친 듯이 준비하는 것—의 회피라는 것도 놀랍지 않다.

인본주의자들 사이에는 많은 공통점이 있기에 상호 대화가 늘어났다. 그것

---

10) 에리히 프롬 편저 《사회주의에 근거한 인본주의에 대한 국제 학술토론회(*SOCIALIST HUMANISM : An International Symposium*)》(Doubleday, 1965). 미국 및 (비교적 작은 사회주의국가들을 포함하는) 유럽의 마르크스주의자들이 쓴 논문집. 1966년 끝무렵에 지장본으로 간행 예정(Anchor Books).

도 결코 중세에 행해졌던 것 같은 논쟁이 아니라 진짜 대화이다. 이를테면 노트르담 대학에서 열렸던 회의에는 유럽에서 마르크스주의자들도 참석했고, 개신교 및 가톨릭 신학자들도 참석했다. 작년에는 오스트리아의 잘츠부르크에서 이런 회의가 두 번 열렸다. 앞으로 더욱 자주 열리겠지만 이런 풍조를 조장하는 것이 바티칸회의[11]의 정신이고, 또 작은 사회주의국가들의 마르크스주의자들 사이에 커지고 있는 인본주의 문제, 인간의 문제에 관심을 돌리는 경향이다.

분명 현대 인본주의에는 다양한 형태가 있고 저마다 다르다. 현대의 가톨릭 및 개신교의 인본주의는 똑같이 사랑, 관용, 평화를 강조하지만 그것은 유신론의 준거틀 안에서이며, 거기에서는 이런 목적이나 가치를 보장하는 것은 신의 존재 자체라는 것이 똑똑히 나타나 있다. 실존주의를 앞세운 인본주의를 가장 목청 높여 부르짖는 대표자는 사르트르인데, 이것은 인간의 완전한 자유를 강조하면서도 많은 절망을 내포하고 있고, 내 생각에는 부르주아 성향을 지닌 자기중심주의도 내포하고 있다. (물론 이 비판에는 많은 반대가 있을지도 모른다.) 그러나 사르트르의 실존주의가 오늘날의 인본주의 철학의 일부분을 형성하는 것에는 의심의 여지가 없다.

사회주의 성향을 지닌 인본주의가 표명하고 있는 두 가지 측면에 초점을 맞춰 보자. 첫 번째 측면은 샤프 교수의 저서에 아주 분명하게 표현되어 있다. 그는 사회주의 성향을 지닌 인본주의에서 다음 요소를 강조한다. 사회주의 성향을 지닌 인본주의가 그리는 인간상은 유신론의 준거틀이 없는 자율성을 갖는 것이라는 것, 그것은 싸우는 인본주의, 즉 정치를 지향하는 인본주의라는 것, 신앙을 갖기 때문이 아니라 신념을 갖기 때문에 낙관하는 인본주의라는 것. (폴란드와 같은 나라에서는 주로 싸움이 마르크스주의자와 가톨릭교회 사이의 싸움이므로, 폴란드인 저자가 교회로부터의 분리를 강조하는 점은 이해가 간다.) 샤프가 강조하는 또 다른 측면은 이웃 사랑이고, 자기중심주의를 부정하는 것이며, 다른 사람의 행복을 위해 노력하는 것에서 행복을 발견하는 것이다. 여기에서는 19세기의 부르주아 성향의 사고가 지닌 색깔이 조금 느껴지며, '최대 다수의 최대 행복'을 연상시킨다. 그러나 자기중심주의를 버린다는 면에

---

11) 1962년부터 66년에 걸쳐서 로마교황이 전 세계 300명의 성직자들을 모아서 열렸던 회의로, 민족차별을 비난하고 종교의 자유를 인간의 기본권으로 선언했다.

서는 훨씬 심오하며, 오히려 지난 여러 세기의 부르주아 성향의 사고와는 두드러진 대조를 보인다. (물론 일반 사람들에게 불행을 가져다주는 사회조건을 없애는 것은 마르크스주의 성향을 지닌 인본주의의 실제적이고 정치와 관련된 측면이다.)

하지만 결정적인 물음은 '다른 사람의 행복을 위해서 싸운다'는 것은 어떤 뜻인가 하는 것이고, 이것이 내가 논하고자 하는 두 번째 측면이다. 행복이란 무엇일까? 그것은 주관에 따라 정의해야 하는 것일까? 자신이 원하는 일을 하는 게 행복일까? 그렇다면 과학 성애자는 맞으면 행복할 테고, 가학 성애자는 때릴 수 있다면 행복할 것이다. 마약중독자는 마약이 있으면 행복할 것이다. 만일 모든 인간에게 원하는 것을 준다는 주관적인 의미로 행복을 정의한다면, 도덕의 영역에서 문자 그대로 자유방임주의 이론이 되어 행복 따위는 뜻없는 것이 될 것이다. 객관적인 말로 정의할 수 있는 것이 없어서 이런 행복은 최악도 최선도 될 수 있기 때문이다.

그러나 인생의 목적은 객관적으로 타당한 말로 정의되는 것일까? 그렇다고 한다면 전통 종교나 스탈린 체제로까지 돌아가 버리는 것은 아닐까? 무엇이 아름다운지, 무엇이 선한지, 인간은 무엇을 구하고 노력해야 하는지를 교회나 국가가 결정하는 시대로까지 말이다. 거기에서 아주 중대한 문제가 생긴다. 이런 어쩔 수 없는 모순—국가나 교회가 통제하는 가치 체계가 강요되는 시대로 돌아가지 않고 객관적으로 타당한 가치에 다다르는 것—을 조화롭게 만들 방법은 있는가? 이런 물음은 샤프 교수에게 동의하느냐 아니냐와 관계없이 대부분의 인본주의자에게 공통된 물음이다.

우리는 다음의 원칙을 인정해야 한다. 즉 독단이나 폭력이 있어서는 안 된다는 것, 그리고 유신론(有神論)과는 거리가 먼 인본주의의 개념인 한 사상이나 가치는 신을 믿고 받드는 것에 바탕하지 않았다는 것. 다른 사람에게 해를 끼치지 않는 한, 마약중독이건 어떤 종류의 성과 관련된 행동이건 사람들이 욕구를 충족시키는 것을 가로막기 위해서 폭력을 써서는 안 된다. (나는 특히 섹스를 문제시하지 않는다. 섹스는 그렇게 대단한 해는 끼치지 않는다.) 생각건대 문제는 욕구의 만족을 금기로 여기거나 금지하는 것이 아니라 인간에게 자극을 주고 진짜로 인간다워지고자 하는 욕구, 즉 발달해서 능동적으로 사는 인간이 가진 욕구를 키워주는 것이다. 인간다워지고자 하는 욕구를 키움으로써 진보할 수 있다. 그것은 이미 존재하는 욕구의 충족을 규제함으로써 기르는 것이 아니다. 그래서는 전혀 효과가 없다.

욕구는 어떻게 자극할 수 있는가? 두 가지 기본 방법이 있을 것이다. 첫째는 우리의 인본주의 전통을 진지하게 받아들임으로써이다. 이렇게 말하는 까닭은 오늘날에는 완전히 진지하게 받아들이고 있지 않기 때문이다. 전통에 대해서 우리가 말하는 것은 대부분 설교이자 이념으로, 인생의 사실을 반영하고 있지 않다. 문제는 우리 인본주의의 전통—인류가 경험한 최고 시대인 이 2500년의 전통—이 우리가 실행하고 있는 삶의 방식에 도전하는 것이 될 수 있느냐 아니냐이다. 그리고 둘째로 나는 사회주의자이기 때문에, 인간의 욕구를 자극할 수 있는 것은 오직 다른 사회 관습과 조직, 다른 사회적 분위기라고 믿는다.[12]

다음 문제는 어떤 인간으로서의 목표나 어떤 인간으로서의 가치가 타당하다는 것을 신이나 계시, 또는 단순한 전통에조차 근거하지 않고 어떻게 결정할 것이냐 하는 점이다. 생각건대 그것은 인간존재의 조건을 검토함으로써, 인간존재의 본질된 모순을 분석함으로써, 그리고 어떻게 해서 그 모순에 가장 적절한 해결을 줄 수 있는가를 분석함으로써 할 수 있다. 이 일은 2500년 전에 불교가 가장 효과 있게 해냈다. 불교가 내린 결론에는 찬성도 있고 반대도 있을 것이다. 어쨌거나 오늘날 불교는 거의 오해받고 있다. 그러나 불교가 인간이라는 존재를 이해하고, 그 문제를 알고 대답을 찾기 위한 전혀 신화의 특성이 배제된 이치에 맞는 시도였다는 것은 분명하다. 더 나은 대답이 있을지도 모르지만, 방법론의 관점에서 말하면 객관적이고 이치에 맞게 분석된 것은 그것이 처음이었다.

더 구체적으로 말하면, 이런 형태의 인본주의의 대답과 가치는 다음에서 말할 방법에 있다고 생각한다. 스피노자, 괴테, 또는 마르크스의 관점에서 자신을 능동적으로 파악한 생산적 성격에는 더할 수 없이 높은 가치가 있다. 이것은 소비인, 즉 오늘날 생산사회의 균형을 이루는 성격구조인 만족을 모르는 젖먹이와는 정반대이다. 더구나 인간은 사랑과 이성을 발달시키게도 될 것이다. 그리고 또 다른 더할 수 없이 높은 가치는 인간의 초월 능력이다. 이것은

---

12) 에리히 프롬 《건전한 사회》.

신학과 관련된 논의에서 널리 쓰이는 말이다. 인간은 온전히 인간이 되기 위해서는 자신을 초월해야 한다고 말한다. 그리고 이 '인간을 초월한' 것을 신이라고 정의한다. 그러나 인간 경험에 대해서 말할 때는 신의 개념이 전혀 필요 없다. 그리고 물음은 다음과 같이 된다. 인간은 자아를 버릴 수 있는가? 개별 존재로서의 자신이라는 감옥에서 벗어날 수 있는가? 자신을 공허하게 만들 수 있는가? 세계를 향해 자신을 열 수 있는가? 신비사상가들이 표현하듯이 자신을 채우기 위해 공허해질 수 있는가? 부유해지기 위해 가난해질 수 있는가? 또는 마르크스가 가끔 쓴 표현을 빌린다면 "중요한 것은 많은 것을 갖는 것도 많은 것을 쓰는 것도 아니라, 많은 것이다." 가장 급진된 형태가 된다면 무신론에 근거한 신비사상이라고도 해야 할 것, 즉 실제로는 선(禪)에서도, 또 선과는 아무런 관계도 없는 많은 서양 철학자들에게서도 찾아볼 수 있는 신비사상에 다다를 것이다. 이것은 세계와의 일체감으로서 설명할 수 있을 텐데, 개념이라는 의미에서 신의 신앙에 바탕을 두는 것은 아니다. 그렇지만 그것은 같은 체험을 다른 개념이나 말로 표현한 그리스도교, 유대교, 또는 이슬람교의 신비사상가들과 그리 다르지 않다.

한 가지 더 말해야겠다. 이런 인본주의는 모두 엄밀한 가치의 계층을 가져야 한다는 것이다. 그것이 없다면 다른 무엇도 의미를 잃게 된다. 이것은 이념에 근거한 계층이 아니라 진짜 계층이다. 피아니스트가 되고 싶어서 매주 30분씩 연습하는 사람은 바보라고밖에 할 말이 없다. 그렇게 인본주의의 여러 가치에 다다르고 싶어하면서도, 그것을 다른 가치와 비교해서 훨씬 훌륭한 것으로서 존중하지 않는 사람은 자신을 속이고 있다고 말할 수 있다. 세속의 관점에서는 결코 바보가 아니겠지만, 신과 카이사르 가운데 누구를 택할지(이것은 신학에 근거한 표현이긴 하다)[13]를 결심하지 않으면 그는 아마도 카이사르에게 몸을 팔게 될 것이다. 절대 신을 택하지는 않을 테고, 발달한 인본주의 체계에 포함되는 신과 같은 가치를 택하지도 않을 것이다.

19세기에 니체는 신이 죽었다고 선언했다. 오늘날에는 많은 개신교 신학자가 같은 말을 한다. 대부분의 사람들에게 그것은 아마 진실일 것이다. 그러나 오늘날의 문제는 신이 죽었느냐 아니냐가 아니다. 문제는 인간이 죽었느냐 아

---

13) "카이사르의 것은 카이사르에게 돌리고 하느님의 것은 하느님께 돌려라." 〈마태오의 복음서〉 제22장 21절.

니냐이다. 즉 인간이다. 그것도 이제는 육체가 아니라—이것도 절박하지만—정신이 죽었느냐 아니냐이다. 인간은 이미 로봇이 되어버렸지 않은가? 또한 갈수록 더 그렇게 되고 있지 않은가? 그리고 결국 완전히 공허해지고 생명력을 잃어버리지 않았는가? 새로운 인본주의는 형태는 다양하지만, 인간을 죽게 해서는 안 된다는 결의라는 관점에서는 일치하고 있다. 가톨릭도 개신교도 신을 죽이지 않도록 주의하고 있지만, 먼저 인간의 죽음을 막도록 노력한다는 점에서 다른 모든 인본주의자와 일치한다.

악에 항의하는 것만이 중요한 것은 아니다. 오늘날 악이 너무 많아서, 분명 항의할 기회는 누구에게나 있다. 그러나 잠시 상상해 보기 바란다. 만일 인종 문제도 없고 베트남 전쟁도 없었다면 어땠을까 하고. 여러분은 어떤 삶을 살고 있을까? 항의가 필요하기는 하지만, 그것이 인간 능동성의 유일한 형태가 아님을 알아야 한다고 나는 생각한다. 그리고 젊은 세대에게 결정적으로 중요한 것은 준거틀, 방향성, 헌신성을 어디에서 찾을 수 있느냐, 더욱이 부르주아 사회의 그것처럼 완전히 주관에 따른 것도 아니고, 종교의 그것처럼 교의와 교의를 떠받치는 조직에 의해서 규정된 것이 아니라 인본주의의 관점에서 풍요로운 생명을 가져다주는 가치를 택할 수 있는 것을 어디에서 찾을 수 있느냐를 생각하는 것이라고 생각한다. 우리는 자신의 인간존재와 관련된 정신의 모든 문제에 맞닥뜨리기를 두려워해서는 안 된다.

5. 인간의 승리를 향해서

　중세 세계가 크게 갈라지고 열렸을 때, 서양인들은 가장 절실한 꿈과 전망의 최종 실현을 향해서 걸음을 내디딘 듯이 보였다. 그는 전체주의를 지향하는 교회의 권위나 전통에 근거한 사고의 중압이나 반쯤 드러난 지구의 지리상 한계로부터 자신을 해방했다. 자연을 발견하고, 개인을 발견했다. 자신의 힘을 의식하고, 자연 및 전통적 환경을 지배하는 능력을 의식했다. 새롭게 태어난 힘의 감각과 합리성과 인본주의 정신 전통의 정신적 가치의 종합, 그리고 평화와 정의의 메시아 시대가 역사라는 과정 속에서 인류에 의해 이룩된다는 예언자 사상과 이론에 충실한 사고에 근거한 그리스 전통의 종합을 이룰 수 있다고 믿었다. 그는 르네상스와 종교개혁에 이어지는 여러 세기에 새로운 과학을 세웠고, 그것이 결국은 전대미문의 생산력 증대와 물질세계의 완전한 변모를 가져왔다. 개인의 자유롭고 생산적인 발달을 보장하는 것처럼 보이는 정치 체제를 낳았다. 노동시간이 대폭 줄어든 결과, 서양인들은 조상들이 꿈도 꾸지 못했을 정도의 여가를 자유롭게 즐기고 있다.

　그러나 우리의 현재는 어떠한가?

　세계는 자본주의와 공산주의의 두 진영으로 나뉘어 있다. 두 진영 모두 대대로 이어져 내려온 인간의 희망을 실현하는 열쇠는 자신들이 쥐고 있다고 믿는다. 두 진영 모두 공존해야 하지만, 서로의 체제는 양립하지 않는다고 주장한다.

　그들의 주장이 옳은 것일까? 두 진영 모두 하나가 되어 새로운 산업적 신봉건주의, 즉 커다랗고 강력한 관료기구에 이끌리고 조작되는 산업사회—개인이 로봇이 되어 식량도 오락도 충분히 제공받고, 개성도 독립성도 인간성도 잃어버리는 사회—에 흡수되는 과정에 있는 것은 아닐까? 우리는 자연을 지배해서 더 많은 물건을 생산할 수 있지만, 연대와 정의의 새로운 세계에 대한 희망을 버려야 한다는 사실, 그리고 '진보'라는 공허하고 기술과 관련된 개념이

이 이상을 집어삼킨다는 사실을 받아들여야만 하는 것일까?

자본주의와 공산주의라는 관리를 앞세우는 산업주의를 대신할 길은 없을까? 산업사회라도 개인이 능동적이고 책임 있는 구성원으로서 환경에 제어받지 않고 반대로 제어하는 사회를 구축할 수는 없을까? 경제와 관련된 부와 인간다운 성취는 정말로 양립하지 않는 것일까?

두 진영은 경제와 정치로써 대립하고 있을 뿐만 아니라 서로 경계하고 있다. 그것은 모든 문명까지는 아니지만 두 진영을 다 없애버릴 핵공격을 지나치게 두려워하기 때문이다. 사실 인간은 원자폭탄을 낳았다. 그것은 인간의 지식이 만들어 낸 가장 큰 업적의 하나가 가져온 결과이다. 그러나 인간은 자신의 창조물을 지배하는 힘을 잃어버렸다. 원자폭탄이 인간을 지배하게 되고, 자신의 창조물이 가진 힘이 가장 위험한 적이 되었다.

이 과정을 뒤집을 만한 시간은 아직 있을까? 과정을 바꾸는 일에 성공하여 환경의 지배에 몸을 맡기는 게 아니라 환경을 지배할 수 있을까? 마음속 깊이 뿌리내린 야만성—결코 해결할 수 없는 유일한 방법, 즉 힘, 폭력, 살인에 의해 문제를 해결하게 하는 야만성—을 극복할 수 있을까? 위대한 지적 달성과 정서적, 도덕적으로 뒤처진 틈을 메울 수 있을까?

이런 물음들에 답하기 위해서는 서양인들의 현재 위치를 상세히 검토해야만 한다.

대부분의 미국인들은 미국식 산업조직이 성공했다는 주장을 뚜렷하고 항변할 여지조차 없는 것처럼 여긴다. 새로운 생산력—증기, 전기, 석유, 그리고 원자력—과 일의 조직화의 새로운 형태—집중 방식에 의한 입안, 관료기구화, 분업 확대, 자동화—가 가장 진보한 산업국가들의 물질적인 부를 늘렸으며, 그 결과 국민의 대부분이 100년 전에 겪었던 극단적 빈곤은 말끔히 사라졌다.

노동시간은 100년 사이에 1주일에 70시간에서 40시간으로 줄어들었고, 자동화가 진행됨에 따라서 하루의 노동시간은 더욱더 단축되어 상상도 하지 못했던 여가가 주어질 것이다. 기초교육은 모든 아이에게 주어져 있으며 고등교육도 전 인구의 상당 부분에 미치고 있다. 영화, 라디오, 텔레비전, 운동경기, 취미가 현재 여가로서 얻어진 많은 시간을 채워 주고 있다.

실제 역사상 처음으로 서양 세계의 수많은 사람이—그리고 이윽고는 모든 사람이—살기 위한 물질 조건을 확보하기 위한 노력이 아니라, 살아가는 것 자체에 주요한 관심을 돌리고 있는 것 같다. 조상들이 마음속 깊이 간직하고 있던 꿈이 당장에라도 이루어질 듯하며, 서양 세계는 '좋은 삶'이란 무엇인가 하는 물음에 대한 답을 찾은 것 같다.

북아메리카와 서유럽의 거의 모든 사람들 사이에는 여전히 이런 견해가 공통이지만, 사려 깊고 감수성이 풍부해서 이 매혹하는 그림의 결함을 깨닫는 사람들이 늘어나고 있다. 그런 사람들은 일단 세계에서 가장 풍요로운 나라인 미국에서조차도 전 인구의 약 5분의 1이 다수자의 좋은 삶을 살고 있지 못하다는 것, 그리고 상당수 사람들이 인간으로서의 존엄을 보장해 주는 물질적 생활수준에 다다르지 못했다는 것에 주목하고 있다. 또 전 인류의 3분의 2 이상이 몇 세기 동안이나 서양의 식민지주의 대상이 되어온 탓에 우리의 10분의 1 또는 20분의 1 생활수준에 있으며, 보통 미국인의 절반이 평균여명[1]밖에 안된다는 사실도 깨달았다.

그들은 우리의 체제와 다름없는 것에 이치에 어울리지 않은 모순을 느끼고 있다. 충분한 식량이 없는 사람들이 이 나라에는 수백만, 외국에는 수억이나 되는데, 농업 생산은 제한되고 잉여생산물을 저장하는 것에 해마다 수억의 돈이 들어간다. 물건은 풍부하지만 삶은 나아졌다고 할 수 없다. 더 유복해지기는 했지만 자유는 더 적어졌다. 더 많은 것을 소비하지만 더 공허해졌다. 더 많은 원자무기는 있지만 방비는 한층 더 허술해졌다. 교육은 증대했지만 비판적 판단이나 신념은 감소했다. 종교는 늘어났지만 우리는 더욱 물질주의자가 되었다. 우리는 미국의 전통에 대해서 이야기한다. 그것은 사실 급진적 인본주의라는 정신적 전통이지만, 그 전통을 오늘날 사회에 적용하려는 사람들은 '미국답지 않다'라는 말을 듣는다.

그러나 많은 사람들과 마찬가지로 2, 3세기 안에 서양이, 더 나아가서는 전 세계가 경제적 풍요를 얻으리라고 가정하며 스스로 만족한다 하더라도, 거기에서 생기는 것이 다음의 물음이다. 인간은 어떻게 되었는가? 만일 산업체제가 걸어온 길을 이대로 간다면 인간은 어디로 가야 할까?

우리 체제의 경제 문제들을 해결할 때 두드러졌던 요소가 인간과 관련된 문

---

1) 어떤 나이의 사람이 앞으로 몇 년 더 살 수 있는지를 통계로 산출한 것.

제를 해결하는 데는 더욱더 도움이 되지 않는 것은 왜인가? 이것을 이해하려면 20세기 자본주의를 성격 짓는 몇 가지 특징을 검토할 필요가 있다.

자본 집중은 계층으로 조직된 관료기구가 운영하는 거대기업을 만들었다. 노동자의 대집단이 조직화된 거대한 생산기계의 일부로서 같이 움직이지만, 이 기계가 마찰과 방해도 없이 원활하게 움직이는 게 아니라면 움직였다고 말할 수 없다. 하나하나의 노동자나 사무원은 이 기계의 톱니바퀴가 된다. 그들의 기능이나 활동은 그들이 일하는 조직의 전체 구조에 따라 결정된다. 대기업에서는 생산수단의 법에 따른 소유권은 경영자와 분리되어 중요성을 잃어버렸다. 대기업을 움직이는 것은 관료기구와도 같은 경영자이지만, 경영자는 기업을 법에 따라 소유하는 게 아니라 사회와의 관계 속에서 소유한다. 그들은 옛 소유자와 같은 자질—개인의 창의력, 대담함, 모험심—을 가지고 있지 않으며, 관료의 자질—몰개성, 비인격성, 조심성, 상상력 결여—을 가지고 있다. 그들은 사물이나 인간을 관리하고, 인간 관계에서도 사물을 대하는 것과 같은 관계를 갖는다. 이 경영자계급은 법적으로는 기업을 소유하고 있지 않지만 사실상 통제하고 있다. 주주에 대해서도, 기업에서 일하는 사람들에 대해서도 실제 책임은 지지 않는다. 사실 가장 중요한 생산 분야는 대기업이 쥐고 있지만, 한편 이 기업들을 실제로 지배하고 있는 것은 최고 지위에 있는 종업원이다. 국가의 경제와 관련된 운명을 통제하고 정치와 관련된 운명도 대부분 통제하고 있는 거대기업은 민주적인 과정의 정반대 과정을 구성하고 있다. 즉 종속된 사람들의 통제를 받지 않는 권력을 대표한다.

국민의 대부분은 산업과 관련된 관료기구뿐만 아니라, 또 다른 관료기구에서도 관리를 받고 있다. 무엇보다도 정치와 관련된 관료기구(여기에는 군대라는 관료기구도 포함된다)로, 이것은 여러 가지 형태로 수백만 사람들의 삶에 영향을 주고 방향을 정한다. 산업, 군사, 정치 저마다의 관료기구가 활동뿐만 아니라 인원 면에서도 갈수록 더 복잡하게 관련되어 가고 있다. 기업이 더 크게 발전함에 따라서 노동조합도 커다란 산업기계로 발전했고, 낱낱의 조합원은 거의 발언권이 없어졌다. 조합 지도자들의 대부분은 산업계 지도자들과 똑같이 관리하는 관료이다.

이런 관료들은 어떤 계획도, 또 어떤 전망도 가지고 있지 않다. 획일화되고 형식에 충실한 관리 자체의 본성 때문에 그렇게 될 수밖에 없다. 인간이 사물로 변모하고 사물처럼 관리를 받을 때는 관리자 자신도 사물이 된다. 사물은 의지도 없고 전망도 없으며 계획도 없다.

사람들이 획일화되고 형식에 치우친 관리를 받게 되면 민주적 과정은 의식으로 변모한다. 대기업의 주주총회이건 정치 선거이건 노동조합 회의이건, 개인은 영향력을 거의 잃어서 결정을 내릴 수 없고, 그 결정에 능동적으로 참가할 수도 없다. 특히 정치 분야에서 선거는 차츰 더 개인에게 직업 정치가의 두 개의 명부 가운데 어느 쪽을 고를 것인가를 밝히는 것밖에 할 수 없는 국민투표로 전락해 버린다. 그나마 말할 수 있는 것은 자신은 동의를 하고 통치받고 있다는 것이다. 그러나 이 동의는 암시와 조작에 따른 것이며, 이런 것들에 의해서 가장 기본적인 결정—평화와 전쟁에 관련된 대외정책 결정—은 보통 시민이 거의 알지도 못하는 작은 집단에 의해서 이루어진다.

민주주의의 정치 이념들은 미국 건국의 아버지들 생각에는 순수하게 정치 이념이 아니었다. 그것은 예언자들의 메시아사상, 복음서, 인본주의, 그리고 18세기 계몽주의 철학자들로부터 오늘날에 전해진 정신적 전통에 뿌리내린 것이었다. 이런 이념들이나 운동의 중심에 있는 것은 하나의 희망이었다. 즉 인간은 자신의 역사라는 과정 속에서 빈곤, 무지, 부정으로부터 자신을 해방할 수 있으며 인간과 인간, 인간과 자연 간의 조화와 평화와 통일을 모두 갖춘 사회를 만들 수 있다는 것. 역사에는 목표가 있다는 생각과, 인간은 역사라는 과정 속에서 완성될 수 있다는 신념이 서양 사상의 가장 눈에 띄는 요소였다. 미국의 전통은 그 땅에 뿌리내리고, 거기에서 힘과 생명력을 얻고 있다. 인간과 사회가 완성될 수 있다는 그 생각은 어떻게 되었을까? 온전한 생명과 생산성을 가진 인간의 탄생을 나타내야 할 생각이 '진보'라는 시시한 개념으로, 또한 더 좋은 물건을 더 많이 만들자는 이념으로 추락해 버렸다. 우리의 정치적 개념은 오늘날 그 정신적 뿌리를 잃어버렸다. 그것은 편의주의가 되었고, 그 판단의 기준은 더 높은 생활수준과 더 효과적인 형태의 정치적 관리에 도움이 되느냐 아니냐 하는 것이 되었다. 인간의 심정과 동경 속에 있었던 뿌리를 잃은 탓에 편의에 따라 버려지는 껍데기가 되어버렸다.

개인이 관리되고 조작되는 것은 생산 분야뿐만 아니라 자유롭게 선택할 수 있다고 일컬어지는 소비 분야에서도 마찬가지다. 소비되는 것이 먹는 것이건 옷이건 술이건 담배건 영화건 텔레비전 프로그램이건 강력한 암시기구가 두 가지 목적에 이용된다. 첫째로 새로운 상품에 대한 한 사람 한 사람의 욕망을 끊임없이 키우기 위해서이고, 둘째로 이런 욕망을 산업에 가장 유리한 쪽으로 돌리기 위해서이다. 소비재산업에 투자하는 자본 크기와 소수 거대기업 사이의 경쟁 때문에 이제는 소비를 우연에 맡길 수도, 소비자에게 더 사고 싶다든가 무엇을 사고 싶다든가와 같은 자유 선택을 줄 수도 없게 되었다. 소비자의 욕망을 끊임없이 자극하며, 취향을 조작하고 관리하며 예측을 할 수 있는 것으로 만들어야 한다. 인간은 '소비자'로 바뀌고, 만족을 모르는 젖먹이가 되며, 더 '좋은' 것을 더 많이 소비하는 것만을 바라게 된다.

　우리의 경제체제는 인간을 물질의 면에서는 풍요롭게 만들었지만, 인간의 면에서는 가난하게 만들었다. 서양에는 신에 대한 신앙, 이상주의, 정신적 관심에 대한 선언이나 강령은 많지만 우리의 체제는 물질주의 문화와 물질주의 인간을 낳았다. 일하는 동안에는 개인을 생산팀의 일부로서 관리한다. 여가에는 완전한 소비자, 즉 좋아하도록 명령받은 것을 좋아하고, 또 자신의 기호에 따르고 있다는 환상을 가진 소비자로서 관리하고 조작한다. 24시간 내내 강령, 암시, 환상같은 목소리를 듣고, 남은 마지막 현실감각까지 빼앗겨 버린다. 어렸을 때부터 진정한 뜻에서의 신념은 바람직하지 않은 것으로 여긴다. 비판하는 사고도 거의 없고, 진짜 감정도 거의 없다. 그래서 다른 사람에게 동조하는 것만이 참을 수 없는 고독감과 상실감으로부터 구원받는 것이 된다. 자신의 힘과 내면의 풍요를 능동적으로 유지하는 자로서 자기를 체험하는 게 아니라 생명을 잃은 '물건'으로서 자기를 체험하고, 외부 권력에 자기 본질로서의 생명을 던져넣고 거기에 의존한다. 인간은 자기로부터 소외되며, 자신의 손으로 만든 것 앞에 머리를 숙인다. 자신이 생산한 것 앞에, 국가 앞에, 자신이 만든 지도자 앞에 머리를 숙인다. 인간 자신의 행위가 인간으로부터 분리된 힘이 되고, 인간에게 지배받기는커녕 인간을 지배하고 인간에게 적대하는 힘이 된다. 그야말로 역사상 전례 없는 일이지만, 우리 자신이 만든 것이 우리를 현실에서 지배해 온 힘과 손잡고 통제 영역을 넘어 기대를 배신하며, 예측할 수 없게 하고, 우리의 발달을 결정하는 주요 원인의 하나가 되었다. 생산품, 기계, 국가가 현대인의 우상이 되고, 이 우상들이 현대인의 생명력을 소외된 형태로 대표하고 있다.

　실제 마르크스가 다음과 같이 본 것은 옳았다. "육체, 정신과 관련된 모든 감각은 이 모든 감각의 자기소외, 즉 가지는 감각으로 대체되었다. 사유(私有)에 의해 우리는 너무나도 어리석어지고 무력해졌기 때문에, 사물이 우리의 것이 되는 것은 그것을 가질 때뿐이다. 즉 사물이 자본으로서 존재하고, 소유되며, 먹고, 마실 때, 바꿔 말하면 사용될 때뿐이다. 우리는 유복하지만 가난하다. 왜냐하면 많은 것을 가지고 있지만 하찮은 존재이기 때문이다."

그 결과 보통 사람들은 불안해지고, 고독해지며, 우울해지고, 풍요의 한가운데 있으면서 기쁨을 맛보지 못한다. 인생에는 의미가 없어진다. 그는 인생의 의미는 단순한 '소비자'는 아닐 것이라고 막연하게 느낀다. 이렇게 기쁨도 의미도 없는 인생에는 견딜 수 없을 테지만, 체제가 거기에서 벗어날 수 있는 길을 무수하게 준다. 그것은 텔레비전에서 정신안정제에까지 이르며, 인생에서 가치 있는 모든 것을 차례차례 잃고 있다는 것을 잊게 해준다. 그것을 부정하는 많은 강령이 있음에도 우리는 관료들이 지배하는 사회로 급속하게 다가가고 있다. 그들이 관리하는 것은 영양 많고, 충분히 보호받으며, 인간성을 빼앗기고, 우울증에 걸린 대중이다. 우리는 인간 같은 기계와 기계 같은 인간을 생산한다. 50년 전에 들은 가장 큰 사회주의 비판—획일성, 관료기구화, 중앙집권화, 영혼 없는 물질주의를 가져온다는 비판—은 오늘날 자본주의가 처한 현실이다. 자유와 민주주의를 제창하면서도 자유가 가져오는 책임을 두려워하고 영양이 풍부한 로봇으로 예속되기를 바라는 사람들의 수는 늘고 있다. 그들은 민주주의 따위는 믿지 않으며, 기꺼이 정치 전문가의 손에 결정을 맡기고 있다.

우리는 라디오, 텔레비전, 신문에 의해서 광범위한 정보 전달체계를 만들었다. 그러나 사람들은 정치나 사회의 현실은 모른 채 잘못된 정보를 얻고, 사상을 주입받고 있다. 사실 우리의 의견이나 사상에는 상당한 획일성이 있는데, 이것이 정치적 압력의 결과이자 불안에서 비롯된 것이라고 한다면 쉽게 설명된다. 실제 모두가 '적극' 동의하지만, 우리 체제의 기초는 바로 반대할 권리의 사상이고, 다양한 생각을 선호하는 태도이다.

자유기업의 국가에서도 반대 진영과 마찬가지로 말의 속임수가 통례이다. 후자는 독재정치를 '인민민주주의'라고 부르고, 전자는 정치 동맹국이라면 설령 독재국가라도 '자유를 사랑하는 국민'이라고 부른다. 핵공격에 의해서 5000만 미국인이 죽을지도 모를 때도 '전쟁에 뒤따르는 위험'이라든가 '대결'

에서의 승리라든가 따위의 말을 한다. 제정신으로 생각한다면, 핵에 의한 대파괴에서는 누구도 승리할 수 없다는 것이 명백함에도……

　교육은 초등교육에서 고등교육에 이르기까지 하나의 정점에 달했다. 하지만 교육은 나아졌는데 이성, 판단력, 신념은 떨어졌다. 겨우 지성이 높아진 정도이고, 이성—표층을 뚫고 개인생활과 사회생활의 바닥에 있는 다양한 힘을 이해하는 능력—은 더욱 빈약해졌다. 사고가 갈수록 더 감정에서 분리되고, 핵 전쟁의 위협이 전 인류를 덮치도록 내버려 두는 사실은 현대인의 머리가 정상인지를 의심해야 하는 지경에 이르렀다는 것을 보여준다.

　인간은 자신이 만든 기계의 주인이 되지 않고 그 종이 되었다. 그러나 인간은 사물이 되기 위해서 만들어지지는 않았다. 그리고 소비의 만족감을 주었다 하더라도, 인간의 생명력을 끊임없이 멈춤 상태로 둘 수는 없다. 선택은 한 가지밖에 없다. 그것은 다시 기계의 주인이 되어 생산을 목적이 아니라 수단으로 하고, 그것을 인간의 발달을 위해 쓰는 것이다. 그렇지 않으면 억눌린 생명의 에너지는 무질서하고 파괴하는 형태로 나타날 것이다. 인간은 지루한 죽음보다는 생명을 파괴하기를 바라기 때문이다.

　인간을 이런 상태로 만든 책임이 사회, 경제 조직에 있다고 말할 수 있을까? 이미 지적했듯이 산업체제, 즉 생산과 소비의 방법이나 그 체제가 낳는 인간관계가 지금 말한 인간의 상태를 낳는다. 낳고 싶어서도 아니고, 개인의 악의에 의해서도 아니며, 보통 사람의 성격이 사회구조 속에서 주어지는 생활습관에 따라 형성되기 때문이다.

　분명 20세기 자본주의의 형태는 19세기 자본주의와는 상당히 다르다. 실제 너무나도 달라서 양쪽 체제를 같은 이름으로 불러야 하느냐 마느냐조차도 의심스럽다. 거대기업의 방대한 자본집중, 경영자와 소유자의 더욱더 심화된 분리, 강력한 노동조합의 존재, 농업이나 일부 산업에 대한 국가보조금, '복지국가' 요소, 가격통제와 통제시장 요소, 그 밖에 많은 특징이 20세기 자본주의와 예전 자본주의의 근본적 차이점이 되었다. 그렇지만 어떤 술어를 쓰건, 낡은 자본주의와 새 자본주의 사이에는 어떤 기본 요소가 공통으로 있다. 즉 연대와 애정이 아니라 개인을 앞세우고 자기중심으로 이루어지는 행위가 모든 사람에게 가장 좋은 결과를 가져다준다는 원리, 그리고 사람들의 의지, 전망, 계획이 아니라 인격이 배제된 기구인 시장이 사회생활을 규제해야 한다는 신념. 자본주의는 사물(자본)을 생명(노동)보다 높이 평가한다. 힘은 행동의 결과로서가 아니라 소유의 결과로서 생긴다. 오늘날의 자본주의는 인간 발달을 방해하는 장해물을 필요 이상으로 낳는다. 그것은 원활하게 일하는 노동자나 사무원, 기사나 소비자라는 한동아리의 사람들이 필요하다. 왜냐하면 관료기구에 끌려다니는 대기업이 이런 조직과 그것에 알맞은 '조직인'이 필요하기 때문이다. 체제는 그 필요에 걸맞는 사람들을 배출해야 한다. 많은 수가 원활하게 협력하는 사람들, 갈수록 더 많은 것을 소비하고 싶어하는 사람들, 표준화되고 쉽게 예측하며 마음대로 할 수 있는 취향을 가진 사람들을 배출해야 한다. 체제는 자유롭고 독립되어 있으며 그 어떤 권위나 양심에 근거한 신념에도 종속하지 않는다고 스스로는 생각하고 있지만, 해야 할 일의 명령을 적극 받아들이고 마찰 없이 사회라는 기계에 딱 맞아 들어가는 사람들이 필요하다. 강요할 필요도 없이 움직이고, 지도자가 없어도 지도받으며, 목적이 없어도—성공하고, 바쁘게 일하고, 전진한다는 목적 말고도—내달릴 사람들이 필요하다. 생산지표는 자본 투자는 이익을 가져와야 한다는 원리이지 사람들이 진짜 필요한 무엇을 생산해야 하는지 결정하는 원리가 아니다. 라디오, 텔레비전, 책, 약품을 비롯한 모든 것이 이익의 원리에 좌우되기 때문에, 사람들은 때때로 정신에 해를 끼치고 때로는 몸에도 해를 끼치는 소비를 하도록 조작된다.

우리의 정신 전통에 뿌리내린 인간으로서 느끼는 욕망을 사회가 이루어 줄 수 없다는 것이 현대의 가장 절박한 두 가지 실제 문제에 직접적인 결과를 낳고 있다. 두 가지 문제란 평화의 문제이고, 서양의 부와 인류의 3분의 2가 겪고 있는 빈곤의 평등화 문제이다.

현대인의 소외와 그에 따르는 다양한 결과 때문에 이런 문제를 해결하기가 어려워졌다. 사물을 숭배하고 자신의 생명과 동포의 생명을 비롯한 생명을 경외하지 않았던 탓에, 현대인은 도덕과 관련된 원리뿐만 아니라 자신의 생존을 위한 합리적 사고도 비판하지 않게 되었다. 핵무기가 세계를 파괴할 가능성이 있다는 것은 분명하고, 설령 핵전쟁을 막더라도 불안이나 의혹이나 통제의 풍조가 생길 것은 뚜렷하며, 이것이야말로 자유와 민주주의의 생명을 끊는 풍조이다. 가난한 나라들과 풍요로운 나라들 사이의 경제력 차이가 격렬한 폭발이나 독재정치를 가져올 것은 명백하다. 그러나 이런 문제들을 해결하기 위해서 암시되는 것은 바로 미적지근하고, 그래서 아무런 도움이 안 되는 시도밖에 없다. 실제로 신들은 죽으려는 자를 먼저 눈멀게 만든다[2]는 것을 우리 자신이 입증하려는 듯하다.

여기까지가 자본주의의 실적이다. 사회주의의 실적이란 어떤 것인가? 사회주의가 실현의 기회를 얻은 나라들에서 무엇을 계획하고, 무엇을 이루었는가?

19세기 사회주의는 마르크스의 생각에 충실한 형태에서도, 다른 형태들에서도 모든 사람이 인간으로서의 존엄을 유지한 삶이 가능한 만큼의 물질적 기반을 낳기를 바랐다. 자본이 노동을 좌우하는 게 아니라, 노동이 자본을 좌우하기를 바랐다. 사회주의에게 노동과 자본은 경제와 관련된 두 개의 범주일 뿐만 아니라, 오히려 두 개의 원리를 대표하는 것이었다. 자본은 축적된 것의 원리와 소유하는 원리를, 노동은 생명의 원리와 인간 능력의 원리, 그리고 있는 원리와 없는 원리를. 사회주의자들이 발견한 것은 자본주의에서는 사물이 생명을 좌우하는 것이며, 소유하는 것이 있는 것보다 가치가 있다는 것이고, 과거가 현재를 좌우하는 것이었다. 그리고 그들은 이 관계를 뒤바꾸기를 바랐다. 사회주의의 목적은 인간의 해방이고, 인간이 소외되지 않고 장해물도 없는 개인으로 돌아가서 동포나 자연과 새롭고 풍부하며 자발적인 관계를 맺는 것이었다. 사회주의의 목적은 인간이 자신을 옭아매는 사슬을 벗어던지고, 허구나 비현실성을 벗어던지며, 느끼는 힘과 생각하는 힘을 창조하는 관점에서 이용하는 존재로 변모하는 것이었다. 사회주의는 인간이 독립하는 것, 즉 자신의 발로 서는 것을 희망했다. 그리고 인간이 자신의 발로 설 수 있는 것은, 마르크스가 말했듯이 다음의 경우뿐임을 알고 있었다. "자신에게만 의지해서 존재할 때 세계에 대한 관계, 즉 보는 것, 듣는 것, 냄새 맡는 것, 맛보는 것, 느끼는 것, 생각하는 것, 의지하는 것, 사랑하는 것의 각각에서 전인격으로서의 자기 개성을 주장할 때—요컨대 개인으로서의 모든 기관을 주장하고 표현할 때." 사회주의의 목적은 인간과 인간의 융합이며, 인간과 자연의 융합이었다.

마르크스나 그 밖에 사회주의자들이 물질과 관련된 가장 큰 이익을 얻고자 하는 욕구가 인간의 가장 근본된 동인(動因)이라고 가르쳤다는 것은 가끔 듣게 되는 이야기이지만, 사실은 정반대로 그들이 믿었던 것은 자본주의 사회

---

2) 고대의 금언.

의 구조 자체가 물질과 관련된 이해(利害)를 가장 깊은 동기로 만든다는 것이 었고, 바로 사회주의에서 물질과는 거리가 먼 동기가 유력해지고 인간은 물질과 관련된 이해에 예속된 것으로부터 벗어난다는 것이었다. (사회주의를 이른바 '유물론' 때문에 비판하면서 그와 동시에 '이익을 좇는 욕망'이 없으면 인간이 최선을 다할 리가 없다고 비판하는 것은, 인간이 얼마나 모순된 존재일 수 있는지를 보여주는 서글픈 증거이다.)

사회주의의 목적은 개성이지, 획일성이 아니었다. 경제와 관련된 속박으로부터의 해방이지, 물질을 좇는 목적과 인생의 주요 관심사가 아니었다. 모든 인간의 온전한 연대의 체험이지, 한 사람이 다른 사람이 조작하고 지배하는 것이 아니었다. 사회주의 원리는 저마다의 인간 자신이 하나의 목적이며, 다른 사람의 수단이 되어서는 안 된다는 것이었다. 사회주의자들이 낳고 싶어한 것은 각 시민이 모든 결정에 능동적으로 책임 있게 참가하고, 사물이 아니라 인간이기에 참가할 수 있으며, 오합지졸의 의견이 아니라 신념을 가졌기에 참가할 수 있는 사회였다.

사회주의에서는 빈곤만 악인 게 아니라 부유함도 악이다. 물질에서 비롯된 가난은 인간답고 풍요로운 삶을 살아갈 기반을 빼앗아 버린다. 물질에서 비롯된 부는 권력과 마찬가지로 인간을 부패시킨다. 균형감각과 인간존재의 본질적 한계의 감각을 파괴한다. 현실성이 없고 거의 광적인 '유아독존'의 감각을 한 개인에게 주어, 자신만은 다른 사람들과 같은 기본 존재 조건에 지배받지 않는다고 느끼게 만든다. 사회주의는 물질에서 비롯된 안락이 진정한 삶의 목적에 이용되기를 바란다. 개인의 부는 개인에게나 사회에게 위험하다고 보고 배척한다. 실제 자본주의와의 대립은 바로 이 원리와 관계있다. 자본주의는 자신의 논리에 따라 물질에서 비롯된 부를 끊임없이 늘리는 깃을 목적으로 한다. 한편 사회주의는 인간의 생산성, 생명감, 행복을 끊임없이 늘리는 것을 목표로 하며, 물질에서 비롯된 안락을 지향하는 것은 그것이 인간다운 목적에 도움이 되는 경우뿐이다.

사회주의가 궁극적으로 국가의 폐지를 바란 것은 인간이 아니라 사물만을 관리하기 위해서였다. 사회주의는 개인의 자유와 창의가 회복되는 계급 없는 사회를 지향했다. 19세기, 그리고 제1차 세계대전 발발 이전의 사회주의는 유럽과 미국에서 가장 의의 있는 인본주의 운동이었고, 정신 운동이었다.

사회주의에 무슨 일이 일어난 걸까?

사회주의는 자신이 대신하려 했던 자본주의 정신에 굴복한 것이다. 그 신봉자들 가운데에도 적들 가운데에도 그것을 인간해방을 위한 운동이라고 이해하지 않고, 노동자계급의 경제 상황 개선을 위한 움직임이라고만 이해한 자가 많았다. 사회주의가 지닌 인본주의에 충실한 목적을 잊거나 말로만 존중하고, 한편으로는 자본주의와 마찬가지로 경제와 관련된 이익이라는 목적만을 강조하였다. 민주주의의 이상이 그 정신의 뿌리를 잃었듯이, 사회주의 이념도 그 가장 깊은 뿌리—인간의 평화와 정의와 형제애에 대한 예언자=메시아로서의 신념—를 잃은 것이다.

그리하여 사회주의는 노동자들에게 자본주의 구조를 뛰어넘는 게 아니라, 그 내부에서 자신들 위치를 얻기 위한 수단이 되었다. 사회주의는 자본주의를 바꾸기는커녕 그 정신에 흡수되어 버린 것이다. 사회주의운동이 완전히 실패한 것은 1914년에 그 지도자들이 국제 연대를 거부하고 각 나라의 경제, 군사와 관련된 이해를 택했을 때였다. 그것은 그들의 강령이었던 국제주의와 평화의 이념에 정면으로 맞서는 것이었다.

사회주의가 순수하게 경제운동이고, 생산수단 국유화가 주요 목적이라는 오해는 사회주의운동의 좌우 두 파에서 공통으로 보였다. 유럽 사회주의운동에서 개량주의를 지향한 지도자들은 자본주의체제 안에서 경제와 관련된 노동자의 지위를 향상시키는 것을 제1의 목표로 생각했고, 거대산업의 국유화를 가장 급진적인 방책이라고 믿었다. 그러나 최근에 들어서야 많은 사람들이 다음의 사실을 깨달았다. 기업 국유화만으로 사회주의가 실현되지는 않음을, 그리고 노동자들에게는 공적으로 임명된 관료에게 관리받는 것이나 사적으로 임명된 관료에게 관리받는 것이나 기본적으로는 매한가지임을.

소련 공산당 지도자들도 사회주의를 순수하게 경제적으로 해석했다. 하지만 서유럽에 비해서 훨씬 뒤처지고 민주주의 전통이 없는 나라였기 때문에, 서유럽에서는 19세기에 이루어졌던 급속한 자본 축적을 강행하기 위해 공포와 독재의 정치를 실시했다. 그들은 새로운 형태의 국가자본주의를 발전시켰는데, 그것은 경제적으로는 성공했지만 인간성을 파괴하였다. 관료가 관리하는 사회를 만들었지만, 계급차별—경제와 관련된 의미에서도, 다른 사람을 명령하는 힘에 대해서도—은 오늘날의 그 어떤 자본주의 사회보다도 심각하고 엄격하다. 모든 경제를 국유화했기 때문에 사회주의체제라 부르고는 있지만, 사실 그 체제는 사회주의가 지향하는 것—개성의 주장과 인간의 온전한 발달—을 모두 완전히 부정한다. 급속한 자본축적을 위해 견디기 어려운 희생을 치러야만 하는 대중의 지지를 얻기 위해서 사회주의 이념과 민족주의 이념을 조합해서 썼기 때문에 지배를 받는 자들도 어쩔 수 없이 협력했던 것이다.

지금까지는 자유기업체제가 공산주의체제보다 우월했는데, 그 이유는 현대인의 가장 큰 달성 가운데 하나—정치와 관련된 자유—를 보호하기 때문이며, 동시에 인간의 존엄과 개성을 존중함으로써 인본주의 바탕에 있는 정신과 관련된 전통과 이어질 수 있기 때문이다. 거기서는 비판 가능성이나 건설적인 사회변혁 가능성을 인정받지만, 소비에트 경찰국가에서는 거의 불가능하다. 그러나 일단 소비에트연방이 서유럽이나 미국과 같은 수준으로 경제가 발전한다면—즉 일단 쾌적한 삶을 바라는 요구를 충족시킨다면—공포에 의존할 필요는 없어지고, 서양에서 쓰이는 것과 똑같은 조작 방법, 곧 암시와 설득을 쓸 수 있을 것이다. 이 발전에 의해 20세기 자본주의와 20세기 공산주의는 모두 하나가 될 것이다. 두 체제는 모두 산업화를 기초로 하고 있다. 두 체제의 목적은 끊임없이 증대하는 경제적 효율과 부이다. 모두 관리자계급과 직업정치가가 움직이는 사회이다. 서쪽은 그리스도교의 이념을, 동쪽은 세속적 구세주 신앙을 말로는 존중하지만 세계관이라는 관점에서는 둘 다 완전한 물질주의이다. 큰 공장이나 대중정당으로 대중을 중앙집권제에 의해 조직하고 있다. 두 체제 모두 이대로 가다가는 대중이나 소외된 인간—먹는 것도 입는 것도 오락도 충분히 주어지고, 대중과 마찬가지로 목표를 갖고 있지 않은 관료에게 지배받는 로봇인간—이 창조성 풍부하며 생각하고 느끼는 인간을 대신하게 될 것이다. 사물이 가장 중요한 자리를 차지하고, 인간은 죽을 것이다. 인간은 자유나 개성에 대해서 말하기는 해도, 어떤 존재이기는 그만둘 것이다.

오늘날 우리는 어디에 있는가?

자본주의와 세속화되고 왜곡된 사회주의에 의해서 인간은 인간성을 잃은 로봇이 될 위기에 처해 있다. 이제 제정신을 잃어가고 있으며, 그야말로 모든 면에서 자기파괴를 하려고 한다. 이런 상태와 그 위험성을 충분히 인식하고 인간의 자유, 존엄, 창조성, 이성, 정의, 연대라는 목적을 이룰 수 있는 삶이라는 새로운 전망을 얻는다면 비로소 우리는 거의 확실해진 쇠망, 자유 상실, 또는 파괴로부터 구원받을 것이다. 관리하는 자유기업체제와 관리하는 공산주의체제 가운데 어느 쪽을 택해야만 하는 것은 아니다. 그 밖에도 제3의 해답이 있다. 즉 민주주의와 인본주의를 지향하는 사회주의로, 그것은 사회주의 본디의 원리에 기초하기 때문에 새롭고 진실한 인간다움이 보장된 사회를 전망하게 한다.

6. 인본주의에 근거한 사회주의

　자본주의, 공산주의, 인본주의에 근거한 사회주의의 일반분석에 기초해서 사회주의 강령을 세 가지로 구분할 필요가 있다. 사회주의정당 이념의 바탕에 있는 원리는 무엇인가? 사회주의자가 이루려 하는 인본주의에 근거한 사회주의의 중간목표는 무엇인가? 중간목표가 아직 실현되지 않은 탓에 사회주의자가 지향하고 있는 단기목표는 무엇인가?

　인본주의에 근거한 사회주의 이념의 바탕에 있는 원리는 무엇인가? 모든 사회, 경제 체제는 사물과 제도의 관계라는 관점에서 특정한 체제일 뿐만 아니라 인간관계의 체제이기도 하다. 사회주의의 모든 개념과 실천은 그것이 어떤 인간관계를 조장하느냐 하는 관점에서 검토되어야 한다.

　모든 사회, 경제 제도 속에서 최고 가치를 갖는 것은 인간이다. 사회목표는 인간의 가능성, 이성, 사랑, 창조성을 온전히 발달시키는 조건을 주는 것이다. 모든 사회제도는 인간의 소외와 장해의 극복을 돕고, 진정한 자유와 개성을 이루게 하는 것이어야 한다. 사회주의의 목적은 한 사람 한 사람의 온전한 발달이 모든 사람의 온전한 발달의 조건이 되는 인간관계이다.

　사회주의의 최고 원리는 다음과 같다. 인간이 사물에 우선하고, 생명이 재산에 우선한다. 따라서 노동이 자본에 우선한다. 힘은 소유에 의해서가 아니라 창조에 의해서 생긴다. 환경이 인간을 지배하는 게 아니라, 인간이 환경을 지배해야 한다.

　인간관계에서는 모든 인간 자신이 목적이어야지, 다른 사람의 목적을 위한 수단이 되어서는 안 된다. 이 원리에 따르면, 누구도 자본을 가졌다고 다른 사람을 종속시켜서는 안 된다.

　인본주의에 근거한 사회주의는 인류의 통일과 모든 인간의 연대에 대한 신념에 뿌리내리고 있다. 그것은 국가, 국민, 또는 계급을 어떤 식으로든 숭배하는 것과도 싸운다. 인간은 더할 나위 없는 충성을 인류와 인본주의의 도덕원리에 바쳐야 한다. 인본주의에 근거한 사회주의는 서양 문명의 기초가 된 사상이나 가치에 새로운 생명을 주는 것을 지향한다.

인본주의에 근거한 사회주의는 온갖 형태의 전쟁과 폭력에 철저하게 반대한다. 정치, 사회 문제를 힘과 폭력으로 해결하려는 시도는 무력일 뿐만 아니라, 도덕과도 거리가 멀기도 하려니와 인간답지도 않은 것이라고 생각한다. 그래서 군비에 의해 안전을 확보하려는 어떤 정책에도 타협하지 않고 반대한다. 평화는 전쟁이 없는 상태일 뿐만 아니라, 모든 인간이 공통이익을 위해 자유롭게 협력하는 적극적인 원리라고 생각한다.

사회주의 원리에 따르면, 사회의 각 구성원은 동포 시민뿐만 아니라 세계의 모든 시민에게 책임을 느끼게 된다. 인류 가운데 3분의 2에게 끝을 모르는 가난을 가져다주는 부정을 바로잡고, 저개발국가의 국민들이 인간으로서 만족스러운 경제 수준에 다다르는 것을 돕기 위해서 부유한 국민은 지금까지보다 훨씬 큰 노력을 해야 한다.

인본주의에 근거한 사회주의는 자유를 뜻한다. 불안, 결핍, 압박, 폭력으로부터의 자유를 뜻한다. 그러나 자유란 어떤 것으로부터의 자유만이 아니라, 어떤 것으로의 자유도 뜻한다. 그것은 시민과 관련된 모든 결정에 능동적으로 책임을 가지고 참가하는 자유이고, 인간으로서 개인의 가능성을 최대한 온전히 발달시키는 자유이다.

생산과 소비는 인간의 발달을 위한 필요에 종속되어야지, 그 반대가 되어서는 안 된다. 그 결과로서 모든 생산을 방향 짓는 것은 사회를 위한 유용성의 원리여야 하며, 어떤 개인이나 사회를 위한 물질과 관련된 이익이어서는 안 된다. 따라서 한편에는 더 많은 생산, 다른 한편에는 더 큰 자유와 인간으로서의 성장을 두고 그 둘 중 어느 쪽을 골라야 한다면, 물질과 관련된 가치가 아니라 인간과 관련된 가치를 택해야 한다.

사회주의 산업조직에서 목표는 최고의 경제적 생산성이 아니라 최고의 인간적 생산성을 달성하는 것이다. 다시 말해서 일에서나 여가에서나 인간이 대부분의 에너지를 쓸 때의 방법은 자신에게 의미 있고 흥미로운 것이어야 한다는 뜻이다. 그것은 인간 능력의 전부를—지식과 관련된 능력도, 정서와 예술에 관한 능력도—자극하고, 그 발달을 도와야만 하기 때문이다.

인간답게 살기 위해서는 물질과 관련된 기본 필요는 충족되어야 하지만, 소비 자체가 목적이 되어서는 안 된다. 이익을 올리기 위해서 물질과 관련된 필요를 인위적으로 자극하려는 시도는 모두 막아야 한다. 물질 자원의 낭비나 분별없는 소비를 위한 소비는 성숙한 인간 발달에 해롭다.

인본주의에 근거한 사회주의는 자본이 인간을 지배하는 게 아니라 인간이 자본을 지배하는 체제이다. 환경이 인간을 지배하는 게 아니라 인간이 최대한 환경을 지배한다. 사회 구성원은 자신이 생산하고 싶은 것을 계획하며, 본디 최대 이익을 올려야 하는 시장이나 인격과는 거리가 먼 자본의 힘의 법칙에 따라서 생산하지 않는다.

인본주의에 근거한 사회주의는 민주주의적 과정이 순수하게 정치 영역을 넘어서 경제 분야로까지 확대된 것이다. 정치와 산업의 영향을 받은 민주주의이다. 정치적 민주주의가 지닌 본디 의미로의 복귀이다. 즉 모든 정보를 얻은 시민이 자신과 관계된 모든 결정에 진정으로 참가하는 것이다.

민주주의를 경제분야로 확대한다는 것은 모든 경제활동을 참가자—육체노동자, 기술자, 관리자 등—가 민주적으로 통제함을 뜻한다. 인본주의에 근거한 사회주의가 첫 번째로 문제삼는 것은 법률적인 소유권이 아니라, 사회의 강력한 대규모 산업 통제이다. 자본의 이익 우선주의를 대표하는 관료 경영자에 의한 무책임한 통제 대신, 생산하고 소비하는 사람들을 위한, 또 그 사람들이 통제하는 운영이 이루어져야 한다.

인본주의에 근거한 사회주의 목적은 최대한의 분권화를 받아들임으로써 비로소 달성된다. 그러나 그것은 산업사회의 조화로운 작용에 필요한, 최소한의 권력집중을 허용하는 것이어야 한다. 중앙집권에 근거한 국가의 작용은 최소한으로 억제해야 하고, 한편으로는 자유롭게 협력하는 시민의 자발적 행동이 사회생활의 중심이 되어어야 한다.

인본주의에 근거한 사회주의의 기본, 일반 목적은 모든 국가에서 동일하지만 저마다 그 나라의 전통 상황과 현재의 독자 목적을 설정하고, 그것을 달성하기 위한 독자 방법을 고안해야 한다. 한 나라가 다른 나라에 자신의 방법을 강요하려는 시도는 사회주의국가들의 상호연대로써 배제해야 한다. 이런 정신에서 사회주의사상 창시자들이 쓴 책을 다른 사람들 위에서 권위를 휘두르기 위한 성전으로 변모시켜서는 안 된다. 하지만 사회주의자의 마음속에는 공통 정신이 살아 있어 그들의 생각을 이끌어 줄 것이 틀림없다.

인본주의에 근거한 사회주의는 타당한 조건 아래에서 인간성이 자발적이고 논리에 맞게 영향을 미친 것의 결과물이다. 그것은 인류의 인본주의 전통에 뿌리내린 민주주의가 산업사회라는 조건 속에서 실현된 것이다. 물리적인 힘이건 자기도 모르게 다른 사람의 생각에 따라 행동하게 되는 최면술과도 같은 암시의 힘이건, 그런 힘을 사용하지 않고 움직이는 사회체제이다. 그것은 인간의 이성에 호소함으로써, 또한 더욱 인간답고 의미 있는 충실한 삶을 동경하는 마음에 호소함으로써 비로소 이룰 수 있다. 그것은 인간에게는 진실로 인간을 위한 세계를 만들어 낼 능력이 있다는 신념에 기초한다. 그 세계에서는 삶을 풍요롭게 하고 개인을 발달시키는 것이 사회의 주요 목적이며, 경제활동은 인간답게 더 풍요로운 삶을 누리기 위한 수단이라는 본디 역할로 되돌아가는 것이다.

인본주의에 근거한 사회주의의 목표를 논할 때에는, 자유로운 시민 협력과 중앙집권에 근거한 국가활동을 최소한도로 억제하는 것이 기초가 되는 사회라는 사회주의의 최종목표와 이 최종목표에 다다르기 전 사회주의의 중간목표를 구별해야 한다. 현재의 중앙집권 국가에서 완전히 분권화된 사회형태로 옮아가기 위해서는 과도기를 거쳐야 하는데, 그 시기에는 어느 정도의 집중계획과 국가의 개입이 반드시 필요하다. 그러나 집중계획과 국가 개입이 가져올지도 모르는 위험, 이를테면 더 강화된 관료주의화, 개인의 전체성이나 창의(創意)의 약화를 피하기 위해서 다음의 것이 필요하다. (a) 시민이 국가를 효과 있게 통제할 것. (b) 사회, 정치와 관련된 대기업의 권력을 깨뜨릴 것. (c) 생산, 상업, 지역과 관련된 사회, 문화 활동에서 온갖 형태의 분권에 근거하고 자발적인 관계를 먼저 촉진할 것.

오늘날에는 사회주의라는 최종목표를 위한 구체적이고 상세한 계획을 세울 수 없지만, 사회주의 사회로 나아가는 과정에서 필요한 중간목표를 임시로 세울 수는 있다. 하지만 이런 중간목표와 관련해서도 가장 분명하고 명확하게 세우기 위해서는 여러 해 동안 연구와 실험을 해야 하며, 그런 연구에는 국민의 가장 뛰어난 머리와 마음을 집중시켜야 한다.

법률적인 소유권이 아니라 사회통제가 사회주의의 본질적 원리라는 원칙에 따른다면, 첫 번째 목표는 모든 대기업의 변모이다. 즉 모든 참가자—노동자, 사무원, 기술자—들이 경영자를 임명하고, 온전히 통제하며, 노동조합과 소비자 대표도 참가한다. 이런 집단이 모든 대기업의 최고 권위를 구성한다. 생산, 가격, 이익의 쓰임새와 같은 기본 문제를 모두 결정한다. 주주에게 자본의 사용에 어울리는 보상은 하지만, 통제권이나 경영권은 갖지 않는다.

기업의 자율성은 집중계획에 의해 생산을 사회와 관련된 목적에 쓸모 있게 쓰는 데 필요한 만큼의 제한을 받는다.

소기업은 협동경영을 원칙으로 하며, 그것은 과세 제도나 그 밖의 방법으로 장려된다. 협동경영이 아닌 경우, 참가자는 이익을 분배받고 소유자와 대등한 위치에서 경영을 통제한다.

사회 전체에 근본적으로 중요한 산업, 이를테면 석유, 은행, 라디오, 텔레비전, 의약품, 수송 등의 산업은 나라 소유가 되어야 한다. 그러나 이런 국유 산업도 참가자, 조합, 소비자가 효과 있게 통제한다는 원리 아래에 경영해야 한다.

사회가 필요로 하는데 현재 충분하게 생산되지 않고 있는 모든 분야에서 사회는 그 필요를 충족시킬 기업에 자금을 주어야 한다.

사회는 불안과 타인의 강요 때문에 어려움을 겪는 개인을 보호해야 한다. 이 목적을 이루기 위해서는 사회가 의식주에서 육체적 생존에 필요한 것을 모든 사람에게 아무런 대가없이 주어야 한다. 보다 높은 물질적 안락을 동경하는 사람은 노동으로써 그것을 얻어야 한다. 하지만 살기 위해 최소한 필요한 것은 보장받으므로 누구도 직접, 간접의 물질적 강요에 기초해서 다른 사람 위에서 권력을 휘두를 수는 없다.

사회주의는 개인 재산의 사용을 포기하는 것이 아니다. 소득의 완전한 평등화도 필요하지 않다. 소득은 얼마나 노력하고 어떤 기술을 가졌느냐에 달려 있다. 그러나 소득 차이 때문에 물질 면에서의 생활형태가 달라진 결과로 어떤 사람의 생활경험이 다른 사람에게는 도저히 쫓아가지 못할, 평생을 두고 닿을 수 없는 것이 되어서는 안 된다.

정치와 관련된 민주주의 원리는 20세기 현실에 비추어 실행되어야 한다. 현재의 전달이나 표 작성법의 기술 수단을 생각하면, 타운 미팅[1]의 원리를 현대 대중사회에 다시 도입할 수는 있다. 이것을 어떤 형태로 이룰 수 있느냐에 대

---

1) Town meeting. 일정한 자격을 가진 주민들이 모여 의사 결정을 하는 주민 총회. 특히 뉴잉글랜드의 타운 미팅이 예부터 유명.

해서는 연구와 실험이 필요하다. 먼저 수십만의 대면집단[2]을 만들고(일하는 공간과 주거 공간을 원칙으로 조직된다) 이들이 새로운 형태의 하원을 구성해서, 중앙에서 선출된 의회와 함께 결정하게 될지도 모른다. 분권화는 사회 전체의 삶을 지배하는 근본원리에 똑같이 따르는 작은 지역의 주민에게 중요한 결정을 위임하도록 지향해야 한다. 그러나 어떤 형태를 발견했다 하더라도 본질적인 원리는, 민주적 과정을 풍부한 정보와 책임을 가진 시민—최면술과도 같은 집단암시 방법으로써 통제하는 로봇화된 대중이 아니라—이 자신의 의지를 표현하는 과정으로 만드는 것이다.

정치와 관련된 결정의 분야뿐만 아니라 모든 결정에 영향을 미치는 관료기구의 지배를 깨뜨리고 자유를 회복해야 한다. 위에서 내려오는 결정과는 다르게, 삶의 모든 분야에서의 활동을 풀뿌리 단계에서 발전시켜 밑바닥부터 꼭대기까지 '상승'시켜야 한다. 조합으로 조직된 노동자, 소비자단체로 조직된 소비자, 아까 말한 대면집단이라는 정치 단위로 조직된 시민은 중앙 당국과 끊임없이 교류해야 한다. 이는 새로운 방책이나 법률이나 규정을 제안하고 투표에 의해 풀뿌리부터 결정할 수 있는 교류여야 하며, 선출된 모든 대표가 끊임없이 평가받고 필요하다면 소환(召還)도 할 수 있어야 한다.

기본원리에 따르면 사회주의의 목적은 국가의 주권을 폐지하고, 모든 종류의 군대도 폐지하며, 연방을 세우는 것이다.

교육 분야에서 주요 목적은 개인의 비판하는 능력을 발전시켜 고유한 성격의 창조적 표현 기반 마련—바꿔 말하면 다른 사람의 쾌락이나 이익을 위해 쉽게 조작되거나 암시에 걸리지 않는, 자유로운 인간을 육성하는 것—에 도움을 주는 것이다. 지식은 단순한 정보의 집합이어서는 안 되며 물질, 인간과 관련되는 과정을 결정하는 기본 힘을 이해하기 위한 이치에 닿는 수단이어야 한다. 교육은 이성뿐만 아니라 예술이나 기술도 포함하는 것이어야 한다. 자본주의는 소외를 낳은 탓에 인간에 대한 과학적 이해와 미적 지각을 분리하고 둘 모두를 타락시켰다. 사회주의에 근거한 교육의 목적은 인간으로 하여금 이 둘을 다시 온전하고 자유롭게 발휘할 수 있도록 만드는 것이다. 그것은 물건 생산뿐만 아니라 인생살이에서도 인간을 현명한 방관자로 만들 뿐만 아니라, 유

---

2) 서로 직접 대화할 수 있는 정도의 규모로 이루어진 집단.

능한 참가자로 만들려고 한다. 소외된 지성 편중의 위험을 줄이기 위해 초등, 중등교육에서는 사실이나 이론을 가르치는 한편, 그 보충으로 손 기술이나 창조 예술의 훈련, 또는 두 가지를 조합한 기능(쓸모 있는 예술작품 제작) 훈련을 실시한다. 모든 소년 소녀에게 자신의 손과 기량에 의해 뭔가 쓸모 있는 것을 만드는 경험을 하게 한다.

권력과 착취에 기초하는 이치에 닿지 않는 권위의 원리를 대신하는 것은 자유방임하는 태도가 아니라, 지식과 기량—위협이나 힘이나 암시가 아니라—이 있기에 주어지는 권위여야 한다. 사회주의에 근거한 교육은 새로운 개념으로서의 이치에 닿는 권위에 도달해야 하지만, 그것은 이치에 닿지 않는 권위주의나 원칙도 없이 자유방임하는 태도와는 다르다.

교육은 청소년에게만 한정되어서는 안 되며, 현재 형태의 성인교육도 크게 넓혀 보충해야 한다. 그들 저마다에게 일생의 어떤 시기에라도 직업을 바꿀 가능성을 주는 것이 특히 중요하다. 살아가는 데 최소한으로 필요한 물자를 사회가 마련한다면 이것은 경제적으로는 가능하다.

문화 활동이 지식과 관련된 교육에만 한정되어서는 안 된다. 예술과 관련된 온갖 형태의 표현(음악, 무용, 연극, 회화, 조각, 건축 등에 의한)이 인간다운 발달에 아주 중요하다. 사회는 거창한 예술활동 계획이나 쓸모 있고 아름다운 건축 계획에 큰돈을 써야 하며, 그리 중요하지 않은 다른 소비욕은 만족시킬 필요가 없다고까지 말할 수 있다. 그러나 창조하는 예술가의 성실함을 유지하고, 사회와 관련된 책임을 가진 예술을 관료 차원 또는 '국가 차원'의 예술로 바꾸어 버리지 않도록 충분한 주의를 기울여야 한다. 사회에 대한 예술가의 정당한 요구와 예술가에 대한 사회의 정당한 요구 사이에는 건전한 균형이 유지되어야 한다. 사회주의는 예술 영역에서 생산자와 소비자 사이의 괴리를 좁히고, 궁극으로는 모든 개인의 창조하는 가능성을 발휘시키기 위한 최적의 조건을 낳음으로써 양쪽의 구분을 없애려고 한다. 하지만 미리 생각해 둔 규범을 내세우는 게 아니라, 이것은 지금까지보다 더 많은 연구가 필요한 과제임을 인정하는 것이다.

인종과 성의 완전한 평등은 사회주의 사회에서 당연한 일이다. 그러나 이 평등은 똑같음을 뜻하는 게 아니라, 각 인종이나 국민 집단, 더 나아가 두 개의 성 저마다에게만 있는 소질이나 재능을 온전히 발휘시키기 위해서 온갖 노력을 하는 것이어야 한다.

　종교활동의 자유는 국가와 교회의 완전한 분리와 함께 보장해야 한다.

　지금까지 말한 강령은 사회주의 원리와 목표의 지표로서 도움이 되는데, 구체적이고 상세하게 설정하기 위해서는 많은 논의가 필요하다. 이 논의를 통해 구체적이고 상세한 제안을 이끌어 내는 것이 바로 사회주의정당의 주요 업무이다. 이런 논의는 실제 경험과 사회과학에 의해서 알 수 있는 모든 자료를 검토해야 한다. 그러나 먼저 필요한 것은 새로운 가능성을 보는 상상력과 용기이지, 케케묵고 틀에 박힌 생각이 아니다.

　그건 그렇다 치고, 미국 사람들 대부분이 사회주의 원리와 목표의 정당성을 믿게 되기까지는 상당한 시간이 걸릴 것이다. 이것이 성공하는 동안 사회주의 정당이 해야 할 일과 역할은 무엇일까?

　SP-SDF(사회당-사회민주연합)[3]는 자신의 구조와 활동에 의해 그것이 대표하는 원리를 구체화해야 한다. 장래의 사회주의 달성을 지향할 뿐만 아니라 자기 자신의 내부에서 직접 그것을 실현해야 한다. 따라서 SP-SDF는 사람들에게 그 강령을 이해시키면서 이치에 닿지 않는 정보, 최면과도 같은 암시, '매력 있는 인재'에 호소할 게 아니라 경제, 사회, 정치, 인간과 관련된 상황 분석의 현실성과 정확성과 통찰에 따라야 한다. SP-SDF는 미국의 도덕과 지식을 알리는 양심이 되어 그 분석과 판단을 가능한 한 널리 알려야 한다.

　SP-SDF 활동 방식은 가장 알맞은 분권화와, 논의와 결정에 당원이 적극 책임을 지고 참가한다는 본디의 원리에 따라야 한다. 그리고 소수자에게 의견을 표현하고 확대할 여지를 충분히 주어야 한다. 사회주의의 강령은 고정된 계획이 될 수 없으며, 당원의 끊임없는 활동과 노력과 관심에 의해 성장하고 발전하는 것이어야 한다.

　그리하여 SP-SDF는 강령과 이상뿐만 아니라 구조 자체와 기능 방식에서도 다른 정당과는 달라야 한다. 모든 당원을 위한 정신적, 사회적인 고향이 되어야 하며, 당원들은 인본주의에 근거한 현실주의와 온전한 정신으로 연대되고, 인간과 그 미래에 대한 공통 관심과 공통 신념에 따른 연대감에 의해서 결속해야 한다.

---

3) 프롬이 그 무렵에 가입했던 미국의 정당.

SP-SDF는 노동자, 학생, 전문가, 그리고 사회주의 관점에서의 비판과 사회주의 이상을 이해할 수 있을 것으로 기대되는 모든 사회적 계급의 사람들 사이에 대규모 교육운동을 펼쳐야 한다.

SD-SDF는 짧은 기간에 승리하는 것을 기대할 수 없다. 그러나 그렇다고 해서 가장 폭넓게 사회에 미치는 영향이나 힘을 지향하면 안 된다는 뜻은 아니다. 더욱더 많은 사람들이 몸을 바치는 지지를 얻도록 노력해야 하고, 그러면 그들은 당을 통해서 미국뿐만 아니라 전 세계에 목소리를 전달하게 될 것이다.

SP-SDF는 인본주의에 근거한 사회주의의 전통에 뿌리내리고 있다. 전통 사회주의 목표를 이루기 위한 조건으로서 그런 목표를 20세기 사회의 조건에 들어맞도록 변모시키려고 노력한다. 특히 그 목표를 달성하기 위해서 힘에 호소하거나 어떤 독재정치를 내세우려는 생각을 배척한다. 그 유일한 무기는 이념이 현실성이 있고 인간의 진짜 필요에 호소한다는 사실이며, 오늘날 사람들의 마음을 채우고 있는 허구와 착각을 꿰뚫어 보고, 인간적으로 보다 풍요롭고 보다 온전한 삶을 믿는 사람들의 열렬한 지지를 얻고 있다는 것이다.

SP-SDF 당원이 공통 이상을 믿고 있다는 것만으로는 충분하지 않다. 이런 신념은 행동으로 옮기지 않으면 공허하고 쓸모없다. 당활동은 모든 당원에게 자신의 관심을 의미 있는 직접 행동으로 옮기기 위한 풍부하고 다양한 가능성을 주도록 조직해야 한다. 이것은 어떻게 가능할까?

분명히 이해하고 넘어가야 할 점은 사회주의의 기본목표, 특히 대기업의 경영을 참가자, 조합, 소비자 대표가 맡아 하는 방법, 민주적 과정의 재생, 모든 시민의 생존을 위한 최저 보장과 같은 문제는 세부로 들어가면 해결이 매우 어려워진다는 것이다. 그 해결에는 경제학, 노동조직, 심리학 등의 분야에서 기본이 되는 이론 연구가 필요하다. 실제 계획이나 실험도 필요하다. 이런 사회 문제에 자연과학자나 기술자가 갖고 있는, 신념과 상상력 가득한 정신으로써 접근한다면 오늘날 상황에서는 꿈으로만 여겨지는 해결법이 발견될 것이다. 20세기 전에는 우주여행도 꿈같은 이야기였지 않은가? 그러나 온전하고 인간적인 사회조직을 위한 해결이 아무리 어렵다 하더라도, 결코 이론 및 응용 면에서의 자연과학보다는 더 어렵지 않다.

그래서 사회주의자들은 가장 먼저 자기 자신의 활동 범위 안에서 사회주의를 어떻게 응용할 것인가 하는 문제를 연구하고, SP-SDF 작업반 안에서 사회주의적 해결에 대한 경험이나 제안을 논의한다. 이 그룹 활동을 보충하는 것이 이런 문제를 연구하기 위한 상임위원회이다. 이런 위원회는 경제학, 사회학, 심리학, 대외정책 등 다양한 분야의 전문가로 구성된다. 연구를 위한 위원회와 작업반은 서로 밀접하게 연락을 취하며 생각이나 경험을 나눔으로써 서로 자극을 주고받는다.

그러나 SP-SDF 당원의 활동은 상상력 넘치는 사고나 계획에 한정되어서는 안 된다. 그것을 넘은 직접적이고 구체적인 행동이 필요하다. 직장이 어디건—공장, 사무소, 학교, 연구소, 병원, 그 밖에 어디건—당원 저마다가 직장에서 사회주의에 근거한 생활 방법을 실천함으로써 보여주는 것이 중요하다. 각 당원이 문제에 사회주의의 관점으로 바라보는 방법을 보여주기 위해 자기만의 방식으로 문제를 다루고, 다른 사람에게 자극을 주어야 한다. 노동조합원이기도 한 SP-SDF 당원은 당원으로서의 활동과 조합활동 모두 더 충실히 참가하기 위해서 능동적으로 활동하는 것이 특히 중요하다. 조합 안에서나 밖에서나 SP-SDF 당원은 분권화를 지향하는 모든 경향을 지지하고, 풀뿌리 시민의 능동적인 참가를 도우며, 모든 형태의 관료주의와 싸울 것이다.

SP-SDF는 사회의 인간화라는 문제에 진심으로 관심을 갖고 있고, 따라서 그 실현을 위해 일하면서 그에 필요한 시간과 돈을 자진해서 희생하려는 남녀의 참가를 바라고 있다.

SP-SDF 중심은 강령의 기본목표에 있지만, 직접적인 정치 목적이라도 우리 사회의 진보와 발전에 중요한 것이라면 그 모두를 촉진하는 운동에 능동적으로 참가할 것이다. 같은 목적을 위해 진지하게 노력하는 모든 정치 단체나 개인과의 협력을 아끼지 않을 것이다. 이런 목적 가운데 특별히 기억할 만한 내용은 다음과 같다.

(1) 정치 상황 아래 주어진 사실을 현실로서 인식하는 것에 기초한 정상적인 대외정책—정당한 타협을 모색함과 동시에 전쟁을 피하기 위해서는 두 개의 세력권이 현재 경제, 정치와 관련된 자신의 처지를 받아들이고 힘으로써 그것을 바꾸려고 하는 모든 노력을 포기하는 것밖에 없다는 점을 이해하는 정책.

(2) 군비로써 안전을 보장받을 수 있다는 생각과의 싸움. 전면 파괴를 피할

유일한 길은 전면 군축에 있다. 즉 군비 협상이 진정한 군비 축소를 방해하는 데 이용되어서는 안 되며, 그것을 이루고자 계획할 때 나아가 위험도 무릅써야 한다는 뜻이다.

(3) 저개발국 경제원조 계획. 이것은 현재보다 훨씬 큰 규모로, 이런 계획을 이루려면 우리 시민이 상당한 희생을 치러야 한다. 우리가 주장하는 정책은 외국에 대한 미국의 투하자본을 유리하게 하는 것이 아니며, 미국의 대외정책에 의해 약소국의 독립을 간접으로 방해하는 것도 아니다.

(4) 국제연합(UN) 강화, 그리고 국제 분쟁 해결과 대규모 대외원조에 국제연합의 힘을 이용하려는 모든 노력 강화.

(5) 아직 물질 면에서 수준 이하의 생활을 하고 있는 사람들의 생활수준을 끌어올리기 위한 모든 방책 지지(支持). 이것은 경제적 원인 및 지역적, 인종적 원인에 의한 빈곤에 대해서 말할 수 있다.

(6) 분권화와 풀뿌리활동을 위한 모든 노력 지지. 이것은 회사, 정부, 조합의 관료기구에서 무책임한 권력을 억제하기 위한 모든 시도를 지지하는 것을 뜻한다.

(7) 실업, 질병, 노령에 의한 가난을 직접 구제하기 위한 사회보장을 지향하는 모든 방책 지지. 의료 서비스를 공공(公共)의 것으로 바꾸어 가는 의료의 사회화제도를 지향하는 모든 방책 지지. 단 의사를 자유롭게 선택할 수 있고, 질 높은 의료를 받을 수 있다는 조건 아래에서.

(8) 국내적으로도 국제적으로도 우리나라의 농업생산력과 잉여생산물의 온전한 이용을 위한 경제대책.

(9) 산업, 상업, 노동조합, 경제학자, 소비자 대표로 이루어진 경제위원회를 설치하기 위한 대책 지지. 이 위원회의 임무는 우리나라 경제의 모든 요소를 일정한 기한마다 검토를 하는 것과, 국민 선체에 이익이 되는 개혁올 위한 종합계획을 개발하는 것이다. 먼저 해야 할 일은 군비 생산에서 평화 생산으로의 이행을 위한 계획의 논의와 제안일 것이다. 이 위원회의 보고는 소수 의견의 보고도 포함해서 공개되고 널리 알려져야 한다. 대외정책, 문화, 교육 분야에서도 같은 위원회가 소집되어야 한다. 위원은 국민의 광범위한 부분을 대표하고, 지식과 성실함을 널리 인정받은 사람들이 되어야 한다.

(10) 막대한 정부 지출에 의한 주택, 도로, 병원의 건설 및 음악, 연극, 무용,

미술 등의 문화활동.

(11) 미국의 부(富)로는 사회적인 실험을 시작할 수 있다. 국유기업을 조직하고, 노동자의 경영 참가를 다양한 형태로 시도해야 한다.

(12) 사회적으로 중요한 산업에서 정부는 기준이 되는 기업을 조직해야 한다. 이런 기업이 사기업과 경쟁함으로써 사기업이 수준을 끌어올리도록 만들어야 한다. 이것은 먼저 라디오, 텔레비전, 영화 분야에서 이루어지고, 바람직하다면 다른 분야에서도 이루어져야 한다.

(13) 대기업 경영에 노동자가 참가하는 계획을 시작하기 위해 노력해야 한다. 의사 결정을 위한 의회 투표권의 25퍼센트는 각 기업에서 자유롭게 선출된 노동자나 종업원에게 주어져야 한다.

(14) 노동조합의 영향력은 임금문제뿐만 아니라 노동조건 등의 문제에 관해서도 강화되어야 한다. 그와 동시에 조합 내부에서의 민주화 과정도 온 힘을 다해 촉진해야 한다.

(15) 상업 및 정치 선전에서 최면술과도 같은 암시를 억제하기 위한 모든 시도를 지지해야 한다.

이상에서 말한 강령이 주로 북아메리카나 유럽 국가들처럼 산업화된 나라들에게 해당하는 것임은 알고 있다. 다른 나라들의 강령은 저마다의 특수한 조건에 따라 달라져야 한다. 그러나 이 강령의 바탕에 있는 일반원리, 즉 사회에서의 사용을 위한 생산, 정치 및 산업에서 민주적 과정을 바람직한 쪽으로 강화하는 것은 모든 나라들에 통용되는 것이다.

우리는 모든 시민에게 자신의 목숨, 자식들의 목숨, 그리고 전 인류의 목숨에 책임을 느끼라고 호소한다. 인간은 지금까지 겪어 왔던 것들 가운데 가장 중대한 선택의 갈림길에 서 있다. 자신의 기량과 두뇌를 써서 낙원까지는 아니지만 적어도 인간의 가능성을 온전히 실현시킬 수 있는 장소로서의 세계, 기쁨과 창조성의 세계를 만들 것인가—아니면 원자폭탄 또는 지루함과 공허에 의해서 자신을 파괴하는 세계를 만들 것인가?

실제 사회주의가 다른 당의 강령과 다른 점은 현재의 사회보다 나은 인간을 위한 사회의 전망과 이상을 갖고 있다는 것이다. 사회주의는 자본주의가 갖는 이런저런 결함을 바로잡기를 원할 뿐만 아니라, 아직 존재하지 않는 어떤 것을 달성하기를 바란다. 현재 경제적으로 주어져 있는 사회 현실을 초월하면서도, 현실성 있는 가능성에 기초한 목표를 지향하고 있다. 사회주의자는 전망을 갖고 이렇게 말한다. 이것을 우리가 바랐다, 우리는 이것을 위해서 노력하고 있다, 이것은 절대이자 가장 마지막에 나타날 형태의 삶이라고는 할 수 없지만 지금까지보다 훨씬 나은 인간다운 삶이다……. 이것이야말로 서양 문화와 동양 문화가 이루어 낸 인본주의 이상의 실현이다.

인간은 이상 따위를 바라지 않고, 자신이 살고 있는 준거틀을 뛰어넘고 싶어하지도 않는다고 말하는 사람도 많을 것이다. 우리 사회주의자들은 그렇지 않다고 말한다. 오히려 사람들은 그것을 위해 일할 수 있는 무엇인가에, 믿을 수 있는 무엇인가를 깊이 동경하고 있다. 인간의 전 생명을 지지해 주는 것은 자신이 삶이라는 일상과 관련된 부분을 초월해서 실현할 수 있는 전망을 이루기 위해—아직 달성하지는 않았지만—노력하고 있다는 사실이다. 만일 이치에 닿고 인본주의에 근거한인 전망을 위해 노력할 기회가 없다면, 결국은 따분한 삶에 지쳐 의기소침해지고, 독재자나 선동가가 가진 이치에 닿지 않고 악마와도 같은 전망에 희생될 것이다. 현대사회의 약점은 아무런 이상도 주지 않고, 신념도 요구하지 않으며 아무런 전망도—같은 일을 계속해야 한다는 전망 말고는—가지고 있지 않다는 바로 거기에 있다. 우리 사회주의자들은 인간, 또 인간다움이 보장되는 새로운 형태의 사회 전망에 대해 깊은 신념을 품고 있다고 고백하기를 부끄러워하지 않는다. 우리는 동포 시민의 신념과 희망과 상상력에 호소해서 이 전망을 공유하고, 그것을 실현시키려는 시도를 함께하기를 바란다. 사회주의는 사회와 경제, 정치와 관련된 강령에만 그치지 않는다. 인간을 위한 강령이다. 산업사회라는 조건 속에서의 인본주의 이상의 실현이다.

사회주의는 급진성을 띠어야 한다. 급진성을 띤다는 것은 뿌리까지 다다르는 것이다.[4] 뿌리란 인간이다.

---

4) 영어의 radical(급진적)은 라틴어의 rādix(뿌리)가 어원이다.

7. 보장소득의 심리

본론은 보장소득(guaranteed income)의 가치, 위험 및 거기에서 생기는 인간과 관련된 문제와 같은 심리에만 초점을 맞추고 있다.

이 개념을 지지하는 가장 중요한 이유는 이것으로 말미암아 개인의 자유가 비약적으로 증대되리라는 것이다.[1] 오늘날까지의 역사에서 인간 행동의 자유는 두 가지 원인으로 제한되어 왔다. 즉 지배자에 의한 힘의 행사(특히 따르지 않는 자의 생명을 빼앗는 힘)와, 더 중요한 원인으로서 자신에게 부과된 노동과 사회와 관련된 존재로서의 조건을 받아들이려 하지 않는 자는 모두 굶을 수밖에 없다는 것이었다.

이 조건들을 받아들이지 않으려는 자는 누구든, 설령 다른 것으로부터는 아무런 힘이 가해지지 않더라도 굶주림의 위협에 맞닥뜨렸다. 과거 및 현재의 인간 역사의 대부분(자본주의 아래에서도 소련에서도)을 지배해 온 원리는 "일하지 않는 자는 먹지도 말라"였다. 이 협박에 의해서 인간은 요구받는 대로 행동할 뿐만 아니라, 다른 행동을 할 마음조차 일으키지 않도록 생각하고 느꼈던 것이다.

과거 역사의 바탕에 있는 것이 굶주림의 위협이라는 사실은 결국, 미개사회는 그렇다 치고 인간이 경제적으로나 심리적으로나 결핍생활을 해왔다는 점에 원인이 있다. 모든 사람의 필요를 충족시키기에 충분한 물자가 있었던 적은 한 번도 없었다. 대부분 소수의 '지도자' 집단이 바라는 것을 모두 차지했다. 그리고 식탁에 앉을 수 없는 많은 사람들은 그런 상황을 신이 정한 것이라든가 자연이 정한 것이라고 배웠다. 그러나 이 경우의 주요 원인은 '지도자'의 탐욕이 아니라 낮은 생산성이었음을 잊어서는 안 된다.

보장소득은 경제적으로 풍요로운 시대에 가능해진 것으로, 인간을 처음으

---

1) 《건전한 사회》에서 '보편적 생존보장'에 대해서 논했으므로 참조할 것.

로 굶주림의 위협으로부터 벗어나게 해줄 테고, 그로써 인간은 진정 자유로워지고 경제와 관련된 그 어떤 위협에도 좌우되지 않을 것이다. 만약 거절하면 굶을지도 모른다는 이유만으로 노동조건을 받아들여야만 하는 사람은 없어질 것이며, 재능이나 야심을 가진 남녀가 다른 직업을 갖기 위한 준비로서 새로운 기량을 익힐 수도 있을 것이다. 여자가 남편과 떨어지고, 청년이 가정과 떨어질 수도 있을 것이다. 배고픔을 두려워할 필요가 없어지면 사람들은 더 이상 아무것도 두려워하지 않을 것이다. (물론 이것은 자유로운 사상, 언론, 행동을 방해하는 정치적 위협도 존재하지 않을 경우에만 말할 수 있다.)

보장소득은 강령으로서가 아니라 현실로서 자유를 확립해 줄 뿐만 아니라, 서양의 종교와 인본주의의 전통에 깊이 뿌리내린 "어떤 인간이라도 살아갈 권리는 있다!"라는 원리도 확립해 줄 것이다. 살아갈 권리, 먹는 것, 머무를 곳, 의료, 교육 등을 얻을 권리는 인간 고유의 권리이며, 그 어떤 조건에 의해서도, 사회 차원에서도 '도움이 되는' 인간이어야 한다는 조건에 의해서조차도 제한되어서는 안 된다.

빈곤의 심리에서 풍요의 심리로의 이행은 인간 발달의 가장 중요한 단계 가운데 하나이다. 빈곤의 심리는 불안, 선망, 자기중심주의를 낳는다. (이것은 전 세계 농민문화에서 가장 극단적인 형태로 볼 수 있다.) 풍요의 심리는 창의, 삶에 대한 신뢰, 연대를 낳는다. 아직 대부분의 사람들이 심리적으로는 경제적으로 가난한 시대에 어울리는 삶을 살고 있다. 그러나 산업화된 세계는 이제 경제적으로 풍요로운 시대로 접어들고 있다. 하지만 이런 심리와의 '괴리' 때문에 보장소득이라는 개념에 나타나는 새로운 생각을 이해조차 못하는 사람이 많다. 전통에 근거한 생각은 보통 예전의 사회 존재 형태에서 탄생한 감정에 따라 결정되기 때문이다.

보장소득에 의해서 모든 사람들의 노동시간은 크게 줄어들겠지만, 거기에 더 생각할 수 있는 효과는 인간이라는 존재를 둘러싼 정신, 종교와 관련된 문제가 현실 속에서 피할 수 없는 것이 된다는 것이다. 지금까지는 일에 쫓겨(또는 일이 끝나면 지쳐서) "인생의 의미는 무엇인가?", "나는 무엇을 믿고 있나?", "나의 가치는 무엇인가?", "나는 누구인가?" 따위의 문제를 진지하게 생각할 수 없었다. 일에만 쫓기지 않게 되면 이런 문제를 진지하게 생각할 자유가 생길 것이다. 그렇지 않다면 일과 직접 연결되는 지루함, 또는 대상행동에 감춰진 지루함으로 반쯤 미쳐버릴 것이다.

이런 것들로 미루어 볼 때 경제적인 풍요는 굶주림의 공포로부터의 해방이고, 전(前) 인간사회에서 참된 인간사회로 옮아가는 상징이라고 말할 수 있다.

이 미래상의 차감 계산을 위해서 보장소득 개념에 어떤 식으로든 반론, 또는 의문을 제기해 볼 필요가 있다. 가장 뚜렷한 의문은 보장소득이 일을 하고자 하는 동기를 약화시키지는 않을까이다.

이미 일자리를 잃은 상당수 국민들에게는 일을 하고자 하는 동기 따위는 전혀 문제되지 않지만 그건 별개로 치고, 이 반론 또한 중대하다. 그러나 물질과 관련된 동기가 결코 일이나 노력의 유일한 동기가 아님은 증명할 수 있을 것이다. 먼저 그 밖에도 동기가 여럿 있다. 긍지, 사회평가, 일 자체의 즐거움 등. 이것에 대해서는 수없이 많은 예를 들 수 있다. 가장 명확한 예를 들자면, 과학자나 예술가 등의 일이 있다. 이런 사람들의 뛰어난 업적의 동기가 된 것은 돈과 관련된 이익이 아니라 다양한 원인이 뒤섞인 것이다. 특히 하고 있는 일에서 느끼는 흥미이다. 그리고 업적에서 느끼는 긍지나 명예욕도 있을 것이다. 이것은 명확한 예처럼 보이지만, 설득력이 충분하지는 않다. 이런 뛰어난 사람들은 비범한 재능이 있었기에 비범한 노력을 할 수 있었던 것이고, 그렇기 때문에 보통 사람들이 보여주는 반작용의 예는 될 수 없다. 그렇지만 뛰어난 창조력을 가진 인물처럼 자질이 비범한 사람들이 행동하는 동기를 생각해 본다면, 이 반론이 결코 옳다고는 생각되지 않는다. 모든 운동경기, 모든 종류의 취미에서 물질과 관련된 어떤 동기도 없는데 얼마나 많은 노력을 하고 있는가! 일의 과정 자체에 대한 관심이 어디까지 일의 동기가 될 수 있는지는 메이오 교수가 웨스턴 일렉트릭사(社)의 시카고 소재 호손 공장에서 일하는 노동자들을 대상으로 실시했던 실험 연구를 통해서 처음으로 분명히 제시했다.[2] 미숙련 여자 노동자가 실험 대상으로서 노동생산성 실험에 참가했다는 바로 그 사실, 그리고 실험에 관심을 갖고 능동적으로 참가하게 되었다는 그 사실의 결과로서 생산성은 높아지고 육체 건강까지 좋아진 것이다.

더 오래된 형태의 사회를 생각하면 문제는 더 명확해진다. 프로이센의 공무원이 아주 낮은 급료를 받으면서도 전통적으로 유능하고 청렴한 것은 잘 알려

---

2) 엘튼 메이오(Elton Mayo), 《산업문명과 관련된 인간의 문제(*The Human Problems of an Industrial Civilization*)》, 재간본(再刊本), (뉴욕 소재 맥밀런 출판사, 1946) 참조.

져 있었다. 이 경우는 명예, 충성, 의무 등의 개념이 유능한 일처리를 결정하는 동기가 되었다. 산업화 이전 사회(중세 유럽사회, 또는 이번 세기 첫 무렵 라틴아메리카의 반봉건사회 등)를 생각하면 또 다른 원인이 드러난다. 이들 사회에서는, 이를테면 목수는 예부터 지켜오던 자신의 생활수준 필요를 충족시키기 위한 만큼만 벌 뿐, 더 벌기 위해서 필요 이상으로 일하는 것을 거부했다.

둘째로, 인간은 타고난 게으름뱅이는커녕 아무것도 하지 않으면 괴로워한다는 것은 사실이다. 한 달이나 두 달쯤은 일하고 싶지 않을지도 모르지만, 대부분의 인간은 보수를 받지 않고서라도 일하고 싶어한다. 아이의 발달 및 정신병의 분야가 이 사실을 입증하는 풍부한 자료를 제공해 준다. 필요한 것은 체계적인 조사로, 거기서 얻을 수 있는 자료를 '질병으로서 게으름'이라는 관점에서 조직하고 분석하며, 더 많은 자료를 관련된 새로운 조사에 의해서 수집한다.

그러나 돈이 동기가 되지 못한다면 일에는 기술 또는 사회와 관련된 측면에서 아무것도 하지 않는 불쾌함을 이길 만한 매력과 흥미가 있어야 한다. 현대의 소외된 인간은 진심으로 지루해하는데(보통은 의식하고 있지 않지만), 그 때문에 능동성보다는 게으름을 그리워하고 있다. 하지만 이 그리움 자체가 우리 '상태의 병리'이다. 아마도 보장소득을 생각없이 쓰는 것은 얼마 지나지 않아 없어질 것이다. 그것은 돈을 내지 않아도 될 때도 지나치게 과자를 먹는 일이 2, 3주면 없어지는 것과 같다.

다음의 반론은 이렇다. 굶주림의 공포가 없어지는 것이 정말로 인간을 그만큼 자유롭게 해주는가? 일자리를 잃으면 굶는 사람뿐만 아니라, 편하게 생활할 수 있을 만큼의 수입이 있는 사람들도 이를테면 1년에 1만 5000달러짜리 일자리를 잃는 것 또한 두려울 것이다. 이런 반론이 옳다면, 보장소득은 거의 모든 사람들의 자유를 증대시킬 테지만 중상류계급의 경우에는 그렇지 않다.

이 반론을 제대로 이해하기 위해서는 현대 산업사회의 정신에 대해서 살펴봐야 한다. 인간은 소비하는 인간(Homo Consumens)으로 변모해 버렸다. 탐욕스럽고 수동적이며 내적인 공허함을 더욱 늘리는 끊임없는 소비에 의해서 보상하려고 한다. (우울과 불안에 대한 반작용으로서의 과식, 과소비, 과음에서 비롯된 발병의 예(例)에서 이런 체제의 임상례가 많이 보인다.) 담배, 술, 섹스, 영화, 여행, 그리고 교육, 책, 강연, 예술을 소비한다. 능동적이고 '흥분해' 있는 듯이 보이지만, 마음속으로는 불안하고 고독하며 우울하고 지루하다. (지루함은 소비에 의해서 보상되는 유형의 만성 우울증이라고 정의할 수 있다.) 20세기 산업주의가 이 새로운 심리학의 유형인 소비하는 인간을 낳은 것은 주로 경제와 관련된 이유, 즉 대량소비의 필요에서였으며, 그 소비는 광고가 자극하고 조작하고 있다. 그러나 일단 성격유형이 형성되면 이번에는 그것이 경제에 영향을 주어 더욱더 많은 만족을 얻고 싶다는 욕망을 이치에 닿고 현실로 보이게 한다.[3]

현대인은 갈수록 더 많은 소비를 하기에 가없이 갈망하고 있다. 여기에서 몇 가지 결과가 생긴다. 만일 소비 욕구에 한도가 없다면 어떤 경제도 모든 인간의 무제한 소비를 충족시킬 만큼의 생산을 가까운 미래에 하지 않는 이상, 소비하는 인간의 성격구조가 우세하다면(심리학의 관점에서) 진정한 '풍요'는 있을 수 없게 된다. 탐욕스러운 인간에게는 늘 결핍상태가 이어진다. 아무리 많이 갖고 있어도 그것으로 만족하지 않기 때문이다. 게다가 이런 사람은 다른 누구보다도 욕심과 경쟁심이 크다. 그래서 본질적으로 고독하며 두려움을 갖고 있다. 예술이나 다른 문화에서 느끼는 자극을 진심으로 즐기지 못한다. 본질적으로 탐욕스럽기 때문이다. 이는 곧 보장소득의 수준으로 생활하는 사람들은 욕구불만과 무가치감을 갖고, 더 많이 버는 사람들은 여전히 환경의 포로로 머문다는 뜻이다. 왜냐하면 최대소비의 가능성을 잃는 것을 두려워하기 때문이다. 이런 이유에서 최대소비의 원리로부터 변혁이 없는 보장소득은 어떤 종류의(경제, 사회와 관련된) 문제는 해결할 수 있어도, 당연히 거둬야 할 근원적인 효과는 거두지 못할 거라고 나는 믿는다.

그렇다면 보장소득을 실행에 옮기기 위해서 무엇을 해야 할까? 일반적으로 말하면, 현재의 체제를 최대 소비체제에서 최적의 소비체제로 바꿔야 한다. 그 의미는 다음과 같다.

---

3) 문제를 더 복잡하게 만드는 것은 미국 인구 가운데 적어도 20퍼센트가 가난하게 살고 있다는 것, 그리고 이것은 유럽의 어떤 부분, 특히 사회주의국가들과 같으며 이들 나라에서도 아직 충분한 생활수준에 이르지 못했다는 것, 또한 라틴아메리카, 아시아, 아프리카에 살며 인류의 대부분을 차지하는 사람들은 거의 굶주림에 맞닥뜨려 있다는 것이다. 소비를 줄이자는 논의는 언제나 세계의 대부분에서는 소비를 늘려야 한다는 반론을 만나게 된다. 이 말은 옳다. 그러나 현재 가난한 나라들에서조차도 최대소비의 이상이 사람들의 노력 지침이 되어 그들의 정신을 이루고 있으며, 그 결과 (최대가 아니라) 최적소비 단계에 이르고 나서도 최대소비라는 이상이 계속 영향을 미칠 위험이 있다.

개인 소비재 생산에서 공공재—학교, 극장, 도서관, 공원, 병원, 공공 수송, 주택—생산으로의 대대적인 산업전환. 바꿔 말하면 개인의 내적 생산성과 능동성의 발전 기초가 되는 생산에 중점을 두는 것. 분명히 말할 수 있는 것은 소비하는 인간의 탐욕이 주로 그가 '먹는' 것의 개인소비와 관련이 있는 데 비해서, 무료 공익사업의 이용은 개인에게 삶을 즐기게 하면서 탐욕이나 욕심을 낳지 않는다는 점이다. 이렇게 최대소비에서 최적소비로 바꾸기 위해서는 생산양식을 과감하게 바꾸어야 하며, 욕망을 부추기고 세뇌하는 광고기술 등을 과감히 줄여야 한다.[4] 또 그에 맞춰서 문화도 과감하게 바꾸어야 한다. 즉 '조직인'이나 조작된 개미집[5]의 물질주의에 대한 생명, 생산성, 개별성 등 인본주의에 근거한 가치의 재생이다.

이런 것을 생각하면 다시 새로운 연구 과제가 생긴다. 이치에 닿는 필요와 이치에 닿지 않는 필요, 좋은 필요와 나쁜 필요를 구별하기 위해 객관적으로 타당하고 규범이 되는 표준은 있을까? 또 주관적으로 느낀 필요는 모두 가치가 같을까? (좋다는 말의 정의는 여기서는 인간의 생명감, 자각, 생산성, 감수성을 높일 필요이고, 나쁘다는 것은 이러한 인간적 가능성을 약화시키거나 마비시킬 필요이다) 마약중독이나 과식, 알코올의존의 경우는 모두가 이런 식으로 구별하고 있다는 것을 잊어서는 안 된다. 이런 문제의 연구는 당연히 다음과 같은 실제 고찰로 이어진다. 즉 개인에게 정당한 필요의 최소한도는 어느 정도인가? (예를 들면 방은 한 사람에게 하나, 옷은 몇 벌, 열량은 얼마, 라디오, 책 등의 문화적인 가치를 갖는 것은 얼마 하는 식으로) 오늘날 미국처럼 비교적 풍요로운 사회에서 정상적인 삶을 위한 최소한의 비용은 얼마인가, 또 최대소비의 한계는 어디에 두어야 하는가를 계산하는 것은 간단하다. 일정한 한계치를 넘은 소비에 누진세를 매기는 것도 고려의 여지가 있을 것이다. 빈민가를 만들지 않는 게 중요할 것이다. 이상을 정리하면 이렇게 된다. 보장소득의 원리에 맞춰 최대 개인소비에서 최적 개인소비로 사회를 변모시키는 것, 그리고 개인 필요를 위한 생산에서 공공의 필요를 위한 생산으로 과감히 옮겨가는 것.

보장소득의 개념에 다시 새로운 개념을 연구 과제로서 덧붙여야 한다고 생

---

4) 광고를 제한하고 공익사업에 관련된 것을 더 많이 생산하는 쪽으로 돌린다는 것은, 내 생각에는 국가의 포괄개입 없이는 어렵다.
5) 인구가 밀집된 사회의 비유.

각한다. 그것은 무료의 소비라는 개념이다. 그 예의 하나는 빵이고, 다음으로 우유와 채소가 될 것이다. 누가 어떤 빵집에 들어가도 상관없으며 원하는 만큼 빵을 가져가도 좋은 세상을 잠시 상상해 보라. (제빵사가 만든 모든 빵은 국가가 대금을 치러준다.) 앞에서 말했듯이, 탐욕스러운 인간은 처음에는 다 먹을 수 없을 만큼 가져갈 것이다. 그러나 얼마쯤 지나면 이 '탐욕형 소비'는 안정되고, 사람들은 정말로 필요한 만큼만 가져가게 될 것이다. 이런 무료 소비는 내 생각에는 인간생활에 새로운 차원을 낳을 것이다. (이것을 미개사회의 소비양식이 훨씬 높게 발전한 단계라고 본다면 이야기는 달라지지만.) 인간은 "일하지 않는 자는 먹지도 말라"의 원리에서 해방될 것이다. 이 초보 단계의 무료 소비조차도 대단히 새로운 자유의 체험이 될 것이다. 경제학자가 아닌 사람이라도 공짜 빵을 주는 비용쯤은 쉽게 국가가 낼 수 있다는 것을 안다. 그것에 어울리는 세금을 매겨 그 비용을 감당하면 되기 때문이다. 하지만 한 발 더 나아갈 수도 있다. 필요한 최소 식량—빵, 우유, 채소, 과일—이 모두 공짜일 뿐만 아니라, 최소한의 의류까지도 그렇다(어떤 방식에 의해서 누구나 예컨대 1년에 옷 한 벌, 셔츠 세 장, 양말 여섯 켤레를 공짜로 받을 수 있다)고 가정해 보자. 교통비도 공짜이다. 물론 공공 운송 방식을 대폭 개선해서 자가용차를 비용이 드는 것으로 만드는 작업이 필요하지만. 마지막으로는 주택문제도 같은 방식으로 해결할 수 있다고 생각해 보자. 대규모 주택 계획에 의해서 커다란 아이들 침실, 연장자 또는 부부를 위한 작은 방을, 희망자는 아무런 대가도 치르지 않고 사용할 수 있다. 이렇게 생각하면, 보장소득 문제를 해결하는 또 하나의 방법은 모든 필요한 물품의 최소 소비를 현금 지급이 아니라 공짜로 하는 것이 아닌가 여겨진다. 이런 최소한의 필요한 물품 생산은 고도로 개량된 공익사업과 더불어 보장소득의 지급처럼 생산을 계속하는 힘이 될 것이다.

이 방법은 다른 학자들이 제안한 방법보다 급진적이어서 찬성하기 어렵다는 반론이 있을지도 모른다. 아마 그것은 사실일 것이다. 그러나 한편으로는 공짜로 이런 편의를 얻을 수 있다는 방식이 이론적으로는 현재의 체제 안에서 해결할 수 있는 데 비해, 보장소득의 이념은 많은 사람들이 찬성하기 어려운 것이라는 점을 잊어서는 안 된다. 그것은 실행할 수 없기 때문이 아니라, "일하지 않는 자 먹지도 말라"는 원리를 버리는 것에 대한 심리적 저항 때문이다.

이제 하나의 철학, 정치, 심리와 관련된 문제를 연구해야 한다. 그것은 자유의 문제이다. 서양에서의 자유 개념은 대부분이 재산을 소유하고 이용하는 자유에 기초하고 있다. 단, 다른 합법 이권을 위협하지 않는 한에서이지만. 이 원리는 서양 산업사회의 많은 분야에서 현실적으로 파기되어 버렸다. 수확의 한 형태인 과세에 의해서, 또 농업, 무역, 산업에 국가가 개입하는 것에 의해서. 그와 동시에 생산수단 안의 사유재산은 거대사회에서 전형적으로 보이는 반공공(半公共) 재산으로 차츰 옮아가고 있다. 보장소득 개념은 국가의 규제를 더 강화하는 것을 뜻하겠지만, 오늘날에는 평범한 개인에게 자유의 개념은 재산(자본)을 소유하고 이용하는 자유보다는 뭐든지 원하는 것을 소비하는 자유를 뜻한다는 것을 잊어서는 안 된다. 원하는 것을 정말로 선택하는 경우는 성공한 사람뿐이지만, 만일 무제한의 소비를 제한한다면 그것을 자유의 침해라고 생각하는 사람도 오늘날에는 많을 것이다. 같은 상품의 다른 상표끼리의 경쟁이나 종류가 다른 상품끼리의 경쟁 때문에 개인에게 자유가 있는 것처럼 착각하지만, 사실 개인은 원하는 조건을 원할 뿐이다. 자유의 문제는 새롭게 접근해야 한다. 소비하는 인간을 생산적이고 능동적인 사람으로 변모시켜야만 인간은 상품의 제한없는 선택에 의해서가 아니라 참된 독립에 의한 자유를 누릴 것이다.

보장소득의 원리에 제대로 된 효과를 기대하기 위해서는 다음의 것을 모두 고려해야 한다. (1) 소비습관 변혁, 소비하는 인간의 생산적, 능동적(스피노자가 말하는 뜻에서의) 인간으로의 변모. (2) 정신과 관련된 새로운 태도, 즉 인본주의(신의 존재를 인정하든 부정하든) 창조. (3) 참된 민주적 방법(예를 들면 수십만의 대면집단이 다다른 결정을 통합하고 종합하는 새로운 하원, 온갖 기업에서 일하는 모든 성원의 능동적 경영 참가 등)[6]의 부활. 모든 것을 양성하는 국가가 독재자로서의 자질을 지니는 대지의 여신과 같은 존재가 될 위험성은, 모든 분야의 사회활동에서 민주적인 절차를 동시에 과감하게 늘림으로써만이 극복할 수 있다.

요컨대 경제라는 관점에서의 보장소득 연구와 동시에 다른 연구—심리학, 철학, 종교, 교육의 관점에서—도 해야 한다. 내 생각에는 보장소득의 위대한 첫걸음이 성공하려면 다른 분야에서도 변혁이 뒤따라야 한다. 잊어서는 안 될

---

6) 프롬, 《건전한 사회》 머리말 참조.

것은 보장소득이 성공하기 위해서는, 전 자산의 10퍼센트를 경제적으로 아무 짝에도 쓸모없고 위험하기까지 한 군비에 사용하는 것을 그만두어야 한다는 사실이다. 저개발국들을 체계를 갖추어 통일되게 원조함으로써 어리석은 폭력의 확대를 그만두어야 한다는 것, 인구의 급증을 막을 방법을 찾아야 한다는 것이다. 이런 변혁이 없다면 미래를 위한 그 어떤 계획도 성공하지 못할 것이다. 미래는 없기 때문이다.

8. 일방적 군비축소

일방적 군비축소—한 나라의 군비를 무조건 없앤다는 넓은 의미에서의—제 안이 가까운 미래에는 미국에서도 소련에서도 받아들여지지 않을 것임은 의심할 여지가 없다. 따라서 군비 억제라는 실질 제안을 중심으로 하는 한, 이 제안은 단편적이고 매우 한정된 개념으로서의 일방적 군축, 즉 찰스 오스굿이 "단계적인 일방적 행동(또는 해제)"이라고 말한 것, 또는 군축을 위한 실제 수단을 취하기 위한 일방적 결단이라고도 해야 할 것이다. 이 개념의 바탕에는 여러 나라 간의 군축을 위한 현재의 교섭 방법을 근본적으로 바꾼다는 생각이 깔려 있다. 이 변혁의 의미는 현재의 거래 방식, 즉 이쪽이 양보하느냐 마느냐는 모두 러시아 측이 그에 걸맞는 양보를 보장하느냐 아니냐에 달려 있다는 식의 방법을 그만두고, 오히려 일방적으로 군축을 향해 순서에 따라 차례대로 조치를 취함으로써 러시아도 그에 응하리라 기대함으로써 군축을 둘러싼 전면 교섭의 교착상태가 해결될 것이라고 기대하는 것이다.

일방적 수단이라는 이 정책의 성질을 설명하기 위해서는 오스굿의 설명보다 더 좋은 것은 없다. 내가 아는 한, 오스굿이 맨 처음 이 생각을 표명했으며, 그것은 재기와 통찰력이 넘치는 두 개의 논문에서였다.[1] 그는 말한다. "적 쪽에서도 그에 어울리는 행동을 취하게 하기 위해서 최대 효과를 올리려면 일방적 행동은 (1) 그것을 하는 쪽에게 군사적 공격 면에서 명백히 불리한 것이어야 하지만 결정적으로 불리해서는 안 되고, (2) 적 쪽이 명백히 외부로부터의 위협 감소라고 인정할 수 있는 것이어야 하며, (3) 우리 쪽 심장부에 가해지는

---

1) 찰스 E. 오스굿(Charles Egerton Osgood, 1916-1991).
　① 〈공산주의와의 진짜 싸움에서 이기기 위한 제안(Suggestions for Winning the Real War with Communism)〉, 《분쟁해결 공보(Journal of Conflict Resolution)》 제3권 제4호(1959.12), 131쪽.
　② 〈순서에 따라 차례대로 이루어지는 일방적인 군비축소 주장의 논거(The Case for Graduated Unilateral Disarmament)〉, 《핵(核)과학자회보(Bulletin of the Atomic Scientists)》 제16권 제4호, 127쪽과 그 다음 참조.

적의 위협을 증대시켜서는 안 되고,[2] (4) 적 쪽의 그에 어울리는 행동이 명백히 실현할 수 있고 명백히 눈으로 볼 수 있어야 하며, (5) 미리—그 행동의 성질과 일관된 정책의 일부로서의 목적, 그에 어울리는 어떤 행동을 기대하는지에 대해서—공표하고, 동맹국에도 중립국에도 적국에도 널리 알려야 하고, (6) 그 약속의 조건으로서 적에게 그에 걸맞는 행동을 취한다는 요지의 언질을 미리 요구하는 것이어서는 안 된다.[3]"

그리하여 실제로 취해야 할 개별 수단에 대해서는 더 많은 고찰이 필요할 테고, 유능한 전문가의 도움도 필요할 것이다. 그러나 이 정책의 목적 안에 있는 구체적인 수단의 일부라도 제시하기 위해서 다음의 것을 들고자 한다. (일부는 오스굿과 일치한다.) 과학적인 정보 공유, 핵실험 정지, 군대 축소, 하나 또는 그 이상의 군사기지 철거, 독일의 재군비 정지 등. 우리가 기대하는 것은 러시아도 마찬가지로 전쟁의 회피를 바라고 있으며 그래서 우리의 행동에 어울리는 행동을 시작하는 것이고, 상호 불신 과정이 일단 바뀌면 더욱 규모가 큰 방법이 동원되어 결국에는 두 진영의 완전한 군축으로 이어지리라는 것이다. 군축 교섭과 아울러 정치 교섭도 이루어져야 한다고 믿는다. 본질적인 목적은 현 상태의 인정에 기초하는 상호 불간섭이다. 이 경우도(다시 오스굿의 견해와 본질적으로 일치하는데) 오데르—나이세선[4] 인정이나 중국의 유엔 가입[5]과 같은, 일방적 수단이 러시아의 반응(즉 중국의 공세 억제, 중동 및 극동에 대한 불간섭 등)을 기대하고 취해지게 될 것이다.

군축을 위한 일방적 수단의 제안 바탕에 있는 전제는 무엇일까? (여기서는 몇 가지 기본 전제만 다루고, 나머지에 대해서는 본 논문 후반의 전면적 일방적 군축 논의에서 설명하겠다.) 간단히 말하면 (1) 앞에서 말했듯이, 현재의 교섭 방법은 깊이 뿌리박힌 상호 불신과 불안 때문에 양 진영의 군축이라는 목표로 절대 이어지지는 못할 것이다. (2) 완전한 군축을 달성하지 않으면 군비경쟁이 이어져 러시아의 문명뿐만 아니라 우리의 문명도 파괴할 테고, 전쟁이 일어나

---

2) 이 조건을 가장 중요하게 받아들여야 한다고 나는 생각한다. 자기의 공격 능력을 조금이라도 약화시키는 것은, 전략적으로는 상대측 공격력을 어느 정도 증대시키기 때문이다.

3) 찰스 E. 오스굿, 〈공산주의와의 진짜 싸움에서 이기기 위한 제안〉, 316쪽.

4) 동독과 폴란드의 국경선으로서 1950년 두 나라에 의해 인정되었지만, 서독과 서방국가들은 1970년까지 이것을 인정하지 않았다.

5) 1971년에 실현되었다.

지 않더라도 우리가 육체적 생존을 위험에 노출시키고라도 지키려고 하는 가치를 차츰 좀먹다가 결국에는 무너뜨려 버릴 것이다. (3) 일방적인 수단은 명확한 위험을 낳지만(이 생각의 성질상 어쩔 수 없다), 각 단계의 위험은 결정적인 것이 아니며, 군비경쟁을 계속함으로써 무릅쓰게 되는 위험에 비하면 문제도 되지 않을 만큼 작다.

더 넓은 개념에서의 완전한—순서에 따른 것이 아니라—일방적 군축은 앞에서 말했듯이 미국과 소련에 관한 한 가까운 미래에 실현될 가능성은 없겠지만, 이 견해에 찬한다는 논거를 말하는 것도 결코 무의미하지는 않을 거라고 믿는다. 그것은 본지의 편집자에게 이 견해를 말해 달라고 부탁받았기 때문이 아니다. 군비경쟁을 계속하는 위험이 일방적 군축이라는 대단히 중대한 위험보다 훨씬 크다고 믿는 극소수 사람들과 견해가 같기 때문도 아니다. 이 두 가지 이유는 다음에서 말하는 것을 정당화하기에 충분하지 않으며, 그것을 정당화할 뿐 아니라 중요한 것으로 만드는 이유는 그 밖에 또 있다고 나는 믿는다.

즉 급진적인—설사 실제로는 받아들이지 않더라도—견해의 찬성론을 상세히 검토하는 일은, 위협과 역위협에 의해 평화를 구하려는 위험한 순환으로부터의 탈출을 방해하는 사고의 장벽을 깨뜨리는 데 도움이 된다. 완전한 일방적 군축이라는 인기 없는 견해를 지지하는 논법에서도 그것을 진지하게 생각해 보면 새로운 접근법이나 관점이 열리며, 설령 실제 목적이 순서에 따른 일방적 행동이고 교섭에 의한 쌍방의 군축에 지나지 않더라도 그것들은 중요한 의미를 갖는다. 내 생각에는 완전 군축에 다다르기 어려운 것은 두 진영의 완고하고 틀에 박힌 감정이나 사고에서 비롯된 부분이 많으며, 이런 완고하고 형식만 따지는 모양새에서 벗어나 문제 전체를 다시 생각하려는 시도는 현재의 위험한 교착상태로부터 벗어날 길을 찾는 데 중요한 의미를 지닐 수 있다.

빅터 골란츠(Victor Gollancz), 루이스 멈퍼드, 그리고 약간의 퀘이커교도들이 종교, 도덕, 평화주의자로서의 관점에서 완전하고 일방적인 군비 축소를 제안해 왔다. 버트런드 러셀, 스티븐 킹 홀, 찰스 라이트 밀스도 이것을 지지해 왔다. 후자는 모든 상황에서 힘의 행사에 반대하는 것은 아니지만, 수소폭탄 전쟁 및 그것을 위한 준비에는 모두 단호히 반대한다. 나는 대략 엄밀한 평화주

의자의 견해와 버트런드 러셀이나 스티븐 킹 홀과 같은 사람들의 중간쯤에 있다.[6]

그러나 이 두 무리의 차이는 겉보기처럼 근본적이지 않다. 국제정치의 이치에 닿지 않는 면을 비판하는 태도와 생명을 깊이 경외한다는 점에서는 일치한다. 둘 모두 인류가 하나라는 신념과 인간의 정신, 지식과 관련된 가능성을 믿는 마음이 똑같다. 양심에 따라 "수백만 명의 여자와 아이들과 비전투원을 자신의 정부에서 벌이는 행동의 인질로 삼는 것에 가담하기"[7]를 거부한다. 신의 존재를 인정하는 관점에서 생각하건 신의 존재를 부정하는 인본주의(스토아파[8] 철학에서 18세기 계몽주의 철학에 이르기까지 연속된 철학사상의 의미에서) 관점에서 생각하건 모두 같은 정신적 전통에 뿌리내리고 있으며, 그 원리를 굽히려고 하지 않는다. 국가를 우상처럼 숭배하는 것을 비롯한 모든 종류의 우상숭배에도 타협 없는 반대를 한다는 점에서 일치한다. 소비에트 체제에 대한 그들의 반대는 바로 이 우상숭배 부정의 태도에 뿌리내리고 있는데, 서유럽 세계에서 우상숭배가 보이는 경우에도 신의 이름으로든 민주주의의 이름으로든 그들은 늘 비판한다.

---

6) ① 버트런드 러셀(Bertrand Russell), 《상식과 핵전쟁(*Common Sense and Nuclear Warfare*)》, London : George Allen & Unwin, 1959.

② 스티븐 킹 홀(Stephen King—Hall), 《원자력 시대의 방어(Defense in the Nuclear Age)》, Nyack, New York : Fellow Publications, 1959.

③ 제롬 데이비스(Jerome Davis) · 휴 브라이언 헤스터(Hugh B. Hester), 《파멸의 위기에 서다(On the Brink)》, New York : Lyle Stuart, 1959.

④ 루이스 멈퍼드(Lewis Mumford), 《인간다운 해결 방법(The Human Way Out)》, 펜들힐 소(小) 책자(Pendle Hill Pamphlet) 제97호, 1958

⑤ 찰스 라이트 밀스(Charles W. Mills), 《제3차 세계대전의 원인들(The Causes of World War Three)》, New York, Secker & Warburg, 1959

⑥ 조지 프로스트 케넌(George F. Kennan), 《대외정책과 기독교인의 양심(Foreign Policy and Christian Conscience)》, The Atlantic Monthly, May, 1959.

⑦ 리처드 발렛 그레그(Richard B. Gregg), 《비폭력의 힘(The Power of Nonviolence)》, Nyack, New York : Fellow Publications, 1959.

⑧ 미국 프렌드교회 사회복지 사업회(American Friends Service Committee), 《권력에게 진실을 말하라 : 폭력의 대안(代案)을 찾는 어느 퀘이커교도의 연구(Speak Truth to Power : Quaker Search for an Alternative to Violence)》, 1955.

7) 조지 프로스트 케넌.

8) 기원전 4세기 끝 무렵에 그리스에서 일어난 철학 학파.

일방적 군축의 지지자들은 모두 개인은 높은 자신의 가치를 위해서는 만일 궁극적인 필요가 생기면 스스로 목숨을 던져야 한다고 믿지만, 또 한편으로는 인류의 목숨은커녕 지난 5000년 동안 최고로 노력한 결과를 위험에 빠뜨리는 것도 도덕에 반대되는 무책임한 일이라고 믿는다. 전쟁이 더 의미가 없는 것이 되는 것과 동시에 보다 더 큰 파괴력을 가지게 되면서 종교적 평화주의자, 인본주의자, 그리고 실제주의적인 핵무장 반대론자들은 더 나아가는 것이다.

일방적 군축을 지지하는 사람들의 관점에서 말하자면, 군비경쟁을 계속하는 것은 전쟁 억제력이 작용하느냐 아니냐와 관계없이 파국을 가져온다. 첫째로 그들은 이 억제력이 수소폭탄 전쟁의 발발을 막아준다고 생각하지 않는다.[9] 수소폭탄 전쟁을 가져오는 결과는 잘해야 민주적인 생활 방법을 지키기 위해서 이런 전쟁을 해야 한다는 생각을 완전히 무효로 만들어 버리는 정도의 것이라고 믿는다. 죽는 것은 적대하는 양 진영 인구 가운데 3분의 1, 3분의 2, 또는 (상황에 따라서) 중립세계의 몇 분의 1인가 하는 예측 게임을 할 필요는 없다. 그것은 광기와도 같은 게임이다. 자기 나라나 적대국의 인구 중 30퍼센트, 60퍼센트, 또는 90퍼센트가 죽을 가능성을 자신의 정책이 허용할 수 있

---

9) 이 전제는 미국 국가기획협회(NPA) 보고서 《군비통제 없는 1970년 ; 현대 무기기술이 암시하는 것(*1970 Without Arms Control ; Implications of Modern Weapons Technology*)》(국가기획협회의 군비통제를 통한 보안 관련 특별계획위원회 : 계획 내용을 담은 소책자 제104호, 1958년 5월, 워싱턴 D.C.)에서도 보인다. 이 보고서에 따르면 "전쟁의 위험은 가능성에 그칠 뿐만 아니라 지나치면 개연성은 높아지고, 방법을 찾지 못한 채 시간이 지나면 피할 수 없게 될 것이다." 또 스탠퍼드연구소(SRI) 소장 에밋 핀리 카터에 따르면, "과학기술을 파괴무기에 응용하여 안전보장을 구한 결과, 소비에트연방도 서유럽 동맹국들도 모두 무서운 공통의 적을 낳았다─우연히 일어날 수도 있는 핵전쟁의 위협이다."(《SRI 학술지》, 스탠퍼드연구소, 1959년 4사분기 제3권, 198쪽). 허먼 칸도 같은 결론을 내리고 있다. "무제한 군비경쟁이 수십 년 계속되면 이 세계가 살아남을 가능성은 아주 적다"(같은 책 139쪽). 이 극도로 파괴적인 성격 때문에 전쟁이 불가능해졌다고 믿는 것은 현실성이 없다고 칸은 강조하고 있다. 1959년 12월 27일의 민주당 고문위원회에서 과학·기술에 대한 조언자는 이렇게 말했다. "현재 군사정책을 지속하고, 이 불안정한 상태를 완화하기 위해 국제적으로 광범위한 합의를 이끌어 내지 않는 한, 전면적 핵전쟁은 단순한 가능성에 그치지 않고 실제로 일어나게 될 것이다. 실수나 사고, 오산에 의한 핵전쟁 유발의 위험은 늘 존재한다." 위험은 기술적 실수뿐만 아니라 정치와 군사 지도자의 그릇된 결정에도 마찬가지로 존재한다는 것을 강조할 필요가 있다. 1914년과 1939년에 전쟁을 일으킨 많은 지도자들의 정치, 군사와 관련된 잘못을 기억한다면 오늘날과 같은 무기를 가진 같은 유형의 지도자들이 선의를 갖고서도 세계를 산산조각으로 파괴하리라는 것은 상상하기 어렵지 않다.

는(물론 아주 바람직하지 않은) 결과라고 생각한다는 것은 그야말로 병에 가까운 것이라고 할 수 있기 때문이다. 지난 여러 세기에 걸친 서양 세계 발전의 큰 특징인 지성과 감성의 분리가 더욱 진행되어 이제 위험한 정신분열증과도 같은 정점에 이르렀다는 것은 우리가 자기 행위의 결과로서 일으킬 수 있는 세계의 파멸을 냉정하게, 그리고 입으로는 이성적으로 논할 수 있다는 것을 보면 뚜렷하다. 미국이나 러시아 인구의 대부분, 또는 세계의 대부분에 갑작스러운 파괴나 느린 죽음의 위협이 중세 흑사병이 일으켰던 집단적 정신이상에서만 그 유례를 찾아볼 수 있는 공포나 광폭함, 절망을 낳으리라는 것은 상상하기 어렵지 않다. 이런 파국이 가져올 충격적인 결과는 새로운 형태의 원시적인 야만성을 낳고, 가장 오래된 요소를 되살릴 것이다. 이것들은 지금도 모든 인간이 갖고 있는 가능성으로서, 그 증거는 히틀러나 스탈린의 공포체제 안에서 넘칠 만큼 볼 수 있었다. 인간성이나 정신병리학 연구자들로서는 수소폭탄 전쟁이 뜻하는 인간끼리의 한없는 잔인함을 목격하고, 또 거기에 가담한 인간이 계속 자유나 생명 존중이나 사랑을 소중하게 생각할 수 있을 거라고는 도저히 믿지 못할 것이다. 잔학 행위가 그 가담자를 더욱 잔인하게 만들고, 더 많은 잔학 행위를 가져오는 것은 심리학의 관점에서는 사실이다.

그러나 만일 억제력이 작용하지 않는다면?

두 진영 또는 많은 나라들이 군비를 증강한 세계에서, 인간의 사회적 성격의 앞날은 대체 어떻게 될까? 이 세계에서는 하나하나의 사회에 아무리 복잡한 문제가 있어도, 아무리 충실한 만족감이 있어도, 인간 저마다의 삶에서 가장 크고 가장 일상적인 현실은 발사 준비를 마친 미사일이고, 그것과 접속해서 웅웅거리는 자료처리 장치이며, 나설 차례를 기다리는 방사선계수기와 지진계이고, 기술자 정치에 의한 대학살기구의 전면적 완성(이것은 미완성인 동안에는 초조하지만 무력한 불안감을 가라앉혀 준다)이다. 잠깐이라도 파괴의 끊임없는 위협 아래서 생활하면, 대부분의 인간에게는 심리와 관련된 어떤 영향—두려움, 적의, 무감각, 몰인정, 그것들의 결과로서 우리가 소중히 여기는 모든 가치에 대한 무관심—이 생긴다. 이런 상태는 우리를 야만인—가장 복잡한 기계를 가진 야만인—으로 바꾸어 놓는다. 우리의 목적은 자유를 지키는 것(즉 개인이 전능한 국가에 종속되지 않도록 하는 것)이라는 주장이 진지하다면, 전쟁 억제력이 작용하느냐 아니냐를 떠나서 이 자유가 사라지리라는 것을 인정해야 한다.

심리와 관련된 이런 사실은 그렇다 치고, 군비경쟁이 계속되는 것은 특히 서양 문화에 위협이 된다.[10] 자연을 정복하는 과정에서 생산과 소비가 서양인들의 주된 관심사―인생의 목표―가 되었다. 우리는 수단을 목적으로 변모시켜 버렸다. 인간 같은 기계를 만들고, 기계 같은 인간을 낳고 있다. 일에서 개인은 생산팀의 일부분으로서 관리된다. 여가에서는 소비자로서 조작되고 하고 싶은 대로 하라는 말에 따라서 행동하면서, 자신은 자신의 취향에 따르고 있다고 착각한다. 물건 생산을 생활 중심에 놓은 탓에 인간 자신이 물건이 될 위험에 놓였으며, 생산기계나 국가라는 우상을 숭배하면서 신을 숭배하고 있다고 착각한다. 랄프 에머슨이 노래했듯이, "물건이 안장에 앉아 인간을 타고 돌아다닌다."[11] 우리가 만들어 낸 환경이 힘을 더해 우리를 지배한다. 우리가 만들어 낸 기술·관료체제가 할 일을 지시하고, 우리를 대신해서 결정을 내린다. 우리는 노예가 될 위험은 없을지 몰라도 로봇이 될 위험이 있으며, 전통 속의 인간다움의 가치―성실, 개성, 책임, 이성, 사랑―가 위협받는다. 이런 가치에 대해서 말하는 것은 더욱 공허한 의식이 된다.

무력한 인간이 힘센 기계에게 명령받는 세계―이를 가져오는 것은 과학기술, 인구학에서 비롯된 원인이고, 사회나 정부에서 더욱 강화되는 중앙집권화와 관료기구이다―는 (미국에서도 소련에서도) 군비경쟁을 계속한다면 돌이킬 수 없는 한계점에 다다를 것이다. 현재의 상태는 위험하긴 하지만, 인간을 다시 안장에 앉혀 위대한 인본주의 전통의 정신적 가치를 되살릴 기회는 아직 있다. 이런 부활이 일어나지 않고, 우리 문화의 기초를 이루고 있는 정신이 재빨리 회복되지 않는다면 생존을 위한 활력은 사라지고, 역사상 다른 강대국들처럼 우리도 쇠망할 것이다. 우리의 생존에 대한 진짜 위협은 공산주의 이념이 아니다. 공산주의 국가의 군사력도 아니다. 그것은 신념의 공허함으로, 자유, 개성, 신앙이 공허한 공식이 되고, 신이 우상이 되며, 같은 것을 더 많이 갖는 것 말고는 아무런 전망도 없어 활력이 약해졌다는 사실이다. 공산주의를 증오하는 것은 대부분 민주주의라는 정신적 가치를 거의 믿지 못하는 것에 기

---

10) 현대사회의 상세한 분석에 대해서는 《건전한 사회》를 참조할 것.

11) 〈W.H. 채닝에게 바치는 송가(頌歌)(Ode Inscribed to W.H. Channing)〉

초하고 있다. 따라서 자신이 찬성하는 것을 사랑하는 것이 아니라 반대하는 것을 사랑하는 것을 지나치게 미워하게 된다. 자신의 절멸을 두려워한 나머지 다른 사람들을 대량 파괴할 계획을 이어 나간다면, 인본주의에 근거한 정신적 전통을 부활시킬 마지막 기회마저도 잃을 것이다.

일방적 군축의 이점과 위험

이상이 억제력 정책의 위험이라고 한다면, 일방적 군축을 주장하는 사람들은 무엇을 그들 정책의 이점—및 위험—이라고 생각하는 것인가?

일방적 군축—미국이 하든 소련이 하든—이 미치는 결과로서 먼저 생각할 수 있는 것은 전쟁 방지이다. 소련 또는 미국이 핵전쟁으로 내달린다면, 그 주요한 이유는 상대에게 공격받아 산산조각 나버리는 것은 아닐까 하는 견딜 수 없는 공포이다. 이런 견해는 일방적 군축을 이끄는 사람이 아닌 허먼 칸이 간결하게 표명했다. 칸은 이렇게 말한다. "이념의 차이나 안전보장 문제는 별개로 치고, 미국과 러시아 사이에는 서로 위험이나 손실을 주고받는 것을 정당화하기 위한 객관적인 반목의 원인이 있다고 생각하지 않는다. 소련과 미국이 상대를 두려워해야 하는 중대한 문제는 두려움 그 자체이다."[12] 실제 전쟁의 주요 원인이 서로 간에 느끼는 두려움이라면 소련 또는 미국의 군축이 이 커다란 원인을 없애고, 더 나아가서는 전쟁의 개연성도 없애버릴 것은 틀림없다.

그러나 두려움 말고 소련을 세계 정복으로 내달리게 하는 동기가 있을까? 이런 동기 중 하나로 생각할 수 있는 것은 팽창에 의한 경제적 이익이다. 이것은 19세기에 전쟁이 일어났을 때도, 두 번의 세계대전 때도 기본 동기가 되었다. 바로 여기에서 1914년 또는 1939년에 있었던 갈등의 성질과 현재 상황 사이의 차이를 볼 수 있다. 제1차 세계대전 때는 독일이 영국의 시장과 프랑스의 석탄·철 자원을 위협했다. 1939년에 히틀러는 자신이 원하는 경제적 팽창을 위해서 영토를 정복해야 했다. 오늘날에는 소련이나 미국도 시장이나 자원 정복에 의한 경제적 이익을 앞세울 필요가 없다. 국민 생산력 수준을 2, 3퍼센트만 끌어올려도 군사적 정복보다 훨씬 많은 이익을 낳을 수 있을 테고, 게다가 양쪽 모두 총생산력을 끊임없이 높일 만큼의 자본, 원료, 자원, 인구를 가지고

---

12) 《SRI 학술지》 1959, 제3권, 140쪽.

있기 때문이다.[13]

더 중대한 동기로서 생각할 수 있는 것은 널리 미국인들이 품고 있는 공포이다. 즉 소련은 세계를 정복해서 공산주의가 지배하는 세계로 만들기를 바라고 있는데 만일 미국이 군축을 한다면 도리어 세계 지배의 욕망을 이루기 위해서 더 분발할 것이라는 두려움이다. 러시아의 의도에 대한 이 생각은 오늘날 소련의 성질에 대한 그릇된 인식에서 비롯한다. 분명 레닌이나 트로츠키 아래에서의 러시아 혁명은 자본주의 세계(또는 적어도 유럽)의 정복과 공산화를 목표로 하고 있었다. 그 하나는 고도로 산업화된 유럽 국가들(또는 적어도 독일)이 자신들의 체제에 가담하지 않으면 공산주의 러시아가 성공할 가능성은 없다고 공산주의 지도자들이 굳게 믿었기 때문이고, 다른 하나는 이 세계에서 공산주의 혁명이 성공하면 세속적인 구세주 시대의 희망이 실현될 거라는 신념을 가지고서 그들이 내달렸기 때문이었다.

이런 희망의 좌절과 그에 이어진 스탈린의 승리가 소비에트 공산주의 성질을 완전히 바꾸어 버렸다. 오랜 역사의 볼셰비키를 거의 절멸시킨 것은 바로 낡은 혁명사상의 파괴를 상징하는 행위였다. 스탈린의 '일국사회주의'라는 강령은 하나의 단순한 목적—차르 체제가 이루지 못했던 러시아의 급속한 산업화—을 담고 있었다. 서양 자본주의가 18세기 및 19세기에 했던 것과 같은 자본 축적의 과정을 러시아도 되풀이했다. 본질적인 차이는 이들 세기의 서양에서는 제재가 순수하게 경제적이었던 데 비해서, 스탈린 체제는 직접 테러라는 정치적 제재를 시행하였다. 게다가 그것은 대중 착취를 그럴듯하게 꾸미고자 사회주의 이념이라는 달콤한 허울을 내세웠다. 스탈린 체제는 사회주의체제도 혁명체제도 아니고, 계획과 경제적 중앙집권화의 가혹한 방법에 기초하는 국가자본주의였다.

흐루쇼프 체제의 시대를 특징짓는 것은 자본 축적이 성공해서 국민이 훨씬

---

13) 바로 같은 이유에서 미래의 전쟁 포기를 위한 현실성 있는 가능성이 있다. 그것은 과거에는 한 번도 없었던 가능성이다. 인간의 역사에서 대부분 물질과 관련된 상황을 개선하기 위해서는 인간 에너지(노예) 증가, 목축과 농업을 위한 더 많은 토지, 또는 원료의 새로운 공급원이 필요했다. 현재 및 미래의 기술을 갖고 한다면 산업 및—간접적으로는—농업의 생산성을 높임으로써 물질이 바탕이 되어 부(富)가 늘어날 수 있고, 다른 사람을 예속시키거나 약탈할 필요가 없어질 것이다. 현재에서나 미래에서나 전쟁의 유일한 '이유'는 권력과 정복을 추구하는 인간의 비합리적인 욕구가 될 것이다.

많은 소비를 즐길 수 있게 되었고, 희생을 치를 필요가 없어졌다는 사실이다. 그 결과 정치적 테러를 크게 줄일 수 있었다.

그러나 흐루쇼프 체제는 어떤 본질적인 점에서 결코 소비에트 사회의 기본 성격을 바꾸지 못한다. 그것은 혁명을 지향하는 정치체제도 아니고 사회주의 정치체제도 아니며, 서양 세계에서 가장 보수적이고 계급지배의 강렬한 정치체제 가운데 하나로, 인간적으로는 강압을 앞세우고 경제적으로는 효율을 중시한다. 민주주의를 앞세운 사회주의의 목적이 인간 해방이고, 소외의 극복이며, 최종적으로는 국가의 폐지였던 데 비해서, 소비에트 러시아에서 이용된 '사회주의' 강령은 공허한 이념의 반영이고, 그 사회의 현실은 진짜 사회주의의 정반대이다. 르네상스기의 로마 교황들이 그리스도의 가르침을 신봉하지 않았듯이, 소련의 지배계급은 혁명을 했다고는 할 수 없다. 마르크스나 레닌이나 트로츠키를 인용해서 흐루쇼프를 설명하려 하는 것은 소련에서 일어난 역사적 발전을 전혀 이해하지 못했다는 증거이며, 사실과 이념의 차이를 인식하지 못했다는 증거이다. 우리의 태도가 러시아가 바랄 수 있는 최상의 선전활동이 된다는 점을 덧붙여 두어야겠다. 그들은 서유럽 노동자들이나 아시아 농민들에게, 자신들은 사회주의나 계급 없는 사회 따위의 이상을 대표하고 있다고 주장함으로써 실제 사실과 반대되는 것을 믿게 하려고 한다. 이 선전에 속아 넘어간 서유럽의 태도가 바로 러시아의 바람대로 그들의 주장을 뒷받침하게 된 것이다. (유감스럽게도 사회주의와 소비에트 사회주의라 스스로 일컫는 왜곡되고 타락한 형태의 차이를 충분히 알고 있는 사람은 민주주의 성향의 사회주의자를 제외하면 극소수이다.)

러시아의 역할을 더 돋보이게 하는 것은 러시아가 잠재적으로 확장주의를 지향하는 중국의 위협을 느끼고 있다는 사실이다. 러시아도 언젠가 중국과의 관계에서, 우리와 러시아의 관계에서 우리가 놓여 있다고 믿고 있는 것과 똑같은 상황에 놓일지도 모른다. 만일 미국의 위협이 제거된다면, 러시아는 중국의 위협에 대처하는 데 에너지를 집중할 수 있을 것이다. 세계적 군축에 의해 이 위협이 존재하지 않게 된다면 이야기는 다르지만.

지금까지의 고찰은 소련이 군비를 폐지하지 않은 경우에 발생할 위험이, 많은 사람들이 생각하는 것만큼 긴박하지 않다는 사실을 보여준다. 소련은 군사 우위를 이용해서 미국이나 서유럽을 점령하려고 할까? 많은 것을 말하지 않아도, 소련인들이 미국이나 서유럽의 경제, 정치 기구를 운영하는 것은 아주 어렵다는 사실, 또 이런 지역을 정복하기 위한 사활이 걸린 필요가 러시아에는 없다는 사실이 있고, 이 사실들을 고려하지 않더라도 그런 시도가 러시아에게는 그야말로 불리한 것이다—그것도 일반적으로는 충분히 인식되지 않은 이유에 의해서. 서양의 친공산주의 노동자도 소비에트 체제 아래에서 얼마만큼의 압박을 강요받을지 짐작할 수 없다. 그들도 비공산주의 노동자들과 마찬가지로 새로운 권력에 저항할 것이다. 이런 노동자들의 항의에 새로운 권력은 탱크나 기관총을 사용하지 않을 수 없을 것이다. 그렇게 되면 위성국가들, 아니 소련 내부에서조차도 혁명을 요구하는 경향이 조장되고, 소비에트 지도자들이 바라지 않는 사태가 벌어질 것이다. 특히 흐루쇼프의 자유화정책이 위태로워지며, 그 결과 그의 정치적 견해 전체가 위태로워질 것이다.[14]

결국 소련은 자신의 군사적 우위를 이용해서 아시아나 아프리카로 진출을 시도할지도 모른다. 이것은 생각할 수 있는 일이다. 그러나 우리의 현재 억제력 정책을 가지고는 러시아가 유럽 및 남북아메리카 이외의 세계에서 어느 정도의 이익을 거두는 것을 막기 위해, 미국이 정말로 수소폭탄 전쟁을 시작할 만큼 의지를 갖고 있는지 아닌지 의심스럽다.

이런 가정은 모두 틀렸을지도 모른다. 일방적 군축을 주장하는 사람들은 이것들이 틀렸을 가능성은 군비경쟁의 계속이 우리의 소중한 문명에 마침표를 찍을 가능성보다 훨씬 낮다고 생각한다.

몇 가지 심리학적 고찰

일방적 군축—이런 문제라면 상호 군축도 마찬가지지만—의 결과로서 무슨 일이 일어날 것인가 하는 문제는 몇 가지 심리학과 관련된 논의를 검토하

---

14) 정치 지도자가 정상인지 아닌지는 역사와 관련된 우연의 문제가 아니다. 불가능한 일—이를테면 물질과 관련된 필요한 조건이 결여되어 있는데 평등과 공정을 이루려는 것 등—을 계획한 정부는 어떤 정부더라도 문제가 많은 지도자를 낳는 법이다. 스탈린의 경우와 마찬가지로 로베스피에르도 그랬다. 또는 나치스 정권처럼 가장 뒤처진 사회계급(하층중산계급)의 이해(利害)와 경제적 진보계급(노동자와 실업가)의 이해를 조화시키려는 정권도 광신적이고 비합리적인 지도자를 낳는 법이다. 오늘날의 소련은 경제와 관련된 문제를 잘 해결하는 쪽으로 나아가고 있다. 따라서 그 지도자들이 상식을 가진 현실적인 인물이라는 것도 놀랍지 않다.

지 않고는 설명할 수 없다. 가장 자주 듣는 것은 "러시아인은 신용할 수 없다"는 논의이다. 만일 '신용'이 도덕적인 의미라면, 유감스럽게도 정치 지도자는 그다지 신용할 수 없다. 그 이유는 사적인 도덕과 공적인 도덕의 분열에 있다. 국가가 우상이 되어버리고, 국가를 위해서라면 도덕과는 거리가 먼 어떤 것도 정당화된다. 그러나 자신의 개인적인 이해(利害)에서 행동한다면, 같은 정치 지도자가 그와 똑같은 행위를 하는 일은 없을 것이다. 하지만 "사람을 신용한다"는 말에는 또 다른 의미가 있는데, 정치문제라는 관점에서는 이것이 훨씬 중요하다. 그것은 상대방이 정상이고 이성적인 존재이며, 또 그런 행동을 할 거라고 믿는 것이다. 정상이라고 믿을 수 있는 상대를 대할 때는 상대의 동기를 이해할 수 있고, 또 어느 정도까지는 예측할 수도 있다. 정상인 사람들은 모두 생존, 또는 목적과 수단의 균형과 같은 일정한 법칙이나 목적을 공통으로 갖고 있기 때문이다. 히틀러를 신용할 수 없었던 것은 그가 정상이 아니었기 때문이며, 바로 그것이 그의 정권도 파멸시켰다. 오늘날의 러시아 지도자들이 정상이고 이성적인 인물이라는 것은 의심의 여지가 없다. 따라서 그들이 어떤 행동을 할 수 있을까를 아는 것뿐만 아니라, 그들이 무엇을 하려고 동기를 만들고 있는가를 예측하는 일이 중요하다.

　지도자 및 민중의 정상적인 정신상태라는 이 문제로부터 러시아에게도 우리에게도 같은 영향을 주는 어떤 고찰이 생긴다. 군비 억제를 둘러싼 현재 논의는, 많은 주장이 개연성보다는 가능성 문제에 기초하고 있다. 이 두 사고방식의 차이는 바로 편집광다운 사고와 정상 사고의 차이이다. 자기 망상의 정당성을 주장하는 편집광의 확고한 신념은 그것이 논리적으로 가능하기 때문에 논파될 수 없다는 사실에 바탕한다. 아내와 자식이나 동료가 자신을 미워해서 죽일 계획을 세우고 있다는 것은 논리적으로 가능하다. 환자에게 그런 망상이 있을 수 없다고 이해시킬 수는 없다. 도저히 있을 법하지 않다고밖에 말할 길이 없다. 정상 사고를 하는 사람의 경우에는 사실의 검토와 평가가 필요하고 인생에 대한 어느 정도의 신념도 필요한 데 비해서, 편집광다운 사고를 하는 사람은 가능성만으로도 만족할 수 있다. 정치와 관련된 우리의 사고는 이런 편집광과도 같은 경향에 빠져 있는 것은 아닐까? 우리는 가능성이 아니라 개연성을 문제삼아야 한다. 이것이 개인 차원의 삶뿐만 아니라, 국가 차원의 삶의 문제들을 처리하기 위한 단 하나의 정상적이고 현실적인 방법이다.

다시 심리학이라는 면에서 말하자면, 급진적인 군축이라는 주장에 대한 어떤 오해가 많은 논의에서 보인다. 첫째로, 일방적 군축이라는 주장을 굴복과 포기라고 이해해 왔다. 실제는 그 반대로, 평화주의자는 인본주의에 근거한 실제주의자와 마찬가지로 일방적 군축은 자기 자신의 내부에 있는 깊은 정신, 도덕 변혁의 표현으로서만 가능하다고 믿는다. 그것은 용기와 저항—두려움과 항복이 아니라—의 행위이다. 저항의 형태는 저마다의 관점에 따라 달라진다. 한쪽에서는 간디주의자나 킹 홀과 같은 사람들이 비폭력저항을 주장하고 있는데, 이것은 분명 최대한의 용기와 신념이 필요하다. 그들이 본보기로 삼는 것은 영국에 대한 인도의 저항이며, 나치스에 대한 노르웨이의 저항이다. 이 견해는 《권력에게 진실을 말하라》에 간결하게 나타나 있다.

그리하여 우리는 기본적으로 이기주의와도 같은 태도에 작별을 고한다. 그것은 평화주의라고 잘못 불리고 있지만, 더 정확하게는 하나의 무책임한 반군국주의라고도 해야 할 태도이다. 우리는 공상적 이상주의에도 작별을 고한다. 비폭력의 선택은 인간의 근원적 변혁을 가져오지만, 완전을 구하는 것은 아니다. ……우리가 밝히고자 했던 것은 자진해서 고통을 받아들이는 것—다른 사람에게 고통을 주는 게 아니라—이 비폭력을 지향하는 삶의 본질이며, 만일 필요하다면 궁극적인 대가도 치를 각오가 되어 있어야 한다는 것이었다. 사람들이 전쟁으로 수십억의 재산과 무수한 인명을 희생시킬 생각이라면, 비폭력투쟁에서는 죽는 사람이 생길지도 모른다는 이유로 비폭력론을 배척할 수 없다는 것은 명백하지 않은가! 스스로 몸을 던져 희생할 의지가 없다면 비폭력저항이 효과를 거둘 수 없다는 것 또한 뚜렷하다. 오히려 이것은 폭력저항에 비해 더 많은 규율과 더 고통스러운 훈련과 더 많은 용기가 필요하다.

무장저항, 즉 남녀 할 것 없이 소총이나 권총이나 칼을 들고 목숨과 자유를 지키고자 하는 사람들도 있다. 비폭력저항으로든 폭력저항으로든 침략자의 공격을 멈추게 할 수 있으리라는 생각이 현실과 동떨어진 생각이라고 할 수 없다. 적어도 수소폭탄 무기를 사용하는 것이 '민주주의의 승리'를 가져다줄 거라고 생각하는 것보다는 현실에 더 가깝다.

'군비에 의한 안전보장'을 주장하는 사람들은 때때로 우리가 인간성에 대해서 현실과 동떨어지고 완전히 낙관하는 견해를 갖고 있다고 비난한다. 이 "심성이 비뚤어진 인간은 어둡고 논리와도 거리가 멀고 합리성과도 거리가 먼 일면을 갖고 있다"[15]는 것을 잊지 말라고 말한다. 더 나아가서 다음과 같이 말하기까지 한다. "핵에 의한 억제라는 역설은 그리스도교의 근본적 역설의 한 변형이다. 살기 위해서는 스스로 죽이고 죽일 의지를 표현해야 한다."[16] 그리스도교 가르침을 이렇게 대놓고 왜곡하는 것은 논외로 하더라도, 인간 내부에 잠재하는 악이나 인생의 비극적인 면을 우리는 결코 잊지 않는다. 실제로 살기 위해서 스스로 죽어야만 하는 상황도 있다. 폭력 또는 비폭력의 저항에 필요한 희생에서 나는 비극과 희생을 받아들이는 마음의 발현을 볼 수 있다. 그러나 무책임이나 경솔함에는 비극이나 희생이 없다. 인류와 문명을 파괴한다는 사상에는 아무런 의미도 존중도 없다. 인간은 자기 자신 안에 악의 가능성을 숨기고 있다. 인간이라는 존재의 구석구석에는 존재의 조건 자체에 뿌리내린 분열이 있다. 하지만 진실로 비극과도 같은 이런 측면들을 우둔함과 상상력의 결여가 가져오는 결과나, 인간의 미래를 스스로 도박에 거는 태도 등과 혼동해서는 안 된다.

마지막으로, 일방적 군축 주장을 비판하는 것 가운데 최신의 예를 하나 들어보겠다. 그것은 이 주장이 공산주의에 대해 '무르다(soft)'는 비판이다. 우리 견해는 바로 국가의 전능이라는 소비에트 원리의 부정에 기초하고 있다. 일방적 군축을 내세우는 자들은 국가의 지상권에 철저하게 반대하기 때문에, 바로 그 때문에 군비경쟁에 불가피한 더욱 강화되는 권력을 국가에 인정하고 싶어 하지 않는다. 또 인류 대부분을 파괴하고, 미래 세대의 운명을 결정할 우려가 있는 결정을 내릴 권리를 국가에 인정하지 않는다. 만일 소비에트 체제와 민주주의 세계의 기본 갈등이 전능한 국가의 침해로부터 개인을 보호하는 문제라고 한다면, 그때야말로 일방적 군축이라는 주장은 소비에트 원리에 가장 급진적으로 반대하는 것이 된다.

일방적 군축론(넓은 뜻에서의)에 대한 논의를 마쳤으니 이제 군축을 향해 일

---

15) 피터 B. 영(Peter B. Young), 〈포기한 사람들(THE RENUNCIATIONISTS)〉, 《공군력(*Airpower*)》, 공군역사재단(The Air Power Historian), 제7권, 제1호(1960.1), 33쪽.
16) 각주 15번에 소개된 학술지에서.

방적으로 발을 내딛는 실질 제안으로 돌아가겠다. 이 한정된 일방적 행동형태에는 위험이 따른다는 것을 나는 부정하지 않는다. 그러나 현재의 교섭 방법이 아무런 결과도 내놓지 못하고 있다는 것, 또 미래에 내놓을 가능성도 상당히 빈약하다는 것을 생각하면, 그리고 군비경쟁의 계속에 따르는 중대한 위험을 생각하면 일방적 군축의 위험을 무릅쓰는 데 실제적이고 도덕적으로 정당한 이유가 있다고 나는 믿는다. 현재의 우리는 살아남을 기회가 거의 없는 처지에 내몰려 있으며, 도망칠 곳은 희망밖에 없다. 만약 충분한 피난처가 없다면, 만약 도시에 경보를 보내 전략적 도피를 할 만한 시간이 없다면, 만약 "미국의 적극적 공격과 적극적 방어가 겨우 두세 번의 공격 대응 뒤에 전쟁의 형세를 지배할 수 있다면"[17] 겨우 500만, 또는 2500만, 또는 7000만의 사상자로 끝날지도 모른다. 하지만 만약 이런 조건들이 채워지지 않는다면 "적은 공격을 반복해서 마음껏 죽이고 파괴할 것이다."[18] (아마도 이런 위협이 소련에도 있다.) 이런 상황, 즉 "무서운 전쟁이 광신자, 미치광이, 또는 야심가가 빚어낼 위험을 협정에 의해서 없앨 수 있다고 생각하는 마지막 순간에 전 국민이 일어서는"[19] 상황에서는 관습에 젖은 사고의 타성을 던져버리고 이 문제에 새롭게 접근할 수 있는 방법을 찾는 것, 특히 우리가 맞닥뜨려 있는 선택에 알맞은 새로운 길을 인식하는 것이 무엇보다도 중요하다.

---

17) 허먼 칸(Herman Kahn), 《군사력을 동원하지 않는 방어 연구 보고서(*Report on a Study of Non-Military Defense*)》, 랜드 연구소(Rand Corporation), 1958, p.13.
18) 각주 17번에서 소개된 보고서에서.
19) 1960년 4월 드골 장군의 연설로부터.

9. 평화의 이론과 전략을 위해서

먼저 평화의 이론에 대해서 말할 때 듣게 되는 것은 "평화란 무엇인가?"라는 물음이다. '평화'라는 단어는 분명 두 가지 뜻으로 쓰인다. 어떤 때는 전쟁이 없는 상태, 또는 어떤 목적 달성을 위한 힘을 사용하지 않는 상태를 뜻한다. 이것은 소극적 정의라고 할 수 있다. 반면 적극적 정의에 따르면, 평화는 모든 인간이 형제처럼 어울린 상태이다.

먼저 이 두 번째 정의에 대해서 한마디 하겠다. 그 최초의, 그리고 아마도 가장 숭고한 표현은 예언자들이 말하는 '메시아의 시대'일 것이다. 즉 인간끼리, 또—이것이 중요한데—인간과 자연이 조화롭게 살아가는 시대이다. 그리고 그것은 공격이나 폭력이 없는 상태일 뿐만 아니라 명백히 불안이 없는 상태이다. 그렇기 때문에 그것은 바로 인간이 가장 높은 발달을 이루었다고 말할 수 있는 상태이며, 인간의 이성과 사랑하는 능력이 온전히 발달된 상태이다. 또 《구약성경》에서 평화의 의미로 쓰이는 히브리어의 '샬롬'이라는 단어도 이것을 나타내고 있다. 바로 온전, 조화, 완전을 뜻한다.

이 평화의 실현 가능성을 믿는 사람들은 아직도 많지만, 한편 이런 사람들을 공상가라고 부르는 사람들도 많다. 거기서 이 '공상'이라는 단어의 뜻이 문제된다. 애초에 그것을 결정하는 것은 누구인가? 물론 다른 사람을 공상주의자라고 부르는 것은 쉬운 일이다. 자신을 현실주의자라고 부르는 사람들도 많지만, 그 근거는 "예전에 존재하지 않았던 것은 앞으로도 존재할 수 없다"는 것을 신조로 하고 있는 것에 지나지 않는다. 이 신조의 오류는 이미 역사가 충분히 증명했다. 또는 이것을 다음과 같이 말해도 좋다. "비유하자면, 아이가 태어난다는 것을 임신 9개월이 되면 겨우 믿지만 1개월에는 좀처럼 믿지 않는 사람들이 많다." 이런 현실주의자를 '9개월의 현실주의자'라고 부르고 싶다. 실제 무엇이 '이치에 닿는' 공상이고 무엇이 '이치에 닿지 않는' 공상인가에 대해서는 헤겔이 실현 가능성이라고 부른 것의 분석에 의해서만 결정할 수 있다.

사실 이런 분석은 현재나 과거에 의존하는 것에 비해서 훨씬 어렵다.

물론 이 적극적인 평화 개념은 예언자들만으로 끝난 것은 아니다. 어떤 것은 그리스도교의 역사로, 또 어떤 것은 혁명적인 그리스도교의 종파나 운동으로 계승되었다. 세속적인 형태로는 마르크스 이론에 나타났다. 단, 내가 말하고 있는 것은 마르크스의 이론이지 그 정반대를 지향하는 자들이 '마르크스주의'라고 부르는 것은 아니다.

평화의 소극적인 이론에 대해서 말하자면, 이제는 그것을 널리 받아들였다고 말해야 할 것이다. 오늘날 평화에 대해서 말할 때 대부분의 사람들이 생각하는 것은 인류의 조화로운 연대도 아니고 인간의 정신적인 차원에서의 온전한 발전도 아닌, 전쟁이 없는 상태이다. 이 경우에도 이런 종류의 평화에 이르는 참으로 다양한 길이 제시된다. 초(超)국가권력을 제정해서 어떤 나라도 전쟁을 일으킬 수 없도록 힘으로 제압하려는 정책을 앞세우는 길이 있다. 이것은 단테가 주장한 전체주의국가에서부터 국가연합, 또는 세계정부의 사상에 이른다. 그리고 경제를 앞세우는 길이 있다. 이것은 자유무역을 평화의 기초로 하는 사상에서부터 소규모 상업국가를 평화의 기초로 하는 관념론에 근거한 사상에 이른다. 또는 순수하게 정책을 앞세우는 길이 있다. 이것은 전쟁은 민주주의를 수호한다는 윌슨의 사상에서부터 소비에트 사회주의는 평화를 보장할 수 있다는 소비에트의 주장에 이른다. 군사적으로 보면 오늘날 '공포의 균형'은 보다 오래된 '힘의 균형'이라는 사상의 계속에 지나지 않는 것이며, 이 사상은—이것이 중요한 요소이다—다음과 같은 고찰에 기초하고 있다. 즉 인간은 합리적으로 행동하는 존재이고, 힘을 사용하는 것이 자신의 명백한 이해에 반대되는 한 그 합리성에 따라서 힘을 사용하지 않기도 한다는 것이다. 이 생각은 이미 18세기에 보였고, 오늘날 전쟁을 준비하고 있는 사람들에게서도 보인다. 그들은 핵전쟁이 일어나면 소련과 미국이 어떤 행동을 취할지 알아내려고 하며, 평화를 예측할 때 그 기초로서 두 진영의 합리성을 이상하리만큼 기대하고 있다. 이런 평화의 보장과 소극적 평화를 위한 조건은 이제까지 성과를 거두었을까? 분명히 그렇지 않다.

원자력전쟁의 가능성과 함께 하나의 새로운 원인이 생겼다. 힘이 처음으로 합리성을 잃어버린 것이다. 이때 '합리성'이라는 단어의 뜻은 어떤 목적 달성에 맞는 수단을 쓴다는 것이다. 역사상 처음으로 승전조차도, 전쟁에 호소해

가면서까지 이루려고 했던 목적을 이룰 수 없게 되었다. 왜냐하면 그것은 자기 파괴로 끝나기 때문이다. 여기서도 많은 전문가가 우리에게 말할 것이다. "그렇지 않다. 미국에서는 처음 2, 3일 동안 1억 명이 죽을 뿐이고 2, 3년쯤 지나면 경제도 완전히 회복할 것이다. 즉 힘은 합리성을 잃지 않은 것이다." 이런 생각을 하는 자들도 '9개월의 현실주의자'라고 나는 생각한다. 그들은 다음의 사실을 잊고 있다. 여기서 문제가 되는 것은 단순히 8000만이 죽느냐 1억 2000만이 죽느냐 하는 게 아니라 한 사회의 사회, 정신, 그리고 인간과 관련된 구조 전체의 파괴라는 것을. 그리고 힘이 '거리낌 없이' 발휘된다면 얼마만큼의 광범위한 야만과 광기의 결과를 가져올 것인지는 절대 예측할 수 없다는 것을. 그래도 최근 20년에 걸친 공포의 균형은 언뜻 나름의 효과를 거두어 온 듯하다. 내가 '언뜻'이라고 말한 것은 당분간은 자기 스스로를 파괴하는 핵전쟁의 역할을 통찰하는 것이 핵전쟁을 억제하는 합리적인 원인이 될 수 있다고 믿기 때문이다. 그러나 그것은 언제까지 이어지는 것은 아니다. 쿠바 위기[1]가 충분히 증명하고 있듯이, 두 진영의 합리적인 고찰에 의해서 파국은 면했지만 이 13일 동안 거쳐 온 과정을 하나하나 따라가 본 사람이라면 누구나 사태가 다르게 전개되었을지도 모른다(그 위기 동안 소비에트의 결단에도 같은 것을 말할 수 있었다)는 사실, 그리고 완전한 파국의 가능성이 컸다는 사실을 못 본 척할 수는 없다. 군비경쟁이 길어질수록, 군비 면에서 기술혁신의 가능성이 커질수록, 상대의 공격에 대한 상호 불안이 높아질수록 그만큼 핵전쟁의 비합리성이 사회, 정신과 관련된 비합리성을 막는 정도가 줄어든다.

하지만 평화의 전사들은 힘(핵의 힘이라고까지는 하지 않겠지만)의 합리성에 어떤 환상을 가져서는 안 된다. 가장 큰 힘도 소극적 저항을 이기지 못한다는 것의 증명으로서 간디의 예가 가끔 인용된다. 만약 일본이 인도를 정복했다면 간디의 운동은 영국이 지배하던 때와 달라졌을까? 분명 힘은 인간을 상대로 거의 모든 것을 할 수 있다. (그리고 인류의 전 역사의 대부분은 예나 지금이나 노골적인 힘, 또는 힘의 위협에 의해서 만들어졌다.) 그러나 '거의' 밖에 아니라는 점을 특히 눈여겨보아야 한다. 소수의 인간에 대해서 힘은 자신의 의지를 밀어붙일 수 없다. 그들의 정신구조나 신념을 바꿀 수는 없기 때문이다. 또 모

1) 1962년, 쿠바의 미사일 기지 건설을 둘러싸고 미국과 소련 간에 전쟁 위기가 고조되었다. 소련이 기지 건설을 포기함으로써 타협이 이루어졌다.

든 인간에게 의지를 밀어붙일 수 있다고 해도, 그 경우에는 확실히 생기는 불리한 부산물을 감수해야 한다. 즉 인간이 어리석고 둔해지며, 생명력과 상상력이 마비되고, 또 모든 창조하는 능력도 정지된다. 분명 많은 경우 힘을 행사하는 사람들은 정말로 이런 결과가 될 것인가 아닌가는 생각하지 않는다. 역사의 과정에서 이런 결과는 물론 매우 중요한 의미를 갖지만……

현재의 전쟁 위기 문제로 돌아가자. 원자력전쟁에 대해서 말한다면, 우리는 이제 한두 수만에 왕이 잡힐 수 있는 체스 기사와 같은 상태에 있다. 그렇지만 아직 작은 기회는 남아 있다. 승부를 무승부로 끌고 갈 기회가. 그러나 이에 대해서는 뒤에서 평화의 전략을 다룰 때 다시 이야기하겠다. 지금은 평화 이론에 대해서 말할 때이다. 그리고 평화의 이론을 세우기 위해서는 반드시 인간의 이론, 사회의 이론, 그리고 인간과 사회의 상호작용 이론이 필요하며, 그것도 동적(動的)인 이론, 즉 인간 및 사회 속에서 작용하는 보이는 힘뿐만 아니라 아직은 보이지 않는 힘까지 다루는 이론이 필요하다.

인간의 이론에 대해서는 무엇보다도 먼저 인간이 가진 공격성의 역할에 대해서 말하고 싶다. 결국은 전쟁이 불가피하다는 주요한 근거로서 이 공격성이 너무나도 자주 인용되기 때문이다. 이 문제에 대해서는 최근 상당한 연구를 진행했으므로 조금 상세히 말해 보겠다. 먼저 모든 문헌에서 '공격성', '파괴성', '적의'와 같은 개념이 너무나도 뒤섞여 있어서 이것들에 대한 의견이나 이론은 대부분 의미가 없다는 것이다. 뭔가를 바라며 우는 아이의 공격성이나 자신의 목적을 추구하는 인간의 공격성에 대해서 말하고, 이 '공격성'은 다른 사람을 해치고 괴롭히는 인간의 파괴성과 구별되지 않는다고 한다면, 결국 어떤 이론도 세울 수 없는 것은 당연하다. 이것들은 전혀 다른, 또 부분적으로는 정반대 현상이기 때문이다. 현상이 반대인 이상, 그것들을 같은 원인에서 찾을 수는 없는 노릇이다.

여기서 공격성에 대한 일련의 개념을 짚고 넘어간다면, 사람들이 그것들을 구분할 때 도움이 되지 않을까? 첫째로 잊어서는 안 될 것은, 공격성이라고 해도 결코 심리와 관련된 것이 아니라 행동이라는 형태로 나타나는 공격성에 지나지 않았다는 것이다. '파괴 본능'도 없고 파괴에 심리적으로 끌리는 것도 아닌데 파괴하는 사람이 있다. 그들은 명령에 따르고 있는 것으로, 건설할 때와 같은 태도로 파괴하는 것이다. 이것은 오늘날 갈수록 더 쉬워지고 있다. 대부분의 파괴 행위가 그 대상으로부터 떨어진 곳에서 이루어지기 때문에, 자신이 무슨 짓을 하고 있는지 보지 않기 때문이다. 나는 이런 파괴성을 '조직적 파괴성'이라고 부른다. 여기서 뜻하는 것은 명령에 따라 그 명령만을 실행함으로써 파괴하는 인간이다. 마치 건설하라는 명령을 듣고 건설하는 것처럼 그렇게 파괴하는 인간이다. 분명 여기에는 검토해야 할 심리와 관련된 사실이 하나 더 있다. 즉 파괴 행위에 맞닥뜨렸을 때 아무런 반작용도 보이지 않는 것이다. 그러나 이것은 또 다른 문제이다. 어쨌거나 이런 형태의 공격을 하는 인간은 파괴 욕망에 의해 움직이는 것은 아니다.

논의에 반복적으로 등장하고 최근 특히 콘라트 로렌츠나 그 밖의 학자들 연구에 의해 더욱 의미가 강화된 가장 중요한 개념은 아마 실체로서의 파괴 본능, 즉 인간 속에 있으며 다른 것을 파괴하고자 하는 본능의 개념일 것이다. 이것은 인간에게 '선천적으로' 있는 본능으로서, 많은 사람들이 성본능과 같은 종류라고 여긴다. 나는 먼저 지금 다루고 있는 본능의 개념을 정의하는 것이 중요하다고 생각한다. 다시 말해 자연적으로 생겨 높아져 가는 흥분의 총량으로, 대상을 파괴하는 것을 목적으로 하며 끊임없이 늘어나고, 그리고—아무리 억제해도—마침내는 폭발시키지 않을 수 없다. 이 이론에 따르면, 인간은 자신의 파괴 본능을 만족시켜 줄 대상을 찾고 있다. 육체관계에서 자신의 성본능을 만족시켜 줄 대상을 찾는 것처럼. 많건 적건 이것이 콘라트 로렌츠가 대표하는 이론이다. 그러나 이것은 그의 몇 가지 다른 명제들과 모순된다—아주 복잡한 모순이라 지금은 깊이 들어갈 수 없다. 지금 다루고 있는 것은 분명 프로이트의 죽음 본능 이론에서 찾아볼 수 있는 것과 같은 관념이다. 단 프로이트의 경우는 삶의 본능·죽음의 본능 이론과 그 본디의 본능 이론 사이에 커다란 모순이 있으므로, 이 두 이론의 엄밀한 분석 없이 일반적으로 프로이트의 공격성 이론과 파괴성 이론에 대해서 말하는 것은 매우 곤란하다. 로렌츠는 일찍이 아주 극단적으로 이렇게 말했다. 서로 대립하는 정당이 있기 때문에 공격성이 생기는 게 아니라, 파괴성이 있기 때문에 정당이 생긴다……. 인간은 자기 속에 존재하면서 끊임없이 커지는 파괴성을 진정시킬 수 있는 상황을 만들어 낸다는 것이다. 내가 생각하기에 성욕에 비슷한 파괴 본능이 있다는 가정에는 전혀 근거가 없다. 그것을 여기서 증명할 여유는 없지만, 최근 몇 년간의 신경생리학 연구가 그것을 보여준다. 여기서는 얼마 전에 세상을 떠난 가장 뛰어난 신경생리학자 가운데 하나인 에르난데스 페온(Hernández Peón)의 연구만 언급하고 넘어가겠다. 그는 공격성에도—그 밖의 다른 심리 과정처럼—그것을 자극하거나 저지하는 중심이 있다는 것을 밝혔다. 즉 프로이트 또는 로렌츠의 수력학(水力學) 모델[2])처럼, 자연스럽게 흥분하게 되고 그것이 자연스럽게 증대하는 일은 결코 없다는 것이다. 인류학 및 심리학 자료에 기초해서 파괴성의 정도는 사람마다 다르다는 사실이 밝혀졌다. 따라서 인간 심리 속에 실체로서 존재하는 보편적 파괴성을 가정할 수는 없다고 생각한다. 프로이트의 죽음 본능에 대해서는 다음의 것을 살펴봐야 한다. 프로이트에 따르면 죽음 본능은 인간뿐만 아니라 동물에게도 있다는 것, 또 그것은 생물학적으로 주어진 요소이므로 모든 살아 있는 것, 모든 생명의 기초에 있다는 것. 그러나 동물에 대한 모든 자료를 찾아봐도 외부에 대한 공격성이 강한 동물에 비해 그런 공격성이 약한 동물이 더 빨리 죽는다거나 더 빨리 병에 걸린다거나, 심지어는 자살한다—어차피 동물은 자살하지 않지만—고 가정할 수 있는 근거는 전혀 없다. 그러니까 동물 자료 자체로 이미 명백한 것이지만, 모든 생명 속에 정상으로 존재하는 경향으로서의 죽음 본능이라는 이론은 성립하지 않는다.

선천적인 또는 타고난 파괴 본능이라는 문제에 대해 논의하다 보면 가끔 다음의 양자택일을 하게 된다. 한쪽에는 프로이트, 로렌츠, 그 밖에 연구자들이 있으며 그들은 "본능적 파괴성은 존재한다"고 말한다. 또 다른 쪽에는 많은 연구자, 특히 미국 연구자가 있는데 그들은 이렇게 말한다. "본능적 파괴성은 일반적으로 존재하지 않는다. 파괴성은 늘 욕구불만의 결과에 지나지 않는다. 또는 그것은 습득된 것이다. 모든 경우에서 그것은 사회 및 환경의 영향으로서 단적으로 규명할 수 없는 것이 아니며, 또 인간이라는 유기체 안에 기본으로 존재하는 것도 아니다." 후자의 견해 또한 성립하지 않는다. 실제로 뇌 속에는 어떤 중추부가 있으며, 그것이—이를테면 전기에 의해 자극받으면—사실상 공격과도 같은 반작용을 일으킨다는 사실이 밝혀졌기 때문이다. 동물은 생명의 위협을 느끼면 습격이나 공격이라는 반작용을 일으킨다는 것도 알려져 있다. 선천적인 파괴 본능이냐, 습득 또는 환경에 의해서 생긴 파괴성이냐 하는 이

---

2) 물을 가두어 두면 부피가 늘어나듯이, 흥분이나 긴장이 갈수록 높아지다가 마침내 어떤 행동이 되어 폭발한다는 설.

딜레마에는 제3의 해결책이 있다고 나는 생각한다. 그것은 다음과 같은 가정에 있다. 즉 인간에게는 생리학적으로 공격 준비 태세가 되어 있는데, 다만 공격성—여기에 앞의 이론과 차이가 있는데—성욕처럼 자연 발생하듯이 끊임없이 생겨남으로써 작용하는 게 아니라 일단 어떤 일정한 자극이 모아져야 하고, 이 자극이 존재하지 않을 때는 결코 생기지 않는다. 왜냐하면 동시에 생기는 억제력이 그것을 억누르기 때문이다. 그리고 이 억제력도—신경생리학의 관점에서 보면—고유한 뇌중추를 갖고 있다. 이러한 가정으로 미루어 볼 때 다음과 같이 말할 수도 있다. 끊임없이 제어해야 하는 파괴 본능 따위는 존재하지 않고 파괴의 준비 태세가 있으며, 이것은 일정한 원인에 의해서 반작용을 일으키려고 언제나 준비되어 있다. 그렇다면 그 원인은 무엇인가? 일반적으로 말해서, 이런 원인이 실제로 생기는 것은 동물 및 인간이 생명의 위험을 받은 때이다. 사활이 걸린 문제란 동물의 경우는 목숨—종족의 목숨도 포함해서—이고, 새끼들을 걱정하는 것이며, 다른 종의 동물에게 접근이고, 식량원에 접근하는 것이다. (더 넓은 뜻에서는 어떤 일정한 토지, 적어도 여러 면에서 식량, 새끼의 보호 등과 관련한 토지에 접근하는 것이다.) 이런 사활의 문제가 위협을 받으면 생리학적으로 미리 조건부로 준비되어 있던 반작용이 활성화되어 습격으로 전환된다. 그런 위협이 없는 경우는 그 자신으로서 자발적으로 작용하는 파괴 본능은 문제 밖이다.

인간 및 동물의 공격에 대해서 우리뿐만 아니라 다른 심리학자들도 느끼고 있는 것인데, 로렌츠는 동물 연구 분야에서는 커다란 업적을 쌓았지만, 공격성에 대한 저서 《흔히 악(惡)이라고 일컫는 것 : 공격성의 자연사(自然史)에 관하여(Das sogenannte Böse zur Naturgeschichte der Aggression)》(1963)에서 인간에 대해서 말하고 있는 부분은 말 그대로 수박 겉 핥기이다. 이 문제의 출발점으로서 실제 동물은 본질적으로 필요에 쫓겨 다른 것을 죽이며, 거기에 잔인성은 없다는 사실을 들 수 있다. '잔인성'이 없다는 의미는 여기서는 파괴욕이 없다는 뜻이다. 동물심리학자들은 이 가정을 뒷받침하는 많은 자료를 제공해 준다. (예를 들면 같은 종류의 동물이 싸웠을 경우 진 쪽이 목숨을 잃는 일은 거의 없다.) 동물이 사활이 걸린 문제를 두고서 위협을 받을 때 반작용을 하는 것은 매우 특수한 뜻에서이다. 즉 이 위협을 몸으로 느낀 경우만이다. 바로 여기에 인간의 반작용과의 차이가 있는데, 이에 대해서는 곧 설명할 것이다. 인간은 분명히 동물보다 공격성과 파괴성이 훨씬 강하다. 이는 로렌츠 학파에 속하는 연구자들을 비롯한 많은 연구자들이 확인했다. 실제로 만일 인간이 원숭이나 침팬지의 공격성과 파괴성 정도만 발휘할 수 있다면, 우리 세계는 정말로 평화로울 것이다. 그러나 사실은 그렇지 않다.

인간의 어떤 작용에 반대되는 작용으로서 나타나는 공격성—사활이 걸린 문제에 대한 위협의 반작용으로서—은 왜 동물에 비해 그렇게 강한가? 그 설명은 어렵지 않다. 인간이 의식을 갖고 있다는 사실, 전두엽이 발달해 있다는 사실이 동물에게는 없는 몇 가지 가능성을 인간에게 주고 있다. 첫째로 인간은 미래를 예측한다. 그 결과, 현재는 일어나지 않았지만 아마도 미래에는 일어날 거라고 생각되는 위험을 볼 수 있다. 그 때문에 인간은 동물과는 다르게 직접 원인뿐만 아니라 예측할 수 있는 미래의 위험에도 위협을 느낀다. 둘째로 인간은 상징이나 가치를 만들어 내며, 그것들은 인간에게 자기 자신과 똑같고 자신의 모든 존재와 똑같은 것이 된다. 이런 상징이나 가치를 공격하는 것은 사활이 달린 문제를 공격하는 것이 되지만, 동물의 경우에는 이런 문제가 없다. 셋째로 인간은 우상을 만들고 그 노예가 되는데, 발달의 어느 단계에서는 그런 우상이 없으면 미쳐버리든가 내적 붕괴를 일으키지 않고서는 살아가지 못한다. 어느 단계에서 우상의 노예가 되는 것은 인간의 정신적 균형의 조건이다. 이런 우상을 공격하는 것은 사활이 걸린 문제를 공격하는 것이라고 느낀다.

또 우리는《구약성서》에서 보통 우상이라고 불리는 몰록이나 아스다롯, 또는 멕시코 종교의 아즈텍인의 우상에 대해서만 생각할 게 아니라, 오늘날 우리가 숭배하고 있는 우상, 즉 이념이라는 우상, 국가의 주권, 국민, 민족, 종교, 자유, 사회주의, 민주주의, 최대한의 소비, 조직 등의 우상에 대해서도 생각해야 한다. 이것들은 우상으로서 숭배받고, 중요시되며, 인간으로부터 분리되고, 그 뒤 인간보다 더 중요해지고, 인간보다 더 높은 가치를 갖게 된다. 인간이 우상을 숭배하는 한, 우상을 공격하는 것은 자신의 사활이 달린 문제를 위협하는 것으로 여긴다. 아마도 인류 역사에서 우상을 위협하는 것 이상으로 많은 적의와 파괴성을 불러일으킨 위협은 없을 것이다. 단 인간은 자신의 우상이 진짜 신이고, 다른 사람의 신은 진짜 우상이라고 믿는다는 점에서 늘 착각 속에 있다. 그러나 이 착각도 우상을 위협하는 것이 인간의 공격성을 동원하는 주요한 동기 가운데 하나라는 사실을 전혀 바꾸지 못한다. 네 번째 마지막 가능성으로서, 인간이 설득되기 쉽고 암시에 걸리기 쉽다는 점을 들 수 있다. 인간은 실제로는 그렇지 않은 경우에도 자신의 사활이 걸린 문제가 위협받고 있다고 믿을 수 있다. 인간은 세뇌—적에 대해서 말하는 경우에는 이렇게 말한다—할 수 있고, 또는 '교육'—자신에 대해서 말하는 경우에는 이렇게 말한다—할 수도 있다. 만일 지금 인간의 사활이 걸린 문제가 정말로 위협받는다면 또는 만일 그것이 위협받고 있다는 암시를 받는다면, 그때의 반작용은 주관에 따른 것이다. 인간의 이런 반작용과도 같은 파괴성 또는 공격성은 원리상으로는 동물의 그것과 같지만, 지금 언급한 이유에서 비교도 할 수 없을 만큼 넓고 깊게 퍼져 있다. 이런 형태의 반작용과도 같은 공격성의 진짜 문제가 파괴 본능이 아니라는 것은 분명하다. 바로 정반대이다. 파괴 본능이라는 주장은 오늘날 본질적으로 사람을 속이는 구실을 한다. 그것은 진짜로 인간의 공격성을 증대시키고 있는 모든 원인 탐구를 비껴가게 하는 것이다. 심리학과 관련된 진짜 문제는 다음과 같다. 우상에 대한 인간의 예속, 비판하는 태도의 결여, 암시에 걸리기 쉬운 성질. 이것들은 모두 인간의 온전한 정신 발달의 결여와 관계 있다. 그러나 이런 원인들은 모두 기존 사회구조의 결과이다. 그 사회구조란(몇 가지 원시사회는 예외로 하고) 착취와 폭력의 원리에 기초해 왔고, 아직도 그러하며, 생산력이 발달하지 못했기 때문에 그것들에게 기초하지 않을 수 없었다. 인간은 지금까지의 역사에서 보면 늘 예속상태에서 살아왔다. 그 때문에 역사와 관련된 사정으로부터 인간의 성질을 알아내고자 하는 시도는 모두 동물원에 갇힌 동물의 연구와 그리 다르지 않다. (갇혀 있는 동물의 대부분은 자유의 몸이었을 때는 보이지 않았던 공격성을 보인다고 알려져 있다. 모순되지만, 자유상태에 있는 동물 연구는 이미 얼마 전부터 시작되었는데, 인간 연구는 아직 불가능하다.)

두 번째 유형의 파괴성은 반작용과도 같은 공격성과는 전혀 다른 인간 특유의 것으로, 이것을 사디즘=잔학한 성격을 띤 파괴성이라고 부를 수 있을 것이다. 이는 본래는 성(性)과 관련된 것이 아니지만, 특별히 그런 형태로 나타날 수도 있다. 그 목적은 인간 및 사물에 대한 전능감(全能感)의 체험이다. 그것은 인간 및 사물을 절대적으로 지배하고 파괴, 학대, 고문을 하기에 이른다. 이 전능감 체험을 이해하는 것은 그 원천, 즉 인간 대부분이 지금까지의 역사에서

품어왔던 무력감을 이해함으로써 비로소 가능해진다. 이 무력감은 의식되지 않는 것이 틀림없다. 왜냐하면 무력감을 스스로 의식하는 것은 불쾌한 일이므로 거기에 대해서 잘못 생각할 재료가 충분히 있기 때문이다. 분명 인간은 생명을 낳는 힘이 없다는 것을 스스로 깨달았을 때, 그렇다면 최소한 생명을 가진 것이라도 파괴하려고 한다. 생명을 가진 것의 파괴는 창조와 거의 같은 정도의 커다란 경이로움이기 때문이다. 다만 창조를 위해서는 노력, 수련, 타고난 재능, 그리고 인간으로서 가진 모든 능력을 사용해야 하는데, 파괴의 경우에는 오늘날이라면 하나의 무기, 지난날이라면 강한 손과 주먹만 필요할 뿐이었다. 그렇기 때문에 능동적, 창조적 체험의 가능성으로부터 가장 많이 소외된 개인 및 사회 계급—이를테면 히틀러 이전의 독일 소시민계급, 또는 이와 사회적으로 비슷한 미국 남부의 백인층—에서 가끔 다음의 사실을 볼 수 있다. 곧 현실의 처지 때문에 기쁨이나 창조력이 가장 결여되어 있는 사람들이 다른 계급의 사람들보다 훨씬 많이 가학성애자다운 파괴성을 보인다는 사실이다. 1시간이건 10분이건 완전한 전능, 인간이라는 존재의 모든 한계 파괴, '신'의 체험은 자기의 사회적 존재와 자각이라는 면에서 벌레나 다름없는 인간들에게 역시 그것 때문에 수많은 사람이 죽어도 상관없다. 이런 사람들에게 죽음의 위협이 듣지 않는 이유는 여기에 있다. 그 체험은 그로 말미암아 죽을 만한 가치가 있기 때문이다. 한 인간이 정말로 무제한의 권력을 쥐면 미치기 시작한다. 이것은 상징으로서의 뜻에서 말하는 게 아니라, 정말로 현실이다. 반은 정상이었던 사람도 인간이라는 존재의 한계를 잊게 하는 상황에 놓이면 때때로 완전히 미쳐버린다. 이런 병례를 가진 특정 인물에 대해서 알베르 카뮈는 《칼리굴라》에서 선명하고 명쾌하게 분석하고 있다. 가학성애자에게만 있는 전능한 파괴성—가끔 황홀한 파괴성이라고 불리는 —은 인간에게만 있다. 동물에 대해서는 어떤 문헌에도 이런 특징이 나와 있지 않다. 그것이 인간에게만 있는 이유는 쉽게 이해할 수 있다. 즉 인간에게는 동물로서의 약점과 이성을 지닌 존재로서의 약점 사이에 자신의 존재에 영향을 미칠 정도의 갈등이 일어나기 때문이며, 또 거기에서 생기는 무력감을 극복하고 싶어하기 때문이다.

세 번째 유형의 파괴성에 대해서는 상세히 설명할 여유가 없으므로 지금은 간단히 짚고 넘어가겠는데, 이것은 네크로필리아의 성향을 띠는 파괴성이다. '네크로필리아'라는 단어는 일반적으로는 여성의 시체에 남성이 가지게 되는 도착(倒錯)된 성적 관심을 나타내기 위해서 쓰이게 되었다. 이런 도착은 비교적 드물지만, 이것의 의미는 진작 있었다. 내가 지금 쓰고 있는 성격학과 관련된 뜻에서 이것을 처음으로 쓴 것은 우나무노인데, 그가 죽기 6개월 전에 살라망카 대학에서 했던 유명한 연설에서였다. 이 연설은 프랑코파의 장군 밀란 아스트레이의 외침에 화답해서 이루어졌다. 장군이 외친 좌우명은 "죽음이여, 만세!"였다. 이때 우나무노는 말했다. "나는 지금 아무런 뜻도 없고 네크로필리아와도 같은 외침을 들었습니다." '네크로필리아'란 나도 지금 그와 같은 뜻으로 쓰고 있지만 죽은 것, 썩은 것, 병든 것, 생명이 없는 것, 성장하지 않는 것, 그리고 완전히 기계적인 것들에 이끌리는 것이다. 이런 뜻에서의 '네크로필리아'는 마리네티[3]의 미래파 선언에도 해당된다. 이것은 이미 1909년 파괴에, 또 모든 기계적인 것, 생명을 갖고 있지 않은 것에 이끌리는 마음을 아주 또렷한 형태로 표현했다. 네크로필리아에 대립하는 것은 내가 바이오필리아라고 이름 붙인 것으로, 생명에 특별한 애정을 나타내는 성향을 뜻한다. 이런 애정을 느끼는 것은 오로지 다음과 같은 사람들, 즉 모두와 똑같이 살기만을 바라는 게 아니라 살아 있는 것, 성장하는 것, 구조를 갖는 것, 뻗어나가는 것, 기계적이지 않은 것들에 특별한 기쁨을 느끼는 사람들뿐이다. 여기서 당연히 이 네크로필리아 및 바이오필리아 개념과 프로이트의 삶의 본능 및 죽음의 본능의 관계에 대해서 설명해야 할 것이다. 내가 말하고 싶은 것은 이렇다. 즉 내 생각에는 프로이트에게 죽음의 본능은 생물학의 관점에서는 정상이지만, 나에게는 죽은 것에 이끌리는 것—네크로필리아—은 병과 다를 게 없다는 점에서 그 근원부터가 다르다는 사실이다. 그리고 최근 일련의 연구를 통해서, 죽은 것이나 부서진 것을 좋아하는 사람은 로르샤흐 검사[4]나 꿈이나 일정한 징후에 의해서 임상으로도 아주 뚜렷이 인식할 수 있다는 것이 밝혀졌다. 이에 대해서는 오늘날 이미 매우 많은 자료가 있다. 지금까지의 논술을 마치며 하나의 소견을 말하고 싶다. 바로 평화의 이론을 내세우기 위해서는 인간에 대한 가장 포괄된 이론이 필요하다는 것, 즉 인본주의라는 역동적 인류학, 또는—특히—인본주의에 근거한 정신분석이 필요하다는 것이다. 물론 정신분석 이해에서는,

---

3) 이탈리아 소설가·시인(1876~1944).
4) 잉크 얼룩 그림에 대한 반응으로 성격을 진단하는 검사.

이를테면 헤르베르트 마르쿠제 씨와 나는 생각이 아주 다르다. 그러나 이런 대립으로 더 상세히 들어간다면 곧 수습할 수 없을 만큼 커져버릴 것이다.

사회 이론에 대해서도 한 가지만 언급해 두려고 한다. 제2차 산업혁명[5] 시대의 사회가 인간의 공격성을 증대시키는 확실한 조건을 만들고 있다는 사실이다. 지금 내 머리에 있는 것은 무엇보다도 감정과 지성의 더욱 격화되는 분열이다. 내 생각에 우리는 가벼운 정도이긴 하지만 만성의 정신분열 악화일로를 걷고 있으며, 그것은 이 감정과 사고의 분리에 정확히 나타나 있다. 그 결과는 생명을 적으로 대하는 마음뿐만 아니라 생명에 아무런 관심도 두지 않게 된다. 하지만 생명에 대한 무관심이야말로 자기 자신과 다른 사람을 모두 파괴하려는 인간의 태도를 낳는 가장 위험한 원인 가운데 하나로, 파괴성보다 훨씬 위험하다. 평화 논의에서 이것은 가볍게 여겨서는 안 되는 문제다.

여기서 평화전략에 대해서도 몇 마디 하겠다. 그러나 주어진 사회 조건 아래에서의 전략 밖에 이야기할 수 없을 것이다. 시간이 얼마 없어서, 인간과 사회가 근본적으로 변해 버릴 때까지(그리고 인간과 사회가 일치할 때까지) 기다릴 수는 없다. 산업사회의 모든 혁명에 대한 논의는 본질적으로는 그것을 말하는 사람을 만족시키는 것 밖에는 아무런 의미도 없다. 거기에는 현실에 근거한 아무런 기초도 없기 때문이다. 그러므로 우리는 주어진 상황에서 앞으로 5년 또는 10년 동안 평화를 위해 할 수 있는 것에 대해서만 이야기해야 한다.

나는 평화의 기회는 얼마 없다고 믿는다. 그렇지만 또 이렇게도 믿는다. 개인이나 사회의 생명을 다루는 한 계산속이나 백분율로 말할 수는 없으며, 어쨌든 평화를 실현시킬 수 있는 가능성이 하나라도 남아 있는 동안에는 행동하고 계획해야 한다고……. 그래서 나는 '무승부'로 끌고 가거나 겨우 한숨 돌리는 게 고작이라고 해도, 실현시킬 수 있는 가능성—진정한 평화를 가져올 방책을 선택할 가능성—은 아직 있다고 믿는다. 왜냐하면 그것은 인간 및 사회의 진정한 변혁에 의해서 가능하다고 생각하기 때문이다. 결국 적극적인 의미에서의 평화만이 전쟁 없는 상태라는 의미에서의 평화를 보장할 수 있다. 현재의 인간 및 사회의 힘 관계가 이어지는 한 평화는 더욱더 매우 불확실해지며, 원자력시대의 우리는 늘 전면파괴에 직면하게 된다. 다음으로 평화전략—

---

5) 지난 세기 말부터 이번 세기에 걸친, 전력을 주로 쓰는 생산기술의 혁신을 말한다.

현 상태에서의—의 몇 가지 중요한 부분에 대해서 말하겠다.

(1) 평화전략의 목표는 전쟁 전략 목표의 반대여야 한다. 즉—이것이 중요한 데—상대를 패배시키지 않는 것이다. 그 이유는 간단한데, 최근 10년 또는 20년 사이에 있었던 일들을 보면 된다. 이른바 냉전이나 외교에서 상대방을 최대한 많이 패배시키려고 시도할 경우, 그 결과는 상대의 정책을 더 강경하게 만들 뿐이다. 그것은 새로운 강경한 태세가 증강되는 모습을 보이기도 하고, 지금까지 평화전술을 취해 온 사람들이 강경한 전술로 방향을 돌리는 형태를 보이기도 한다. 상대방을 외교적으로 패배시켜 놓고 그것을 평화를 위한 노력이라고 생각하는 것은 잘못이다. 19세기의 외교관이나 정치가는 그것만큼은 가슴에 잘 새겨 놓고 많은 경우 그런 마음가짐으로 행동했다. 오늘날 그런 의식은 훨씬 적어진 것 같다. 유일한 평화전략은 상호 이해를 인정하는 것이다. 즉—아주 구체적으로 말하면—현재의 이권을 서로 인정하면서 동시에 그 권한 밖의 사회를 중립화하는 것이다. 여기서 강조해 두어야 하지만, 이 중립화가 의미하는 것은 이런 '중립'국에서는 어떤 혁명도 일어나서는 안 된다는 게 아니라, 이런 혁명이 외교상의 균형을 바꾸지 않는다는 것, 그러니까 강대국이 외교와 관련된 자신의 목적을 이루기 위해서 혁명을 이용하는 일이 없다는 것이다. 하지만 이런 목표도 정치와 관련된 다른 목표가 더해지지 않는다면 불충분하다.

(2) 평화 전략에는 많은 사람들을 평화사상에 동원하는 것이 중요하다. 이때의 목표는 모든 국가의 지배자들에게 여론의 압력을 가해 전쟁을 막고, 광기의 계산을 그만두게 하는 것이다. 즉 그것은 먼저 사실을 밝히는 것, 비판하는 사고를 기르는 것, 평화 및 대외정책의 사실에 대해서 이루어지는 기만을 폭로하고 드러내는 것이다. 평화운동은 이것을 어느 정도까지 실행하는 데 성공했다. 미국은 평화운동이 여론에 압력을 넣는 데 성공한 최근의 예이다. 특히 베트남 전쟁에 대해서 성공했다. 그러나 이것으로도 아직 충분하다고 할 수 없다. 인간의 지성과 논리에 호소할 뿐만 아니라 전인격, 곧 감정에도 호소하지 않으면 충분하다고 할 수 없다. 오늘날 전 세계의 많은 사람들이 현재의 소비문화 양식이나 생활습관에 깊은 불만을 품고 있다. 때때로 의식되지 않는

이런 불만을 의식하게 만드는 일이 중요하다. (매카시 선거전[6]의 결정적 순간 가운데 하나는 매카시가 실제로 이 불만을 동원해서 그것이 미국의 아주 넓은 층에 존재한다는 사실을 밝혔을 때였다.) 그렇지만 이것은 더 많은 것과 관련된 문제로서, 마침내 한 사회의 전망을 보여주었다. 그것은 인간을 존중하는 사회이다. 인간이 기계의 일부분이 되지 않는 사회이다. 인간이 수동이 아니라 능동으로 참가하는 사회이다. 관료의 관점에서 관리되지 않는 사회이다. 진심으로 지루함을 느끼지 않는 사회이다. 많은 사람이 이런 것을 느끼고 있지만, 대부분은 무의식중에 느끼고 있다. 이 느낌을 의식이라는 영역으로 끌어낼 수 있는 것은 단지 두뇌나 전쟁을 피하려는 마음에만 호소하는 게 아니라 전인격에 호소하는 영향력이다. 앞에서 말한 우상을 파괴하기 위한 조직적이고 강력한 시도도 그 가운데 하나이다. 우상을 숭배하는 한, 인간은 자기 자신의 생명과 다른 사람의 생명을 긍정하는 자유로운 인간으로서 생각하고 행동하는 자세가 아니다. 우상을 부정하고, 또는 우상과 싸워야만 미움과 폭력을 줄일 수 있다. 평화를 위해 일하고 있는 경우라도 미움과 폭력은 미움과 폭력에만 봉사한다고 나는 믿는다. 우리의 가능성이 더없이 좁고 얽매여 제한되어 버린 시대, 즉 핵무기 시대에서는 미움과 폭력을 부추기는 것은 그것이 무엇을 목적으로 하든 간에 평화에는 위험하다. 이에 대해서는 공상가로 여겨지는 사람들 사이에 전혀 다른 의견이 있다.

평화운동은 다음과 같은 경우에만 성공할 수 있다. 평화운동이라는 것을 넘어서 급진적인 인본주의운동이 되었을 때, 사람들의 전인격에—이 산업사회가 가져오는 생명감의 결여에 괴로워하는 사람들에게—호소할 수 있을 때, 새로운 사회와 새로운 인간의 전망을 제시할 수 있을 때. 평화운동이 사람들을, 또 간접적으로는 지배자나 권력자까지 평화진영으로 끌어올 수 있을지 없을지는 아직 알 수 없다. 그러나 현재 주어진 조건 속에서 평화를 위해서 일하려고 한다면, 이런 시도 이외에는 아무것도 있을 수 없다고 나는 믿는다. 결국은 사회의 급진전되는 변혁만이 평화를 영원히 이어지게 할 수 있다.

6) 유진 매카시는 민주당 상원위원으로서 베트남 전쟁 반대를 주장하며 68년 대통령 선거에 출마해 예비선거에 승리했지만, 전국당대회 지명선거에서 허버트 험프리 후보에게 패했다. 프롬도 그를 지원했다.

프롬 100가지 말

1. 우리는 사랑에 대해서 아무것도 모른다

프롬의 말 001
사랑은 쉬운가?

사랑이란 누구나 쉽게 빠지는 감정이 아니다.

우리는 대부분 사랑은 살아가는 동안 자연스럽게 생기는 감정이라고 생각합니다. 상대만 찾으면 누구나 아주 자연스럽게 느끼게 되는 감정이라고.
그러나 사랑은 성숙한 어른만이 경험할 수 있는 것으로, 진짜 사랑을 경험하려면 사랑하기 위한 기술을 배워야 한다고 말한 사람이 있습니다. 그는 20세기의 정신분석학자 에리히 프롬입니다.

프롬의 말 002
사랑은 자연스럽게 배우는 것?

사랑에 대해서 배워야 하는 것이 있다고 생각하는 사람은 거의 없다.

사랑이란 자연스럽게 경험하는 것이지 학교나 책에서 배우는 것이 아니라고 생각하는 사람이 많지 않을까요?
하지만 프롬은 사랑하는 기술을 배워야만 남을 사랑할 수 있다고 생각했습니다. 사랑에 대해서 배워야 한다고 생각하지 않는 사람은 진정한 사랑과는 동떨어진 채로 살아갈 수밖에 없습니다. 다음 쪽에서 '사랑에 대해서 배워야 할 것은 아무것도 없다'고 생각하는 사람의 사랑에 대한 세 가지 오해를 설명합니다.

프롬의 말 003
사랑받는 방법이 중요하다는 오해

거의 모든 사람은 사랑의 문제를 사랑하는 문제, 사랑하는 능력의 문제로서가 아니라, 사랑받는 문제로 생각한다.

우리는 '사랑받는' 것만을 생각하기 쉽습니다. 거리에 넘치는 연애 관련 서적은 대부분 사랑받을 수 있는 방법, 인기를 얻을 수 있는 방법만을 말합니다.

그러나 사랑에 대해서 배워야 할 것이 없다고 생각하는 첫 번째 잘못은 '사랑받는' 것만 생각하는 것에서 나온다고 프롬은 지적했습니다. 프롬은 현대인이 사랑받는 방법이 아니라, 사랑하는 방법을 모르는 것이야말로 사랑의 문제라고 여겼습니다.

프롬의 말 004
사랑할 상대가 없다는 오해

사랑에는 배워야 할 것이 없다는 생각의 바탕에 있는 전제는 사랑의 문제란 대상의 문제이지 능력의 문제가 아니라는 생각이다.

사랑에 대해서 배워야 할 것이 없다고 생각하는 두 번째 잘못은 사랑하기는 쉽지만, 그 상대(대상)를 찾기가 어렵다는 생각에서 나온다고 프롬은 이야기했습니다.

"연애(결혼)하고 싶지만 상대가 없어서 못한다"는 사람이 있는데, 바로 그런 생각입니다.

이래서는 프롬이 말하는 진정한 '사랑'에 이르지 못합니다. 프롬의 말을 빌리면, 이런 생각은 사랑을 크게 오해하는 것입니다.

프롬의 말 005
연애는 곧 사랑이라는 오해

사랑에 대해서 배워야 할 것은 없다는 생각을 낳는 잘못은 사랑에 '빠지는' 첫 체험과 사랑 속에 '머무르는' 지속되는 상태를 혼동하는 것이다.

연애는 자신의 의지와는 관계없이 '빠지는' 것이라고 생각하는 사람은 '정신을 차리고 보니 사랑하고 있었다'고 착각하기 쉽습니다. 사랑은 멈출 수 없는 충동이라 자신을 조절할 수 없다고 생각합니다.

그러나 사랑에 대해서 배워야 할 것은 없다고 생각하는 세 번째 잘못은, 사랑에 빠지는 첫 체험과 그 뒤로 사랑 속에 머무르는, 지속되는 상태를 혼동하는 것이라고 프롬은 말합니다. 순간적으로 타오른 연애 감정은 이윽고 식어버리지만, 참된 사랑은 영원히 계속해서 머무르는 상태라고 프롬은 지적한 것입니다.

프롬의 말 006
성숙하지 못한 사랑, 성숙한 사랑

성숙하지 못한 사랑은 "당신이 필요하니까 당신을 사랑한다"라고 말하며, 성숙한 사랑은 "당신을 사랑하니까 당신이 필요하다"라고 말한다.

사랑이 충만한 삶을 살기 위해서는 자신이 성숙해져야 합니다. 예를 들면 갓난아이는 남을 사랑할 줄 모릅니다.

갓난아이에게 어머니는 무엇이든지 해주는 필요한 존재입니다. 하지만 어른이 되어서도 갓난아이처럼 떼를 쓰는 관계는, 프롬의 말을 빌리면 사랑이 아닙니다. 우리 주변에도 "네가 필요해"라는 말로 청혼하는 사람이 흔한데, 프롬은 자신에게 필요하냐 아니냐와 상관없이 상대를 사랑하는 것에서 진정한 사랑이 시작된다고 생각했습니다.

프롬의 말 007
사랑은 특정한 누군가와의 관계가 아니다

사랑은 특정한 인간과의 관계가 아니다. 세계 전체와 관계하는 방법을 결정하는 태도, 성격이 지향하는 특성이다.

우리는 흔히 "당신만을 사랑한다"라고 말합니다. 반대로 연인이나 배우자의 얼굴을 향해 "나는 당신만 사랑할 수는 없다"고 말한다면, 상대는 기분이 상해서 싸움으로까지 번질 가능성이 크지 않을까요?

이런 우리의 '상식'을 프롬은 바로잡아 고칩니다. 사랑이란 특정한 한 사람만을 사랑하는 게 아니라, 나 이외의 다른 사람들을 대하는 태도의 문제라는 것입니다. 상세한 것은 제2장 이후에서 설명하겠습니다.

프롬의 말 008
사랑의 힘에 대한 오해

누구나가 '사랑하는' 사람 이외에는 아무도 사랑하지 않는 것이 바로 사랑의 힘을 보여주는 증거라고 믿는다.

한 사람만 사랑하는 것이 참된 사랑을 하는 증거라고 생각하는 사람이 많습니다. 그러나 앞에서도 말했듯이, 프롬은 이런 태도를 참된 사랑이라고 생각하지 않았습니다.

그의 이런 말은 바람을 피우는 핑계가 될 수도 있을 것 같지만, 그렇지 않습니다. 배우자나 연인에게 질려 바람을 피우는 사람은 결국 아무도 사랑하고 있지 않은 것입니다. 그런 게 아니라 배우자나 연인을 사랑하면서 다른 사람까지도 사랑할 수 있는 것이 '사랑하는' 것입니다.

프롬의 말 009
다른 사람에게는 눈길도 주지 않는 연인

'서로 사랑하는' 두 사람이 다른 사람에게는 눈길도 주지 않는 경우가 흔히 있다. 사실 그들의 사랑은 이기주의가 두 배로 늘어난 것에 불과하다.

한 사람만 사랑할 수 있다고 생각하는 사람들끼리 짝이 되었을 때, 자신들이외의 사람을 멀리하는 경우가 있습니다. 이런 짝은 강한 유대감으로 엮여 있는 것처럼 보이지만, 근본적으로는 서로를 '사랑하는' 관계가 아닙니다. 그렇기 때문에 자신들이 아닌 다른 사람을 소중히 여길 수가 없습니다.

이런 짝은 상대를 '사랑하는' 게 아니라 상대의 '사랑을 받을' 것을 바라는 마음이 강하며, 결국은 자기중심의 관점에서 생각하고 행동하기 때문에 사랑을 실감하지 못하고, 고독감이 사라지지도 않는 것입니다.

프롬의 말 010
바람둥이의 속내

돈 후안이 남성으로서의 능력을 성(性)으로써 증명하지 않고는 배기지 못하는 것은, 성격이라는 관점에서 남성으로서의 자신의 성에 자신이 없기 때문이다.

돈 후안은 17세기 스페인의 전설적 호색가로, 바람둥이의 대명사입니다. 그런 남성들은 섹스를 얼마나 잘하는가, 얼마나 여성 경험이 많은가 하는 것을 자랑거리로 삼습니다.

그러나 프롬은 이런 것을 강조하는 사람은 사실 자신의 매력에 자신이 없는 사람임을 꿰뚫어 보았습니다. 그렇기 때문에 섹스의 기교나 경험 횟수라는, 그 사람의 매력과는 전혀 상관없는 표면적인 것만 자랑하는 것입니다.

프롬의 말 011
잘못된 친밀감

분노나 증오를 겉으로 드러내거나 자신을 전혀 억제하지 않는 것도 친밀함의 증거라고 여긴다.

연인에 대해서 '마음 편하게 대할 수 있는 점이 좋다'고 생각하는 사람이 많지 않을까요? 완전한 남에게는 보여줄 수 없는 본성을 드러내야만 비로소 친밀한 관계가 형성된다고 생각하는 사람 말입니다.

하지만 프롬은 그런 것은 친밀함과는 무관하며, 참된 사랑이 아니라고 말했습니다. 거기서 드러내는 자신의 본성이란 성숙하지 못한 부분으로, 그런 성숙하지 못한 자신을 소중히 여기는 한, 다른 사람과 서로 존중하는 관계를 이룰수 없다고 프롬은 꾸짖은 것입니다.

프롬의 말 012
가장 완전하다고 생각되지만 잘못된 부부상

행복한 결혼을 소재로 기사를 읽어보면, 결혼의 이상(理想)이 원활하게 제 구실을 하는 작은 집단이라고 씌어 있다.

자본주의가 발달한 현대사회에서는 대기업에 유리한 생활양식을 강요받기 쉽습니다. 프롬이 《사랑한다는 것》을 집필한 1950년대, 그는 미국으로 대표되는 자본주의사회가 인간을 소외시키는 것에 경종을 울렸습니다.

가정의 인간관계에까지 공장의 컨베이어벨트 작업 같은 효율을 요구한다면 노동자처럼 쉬지 않고 역할을 다해야 합니다. 이래서는 활기찬 삶은 바라지도 말아야 합니다.

프롬의 말 013
자식을 지나치게 보호하는 부모

자식을 지나치게 보호하는 것은 자식을 너무 사랑하기 때문이 아니라, 자식을 전혀 사랑하지 못해서 그것을 보상받으려 하는 것이다.

자식을 지나치게 사랑해서 오만 가지를 간섭하는 부모가 있습니다. 스스로는 자식을 사랑한다고 큰소리치지만, 그것은 진정한 사랑이 아니라고 프롬은 말합니다. 진정으로 사랑한다면, 자신이 없어져도 인생을 헤쳐 나갈 수 있도록 자식이 홀로서기를 바랄 것입니다.

부모 자신도 마음속 어딘가에서는 그것이 자식을 위한 일이 아님을 알고 있습니다. 사랑을 쏟고 있지 않다는 사실을 알고 있기에, 그런 서투른 사랑에 대한 보상을 하려고 더 간섭하는 악순환에 빠지는 것입니다.

프롬의 말 014
위대한 연애로 착각하는 사랑

거짓 사랑에서 자주 보이는 것이 우상을 숭배하는 듯한 사랑이다. 이것은 영화나 소설 등에서 자주 '위대한 연애'로 그려진다.

연애 상대를 신과 같은 존재로 생각하는 사람이 있습니다. 그러나 자신이 만들어 낸 그런 이미지에 집착하면, 상대의 단점이나 마음에 들지 않는 점을 발견하는 순간 환멸을 느끼고 혐오하게 됩니다. 관계를 끊이지 않고 영원히 이어가지 못하는 것입니다.

프롬이 이런 연애를 거짓된 사랑이라고 부른 것은 서로 대등한 관계가 아니기 때문입니다. 연애는 상대뿐만 아니라 그 상대와 대등한 위치에서 '사랑하는' 자신이 존재해야 비로소 성립합니다.

프롬의 말 015
인간이 정말로 두려워하는 것

인간은 의식적으로는 사랑받지 못하는 것을 두려워하지만, 실제로는 무의식적으로 사랑하는 것을 두려워한다.

연애를 피하는 사람은 자신이 사랑받지 못할까 봐 두려워하는 것일까요? 프롬의 대답이 바로 이 말입니다. 프롬은 나중에 "사랑한다는 것은 아무런 보장이 없어도 행동을 일으키는 것으로, 내가 사랑하면 분명 상대의 마음에도 사랑이 생기겠지 하는 희망에 완전히 자신을 맡기는 것이다"라고 말합니다. 프롬이 말하는 "사랑한다"란, 상대가 자신을 어떻게 생각하느냐에 관계없이 자신이 먼저 사랑한다고 고백하는 것입니다. 사랑받을 가능성이 없다는 것을 두려워하지 않고 용기를 내서 한 발짝 내딛는 것. 거기에서 진정한 사랑이 시작됩니다.

2. 사랑은 기술이다

프롬의 말 016
사랑은 기술이다

사랑은 기술일까? 기술이라면 지식과 노력이 필요하다.

우리는 평소 사랑은 자연스럽게 경험하는 것이라고 생각하기 쉽지만, 프롬은 사랑은 연습하지 않으면 배울 수 없다고 말합니다.
프롬이 그렇게 생각한 것은, 사랑이 사라지고 있는 사회 상황에 위기감을 느꼈기 때문입니다. 《사랑의 기술》이 쓰일 무렵의 미국은 자본주의 사회가 복잡해지고 거대해지면서 사람들은 경제에 휘둘리며 사랑의 본질을 잃어버리고 있었던 것입니다. 지금 세계도 그때와 같은 상황에 있지 않을까요?

프롬의 말 017
사랑의 기술을 배우지 않는 까닭

성공, 명예, 부(富), 권력—이런 목표를 이루는 법을 배우기 위해서 거의 모든 에너지를 소모함으로써 사랑의 기술을 배울 에너지가 남아 있지 않다.

사귄 지 얼마 안 됐을 때는 데이트에 열심이지만, 관계가 안정되거나 결혼한 뒤에는 바쁘다는 핑계로 사랑의 문제를 내팽개쳐 두는 사람이 많지 않을까요? 그런 사람은 사랑에도 연습이 필요하다는 점을 꿈에도 생각하지 못할 것입니다.
성공이나 부는 다른 사람과 겨루어 얻는 것으로, 일이 뜻대로 되지 않으면 다른 사람을 적으로 돌려버립니다. 이런 목표에만 힘쓰는 사람이야말로 사랑의 기술을 배울 필요가 있습니다.

프롬의 말 018
사랑은 주는 것

사랑은 무엇보다도 주는 것이지, 받는 것이 아니다.

제1장에서 들었던 말로 하자면, "주다"는 "사랑하다", "받다"는 "사랑받다"에 해당합니다. 프롬은 '주는' 것이 사랑이라고 말했지만, 우리 대부분은 사랑을 '받는' 것이라고만 생각하고 '주는' 것에 대해서는 진지하게 생각해 본 적이 없지 않을까요?
프롬은 이 말 앞에 사랑은 '스스로 행동하는 활동'이고, '스스로 빠지는' 것이라고도 말하고 있습니다.

프롬의 말 019
주는 것에 대한 오해

가장 널리 퍼져 있는 오해는 주는 것이란 뭔가를 '포기하는' 것, 빼앗기는 것, 희생하는 것이라는 착각이다.

프롬은 사랑이란 '주는' 것이라고 말했지만, 한편 우리는 대부분 준다는 행위에 적극성을 보인다라고는 할 수 없습니다.
그 원인으로서 프롬은 현대인이 '주는' 것을 뭔가를 잃는, 즉 손해를 보는 일로 생각하기 때문이라고 지적합니다. 자본주의 사회에 잠겨 사랑과 사물을 혼동하기 쉬운 현대인은 특히 그렇게 착각하는 것입니다.

프롬의 말 020
생산적인 것과는 거리가 먼 성격의 사람

생산적인 것과는 거리가 먼 성격의 사람은 주는 것은 가난해지는 것이라고 생각한다.

프롬은 인간의 성격을 '생산적인 성격'과 '생산적인 것과는 거리가 먼 성격' 두 가지로 나눕니다. '생산적인 것과는 거리가 먼 성격'의 유형으로는 '수용하는 성격'(받는 것만 생각하는), '착취하는 성격'(빼앗는 것만 생각하는), '저축하는 성격'(소유하는 것만 생각하는), '이득을 중시하는 성격'(자본주의에 충실한 교환만 생각하는) 네 가지를 들었는데, 이것들은 모두 '주는' 것을 하지 못하는 성격입니다. 다음에서 다루는 '생산적 성격'을 가지지 않으면 사랑을 줄 수 없습니다.

프롬의 말 021
성격이 생산적인 사람

성격이 생산적인 사람은 주는 것을 전혀 다른 의미로 받아들인다. 주는 것은 자신이 가진 힘의 가장 높은 표현이다. 빼앗기는 것이 아니라 주는 것이 자기 생명력의 표현이기 때문이다.

앞에서 다룬 '생산적 성격'이란 스스로 뭔가를 만들어 내고, 의견을 말하며, 그것이 차츰 가치를 갖게 되는 삶입니다. 물질보다는 정신을 중요하게 여기고, 행복하게 살기 위해 해야 할 일을 생각하고 인간성을 높여가는 태도입니다.
이런 삶을 살기 위해서 꼭 필요한 전제조건이 사랑이라고 프롬은 말합니다. 즉 사랑을 주는 것이 자신의 인간성을 높이고 행복으로 이어지는 것입니다.

프롬의 말 022
풍요로운 사람이란?

많이 가진 사람이 풍요로운 게 아니라, 많이 주는 사람이 풍요롭다.

'많이 가진 사람'이란 남에게 주는 것이 아까워서 잔뜩 쌓아 놓고 있는 사람입니다. 프롬은 이어서 "쌓아두기만 하고 하나라도 잃는 것을 두려워하는 사람은 아무리 많은 것을 가지고 있어도 가난한 사람이다"라고 말합니다.

현대에는 '많이 가진 사람'을 풍요롭다고 생각하기 쉽지만, 그것만으로는 프롬이 지향하는 풍요로운 사회라고 할 수 없습니다.

프롬의 말 023
자신 안에 숨쉬고 있는 것

그러나 준다는 행위의 가장 중요한 부분은 물질세계가 아니라 인간영역에 있다. 자신의 기쁨, 흥미, 이해, 지식, 유머, 슬픔 등 자신 안에 숨쉬고 있는 것의 온갖 표현을 주는 것이다.

앞에서 프롬은 많이 주는 사람이 풍요롭다고 주장했지만, 이것은 값비싼 선물을 주거나 잔뜩 주는 것을 가리키는 게 아닙니다.

사랑을 주는 것은 자신의 생명을 주는 것이라고 프롬은 말합니다. 여기서 말하는 생명이란 '자신 안에 숨쉬고 있는' 것으로, 구체적 내용을 든 것이 프롬의 이 말입니다.

프롬의 말 024
주는 행위의 진수

받기 위해서 주는 게 아니다. 주는 것 자체가 더없는 기쁨이다.

주는 것의 기쁨은 준 것에 대한 보답에 있는 게 아닙니다. 그렇다면 그 기쁨이란 무엇일까요?

프롬은 "준다는 것은 다른 사람도 주는 사람으로 만드는 것이며, 서로 상대 안에 싹트게 한 것으로부터 얻는 기쁨을 나누는 것이다"라고도 말했습니다. 진정한 의미에서 준다는 것은 상대도 '주는 사람'으로 만드는 것이고, 서로 주고받는 것을 기뻐하는 것입니다.

프롬의 말 025
인간을 사랑하기 위해서 필요한 자질

모든 형태의 사랑에는 반드시 몇 가지 공통되는 기본 요소가 보인다는 사실에도 능동성을 띠는 사랑의 성질이 드러나 있다. 그 요소란 배려, 책임, 존중, 지식(이해)이다.

사랑하기 위해서 필요한 네 가지 요소를 들고 있습니다. '배려'는 상대의 기분이나 상황을 생각하는 것. '책임'은 정신과 관련된 상대의 요구에 응할 의지가 있는 것. '존중'은 상대를 자신과 평등하게 가치 있는 소중한 존재라고 인정하는 것. '지식'은 상대를 알고 상대의 처지에서 생각하는 것입니다.
이 네 가지를 '능동성을 띠는 성질'이라고 부릅니다. 네 가지 모두 상대에게 '줄' 수 있기 위해서 반드시 필요한 요소입니다.

프롬의 말 026
'좋아하다'와 '사랑하다'의 차이

만일 어떤 여성이 꽃을 좋아한다고 해도, 그녀가 꽃에 물을 주는 것을 잊어버린다면 꽃에 대한 그녀의 '사랑'을 믿을 수 없을 것이다.

사랑에 꼭 필요한 요소 가운데 하나인 '배려'를 설명한 말입니다. 이 말에도 있듯이, 사랑한다는 것은 단순히 좋아한다는 것이 아닙니다.
상대의 기분을 상상하고 그에 맞추어 자신이 행동해야 하는 바를 생각해야 합니다. 상대의 생명과 성장을 적극 보살피는 것이 사랑에 꼭 있어야 할 '배려'입니다.

프롬의 말 027
사랑의 눈으로 보면

그의 분노가 깊은 곳에 있는 어떤 것이 겉으로 드러난 것이라는 것을 알면,

그를 화난 사람이 아니라 불안하고 어찌할 바를 모르는 사람, 즉 고통받고 있는 사람으로 보게 된다.

이것도 사랑에 꼭 필요한 요소 가운데 하나인 '지식'을 설명한 말입니다. 상대를 이해하려면 오로지 겉으로 드러난 말과 행동만 아는 게 아니라, 상대의 처지에서 생각하는 것이 필요합니다.

상대가 화가 났다면, 그렇게 된 계기나 배경 또는 뿌리 깊은 불안이나 고독감, 죄악감 때문이기도 합니다. 애정의 눈으로 바라보면 상대의 그런 진짜 마음을 알게 됩니다.

프롬의 말 028
비밀을 아는 절망적인 방법

뭔가를 알고 싶을 때, 어린아이는 그것을 조각조각 분해한다. 이 잔혹함은 사물이나 생명의 비밀을 알고자 하는 욕망에서 나온다.

어린 시절에 장난감을 분해해서 못쓰게 만들어 버린 경험을 가진 사람도 많을 것입니다. 또는 곤충을 갈기갈기 찢어 놓은 적도 있을 것입니다. 그런 행위는 대상을 깊이 알고자 하는 생각에서 오는 것으로, 그런 뜻에서는 '지식'의 행동입니다.

단, 프롬은 '지식'을 얻고자 하는 동기는 앞에서 말한 상대에 대한 '배려'여야 한다고 말합니다. 곧 망가뜨리고 분해하는 게 아니라, 사랑하는 마음에 기초해서 상대방을 깊이 알아야 하는 것입니다.

프롬의 말 029
사랑은 사물인가?

인간은 사랑을 '가질' 수 있을까? 만일 그렇다면 사랑은 사물이어야 한다. 실제로는 '사랑한다는 행위'만이 존재한다.

사랑이란 구체적인 사물이 아닙니다. 프롬이 이 말에 이어서 설명하고 있듯이 추상적 개념입니다. 그런데도 "그녀의 사랑을 손에 넣는다"라는 표현이 있는 것은, 결국 연애상대를 지배하겠다는 발상에 빠져버리기 때문이 아닐까요?

사랑은 '상대를 사랑하는' 삶의 자세입니다. 현대사회에서는 그런 사랑의 본질을 찾아보기 어렵습니다.

프롬의 말 030
결혼 뒤에 사랑이 없어지는 부부

부부는 서로 사랑하는 대신 갖고 있는 것, 즉 돈, 지위, 가정이나 자식의 공동 소유로 만족한다. 사랑으로 시작한 결혼이 사이좋은 소유형태로 바뀌는 것이다.

앞에서 사랑할 수 없는 '생산적인 것과는 거리가 먼 성격'의 하나로 '저축하는 성격'을 들었는데, 그런 성격을 가진 부부가 빠지기 쉬운 거짓 사랑의 모습을, 프롬의 이 말이 보여줍니다.

그렇지만 텔레비전이나 잡지를 보면, 관계의 가치를 소유물의 관점에서 표현하는 부부생활이 대부분일지도 모릅니다. 과연 그런 삶에 진정한 사랑이 있다고 할 수 있을까요?

프롬의 말 031
'갖는' 것이 낳는 욕구

'갖는' 것은 필연적으로 힘을 구하고자 하는 욕구를 낳는다.

프롬은 인간의 삶에는 '갖는' 삶과 '있는' 삶의 두 가지가 있다고 말합니다. '갖는' 삶이란 물건을 소유하고 저축하며 독점하려는 삶이고, '있는' 삶이란 지금 있는 것에 만족하고 그것을 키워 가는 삶입니다.

'갖는' 삶을 선택한 사람은 상대를 앞지르거나 패배시키는 등의 경쟁을 피할 수 없습니다. 프롬의 이 말대로 힘을 구하는 것에 에너지를 쓰게 됩니다.

프롬의 말 032

'갖는' 삶과 인간관계

'갖는' 것이 낳는 인간관계의 기본 요소는 경쟁, 적의, 두려움이다.

'갖는' 것에 집착하는 한, 늘 경쟁에서 승리해야만 합니다. 주위 사람들을 내 편이나 네 편, 또는 뛰어나거나 뒤떨어지는 따위의 관계로만 보며, 이를테면 경쟁에서 이기고 소유물을 쌓아두어도 이번에는 잃는 것을 두려워해야 합니다.

이런 것들은 상대를 사랑하는 마음과 상반될 뿐입니다. 즉 사랑하기 위해서는 '갖는' 삶으로부터 완전히 벗어나야 합니다.

프롬의 말 033

'있는' 삶

'있다'는 것은 뭔가를 가지지 않고, 가지려고 갈망하지도 않으며, 기쁨에 차고, 자신의 능력을 생산적으로 쓰며, 세계와 하나가 되는 것이다.

'가지는' 삶과 정반대에 있는 것이 '있는' 삶입니다. 프롬의 이 말처럼 자신이 가진 것에 만족하고, 그것을 최대한 발전시켜 인간성을 높이는 삶입니다.

"자신의 능력을 생산적으로 쓴다"는 것은 자신을 펼쳐 나가는 것에 가치를 두는 '주는' 삶으로, 그렇게 사는 한 다른 사람과 같이 가는 관계를 유지할 수 있습니다. 사랑하기 위해서 필요한 삶이라고 할 수 있습니다.

프롬의 말 034

물건에 집착하지 말라

물건에 집착하지 않는 것이 배려와 이해에 전념하는 가장 온전한 능동성의 조건이 될 수 있다.

사랑하는 삶이 가능해지려면 '가지는' 삶, 즉 소유욕에 물든 자세에서 자유로워질 필요가 있다는 말입니다. '갖는' 삶은 '받는' 것, 바꿔 말하면 '사랑받는' 것만을 요구합니다. 연애의 대상만을 찾으며, 소유하고 지배하고 싶어 사랑의 본질에서 벗어나고 마는 것입니다.

'사랑하기' 위해서는 상대에게 주는 것에서 기쁨을 발견하는 '있는' 삶으로 방향을 바꾸어야 합니다.

3. 우리는 자유에 대해서 아무것도 모른다

프롬의 말 035
자유가 가져오는 것

새로운 자유는 필연적으로 동요(動搖), 무력(無力), 회의, 고독, 불안과 같은 감정을 낳는다.

현대인의 대부분은 옛날 사람들처럼 대가족이나 마을 등 작은 공동체 속에서 생활하는 감각을 갖고 있지 않습니다. 마을의 인간관계와 같은 공동체의 굴레에서 벗어나 자유로워진 것이 현대이기 때문입니다.

분명 대가족이나 공동체는 자유롭지 못한 면도 있지만, 자신이 있을 곳이나 역할에 얽매여 고독이나 무력감을 느낄 겨를이 없었습니다. 독일이나 미국에서 프롬은 많은 사람들이 근대적인 자유를 얻은 대신 고독과 무력감을 강요받고 있는 것을 보고 《자유에서의 도피》를 발표했습니다.

프롬의 말 036
개성화가 가져오는 것

개성화 과정의 어떤 면은 고독이 커져 가는 것이다.

인간은 성장함에 따라서 부모나 가족으로부터 독립하려는 마음을 갖게 되고, 동시에 자아가 발달합니다. 프롬이 말하는 '개성화'란 자아의 발달을 뜻하는데, 오늘날 우리가 개성을 중시하는 것과도 통할 것입니다.

그러나 자아가 강해지면 강해질수록 주위와는 다른 자신을 의식하게 됩니다. 그리고 그것 때문에 고독감이 더 커진다고 프롬은 말합니다.

프롬의 말 037
인간의 가장 강한 욕구

인간의 가장 강한 욕구는 고립을 극복하고 고독의 감옥에서 탈출하고자 하는 욕구이다.

인간은 혼자서 살아갈 수 없습니다. 이는 "인간은 고독해서는 살 수 없다"는 말로 바꿀 수 있습니다.

고독이라는 의식은 불안을 낳습니다. 불안을 느끼면 인간은 그 원인인 고독으로부터 벗어나기 위해서 누군가와 맺어지고 싶어합니다. 우리가 다른 사람을 사랑하는 이유의 밑바탕에도, 이 고독의 불안으로부터 벗어나고 싶은 마음이 있기 때문입니다.

프롬의 말 038
사랑에 빠진다는 것은?

서로에게 빠진 상태, 피가 끓어오르는 상태를 사랑의 깊이를 증거하는 것이라고 착각한다. 그러나 사실 그것은 그때까지 두 사람이 얼마나 고독했는지를 보여주는 것에 지나지 않을지도 모른다.

외로움을 달래려 들어간 술집에서 우연히 옆에 앉은 사람과 뜨거운 사랑에 빠지는 사람이 있습니다. 그런 상태는 과연 사랑일까요? 프롬은 고독을 달래기 위한 충동에 지나지 않을지도 모른다고 말합니다.

그렇지만 프롬은 꼭 그렇다고 단정하지는 않습니다. 사랑에 빠져 그 뒤 결혼하고 죽음이 두 사람을 가를 때까지 둘의 관계가 이어진다면 그것은 진정한 사랑일지도 모르기 때문입니다. 중요한 것은 어떤 상황에서 만났느냐보다는, 그 사람을 어떻게 변함없이 오래 사랑하느냐에 있습니다.

프롬의 말 039
인간에게 절실한 문제

인간은 누구든 하나의 문제 해결에 맞닥뜨려 있다. 어떻게 고립을 극복할 것인가, 어떻게 하나됨을 이룰 것인가, 어떻게 개인 차원의 삶을 뛰어넘어 다른 사람과의 일체화를 얻을 것인가 하는 문제이다.

프롬이 여기서 말하는 '하나됨'이란 다른 사람과의 일체화, 융합이라는 뜻입니다. 다시 말해서 인간은 누구나 고독이라는 문제를 해결해야 한다는 것을 뜻합니다. 그는 "외부 세계에 있는 다른 사람들과 어떤 형태로든 접촉하지 않는 한, 인간은 미쳐버릴 것이다"라고도 말합니다.

고독을 피하기 위해서는 여러 가지 길이 있습니다. 어떤 길을 가느냐에 따라서 인간으로서의 삶이 크게 바뀌며, 그것은 사랑과도 깊이 연관됩니다.

프롬의 말 040
고립을 극복하기 위해서

인간은 고립을 극복하기 위해서 동물을 숭배하고 인간을 제물로 바치며 군대를 이끌고 정복하고, 어떤 때는 사치를 부리거나 어떤 때는 금욕하듯이 단념하며, 또 일에 열중하거나 예술과 관련된 창조에 열중한다.

고립에서 벗어나기 위해 인간은 다양한 행동을 시도해 왔다고 프롬은 말합니다. 전통 의식이나 축제에서 사람들이 흥분상태가 되는 것도 그렇습니다. 제2차 세계대전 이전의 독일에서 나치스에 열광한 것도, 또 예술 창작도 고립으로부터 벗어나는 시도라고 프롬은 생각했습니다.
그러니까 고립에서 벗어나려는 행동이 인간의 역사를 만들어 왔다는 것입니다. 고립으로부터 벗어나기 위해서 인간이 낳은 것은 수없이 많으며, 프롬은 "그 기록이 인류의 역사다"라고까지 말했습니다.

프롬의 말 041
고립으로부터 벗어나려는 절망적인 시도

섹스는 고립의 불안으로부터 벗어나기 위한 절망적인 시도이지만, 결국은 고립감을 더욱 깊어지게 한다.

어쩐지 마음이 잘 맞는 두 사람이 만나 육체관계를 갖는 것을 '연애'라고 착각하는 사람도 있지 않을까요?

진정한 사랑이 있다면 상대에 대해서 더 잘 알고 싶은 마음과 상대를 배려하고 싶은 마음이 생깁니다. 프롬은 그런 마음이 생기지 않는, 사랑 없는 섹스로는 "남녀 사이에 가로놓여 있는 어두운 강에 찰나의 순간밖에 다리를 놓을 수 없다"고 지적하며 비판한 것입니다.

프롬의 말 042
성욕을 자극하는 것

성욕은 사랑에 의해 자극받기도 하지만 고독의 불안, 정복하거나 정복당하고 싶은 욕망, 허영심, 상처를 주고 싶은 욕망, 때로는 상대를 파멸시키고 싶은 욕망에 의해서도 자극받는다.

프롬은 "성욕은 아무리 격렬한 감정이라도 쉽게 결합하며, 어떤 격렬한 감정에 의해서도 자극받는다"고 말했습니다.

고독을 떨쳐내고 싶은 경우나, 사랑과는 거리가 먼 정복욕, 허영심, 파괴욕이 성욕으로 모습을 바꾸어 거짓 사랑을 낳는 현상을 꿰뚫어 본 것입니다.

프롬의 말 043
성욕과 사랑

물론 사랑이 성욕을 자극하는 경우도 있다. 단 그 경우의 육체관계에는 탐욕도, 정복하고 싶은 욕망도, 정복당하고 싶은 욕망도 없으며 그 대신 배려가 있다.

성욕이 거짓 사랑만을 가져온다고는 할 수 없습니다. 다만 사랑이 성욕을 자극하는 경우에는 정복욕 등의 비뚤어진 감정이 없고 상대를 배려하는 마음이 있어야 한다고 프롬은 말합니다. 배려란, 상대에게 관심을 갖고 상대의 성장을 바라는 마음입니다.

사랑은 없고 성욕이 이끄는 대로 남녀가 맺어진다면 어색함만이 남을 것입니다. 프롬의 말에 의하면 "환상에서 깨어났을 때 두 사람은 자신들이 서로 남이라는 사실을 지금까지보다 더 가슴에 사무치게 느끼기" 때문입니다.

프롬의 말 044
고립을 극복하기 위한 하나됨

인간이 고립감을 극복하는 해결법으로서 지금까지 가장 자주 택해 온 하나됨의 형태는 집단, 관습, 관례, 신앙에 순응하는 것에 기초한 하나됨이다.

프롬은 인간이 고립을 해결하는 수단으로서 '집단에 순응하는 것'과 원시부족 등에서 보이는 '축제와도 같은 흥분상태'를 말했습니다. 이런 수단은 옛날에만 국한된 게 아니라 현대 사회에서도 보입니다.

이를테면 스포츠바[1] 등에서 축구팀 응원에 열광하는 사람들이 그렇습니다. 축구가 좋으면 굳이 스포츠바에 모여 다른 사람과 함께 응원할 필요는 없습니다. 그들은 집단에 들어가 목청 높여 응원함으로써 하나가 되어 있는 것입니다.

프롬의 말 045
자동인형

자기를 버리고 자동인형이 되어, 수백만의 다른 자동인형들과 같은 인간은 고독이나 불안을 느끼지 않는다.

자동인형이라는 말이 제시하는 것은 이를테면 텔레비전 방송에서 추천한

---

1) 술을 마시면서 텔레비전으로 운동경기를 시청할 수 있는 술집.

생활양식이나 상품을 아무런 의문도 없이 받아들여 버리는, 독자성 없는 사람들입니다. 프롬은 그들이 그런 삶을 택하는 배경에는 고독이나 무력감 등의 불안이 있다고 지적했습니다. 《자유에서의 도피》가 집필된 1940년대 미국은 대중사회화가 진행되고 있었습니다. 자동인형이 되는 것은 대부분의 사람들이 선택하는 고립 해소법이라고 프롬은 말합니다. 그것은 현대사회에도 해당되지 않을까요?

프롬의 말 046
루터의 해결책

히틀러는 혼자였나?

히틀러는 혼자서 수백만의 유대인을 모조리 잡아 없앤 걸까? 그는 혼자가 아니었다. 그를 위해 앞장서서 인간을 죽이고 고통을 주는 수천 명의 한편이 있었다.

제2차 세계대전 이전 독일에서 나치스가 대두했을 때 많은 사람들은 나치스의 다양한 압제정치와 히틀러의 독재에 주목했습니다. 그러나 프롬은 그 무렵 민주주의가 발전한 나라였던 독일에서 많은 사람들이 자진해서 나치스를 지지했던 점을 가벼이 보아 넘기지 않았습니다.

절대왕정 시대라면 모를까, 왜 현대사회에서도 사람들이 독재에 몸을 던지는 것일까요? 권력과 하나가 되고자 하는 이런 대중을 본 프롬은 그 동기가 고독의 해결이라고, 심리와 관련된 관점에서 밝혀냈습니다.

프롬의 말 047
루터의 해결책

자유로부터 탄생한 고독, 불안감, 무력감에 압도당한 인간에게 루터는 하나의 해결책을 제공했다. 신에게 대한 완전히 복종하는 것이다.

프롬은 《자유로에서의 도피》에서 나치스의 대두를 고독이나 무력감으로부터 벗어나기 위해서 집단주의에 치우친 인간 심리를 통해 규명했는데, 이때 16세기 종교개혁의 중심인물인 루터를 거론했습니다.

루터는 가톨릭이 중시한 교회의 권위를 약화시키고 성서에 의해 신과 직접 관계를 맺을 수 있다고 했던 개신교의 원류를 만든 인물입니다. 하지만 직접 관계를 맺는 신의 권위를 강화하고, 인간들에게 절대 복종을 요구했습니다. 신과 신자들의 중개 역할이었던 교회의 속박에서 벗어난 결과로 생긴 고독감을 회피하기 위해 신 앞에서 자기를 철저하게 버리기를 요구한 것입니다.

프롬의 말 048
낡은 권위, 새로운 권위

우리는 낡은 권위로부터 자신을 자유로운 몸으로 만들었지만, 새로운 권위의 먹이가 되고 있는 것을 깨닫지 못한다.

현대를 사는 사람은 옛날 사람들처럼 왕의 권위에 자신이 복종하고 있다고는 생각하지 않을 것입니다. 그러나 고립이나 불안을 피하려고 현대인도 형태를 바꾼 권위에 따르고 있다고 프롬은 말합니다.

형태를 바꾼 권위로서 프롬이 말한 것은 상식이나 여론입니다. 상식이나 여론은 국가나 지역에 따라서 내용이 다르지만, 대부분의 사람은 자신이 사는 나라나 지역의 상식에 휩쓸리고 있습니다. 게다가 그런 줄도 모르고 자신의 생각이나 의견은 스스로 생각한 결과라고 착각하고 있다고 프롬은 지적한 것입니다.

프롬의 말 049
의견이 같은 것은 우연?

누구나 이런 환상을 갖고 있다. "나는 나 자신의 생각이나 취향에 따라서 행동하고 있다. 나는 개인주의자이고 내 의견은 스스로 생각한 결과이며, 그것이 모두의 의견과 같다고 해도 그건 단순한 우연에 지나지 않는다."

아무런 깨달음 없이 집단에 순응하는 사람들의 심리를 꼬집은 말입니다. 여론 조작이나 광고 선전에 휩쓸리는 사람도 스스로는 자기 의지로 행동하고 있다고 착각합니다. 그리고 그런 사람은 그것이 누군가와 똑같을 경우에는 마치 정답이라도 맞춘 것처럼 "내가 옳다는 것이 증명되었다"고 믿습니다.

프롬의 말 050
거짓된 일체감

생산적 활동에서 얻는 일체감은 인간 사이의 일체감이 아니다. 축제에서 느끼는 융합의 일체감은 짧은 한때의 것이다. 집단에 순응하는 것에서 느끼는 일체감은 거짓된 일체감에 지나지 않는다.

고립을 없애는 방법으로서 앞에서 프롬이 '축제와도 같은 흥분상태'나 '집단에 순응하는 것'을 들었다고 소개했는데, 이것들이 정말로 고립에서 벗어나는 방법은 아니라는 말입니다.

프롬은 또 다른 방법으로서 전근대의 노동을 '생산하는 활동'이라고 들었습니다. 그러나 합리화 및 분업화가 진행된 현대사회의 노동은 '생산하는 활동'이 아니라 작업으로 전락했으며, 이것으로는 고립을 없앨 수 없다고 말했습니다. 그렇다면 어떤 방법을 써야 정말로 고립을 없앨 수 있을까요? 프롬이 제시한 것은 바로 '사랑'이었습니다.

프롬의 말 051
인간끼리의 결합

인간끼리의 결합 달성을 '사랑'이라고 부르면 매우 귀찮아진다.

인간이 고립을 극복하는 올바른 방법으로서 프롬은 사랑을 주장했습니다. 이에 대해서 적지 않은 사람들이 모든 인간관계를 사랑이라고 오해할지도 모릅니다.

프롬은 사랑으로 오해되기 쉬운 관계로 전혀 다른 것이 함께 존재하는 '공서(共棲) 결합'을 듭니다. 예를 들면 어느 한쪽은 지배하고, 다른 한쪽은 지배를 받는 마음에서 비롯된 가학증과 피학증 등의 관계입니다. 다음에서 설명하겠지만, 거기에는 사랑이 존재하지 않습니다. 그것을 사랑으로 오해함으로써 크게 길을 빗나가 버리는 것을 프롬은 우려한 것입니다.

프롬의 말 052
피학증과 사랑

피학증과 사랑은 대립하는 것이다.

사랑이라고 오해하기 쉬운 '공서 결합' 가운데 하나가 피학증입니다. 여기서 말하는 결합은 육체와 관련된 것이 아닙니다. 자신에게 지시하고 명령하고 보호해 주는 인물의 일부가 되는 상황에서 쾌락을 느끼는 정신과 관련된 것입니다. 완전히 상대의 의지에 따르면 고독으로부터도 벗어나고, 스스로 의사 결정을 할 필요도 없어 편한 것입니다.

이런 관계는 반드시 강요된 것이 아닙니다. 하지만 서로 대등한 관계가 전제인 사랑과는 전혀 다른 것입니다.

프롬의 말 053
피학증의 목적, 가학증의 목적

피학증의 성향을 지닌 사람은 고립감으로부터 벗어나기 위해 지도하고 명령하고 보호해 주는 사람의 일부가 되려고 한다. 가학증의 성향을 지닌 사람은 고독감으로부터 벗어나기 위해 다른 사람을 자신의 일부로 삼으려고 한다.

이들 두 가지 성향 모두 출발점은 고독감이나 무력감 등의 고뇌로부터 어떻게 벗어나느냐에 있습니다. 그를 위해서 다른 사람과 일체화되고 싶은데, 다른 사람에게 복종하기를 원하면 피학증, 다른 사람을 지배하기를 바라면 가학증이 되는 것입니다.

얼핏 생각하면 지배하는 쪽과 복종하는 쪽은 전혀 반대의 벡터[2]를 향하고 있는 듯이 보이지만, 고독으로부터 벗어나고 싶어서 상대가 필요하다는 점에

---

[2] 일정한 목표를 향하여 나아가는 행동을 일으키는 추진력. 개체 내부의 긴장에서 비롯된다.

서는 똑같다고 할 수 있습니다.

프롬의 말 054
사랑하는 두 사람의 관계

사랑하는 두 사람은 한 사람이면서 계속 두 사람이라는 역설(逆說)이 일어난다.

가학증이나 피학증과 같은 공서 결합이 아닌 올바른 사랑의 모습에 대한 말입니다. 이 말 앞에 프롬은 "사랑에 의해 인간은 고독감과 고립감을 극복하지만, 자신의 전체성을 잃지 않고 여전히 자기 자신이다"라고 썼습니다. 올바른 사랑에서는 자신의 개성을 충분히 유지한 채로 두 사람이 맺어집니다.
예를 들면 결혼에 의해 맺어진 두 사람이 '나의 행복'에서 '우리의 행복'으로 목표를 바꾸면서도, 서로의 인격이 독립된 채 '나의 행복'을 희생하지 않아도 되는 상태가 성숙한 사랑의 모습이라고도 할 수 있습니다.

프롬의 말 055
고독을 회피하는 방법

복종이 고독과 불안을 회피하는 유일한 방법은 아니다. 또 하나는 자기 스스로 다른 인간이나 자연과 관계를 맺는 것이다. 가장 뚜렷한 표현은 애정과 생산적인 일이다.

상대의 의지에 따름으로써 고독을 달랠 수 있다고 한 프롬이지만, 고독을 극복하는 바람직한 방법으로서는 사랑과 생산적인 일을 들었습니다.
프롬이 말하는 생산적인 일이란 "내가 계획하고, 생산하며, 내 눈으로 그 결과를 보는 일"을 가리킵니다. 그러나 앞에서도 지적했듯이, 자본주의가 고도로 성장한 현대사회에서는 분업화가 진행되어 그런 일을 하기가 어려워졌습니다. 그렇기 때문에 프롬은 사랑의 중요성을 강조했습니다.

프롬의 말 056
진정한 자유란?

하나의 풍경을 신선하다고 느낄 때, 어떤 진리를 깨달았을 때, 틀에 박히지 않은 쾌락을 경험할 때, 다른 사람을 사랑하는 마음이 샘솟을 때. 이런 순간에 우리는 스스로 하고자 하는 활동이란 어떤 것인지를 알게 된다.

공동체나 대가족 등의 굴레로부터 벗어난 현대인은 자유를 얻은 대신에 고독이나 사회 앞에서 무력감을 느끼기 쉽습니다. 프롬은 이런 자유를 '~로부터의 자유'라 부르고, 자유의 대가로서 사람들이 지배나 복종의 관계를 원하는 것을 꿰뚫어 보았습니다.

한편 고독이나 무력감을 극복하는 또 다른 길이 이 말에 있는 '스스로 하고자 하는 활동'입니다. 다음에서 설명하겠지만, 프롬은 이것을 '~에 대한 자유'라고도 부르며, 확고한 자신이 스스로 작용하는 이런 자유를 평가했습니다.

프롬의 말 057
스스로 하고자 하는 성향을 구성하는 요소인 사랑

사랑은 스스로 하고자 하는 성향을 구성하는 가장 중요한 것이다.

프롬은 "스스로 하고자 하는 활동은 인간이 자아의 통일을 희생하지 않고 고독의 공포를 이겨내는 하나의 길이다" 말하고, 이런 성향을 구성하는 가장 중요한 것으로 사랑을 들었습니다. 프롬이 말한 성숙한 사랑의 형태는 자아를 상대에게 바치는 것도, 상대의 자아를 빼앗는 것도 아니며, 두 사람이 독립된 상태로 하나가 되는 것입니다. 상대를 스스로 긍정하고 자신의 자아도 확보한 채로, 즉 저마다 자기 자신을 잃지 않은 채로 맺어지는 것입니다. 사랑한다는 것은, 자아를 희생하지 않고 고독의 공포를 이겨낼 수 있는 하나의 길입니다.

프롬의 말 058
스스로 하고자 하는 성향을 구성하는 요소인 일

일도 스스로 하고자 하는 성향을 구성하는 요소이다.

우리는 흔히 일을 통해서 자기실현을 한다고 말하는데, 바로 일도 스스로 하고자 하는 성향을 구성하는 요소입니다. 다만 그런 일이란 "창조하는 행위라는 관점에서 인간이 자연과 하나가 되는 창조로서의 일이다"라고 프롬은 말할 뿐, 어떤 일이든지 스스로 하고자 하는 성향을 이룰 수 있다고는 하지 않습니다.

앞에서도 말했듯이 현대사회에서 그런 일을 할 기회는 적어지고 있으며, 그렇기 때문에 사랑에 주목하는 것입니다.

프롬의 말 059
적극적인 자유

무력감과 고독감을 이기는 데는 두 가지 길이 있다. 하나는 '적극적 자유.' 이것은 애정과 일에서 스스로 자신과 세계를 이어준다.

고독이나 무력감을 이겨내는 방법에는 두 가지가 있다고 프롬은 말합니다. 물론 프롬이 중요하게 여긴 것은 이 '적극적 자유'로, 지금까지 다룬 '스스로 하고자 해서 하는 활동'도 여기에 포함됩니다.

이런 자유의 길을 갈 때 인간은 자신을 충분히 살리면서 다른 사람이나 사회와 어우러질 수 있습니다. 이것은 성숙한 연애에서 자기 자신에 대한 의식이 확고한 두 사람이 서로 맺어지는 것과 같습니다. 진정한 자유의 획득을 전제로 한 사랑이 중요시되는 것도 그 때문입니다.

프롬의 말 060
도피의 길

또 다른 길, 즉 '도피의 길'은 인간을 후퇴시키고 자유를 버리게 한다. 자아와 세계 사이에 생긴 분열을 없앰으로써 고독감을 이겨내려고 한다.

앞에서 말한 '적극적 자유'의 길을 가지 않을 경우, 인간이 다른 사람이나 사회와 어우러지려다 보면 자기 자신을 유지할 수 없습니다. 따라서 다른 사람과 사회 어느 쪽으로부터 달아날 수밖에 없습니다.

《자유에서의 도피》에서는 도피의 예로서 지배와 복종을 강요하는 '피학증과 가학증의 관계', 다른 사람을 적으로 바라보는 '파괴성', 그리고 대중사회에 매몰되어 버리는 '기계화 된 획일성'을 말하고 있습니다. 그것은 모두 자기 자신과 다른 사람의 균형 잡힌 관계성이라고는 할 수 없기에 인간다운 성장을 할 수 없습니다.

프롬의 말 061
소극적인 자유에서 적극적인 자유로

고독이나 공포를 가진 사람은 소극적인 자유에서 적극적인 자유로 가지 못하는 한 자유로부터 달아나는 수밖에 없다.

프롬은 어머니와 어린아이의 관계나 옛날 마을 등의 공동체에서의 고정된 인간관계를 '일차적인 유대'라고 부릅니다. 부모로부터의 독립이나 근대화를 통해서 그것들로부터 해방되는 것이 '소극적인 자유'입니다. 그러나 '소극적인 자유'는 해방과 동시에 고독이나 무력감 등을 가져오기 때문에 많은 사람이 자유를 내던지고 집단주의 등에 몸을 맡긴다는 것입니다.

자신 있게 살기 위해서는 사랑하는 것이나 생산적인 일을 함으로써 얻게 되는 '적극적인 자유'로 가는 길이 필요합니다.

4. 참되지 않은 사랑을 버리고, 참된 사랑을 붙잡아라

프롬의 말 062
밑바탕에 있는 사랑

모든 유형의 사랑 밑바탕에 있는 근본적인 사랑은 형제애이다. 특징은 배타적인 면이 전혀 없다는 것이다.

우리는 기본적으로 형제자매를 선택할 수 없습니다. 물론 형제간에 사이가 틀어지는 경우도 있지만, 그래도 형제관계를 버릴 수는 없습니다. 그렇기 때문에 형제관계에서 생겨나는 사랑은, 상대의 능력이나 겉모습과는 상관없이 단지 형제라는 이유로 연결되는 것입니다.

형제간의 사랑은 "당신이 필요하니까 당신을 사랑한다"는 조건이 필요하지 않으며, 바로 이것이 프롬이 주장하는 사랑의 모습입니다.

프롬의 말 063
형제애의 시작

무력한 자, 가난한 자, 이방인을 사랑하는 것이야말로 형제애의 시작이다.

앞에서 말한 형제애를 바탕으로 한 사랑을 설명한 것입니다. 유력자나 부자 주위에는 수많은 사람이 모여들지만, 그들은 입으로는 친하게 굴어도 대부분의 사람은 어떤 대가를 기대하고 있습니다.

한편 무력한 사람이나 가난한 사람으로부터는 대가를 기대하기 어렵습니다.

같은 집단 및 지역에 속해 있지 않은 이방인도 마찬가지일 것입니다. 그런 사람들을 사랑하기 때문에 순수한 마음에서 나온 사랑이라고 할 수 있습니다.

프롬의 말 064
이성애의 참된 가치

모성애의 참된 가치는 어린아이를 사랑하는 것이 아니라 성장을 마친 자식을 사랑하는 것에서 따지는 것이다.

어머니는 갓 태어난 아기나 어린 자식에게 사랑을 쏟습니다. 그러나 프롬은 이런 사랑은 우리 인간 이외의 동물들에게도 있는 본능과 같은 것이라고 하며, 프롬이 생각하는 사랑과는 다른 차원의 것이라고 했습니다.

그런 뜻에서 어머니로서의 사랑은 어린 자식을 사랑하는 것이 아니라 성장을 마친 자식을 사랑하고 있을 때 그 진가를 따질 수 있습니다. 프롬은 "어머니는 자식이 둥지를 떠나기만 기다릴 게 아니라 그것을 바라고 지원해 줘야 한다"고도 말합니다.

프롬의 말 065
이성애(異性愛)는 오해받기 쉽다

형제애와도 다르고 모성애와도 다른 이성애는 성질상 배타적이고 보편적이 아니다. 또 가장 오해받기 쉬운 사랑의 형태이다.

가족애와 달리 이성애는 피를 나누지 않은 다른 사람을 사랑하는 것입니다. 가족애의 경우 태어났을 때부터 맺어져 있는 부모 자식과 형제 사이가 자식이 성장함에 따라서 차츰 독립해 가는 데 반해서, 이성애는 완전한 남들이 서로 맺어져 한덩어리가 됩니다.

이성애에서도 가족애처럼 무조건 상대를 사랑하는 것이 바람직하지만, 실제로는 가짜 사랑에 빠지거나 급속히 열기가 식어 이별하는 등 진정한 사랑을 이루어 가기란 쉽지 않습니다.

프롬의 말 066

"당신을 영원히 사랑합니다"

사랑이 오로지 감정에 지나지 않는다면, "당신을 영원히 사랑합니다"라는 약속에는 어떤 근거도 없게 된다.

제1장에서도 다루었듯이, 인간은 때때로 사랑에 빠질 때의 불타는 격정을 사랑이라고 착각해서 영원히 사랑한다는 말을 입에 담기 쉽습니다.

그러나 영원히 계속되는 사랑은 일시적인 감정의 고조와는 다릅니다. 프롬은 "그것은 결의이고, 결단이며, 약속이다"라고도 말했습니다. 사랑한다는 것은 강한 결심이 필요한 일입니다.

프롬의 말 067

사랑은 의지와 결단의 행위

사랑은 오로지 의지와 결단의 행위이며, 따라서 당사자 두 사람이 누구인가는 기본적으로 문제가 아니다.

누군지는 문제가 아니라는 말에 놀랄지도 모르지만, 옛날 사람들에게는 당연한 것이었습니다. 프롬은 "옛날에는 결혼하는 두 사람이 서로 상대를 고르는 게 아니라 자신의 의지와 상관없이 선택되었지만, 서로 사랑하는 것이 요구되었다"고 말합니다.

옛날 사람은 상대를 어떻게 사랑하느냐에 노력을 기울였습니다. 하지만 자유연애가 당연한 현대에서는 상대를 고르는 것만 생각하고, 어떻게 사랑할 것인가 하는 근본적인 문제는 소홀히 여기게 되었습니다.

프롬의 말 068

"이웃을 사랑하라" 뒤에 있는 생각

"네 이웃을 네 몸과 같이 사랑하라"는 성서의 말에는 자기 자신을 사랑하는 것과 다른 사람을 사랑하는 것은 떼려야 뗄 수 없는 것이라는 생각이 있다.

성서의 "이웃을 사랑하라"는 말은 유명한데, 그 앞에 "네 몸과 같이"라는 말이 있어서 "네 몸과 같이 이웃을 사랑하라"는 뜻이 있다는 것은 그다지 의식되지 않겠지요.

인간은 다른 사람을 사랑하는 것은 미덕이지만, 자신을 사랑하면 안 된다고 생각하기 쉽습니다. 그래서 자기애를 이기주의라고 생각해 버리곤 하는데, 자기 자신도 한 명의 인간입니다. 다른 사람을 사랑하듯이 자신도 사랑해야 합니다. 그리고 자신을 사랑하지 않으면 결국 같은 인간인 남도 사랑할 수 없다고 프롬은 주장합니다.

프롬의 말 069
이기주의와 자기애

이기주의와 자기애는 같은 것이 아니라 정반대이다. 이기적인 사람은 자신을 지나치게 사랑하는 게 아니라 지나치게 사랑하지 않는 것이다.

이기주의는 자기중심주의라고 바꿔 말할 수도 있습니다. 늘 다른 사람을 이용해서 자신을 유리한 위치에 두고 싶어하며, 자신이 인정받기만을 원합니다. 지금 그대로의 자신을 사랑하고 인정하지 못하기 때문에 다른 사람을 내세운다고도 할 수 있을 것입니다.

자기애는 지금의 자신을 인정하는 것에서 시작합니다. 자기애가 이기주의로 왜곡되지 않도록 균형을 잡으면서 살아가는 게 중요하다고 프롬은 말합니다.

프롬의 말 070
다른 사람을 위해서 산다는 것

이기주의와 거리가 먼 사람은 사랑하는 능력이나 뭔가를 즐기는 능력이 마비되어 있고, 인생을 증오하는 마음으로 가득 차 있다. 겉으로 드러난 이런 성향의 바로 뒤에는 희미한, 그러나 같은 정도의 강렬한 자기중심주의가 숨어 있다.

프롬은 자신을 사랑하지 않고 다른 사람에게만 헌신하려는, 이기주의와는 거리가 먼 성향도 비판하고 있습니다. 자기 자신을 사랑하지 않으면 다른 사람을 사랑할 수 없습니다. 왜냐하면 이런 애정은 겉으로 아무리 다정하더라도 강압이 되어 버리기 때문에, 그런 애정을 받은 상대는 행복한 표정을 보이지 않는 것입니다.

자기 자신을 희생하는 삶을 신조로 삼는 사람은 때때로 다른 사람에게도 같은 삶을 요구하게 됩니다. 이런 사람은 자신을 소중히 여기지 못하는 것과 마찬가지로 다른 사람도 소중히 여기지 못합니다.

프롬의 말 071
이기적인 것보다 나쁜 것

'이기주의의 성향이 없는' 어머니의 영향은 이기적인 어머니의 영향과 그리 다르지 않다. 아니, 때로는 더 나쁘다.

앞에서 말했듯이, 사랑하는 것은 자신을 사랑하는 것에서 시작합니다. 그것은 어머니가 자식을 사랑하는 것도 마찬가지입니다. 이기주의 성향이 있든 없든 자기 자신을 사랑하지 않기 때문에 애정을 쏟지 못하는 것입니다.

프롬은 비이기주의 어머니로부터 자식이 "미덕이라는 가면을 쓰고 인생을 혐오하는 것을 배운다"고 말했습니다. "다른 사람을 위한 일이다"라는 대의명분이 있는 만큼 자식은 어머니에게 위화감을 갖고 있어도 비판하지 못하며, 자신을 소중히 여기지 않는 인생관을 갖게 된다는 것입니다. 그렇기 때문에 가장 악질이라고 비판했습니다.

프롬의 말 072
아이가 사랑을 알려면?

순수한 자기애를 가진 어머니라면 자식이 사랑이나 기쁨이나 행복이 어떤 것인지 배우는 데는, 자기 자신을 사랑하는 어머니에게 사랑받는 것이 가장 좋다는 사실을 알고 있을 것이다.

순수한 자기애는 지나친 자기도취애나 이기주의와는 다릅니다. 그것은 있는 그대로의 자신을 받아들이고 그 능력을 활용함으로써 행복이나 기쁨을 표현하려는 사람이 자신에게 쏟는 사랑입니다. 이런 사랑을 가진 어머니라면 자신이 느끼는 행복이나 기쁨을 자식에게도 느끼게 해주고 싶어할 것입니다.

그런 어머니의 품에서 자란 아이도 있는 그대로의 자신을 받아들이며 행복이나 기쁨을 이루고 싶어할 것입니다. 프롬이 권장하는 것은 그런 어머니 모습입니다.

프롬의 말 073
프로이트의 잘못

프로이트에 따르면, 본능에 근거한 욕망이 억제되지 못하고 충족되면 정신 건강과 행복을 얻게 된다. 그러나 현실에서는 성(性)의 만족에 인생을 바치는 사람은 행복할 수 없다.

정신분석이라는 영역을 확립한 프로이트는 성충동을 중심으로 한 인간의 무의식 아래 본능적 에너지('이드')를 중시하고, 그것을 억제하려고 하는 '자아'나 양심('초자아')과 같은 3자의 싸움이 인간의 행동을 만들어 간다고 생각했습니다.

프롬은 프로이트로부터 강한 영향을 받았지만, 한편 그는 인간의 행동을 프로이트처럼 생물학이라는 측면에서만이 아니라 사회학이라는 측면에서도 보고자 했으며, 마르크스주의 등 사회 이론에도 큰 관심을 가졌습니다. 그의 이 말은 인간이 어떻게 하면 행복해질 수 있는가 하는 주제는 본능에 근거한 욕망의 충족만으로 설명되지 않는다는 뜻입니다.

프롬의 말 074

아픈 사랑의 모습

성의 만족으로서의 서로의 사랑과 '협동'으로서의 사랑, 고독으로부터의 피난처로서의 사랑은 모두 현대사회의 특징인 아픈 사랑의 '제대로 된' 모습이다.

어쩐지 마음이 맞은 두 사람이 만나 육체관계를 갖고 만족한 커플, 저마다 가정에서의 역할만 하고 그 이상의 교류는 없는 부부, 그리고 고독감을 달래기 위해서 상대를 계속해서 바꾸는 연애……, 프롬이 '아픈' 사랑의 예로 든 이런 연애가 현대사회에서는 오히려 흔한 것인지도 모릅니다.

이들의 공통점은 상대를 사랑하는 것을 대수롭게 여기지 않는다는 점입니다. 달리 생각하면, 사랑함으로써 이런 아픈 사랑도 진정한 사랑으로 바뀌는 것입니다.

프롬의 말 075

여성이 주의해야 할 남자, 첫 번째

이런 유형의 남자들은 여성의 관심을 끌 때는 다정하고 매력적이 되며, 관심을 끈 뒤에도 그런 태도는 변하지 않는다. 그러나 여성과의 관계는 언제까지나 겉으로 나타난 것이고 책임감이 없다.

엄마둥이(마마보이)에 대해서 한 말입니다. 이런 남성에 대해서 프롬은 "상당한 허영심과 많건 적건 안에 숨겨진 과대망상의 경향이 있다"고도 말하며 강한 자기도취애를 지적합니다.

지나치게 부모에게 의존하면서 자란 경우, 무엇이든지 부모가 다 해주기 때문에 좌절을 맛보지 않고 자기도취애가 강한 그대로 어른이 됩니다. 어머니와 원만하게 관계를 유지하고 있는 이런 사람은 겉으로 매우 신사처럼 보입니다. 하지만 결국은 어머니에게서 받은 조건없는 사랑을 상대로부터도 받고 싶을 뿐, 누군가를 사랑하는 데는 관심이 없는 것입니다.

프롬의 말 076

여성이 주의해야 할 남자, 두 번째

이런 유형의 남자는 동경할 수 있는 인물을 찾는다. 그러나 여성에게는 마음을 열지 않고 언제까지나 서먹서먹하게 대한다.

앞에서 말한 엄마둥이에 이어서 아빠둥이(파파보이)의 특징을 설명하고 있습니다. 어릴 때부터 아버지만 동경해 온 탓에, 어른이 되어서도 동경할 수 있는 사람을 계속 찾는다는 것입니다. 두 부류 모두 사회생활에는 지장 없이 적응할 수 있고, 성공을 거두기도 합니다. 하지만 그들은 본질적으로 여성에게 관심을 그다지 크게 두지 않습니다. 파파보이는 연애하고 결혼하고 나서도 자신이 동경할 수 있는 남성만을 소중히 여기며, 여성은 협력자로만 바라본다고 프롬은 지적하고 있습니다.

프롬의 말 077

나쁜 남자를 좋아하는 여성

이런 유형의 사람은 자신의 껍데기에 갇히기 때문에 불안감이 커진다. 그런 여성은 가끔 이해심 깊은 남자보다는 화를 잘 내는 남편을 좋아한다.

여기서 말하는 '이런 유형의 사람'이란 싸움까지는 하지 않지만, 특별히 사이가 좋지도 않은 부모 밑에서 자란 사람입니다. 그녀가 갖고 있는 긴장과 불안은 부모와 진심으로 교류한 적이 없는 데에서 나온다고 프롬은 지적합니다. 자신의 껍데기에 갇혀 있고, 불안해하며, 격렬한 흥분을 느끼고, 긴장과 불안을 없애기 위해 피학증의 경향을 갖는다고 프롬은 말합니다.

얼핏 보기에는 화목한 가정에서 자란 듯 보여도 부모 사이에 사랑이 존재하지 않았다면 조금씩 조금씩 자식에게 영향을 주기도 하는 것입니다.

프롬의 말 078
연애 드라마를 좋아하는 여성

사랑이나 합일이나 친밀함에 대한 충족되지 않은 욕구들은 그런 오락 작품에 몰입함으로써 채워진다.

'그런 오락 작품'이란 영화나 잡지의 사랑 이야기, 사랑 노래 등을 말합니다. 드라마 속 허구 등에서 펼쳐지는 남녀의 연애를 봄으로써 현실에서 충족되지 않는 사랑에 대한 자신의 욕구를 해소한다고 합니다.

연애드라마에 빠지는 것은 특히 여성에게는 드문 일이 아닙니다. 문제는 허구 속의 연애가 아니면 감정이입을 하지 못한다는 점입니다. 그렇게 되면 자신이 주인공인 현실세계에서는 남녀의 인간관계도 냉담한 눈으로 보게 되어 결국 스스로 사랑할 수 없게 되어버립니다.

프롬의 말 079
사랑한다는 경험

사랑한다는 것은 개인 경험이므로 자기 스스로 겪는 것 말고는 달리 경험할 방법은 없다.

프롬은 인간을 사랑할 수 있는 것은 성숙한 어른뿐이라고 반복해서 말했습니다. 물론 연애 감정은 어른이 되기 전에 싹틉니다. 그러나 "사랑하면 어른이 된다"고 옛날부터 말하듯이, 좌절이나 충돌을 경험하는 가운데 인간으로서 성장해 가는 것입니다.

사랑이라는 것도 설명서나 비법이 담긴 책을 보면 배울 수 있는 게 아니라, 실제로 자신이 누군가를 사랑하는 경험을 쌓는 가운데 익혀 가는 수밖에 없습니다.

프롬의 말 080
사랑의 연습에 대해서

사랑의 연습에 대한 논의에서 가능한 일은, 사랑이라는 기술의 전제 조건, 사랑이라는 기술 접근법, 그리고 그런 연습에 대해서 논하는 것뿐이다.

프롬은 사랑이라는 기술을 습득할 필요가 있다고 주장했지만 "어떻게 하면 인간을 사랑할 수 있게 될까?"와 같은 비결은 언급하지 않았습니다. 앞에서 말했듯이, 스스로 겪어보는 것 말고는 사랑을 경험할 수 없기 때문입니다.

《사랑한다는 것》에서는 비결 대신 습득에 필요한 세 가지 전제조건, 사랑을 이루기 위한 조건 등을 들고 있습니다. 다음에서 소개하겠습니다.

프롬의 말 081
사랑이라는 기술을 습득하는 전제 조건

사랑이라는 기술에 대해서 말하면 이렇다. 이 기술에 숙련되고 싶다면, 먼저 삶의 모든 장면에서 규율과 집중력과 인내를 꾸준히 연습해야 한다.

프롬은 사랑이라는 기술을 습득하기 위한 전제 조건으로서 세 가지가 필요하다고 말합니다. 모두 사랑의 기술에 국한되지 않고, 어떤 학습을 해나가는 데 없어서는 안 될 자세뿐입니다.

세 가지란 학습을 규칙적으로 하기 위한 '규율', 혼자의 시간을 써서 학습하는 '집중', 그리고 조급하게 굴지 않는 '인내'입니다. 그것에 대해서는 다음에서 설명하겠습니다.

프롬의 말 082
사랑이라는 기술을 습득하는 전제 조건 ① 규율

강요된 규칙처럼 규율의 연습을 되풀이하는 게 아니라, 규율이 자기 의지의 표현이 되고, 즐겁다고 느껴지며, 마침내는 그것을 그만두면 허전해지는 것이 중요하다.

사랑이라는 기술을 습득하는 전제 조건 가운데에서 '규율'을 설명한 말입니다. 규칙적으로 학습하는 습관을 들이는 것이 중요한데, 강제로 그렇게 되는 게 아니라 이를 닦으면 상쾌함을 느끼는 것처럼 학습, 곧 사랑이라는 기술을 습득하면 개운함을 느끼는 습관을 들이는 것이 중요하다고 말합니다.

생활 전체를 사랑이라는 기술을 습득하는 것과 관련지을 수 있게 된다면 좋겠습니다.

프롬의 말 083
사랑이라는 기술을 습득하는 전제 조건 ② 집중

집중할 수 있다는 것은 혼자 있을 수 있다는 것이고, 혼자 있을 수 있게 된다는 것은 사랑할 수 있기 위한 하나의 필수 조건이다.

두 번째 전제 조건은 '집중'입니다. 프롬은 집중력을 기르는 데 필요한 것은 "책도 읽지 않고, 라디오도 듣지 않으며, 담배도 피우지 않고, 술도 마시지 않은 채 혼자 가만히 있을 수 있게 되는 것"이라고 말합니다.

혼자 있으면 어쩐지 안절부절못하게 되고 불안해지기 쉽지만, 그런 상태에서 서둘러 벗어나려다 보면 외로움을 달래기 위해 가짜 사랑에 빠지기 쉽습니다. 아무렇지도 않게 혼자 있을 수 있는 사람이 남을 진정으로 사랑할 수 있는 것입니다.

프롬의 말 084
사랑이라는 기술을 습득하는 전제 조건 ③ 인내

현대인은 무엇이든지 빨리 하지 않으면 시간을 낭비하고 있다고 생각한다. 그러나 아낀 시간에 무엇을 해야 좋을지 몰라 그저 멍하니 보내는 것밖에 하지 못한다.

세 번째 전제 조건은 '인내'입니다. 프롬은 인내에 대해서 결과를 조급해하지 말라고 강조하고 있습니다.

요즘 서점에 가면 어떻게 일을 빨리 끝낼 수 있을까 하는 주제를 다룬 수많은 자기계발서를 보게 됩니다. 한편 그렇게 해서 아낀 시간을 어떻게 써야 할지 몰라 시간 때우기로 게임이나 인터넷 서핑을 하는 사람도 많지 않을까요?

기술을, 특히 사랑하는 기술을 익히려면 조급하게 서두르지 않고 진득하게 기다리는 인내가 필요합니다.

프롬의 말 085
사랑을 이루는 조건 ① 자기도취애 극복

사랑을 이루기 위한 기본조건은 자기도취애 극복이다.

사랑에 성공하는 조건의 하나로서 프롬은 자기도취애 극복을 말했습니다. 이것은 자기 자신을 사랑하는 것을 부정한다는 의미가 아니라, 객관성과 이성을 자신 안에 갖는다는 뜻입니다.

자기도취애가 지나치게 강한 사람은 자신 안에 존재하는 것만을 현실로서 인식하기 쉬우며, 자기중심주의에 빠져 있다고 할 수 있습니다. 그러나 누군가를 사랑하려면 상대의 가치관을 존중해 줘야 합니다. 이때 자기 자신과 상대를 객관적으로 바라보는 관점이 필요한 것입니다.

프롬의 말 086
사랑을 이루는 조건 ② 신념

중요한 것은 자신의 사랑에 신념을 가지는 것이다. 자신의 사랑은 신뢰할 만한 것이고, 다른 사람 안에 사랑을 낳을 수 있다고 '믿는' 것이다.

자신의 사랑을 믿을 수 있는 것도 사랑에 성공하기 위한 조건의 하나입니다. '사랑' 행위에 반드시 대가가 있는 것은 아닙니다. 거기에는 어떤 담보도 없기 때문에 신념이 없으면 좀처럼 다른 사람을 사랑할 수 없습니다.

이런 신념은 자신을 믿는 것에서 시작됩니다. 자기 자신을 믿고, 다른 사람을 믿으며, 인류 전체를 믿어야 합니다. 또 프롬은 자신을 사랑하는 것이 다른 사람을 사랑하는 것으로 이어지며, 마침내 인류를 사랑하는 것으로도 이어진다고 말합니다. 여기서 말하는 신념은 사랑과 뜻이 같다고 할 수 있습니다.

프롬의 말 087
교육과 세뇌의 차이

교육이란 아이가 가능성을 실현해 가도록 돕는 것이다. 교육의 반대가 세뇌이다.

어른들은 자칫 아이들에게 자신의 생각을 강요하기 쉽습니다. 대부분의 경우는 잘되기를 바라는 마음에서 하는 일이지만, 가르침에서 중요한 것은 아이의 가능성을 길러주고 아이를 자립하도록 돕는 것입니다.

아이의 가능성을 키우기 위해서 빼놓을 수 없는 것은 아이의 가능성을 믿는 것입니다. 프롬은 강제되는 세뇌교육과 참교육의 차이에 대해서 "다른 사람의 가능성을 믿는 것이 교육이고, 그 가능성을 믿지 않는 것이 세뇌이다"라고 말했습니다.

프롬의 말 088
사랑을 이루는 조건 ③ 용기

사랑을 받으려면, 그리고 사랑을 하려면 용기가 필요하다.

프롬은 다른 사람을 사랑하기 위한 조건으로서 신념과 더불어 용기를 들었습니다. 여기서 말하는 용기란 위험을 무릅쓰는 능력, 그리고 그에 따르는 고통이나 실망도 받아들일 각오를 말합니다.

사랑한다는 것은 아무런 보장이 없어도 행동하는 것입니다. 이쪽이 사랑하면 분명 상대의 마음에 사랑이 생길 거라는 희망에 자신을 맡기는 것입니다. 과연 생각대로의 결과가 얻어질지는 알 수 없지만, 그래도 두려워하지 않고 한발 앞으로 내딛어 보기 위해서는 용기가 필요합니다.

프롬의 말 089
막된 용기와 사랑이라는 용기

막된 용기라고도 해야 할 용기는 사랑이라는 용기와는 정반대의 것이다.

"좋아하는 그녀를 위해서라면 무엇이든지 할 수 있다"고 큰소리치면서 무모한 행동을 하는 사람이 있지만, 이는 프롬이 중요하게 생각한 용기와는 다릅니다.

거친 바다에 뛰어드는 무모함을 프롬은 막된 용기라고 부르며, 참된 용기와는 구별했습니다. 막된 용기의 바탕에 있는 것은 "아무리 해도 인생을 사랑할 수 없으니까 차라리 인생을 포기해 버리자고 하는, 인생을 파괴하는 태도이다"라고 프롬은 말합니다. 그것은 인생을 활기 있게 보내려는 사랑을 위한 용기와는 정반대의 태도입니다.

프롬의 말 090
신념과 용기의 연습 방법

신념과 용기의 연습은 일상생활의 하찮은 것에서 시작한다. 그 첫걸음은 자신이 언제 어떤 상황에서 신념을 잃는가, 어떤 때 비겁하게 도망치는가를 살피고, 그것을 어떤 핑계로 정당화하는가를 면밀히 살피는 것이다.

신념이나 용기를 갖기 위해서는 무엇보다 먼저 자신을 정확하게 알아야 합니다. 예를 들면 대인관계를 피하는 사람은 남에게 사랑받지 못하는 것을 두려워한다고 생각할 것입니다. 그러나 프롬은 "사실은 무의식중에 사랑하는 것을 두려워하는 것이다"라고 말합니다. 상대를 사랑하더라도 반드시 그 상대로부터 사랑을 되돌려받는 것은 아닙니다. 스스로에게 자신감이 없는 사람은 사랑해도 보상받지 못할 가능성이 크다고 생각해서 다른 사람을 사랑하는 것을 두려워하는 것입니다. 이런 나약함을 깨닫고 악순환을 끊어야만 용기 있게 누군가를 사랑하기 위한 첫걸음을 내딛을 수 있습니다.

프롬의 말 091
사랑을 이루는 조건 ④ 능동성

늘 의식하며, 주의를 게을리하지 않고, 능동적이어야만 사랑하는 사람과 능동적인 관계를 맺을 수 있다.

사랑을 이루기 위한 네 번째 조건은 능동성, 즉 능동적으로 대하는 힘입니다. 사랑이란 상대에게 주는 것이므로, 스스로 주는 능동성이 필요합니다.

제1장에서 다루었듯이 사랑이 자연스럽게 느끼는 감정이라고 생각하는 사람은 많지만, 프롬은 사랑이라는 것은 의식해서 습득해야 하는 것이라고 생각한 것입니다. 여기까지 읽었으면 사랑하는 데 능동성을 갖는 것이야말로 얼마나 중요한가를 깨달았을 것입니다.

5. 어떻게 살까?

프롬의 말 092
한 사람을 진정으로 사랑한다는 것은?

한 사람을 진정으로 사랑한다는 것은 모든 사람을 사랑하는 것이며, 세계를 사랑하고, 생명을 사랑하는 것이다.

앞에서 다루었듯이, 사랑이란 특정 인간과의 관계가 아니라 세계와의 관계를 결정하는 태도라고 프롬은 말했습니다.
그래서 한 사람을 진정으로 사랑할 수 있는 사람이라면 다른 사람을 사랑할 수 있고, 그 사람이 쏟는 사랑은 모든 인류를 사랑하는 것, 세계를 사랑하는 것과도 이어집니다.

프롬의 말 093
자존심을 다쳤을 때

성숙하지 못한 사람이 자존심을 다치면 그 회복을 위한 복수에만 의존한다. 한편 생산적으로 살아가는 사람은 그럴 필요가 없다. 생산적으로 살아가는 것 자체가 과거의 상처를 잊게 해주기 때문이다.

우리는 누구나 자존심을 다친 경험이 몇 번쯤 있을 것입니다. 그럴 때 자존심을 회복하는 방법이 성숙하지 못한 사람과 성숙한 사람 간에 다르다는 점을 여기서 말하고 있습니다.
생산적으로 사는 사람이란, 좀더 잘 살거나 행복해지려면 어떻게 하면 좋은지 생각하고 스스로 높은 차원의 단계를 지향하는 사람입니다. 스스로 뭔가를 만들어 내는 사람이라고도 할 수 있습니다. 이런 사람은 생산 능력이 복수의 욕구보다 큽니다.

프롬의 말 094
소비는 '갖는' 것?

소비는 '갖는' 것의 한 형태이다. 불안을 없애주지만, 더 많은 소비를 요구한다. 소비에 의한 충족은 곧 그 욕구를 충족하는 성격을 잃기 때문이다.

현대인은 대부분 지금 '있는' 그대로의 자신을 받아들이지 못하며 뭔가를 '갖는' 것에만 마음을 빼앗기고 있다고 프롬은 지적하는데, 소비도 '갖는' 행위의 하나라고 말합니다.

여기서 말하는 소비는 자신이 사용하는 것입니다. 소유만을 의식하는 사람은 늘 빼앗기는 것에 불안해하지만, 소비는 자신이 사용하는 것이기 때문에 빼앗기는 불안을 없애줍니다. 그러나 영원히 만족할 수는 없습니다. '갖는' 것이 더 많이 '갖는' 것을 요구하는 것과 마찬가지로, 소비는 더 많은 소비를 요구하기 때문입니다.

프롬의 말 095
이방인이란?

이방인이란 온 세상을 내 집으로 삼는 것이다.

프롬이 죽음 직전에 자기 자신을 돌아보며 한 말입니다. 프롬은 유대인으로서 독일에서 태어나 미국으로 이주했다가 멕시코, 스위스에 머물렀습니다. 그는 살아 있는 내내 이방인이었습니다.

그런 처지를 긍정적으로 받아들인 프롬은 그도 이방인이기에 자기 자신과 다른 사람을 받아들일 수 있고 온 세상에 이방인이 머물 곳이 있다고 생각했던 것입니다. 그의 생애뿐만 아니라 진정한 사랑을 아는 사람이 올라선 경지, 곧 다른 사람, 인류, 세계에 대한 경지를 나타낸 말이라고도 할 수 있습니다.

프롬의 말 096
죽음에 대한 공포를 낳는 것

모든 형태의 소유에 대한 갈망, 특히 자아의 속박을 버리면 버릴수록 죽음에 대한 공포는 적어진다.

죽음에 대한 공포는 삶을 그만두는 공포가 아니라, 갖고 있는 목숨을 잃는 공포라고 프롬은 지적했습니다. 그것은 자신의 육체, 자아, 자신의 소유물 등을 잃는 공포라고도 할 수 있습니다. '갖는' 것에 집착해서 살아가는 한, 우리는 죽음을 두려워해야 하는 것입니다.
  그럼 어떻게 해야 할까요? '있는' 삶으로 바꿔야 합니다. '있는' 삶이란 지금 여기에 '있는' 생명을 열심히 사는 것입니다. 목숨은 다음 순간에 사고와 재해 등으로 없어질지도 모릅니다. 그러나 지금 여기에 '있는' 목숨을 열심히 산다면 잃어버릴 것도 없어지는 것입니다.

프롬의 말 097
신과 하나가 된다는 것은?

성숙한 단계에 이르면 인간은 신을 인간의 바깥에 있는 힘으로만 보는 것이 아니라, 사랑과 정의의 원리를 자기 자신 안으로 가져와 신과 하나가 된다.

프롬은 신에 대한 믿음을 부모에 대한 사랑에 비유했습니다. 완전히 무력한 갓난아이 때는 모든 것을 감싸주는 어머니에게 의존하고, 그 뒤 사고(思考)와 행위를 이끌어 주는 아버지에게 복종합니다. 하지만 성인이 되면 그런 부모로부터 자립해 자신 안에 모성 원리(母性原理)와 부성 원리(父性原理)를 갖게 됩니다.
  마찬가지로 신에 대해서도 먼저 무력한 자가 여신에게 의존하고, 다음으로 엄격한 신에 대한 복종을 맹세합니다. 그러나 성숙한 사람이라면 신을 자신의 바깥에 있는 힘으로 여기지 않으며 자기 안으로 신의 원리(예를 들면 여신의 사랑, 신의 정의)를 가져와 살아가게 되는 것입니다.

프롬의 말 098
진정으로 믿음이 깊은 사람

진정으로 믿음이 깊은 사람은 뭔가를 바라는 마음으로 기도하지 않으며, 신에게 요구하지도 않는다.

앞에서도 언급했지만 '여신의 사랑'과 '신의 정의(正義)'는 처음에는 이 신들을 자신의 바깥에 있는 힘이라고 여기지만, 성숙해 감에 따라서 자신의 마음속으로 신의 사랑과 정의를 가지고 들어오게 됩니다. 그렇기 때문에 오로지 신에게만 매달리는 신앙활동은 하지 않는다고 프롬은 말하는 것입니다.

프롬은 어려서 독실한 유대교 신자였지만, 20대에 유대교를 버렸습니다. 그러나 죽는 순간까지 유대교, 그리스도교, 불교 등에 관심을 가졌습니다.

프롬의 말 099
선(禪)의 목적

선의 목적을 이루는 것은 소유욕, 명예욕, 애욕 등 모든 형태의 탐욕을 극복하는 것을 뜻한다.

프롬은 생애에 걸쳐서 선이나 밀교와 같은 불교에 깊은 관심을 보였습니다. 불교학자 스즈키 다이세츠를 멕시코로 초빙해서 학술토론회를 열고, 그 성과를 바탕으로 《선과 정신분석》이라는 책도 펴냈습니다

선에서 말하는 깨달음의 경지는 프롬이 주장한, 소유에 마음을 빼앗기는 인생 방식에서 벗어남을 뜻합니다.

프롬의 관심은 정신분석이나 사회심리학에 그치지 않았습니다. 가장 완전하다고 생각하는 삶과 사회의 모습에 대해서 사색을 계속한 프롬은 선이라는 깨달음 경지를 인간이 추구해야 할 모습으로 생각했던 것입니다.

프롬의 말 100

어떻게 살아야 할까?

'사랑'이 어떻게 살아야 하느냐는 문제에 대한 유일한 합리적인 대답이라고 생각하는 사람은, 사랑이 사회현상이 되기 위해서는 현재의 사회구조를 근본적으로 바꿔야 한다는 결론에 이를 것이다.

프롬은 "자본주의를 뒷받침하는 원리와 사랑의 원리는 양립할 수 없다"고도 말했습니다. 자본주의 사회의 원칙은 '교환'으로, 대가를 기대하지 않고 상대에게 주는 사랑의 원리와는 전혀 다릅니다. 바로 그렇기 때문에 인간을 사랑하는 것에 기초하는 사회로 바꿔야 한다고 프롬은 말하는 것입니다.

과연 그런 사회가 실현될지는 알 수 없습니다. 지금 우리가 할 수 있는 일은 자신들이 어떤 사회에서 살고 있는가를 스스로 인식하고, 거기에 매몰되지 않도록 살아가는 것밖에 없지 않을까요?

에리히 프롬의 생애와 사상

에리히 프롬의 생애와 사상

1. 프롬의 생애

20세기 대표 심리학자 에리히 프롬(1900~1980)은 유럽에서 미국으로 삶의 터전을 옮긴 뒤, 새로운 사회의 발전과 그 안에서 이미 싹트고 있던 인간의 정신과 관련된 심각한 과제에 예민한 분석의 칼날을 들이대어 평생을 '인간 탐구 여정'에 바쳤다. 끊임없이 인간에게 자유의 의미를 물었으며, 소외를 넘어선 인본주의에 근거한 공동체를 위해 보이지 않는 우리 마음속 적과 싸웠다.

프랑크푸르트 유대사회-프롬의 모성관

에리히 젤리히만(또는 핀카스) 프롬[1]은 1900년 3월 23일 독일 프랑크푸르트 암마인(Frankfurt am Main)의 정통파 유대교를 믿는 유대인 가정에서 태어났다. 그 무렵 프랑크푸르트암마인은 상공업 중심지로서 다른 지역들보다 자유주의 계몽 정신이 강한 도시였으며, 인구의 80퍼센트가 유대인이었다.

아버지 나프탈리 프롬(Naphtali Fromm)과 어머니 로자 크라우제(Rosa Krause Fromm) 모두 유대교 율법학자(랍비) 집안 출신이었다. 때문에 프롬은 《구약성경》과 《탈무드》를 배우며 자랐다. 프롬이 부모와 가족들과의 관계를 바탕으로 한 어린아이의 발달 이론을 펼친 것은 그 자신이 부모와 가족들에게 폭넓고 강한 영향을 받았음을 알려준다.

프롬 사상의 중요한 원천 가운데 하나로 "현재 많은 선진국들에서 볼 수 있는 가부장제 사회 성립 이전에는 가모장제 사회가 존재했다"는 것을 발견한 스위스의 인류학자 요한 야코프 바흐오펜(Johann Jakob Bachofen 1815~1887)의

---

1) 독일 문학가 크나프(Gerhard P. Knapp 1943~)는, 프롬의 가운데 이름은 할아버지 이름 젤리히만(Seligmann)을 딴 것이지만 흔히 핀카스(Pinchas)로 표기된다고 설명한다.

에리히 프롬(1900~1980)

모권론이 있다. 가모장제 사회의 절대적 애정, 가부장제 사회의 조건부 애정이라는 두 사회의 전형적 차이점을 제시한 이 이론은, 프롬이 어린아이의 발달에서 밀접한 모자관계의 중요성을 강조하는 출발점이라고 할 수 있을 것이다.

바흐오펜의 모권론에는 가부장제 사회 이전에 가모장제 사회가 존재했다는 것뿐만 아니라, 이 두 사회의 뚜렷한 차이도 제시된다. 가모장제 사회는 절대적 사랑으로 상징되고, 가부장제 사회는 아버지에 의한 조건부 복종이 강조된다고 프롬은 개요를 설명했다.

이상적인 어머니는 대부분 자신의 아이를 무조건 사랑하고, '착한 행동을 해서'라든가 '웃는 얼굴과 하는 짓이 귀여워서'라든가 하는 이유만으로 사랑하는 것은 아니지만, 아버지는 '말을 잘 들어서'라든가 '나랑 닮아서'라는 이유로 자신의 아이를 사랑한다. 그러나 사람마다 미묘한 차이가 생기는 것은 그 사람이 사는 사회의 체계가 가모장제('사랑'에 비중을 두는)냐 가부장제('권력'에 비중을 두는)냐의 차이에 기초하는 것이라는 견해를 프롬은 갖고 있었다.

프롬은 그리스신화 오이디푸스 3부작(《오이디푸스 왕》, 《콜로노스의 오이디푸스》, 《안티고네》)에 대한 바흐오펜의 해석에 감명을 받았다. "이 3부작은 가모장제 사회에서 가부장제 사회로의 이행을 상징하며, 사회 체계의 발달이나 구조, 사회에서의 인간관계를 제시하고자 한 것이다"라는 해석이었다.

그래서 프롬은 같은 그리스신화로부터 지그문트 프로이트[2]가 이끌어 낸 오

―――――――――

2) Sigmund Freud(1856~1939). 오스트리아의 심리학자·신경과 의사. 정신분석학의 창시자로, 정신분석의 방법을 발견하여 잠재의식을 바탕으로 한 심층심리학을 수립했다. 《꿈의 해석》, 《정신분석학 입문》 등의 작품이 있다.

이디푸스 콤플렉스 이론[3]에 의문을 갖고, 프로이트 자신의 가정 환경이나 프로이트가 돌본 환자의 사회 계층 등에서 볼 때 프로이트 이론은 부권제사회, 그것도 중하층계급에 한해서만 적용된다고 지적했다. 아이와 어머니 관계는 인간의 가장 친밀하고 깊은 관계이며, 그것은 성(性)과는 무관하다고 생각했기 때문이었다.

바흐오펜의 모권론이 프롬의 견해에 강한 영향을 줬다는 것은 1974년 1월 5일에 남독일에서 이루어진 라디오 대담만 봐도 뚜렷하다. 바흐오펜의 모권론을 알게

토라 프롬은 정통파 유대교를 믿는 유대인 가정에서 태어났다.

된 프롬은 아마 유대인 사회와 가모장제 사회의 비슷한 점에 매우 놀랐을 것이다.

프롬이 어린 시절을 보낸 20세기 첫 무렵 프랑크푸르트 유대인 사회는 자본주의 이전의 중세사회와 닮아 서로가 친밀하게 관계를 맺고 있었고, 계급제나 엄격한 계율이 있었으며 도덕을 중시했다. 아직 경쟁적인 영리주의가 두드러지지 않아 모두 다 그랬다고 해도 좋을 만큼 누구나가 안전한 터전, 뚜렷한 신분, 다른 사람들과의 친밀한 관계를 갖고 있었다.

친밀한 사회에는 사람들을 맺어주는 사회매체가 가득하다. 프롬이 말하는 사회매체란 혈연이나 운명, 확고한 계급제, 엄격한 규범이나 도덕, 생활습관을 가리킨다. 그것은 프롬이 1937년 논문 〈분석하는 사회심리학의 방법과 목적에 대한 공헌〉에서 '시멘트'라고 부른 것과 같다고 볼 수 있다. 이 논문에서 그는 '시멘트'라는 단어를 써서 사회구조를 굳히는 중요한 역할에 대해서 논했다.

---

3) 아들이 어머니를 차지하고자 하는 욕망에 근거한 생각·원망·감정의 복합체. 아버지에게 반감을 가지는 경향이 있다.

'시멘트'라는 표현은 그가 어린아이의 발달을 설명했을 때 사용한 '매체'와 같은 뜻일 것이다.

그는 이 논문에서 어린아이에게 외부세계를 적응시키는 것은 매체로서 부모가 해야 할 역할이라고 강조했다.

그 밖에 가모장제 사회와 유대인 사회가 비슷한 점은 땅에 애착을 가지고 있다는 것이다. 나라와 영토를 잃은 유대인들은 땅을 그리워했다. 이 그리움이 전세계로 뿔뿔이 흩어져 버린 유대민족을 굳은 유대감으로 묶어 놓은 것이다.

실제로 프롬은 〈모권론과 사회심리학과 관련된 의미〉를 1934년에 발표했다. 그가 모권론에 흥미를 가진 것은 가모장제 문화를 연구하면 현대인의 정신 구조에서 보이는 문화와의 차이를 알 수 있기 때문이었다. 실제 그 연구로 가모장제 문화는 무아(無我)의 사랑, 조건없는 사랑이라는 어머니의 애정, 낙관적 신뢰, 성적 속박의 부재에 따른 죄의식의 부재, 쾌락 추구, 행복감, 고귀한 이상 등과 같은 특징을 보인다는 것을 알게 되었다. 이런 특징들과 관련해 프롬은 유대인 사회와 가모장제 사회에서 유사성을 찾았다.

성장과 배움—프롬의 종교관

1) 정통파 유대교의 영향

(1) 스승

프롬을 가르친 교사는 대부분 보수 유대정교도(正敎徒)였다. 일반 개혁파(그리스도교도의 행동과도 융화되고자 하는)와는 다르게 그들은 '정통 실천(orthopraxis)'으로서 일생을 신앙생활에 바쳤다. 프롬의 조상들, 가족들과 그 자신도 스물다섯 살까지 그랬다.

프랑크푸르트의 유대교회당에서 랍비 느헤미아 노벨이 이끄는 젊은이들과 교류했으며, 한때는 젊은 시온주의자[4]들과도 가까이 지냈다. 랍비 노벨은 인본주의자이기도 했지만, 유대신비주의에 빠져 전통적인 종교 관습에 따라 살

---

4) 시온주의(Zionism)—세계 각지에 흩어져 있던 유대인들이 그들 조상의 땅인 팔레스타인에 국가를 건설하려는 운동으로, 1948년에 이스라엘이 독립함으로써 실현되었다—를 믿고 받드는 유대인들을 일컫는다.

았다. 노벨의 신앙정신은 프롬의 지도교사였던 헤르만 코헨을 통해 전해졌는데, 이것이 프롬의 인본주의 원점이 되었다고 볼 수 있다.

살만 바루흐 라빈코프 (Salman Baruch Rabinkow)와 알게 된 것도 프롬의 인본주의 전개에 결정적인 영향을 주었다. 첫 만남은 라빈코프가 프랑크푸르트에서 열었던 '야간학원'에 열두 살 프롬이 참가하기 시작한 1912년이었다. 나중에 프롬은 하이델베르크대학에서 박사논문 과정 지도교수 알프레드 베버를 통해서 라빈코프와 다시 만났다. 라빈코프

바흐오펜(1815~1887) 스위스의 인류학자. 모권론 주장

는 러시아 태생의 탈무드 교사로, 러시아인 학생들을 가르치기 위해 하이델베르크에 와 있었다. 하이델베르크에 머물면서 법, 사회학과 관련된 문제에 매우 큰 관심을 갖게 된 라빈코프는 알프레드 베버와 가깝게 지냈다.

법학, 사회학, 심리학, 철학을 공부하는 가운데 프롬은 라빈코프에게 개인적으로 《탈무드》를 가르쳐 달라고 부탁했다. 1920년부터 1925년까지 거의 날마다 라빈코프의 지도를 받아 유대교의 인본주의를 익혔다. 〈유대교에서의 개인과 사회〉라는 제목의 라빈코프 논문은 유대교와 유대 전통을 인도주의(人道主義)의 관점에서 해석한 것인데, 논문보다는 라빈코프 자신의 인격이 더 인도주의에 충실한 성격을 보여준다고 프롬은 말했다. 라빈코프를 회고하면서 프롬은 "나의 인생은 누구보다도 라빈코프에게 가장 많은 영향을 받았다. 그리고 표현이나 개념은 다르지만, 그의 사상은 내 안에서 아직도 숨 쉬고 있다"고 밝혔다. '인간의 자율'이라는 두 사람의 견해는 유대교에 깊이 뿌리내려 있다고 할 수 있다.

라빈코프가 유대교도에 대해서 말한 것을 뒤에 프롬은 정신분석학이나 사

회정신분석학의 연구를 통해서 검증하려고 했다. 그리고 '생산', '파괴', '사랑', '자율적이고 창조적인 성격', '인간성', '자유', '개인을 바탕으로 한 자기성숙' 등 인간의 능력에 대해서 프롬이 가졌던 개념은 라빈코프가 해석한 인도주의에 근거한 유대교의 견해를 이어받은 것이다. 프롬이 주장한 인본주의의 이런 배경은, 그가 나중에 인간의 성격을 인간의 창조성으로부터 분류하려고 했던 것에서 증명되었다.

이렇게 프롬의 주위에는 정통파 유대교의 영향이 가득해서 그에게 유대교도로서의 습관이나 정신을 강화시켰다고 할 수 있다.

(2) 《구약성서》

"《구약성서》의 이야기는 어린 그에게 그 무엇으로도 대신할 수 없는 감동을 주었다"고 프롬은 말했다. 그 이야기에는 어린 양과 사자가 함께 뛰노는 세계 평화의 이상향이 그려져 있었다. 모든 국가와 국제 관계의 평화 공존에 프롬은 깊이 이끌렸던 것이다. 그로부터 한참 뒤에 그는 건전한 핵정책을 위한 국가위원회를 조직했다. 목표는 평화운동 촉진이었다. 아울러 핵무기와 베트남 전쟁에 반대했다.

프롬에게 영향을 준 정통파 유대교는 그가 《구약성서》를 연구하고 쓴 《너희도 신처럼 되리라》(1966)에 잘 드러난다. 이 책에는 인간을 이해하는 방법이 《구약성서》의 유대인 관점에서 서술되어 있다. 그는 "《구약성서》는 유대교, 그리스도교, 이슬람교의 원점에 있을 뿐만 아니라 오늘날 혁명, 자동화, 핵무기의 세상에서 살고 있는 사람들에게 경고하는 것이기도 하다. 그런 세상은 종교 사상을 부정하기 쉬우며 실리주의 사상으로 대체된다"고 말했다. 《구약성서》는 원시적 권위주의, 부족주의, 인간 자유의 근원, 그 역사적 발전 등을 포함하는 다양한 원천으로부터 조금씩 여러 요소가 들어와 그 수집, 집필, 편집, 재편집에 수천 년의 세월이 걸린 교전(敎典)이다.

《너희도 신처럼 되리라》뿐만 아니라 인간이 유토피아 같은 사회를 만들어 낼 가능성에 대한 논리적 논의나 개념에도 좋은 세상, 좋은 인간 이해와 같은 프롬의 강한 신념이 모든 작품을 통해 효과적으로 표현되어 설득력 있게 만들어 주고 있다. 어린 시절에 배운 유대교와 구세주를 갈망하는 그 내용은 프롬의 인격을 성장시키는 핵심이었다고 그는 마지막 대담에서 말했다. "나를 고

독이나 고립으로부터 해방시켜
준 것은 어린 시절부터 신의 뜻
의 대변자들이라는 가르침, 특히
구세주가 나타날 시대를 갈망하
고 최종적으로는 구세주가 보다
좋은 세상을 창조하실 거라는 소
망이었다. (…) 유대민족의 이 구
세주 이야기는 매우 중요한 두
가지 메시지를 담고 있다. 첫째는
완전한 인간성으로서의 신앙, 즉
지성, 종교, 도덕과 관련된 규범
을 중심으로 한 삶, 둘째는 정치
와 관련된 것, 즉 현실 세계의 변
혁, 사회의 새로운 법령으로 종교
적 신조를 강화시키는 것이다."

랍비 라빈코프(1882~1942) 프롬은 라빈코프의 지도를 받아 유대교의 인본주의를 익혔다.

《구약성서》가 근친상간의 제약,
우상신앙, 노예제도, 권력 등으로
부터 사람들을 해방시켰다고 생각한 프롬은 개인과 부족, 모든 인종이 자유를
구하도록 손을 내밀었다. 또 《구약성서》를 철저한 인본주의의 내용으로 번역하
려고 했던 것도 언급했다. 여기서 말하는 '철저한 인본주의'는 '하나로서의 조
화', 곧 '전 세계를 아우르는 사상'을 뜻하며, 인종이나 인력에 의한 개발, 개인의
내면 조화, 그리고 세계 평화의 확립 등에 도전하는 인간의 가능성에 중점을
두고 있다.

이른바 '하나로서의 조화'는 모든 인간은 인류 공통의 경험을 갖고 있으며
모두 서로 이어져 있음을 주장하는 것이었으리라. 다시 말해서 인류는 같은
경험을 공유하며, 서로를 이해할 수 있고, 서로 어우러져 하나가 될 수 있다고
생각했던 것이다. 예컨대 인종, 국가, 사회, 부족, 개인이라는 저마다의 배경이
겉으로 서로 다르더라도 말이다.

(3) '신'의 개념

프롬의 말로 '신'이란 실재하는 실체 이상의 것으로, 다양한 방법으로 표현되는 인간성이 본디 지닌 근본 가치의 상징이다.

또 그는 신을 보는 인간의 다양한 성향에 대해서 설명했다. "인간의 경험들이 개념의 원인이 되는 것은, 인간은 특정 국면을 완벽하게 파악해서 자신의 경험을 말할 수 없기 때문이다. 한 사람은 특정 경험과 더불어 계속 똑같은 상태에 머물러 있을 수 없고, 그 상태를 변함없이 유지할 수도 없다. 그러므로 인간은 그 경험을 시간과 공간을 뛰어넘어 다른 사람들과 공유하기 위해서 '말'이나 '생각'이라는 상징으로 개념화하려는 것이다. 그러지 않으면 그 경험은 사라져 버리고, 그 결과 역사도 존재하지 않게 되어버린다. 우리는 개념화와 기호화 덕분에 다른 사람의 경험, 분위기, 사실, 현상, 역사를 실제로 경험하지 않아도 이해할 수 있는 것이다."

기호에 의해 설명된 경험들은 저마다 매우 비슷하기 때문에, 개념과 기호를 사용함으로써 사람들은 서로 마음을 전달할 수 있다. 특히 같은 배경을 가진 사람들이라면 더욱 그렇다.

(4) 박사논문

프롬은 종교 경험의 이론을 주제로 한 논문 〈유대율법 : 사회학에 이산(離散) 유대인이 이바지한 것〉(1922)으로 사회학 박사학위를 받았다. 유대율법의 기능을 탐구하고, 흩어져 다른 나라에서 사는 유대민족의 결속성을 세 가지 사실(史實)을 토대로 삼아 집필한 것이다. 이 논문에서 "유대민족 이산은 나라를 잃고, 영토가 없고, 교회가 없음에도 혈연과 운명으로 이어진 화합된 집단으로서 존속했다는 사실로 말미암아 특징이 있다"라고 말했다.

라빈코프의 사상과 자치집단으로서 지금도 위대한 국가나 문화라는 배경에서 자신을 발견하여 독립을 유지하고 있는 유대 이산의 역사적 중요성에 주목하고 있다. 프롬은 박사논문으로 사회학 연구를 했지만, 그 내용은 그의 흥미나 논법이 이미 심리학에 기울었음을 보여주었다.

(5) 자유유대학원

하이델베르크대학의 학생 프롬은 프랑크푸르트의 유대사회에도 깊이 관여해 다양한 주제로 강연했다. 또 자유유대학원(Free Jewish Academy) 설립에도 참여하여 회의, 발표회, 강의도 활발하게 했다. 그의 강의의 특징은 탈무드 교의나 유대 역사 등의 종교적인 면을 분리시킨 형태로 이루어졌다는 것이다.

이 학원에서 레오 뢰벤탈과 알게 된 프롬은 그에게 프랑크푸르트사회연구소 모임과 마르틴 부버[5]를 소개받았다. 부버의 유대교와 실존주의를 종합한 이론은 프롬의 종교와 사회학의 융합을 예시한 것이라고 해도 좋을 것이다. 부버의 《나와 너》(1923)에 의해서 프롬은 사회의 대인관계까지 더욱더 의식하게 되었다.

마르틴 부버(1878~1965) 유대계 종교철학자. 하시디즘 추진자. 프롬은 프랑크푸르트사회연구소에서 그를 만난다.

(6) 라디오 대담

남독일에서 있었던 라디오 대담 때 프롬은 가족들로부터 받은 영향에 대해서 "정통파 유대교도로 도시형 사회 이전과 같은, 또 자본주의 사회 이전과 같은 분위기를 가진 나의 가정은 실제로 중세의 전통을 잇고 있었다.

그러므로 내 인생관은 보통 현대인과는 다르며, 《탈무드》나 《구약성서》를 배우거나 할아버지 할머니와 이야기함으로써 그 인생관은 차츰 확고해졌다"고 언급했다.

---

5) 오스트리아 태생의 유대계 독일 철학자(Martin Buber 1878~1965). 하시디즘(18세기 폴란드와 우크라이나의 유대교도 사이에 일어난 신비주의 경향의 신앙부흥운동)의 부흥에 힘썼으며, 아랍인과 유대인이 팔레스타인에서 공존할 것을 주장했다.

여기에서 그가 스피노자[6]나 카를 마르크스[7]나 바흐오펜의 이론을 알고 나자 마음이 무척 편해졌다고 말했다는 점이 가장 중요하다. 그들의 이론 덕분에 프롬은 도시형 사회 이전의 상태를 되돌아볼 수 있었기 때문이다. 프롬에게 중세란 그의 과거를 지금도 애정어린 마음으로 떠올릴 수 있는 사회이고, 그의 사상과 일치하는 사회이기도 했다. 그는 "내 생각이 과거에도 뿌리내리고 있고 지금도 똑같은 생각이라는 것은 분명하다", "이 융합이야말로 내가 바라던 것이다", "그래서 이 연구에 몰두했다"라고 말했다.

(7) 관습

이처럼 프롬의 이중성이나 내면적 모순으로 눈을 돌리면, 유대교로부터의 영향을 주의 깊게 살펴볼 수밖에 없다. 프롬 연구의 일인자인 라이너 풍크[8]는 이렇게 말했다. "프롬을 전통주의 유대교에서 무신론에 근거한 인본주의로, 유대인의 심리학에서 정신분석학에 근거한 심리학으로, 그리고 학원(자유유대학원)의 생각에서 이성과 감정에 의한 계몽사상으로 향하게 한 하이델베르크에서의 과정은, 프롬의 유대 관습 특유의 가정 환경으로 눈을 돌리면 제대로 이해할 수 있을 것이다. 프롬은 정통파 유대교로부터 결정적인 영향을 받았기 때문에 다른 사람의 이론을 평가하거나 비평하는 데 유대교를 바탕으로 한 관점을 가진 것은 당연하게 여겨진다."

따라서 프롬 사상에 미친 정통파 유대교의 영향은 프롬의 생활 습관이나 연구에 중요한 역할을 했다고 볼 수 있으며, 거기에서 얻은 인본주의는 그 뒤에도 오랫동안 프롬이 인간과 사회를 연구해 나가는 바탕이 되었다.

---

6) 네덜란드의 유대계 철학자(Baruch Spinoza 1632~1677). 데카르트의 합리주의에 기초하여 물심평행론(마음과 물질, 정신과 육체를 각각 독립된 존재로 보고 양자는 병행하고 대응하는 관계에 있다고 하는 이론)과 범신론(자연과 신의 대립을 인정하지 않고, 일체의 자연은 곧 신이며 신은 곧 일체의 자연이라고 생각하는 종교관·철학관)을 주장했다. 《윤리학》, 《신학 정치론》, 《지성 개선론》 등의 책을 썼다.

7) 독일 경제학자·정치학자·철학자(Karl Marx 1818~1883). 독일 관념론, 공상적 사회주의 및 고전 경제학을 비판하여 과학적 사회주의를 창시했다. 국제 공산주의 조직인 '인터내셔널'을 만들었으며, 《경제학 비판》, 《자본론》, 《철학의 빈곤》 등을 썼다.

8) Rainer Funk(1943~)는 프롬의 마지막 조교였으며, 프롬의 사회심리학 및 윤리학에 관한 논문으로 박사학위를 받았다. 《에리히 프롬 전집》과 《유고 선집》을 책임 편집했다. 에리히 프롬 문헌실을 운영하며 에리히 프롬 저작물의 법적 권리를 가지고 있고, 유고를 관리한다.

2) 선(禪)불교의 영향

동양사상, 특히 스즈키 다이세츠[9]와 교류하면서 선불교로부터도 깊은 감명을 받은 프롬은 인간의 정신성을 깊이 연구하고 서양의 정통 정신분석학과 동양철학을 융합시켜 '개인과 사회의 관계'와 '내면 연구'라는 두 가지 측면에서 인간성의 전인적(全人的) 회복을 꾀하는 정신분석요법(Transstherapeutic Psychoanalysis)으로 발전시켰다.

프롬의 종교 관념에 큰 영향을 준 선불교는 1926년에 그가 정통파 유대교를 떠난 뒤 신이 존재하지 않는 인본주의로 그의 흥미를 이끌었다. 선불교에 대한 관심은 그로부터 한참 뒤인 1950~60년대에 스즈키 다이세츠와 교류하는 가운데 높아져, 프롬은 선과 정신분석학을 한데 아우르기에 이르렀다. 그는 인본주의나 신비주의가 유대교와도 동양철학과도 서로 통한다는 사실을 깨달았는지도 모른다.

그가 불교를 알게 됨으로써 신이 존재하지 않는 종교관에 눈떴다는 것은 두 가지 점에서 추측할 수 있다. 하나는, 프롬이 프로이트가 '의식'을 둘로 나누려 했던 시도나, 무의식과 의식을 전혀 별개의 존재라고 했던 것을 받아들이지 못했다는 점이다. 프롬은 무의식이란 단독으로 존재하는 게 아니며, 의식적 의식과 무의식적 의식은 그 인식도에 차이가 있다고 결론지었다. 의식과 무의식을 종류가 아니라 그 깊이의 정도로 구별한 프롬의 견해는 심리학, 종교 연구에 설득력을 주었다. 그것은 《악에 대하여(인간의 마음)》나 《너희도 신처럼 되리라》의 내용에서도 엿볼 수 있다.

또 하나는, 종교에는 권위주의에 근거한 것과 인도주의에 근거한 것이 존재한다는 결론을 프롬이 내렸다는 점이다. 그의 이론에서는 인도주의를 주장하는 종교, 바꿔 말하면 권위주의와 가장 거리가 먼 종교는 불교이고, 그중에서도 특히 선불교이다. 나중에 그는 선에 대한 관심을 넓혀 그 개념을 정신분석요법에 끌어들여 그 효과를 강조하며 자신의 생각이 옳았음을 실증했다.

자기 내면에서 나오는 것이 아닌 지식은 정당하지 않다는 관념과, 산다는 것은 그 자체가 목적이지 수단이 아니라는 선의 관념에 프롬은 특히 큰 감명을 받은 듯했다. 미국에서 선의 선구자로서 성공을 거둔 스즈키 다이세츠, 리

---

[9] 일본 불교학자·사학자(D. T. Suzuki 1870~1966). 인류 문명이 위기에 처하게 된 원인을 서양의 합리주의에 두고 동양적인 직관, 곧 선사상의 중요성을 알리는 데 주력했다.

카르드 데 마르티노와 함께 프롬은 1957년에 선과 정신분석 연구집회를 멕시코 쿠에르나바카에서 열었다. 이 토론회의 내용은 뒤에 《선불교와 정신분석》(1960)이라는 제목으로 출판되었다.

프롬은 '놀람'은 인도적 종교 체험의 중심적 관념이고, 이것이야말로 개인의 자기실현 결과라고 여겼다. 프롬 연구가 크나프에 따르면, '놀람'의 체험은 심리요법에서 '가장 중요한 치료 요소'로 여겨진다. 동시에 이 체험은 종교라는 관점에서 느낄 수 있는 자기 내면과의, 다른 사람과의, 모든 생명체와의, 그리고 대우주와의 일체감이라고도 여겨진다고 한다.

권위주의와는 거리가 멀고 인도주의에 근거한 종교 행위나 정신분석 행위의 목표는 주체에 힘을 주어 껍데기, 조직화되어 버린 자기, 에고(자아)를 깨부술 수 있게 해주는 것이다.

사회심리학자의 길─프롬의 정신분석학

또 다른 중요한 원천은 프로이트 정신분석학 이론이다. 프롬은 1922년에 하이델베르크대학에서 〈유대율법 : 사회학에 이산 유대인이 이바지한 것〉이라는 제목의 논문으로 사회학 박사학위를 취득한 뒤, 정신분석자로서의 경력을 쌓아 갔다. 뮌헨대학에서 정신분석학을 배우고, 그 뒤 1923년에는 베를린 정신분석연구소에서 순수 프로이트파의 교육을 받아 프로이트 이론의 강한 영향을 받았다. 1926년에는 자신의 정신분석요법으로 환자를 치료하기 시작했다.

1926년부터 1929년까지, 프롬은 뮌헨대학에서 심리학과 정신의학을 배우고, 프랑크푸르트에서는 프로이트의 제자 카를 란다우어에게 가르침을 받았다. 1926년에는 베를린 정신분석연구소의 연구원이던 프리다 라이히만과 결혼했다. 정신분석자로서 훈련을 거듭한 프롬은 1929년부터 그 이듬해에 걸쳐서 베를린 정신분석연구소에서 이론 및 실천 정신분석학 과정을 수료했다.

(1) 프랑크푸르트학파

사회학과 정신분석학을 모두 전공한 프롬은 정신분석을 사회연구에 끌어들인다는 목적으로 1930년 막스 호르크하이머의 소장 취임 뒤에 프랑크푸르트 사회연구소에 초빙되었다. 이곳의 연구원들은 프랑크푸르트학파라고 불리며 마르크스 이론을 바탕으로 한 사회이론을 전개해 정신분석학, 사회학, 실존주의 등 많은 학문 분야에 이바지했다. 구체적으로는 마르크스 이론의 개념으로부터 자본주의 경제제도를 분석하고 독점기업의 강한 영향력, 과학기술의 역할, 문화의 산업화, 자본주의사회에서의 개인의 쇠퇴와 같은 모든 현상을 연구, 해석한 결과를 연구소에서 발행하는 〈사회연구지〉에 발표했다. 파시즘이나 권위주의도 중요한 연구 과제였다. 프롬도 1930년에 논문을 발표, 정신분석 이론과 마르크스 이론의 융합을 시도했다.

또 그는 1930년에 논문 〈그리스도교의 변천·종교의 사회심리학적 역할 연구〉를 전문지 《이마고》 제16권에, 1932년에는 〈정신분석에 근거한 성격학과 그 사회심리학과의 관계〉와 〈분석에 근거한 사회심리학의 방법과 과제에 관하여〉를 〈사회연구지〉에 실었다.

그러나 아돌프 히틀러가 권력을 잡게 되자 많은 연구원들은 독일에서 추방되고, 사회연구소도 폐쇄되었다. 그 뒤 일시적으로 연구소는 제네바에서 다시 활동을 시작했다가, 1934년에 뉴욕의 콜롬비아대학 부속기관으로 재건되었다. 프롬도 독일에서 미국으로 이주했다.

(2) 신(新)프로이트학파

신프로이트학파[10]는 독일 태생의 미국 정신분석의, 카렌 호나이[11]가 뉴욕에 새로 생긴 사회연구소로 전직해서 이끈 연구자 모임에서 시작된다. 프롬도 처음부터 회원이었다.

회원들은 기본적으로는 프로이트 정신분석학 이론을 잇는 심리학자들이었지만, 프로이트 이론에서 생물학과 관련된 면을 배제하고, 인간이 누리는 모든 사회역학을 받아들였다. 신프로이트학파는 인간이 사회문화와 관련된 조건에 의해 성립되는 존재라고 생각하며, 대인관계를 가장 중요시하고, 정신장애를 사회구조와 관련시켜 연구했다.

프롬은 1934년, 35년에 논문 〈모권론과 그 사회심리학적 의미〉 및 〈정신분

---

10) Neo−Freudian. 정통 프로이트파와 달리 인격 발달에 사회·문화와 관련된 원인을 강조한 정신분석학파.

11) Karen Horney(1885~1952). 독일 태생의 미국 정신분석가. 신경증의 원인이나 인격 형성에서의 문화와 관련된 원인을 중시하는 관점에서 프로이트 이론을 비판했다. 《우리 내면의 갈등 : 신경증에 관한 구조적인 이론》, 《자기분석》 등의 작품이 있다.

석 이론의 사회적 의의〉를 기관지 〈사회연구지〉에 발표했는데, 두 논문 모두 프로이트 이론을 다시 검토하는 것이었다.

"인간의 성격이나 성장이 어떻게 사회 구조와 관계되는가"를 연구하는 프롬은 리비도, 정신 구조, 인격, 유형별 기질 등에 대한 프로이트의 이론들에 의문을 갖고 갈라지기에 이르렀다.

그는 "인간의 본질은 생물학적으로 나면서부터 갖고 있는 충동에 따라서 결정된다"는 프로이트 이론에 동의할 수 없었다. 프롬은 "인간은 그 존재 조건에 의해서 결정된다는 근본적인 '본질'을 태어날 때부터 갖고 있으므로, 그 본질을 구체적인 사실로 나타나게 하는 데는 문화라는 요소가 결정적"이라는 인간관을 갖고 있었다. 프롬은 정신분석학의 '문화파'라는 이름으로 알려졌다시피, 인격 형성에 미치는 사회 구조의 영향을 연구하는 분야를 개척했다.

프랑크푸르트에서 만들어진 뒤로 사회연구소의 과제였던 '권위와 가족의 연구'에서는 공동 연구에 참가했지만, 프롬은 1937년에 연구소를 그만두었다. 그 뒤 제2차 세계대전 중인 1941년에 프롬을 불멸의 존재로 만든 《자유에서의 도피》를 썼다.

프롬이 《자유에서의 도피》를 간행하자 그에 대한 평가는 높아졌다. 그 결과 호나이와 갈등이 생겨 다른 연구자와 아내 프리다 프롬 라이히만 등과 함께 1943년에 정신의학, 정신분석학, 심리학 연구를 위해 윌리엄 앨런슨 화이트 연구소를 세웠다.

(3) 그 뒤의 집필활동

1년 뒤 프롬은 프리다 프롬 라이히만과 이혼하고 헤니 구를란트와 재혼했다. 1950년에는 아내의 관절염 요양을 위해 멕시코로 이주, 멕시코 국립대학 의학부에서 정신분석학 교수로 지내게 되었다.

두 번째 아내가 죽고 1년 뒤인 1953년, 프롬은 아니스 프리만을 세 번째 아내로 맞이했다. 《건전한 사회》(1955), 《사랑한다는 것》(1956), 《프로이트의 사명》(1959), 《선불교와 정신분석》(1960), 《인간은 승리할 것인가?》(1961), 《악에 대하여》(1964) 등을 쓴 그는 1965년 멕시코 국립대학 퇴직 뒤에도 정력적으로 집필활동을 이어가 《너희도 신처럼 되리라》(1966), 《희망의 혁명》(1968), 《정신분석의 위기》(1970), 《인간 파괴성의 해부》(1973), 《소유냐 삶이냐》(1976), 《프로이트를 넘어서》(1980) 등을 펴냈다.

《자유에서의 도피》는 프롬이 오랫동안 연구했던 현대인의 성격 구조라는 커다란 주제의 하나로 개인의 심리에서 비롯된 원인과 사회에서 비롯된 원인 서로 간에 벌어지는 모든 문제를 다룬다. 프롬은 여기서 중세사회에서 현대사회로 변화하면서 인간의 자유나 자각이 커졌다는 것도 언급하며, 사회와 관련된 구속으로부터 벗어나 자유를 손에 넣은 현대인이 새로운 불안이나 자유로부터 벗어나 나치즘 같은 권위주의 운동으로 도피하기 쉬운 모습을 밝혔다. 이 책에서 가장 중요한 부분은 '성격과 사회 과정'이라는 부록이다. 여기서 프롬은 성격학 이론을 공식화하고, '사회적 성격'이라는 말을 처음으로 사용했다.

1955년 간행된 《건전한 사회》는 《자유에서의 도피》의 속편이라고 그는 말했다. 거기에서는 가학증이나 피학증이라는 권위주의 성향을 지닌 성격의 문제를 주로 다루었다. 또 《건전한 사회》는 《악에 대하여》로 이어져 프로이트의 리비도 발달 구조를 대신해 다양한 성격 성향의 개념을 설명한다. 《건전한 사회》에서는 '인본주의적 정신분석'이라는 개념이 명시되는데, 20세기 민주 사회에는 자유로부터 도피하는 많은 방법이 있다는 것과 함께 특히 프롬이 '인간소외'[12]라고 표현한 개념이 설명되어 있다. 그리고 '인간소외' 문제의 해결책으로서 계몽이나 자각을 권장한다. 인간은 사회적 관계 속에서 유대감을 형성함으로써 귀속감의 욕구를 채울 수 있다고 기대했기 때문이다.

인본주의에 근거한 프롬의 정신분석은 그 밖에도 인간의 기질, 윤리학, 사랑, 비평, 프로이트나 마르크스 이론의 분석, 종교 등과 연관된다는 특징을 갖는다.

(4) 마르크스 이론

카를 마르크스는 프로이트와 마찬가지로 프롬의 인생에 가장 강한 영향을 준 인물 가운데 하나였다. 독일 남부에서 이루어진 라디오 대담에서 프롬은, 자기 발달이나 인본주의에 의해 인간이 해방되는 것의 중요성을 세속적으로 해설한 마르크스를 언급하며, 세간에 오해받고 있던 마르크스 이론의 정당성

---

12) 사회과학에서 '인간소외'는 자신의 환경, 직업, 작품, 또는 자기 자신으로부터 분리된 감정 상태를 뜻하는데, 프롬은 그것을 '무력감', '무의미감', '사회적 독립', '문화적 소원', '자기불화' 등으로 구체적으로 설명했다.

을 밝히려고 했다.

그는 미국과 소련이 냉전 중인 1959년 《지그문트 프로이트의 사명》에 이어 1961년에는 《마르크스의 인간관》을 썼다. 마르크스와 프로이트에게서 받은 영향은 프롬이 인간의 삶을 탐구하는 밑바탕이 된 것이다. 프롬이 마르크스, 프로이트 두 사람의 이론을 깊이 통찰하고 마르크스에 대한 세상의 허위나 오해를 바로잡기 위해서 한 연구는 프롬이 중점을 둔 연구의 하나라고 해도 좋다.

프롬은 마르크스를 19세기 독일관념론[13]의 한정 규정을 뛰어넘어 실천으로 옮기고 인간성에 대해 새로운 개념을 만들어 낸 열성 인본주의 개혁론자라고 서술했다. 마르크스의 주장이 경제 조건과 직접 관련되는 부분에는 그다지 주목하지 않았지만, 인간성이야말로 인간 자율에 관한 역사의 토대를 마련한다는 부분에서 마르크스의 주장을 강력하게 지지했다.

마르크스는 다이너미즘에 의해 묘사한 사회 과정에서는 인본주의가 활발하고 독자 역할을 하리라고 기대했다. 프롬에게 가장 강력한 영향을 준 것이 바로 이 마르크스의 인본주의 지향의 교육사상이었다.

마르크스 이론에 대해서 프롬이 두 번째로 다룬 것은 인간의 본질이었다. 마르크스 사상의 중심 요소 가운데 하나로 '생산성이 있느냐'와 '생산성이 없느냐'의 구분이 있다고 프롬은 보았다. 이 구분으로부터 우리는 윤리에 근거한 프롬의 성격학과 마르크스의 인간관은 서로 아주 가깝게 관련되어 있다는 점을 엿볼 수 있다.

마르크스에게 인간이란 내면의 힘을 인식하고, 전 세계를 이해하며, 생산성이 있고, 외부세계와의 연계 속에서 활동하는 존재였다. 반대로 생산성이 없다는 것은 실제로는 인간이 활동하고 있지 않다는 것을 뜻했다. 이 점에서 프롬은 자신이 마르크스와 같은 계열임을 깨닫고 있었다. 그도 인간은 생산성이 있는 존재라는 것, 즉 자각, 자기인식, 자기실현과 같은 정신과 관련된 과정을 중시했기 때문이다. 이 과정은 자본주의사회에서 사물, 사물화된 인간, 그리고 추상적인 사물과의 관계에서 본 소유욕, 소유물, 과소비 등의 관념에만 있는

---

13) 18세기 후반부터 19세기 중엽까지, 칸트를 시작으로 피히테, 셸링을 거쳐서 헤겔에 이르러 완성된 독일 고전철학을 인식론, 존재론과 관련된 측면에서 이르는 말. 관념론을 공통 세계관으로 삼는다.

것이다. 또 프롬은 인간들이 서로 자발적인 관계에 있어야 한다고 말했다.

마르크스나 프롬의 주장에 따르면, 공산주의만이 사물의 노예가 된 인간을 해방시킬 수 있다. "충분히 발달한 자연주의로서의 공산주의는 인본주의이고, 완전히 개화한 인본주의는 자연주의이다." 이 문장은 '소유' 지향과 '존재' 지향을 구분한 프롬의 인간존재 개념을 뚜렷하게 보여 준다.

프롬이 마르크스 이론으로부터 받은 더 강한 영향은 인간소외라는 개념이다. 이것은 본디

마르크스(1818~1883) 프롬은 마르크스 이론의 정당성을 밝히려고 애썼다.

헤겔에서 파생되었다. 소외는 생산하는 인간의 가장 큰 적이다. 마르크스에게 소외는 본디 자본가와 노동자 사이의 이해관계가 하나로 어우러지지 못한 결과이며, 생산 방법과 인간의 생산력에서 비롯된 것이었다. 프롬의 견해에서는 소외된 노동자나 개인 자신은 자연으로부터도, 현실 생활로부터도, 또 정신과 감정이라는 측면에서도 충실한 완전한 존재라는 것으로부터도 통일체로서의 인간성을 영원히 소외시킨다. 결과적으로 자발성이나 관계성이 필요한 인간은 적어지고, 사회, 정치, 경제라는 관점에서 필요한 인공으로 서서히 대체되어 버린다. 자본주의사회에서 개인은 의도된 필요성에 통제되는데, 그것이 사회에 따라서는 개인에게 끊임없이 물건을 갖고 싶다고 느끼도록 만든다는 것이다. 따라서 인간소외와 경제를 묶는 그의 이론은 많은 점에서 예언으로 여겨졌음에 틀림없다.

전체적으로 보아 프롬은 마르크스 이론과 프로이트 정신분석학을 통합했다고 할 수 있다. 그 자신의 사회심리학 이론을 영글게 하고, 마르크스 이론에 대한 세간의 잘못된 생각을 말끔히 없앴던 것이다.

⑸ 윤리학, 신비주의

프롬의 사상에 영향을 준 윤리학은 그가 《탈무드》를 공부한 유소년기까지 거슬러 올라갈 수 있다. 나중에 그 관심은 심리학뿐만 아니라 윤리학과 신비주의로도 옮아갔다. 1926년에 정통파 유대교를 버리고 한동안 선불교에 흥미를 가졌지만, 그 뒤에는 아리스토텔레스[14]와 스피노자의 윤리학이 프롬의 사상에 영향을 주었다.

아리스토텔레스는 미덕은 행위라고 정의했는데, 이 행위란 육체, 지성, 감정과 관련된 활동의 합성이라고 했다. 아리스토텔레스도 프롬도 영혼은 개념상으로는 인간의 성질, 특히 그 윤리와 관련된 바탕에서는 가변성을 띠는, 본질과 관련된 존재라고 생각했다. 두 사상가 모두 끊임없는 적극적 행동주의를 통해서만 영혼이 완성될 수 있다고 말했다.

인간의 삶을 기반으로 한 자신의 생각은 몇 가지 점에서 신비주의와 비슷하다는 사실을 발견한 프롬은 개인이나 사회 및 그 둘 사이의 관계성을 신비주의와 관련한 심리학 연구로 그 틀을 넓혀 갔다. 자각(인식), 공감의 역할, 힘의 증대 등으로 표현되는 그것들은 신비주의에만 있는 심리학과 관련된 측면과 같았다. 인간은 한 번이라도 자기 자신이나 환경의 어떤 것을 완전히 깨닫고 인식하면 그 사람도, 그 대상도 이전과는 전혀 다른 존재가 된다.

통제된 주의력에 의해 활발함은 촉진된다. 마음을 어떤 대상물, 생각, 대상을 좁힌 명상으로 고정시키는 것은 흔한 예이다.

프롬이 신비주의에 흥미를 가진 것은 영혼의 궁극 단계에 이르러 그 상태를 이해하기 위해서였다. 인간의 정신 성장의 개념은 프롬 이론의 '깨달음', '자각', '자기해방', '명상', '인도적 정신분석요법'에 들어 있다.

중심 사상은 늘 인간 내면 탐구였다. 즉 인간이 선의 존재가 되느냐 악의 존재가 되느냐, 또는 장점을 활용하고 잠재된 능력을 실현할 수 있는 정신성 연구였다. 가장 평판이 좋았던 《자유에서의 도피》 간행 뒤, 프롬은 대학교수가 되어 정신분석가로 활동했다. 그의 관심이 사회문제에서 종교나 윤리학으로

---

14) 고대 그리스 철학자(Aristoteles B.C.384~B.C.322). 플라톤의 가르침을 받아 에이도스(형상)는 질료 속에 존재하는 본질이라고 주장했다. 논리학 체계를 완성하고 인문·사회·자연의 모든 분야에 걸친 학문 체계를 세웠으며, 서양철학의 근본을 이루는 큰 업적을 남겼다. 《형이상학》, 《오르가논》, 《자연학》, 《시학》, 《정치학》 등을 썼다.

바뀌기 시작한 것은 1940년대 중반으로, 그 뒤에는 두 번째 아내인 헤니 구를란트의 영향이 있었다. 미시간대학, 뉴욕대학 교수를 거쳐 예일대학에서는 칼 융[15]도 교편을 잡은 적 있는 명예로운 지위에 올랐다. 여기서 정신분석학, 윤리학, 종교의 관련성에 대해서 강의했으며 그 내용은 뒤에 《정신분석과 종교》(1950)에 정리되었다.

아리스토텔레스(BC 384~322) 《윤리학》을 손에 든 채 무엇을 하든 우리는 땅에 발을 붙이고 있어야 한다는 생각을 몸짓으로 표현한다.

아리스토텔레스의 역본설이나 적극적 실천주의, 에크하르트[16]나 융의 신비주의, 그리고 스피노자의 합리주의 등 프롬 사상에 영향을 준, 서로 양립하지 않는 방향성은 말 그대로 받아들인다면 서로가 서로를 배제했을 것이다. 그러나 프롬은 그것들을 조합하고 종합된 체계로서 다시 새롭게 만들었다. 그렇기 때문에 그는 절충주의와 변증법을 따랐다고 평가된다. 프롬은 늘 하나의 이론을 되풀이해서 곰곰이 생각하고, 그것을 때로는 상반되는 이론과 비교 및 융합시켰다. 그리고 이런 그의 마음속 논의는 마침내 전체성을 강조하는 인간관으로 결실을 맺었다.

---

15) 스위스 정신의학자·심리학자(Carl Gustav Jung 1875~1961). 프로이트 정신분석학에 영향을 받아 분석심리학의 기초를 세웠고, 성격을 내향성과 외향성으로 나누었으며, 심층심리에는 개인적인 것뿐만 아니라 집단무의식이 있다는 사실을 밝혀냈다.
16) 독일 철학자·신학자(Johannes Eckhart 1260?~1328?). 마이스터 에크하르트(Meister Eckhart)라는 존칭으로 알려져 있다. 플라톤 범신론의 영향을 받아 신비사상을 주장했다.

2. 프롬의 사상

인간 에리히 프롬을 이룬 배경인 그의 모성관과 종교관, 정신분석학에 이어서 한 단계 깊이 들어가 그의 사상 틀을 형성한 이론들을 좀더 구체적으로 살펴보겠다.

성도덕론

프롬은 기본적으로 개인과 사회의 상호관계를 덧붙임으로써 프로이트 이론을 부분 수정했다. 그 수정에 사용한 이론의 대부분은 바흐오펜, 마르크스, 에크하르트, 융, 부버, 스즈키 다이세츠로부터 받은 영향이었다.

아울러 그는 프로이트의 리비도 이론에서 말하는 성격 특질은 사회, 문화, 역사, 경제와 관련된 배경, 가족관계, 사회구조, 개인과 사회의 관계성, 인간의 생산력이나 행동력 등 성격에 중요한 영향을 미치는 많은 요소를 고려하지 않았다는 점을 지적했다. 프로이트가 마음의 충동을 성이라는 본능의 관점에서만 사회, 문화 현상에 적용한 데에 의문을 가졌다. 마음의 충동을 심리 반응과 문화 생산이라는 두 관점에서 다루어야 한다는 것이 프롬의 생각이었다.

프롬은 프로이트의 본능 개념이 개인은 본능을 기반으로 하지 않는 제2의 성격을 형성한다는 사실을 간과했다고 지적했다. 또한 동물은 애초부터 환경의 영향을 받으면서 적응하지만 인간은 환경과 영향을 주고 받으면서 적응한다고 말했다. 프롬이 프로이트 이론과 관련해 다윈의 주장을 비판한 이유는 다윈이 "인과관계란 생물이 환경에 적응하는 데 있다"고만 주장했기 때문이다. 그래서 인간의 능동성을 강조하기 위해 "인간은 주위 환경에서 수동적으로 영향을 받음과 동시에 그 반동으로서 주위 환경을 능동적으로 결정한다"는 다른 의견을 내어놓았던 것이다. 능동적으로 외부 환경을 결정한다는 이 부분에 프로이트가 관심을 갖지 않다는 점을 프롬은 비판했다. 인간과 동물의 차이를 프롬은 다음과 같이 강조했다. "인간에게는 역사가 있지만, 동물은 역사 없이 존재한다."

프롬은 인간 심리를 정신 조직이나 체내 물질과 분리해 생각했다. 프로이트에게 인간 심리 현상은 신체 반응이 뒤따르는 것이었다. 프로이트의 추측은 현대 뇌과학이나 신경학이나 정신과학의 관점에서 보면 당연한 것이었다고 말할 수 있을지도 모른다. 그러나 그때에는 이런 체제가 뚜렷이 밝혀지지 않았기 때문에 인간 정신이나 심리 현상이 문화 현상의 한 부분으로서 해석되었다. 프롬은 〈분석에 근거한 사회심리학의 방법과 과제에 관하여〉에서 다음과 같이 말했다. "동물처럼 인간에게도 신체 조직을 바탕으로 한 수많은 본능이 있다. 그중 가장 중요하고 누구나가 인정하는 것은 배고픔, 목마름, 성(性)능력이다. 신체와 관련된 이런 본능은 생리적이며, 특히 체내 물질에 의해 생산되는 긴장의 배출구이다. 생리학과 관련된 이런 본능

지그문트 프로이트(1856~1939) 마르크스와 함께 프롬의 인생에 가장 강한 영향을 준 인물 중 하나였다.

의 최종 목적은 인간이나 동물을 '살도록' 만든다. 즉 그런 욕망을 충족시키기 위해 인간이나 동물을 외부 환경으로 이끈다. 그러나 인간의 그런 행위는 하등동물에 비해서 일정하지 않다. 모든 인간에게 공통되는 유일한 조건은 사회를 유지하기 위한 존재로서로만 생산을 하기 위해서 존재한다는, 곧 성의 만족만은 아니라는 것이다. 하지만 생명을 유지하기 위한 모든 욕망은 인간이 다른 사람과 사회적 관계를 맺는 것이 필요하다."

이렇게 서로 어긋나는 주장으로부터 '소유하는 것', '소유물', '깨달음', '인식' 등 인간의 다양한 모습과 행위를 강조한 프롬 이론의 전개를 엿볼 수 있다. 프롬은 개인이 성욕을 채우고 계속해서 자기 자신으로 있는 것과 같은 형식은 자연이 정한 것임을 인정했다. 그러나 "상품 구입이나 소비, 한 개인의 힘의 정도와 같은 생산 형식, 생산력 향상 등은 자연의 영역이 아니며, 인간의 삶을 좌우하고 그 사람의 정신 구조, 인간관계, 그 사람 특유의 욕구를 충족시킨 결과로서 생기는 독특한 충동이나 두려움 등을 결정짓는다"고 강조했다.

사람들은 심리와 관련해서, 특히 정신 구조라는 측면에서 서로 차이가 있다.

에리히 프롬의 생애와 사상 623

프롬이 중시한 정신 구조의 원형이란 다른 사람 및 자기 자신을 대하는 개인의 태도를 뜻하는 것이었다.

가족론

프롬은 프로이트의 유아발달 이론을 바탕으로 아이가 가족에게서 받는 덧붙는 영향을 언급했다. 또한 개인이 귀속하는 사회나 사회 계급의 특징을 잘 나타내는 성격 형성을 관찰하고, 나중에 그 성격을 '사회적 성격'이라고 불렀다.

어린아이는 사회나 그 가치관이나 사조(思潮)를 직접 접하지 않으므로 부모가 매체로서의 역할을 한다고 판단했다. '매체'라는 용어를 사용함으로써 프롬이 개인과 사회, 또는 다른 사람과의 관계성을 매우 중시했음을 알 수 있다. 앞의 논문에서 그는 이렇게 말했다. "가족은 사회 전체 구조의 산물이므로 사회생활을 해나가는 데 가장 중요한 측면을 아이에게 가져다준다. 아이에게 부모는 사회를 대표하는 존재이다. 이는 가족의 큰 특징이며, 가족 내에서 아이가 맡은 역할에 대해서도 마찬가지라고 할 수 있다. 아이에 대한 부모의 권력이 대단히 큰 부권 중심 가족은 확실히 현대사회의 한 산물이다. 가족 내 부권에는 어떤 역할이 있는지, 아이가 얼마나 그 권력에 의존하는지, 얼마나 그 권력에 복종해야 하는지, 이 복종을 손에 넣는 데는 어떤 방법을 이용하는지 등은 부모의 개인 특성에 크게 좌우될 것이다. 그러나 본질적으로 부모는 완전히 사회나 계급 내 주종관계의 지지를 받고 있다."

또한 프롬은 아이의 발달을 결정짓는 것은 가족의 영향뿐만 아니라, 아이가 사는 사회라고 강조했다. 그런 영향은 부모가 어떤 사회에 살고 어떤 영향을 사회로부터 받고 있는지에 달렸으며, 바로 이 점을 프로이트가 간과했다고 지적했다. 그리고 같은 논문에서 다음과 같이 부모와 아이의 관계성을 논했다. "가정 안에서 아이의 경험은 기본 가족 구조나 부모에 의존하는 관계뿐만 아니라 그 이상으로 큰 가족 내 전체 분위기에 따라서 결정된다. 개인으로서의 차이가 아니라 가족으로서의 커다란 특징이라는 관점에서 볼 때 부모의 성격은 사회에 의해 묻히며, 더 정확히 말하면 귀속계급 사이에서만 존재하는 것이다. 아이는 부모의 성격 특성을 가장 중요한 인간 표현의 형태로 여기고 자신 안에 비슷한 성격을 만들도록 반응한다."

권위론

프롬은 1936년 논문 〈사회심리학편 : 권위와 가족 연구〉에서 소작인 아버지와 아들, 사관과 병사, 의사와 간호사, 목사 및 사제와 신자, 교수와 학생 등의 인간관계에서 권위를 언급했다. 이런 관계의 권위는 존경, 공포, 애정, 찬미, 승인, 경외, 혐오 등과 같은 감정과의 결합에서 따로 떼어내 명확하게 제한하여 정할 수 없다고 설명했다. 그리고 인간은 권위에 어떤 반응을 하는가, 권위는 어떤 심리 작용을 갖는가, 어떤 유형의 사람이 권위를 좋아하고 숭배하는가 등에 의문을 갖고 그 대답을 찾으려고 했다.

첫 번째 의문 "사람은 권위에 어떤 반응을 하는가?"에 대해서 프롬은 대부분의 사람은 공포나 폭력 때문만이 아니라 초자아[17]의 작용 때문에 권위적인 요청이나 금지에 순순히 따른다고 생각했다. 그 고유의 메커니즘[18]은 외적 권위가 초자아로서 사람의 심리에 자리잡는다는 것이다. 결과로서 사람들은 자발적인 사고나 처벌을 두려워하기 때문에 명령이나 금지에 따르게 된다.

아이에게 최초의 외적 권위는 아버지라고 생각된다. 아버지로부터의 지도나 금지는 아이의 인격에 초자아로서 자리잡게되어 도덕심이나 가치관, 권위가 되어간다고 추측된다. 그러나 일단 초자아가 아이의 인격이 되어버리면 그 이미지는 권위로 사회를 지배하는 사람이나 사물에 투영되므로 사회에서 권위의 이미지가 도덕이라는 규범에 어울리더라도, 고결하더라도, 지적이지 않더라도 사람들은 그 사실에 책임을 져야 한다는 것이다. 또 그 이미지가 다시 그 사람의 인격에 자리잡게 된다고 했다. 즉 초자아는 사람의 심리에 자리잡은 권위가 될 수 있고, 그 결과 권위는 초자아의 상징이 될 수 있다는 상호관계성을 제기한 것이다.

두 번째 의문 "권위에는 어떤 심리가 작용하는가?"에 대해서 프롬은 무의식 안의 자유를 제약하는 위험한 충동과 욕망의 메커니즘을 언급했다. 또 자발적인 억제와 처벌을 두려워하는 것에서 비롯된 억제는 다르다는 것을 다음과

---

17) 슈퍼에고(superego). 자아(에고)가 원시 욕구를 억제하고 도덕이나 양심에 따라 행동할 수 있게 하는 정신을 말한다. 자아는 대상의 세계와 구별된 인식·행위의 주체이며, 체험 내용이 변화해도 동일성을 지속하여, 작용·반응·체험·사고·의욕 작용을 하는 의식의 통일체이다.

18) mechanism. 어떤 행위를 성취하는 의식 또는 무의식 속에 존재하는 심리과정. 환경에 적응하고 자아를 방어하며 욕구를 만족시키고 혼란을 해결하는 심리의 작용으로서, 정신분석학에서는 무의식적 방어수단을 일컫는다.

같이 구분했다. "처벌을 두려워하는 것에서 비롯된 억제는 의식적으로 처분되어 공포를 뚜렷하게 느끼지 못하게 되므로 인지할 수 없을 것이다. 반대로 자발적 억제는 깨달을 수 있으며, 그 이유에 따라서 구체적으로 처리된다."

마지막으로 "어떤 유형의 사람이 권위를 좋아하고 숭배하는가?"라는 의문에 대해서 프롬은 피학성애의 성격, 즉 순종하고 지배받고 자신의 인격을 버리고 철저하게 의존함으로써 기쁨을 느끼는 피학성애의 본디부터 지니는 특질을 들어 설명했다. 피학성애는 기본적으로는 성욕을 나타내지만 프롬은 성과 관련된 의미를 배제했다. 피학성애는 흔히 인격 안에 가학성애를 수반한다고 여겨지며, 가학성애와 피학성애가 함께 있는 것[19]이라고 불렸다. 프로이트의 해설에 대해 프롬은 그 성격을 권위를 지향하는 성격이라고 표현했다.

프롬에 따르면, 이런 성격을 가진 사람은 권위주의사회의 요구에 만족하고, 자신의 인격을 버리는 데 만족하며, 자신을 권위에 바치는 데 만족하는 경향이 있다는 것이다. 동시에 그런 사람은 약자, 여성, 하층민, 죄수, 소수민족, 동물 등에게 명령하고 괴롭힘으로써 즐거워하고 만족감을 느낀다. 따라서 권위주의사회는 가학성애와 피학성애가 함께 있는 성격 구조의 바탕 위에 출현한다. 이런 사람들이 자신을 더 높고 강한 권위에 복종시키고 싶어하는 이유는, 종속이 그 사람이 가진 공포심을 줄여주기 때문이다. 즉 이런 성격을 가진 사람은 약자에게도 의존하고 있다.

프롬에게 인간이란 권위에만 국한된 실재도 아니고, 동적 유기체로서 미리 방향 지어진 생물학과 관련된 얼개로서의 존재도 아니지만, 환경 조건으로 형성되는 그 밖의 요소에 의해서도 구성되는 존재이다. 그렇기 때문에 프롬은 경제라는 요소도 적극적으로 시야에 넣어 인간을 관찰했다.

인격론(유형별 성격)

(1) 수용을 지향하는 성격
수용을 지향하는 성격은 프로이트의 구순기 성격에 해당한다. 이 유형의 인간은 애정, 보호, 지식, 물품 등 존재에게서 수동적으로 얻을 수 있는 것이라

---

19) 상대에게 육체적·정신적 고통을 주고 자신도 받음으로써 성의 만족을 얻는 성도착증. 한 사람 안에 두 가지 변태 성욕이 함께 있는 상태를 말한다.

면 무엇이든 받아들이고 싶다는 욕망을 갖고 있다.

이런 유형의 인간은 어떤 권위에도 따르는 경향이 있으며, 자신보다 우세한 상대에게 의존하여 질질 끌려다닌다. 이런 사람은 자신의 판단에 따라 행동하지 않고 생활의 향상을 약속하는 '마법의 조력자'에게 기대는 경향이 있다.

프롬은 《자기를 찾는 인간》(1947)에서 수용하는 성격은 주로 소비자 심리라고 말했다. 현대사회에서 소비자의 문제점은 광고나 시장 선전에 복종하는 것이며, 보다 나은 삶을 약속하는 이런 광고와 선전에 복종하는 소비자는 어떤 상품이든지 사게 될 우려가 있다는 것이다.

(2) 저장을 지향하는 성격

이 유형의 인간은 수동적이고, 자기분리적이며, 과거에 의존하고, 집요하게 정리정돈·시간엄수·청결을 요구하며, 새로운 것에 의심을 품는다. 프로이트가 분류한 항문기 성격의 인간에 해당하며, 소유가 궁극의 원인이다. 이런 성격을 지닌 사람은 삶이나 생명체에 그다지, 또는 전혀 관심을 갖지 않지만 규칙이나 안전(보장)을 가장 높이 평가한다. 그들이 때때로 보수적인 것은 법칙이나 질서에 사로잡혀 있어, 물리쳐야 할 새로운 개념이 들어왔을 때 그 문제를 처리하지 못하는 자신의 타고난 무능함에 불안감을 느끼기 때문이다.

그들의 성격이 주로 수동적이고 변덕스러운 것은 수용하는 성격과 표면적으로는 다르지 않다. 저장하는 성향의 인간은 프롬이 《악에 대하여》에서 말하는 시체에 성욕을 느끼는 성격과 관계있으며, 현실에 사는 대신 과거에 사는 것을 자랑한다.

(3) 착취를 지향하는 성격

착취하는 유형의 인간은 적의가 있고, 조작을 좋아하며, 의심이 많고, 냉소하는 성격을 가장하고 싶어하면서도, 프로이트가 분류한 남근기 성격에 해당한다고 프롬은 말했다. 그들은 외부의 모든 것을 받아들이고, 거기에 있다고 생각되는 것은 무엇이든지 갖고 싶어하며, 자신은 아무것도 만들어 내지 않는다. 그들은 재산을 모으는 일에 강한 욕망을 갖고 있으며, 스스로 목표를 향해 활동하기보다는 강요나 꾀를 써서 다른 사람으로부터 이익을 얻고 싶어한다. 착취하는 성격의 인간은 다른 사람을 흔히 잠재된 유익성이나 최종 목표물, 또는 궁극 목표를 이루는 수단으로 여기고 평가한다.

프롬에 따르면, 착취를 지향하는 성격은 수용을 지향하는 저장을 지향하는 성격과 나란히 생산을 지향하는 성격과는 거리가 멀다.

(4) 시장을 지향하는 성격

프롬은 《자유에서의 도피》에서 고도로 발달한 자본주의가 새로운 유형의 성격을 낳았다고 설명했다. 현대의 추상성, 비인간성으로부터 태어난 성격이다. 무엇이든지 팔려고 하는 이 세상은 유행을 추구하고 단단히 포장되어 있으며, 시장을 지향하는 성격이라는 새로운 유형의 성격을 만들어 냈다는 것이다.

또 그는 시장을 지향하는 성격 유형에 대해서 "개인의 인격까지 유행에 휘둘리고, 획일화되며, 실질 가치에 맞대어 비교되는 물욕이 평가받고, 모든 것이 판매 대상이 되기 때문에 개인의 지식 자체가 일관성도 원칙도 방침도 없이 그저 유연하고 사교적으로, 단지 시장을 조종하는 표면적인 도구로 전락했다"고 말했다. 그리고 "평등이라는 위장 아래 개인 특성이나 감정을 부정하고, 결국 그런 것들은 사라져 버린다. 오늘날 평등이란 서로가 주고받을 수 있는 것을 뜻하게 되었으며, 개성은 사라졌다. 반대로 자기 가능성은 발육불량인 채로 성장이 멈춰 있다. 이 성향은 그 누구와도 그 어떤 것과도 관계를 맺지 않는 것, 인격의 특징이 뚜렷하게 결여되어 있다는 것으로써 분명하게 설명할 수 있다. 이 유형은 주어진 환경, 즉 시장에 계속 수용되어 있기 위해서 늘 자신의 인격을 바꿀 수 있는 것이다"라고 주장했다. 시장을 지향하는 성향을 지닌 사람의 대인관계는 겉으로만 그럴듯하고, 시장이 요구하는 인격 유형에 맞춰지게 된다.

(5) 생산을 지향하는 성격

생산을 지향하는 유형의 인간은 스스로 알아서 행동함으로써 세계를 생동감 넘치는 곳으로 회복시킨다. 또한 자기의 발견과 확립, 본디의 인간관계를 구축할 수 있으며, 다른 사람을 사랑하고 존경하며 책임질 수 있다. 이 성격은 프로이트의 성기기 성격[20]에 해당한다.

---

20) 정신분석학에서 인간의 성격은 성본능인 리비도가 신체에 집중되는 부위에 따라 구순기, 항문기, 남근기, 잠복기, 생식기의 발달단계를 거치면서 형성된다고 보았다. 이렇게 각 단계

생산을 지향하는 성향은 프롬의 인본주의 윤리의 전형으로, 생산을 지향하지 않는 성향과는 정반대이다. 《자유에서의 도피》에서는 자발성 개념으로 정의한다. 프롬에 따르면, 인간은 누구나 생산력을 지녔으며, 이 성향의 매우 중요한 전제 조건은 사랑이다. 생산을 지향하는 사랑의 형태는 돌봄, 책임, 존중, 지식을 포함하고, 그 사랑은 의식을 바탕으로 하며, 사랑한다는 지적 결단을 기반으로 한다. 그리고 인간 자신 안에 최종으로는 생산을 지향하고 활발하게 움직이는 힘을 발휘시킬 것이라고 말한다.

자기 자신이나 다른 사람에 대한 자발적 관계를 바탕으로 한 생산을 지향하는 생각은 개인을 사회활동에 적극 참여하도록 만든다. 객관적 통찰(력)도 주체적 통찰(력)도 모두 이런 접근의 결과이다. 생산을 지향하는 성향이 명백히 삶을 사랑하는 성격이라는 것은 《악에 대하여》에서 프롬이 말했다. 같은 주장을 《사랑한다는 것》에서도 볼 수 있다.

사회론

인간을 이해하는 방법에는 프로이트처럼 인간을 신체적(물리적) 존재로 보는 방법과, 프롬처럼 인간을 문화의 구성 요소로서 보는 방법의 두 가지가 있는 것 같다. 프로이트에 비해서 프롬의 방법은 주관이 강하고 뜬구름 잡는 것일지도 모르지만, 감정을 고려해서 인간을 사회와 관련된 존재라고 봤다는 점에서 현실성이 있다고 할 수 있다.

인간이란 대체 어떤 존재이고, 어때야 하는가를 이해하려면 이 두 가지 방법을 종합해서 이해하는 것이 마땅하다. 그러나 인간이라는 존재는 대부분 역사와 관련된 존재, 습관에서 자유로울 수 없는 존재로 이해된다.

앞서도 말했듯이, 프롬은 인간이라는 존재를 배경으로 하는 사회와의 관계성으로부터 고찰하고, 사회가 개인에게 미치는 영향력과 원인을 고려했다. 사회는 인간의 무의식에 작용하고, 그것에 반응한 결과로서 구성원들은 그 사회만의 독특한 성격을 형성하게 된다고 본 것이다.

사회의 모든 현상이 사회구성원들에게 독특한 성격을 만들어 낸다는 전제에서 프롬은 〈분석하는 사회심리학의 방법과 목적에 대한 공헌〉에서 개인과

를 거쳐 생식기에 이르러 성역할의 정체감을 형성하고 성인으로서 사회 관계가 발달된 상태가 되어 성격이 형성된 것을 '성기기 성격(性器期性格)'이라고 한다.

사회환경 사이의 상호작용에 대해서 말했다. "사회현상에 영향을 미친다고 여겨지는 개인의 성격 구조는 그 자체가 사회현상의 산물이기 때문에 둘을 떼어놓고 생각할 수는 없다. 그러므로 심리와 관련된 사회와 개인의 구조와의 상호작용은 사회 심리, 개인 심리 가운데 어느 쪽에서 접근하더라도 본질은 같으며, 초점화된 쪽이 과제가 된다."

프로이트의 성격이론 비평에서 프롬의 용어에 변화가 보였다. '본능'을 뜻하는 독일어 Trieb에 대해서는 '충동'을 뜻하는 Impuls가 자주 쓰이게 되었다. 그러나 '충동'으로부터 연상되는 '본능'이라는 곁딸린 뜻을 피하기 위해서 그는 결국 '욕구'를 뜻하는 독일어 Bedürfnis를 선택했다. 또 1930년대 논문이나 수필에서는 '사회적으로 전형적인 성격'으로 고쳐 쓰다가, 1941년 간행된 《자유에서의 도피》에서 '사회적 성격'이라는 표현으로 변경되었다.

프롬이 '사회적으로 전형적인 성격'이라는 용어를 '사회적 성격'이라고 바꿔 말한 것은 사회와 인간의 관계에 대해서 좀더 포괄하여 설명하기 위해서였다.

이 책에서 그는 이렇게 논한다. "어떤 사회든지 교육제도를 통해서 가치관, 신앙심, 돈 버는 법 등 일련의 개념이 개인에게 주입되며, 그런 개념의 체계가 결국 문화를 만들어 갈 것이다. 하나의 사회에서 대부분의 사람이 비슷한 기질을 갖게 되는 것은 어쩔 수 없다." 그리고 이를 '사회적 성격'이라고 부르고, "개개인의 모든 성격 특성이 사회적 성격에서 비롯된다고는 할 수 없지만, 사회적 성격은 사회적 가능성에서 엄선된 것이다"라고 말했다.

프롬은 '사회적 성격'을, '기초 경험이나 그 집단의 공통 생활양식의 결과로서 만들어진 한 집단의 성격 구조의 본질을 이루는 핵'이라고 정의했다. 또한 그는 "인간은 기본적으로는 사회적 동물이고, 역사적으로 조건을 부여받는다"고도 했다. 그의 이론은 호나이나 설리번[21]의 정신분석학을 계승한 것이라고 여겨지지만, 그 자신의 견해로서 "인간의 욕구는 눈에 보이는 신체와 관련된 본능과는 별개로 존재하며, 심리학의 관점에서 볼 때는 성장이나 발달이라는 생물학과 관련된 경향과 어우러져 잠재된 가능성을 현실로 만든다"고 했다. 왜냐하면 욕구에는 사회 구조의 어떤 정해진 요소가 인간의 심리에 내면화되

---

21) 미국 정신과의사(Harry Stack Sullivan 1892~1949). 인간성 존중, 대화를 통한 관계를 중시하는 심리치료를 개척하고, 집단심리치료, 가족치료 발전의 기반을 닦았다.

었을 때 생기는 경향이 있기 때문이다.

프롬은 "사회적 성격은 명백히 개인과 외부 세계의 상호관계를 나타내며, 그 사회적 과정에 둘의 상호작용이 있다"고 주장한다. 그는 "개인적인 욕구나 충동은 그 개인이 속한 집단의 가치관과 일치하는 의견을 내재화한 것에 지나지 않는다. 따라서 인간은 자신의 행위가 자기 자신의 정신에 만족을 주느냐 아니냐 하는 관점에서 자신에게 필요한 것을 판단해서 행동하고 반응하게 된다"라고 강조했다. 즉 사회적 성격이란 외적 필요성을 내면화하는 것이다. 《자기를 찾는 인간》에서 프롬은 더 뚜렷한 표현을 시도하며, 가장 중요한 개념으로서 '관계성'을 들었다. 개인과 사회 간의 관계와 더불어 사회의 심리를 이해하는 데 '양방향 관계성'을 중시하고, 개인의 생활 태도가 사회에 의해 결정된다고 설명했다.

프롬이 주장하는 사회심리학의 양방향성 가운데 하나는 개인의 인격은 사회와 관련된 원인에 의해 결정된다는 문제이고, 다른 하나는 심리와 관련된 개인의 원인 자체가 사회 과정에 영향을 미치고 변화시킨다는 문제이다. 이 두 가지는 단단히 결합되어 절대로 풀 수 없다. 사회 과정에 영향을 준다고 여겨지는 개인의 인격 구조는 그 자체가 이 과정의 소산이다. 그래서 프롬은 "우리가 어떤 관점에서 보는지는 그때 문제 전체의 어떤 면에 관심이 집중되어 있는지에 달려 있으며, 심리와 관련된 사회와 개인의 구조 사이에서 이루어지는 상호작용을 밝히고자 할 때 사회심리와 개인심리 가운데 어느 쪽을 선택하더라도 아무런 차이도 없다"고 말한 것이다.

프롬은 사회의 변용을 탐구했다. 처음으로 연구한 것은 모권제 사회에서 부권제 사회로의 이행이었다. 그 이행이란 예전의 중세나 자본주의사회 이전의 사회처럼 통상이나 동업노동조합으로 운영되던 사회에서, 독점기업이 중심이 되어 진행되는 자본주의 시대로의 이행을 뜻한다. 프롬은 이 이행에 따르는 사회 변화로 말미암아 현대 자본주의 사회만이 가진 특징인 인간소외나 공격성이 보이게 되었다고 고찰했다. 자본주의 사회는 한없는 광기를 낳는다는 견해이다.

다음으로 프롬은 '매체'에 주목했다. 여기서 말하는 매체란 개인과 사회 간, 개개인 간에게 존재하며 개인과 사회, 개개인 간의 상호관계를 만들어 낸다고 여겨지는 것을 뜻한다. 프롬은 그런 상호작용을 중시했다.

독일어 'der Kitt'는 프롬 이론의 주요 개념이라고 볼 수 있다. 이 개념으로 설명할 수 있는 것은 누구든 개인으로서뿐만 아니라 사회의 일원으로서, 즉 종합된 전체의 부분으로서 존재한다는 것이다. 언어나 교류가 끼어들고 같은 언어로 묶여 있는 한 나라, 한 민족의 인간 사이에 존재하는 연대감과 같은 사회통념은 그 사회구성원이라면 누구나가 이해할 수 있게 되는 것이다.

조건에 따라 맺어지는 개인과 사회의 관계는 거기에 존재하는 매체가 맺어준다. 그런 역할을 하는 것은 문화, 언어, 공통된 가치관 등 다양한 형태로 개인과 그 외부 환경의 사이를 채우고 있다. 따라서 개개인이 사회와 상호 관계되는 실재로서 전체에 통합되기 위해서는 그것들을 잇는 연결장치가 전제 조건이 되어야 한다. 이 연결장치가 사회 안에 '어떤 분위기'를 형성함으로써 사람들은 사회통념이나 공감을 공유하며 전체로서의 존재를 이룬다.

프롬이 가진 사회 개념은 그 사상의 문을 여는 하나의 열쇠이다. 개개인은 사회 환경과 깊이 이어져 있다는 그의 해석은 동양 종교의 '개개인은 우주 전체와 일체'라고 느끼는 '조화'의 개념과 비슷하다고 해도 지나치지 않다.

프롬에 따르면, 인간이 아픈 사회는 정상이 아니며 기계화 사회에 의한 끊임없는 이윤 추구와 상품의 대량생산이 이루어지는 자본주의에서 광기가 비롯된다. 이 자본주의 사회 구조의 작동 원리가 사람들을 '인간소외'라 불리는 상태로 떨어뜨려 고뇌, 신경증, 광기를 일으키게 된다는 주장이다. 프롬은 자기 자신을 분석하는 것, 자기 자신에게 의식을 향하고 자각하는 것, 기존의 정신분석 요법을 뛰어넘은 인도적 치료법을 권장한다는 점에서 이런 문제들을 해결하는 데 효과가 있다고 생각한다.

프롬이 어릴 적부터 영향을 받은 유대인 사회는 프롬에게 중세 사회 이미지를 심어주었다. 두 사회에서는 공통적으로 뚜렷한 조직·집단 질서, 엄격한 계율, 실질적이고 완전한 도덕성이 충분히 기능했고, 구성원들은 모두가 저마다 친밀한 관계였다. 이처럼 사람과 사람의 관계가 사회적으로 굳게 맺어진 사회에서는 모든 사람이라고 해도 좋을 만큼 누구나가 안전한 장소와 확고한 정체성을 가질 수 있었던 듯하다.

그리고 이런 개개인과 사회의 긴밀한 관계는 원시 모권제 사회의 가족 간의 강한 유대, 자연 창조물 숭배, 모든 것을 낳는 대지와 밀접한 생활에서도 볼 수 있었다.

그러므로 프롬이 다가올 앞날에는 경쟁하는 상업주의 세상이 개선되리라는 기대와 견해를 가진 것은 그가 어릴 때 겪었던 경험에서 비롯된 백일몽과도 같은 감각 때문이라고 생각할 수 있다.

소유, 소비, 소유욕

(1) '소유' 개념

프롬은 자본주의를 지향하는 사람들에게 나타나는 본보기와도 같은 특징은 '소유 지향'이고, 이 지향은 따분함에 질린 사회 상황과 관계가 있다고 지적했다. 소유 지향, 그리고 사회 상황과 관계가 있는 따분함의 만연은 자본주의 사회의 공업 문명 구조에 뿌리를 내리고 있으며, 개인이 한없는 자기소외를 느끼게 만든다는 것이다. 프롬은 이 사회문제와 그 발생 원리를 무의식이라는 관점에서 연구해 인간 행동의 동기를 밝히고자 했다.

그는 현대문명에서 주목해야 할 사실은 소유 지향과 사회적 따분함의 만연이 '자기소외'를 불러옴에도 사람들은 그 매운맛을 알지 못하는 것이라고 말했다. 한가할 때 무엇을 해야 좋을지 모르는 사람들은 지루함으로 덮여버리고, 영혼의 껍데기가 되며, 소외된 상태가 된다. 지루함이 전 세계에 퍼져 있고, 통제하는 방법을 모르는 사람들은 싫어도 지루함에 몸을 맡겨버리든가 술이나 약물이나 모임, 말다툼, 언론 정보, 섹스 등에 빠져 버린다.

프롬은 인간의 특징적인 면을 또 하나 들었다. 인간은 물질과 관련된 욕구가 충족됐다 하더라도 만족감을 느끼지 못할 때가 있다. 그것은 우리 자신을 움직이게 하는 자극이 없는 탓이다. 이런 상황에서는 자기 자신을 통합하지 못하며, 정신적으로 앓기도 한다. 인간은 본디 갖고 있는 에너지(기력·능력)가 활성화되면 자신을 표현하게 되고, 자신의 존재를 인식할 수 있게 된다. 그 반대로 '소유하는' 태도로 기울면 타락해서 동물처럼 되고, 인생은 의미 없는 것이 되어버린다고 주장했다.

그는 다시 인간이 동물과 기본적으로 다른 점에 대해서 "인간은 자신의 존재를 인식한다"는 것을 언급했다. 수많은 진화 과정을 거쳐 인간은 환경을 과학기술 사회로 발전시켜 왔다. 덕분에 충분한 물자가 공급되어 사람들은 가난과 굶주림으로부터 자유로워졌다. 그러나 프롬의 말을 빌린다면, 근대 사회는 물건의 대량 생산뿐만 아니라 인간의 마음에도 욕망을 만들어 냈다. 오늘날의 자본주의 사회에서 인간이 필요로 하는 것은 개인의 물욕에 의해서가 아니라 영리주의에 의해서 생긴다. 물건을 지나치게 많이 생산함으로써 인간의 심리에 욕망을 증대시킨다. 상점에 물건이 차고 넘칠 만큼 진열된 것을 보면 인간은 '갖고 싶다!'고 느끼게 되며, '사고 싶다!'는 욕망이 치솟는다. 인간은 이런 외부 조작을 통해 증식된 욕망에 따라 움직이며, 한순간 만족해도 곧 그 감각은 씻은 듯이 사라져 버리고 영원히 만족감을 느끼지 못한다. 많은 사람들은 이런 경제체제의 성장 속도에 적응하지 못해 물건이 충분히 있어도 정신은 빈곤에 시달리게 된다.

이처럼 현대사회에서는 수동적인 태도나 질투, 또 '더 갖고 싶다'는 감각이 늘어난 결과, 나약함과 무력감이 열등감을 낳게 되면서 급속히 커진다. 이런 상황에서는 '존재'보다 '소유'에 치우친 삶이 될 수밖에 없다.

(2) 인간이 소유할 수 있는 것

어떤 것을 소유하거나 소유욕의 대상으로 삼을 수 있을까? 프롬은 《존재의 기술》[22]에서 이 대상을 무생물에서 생물로까지 확대해서 제시했다.

그것들은 지위(자격)이고, 가치관이며, 건강, 아름다움, 젊음, 똑똑함, 청결함, 권력, 미덕, 명예, 경험, 추억, 다른 사람의 기분, 그리고 인간도 대상이 될 수 있다. 여기서 문제가 되는 것은 인간이 물건을 소유하고 있느냐 아니냐가 아니라, 그 사람의 마음이 원하는 것이나 소유물에 구속되어 있느냐 아니냐이다.

프롬은 '소유'를 정신의학 분야에서도 다루면서, 소유하는 것에 의존하는 사람들은 자기 내면의 안도감을 위해서 생명체나 물품을 필요로 하는 것이 전형적이라고 해설했다. 그런 사람들이 생물 중에서, 특히 '인간을 소유하는 것'에서 안도감을 느낀다면 사태는 매우 복잡해진다. '소유하는 것' 또는 '소유하지 않는 것'이 개인의 삶의 목적을 결정하고, 더 나아가 그 사람들 자신의 정체성까지 결정해 버린다고 한다.

자신이 '존재 지향'과 '소유 지향' 가운데 어떤 삶을 살고 있는지 알고 싶으면 "내 인생에서 가장 소중하고 가치 있는 것을 잃으면 어떻게 될까?"라고 스

---

22) *The Art of Being*. 프롬이 죽은 뒤 독일 튀빙겐대학의 프롬 연구자 라이너 풍크에 의해 편집되어 1989년에 출간.

스로에게 물어보라고 프롬은 말한다. 가장 소중한 것을 잃고 일이나 삶의 의미를 찾지 못하게 되거나 자신감을 잃어버린다면 '소유 지향'으로, 자기 존재의 목적을 위해서 외부 사물을 이용하는 경향이 있다고 프롬은 판단했다.

《존재의 기술》(1989) 표지

(3) '소유형' 성향의 본보기들

이 성격의 특징을 분명히 제시하기 위해서 프롬은 그 정도와 소유물에 유의해서 '소유' 지향이 있는 사람들의 예를 세 가지 들었다.

① 구두쇠

첫 번째는 '구두쇠'이다. 인격 전체가 '소유하는 것'을 지향하는 사람이다. 이 사람들의 가장 뚜렷한 소유물은 돈과 그에 걸맞는 땅, 집, 건물 등이다. 그리고 죽기 아니면 살기로 그것들을 지킨다. 게다가 구두쇠는 현물에만 그치지 않고 자신의 에너지, 감정, 생각, 말, 그 밖에 무엇이든 자신이 소유하는 것을 내놓기 아까워한다. 따라서 이런 사람의 인색함은 다른 사람에게 몰인정하며 잔인하기까지 한 태도로 나타나게 된다.

② 권위주의자

두 번째는 사람들의 지배를 포함해서, 지배하는 욕망을 갖고 있는 사람들이다. 프롬은 이런 종류의 욕망은 가학성애가 겉으로 드러난 것이라고 말했다. 《자유에서의 도피》에서는 이런 유형의 사람을 '자유를 무서워하고 두려워한다'라는 표현으로 설명한다. '자유로운 것'은 '지배받음으로써 안전을 확보하는 것'의 정반대이지만 많은 사람들은 남의 말에 따르는 것에 만족하고, 자유보다는 지배받는 편을 좋아한다.

또 프롬은 '소유하는 것'은 가부장제와 권위에 관계된다고 말한다. 가부장제 사회에서 인간은 물품의 소유자일 뿐만 아니라 자신들이 사물이 될 수도 있기 때문이다. 가족을 아버지의 소유물로 여기고, 그 아버지는 가족 전체를 총괄하며 노예나 가축을 다루듯이 아내와 아이들을 지배했다. 서양사회에서는 4000년 가까이나 가부장제 사회가 이어졌기 때문에 사회체제나 사람들의 사고에 강한 영향을 준 것이다.

'소유하는 것'을 지향하거나 남에게 의지하는 성격의 사람은 지배자가 되는 경향이 있는 듯하다. 그런 사람은 남을 자신의 지배 아래에 둠으로써 만족감을 얻는다. 그러나 이런 사람은 남을 지배하고 있다는 사실을 전혀 의식하지 못한다. 그 사람이 좋은 아버지, 또는 좋은 어머니로서 행동하면 물품처럼 다루어지는 자는 자신들이 사랑받는 아이인 듯 느낀다. 더 말한다면, 그 대상들은 자신들이 지배받고 있다고는 생각조차 하지 못한다. 그렇지만 인간인 대상이 자신들에게 무슨 일이 일어나고 있는지 알고 나서 보이는 첫 번째 반응은 '저항'이다. 프롬은 소유 대상의 저항이 아이의 무력감, 파괴행위, 방해, 특히 야뇨, 변비, 신경질 등 다양한 형태와 방법으로 나타날 수 있다고 생각했다. 때로 역사가 말해 주듯이, 반란이나 혁명도 그런 과정에 따른다고도 말했다.

권위주의자에 대한 프롬의 이론으로부터는 이른바 '보살핌'도 본보기와도 같은 권위자의 '옷'이라고 할 수 있다. 다른 사람의 행동이나 생각을 지도해서 자신의 세계로 끌어들이기 때문이다. 지도받는 쪽은 '길 잃은 어린 양'처럼 고마운 충고, 친절, 보살핌을 받고 있다는 감각으로 그 지배를 받아들여 버린다.

③ 나르시시스트

세 번째는 나르시시스트이다. 프롬은 지배욕이란 결국 나르시시즘과 이어지며, '소유를 지향하는' 인간의 본보기라고 말했다. "궁극의 소유물은 자기 자신을 소유하는 것에 있다"는 것이다. 자기 자신이라는 것만으로 스스로 만족하고, 전 세계를 자신이 소유하는 것으로 바꿔 버린다. 자신의 소유 범위에 드는 것에만 관심을 갖는다. 나르시시스트에게 다른 사람이나 사물은 겉으로 나타난 현실이다. 따라서 이런 사람은 사랑하는 능력도 배려도 정확한 객관적 판단력도 없으며, 자신의 세계 안에서 자신이 가장 소중하다고 생각하고, 사회 속에서 누군가와 관계하려는 마음은 조금도 없다. 이런 사람은 자기 자신 말고는 세상의 그 어떤 것과도 관계를 갖지 못한다.

무엇이 인간을 '소유'로 이끄는가? 프롬은 오늘날의 경제, 노동, 사회생활의 구조에서 그 원인을 찾을 수 있다고 말한다. 한 사람을 나르시시스트로 만드는 여러 원인은 사회와 경제 조건에 있으며, 개인이 사회화하는 과정에서 일어난다고 볼 수 있다. 개인이 '소유' 지향에서 '존재' 지향으로 바꾸려고 하는 것은 뜻깊은 일이며, 특히 그 시도가 환경을 바꾸는 경우에는 더욱 그렇다. 우리가 자기인식, 자기진화, 자신의 그리고 사회의 발전 가능성을 얻으려고 하는 것은 안팎으로 사회현실과 조화하는 일이며, 우리의 사회 경제 생활의 방법을 소유 지향으로부터 해방시키는 일로 이어진다.

《자유에서의 도피》(1941) 초판 표지

(4) '소비' 개념

프롬은 정신의학에서 '소비'는 '소유욕'과 관련된 문제로 분석하고, 소비행동에서는 소유욕이 강한 '소유'와 같은 심리가 보인다고 말했다. 그에 따르면 소비에는 두 가지가 있는데, 하나는 필요에서 일어나는 건전한 소비행동이다. 다른 하나는 내면의 충동강박(소망이나 갈망)으로부터 일어나는 소비행동으로, 더 먹고 싶다든가 더 사고 싶다, 더 갖고 싶다거나 더 쓰고 싶다 하는 '~하고 싶은 감정'이 따른다. 따라서 소비는 끊임없이 갖고 싶어하는 마음을 가라앉히는 역할을 한다고 프롬은 분석했다. 소비하지 않거나 필요 이상으로 소유하는 것을 거절했을 경우, 그 사람은 우울감에 빠지고 허무함을 느낀다.

이런 소비 유형의 사람은 생산성이 낮고 수동적인 성격 특성 때문에 늘 자신이 무기력하고 무능한 것 같은 불안감에 시달리며, 그 불안을 잊기 위해 소비하게 된다. 이런 사람은 끊임없는 소비욕 때문에 겉으로는 매우 활동적이어서 얼핏 생산성이 높은 것처럼 보이기까지 하지만, 실제로는 수동이고 생산성이 낮다. 즉 합당하지 않은 과도하고 극단으로 소비를 하는 것은, 겉으로는 생산성이 높은 것처럼 보이지만 실은 수동이고 생산성이 낮다.

그것의 구분은 실용(합리) 소비인가 아닌가로 판단한다. 예를 들어서 프롬은 '먹는 것'을 들어 이렇게 말한다. "우리가 음식을 필요로서 즐기는 한 먹는 행위는 합당하고 실용성이 있는 행위이며, 어떤 의미에서 우리 신체의 모든 기능을 건전하게 유지시켜 준다. 그러나 충동이나 우울감 또는 불안감에서 지나치게 먹는 것은 합당하지 않은 것으로 판단되며, 신체와 정신의 면에서 우리를 좀먹는다." 이런 견해에서 합당하지 않은 식습관─신경성 식욕부진증이나 항진증─은 소비주의의 결과로서 나타난 증상으로 진단할 수 있을 것이다.

자신을 다른 사람이나 음식, 그 밖에 다른 것들로 만족시키는 것은 소유나 소유욕이 좀더 원시 형태로 돌아간 것이다. 예를 들어 어떤 단계의 젖먹이는 손에 닿는 것이라면 닥치는 대로 입에 넣는데, 이 현상은 바로 소유에 대한 안도감으로 가는 첫걸음이다.

프롬은 실용성이 없는 '소비'의 예로 자가용차를 들며 다음과 같이 설명했다. "자가용차는 인간에게 기운을 주는 것도 아니고, 오히려 인간을 자기 자신으로부터 도피시키는 어지러운 마음이나 그릇된 힘의 감각, 자동차 상표와의 동질감을 만들어 내기 때문이다. 그리고 자가용차는 인간이 걷고, 생각하고, 가치 있는 대화를 나누는 것을 방해한다. 게다가 경쟁을 부추긴다."

한 사회에서의 소유욕, 소유, 소비에만 작용하는 원리에 대해서 프롬은 그 현상들이 필요성보다는 충동이나 기쁨과 같은 형태로 악용되는 사례를 살펴보았다. 그는 이런 사례는 개인의, 또 그 사람이 속하는 사회의 광기가 반영된 것이라고 생각했다.

프롬이 합당하지 않은 소비를 염두에 두고 이름 붙인 '건전하지 못한 소비'는 '소유하는 것', '갖는 것'과 같다. 이 둘을 경험하면 인간은 무력해지고 인간성조차 파괴되며, 소비되는 사물이나 도구로 바뀌어 버린다. 소유 및 소비의 경험과 그 정반대인 '존재'의 경험을 대비시켜 보면 이해될 것이다.

프롬은 아픈 사회가 거기에 사는 사람들에게 주는 영향을 헤아려 본 듯하다. 이로써 가장 강조되어야 할 것은, 인간의 정신 이상이건 사회의 이상이건 먼저 인간을 통해서 그 징후가 나타난다는 사실이다. 따라서 이 문제 논의는 환경이 아니라 우리 인간이라는 관점에 근거해서 시작해야 한다. 소유욕이 강한 소유나 소비를 해결할 수 있는 방법은 특히 개인의 노력이나 자기해방을 중심으로 이루어져야 한다는 것을 뜻한다.

자각

(1) 오늘날의 노동 조건

프롬은 인간 조건의 모습을 '자각'이라는 표현을 써서 생각했다. 일상생활에서 저마다가 '잘 살아가는' 상태를 인식하는 것이 얼마나 중요한지를 강조한 프롬의 생각은 선불교에서 말하는 '깨달음'의 경지와 관련된 것이라고 생각할 수 있다.

초기의 논문 〈사회에 의한 심적 구조의 결정〉에서 프롬은 업무 환경이 사회적으로 틀에 박힌 성격을 낳는다는 사실을 언급하고, 실제로 그런 직업을 다음과 같이 둘로 나누었다. 첫째 유형은 일하는 사람 자신이 의지를 갖고 에너지나 정신을 적극 집중해야 하는 직업이다. 둘째 유형은 자격이 필요한 노동 행위를 요구하지 않는 직업이다.

산업화에 따라 인간의 집중력이 점점 더 떨어져 가는 상황에서 직업 활동이나 환경을 개선하려면 되도록 한 사람 한 사람의 노동자가 삶의 방식을 자각할 수 있는 노동 방법으로 바꿔야 한다고 프롬은 제안했다.

또한 어떤 직종이든 한 사람 한 사람이 대인관계 속에서 자신을 발견하고, 놓인 환경 속에서 자신의 위치를 찾아야 한다고 말했다. 이 점은 인간은 환경의 일부이고 사회와 밀접한 관계로 존재한다고 주장하는 프롬 사상의 본보기와도 같은 것이다. 우리가 살고 있는 사회 상황은 생활의 일부이며, 그것이 인간에게 영향을 주는 한편 인간도 사회 상황을 좌우한다. 전체적으로 바람직한 사회 조직은 인간을 소외시키는 게 아니라 모든 사람에게 사회에 이바지할 기회를 주고, 그럼으로써 인간이 인간답게 살 수 있는 사회를 만든다. 놓인 사회에서 생활해 가는 것은 말할 필요도 없으며, 그 사회는 사람들의 가장 소중한 일의 목적이 된다.

(2) '깨어 있다'

프롬만의 특징이 드러나는 표현인 '어웨이크니스(awakeness)'는 '완전히 깨어나지 못한(달리 말하자면 잠에 취해 있는) 상태에서 깨어나는 것'을 뜻한다. 또 '어웨어(aware)'는 '현실─물질과 관련된 것은 물론 몸과 정신, 심리(느낌·태도·기분) 등을 포함한─을 인식, 자각하고 있는'을 뜻한다.

프롬은 "사람들이 충분히 주의하고 의식의 상태 폭을 넓히려고 한다면 환경을 바꿀 수 있다. 이 시도가 사람들을 절반만 눈뜨게 하더라도 효과가 있다"고 말했다. 또 '반쯤 깨어 있는 상태'를 두 개의 의식 상태의 차이(하나는 깨어 있는 것, 또 하나는 잠들어 있는 것)로서 설명했다. 신체상으로도 이 두 상태는 뚜렷한 차이를 보이며, 정신생물학의 관점에서도 차이를 쉽게 구별할 수 있다.

'깨어 있는' 상태에서는 자기 자신을 지키는 일 말고도 식량, 주거, 그 밖에 살아가는 데 필요불가결한 것들을 '나'라는 전인(全人)이 공급한다. 그러나 '잠들어 있는' 상태에서 '나'는 언제나 생명을 유지하기 위한 것들로부터 해방되어 있으며, 그 대신 자기 내면을 향해 자신에 대한 메시지를 명확히 표현하거나 창조하거나 주도권을 쥘 수 있고, 또 자신이 표현할 수 있는 소망이나 공포, 자기와 다른 사람에 대한 매우 깊은 통찰도 행동으로 옮길 수 있다. 실제 프롬의 분석에서는 모순되는 듯이 보이지만, 사람들의 정신은 잠들어 있을 때가 신체상으로 눈을 뜨고 있을 때보다 더 또렷하다.

'눈을 뜨고 있는' 상태로 존재하는 경우도 '마음이 주의를 기울이고 있거나 개방되어 있고 활기찬' 상태와 '게으름이나 부주의'라는 정반대의 상태가 있어 차이가 보인다. '깨어 있는' 상태도 '완전 각성'과 '부분 각성'으로 나뉜다. 인간은 목숨이 걸린 일이나 정열을 쏟을 목표가 있으면 깨어 있는 상태나 부분 각성된 상태에 있을 수 있다.

또한 완전 각성에서 인간은 살기 위한 것이나 높은 목표를 이루는 데 주의를 기울일 뿐만 아니라, 자기 자신이나 주변 세계(다른 사람이나 자연)에도 관심을 갖게 된다. 그리고 있는 그대로의 현실 세계가 보이고, 자신이 가진 세계관이 자신에게 의미 있는 것이 되어, 눈앞의 장막이 벗겨진 듯이 세계 정세나 구조를 또렷하게 보게 된다.

(3) 깨달음

프롬의 표현인 '깨달음'은 하나는 현실을 깨닫는 것으로, 그는 '깨닫는 것'에 집중하고 주의를 기울이는 상태에서의 인식, 자각이라고 정의했다. 자신의 신체나 정신을 자각하는 것은 하나의 깨달음으로 호흡, 근육운동, 동작, 태극권, 자신의 감각이나 기분 따위를 깨닫는 것을 말한다. 감각적 깨달음과 집중적 명상을 일체화시킨 태극권은 추천할 만한 운동이라고 프롬은 말한다.

또 하나의 '깨달음'은 감춰진 것을 깨닫는 것이다. 감춰진 것을 깨닫는 것은 무의식이라는 존재를 깨닫는 것, 표현되어 있는 것을 이해하는 것이다.

'깨닫는 것'은 개인의 내면 갈등과 사회 갈등을 밝히는 것이므로 개인은 사회로부터 소외되어서는 안 되고, 사회의 일부가 되어야 한다고 프롬은 결론지었다. 사회를 통제하는 정부에 의해 다양한 매체나 프로파간다(선동·선전)를 통해서 만들어지는 사회 현실의 환상이 개인의 투명한 마음에 그림자를 드리우고 속박해 버렸다고 생각해서였다.

사람은 갑자기 사회 현실이 아주 뚜렷하게 보이기 시작하고, 때로 어떤 논리와 관련된 근거가 없어도 시야를 가리고 있던 환상을 거둔다. 그것은 현실을 얼마나 파악할 수 있느냐에 달려 있다.

만일 그 사람이 현실을 충분히 파악하지 못한다면 혼란과 불안에 빠지기 쉽다. 그 결과, 그 사람은 우상을 쫓아다니고 거짓에 의존해서 마음의 평안을 얻게 될 것이다. 그와 반대로 현실을 더 충분히 파악할 수 있다면, 그 사람은 외부 지원이나 도움 없이도 홀로 설 수 있고, 자신 안에 중심을 가질 수 있다.

프롬은 진실을 깨닫는 데는 해방 효과가 있다고 말했다. 에너지를 분출하고 인간의 눈이나 마음을 가린 것을 없애기 때문에 더욱 독립심이 솟아오르고 자신 안에 중심을 가질 수 있어 더 활기가 넘치게 된다는 것이다.

'깨달음'이나 '진실을 파악한다'는 개념과 관련해서 프롬은 《존재의 기술》에서 진정한 대화와 이해를 다음과 같이 표현했다. "두 사람이 서로 마주 보고 서로의 존재를 느낀다. 두 사람 모두 상대의 사람다움이나 인간다움을 본다. 두 사람을 방해하는 것은 아무것도 없고, 오로지 진지한 깨달음의 상태 속에서 상대를 본다. 아무런 끼어듦도 아무런 방해도 없는 이런 깨달음의 과정에서는 상대에 대해서 이것저것 생각하지 않고, 기분을 좌우하는 의문도 들지 않으며, 그 사람의 현재나 앞날에 대해서도 묻지 않고, 상대가 좋은 사람인가 나쁜 사람인가도 묻지 않는다. 어쩌면 상대를 탐색하려 하거나 품평하려 하거나 관점을 분명히 하도록 할지도 모른다. (…) 하지만 만일 그 자리에서 그런 것을 생각했다면 깨달음은 깨져버릴 것이다."

(4) 마음 챙김

프롬이 말했듯이, 우리가 하루하루를 사는 가운데 가장 중요한 것은, 우리 자신의 질을 높이고 감각을 갈고닦는 것이다. 또 아무거나 무조건 받아들이지 말고 비판하는 시선으로써 의문스럽게 여기는 것도 중요하다. 우리가 듣는 것 가운데에는 거짓이거나 부분만 사실이거나 일부가 왜곡된 것이 수두룩하기 때문에 들은 것이 진실인지 아닌지를 의심해 보는 것이 좋다. 이는 본질적으로 성격, 특히 인간의 자립 정도와 관련이 있으며, 지성이나 교육이나 나이와는 전혀 관계없다.

더 큰 자립을 위해서는 복종의 작은 신호에 민감해지는 것, 복종을 정당화하는 핑계를 꿰뚫어 보는 것, 늘 용기를 갖는 것, 문제점의 중요성을 깨닫고 그 대답을 스스로 발견하는 것 등, 내면으로 복종하지 않는 자세가 결정적으로 중요하다는 점을 깨달아야 한다. 프롬은 의심 많은 사람이 되라고 권한 것이다.

통찰력을 높이는 데는 생활 속에서 집중할 수 있느냐 아니냐가 열쇠가 된다. 열심히 파고든 일과 대충 한 일은 다른 결과를 가져온다. 일하는 사람에게서 나오는 에너지의 양과 질이 달라지는 것과 같다.

프롬은 전념한 상태를 유지하는 방법으로 하루에 일정 시간 동안 꼼짝 않고 앉아 있기, 자신의 생각과 감각에 오롯이 집중하기, 서양 장기, 등산, 테니스, 다른 사람에게 집중하기 등을 추천했다. 그리고 좀더 높은 전념 상태에 이르기 위해 불교 개념인 마음 챙김(mindfulness)을 이야기했다. 마음 챙김은 더 큰 이해와 더 또렷한 의식을 낳거나, 모든 거짓을 정화시킨 현실 모습을 보여주며, 자연스러운 형태로 잠재의식을 가까이에서 느끼게 해주는 것이라고 설명했다.

선불교의 명상으로도 알 수 있듯이 마음 챙김은 일상의 모든 순간과 기회에 적용된다. 프롬은 《산다는 것》에서 "불교 교의의 본질은 현실을 완전히 인식한 인간존재의 규범이고, 탐욕과 증오와 고뇌를 극복할 수 있는 철학과 인류학에 근거한 체계이다"라고 말했다. 프롬은 불교의 기본 가르침은 유대교 율법이나 그리스도교 교의와 다를 바가 없으며, 인생의 목표는 탐욕과 증오와 무지를 극복하는 데 있다고 여긴 것이다.

(5) 자신을 높이는 3단계

20세기 끝 무렵 사회 문제에 대해서 프롬은 자기 인식, 자기의 심적·지적·신체적 힘의 재발견, 자기 결단의 판단 주체가 되는 지침을 제시하고자 했다.

그리고 '소유'하느냐 '존재'하느냐의 양자택일을 《소유냐 삶이냐》에서 다음처럼 말했다. "인간

〈정원에서 명상하는 사람〉 브루클린박물관

에게는 '소유'할 것인가 '존재'할 것인가의 두 가지 근본 지향이 있다. 자기와 세계라는 두 개의 서로 다른 방향으로 나아가고자 하는 것으로, 인간이 어떻게 생각하고 느끼고 행동하는지, 그 사람의 전체를 결정하는 성격 구조이다."

그리고 그는 소유와 소비라는, 오늘날의 환경에서 인간이 '보다 건전하게 사는' 목표를 이루는 데 도움이 되는 세 단계를 구체적으로 제시했다. 첫 번째 단계는 자기애를 깨뜨리는 것, 두 번째 단계는 자기의 자아와 이기심을 없애는 것, 그리고 세 번째 단계는 다른 사람이나 외부세계와 관계를 맺는 것이다.

먼저 자기애의 극복에 대해서이다. 자기에게 도취된 사람들에게 이 세상은 그야말로 그들 자체이다. 그들은 시야에 들어오는 세계만을 생각하기 때문에, 외부세계의 것이 자신에게 영향을 미칠 때만 외부세계를 인식하기 때문에, 다른 사람도 사물도 현실이 아니라 거짓 자각이 된다.

그들은 보이지 않는 벽을 자신의 주위에 쌓고, 그 안을 세상의 전부라고 느낀다. 자기애의 본보기는 갓 태어난 갓난아기나 미치광이처럼 눈에 비치는 세계와만 관계하는 것이다. 그러나 평범한 성인도 그런 인간이 될 수 있다. 그들

중에는 자기도 모르게 자신의 자기애를 노골적으로 드러내는 사람도 있지만, 실제로 대부분 외부 세계의 다른 사람이나 사물에 관심을 갖거나, 또는 종교나 정치나 그 밖의 사회 활동에 참여해 자기애의 희생자가 되지 않도록 하고 있다. 자기에게 도취된 사람들은 대부분 너그럽고 상냥하다. 그렇지만 다른 사람을 현실의 존재라고는 결코 생각하지 않는다. 그들의 자발적인 충동은 너그럽고, 소유하기보다는 주는 것을 좋아하기 때문이다. 그렇기에 자기애는 가장 발견하기 어려운 마음의 특질 가운데 하나이다.

두 번째 단계의 과제인 자기중심주의나 이기심은 '소유 지향'의 결과이다. 이 유형의 인간은 자기애를 버리고, 외부세계의 현실을 충분히 지각하며, 본질로서의 경험과 현실을 구분할 수 있다. 그러나 그런 사람들은 누구와도 관계하지 않는 외톨이로, 주는 것, 나누는 것, 결속, 협조, 사랑하는 것에 흥미가 없고, 마음이 좀스러우며, 다른 사람을 의심하는 경우가 흔하다. 자기중심주의자나 이기주의자는 자기에게 도취된 사람과 달리 끊임없이 착취하고 싶어하며 주는 것을 싫어한다. 그런데 자기애와 자기중심주의를 완전히 식별할 수도 없다.

프롬은 "자신의 이기심을 없애는 첫 번째 조건은 그 이기심을 깨닫는 능력이다. (…) 자신의 자기애를 깨닫는 것보다는 간단하다. 인간은 자신의 이기심을 완벽하게 감출 수 없고, 그것을 스스로 인정하기란 그리 어려운 일도 아니기 때문이다. 따라서 자신이 이기주의자라는 사실을 인정하는 것이 자기에게 도취된 사람이라는 것을 깨닫는 일보다 훨씬 쉽다"고 말했다. 또 두 번째 조건에 대해서는 "무력감, 삶을 불안하게 바라보는 것, 의심을 두려워하는 것, 인간을 믿지 못하는 것, 그 밖에 소유 지향의 근원들을 깨닫는 것이다"라고 설명했다.

마지막 단계는 건전한 상태에 다다르는 단계를 밟기 위한 다른 사람과의 관계이다. 이 목적을 이루기 위해서 성장이 필요한 사람은 자신의 자기애나 자기중심주의의 근원을 깨닫는 것이 중요하다. 이 최초의 '깨달음' 단계 다음에 와야 할 것은 이기심 깨부수기, 소유물 포기와 나눔 배우기, 앞에서 제시한 첫 번째 단계에서 생긴 불안감 극복하기이다. 이를 실천하는 것은 자신의 소유물, 습관, 생각, 사회적 지위에 기초한 신분, 남이 그 사람에게 갖는 이미지조차 내던지는 것까지 포함한다.

자신을 둘러싼 벽을 부수는 동시에 다른 사람에게 눈을 돌려야 한다. 다른 사람이나 자연, 사상, 아름다움, 사회·정치와 관계된 사건의 세계로 주의를 돌리면 자신의 자아 이외의 세계에 관심을 가질 수 있게 된다. 관심, 흥미라는 영어 단어 'interest'는 라틴어 'inter esse'에서 왔는데, 문자 그대로 '사이에(inter) 존재하는(esse)'이라는 뜻이다. 관심이나 흥미가 커진다는 것은 자신의 주변 세계와 계속해서 관계를 맺어 가도록 만드는 것이다.

우리 자신에게 자기애나 자기중심주의를 약화시키려는 의지나 결단이 있고 일정한 간격을 두고서 되풀이되는 불안감을 극복하는 용기가 있으면, 바로 그때 'Well-being(건전하고 행복하게 사는 것)'의 새로운 경험이 들어오게 된다. 프롬에 따르면, 그것이야말로 인간의 인격을 성장으로 이끄는 요소이다.

깨달음, 의지, 실천, 불안을 참고 견디어 내는 것, 새로운 경험 등의 개념에 대해서 프롬은 이렇게 결론짓는다. "소유 지향에서 필요한 신조는 '무엇을 갖고 있느냐가 나 자신이다.' 한편 자기애나 자기중심주의를 깨부수고 불안감을 극복한 돌파(breakthrough) 뒤에는 '무엇을 하느냐가 나 자신이다.' 또는 간단히 '있는 그대로의 나'가 되는 것이다."

3. 프롬의 사랑

사랑받는 것이 아니라 사랑하는 것

프롬은 두 번의 세계대전을 겪는 과정에서 인간의 정신과 사회 모습에 깊은 관심을 갖게 되었으며 모든 것에 "왜?"라는 물음을 던졌다. 그리고 마지막으로 다다른 곳이 바로 '사랑'의 문제였다. 그는 《사랑한다는 것》에서 '사랑에 대한 오해'를 세 가지로 나누어 설명했다.

첫 번째 오해는 대부분의 사람이 사랑을, 사랑하는 능력의 문제가 아니라 사랑받는 능력의 문제로 생각한다는 것이다. 즉 "사람들에게 중요한 것은 어떻게 하면 사랑받을까, 어떻게 하면 사랑받는 사람이 될 수 있을까?" 하는 것이다.

두 번째 오해는 사랑이 '(사랑하는) 능력'의 문제가 아니라 '대상'의 문제가 되어버렸다는 점이다. 다시 말해서 사랑하는 것은 쉬운데, 단지 사랑할 만한 상대를 찾기가 어렵다고 생각하는 것이다.

세 번째 오해는 사랑이란 자기 의지와는 관계없이 '빠지는 것'이라고 착각한다는 점이다. 우리는 '사랑에 빠졌다'라는 표현을 자주 쓴다. 그러나 프롬은 첫눈에 반하거나 한순간 느끼는 감정 경험이 아니라, 영원히 '머물러 있는' 상태가 진짜 사랑이라고 말한다.

"사랑이란 무엇일까?"를 생각할 때 가장 먼저 떠오르는 것은 "인간은 혼자서는 살아갈 수 없다"는 전제이다. 이렇게 말하면 이른바 은둔형 외톨이들 중에는 "나는 몇 년 동안 아무와도 만나지 않았지만 이렇게 잘 살아 있다"고 반론하는 사람이 있을지도 모른다. 그러나 무인도에서 혼자 살고 있는 것이라면 모를까, 은둔형 외톨이의 경우에도 주위 사람들의 도움이 있기 때문에 생활할 수 있다. "나는 혼자 있어도 전혀 아무렇지도 않다"고 말하는 사람도 슈퍼에서 물건을 사거나 식당에서 밥을 먹을 때는 누군가와 반드시 만나게 되고, 쌀이나 채소, 고기 등의 식재료 저편에는 반드시 그것을 만들고 있는 생산자가 존재한다. 인간은 혼자서 살아가는 것처럼 보여도, 실은 반드시 어떤 형태로든 다른 사람과의 관계성을 가지면서 살고 있다.

"인간은 혼자서는 살아갈 수 없다"는 것은 "인간은 고독하게는 살아갈 수 없다"라고 바꿔 말할 수 있다. 고독이라는 의식은 불안을 낳고, 불안을 느끼면 인간은 고독으로부터 도망치기 위해 누군가와 관계를 맺고 싶어한다. 우리가 다른 사람을 사랑하는 것도 그 근원에 불안으로부터 달아나고자 하는 고독감이 있기 때문이다.

프롬은 《사랑한다는 것》에서 근대 이후 사람들이 마주하게 된 '고독'의 문제를 처음으로 다룬다. "인간은 끊임없이 의식하고 있다─인간은 하나의 독립된 존재이고, 인생은 짧다. 인간은 자기 의지와는 상관없이 태어나 자신의 의지에 반해 죽어간다. 사랑하는 사람보다 먼저 죽을지도 모르고, 사랑하는 사람이 먼저 죽을지도 모른다. 인간은 고독하며, 자연이나 사회의 힘 앞에서는 무력하다. (…) 이런 것들 때문에 인간의 통일성 없는 고립된 삶은 견디기 어려운 감옥으로 바뀐다. 이 감옥에서 탈출해 외부 세계에 있는 다른 사람들과 어떤 형태로든 접촉하지 않는 한, 인간은 미쳐버릴 것이다."

고립이라는 감옥에서 도망치기 위해 인간은 원시시대부터 지금까지 '축제와도 같은 흥분 상태' 또는 '집단에 동조하는 것' 등 여러 행동을 시도해 왔다고 프롬은 말한다. 그리고 인간이 고독에서 달아날 수 있는 세 가지 방법으로 '창조하는 활동'을 들고 있다. 목수가 탁자를 만드는 것도, 농부가 농사를 짓는 것도, 화가가 그림을 그리는 것도 창조 과정에서 그 소재나 외부세계와 일체화하는 것이라고 생각한다면, 분명 일은 다른 사람과의 관계를 만들어 주지는 못해도 고독을 잊게 해줄 수는 있다. 그러나 프롬은 합리화, 분업화가 진행된 요즘 시대는 상품의 한 부품을 만드는 일이 일반화되고, 노동은 단지 돈을 버는 수단이 되어버렸기 때문에 이런 역할을 하지 못한다고 말한다.

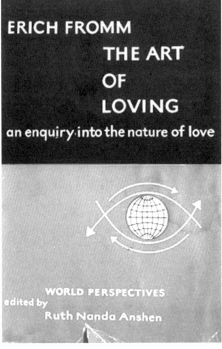

《사랑한다는 것》(1956) 초판 표지

그렇다면 대체 어떻게 하면 인간은 고독의 불안으로부터 벗어날 수 있을까? 이에 프롬은 "인간 사이의 일체화, 다른 사람과의 융합, 즉 사랑에 있다. (…) 이 세상에 사랑이 없다면 인류는 단 하루라도 살아갈 수 없을 것이다"라고 대답한다.

사랑은 주는 것

"성숙한 사랑은 자신의 전체성과 개성을 유지한 채로 결합하는 것이다. 사랑은 인간 내부에 있는 능동적인 힘이다. 사람을 다른 사람들로부터 격리시키는 벽을 부수는 힘이고, 사람과 사람을 결합시켜 주는 힘이다. 사랑이라는 관점에서 인간은 고독감과 고립감을 극복하지만 여전히 자기 자신 그대로이며, 자신의 전체성을 잃지 않는다. 사랑에 있어서는 두 사람이 한 사람이면서 동시에 계속 두 사람인 역설이 일어난다."

《사랑한다는 것》에 나오는 이 말에서 가장 중요한 것은 두 사람이 하나이면서도 여전히 저마다가 독립된 자기 자신이라는 점이다. 프롬은 '지배와 복종의 관계'는 하나가 되는 것이지만 진정한 사랑은 아니라고 부정했는데, 이 말 속에는 그 까닭이 들어 있다. 어느 한쪽이 다른 한쪽의 개성을 죽이는 게 아니라 각각이 자기 자신을 잃지 않은 채로 하나가 되는 것이야말로 성숙한 사랑의 형태라는 뜻이다.

상대와 나는 저마다 생각하는 것이 다르기 때문에, 정신의 하나됨을 꾀하려다 보면 아무래도 개성이 서로 부딪치게 된다. 그러면 인간은 자연히 자신을 억제하고 상대에게 동조하려 하거나, 반대로 상대를 억지로 자기 의견에 따르게 만들려고 한다. 즉 지배와 복종의 관계로 변질된다. 그러나 진정한 사랑이라면 서로 개성을 잃지 않고도 하나가 될 수 있을 거라고 프롬은 주장한다.

여기서 중요한 또 한 가지는 "사랑은 인간 내부에 있는 능동적인 힘이다"라는 부분이다. 프롬은 같은 내용을 이렇게도 말했다. "사랑은 능동적인 활동이지 수동적인 감정이 아니다. 그 안에 '빠지는' 게 아니라, '스스로 그리로 들어가는' 것이다. 사랑의 능동적인 성격을 쉬운 말로 표현하면, '사랑은 무엇보다도 주는 것이지 받는 것이 아니다'라고 할 수 있을 것이다."

사랑에 필요한 네 가지 능동적 성질

다른 사람을 사랑하려면 어떤 것이 필요할까? 프롬이 사람을 사랑하는 데 필요한 인간의 능동적 성질로서 든 것은 '배려', '존중', '책임', '지식(이해)'의 네 가지이다.

먼저 가장 기본이 되는 것이 배려이다. 간단히 말하면 배려란 상대의 마음이나 처지를 생각하는 것, 즉 다른 사람에 대한 마음씀씀이다. 이것이 없으면 당연히 인간관계는 성립하지 않는다. 상대의 기분을 상상하고, 그에 대해 자신이 어떻게 행동할까를 생각하는 것이 배려이다.

두 번째는 존중인데, 이것은 상대를 일방적으로 숭배하는 자세가 아니다. 상대도 독립된 한 인간이며, 자신과 똑같이 가치 있는 소중한 존재임을 인정하는 것이다. 바꿔 말한다면, 자신이 인간으로서 성장하고 싶다고 바람과 아울러 상대의 행복과 성장을 바라는 마음을 갖는 것이다.

세 번째인 책임은 흔히 오해하듯이 의무라든가, 외부로부터 강요되는 것을 뜻하지 않는다. 본디 의미는 상대의 정신적인 요구에 응하는 준비이다.

네 번째 지식은 상대를 단순히 아는 것뿐만 아니라 상대를 이해함으로써 자기 자신을 안다는 뜻도 포함한다. 심리학에서는 "다른 사람은 자신을 비추는 거울이다"라는 말을 자주 쓰는데, 이렇듯 사람은 다른 이들과의 관계 속에서만 자기 자신을 올바로 바라볼 수 있다. 예를 들어 상대와 마주하고 있을 때 상대가 기뻐한다면 자신의 행동이나 말을 좋게 생각하고 있다는 것을 알 수 있고, 반대로 상대가 슬픈 표정을 짓고 있으면 자신의 말이 상처를 주었음을 알게 된다.

사랑이라는 기술의 전제 조건

"두 사람이 자신들의 존재 중심과 중심에서 의지가 서로 통할 때, 즉 저마다가 자기 존재의 중심에서 스스로를 경험할 때 비로소 사랑이 생긴다. 이 '중심에서의 경험' 안에서만 인간의 현실이 있다. 인간의 삶은 거기밖에 없으며, 따라서 사랑의 기반도 거기밖에 없다. 그런 경험에 근거한 사랑은 끊임없는 도전이다. 그것은 안식의 공간이 아니라 활동이고, 성장이며, 또 공동 작업이다. 조화를 이루고 있느냐 대립하고 있느냐, 기쁨이 있느냐 슬픔이 있느냐 등과 같은 문제는 근본 사실과 비교하면 아무것도 아니다. 근본 사실이란, 다시 말해 두 사람이 저마다의 존재라는 본질에서 자기 자신을 경험하고 자기 자신으로부터 도피하는 게 아니라, 자기 자신과 일체화함으로써 상대와 일체화하는 것이다. 사랑이 있음을 증명하는 것은 단 하나, 곧 두 사람의 깊은 관계, 저마다의 생명력과 힘이다. 이것이 결실을 맺어야 사랑도 있다."

프롬은 진정한 사랑을 《사랑한다는 것》에서 이와 같이 설명했다. 사람을 사랑할 때 전제가 되는 것은 상대와 내가 대등하다는 의식이다. 그것을 의식하고 자기 자신처럼 상대를 존중하고 이해하며 서로 성장할 수 있는 관계를 쌓는 것이 바로 사랑이라고 프롬은 말한다. 그리고 진정한 의미에서의 인간 합일을 실현하기 위해서 인간은 사랑이라는 기술을 배워야 한다고 주장한다.

그는 사랑이라는 기술을 습득하려면 세 가지 전제 조건이 필요하다고 말했다. 첫 번째는 규칙적으로 학습하기 위한 '규율'이고, 두 번째는 한 사람의 시간을 써서 학습으로 향하는 '집중', 세 번째는 조급하게 서두르지 않는 '인내'이다. 이 세 가지는 사랑의 기술 훈련에만 국한된 것은 아니며, 무언가를 배울 때는 늘 기초가 되는 마땅한 자세이다.

심리학의 관점에서 봐도 다른 사람을 사랑한다는 행위의 의미는 인간에게 아주 중요하다. 연애를 하면 정신의 깊은 곳까지 자극을 받아 자기 안의 이야기가 새로 만들어진다. 자신이 만들어 낸 이야기 속에서만 살아간다면 성장은 없지만, 다른 사람이 얽힘으로써 이야기는 빠르게 변화하고, 이제까지 혼자서는 이해할 수 없었던 것이 새롭게 보인다.

사랑이 있는 사회를 향하여

프롬은 "사랑을 진지하게 생각하며, 사랑이야말로 어떻게 살아야 할 것인가 하는 문제에 대한 유일하고 합리적인 대답이라고 생각하는 사람들은 다음과 같은 결론에 이를 것이다. 즉 사랑이 매우 개인적인 말초 현상이 아니라 사회 현상이 되기 위해서는 현재의 사회 구조를 뿌리부터 바꿔야 한다고 말이다"라고 주장했다.

우리가 아무리 다른 사람을 사랑하는 마음을 가지려고 노력해도, 사회가 바뀌지 않으면 진정한 의미에서의 사랑은 탄생하지 않는다고 프롬은 말한다. 또한 나아가야 할 사회의 방향에 대해서 그는 이렇게도 이야기한다. "다른 사람을 사랑할 줄 알려면 인간은 최고 위치에 서야 한다. 인간이 경제라는 기계에 봉사하는 게 아니라, 경제라는 기계가 인간에게 봉사해야 한다. 이익을 배분하기만 하는 게 아니라 경험이나 일도 배분되어야 한다. 다른 사람을 사랑하는 사회적인 본성과 삶이 분리되는 게 아니라 일체화되는 그런 사회를 만들어 나가야 한다."

경제를 중심으로 한 사회에서 인간을 중심으로 한 사회로의 전환이 필요하다고, 프롬은 말하고 싶었으리라. 그러나 프롬이 바라는 사회가 이 세상에 과연 존재할 수 있을까? 자본주의라는 사회 구조가 인간에게서 존엄과 사랑을 앗아가고 있다고 해도, 그 대안으로 고안된 사회주의도, 공산주의도 그런 사회를 실현하지 못했다. 이런 출구 없는 시대에 대체 우리는 어디로 향해야 하는 걸까?

분명 우리가 지금의 삶에서 빠져나오기란 어려울 것이다. 현대의 사회 구조 자체를 크게 바꾸기란 이미 불가능하다고 해도 좋을 만큼 어렵다. 하지만 사회 구조는 완전히 확립된 게 아니라 조금씩이나마 늘 변화한다. 사회가 어느 한 방향으로 나아가려고 하면 그에 반발하는 반작용이 반드시 일어난다.

단, 그런 반작용 속에서 스스로 생각하기를 그만두고 흐름에 몸을 맡겨버리기만 해서는 아무것도 바꿀 수 없다. 지금 우리가 할 수 있는 일은 "내가 어떤 사회에 살고 있는지 스스로 인식하고, 거기에 매몰되지 않도록 살아가는 것"밖에 없다고 생각한다. 진정한 의미에서 정신과 관련된 부분의 반작용은 아직 일어나지 않았지만, 앞으로 어떤 형태로든 그런 움직임이 나타나기를 기대하면서 말이다.

프롬이 말하는 사랑에 대해 읽으면 "현대 사회를 사는 인간의 행동은 인간의 본질이나 사랑의 기쁨과는 거리가 멀어졌다"는 사실을 깨닫게 된다. 이런 사실을 앎으로써 한 사람 한 사람의 마음속에 작은 깨달음이 생기고, 그것이 마침내는 사회 변화로 이어진다. 프롬의 글들은 진정한 의미의 세계로 첫발을 내딛을 수 있도록 우리의 등을 다정하게 밀어줄 것이다.

4. 프롬의 작품들

《악에 대하여(인간의 마음)》

에리히 프롬(Erich Fromm)의 《*The Heart of Man : Its Genius for Good and Evil*(인간의 마음 : 선과 악을 판단하는 재능)》(Harper & Row ; New York, 1964)을 옮긴 것이다. 프롬의 작품 중 가장 새로운 것으로, 루스 난다 안셴(Ruth Nanda Anshen)이 기획 편찬하는 종교적 관점(Religious Perspectives) 총서 29권 가운데 제12권이다.

프롬은 1925년부터 정신분석학 연구와 임상 실험을 했다. 처음에는 카렌 호나이 등과 함께 신프로이트학파를 주도한 인물로 알려졌지만, 이 책에서 그 자신도 말하듯이 오히려 끊임없이 프로이트로 되돌아가서 신프로이트학파의 약점을 극복하려 했으므로, 실제 의미에서 정통파라고 할 수도 있다. 호나이, 메닝거,[23] 또는 로저스[24] 등과 뚜렷하게 다른 점은 직접 임상을 통해서 환자들을 다루는 데 그치지 않고 임상 경험을 사회나 문화 현상에 적용시키려 한 경향일 것이다. 지구의 물리적·시간적 거리가 줄어들고 세계가 하나의 사회로 향

---

23) Karl Augustus Menninger(1893~1990). 미국 정신분석의. 1925년 아버지, 동생과 함께 메닝거 집단진료소를, 이듬해 지적장애 아동을 위해 사우다드학교를 설립했다. 1941년 메닝거재단을 만들고, 1946년 메닝거정신과학교를 세웠다.

24) Carl Ransom Rogers(1902~1987). 미국 심리학자. 심리 치료에 대한 인간 중심 치료법을 창시했다. 작품에 《상담과 심리요법》이 있다.

하는 오늘날에도 나라와 나라 사이의 다툼은 끊이지 않고, 개인과 개인 사이의 정상 소통이 어려워지고 있으며, 마침내 한 개인의 내부에서조차 분열이 일어나고 있는 듯하다. 그럼에도 인류 전체와 개인이 어울려 살아갈 수 있는 여러 길들이 아직 남아 있다. 그리고 이 책은 그 길들 가운데 하나를 비춰 주는 빛과도 같다.

《인생과 사랑》

에리히 프롬의 《*Über die Liebe zum Leben*(삶을 위한 사랑에 관하여)》(Deutsche Verlags–Anstalt, 1983)의 독일어판을 옮긴 것이다(영어판 제목 《*For the Love of Life*(삶을 사랑하기 위하여)》). 프롬이 생애 마지막 10년 동안 독일에 머물면서, 남독일방송(SDR)에서 강연한 것을 한스 위르겐 슐츠[25]가 책으로 펴낸 것이다. 슐츠와의 대화 부분을 제외하고 논문 형식으로 고쳐 우리말로 옮겼다. 방송 날짜는 다음과 같다.

(1) 우리 사회의 과잉과 권태
남독일방송에서 6회 연속 방송.
① 수동적 인간 1971년 1월 3일
② 현대의 따분함 1971년 1월 6일
③ 만들어진 욕구 1971년 1월 10일
④ 가부장제의 위기 1971년 1월 17일
⑤ 종교의 한계 1971년 1월 24일
⑥ 인간다운 성장의 한계에 맞서서 1971년 1월 31일

(2) 공격이 발생하는 원천
1971년 9월 5일, 12일, 19일에 3회 연속 방송.

(3) 꿈은 세계적인 인간의 언어
연속 방송 〈인간은 꿈에 대해서 무엇을 알고 있는가〉의 1회분으로서 1971년

---

25) Hans Jürgen Schultz(1928~2012). 독일 편집자·라디오 저널리스트.

11월 17일 방송.

H. J. Schultz(Hrsg), Was weiß man von den Träumen, Stuttgart/Berlin 1972, S. 8~14(Kreuz Verlag)

Erich Fromm, Gesamtausgabe, hrsg. von Rainer Funk, Stuttgart 1980/81, Bd. IX, S. 311~315(DVA)

(4) 심리학이 낯선 사람들을 위한 심리학

연속 방송 〈심리학이 낯선 사람들을 위한 심리학〉의 제1회 강연으로서 1973년 11월 1일 방송.

H. J. Schultz(Hrsg), Psychologie für Nichtpsychologen, Einführung, Stuttgart 1974, S. 11~33(Kreuz Verlag)

Erich Fromm, Gesamtausgabe, hrsg. von Rainer Funk, Stuttgart 1980/81, Bd. VIII, S. 71~86(DVA)

(5) 삶이라는 이름

1974년 1월 5일 방송. 같은 해 DVA에서 출판.

(6) 히틀러—그는 누구인가, 이 인물에 대한 저항은 어떤 것이었는가

연속 방송 〈7월 20일—히틀러를 대신하는 것은?〉의 제1회 강연으로서 1974년 6월 13일 방송.

H. J. Schultz(Hrsg), Der Zwanzigste Juli—Alternative zu Hitler?, Stuttgart/Berlin 1974, S. 8~24(Kreuz Verlag)

(7) 오늘날에도 영향을 미치는 예언자의 글

연속 방송 〈너희가 웃을 것이다—성서〉에서 1975년 4월 20일 방송.

H. J. Schultz(Hrsg), Sie werden lachen—die Bibel. Überraschungen mit dem Buch, Stuttgart/Berlin 1975, S. 67~72(Kreuz Verlag)

Erich Fromm, Gesamtausgabe, hrsg. von Rainer Funk, Stuttgart 1980/81, Bd. VI, S. 77~81(DVA)

(8) 인간이란 누구인가

1979년 8월 26일 방송.

학자로서 프롬이 줄곧 찾아 헤맨 것은 "인간이란 무엇인가, 인간의 미래는 어떤 것인가?" 하는 문제였다. 마지막 순간까지 프롬의 머릿속을 떠나지 않은 것은 군비 확대 경쟁에 미쳐 날뛰는 강대국의 지도자이고, 소비에 빠져 점점 더 수동적인 존재가 되어가는 일반 대중의 모습이었다.

프롬에 따르면, 인간이 동물과 가장 다른 점은 직립 보행도 도구 사용도 아닌, 자의식을 갖는다는 것이다. 인간은 자의식을 갖고 있기에 자신이 무엇을 위해 살아왔는지, 살아가는 목적은 무엇인지에 대해서 끊임없이 물음을 던질 수밖에 없다. 예전에는 종교가 그런 물음에 대답해 주었다. 그런데 오늘날, 신은 죽었다고까지는 하지 않겠으나 쉽게 그 모습을 드러내지 않는다. 만약 신이 없다면 모든 것이 허락될까? 그러니까 도덕의 기준은 없어진 것일까?

프롬은 그렇게 생각하지 않는다. "신이 없더라도 인간 내부에서 인간을 인간답게 만들고 인간에게 목적을 주는 존재가 있다"고 그는 말한다. 그것이 바로 휴머니즘(인본주의)[26]이다. 한마디로 말하면 생명을 사랑하는 것, 삶을 사랑하는 것이다. 생명은 존재하는 자체로 가치를 지니며, 늘 생성되고 발전한다. 이 생명의 성장을 북돋우는 것이 선(善)이고, 그것을 방해하는 것이 악(惡)이다.

프롬의 인본주의를 꿰뚫는 가장 중요한 특징은 메시아사상이라고 생각한다. 메시아란 구세주를 뜻하는 것으로, 이 단어를 들으면 누구나 예수 그리스도 이름을 떠올릴 것이다. 그러나 메시아사상은 본디 유대교의 사상으로, 〈이사야서〉[27]나 〈예레미야서〉[28], 〈에제키엘서〉[29]에 있듯이 구세주란 초월하는 존재가 아니라 인간답고 역사에 실존했던 존재였다. 즉 신이 아니라 왕이었다.

---

26) 인간주의·인도주의(人道主義)·인문주의(人文主義)라고도 하며 '인간다움'을 존중하는 사상 및 정신과 관련 있는 태도와 세계관을 일컫는다.

27) 이사야(Isaiah)가 쓴 예언서로, 이스라엘 및 여러 나라에 대한 예언과 여호와의 궁극의 승리에 대한 내용이 기록되어 있다.

28) 예레미야(Jeremiah)가 쓴 예언서로, 바빌로니아의 예루살렘 침략기에 행한 예레미야의 활동과 예언, 신의 사랑과 공의(公義)에 의한 구원의 희망이 기록되어 있다.

29) 구약의 서른셋째 권. 선지자 에제키엘(Ezekiel)이 쓴 예언서로, 예루살렘 함락과 이스라엘 회복에 대한 내용을 담고 있다.

메시아사상이 이런 수평 사상에서 초월자를 구하는 수직 사상으로 바뀌는 것은 나중에 가서이다.

프롬 자신이 태어나고 자란 유대교의 전통으로부터 커다란 영향을 받았고 또한 스스로도 그것을 인식하고 있었음은 본문에도 드러나 있는 대로이지만, 프롬은 그 초월신 신앙보다는 생활 실천을 지지하는 윤리 측면에 더 큰 관심을 보였다. 메시아사상에서도 프롬은 본디 전통으로 돌아가서, 초월신에 의한 구원이 아니라 인간 자신이 자기를 완성함으로써 자기 구원을 이루는 것을 이상(理想)으로 보았다.

《인생과 사랑》(1983) 표지

따라서 거기서는 인간의 자유의지가 중요한 요소가 된다. 프롬이 말하듯이, 예언자들도 결정론과도 같은 예언을 한 게 아니라, 인간 앞에 몇 가지 가능성을 보여주고 선택을 요구한 것이었다. 《희망의 혁명》에서 현대 위기의 한복판에 놓인 우리에게도 "그러나 희망은 있다" 말하고, 《인간 파괴성의 해부》(1973)에서는 "최종 파국을 피하는 인간의 능력에 근본 신념을 갖는 사람들의 관점"을 취한다고 선언하며, 《소유냐 삶이냐》(1976)에서는 "신의 도시와 지상의 도시의 변증법적 총합으로서의 '존재의 도시'를 제시한 프롬이 지지했던 것은 이 오래되고 새로운 메시아사상이었다. 그 씨앗은 아직 말라 죽지 않았다고 프롬은 말한다. 그리고 그 씨앗을 다시 다음 세대에 넘겨준 것이다.

《희망의 혁명》

에리히 프롬의 《*The Revolution of Hope : Toward a Humanized Technology*(희망의 혁명 : 인간화된 기술을 향하여)》(Harper & Row ; New York, 1968)를 옮긴 것이다.

《희망의 혁명》은 《자유에서의 도피》(1941)와 《건전한 사회》(1955) 계열에 속한다. 그것은 '인간이라는 체제'의 능동성을 개념 도식에 끌어들인 현대사회의 진단을 주제로 한다. 무엇이든지 많이 만들면 좋다는 최대 생산의 원리가 현대사회 중심축에 자리하며, 그 조건으로서 최대 능률, 최대 소비의 원리가 작용됨과 아울러 위로부터의 계획을 시행하기 위해서 인간을 '사례(case)'로 다루는 관료주의에 근거한 관리가 팽배하다.

한정된 시간과 공간 속에서는 능률적인 행동도 더 넓은 폭의 시간과 장소를 염두에 두면 '인간이라는 체제'의 기능 장애에 이바지할 뿐이며, 체제가 만든 소비의 욕망을 추구함으로써 사람들은 사물의 주인이 된다고 생각하지만 실은 사물에 더 많이 의존하는 데 지나지 않는다. 사물, 지위, 가족 등의 소유는 자아를 확인하기 위한 유력한 방법이다. 그렇지만 그런 방향으로 인간이 욕심을 내면 낼수록 참된 자기는 공허해진다. 자신을 방어하기 위해 소유하는 방향은, 자발적이고 능동적으로 자신을 바깥 세계와 연결시킴으로써 존재를 확인하는 방향과 나란히 설 수 없다. 오늘날의 체제 아래에서 소유는 존재를 빈약하게 해야만 얻어지며, 존재가 공허해질수록 그 보상으로서 더 많은 소유를 추구하게 된다.

인간과 사회라는 두 가지 면에 걸친, 그리고 상호 관련된 변혁이 필요하다. 그러나 희망을 앞날에 맡긴 채 앉아서 기다리기만 하는 태도는 사실 절망의 뒷면에 지나지 않는다. 또한 일어나지 않을 상황을 억지로 일어나게 하는, 현실 감각이 결여된 모험주의도 절망의 뒷면이기는 마찬가지이다. 희망한다는 것은 존재할 수 없는 것을 찾는 게 아니라, 아직 존재하지 않는 것을 위해 언제나 준비하고 새로운 생명의 모든 징후에 예민하게 반응하며 그것을 키우려고 노력하는 것이다. 변혁을 영원히 뒷날로 미루는 대망주의와 가망 없는 현상 파괴에 목숨을 거는 모험주의는 모두 삶보다는 죽음을 바라는 태도와 연결된다. '삶을 바라는 사람'은 늘 자기 자신을 열어 놓고, 쉽게 상처받지만 절망하지 않고서 '진짜 가능성'을 끊임없이 검토하면서 생명을 촉진하는 방향으로 나아간다. 그러므로 '삶을 바라는 사회'도 똑같은 선택을 할 것이다.

《악에 대하여》에서 보여주는 '삶을 사랑하는 것'과 '죽음을 사랑하는 것'의 이분법을 여기에서도 사용하고 있지만, 이 이분법은 제자리에 머무른다. 삶을 추구하는 일의 마지막 단계가 죽음에 대한 충동으로 발전하거나, 반대로 죽음을 바라는 결과로서 삶에 대한 갈망이 되살아나는 다이너미즘(dynamism)[30] 이 프롬의 시야에서 제외되었다. 그는 그런 인간 마음의 신비로운 역학(力學)을 보지 못한 것일까? 아니, 보지 못했을 리가 없다. 다만 그는 이런 종류의 심연을 합리적 상징인 말에 의해서 정확히 표현하는 어려움에 걸기보다는, 많은 독자들에게 문제의 소재를 널리 호소하는 의의에 더욱 중요성을 두었으리라. 이런 의미에서 그는 어디까지나 계몽사상가라고 하지 않을 수 없다. 그의 책이 지닌 명쾌함은 이 계몽성에서 나오며, 그가 제시해 준 문제들을 자신에게 적용하여 더 깊이 탐구하는 일은 독자에게 맡겨져 있다.

제5, 6장에는 변혁을 위한 아주 현실적인 제안들이 담겨 있다. 《자유에서의 도피》에서는 '사랑과 일'을, 《건전한 사회》에서는 '공동체 사회주의'에 근거하는 자족집단 건설을 제시했다. 여기에서는 하나의 동아리 운동이 제안된다.

《불복종과 자유》

에리히 프롬의 《*On Disobedience and Other Essays*(불복종에 관하여와 나머지 수필 모음)》(New York : The Seabury Press, 1981)을 옮긴 것이다. 원서는 아홉 장짜리 수필 모음이지만, 간행에 앞서 애니스 프롬(Annis Fromm) 여사의 의향에 따라 〈제1장 가치관, 심리학과 인간 존재(Values, Psychology and Human Existence)〉와 제9장 〈심리와 관련된 문제인 노화(The Psychological Problem of Aging)〉 부분을 빼고, 제4장 〈포괄된 인간 철학으로서의 인본주의(Humanism as a Global Philosophy of Man)〉와 제9장(독일어 원문) 〈평화의 전략과 이론(Zur Theorie und Strategie des Friedens)〉을 대신 넣었다. 각 수필의 제목 및 서명, 또는 지명은 다음과 같다.

○ 클라라 어커트(Clara Urquhart)의 《삶의 문제(*A Matter of Life*)》에 실린 〈심리학과 도덕과 관련된 문제로서의 불복종(Disobedience as a Psychological and Moral Problem)〉(London : Johnathan Cape, 1963). Copyright ⓒ1963 by Erich Fromm

○《사회주의자의 인본주의 : 국제논문집(*Socialist Humanism : An International*

---

30) 역본설(力本說) 또는 역동설(力動說). 자연계의 근원은 힘이며, 힘이 모든 것의 원리라고 주장하는 설.

Symposium》에 실린 〈인본주의 정신분석학을 적용한 마르크스 이론(The Application of Humanist Psychoanalysis to Marx's Theory)〉(New York : Doubleday, 1965). Copyright ⓒ 1965 by Erich Fromm

○ 랄프 쇤먼(Ralph Schoenman)의 《금세기의 철학자, 버트란드 러셀을 기념하는 논문집(*Bertrand Russell, Philosopher of the Century : Essays in his Honour*)》에 실린 〈선지자들과 사제들(Prophets and Priests)〉(London : Allen & Unwin, 1967). Copyright ⓒ 1967 by Erich Fromm

○ 《인본주의자(*The Humanist*)》권 제26호에 실린 〈포괄적인 인간 철학으로서의 인본주의(Humanism as a Global Philosophy of Man)〉(Yellow Springs, 1966). Copyright ⓒ 1966 by Erich Fromm

○ 《인간이 이기도록 해야 한다 : 어느 사회주의자의 선언과 계획(*Let Man Prevail : A Socialist Manifesto and Program*)》(New York, 1960)에 실린 ① 〈인간이 이기도록 해야 한다(Let Man Prevail)〉와 ② 〈인본주의자의 사회주의(Humanist Socialism). Copyright ⓒ 1960 by Erich Fromm

○ 로버트 테오발드의 《보장된 소득(*The Guaranteed Income*)》에 실린 〈심리학의 관점에서 본 보장된 소득(The Psychological Aspects of the Guaranteed Income)〉(New York : Doubleday, 1966). Copyright ⓒ 1966 by Erich Fromm

○ 미국 예술 과학 학술원(American Academy of Arts and Sciences) 학술지 《다이달로스(*Daedalus*)》에 실린 〈순서에 따라 차례대로 이루어지는 일방적인 군비축소 주장의 논거(The Case for Graduated Unilateral Disarmament)〉. Copyright ⓒ 1960 by American Academy of Arts and Sciences

○ 오스카 샤츠(Oskar Schatz)가 편집하고, 1970년 뮌헨의 만츠 출판사(Manz-Verlag)에서 펴낸, 잘츠부르크에 열린 인본주의에 관한 대담(對談)을 실은 《핵(核)무기 시대의 평화 : 이상주의자와 현실주의자의 논쟁(*Der Friede im nuklearen Zeitalter : Eine Kontroverse zwischen Realisten und Utopisten*)》권 제4호의 〈평화의 전략과 이론(Zur Theorie und Strategie des Friedens)〉. Copyright ⓒ 1970 by Erich Fromm.

수필 모음인 만큼 당연히 여러 분야의 내용을 두루 다루고 있다. 프롬의 전문 영역인 심리학과 사회학은 말할 것도 없고 윤리, 역사, 경제부터 군비 축소나 평화 등의 현실 정치·외교 문제도 포함한다. 그러나 프롬을 좋아하는 독자라면 이 수필들을 꿰뚫고 있는 '프롬다움'을 읽어낼 수 있을 것이다. 바로 프롬의 인본주의이다. 자기 스스로 사회주의자라고 말하면서 프롬만큼 되풀이해서 인본주의를 외치는 사람도 없을 것이다. 인간이 맞닥뜨린 가장 큰 위기를 깨닫고 있으면서도 인간을 신뢰하고, 적극적인 가치를 추구하며 희망을 잃지 않는 프롬은 진정한 용기를 가진 인본주의자였다.

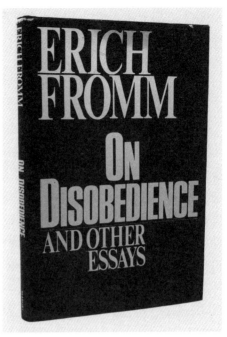

《불복종과 자유》(1981) 표지

여기서 다시금 프롬이 말하는 인본주의란 무엇인가를 생각해 보는 것도 의미 있는 일이리라. 제4장에 정리되었다시피 첫째로 인류는 하나라는 것, 둘째로 인간의 존엄, 셋째로 인간은 자신을 완성시킬 수 있다는 것, 넷째로 이성, 객관성, 평화, 이것들을 믿는 것이 프롬의 인본주의이다. 얼핏 고개가 끄덕여지지만, 한편으로는 공허한 구호로 느껴지기도 한다. "세계는 하나다"라든가 "인간의 목숨은 지구보다 무겁다"라는 신념이 오늘만큼 부실한 시대도 없다. 내용은 없이 뼈대만 남아 가치나 의미를 담고 있지 못하다.

이것들에 문자 그대로의 무게를 싣고 현실성을 주는 것은 바로 한 사람의 삶이다. 우리는 프롬의 일생에서 그 예를 본다. 중요하다고 믿는 것에 대해 끈질기도록 되풀이해서 말하는 태도는 그야말로 예언자의 자세였으며, 사회주의 정권에 가입하거나 대통령 선거전에 참가하는 등의 실천가로서의 활동도 했다. 그 구체적인 성과는 둘째 치고, 프롬은 지식인으로서, 아니 한 인간으로서 해야 하고 할 수 있는 일을 몸소 보여주었다.

프롬의 글은 쓰인 지 오랜 시간이 지났음에도 그 내용은 조금도 고리타분하지 않다. 프롬은 "평화운동은 근본적인 인본주의운동이 되어야만 성공할 수 있다"고 말했다. 사람이 사람을 믿지 못하면 어떤 평화도 존재할 수 없기 때문이다. 지금 이 순간에도 우리는 프롬과 더불어 사람을 근본적으로 변혁시키는 데 인류의 운명을 걸어야 할 것이다.

《프롬 100가지 말》

《프롬 100가지 말》은 사랑을 깊이 이해하는 데 도움이 되어줄 프롬의 명언 100가지를 모아 놓은 것이다. 1956년 프롬의 《사랑한다는 것 *The Art of Loving*》은 출판되자마자 인기 상품이 되었고, 그 뒤 17개국 언어로 옮겨져 60년이 지난 지금도 전 세계 사람들이 읽고 있다. 그가 말하는 사랑이란 '성숙한 성인'만이 경험할 수 있는 것으로, 참된 사랑을 체험하기 위해서는 '사랑이 어떤 것인가'를 알고, '사랑하기 위한 기술'을 배워야 한다. 이 책이 쓰였을 무렵 미국은 자본주의 사회가 복잡해지고 거대화되어 인간은 경제를 움직이는 톱니바퀴 같은 존재가 되어 있었다. 그런 사회를 살아가는 가운데 사람들은 '사랑의 본질'을 잃어버리고 잘못된 사랑을 '참사랑'이라고 착각하게 되었다고 프롬은 생각했다.

또한 그는 《자유에서의 도피》, 《악에 대하여》 등에서도 사랑을 말한다. 프롬은 왜 사랑에 대해서 그토록 많은 말을 남겼을까? 처음에 그는 인간의 본질과 사회의 관련성에 대해서—"전쟁은 왜 일어나는가, 인간은 왜 이치에 닿지 않는 행동을 하는가?"—묵직한 물음을 던졌다. 그리고 제2차 세계대전 중인 1941년, 첫 번째 책 《자유에서의 도피》를 출판하여 엄청난 주목을 받게 되었다. 《자유에서의 도피》는 파시즘(fascism)[31]이 출현한 이유를 사회학과 심리학의 관점에서 밝혔다. 그 전제는 "인간은 고독을 가장 두려워한다"는 것인데, 사람들은 자유로워질수록 저마다 따로 살게 되고, 결과적으로 고독에 시달리게된다. 그러면 이번에는 고독으로부터 도망치기 위해 모처럼 손에 넣은 자유를 스스로 내던지고 큰 권위에 몸을 맡기는 방향으로 나아간다. 프롬은 나치즘 대두의 배경에도 그 무렵 사람들이 갖고 있던 보편적인 마음의 문제가 있다고 지적했다.

그렇다면 이 마음의 문제를 어떻게 해결해야 할까? 프롬은 《사랑한다는

---

31) 1919년 이탈리아의 베니토 무솔리니가 주장한 국수주의와 권위주의, 반공주의에 근거한 정치적 주장 및 운동을 말한다. 묶음[束]을 뜻하는 이탈리아어 파쇼(fascio)에서 나온 말이었으나, 결속·단결의 뜻으로 돌려서 쓰게 되었다.

것》을 통해서 이에 대답했다. 유대인으로 태어나 두 번의 전쟁을 겪는 가운데 인간의 정신과 올바른 사회의 모습에 끊임없이 관심을 기울였던 그가 마지막에 다다른 것이 바로 사랑의 문제였다.

프롬의 사상을 통해서 사랑을 배우는 것은 지금까지의 연애 또는 결혼을 되돌아보는 기회가 된다. 아울러 "다른 사람을 사랑한다"라고 하는, 얼핏 쉬워 보이는 행동을 인생이나 사회 등 여러 관점에서 제대로 살펴보는 기회가 되기도 한다. 프롬은 우리가 "사랑에 대해서 배워야 할 것은 아무것도 없다"고 굳게 믿는 데에는 세 가지 오류가 자리한다고 말했다. 첫째, 사랑을 사랑'하는'이 아닌 사랑'받는' 문제로 생각한다. 둘째, 사랑은 능력이 아니라 대상의 문제라고 여긴다. 셋째, 사랑에 '빠지는' 맨 처음 체험과 사랑'하는' 지속적인 상태를 혼동한다.

사랑에 대한 프롬의 말은 연애뿐만 아니라 삶과 죽음, 가족, 사회, 직업, 종교 등 참으로 폭넓은 분야에 가로놓여 있다. 굶주림, 질병, 전쟁, 환경파괴, 인종차별, 성차별, 또 온갖 증오 범죄 등 우리가 겪고 있는 크고 작은 문제들은 사랑이 없으면 해결될 수 없다. 《프롬 100가지 말》은 평소에 못 보고 지나쳐 버렸던 것이나 별다른 의미를 느끼지 못했던 일을 새로운 눈으로 바라보게 해줄 것이며, 자신의 삶을 되돌아볼 소중한 시간을 선물할 것이다.

에리히 프롬 연보

1900년   3월 23일, 독일 프랑크푸르트 암마인의 유대인 집안에서 태어남. 유대적 신앙과 전통에 충실한 가정환경에서 자라났음. 가까운 친척 중에는 율법학자가 많아, 어렸을 때 그들에게 큰 영향을 받음. 구약성서 속의 〈예언서〉에서 깊은 감화를 받음.

1918년(18세)   프랑크푸르트대학과 하이델베르크 및 뮌헨대학에서 심리학과 사회학 및 철학을 공부.

1920년(20세)   자유유대학원 설립에 협력함.

1922년(22세)   학업을 마치고 하이델베르크대학에서 〈유대교의 두 종파의 사회 심리학적 연구〉로 철학 박사 학위를 취득.

1923년(23세)   베를린정신분석연구소에서 정신분석학을 연구함.

1925년(25세)   뮌헨대학에서 다시 정신 의학과 심리학을 배움. 이 무렵 불전(佛典)을 접함.

1926년(26세)   6월 프리다 라이히만과 결혼, 하이델베르크로 이주.

1927년(27세)   남서독일 정신분석연구 그룹 결성. 〈이마고〉에 〈안식일〉을 발표.

1929년(29세)   칼 란다우어, 프리다 라이히만과 프랑크푸르트정신분석연구소 설립, 프랑크푸르트사회연구소와 결연하여 연구활동 시작. 노벨을 중심으로 하는 유대계 지식인 클럽에 가담, 부버, 로웬탈 등과 더불어 활동함. 라이히만과 공동으로 〈정신분석학적 충동론〉을 〈정신분석학적 교육학〉에 발표. 〈정신분석학과 사회학〉을 같은 잡지에 발표.

1930년(30세)   〈교육하는 자로서의 국가―형벌의 심리학〉을 〈정신분석학적 교육학〉에 발표. 〈그리스도교 교의의 변천〉을 〈이마고〉지에 발표.

1931년(31세)   베를린정신분석연구소의 연구원이 됨. 친구 로웬탈의 추천으로, 정신분석연구소 소장 란다웰 등과 함께 프랑크푸르트사회연구소의 일원이 됨. 사회연구소에 정신분석학을 도입하는 데 힘씀. 〈범죄자 및 처벌하는 사회의 심리학〉을 〈이마고〉에 발표. 〈정치와 정신분석학〉을 〈정신분석 운동〉에 발표.

1932년(32세) 〈분석적 사회심리학의 방법과 과제〉 〈정신분석학적 성격학과 그 사회심리학과의 관계〉를 〈사회연구〉지 창간호에 발표. 프랑크푸르트학파의 중심 인물 가운데 한 사람이 됨. 그 당시 연구소의 일원으로는 마르쿠제, 아도르노, 호르크하이머 등이 있었음.

1933년(33세) 미국 시카고정신분석연구소에 초빙됨. 〈정신분석학적 성격론과 그 사회심리학적 의의〉를 〈사회연구〉지에, 〈모권제 이론의 사회심리학적 의의〉를 같은 연구지에 발표함. 프로이트의 오이디푸스 콤플렉스 이론에 의문을 품음. 프랑크푸르트정신분석연구소와 사회연구소는 나치의 압력으로 문을 닫고 학자들은 각지로 흩어짐. 소장인 호르크하이머 등과 더불어 국제사회연구협회를 설립.

1934년(34세) 유대인 박해를 피해 뉴욕으로 옮겨 정신분석 치료에 종사함. 미국 이주를 결심. 프랑크푸르트학파의 중진으로서 국제사회연구협회의 회장 후보자에 지명됨. 〈모권이론과 그 사회심리학적 의미〉를 〈사회연구〉지에 발표.

1935년(35세) 〈정신분석 요법의 사회적 제약성〉을 〈사회연구〉지에 발표. 콜롬비아 대학부속 사회조사연구소 객원교수로 부임.

1936년(36세) 《권위와 가족에 관한 연구》에 〈사회심리편〉을 발표.

1937년(37세) 〈권력과 가족에 관한 이론적 소묘〉를 《권위와 가족에 관한 연구》에 기고. 〈무력감에 대하여〉를 〈사회연구〉지에 발표.

1938년(38세) 뉴 스쿨 사회연구소 연구원으로 부임.

1939년(39세) 〈이른바 의지요법의 사회 철학〉을 〈정신의학〉에 발표. 〈이기주의와 자기애〉를 같은 잡지에 발표. 콜롬비아대학을 사직함. 사회조사연구소 사임.

1941년(41세) 베닝턴대학 교수로 취임. 예일대학 강사가 됨. 《자유에서의 도피》를 출간. 카렌 호나이와 함께 미국 정신분석연구소 설립.

1943년(43세) 〈독일에 대해 우리는 무엇을 해야 하는가〉를 〈토요 문학 평론〉에, 〈독일 국민성의 문제〉를 〈뉴욕 과학 아카데미 기요〉에, 〈성과 성격〉을 〈정신의학〉에 발표. 뉴욕에 윌리엄 앨런슨 화이트 정신의학연구소 설립.

1944년(44세) 프리다 라이히만과 이혼, 헤니 구를란트와 결혼함. 〈신경증의 개인적 및 사회적 기원〉을 〈미국 사회학 평론〉에 발표.

1946년(46세) 윌리엄 앨런슨 화이트 연구소 이사, 교육위원회 의장으로 취임.

1947년(47세) 《자기 지향적 인간》 출간.

1948년(48세) 예일대학 객원교수가 됨. 사회인류학자 린튼 교수와 더불어 〈인류학 및 사회적 성격에 관하여〉라는 표제의 세미나를 담당함. 〈오이디푸스—신화와 콤플렉스〉를 머래이편 《정신분석학 이론의 비평》에 게재.

1949년(49세) 예일대학의 테일리 기념강연으로 〈정신분석과 종교〉를 강연함. 1937년의 같은 강연에는 융이 같은 주제로 강연함. 부인 헤니의 건강 때문에 멕시코로 옮김. 〈오이디푸스—신화와 콤플렉스〉를 《가족—그 기능과 운명》에 수록. 〈정신분석학적 성격론과 문화 이해를 위한 적용〉을 《문화와 퍼스낼리티》에 수록.

1950년(50세) 뉴욕대학 교수로 취임. 정신분석학과 사회정신의학을 강의. 〈프로이트와 융〉을 〈목회심리학〉에 발표. 《정신분석학과 종교》를 출간. 예일대학에서의 테일리 강연이 그 내용으로 되어 있음.

1951년(51세) 《잊힌 언어》를 출간. 꿈·신화 등 상징성의 문제를 다룸.

1952년(52세) 멕시코 국립대학 의학부 정신분석학 교수로 취임. 이후 이 대학 안에 정신분석연구소를 개설하였고, 많은 멕시코 정신분석가들을 교육함.

1953년(53세) 아내 헤니 죽음. 세 번째 아내 아니스 프리만과 결혼.

1955년(55세) 《건전한 사회》 출간.

1956년(56세) 〈이기심, 자기애, 자기에 대한 관심〉이 무스테카편 《자기》에 수록됨. 《사랑한다는 것》 출간. 마르쿠제에게 비판당함. 〈자유연상법의 문제〉를 〈정신의학 연구 리포트〉에, 〈사랑과 그 붕괴〉를 〈목회심리학〉에 발표.

1957년(57세) 미시간 주립대학 심리학 교수 겸임. 〈상징적 언어와 꿈〉이 앤셴편 《언어》에 수록됨.

1959년(59세) 〈가치, 심리학, 인간 존재〉가 매슬로편 〈인간의 가치에 관한 새로운 견해〉에 수록됨. 《프로이트의 사명》 출간.

1960년(60세) 《선(禪)과 정신분석》을 스즈키 다이세츠, 마르티노와 공저로 출간.

1961년(61세) 《인간의 승리를 찾아서》,《마르크스의 인간 개념》 출간.

1962년(62세) 뉴욕대학 대학원 심리학 교수로 취임. 〈서민적 방위의 문제에 관한 토론〉을 〈코멘터리〉에 발표. 《환상의 사슬을 넘어서》 출간.

1963년(63세) 〈심리적 및 도덕적 문제로서의 불복종〉이 울콰르토편 《인생의 문제》에 수록됨. 〈무의식의 예언자 융〉을 〈사이언티픽 아메리칸〉에 발표. 〈인도주의적 정신분석의 마르크스 이론에의 적용〉을 〈사회주의적 인도주의〉에 수록. 논문집 《그리스도의 교의》 출간. 이 책에는 그리스도론, 그 밖에 문화론·종교론·심리학적 문제 등의 에세이가 수록됨.

1964년(64세) 《악에 대하여(인간의 마음)》 출간.

1965년(65세) 멕시코 국립대학 정년퇴임, 명예 교수가 됨. 《사회주의적 인도주의》 편집.

1966년(66세) 《너희도 신처럼 되리라》 출간.

1967년(67세) 〈예언자와 설교자〉가 쇤먼편 《버트란드 러셀 박사 기념논문집》에 수록됨.

1968년(68세) 〈정신분석학의 위기〉를 지멜편 《골드스타인 기념논문집》에 수록. 《인간의 본성》(지로우와 공편),《희망의 혁명》 출간.

1970년(70세) 《정신분석의 위기―프로이트, 마르크스 및 사회심리학》에 관한 에세이를 발표. 《한 멕시코 마을의 사회적 성격》(멕코비와 공저) 출간.

1973년(73세) 《인간 파괴성의 해부》 출간.

1976년(76세) 《소유냐 삶이냐》 출간.

1980년(80세) 3월 18일, 스위스의 무랄토에서 심장발작으로 세상을 떠남.

고영복(高永復)

서울대 문리대 사회학과 졸업. 문학박사(서울대). 이화여대 문리대 교수 및 서울대 사회학과 교수를 지냈고, 한국사회학회장을 역임. 사회문화연구소장. 국민훈장 목련장 수상. 지은책 《현대사회학》《현대사회문제》《세계의 사상》《철학사상과 사회과학의 만남》《사회학설사》《사회심리학 개론》《사회와 양심》 등이 있다. 옮긴책에 프롬의 《자유에서의 도피》《사랑한다는 것》《정신분석학과 선불교》, 해밀턴의 《사회구조와 사회의식》 등이 있다.

World Book 291
Erich Fromm
THE HEART OF MAN/FOR THE LOVE OF LIFE
THE REVOLUTION OF HOPE
ON DISOBEDIENCE AND OTHER ESSAYS
악(惡)에 대하여/인생과 사랑/희망의 혁명/불복종과 자유
에리히 프롬/고영복 옮김
1판 1쇄 발행/1979. 8. 1
2판 2쇄 발행/2022. 1. 1
발행인 고윤주
발행처 동서문화사
창업 1956. 12. 12. 등록 16-3799
서울 중구 마른내로 144 (쌍림동)
☎ 546-0331~6 Fax. 545-0331
www.dongsuhbook.com
✳

사업자등록번호 211-87-75330
ISBN 978-89-497-1741-8 04080
ISBN 978-89-497-0382-4 (세트)